LE PONT DES TOURELLES
A ORLÉANS

(1120-1760)

ÉTUDE SUR LES PONTS AU MOYEN AGE

PAR

M. A. COLLIN

INSPECTEUR GÉNÉRAL DES PONTS ET CHAUSSÉES
ANCIEN PRÉSIDENT DE LA SOCIÉTÉ ARCHÉOLOGIQUE ET HISTORIQUE
DE L'ORLÉANAIS

(Ouvrage posthume publié par les soins de la Société.)

ORLÉANS
H. HERLUISON, LIBRAIRE-ÉDITEUR
17, RUE JEANNE-D'ARC, 17

1895

LE PONT DES TOURELLES

A ORLÉANS

(1120-1760)

ORLÉANS, IMPRIMERIE DE PAUL PIGELET, RUE SAINT-ÉTIENNE, 8.

LE PONT DES TOURELLES
A ORLÉANS

(1120-1760)

ÉTUDE SUR LES PONTS AU MOYEN AGE

PAR

M. A. COLLIN

INSPECTEUR GÉNÉRAL DES PONTS ET CHAUSSÉES
ANCIEN PRÉSIDENT DE LA SOCIÉTÉ ARCHÉOLOGIQUE ET HISTORIQUE
DE L'ORLÉANAIS

(Ouvrage posthume publié par les soins de la Société.)

ORLÉANS
H. HERLUISON, LIBRAIRE-ÉDITEUR
17, RUE JEANNE-D'ARC, 17

1895

ALEXANDRE COLLIN
1808 1890

Officier de la Légion d'honneur, Inspecteur Général des Ponts et Chaussées.
Ancien Président de la Société Archéologique et Historique de l'Orléanais
Membre de la Société d'Agriculture, Sciences, Belles-lettres et Arts et de l'Académie
de Sainte Croix d'Orléans

Sans vouloir faire ici une notice quelque peu développée sur la vie et les travaux de feu M. Collin, il est indispensable de rappeler plusieurs dates et d'indiquer les motifs de la publication de l'œuvre posthume de notre éminent collègue.

Né à Dijon en 1808, M. Alexandre Collin entra tout jeune à l'École polytechnique et, dès 1850, il était ingénieur en chef des ponts et chaussées. Ses premiers écrits furent tout professionnels et consacrés à l'étude de « l'équilibre des terrains argileux », ou à l'utilité des canaux et à l'examen comparé des voies navigables de la France et de celles de la Belgique et des provinces de la rive gauche du Rhin, ou encore à des « recherches expérimentales sur l'évaporation ». Ce n'est qu'en 1857 qu'amené, par sa carrière, à Orléans, il commença à se préoccuper des intéressantes questions d'histoire relatives à la ville et à la province, dont il avait fait promptement son pays d'adoption. Ses études se portèrent d'abord, sous l'inspiration du grand évêque qui était arrivé dans notre ville presque en même temps que lui et dont il demeura jusqu'au bout l'un des plus fervents admirateurs, sur la vieille basilique de Saint-Euverte, dont Mgr Dupanloup voulait entreprendre la restauration, et sur la grotte de Saint-Mesmin, récemment découverte sur les bords de la Loire par un autre de nos collègues, M. Pilon. Puis les bastilles anglaises du siège de 1428 lui fournirent l'occasion du premier rapport qu'il inséra dans nos *Mémoires*. Quatre années plus tard, en 1862, M. Collin fut le champion victorieux de la Société archéologique dans la lutte épique qui se livra sur la question de Genabum, à l'occasion des découvertes de M. Bréan à Gien-le-Vieux. Les sondages qu'il dirigea dans la Loire pour retrouver les vestiges prétendus du pont de César furent sans doute le point de départ de ses études sur l'histoire du premier pont connu à Orléans.

Le régime du fleuve capricieux, dont ses fonctions lui avaient assigné la direction difficile, était l'objet de ses constantes préoccupations : il est peu d'ingénieurs qui aient fait de plus utiles travaux sur l'organisation du service hydrographique de la Loire, sur la marche et les effets des crues, sur le mode de protection des villes riveraines, particulièrement à l'occasion de la redoutable inondation de 1866. Inspecteur général des ponts et chaussées, il resta fidèle à Orléans où il voulait achever sa vie ; et, dès qu'il eut pris sa retraite, il résolut d'employer tous ses loisirs à une œuvre colossale et toute orléanaise, la formation du dossier nécessaire à l'introduction en Cour de Rome de la cause de la béatification de Jeanne d'Arc, dont Mgr Dupanloup l'avait fait nommer « provocateur ». Entre temps, il avait voulu écrire une histoire des ponts d'Orléans, terminée déjà avant 1875, et que diverses circonstances l'empêchèrent de publier. C'est ce travail considérable que son ami, M. Sainjon, son successeur comme ingénieur en chef du service de la Loire, a remis de sa part à la Société archéologique et historique de l'Orléanais quelques mois après sa mort, en 1890. Deux chapitres en avaient été donnés par M. Collin de son vivant, l'un en 1866, dans le recueil des travaux des Sociétés savantes, intitulé : *La casemate du pont des Tourelles à Orléans;* l'autre en une brochure sous le titre : *Les derniers jours du pont des Tourelles.* Le reste était contenu dans vingt-quatre cahiers surchargés de notes et accompagnés de planches toutes prêtes à être imprimées.

C'est cette importante publication que la Société archéologique entreprend aujourd'hui, aidée par une double subvention du Comité des Travaux historiques près le Ministère de l'Instruction publique et de la ville d'Orléans, consacrant à ce volume quelques économies sagement ménagées, et estimant qu'elle ne devait pas moins faire pour la mémoire de l'homme excellent qui fut son président et qu'elle compta pendant trente-trois années au nombre de ses membres les plus distingués et les plus laborieux.

Le Président de la Société,
G. BAGUENAULT DE PUCHESSE.

Orléans, le 25 mars 1895.

TABLE DES MATIÈRES

CHAPITRE PREMIER
PÉRIODE DE L'INDÉPENDANCE DES GAULES ANTÉRIEURE A LA CONQUÊTE ROMAINE.

Génabe et Orléans. — Des ponts de la Loire et particulièrement de celui d'Orléans avant la conquête romaine. — Des ponts mentionnés par César. — De l'absence des vestiges apparents de ces ponts dans le lit de la Loire à Orléans et à Gien-le-Vieux, au cours du XIXe siècle. — De quelques opinions exprimées sur le pont de Génabe par des écrivains modernes.   1

CHAPITRE II
PÉRIODE GALLO-ROMAINE.

Des ponts d'Orléans après la conquête des Gaules et durant la période gallo-romaine jusqu'à la fin du Ve siècle. — De la restauration et de l'agrandissement de la ville d'Orléans au IIIe siècle. — Du siège d'Attila et du pont de la Loire au milieu du Ve siècle. — Des baptistères fondés au IVe siècle à Orléans, sous le vocable de Saint-Pierre-des-Hommes, *Virorum*, et de Saint-Pierre-des-Femmes ou filles, *Puellarum*. — Des vocables, *Sanctus Petrus pontis, in ponte, in puncto, de puncto*. — De la position remarquable, au point de vue géométrique et orographique, de la tour de l'abbaye de Saint-Pierre-Empont, au centre de la ville aurélienne. — De l'interprétation des leçons *pontis, in ponte, in puncto, de puncto*, dans leur triple corrélation avec la topographie et l'orographie du sol de la cité gallo-romaine, les documents anciens et modernes, et la philologie. .   14

CHAPITRE III
SUITE DE LA PÉRIODE GALLO-ROMAINE.

Suite des ponts d'Orléans après la conquête des Gaules et durant la période gallo-romaine jusqu'à la fin du Ve siècle. — Des sceaux au moyen âge, de la variété de leurs signes et en particulier de ceux du prince des Apôtres. — Des sceaux capitulaires de l'abbaye de Saint-Pierre-des-

Hommes, *Virorum*, ou Saint-Pierre-*Empont* d'Orléans. — Des signes particuliers et caractéristiques de ces sceaux. — De la représentation iconographique sur les sceaux des types d'un pont, d'une rivière, de poissons. — De l'image de saint Pierre, pêcheur d'hommes. — Du vocable de Saint-Pierre-des-Hommes, *virorum*, et de ses variantes, in *puncto*, *de puncto, de ponte, pontis*, et de leur corrélation imaginaire et gratuite avec un pont sur la Loire à Orléans. — De la filiation légitime du vocable de Saint-Pierre-Empont, tiré du vocable originaire Saint-Pierre-des-Hommes, saint Pierre sur un pont, équivalent des eaux et des poissons, saint Pierre, pêcheur d'hommes. — De la représentation de ces images parlantes sur les bannières de l'abbaye. — De l'origine probable et de l'emploi dans la langue française écrite et dans le langage usuel du vocable *Saint-Pierre-Empont*. 37

CHAPITRE IV
SUITE DE LA PÉRIODE GALLO-ROMAINE.

Suite des ponts d'Orléans après la conquête des Gaules et durant la période gallo-romaine jusqu'à la fin du Ve siècle. — Recherches des vestiges de ponts gaulois ou gallo-romains à Orléans. — Des crèches et des cails existants à diverses époques sur le bord de la Loire à Orléans. — Des orgeaux et plates-formes. — Des crèches, croiches, ou croches des moulins à nef et des moulins pendus. — Des duits existants dans le lit du fleuve. — De la corrélation imaginaire que l'on s'est efforcé d'établir entre ces différents termes, empruntés à la technologie locale, avec les objets qu'ils désignent réellement, et des vestiges de ponts d'origine gauloise ou gallo-romaine. 63

CHAPITRE V
SUITE DE LA PÉRIODE GALLO-ROMAINE.

Suite des ponts d'Orléans après la conquête des Gaules et durant la période gallo-romaine jusqu'à la fin du Ve siècle. — Continuation des recherches des vestiges de ponts gaulois ou gallo-romains. — Des témoins souterrains de la rue de la Poterne. — Des différentes directions assignées aux ponts antiques sur la Loire. — Des vestiges apparents et des vestiges invisibles dans le lit du fleuve. — De la découverte des ruines d'anciens duits et des particularités de leur construction à diverses époques. — De l'île aux Toiles, sise en face de l'église Saint-Aignan et de sa corrélation avec les vestiges d'anciens ouvrages existants dans le lit du fleuve. — De la découverte de blocs de maçonnerie ancienne sur les deux rives de la Loire au cours des années 1769 et 1804, par les ingénieurs Desroches et Bouchet, et de la destination qui leur fut assignée à cette époque et jusqu'à nos jours. — Du désaccord existant entre les partisans de l'hypothèse du pont gaulois ou gallo-romain au sujet de la direction de son axe. — Des sondages exécutés en l'année 1861, dans le lit de la Loire, pour la recherche des vestiges invisibles de ce pont légendaire. — Du résultat absolument négatif de ces sondages quant à l'existence de ces vestiges. 90

CHAPITRE VI

SUITE DE LA PÉRIODE GALLO-ROMAINE.

Suite des ponts d'Orléans après la conquête des Gaules et durant la période gallo-romaine jusqu'à la fin du V⁰ siècle. — Examen critique de l'opinion de l'ingénieur Jollois sur l'origine gallo-romaine du pont des Tourelles d'Orléans. — Examen critique de la méthode appliquée par les ingénieurs Perronet et Jollois, pour la détermination de l'âge du pont des Tourelles d'Orléans. — Résumé des chapitres I, II, III, IV, V, VI, sur les ponts de la période gallo-romaine. 113

CHAPITRE VII

PÉRIODE MÉROVINGIENNE.

Des ponts de la Gaule franque et des ponts d'Orléans depuis la chute de l'Empire romain jusqu'à la fin du VIII⁰ siècle. — Du passage des fleuves et des rivières. — Des ponts de bois. — Des ponts de bateaux. — Des bacs. — Des passages à gué. — Exemples de ces divers moyens employés durant la période mérovingienne. — Des campagnes de Clovis au commencement du VI⁰ siècle. — Childebert et Chilpéric. — Des campagnes de Charles Martel au VIII⁰ siècle. — Hunalde, duc d'Aquitaine, traverse la Loire au milieu du VIII⁰ siècle. — Pépin et Carloman. — Pépin traverse la Loire à Orléans, à la fin du VIII⁰ siècle. — Résumé du chapitre VII et opinion de deux auteurs du XVIII⁰ siècle sur l'absence des ponts, avant *l'an mil*, dans la Gaule franque. 133

CHAPITRE VIII

PÉRIODE CAROLINGIENNE ET FÉODALE.

Des ponts de la Gaule franque et des ponts d'Orléans depuis le milieu du VIII⁰ siècle jusqu'à l'an mil. — Du passage des fleuves et des rivières. — Des ponts de bois. — Des ponts de bateaux. — Des bacs. — Des passages à gué. — Exemples de ces divers moyens employés durant la période carolingienne. — Des campagnes de Charlemagne et des ponts qu'il a construits. — Du passage de la Loire à Orléans par Louis le Pieux au IX⁰ siècle. — Des ponts de la Seine sous Charles le Chauve et Charles le Simple. — Des incursions des Normands et des ponts détruits par ces barbares sur la Loire et sur la Seine. — Passage de la Loire à Orléans par les Hongrois au X⁰ siècle. — Gauthier, évêque d'Orléans, a-t-il fait reconstruire le pont de la Loire au IX⁰ siècle? — Résumé du chapitre VIII 152

CHAPITRE IX
PÉRIODE CAPÉTIENNE ET FÉODALE.

Les ponts au moyen âge depuis l'an mil. — De l'architecture romaine ou romane et de l'architecture dite ogivale ou gothique. — Des voûtes en plein cintre, des voûtes en arc de cercle, et des voûtes en arc brisé, improprement appelées ogivales ou gothiques. — Des avantages que présentent les voûtes en arc brisé. — De l'emploi simultané depuis l'an mil des voûtes de plein cintre, en arc de cercle et des voûtes en arc brisé, dans la construction des ponts. 182

CHAPITRE X
SUITE DE LA PÉRIODE CAPÉTIENNE ET FÉODALE.

Suite des ponts au moyen âge depuis l'an mil. — Des ponts de Montereau. — De Foulques-Nerra à Angers. — De Tours. — De Blois. — De Beaugency. — Des dispositions caractéristiques de ces édifices. 196

NOTE SUR LES DESSINS DES PONTS. — Les dessins de la plupart des anciens ponts de la Loire ont été relevés sur les dessins originaux renfermés dans un atlas composé par l'ingénieur Poitevin et dédié par lui à Colbert sur la fin du XVIIe siècle. J'en ai composé un atlas d'un format plus petit que j'ai offert à l'École des Ponts et Chaussées en 1867.

CHAPITRE XI
SUITE DE LA PÉRIODE CAPÉTIENNE ET FÉODALE.

Suite des ponts du moyen âge. — Des ponts de Saumur. — Des ponts de Cé. — Des ponts d'Angers. — Des moulins incorporés aux ponts. — De la corrélation des ponts du XIe siècle bâtis sur le lit des fleuves et rivières avec les ponts construits sous les chaussées transversales du val de la Loire à Blois et à Tours. — Pont de Sully. — Des ponts construits pendant la première moitié du XIIe siècle. — Des ponts : d'Amboise, — du Mans, — de Rouen, — de Henri II, à Angers, — de Saumur, — du Pont-au-Change, à Paris, et du Petit-Pont de cette ville. — Résumé des chapitres IX, X, XI. 233

CHAPITRE XII
SUITE DE LA PÉRIODE CAPÉTIENNE ET FÉODALE.

Des ponts au moyen âge à partir du milieu du XIIe jusqu'au commencement du XIIIe siècle. — Des ponts : d'Avignon, — de Carcassonne, — de Béziers, — de Metz. — De divers autres ponts. — Des passages des rivières à gué durant cette période. 271

CHAPITRE XIII
SUITE DE LA PÉRIODE CAPÉTIENNE ET FÉODALE.

Des ponts au moyen âge à partir du commencement du XIII° siècle jusqu'à la fin du XIV°. — Des ponts de Meung et de Jargeau sur la Loire, — de Limoges, — de Cahors, — de la Guillotière, à Lyon, — du Saint-Esprit, — de Montauban. — De divers autres ponts. — Des passages des rivières à gué durant cette période. 290

CHAPITRE XIV
SUITE DE LA PÉRIODE CAPÉTIENNE ET FÉODALE.

Des écoles monastiques et des écoles laïques dans lesquelles on enseignait l'art des constructions, depuis l'an mil jusqu'à la fin du XIV° siècle. — Des associations d'ouvriers laïques et des confréries d'ouvriers monastiques. — De la confrérie des Frères-Hospitaliers pontifes ou constructeurs de ponts. 333

CHAPITRE XV
SUITE DE LA PÉRIODE CAPÉTIENNE ET FÉODALE.

Des voies et moyens d'exécution employés depuis le IX° siècle jusqu'à l'an mil et depuis le XI° jusqu'à la fin du XIV° siècle pour l'établissement et l'entretien des ponts. — Des péages, octrois et des impositions diverses obligatoires. — Des aumônes, quêtes, donations, indulgences, amendes et autres revenus volontaires et facultatifs. — Nomenclature des ponts et énoncé des voies et moyens d'exécution ou d'entretien de ces monuments depuis le IX° siècle jusqu'à la fin du XIV° siècle. — Ponts établis du IX° au XI° siècle : sur l'Elbe, le Danube, le Rhin, la Seine, à Paris ; l'Oise et la Marne. — Ponts établis de l'an mil, XI° siècle, jusqu'à la fin du XIV° : sur le Tarn, sur l'Hérault, sur la Maine, sur la Seine, à Montereau ; sur la Loire, à Saumur, à Tours, à Amboise, à Blois, à Beaugency ; sur la Seine, à Paris ; sur la Marne ; sur le Rhône, à Avignon ; sur l'Aude, à Carcassonne ; sur la Moselle, à Metz ; sur la Loire, à Sully, à Jargeau et à Meung ; sur le Gardon, à Saint-Nicolas-de-Campagnac ; à Saint-Esprit, sur le Rhône ; à Cahors, sur le Lot ; sur le Lève ou Lez, en Languedoc ; à Entraygues, sur le Lot ; à Compiègne, sur l'Oise ; à Melun, sur la Seine ; à Romans, sur l'Isère ; à Brioude, sur l'Allier ; à Montauban, sur le Tarn ; à Marchiennes, sur la Scarpe ; sur l'Isère, près Saint-Marcelin ; à Bruges, sur le canal d'Ostende ; à Carbonne, sur la Garonne ; à Auxerre, sur l'Yonne ; à Mâcon, sur la Saône ; à Paris, sur la Seine. — Des exemptions des charges publiques octroyées en faveur de certaines classes de personnes et de l'inégalité du concours pécuniaire des habitants d'un pays à l'établissement et à l'entretien des ponts affectés à l'usage public. 360

CHAPITRE XVI

SUITE DE LA PÉRIODE CAPÉTIENNE ET FÉODALE.

Du pont d'Orléans dit des Tourelles au moyen âge. — De son emplacement et de la recherche historique de l'époque de sa construction. — Du Châtelet qui lui était contigu et de son ancienneté. — De la corrélation politique et militaire qui exista entre le Châtelet et les ponts depuis les temps du royaume d'Orléans aux VIe et VIIe siècles jusqu'au XVIIIe, époque de la démolition de ces deux édifices jumeaux. — De l'existence des moulins royaux sous le pont des Tourelles dès l'année 1176, sous le règne de Louis VII et de quelques attributions du portier du Châtelet sur le passage du pont dès l'année 1178. — Des concessions accordées par la reine Isamburge, dans les premières années du XIIIe siècle et par saint Louis, en l'année 1233, pour la translation des moulins à nef sous les arches du pont. — De l'affranchissement de la route de Paris à Orléans, dans les premières années du XIIIe siècle par le roi Louis VI, qui réduit à l'obéissance les seigneurs de Corbeil, de Montlhéry, de La Ferté-Alais et du Puiset, dont les châteaux, transformés en véritables repaires de brigands, interceptaient les communications de Paris avec Orléans. — De la construction probable du pont des Tourelles vers l'année 1120, après le rétablissement de la liberté de circulation entre ces deux villes, qui fut la conséquence de l'exécution militaire, par Louis le Gros, de ses vassaux rebelles. 381

CHAPITRE XVII

SUITE DE LA PÉRIODE CAPÉTIENNE ET FÉODALE.

Du pont des Tourelles d'Orléans. — De la restitution architecturale de cet édifice à l'aide des documents authentiques de la fin du XIVe et du commencement du XVe siècle et des éléments similaires des édifices contemporains antérieurs au XIVe. — De l'emplacement du pont. — Du mode de fondation de ses piliers. — Du nombre de ses arches. — De la position de ses piliers. — De la position de la tête du pont vers la ville, au Châtelet. — De la longueur du pont. — De la position de la tête du pont aux Tourelles et de la situation de cette forteresse sur la rive de la Loire opposée à la ville. — De la forme des piliers et de leurs arrière et avant-becs. — De l'axe du pont. — De la largeur de la voie charretière entre les parapets. — De la forme des arches du pont. 400

CHAPITRE XVIII

SUITE DE LA PÉRIODE CAPÉTIENNE ET FÉODALE.

Suite du pont des Tourelles d'Orléans à la fin du XIVe et au commencement du XVe siècle. — Des moulins annexés au pont. — Des mottes Saint-Antoine et des Poissonniers. — Description de l'hospice Saint-Antoine et de la

Chapelle-du-Pont, et dispositions militaires de ces deux édifices. — Description du palais ducal du Châtelet. — Description de la forteresse des Tourelles. — De la corrélation militaire du Châtelet et des Tourelles avec le pont et le système des défenses de la ville à la fin du XIVe et au commencement du XVe siècle. 434

CHAPITRE XIX
SUITE DE LA PÉRIODE CAPÉTIENNE ET FÉODALE.

Suite du pont des Tourelles d'Orléans. — Des fondateurs et constructeurs du pont. — Les rois Louis VI et Louis VII et les ducs apanagistes. — La communauté des habitants d'Orléans et des privilèges accordés par les souverains. — Les officiers royaux, le bailli, le prévôt. — Les prud'hommes. — Les procureurs de ville. — Les échevins. — L'évêque d'Orléans. — Le clergé séculier et régulier. — Les corporations laïques. — Les aumônes, quêtes et indulgences en faveur de l'Œuvre de l'hôpital Saint-Antoine et du Pont. — Les donations, testaments, legs en faveur de cette Œuvre. — Les proviseurs, maîtres et gouverneurs de l'Œuvre. — Les armoiries de l'Œuvre. — De l'investiture des proviseurs, maîtres et gouverneurs de l'Œuvre. — Des propriétés et des revenus de l'Œuvre. 450

CHAPITRE XX
SUITE DE LA PÉRIODE CAPÉTIENNE ET FÉODALE.

Des accessoires du pont d'Orléans à partir de la fin du XIVe et du commencement du XVe siècle. — De la Belle-Croix. — Des maisons et hostels sur le pont. — Des maisons et hostels sur la motte des Poissonniers. — De la maison ou hostel de l'engin du pont. — De la halle au pain sur le pont et des Talmelliers. — Des dispositions prises pour assurer le nettoyage et la propreté de la chaussée du pont. 472

CHAPITRE XXI
SUITE DE LA PÉRIODE CAPÉTIENNE.

Le pont des Tourelles à partir de la levée du siège des Anglais (1429) jusqu'à la fin du XVIe siècle. — Restauration du pont, du fort et du boulevart des Tourelles, reconstruction d'une partie du pont. — Modifications introduites dans les diverses parties de l'édifice depuis le siège des Anglais jusqu'à la fin du XVIe siècle. — Siège d'Orléans et prise des Tourelles du pont, par le duc de Guise, le 9 février de l'année 1563. 489

CHAPITRE XXII
LE MONUMENT DE JEANNE D'ARC ÉRIGÉ SUR LE PONT D'ORLÉANS.

Monument de Jeanne d'Arc sur le pont. — Son emplacement. — Sa description. — Date inconnue de son érection. — Opinion de l'historien François

XVI

Lemaire. — Obscurité et incertitude à cet égard. — Récit de Pontus Heuterus. — Opinion de M. Quicherat. — Passage de Paulus Œmilius. — Recherches sur la date réelle du monument. — Opinion de Vallet de Viriville sur l'érection du premier monument. — Opinions de Charles du Lys, de Symphorien Guyon. — Croix en pierres, en l'honneur de la Pucelle, mentionnée en 1467, dans les comptes du pont. — Le monument en bronze, date de son érection ; examen et discussion. — Motifs d'attribuer la dépense et les frais de ce monument aux habitants d'Orléans 509

CHAPITRE XXIII

LE PONT DE JEANNE D'ARC AU XVIe SIÈCLE.

En 1539, Charles-Quint fait son entrée solennelle par le pont ; la ville lui fait un don magnifique. — La ville fournit aux proviseurs du pont leur costume officiel. — En 1545, un corps de troupe, venant des provinces méridionales, demande à traverser Orléans, pour s'opposer aux armes d'Henri VIII. — Les Orléanais refusent, et construisent un pont provisoire qui le force de contourner les murailles au dehors. — En août 1551, Henri II et Catherine de Médicis font, par le pont, une entrée solennelle ; Diane de Poitiers les accompagne. — Les vingt-deux corps de métiers sont rangés sur le pont avec leurs insignes. — Les échevins sont habillés de neuf. — Grandes réjouissances à cette occasion. — Le 26 juin 1555, visite officielle du pont par les trois proviseurs, trois échevins de la ville et des ouvriers d'art pour constater les réparations à faire à chaque arche. — Assemblée générale des habitants pour statuer sur l'appropriation des trois hôpitaux : Saint-Antoine, Saint-Paterne et Saint-Paul. — Les règlements confirmés par lettres-patentes de 1555. — En 1557, les échevins ordonnent que le pont sera éclairé la nuit. — En 1559, grande réparation à la chapelle Saint-Antoine. — Les comptes du pont de l'année 1563. — La crue de 1651 détruit les cinq maisons établies sur le pont entre la motte Saint-Antoine et le Châtelet. — Nombreuses lacunes dans les comptes de forteresse jusqu'à l'année 1591. — Travaux exécutés au pont-levis, aux murailles du boulevart des Tourelles, au pont dormant, etc. — Aperçu des revenus et des charges de l'Œuvre du pont et de l'hôpital Saint-Antoine ; document à l'appui. 521

CHAPITRE XXIV

LE PONT ET LE FORT DES TOURELLES DURANT LES GUERRES DE RELIGION.

Violences des calvinistes contre la chapelle Saint-Antoine-du-Pont. — Le pont et ses annexes pris et repris par les catholiques et les protestants. — Ravelins, forts, bastions élevés tant au-dessus qu'au-dessous du pont. — Plate-forme sur le Châtelet pour y installer des canons. — Chaînes tendues en travers de la rivière, arrêtant toutes les relations commerciales. — Le duc de Guise vient camper, à la tête de vingt mille hommes, et se prépare à mettre le siège devant les Tourelles. — Dandelot, chef calviniste, fait lever les ponts-levis et fermer les portes. — Le duc de Guise établit ses batteries sur la rive gauche et bombarde la ville. — Les calvinistes refoulés, Dandelot fait rompre une arche du pont. — Assassinat du duc de Guise et continuation du siège. — Établissement de ponts de bois sur les trois arches rompues. — Charles IX accorde à la ville « deux sols six deniers » sur chaque minot de sel vendu dans les greniers de la ville pour subvenir aux réparations du pont et à la reconstruction de l'hôpital Saint-Antoine, complètement détruit. — En 1567, la ville retombe au pouvoir des calvinistes : nouveaux désastres, le monument de Jeanne d'Arc, sur le pont, est mutilé, ainsi que la Belle-Croix. — En 1572, reconstruction des arches rompues sous la direction du *maître des Œuvres de maçonnerie pour le Roy à Orléans*. — Restauration du monument de Jeanne d'Arc. — Modifications apportées dans les détails du monument dans le marché fait avec Lescot, fondeur orléanais, les 9 et 14 octobre 1570 ; texte de ce marché. — Travaux importants faits au pont ; la motte Saint-Antoine est entourée de murs, plus tard plantée d'arbres — Le duit consolidé. — En 1580, l'arche Camuse s'écroule. — Henri III fait son entrée à Orléans en passant par le pont au retour des pèlerinages de Chartres et de Cléry. — Banquet à cette occasion. — En 1588, arrivée au pont des Tourelles des corps du jeune duc de Joyeuse, beau-frère de Henri III, et de son frère tués à Coutras. . 533

CHAPITRE XXV

LE PONT D'ORLÉANS ET SA CASEMATE.

La casemate du bout du pont des Tourelles, du côté de la Sologne. — Discussion entre MM. Vergnaud-Romagnési, Jollois et Collin sur l'attribution de restes de maçonnerie retrouvés en 1860 dans les sous-sols d'une maison sise au sud-est de l'ancien pont des Tourelles. — Débats sur cette question à la Société archéologique de l'Orléanais et à la Société des antiquaires de France. — Description de la casemate dans son état actuel. — Les substructions ne sont pas dans l'emplacement de l'ancien fort des Tourelles. — La casemate du bout du pont est postérieure à l'invention de l'artillerie. — Exemples déduits de plusieurs forteresses du XV° siècle. — Travaux militaires exécutés au XV° siècle et dont les devis sont aux archives communales. — Travaux à la tour fortifiée de la *Brebis*. — Armes à feu au XVI° siècle. — Opinion de Jollois sur la date de la construction de la casemate. 557

CHAPITRE XXVI

LE PONT DE JEANNE D'ARC AU XVII° SIÈCLE, RÉPARATION A LA CHAPELLE DU PONT.

Armoiries de l'Œuvre du pont et de l'hôpital Saint-Antoine. — Grande crue en 1608. — Remplacement du pont-levis par une arche fixe (en 1612). — Passage d'Anne d'Autriche. — Envoi de cotignac et de dragées. — Mât placé sur les Tourelles. — En 1637, démolition de deux tours et de la demi-lune qui rattachait l'ensemble d'Orléans au bourg d'Avenum. —

XVIII

La Fronde : entrée refusée au chancelier ; la grande Mademoiselle. — En 1644, la reine d'Angleterre entre dans Orléans par le pont des Tourelles ; sa chaise portée par quatre échevins. — Enlèvement des éboulements provenant de la motte Saint-Antoine et destruction d'une partie des accroissements de l'île aux Toiles. — En 1651, cinq maisons assises sur les piliers furent englouties dans le fleuve. — Les trois hospices sont réunis en un seul qui prend le nom d'hôpital général. — Les échevins sont autorisés à disposer des bâtiments de l'Hospice et de la chapelle Saint-Antoine. — Le 30 septembre 1685, dernière entrée solennelle d'un souverain sur le pont des Tourelles : Louis XIV traverse le pont d'Orléans. — Les piliers et les arches étayés pour ne pas s'écrouler sous le poids de la foule et des chariots. — Réparations urgentes aux voûtes du Grand Pont, substitution d'une voûte en pierre au pont de bois du côté de la Sologne. — En 1689, rétablissement des parapets qui s'étaient écroulés sur une longueur de dix toises. 611

CHAPITRE XXVII

LES DERNIERS JOURS DU PONT DES TOURELLES.

En 1732, terrible inondation. — Quinze personnes mortes dans les flots. — Le 8 mai 1734, les arquebusiers firent leurs derniers exercices sur le mât des Tourelles. - Violente tempête qui fait tomber la croix de bronze du monument de la Pucelle ; elle est remplacée par une croix de bois. — En 1745, débâcle de glaces, le pont menace ruine, des ingénieurs sont demandés de Paris. — Démolition de deux arches étayées, remplacées par un pont de bois. — La chapelle du pont reste affectée au culte pour l'usage des ouvriers constructeurs du nouveau pont. — En 1755, enlèvement des vases sacrés ; la chapelle est transformée en un magasin de matériaux. — Le nouveau pont, commencé en 1751, est livré à la circulation en 1760. — Disparition définitive du vieux pont d'Orléans. — Démolition des bâtiments et des arches. — Ordonnance de Mgr l'Évêque d'Orléans qui fait injonction aux administrateurs de l'hospice général de transférer au grand cimetière les ossements humains trouvés en la chapelle Saint-Antoine. — La Belle-Croix est descendue : on ignore où ses débris furent déposés. — Au mois de décembre 1760, commencement de la démolition des Tourelles. — En 1760, démolition du Châtelet. — Le 18 juin 1791, le duc Louis-Philippe d'Orléans fait don à la municipalité de la propriété des deux tourelles de son palais du Châtelet. — Épilogue. 624

LE PONT DES TOURELLES

A ORLÉANS

(1120-1760)

CHAPITRE PREMIER

PÉRIODE DE L'INDÉPENDANCE DES GAULES ANTÉRIEURE A LA CONQUÊTE ROMAINE

Génabe et Orléans. — Des ponts de la Loire et particulièrement de celui d'Orléans avant la conquête romaine. — Des ponts mentionnés par César. — De l'absence des vestiges apparents de ces ponts dans le lit de la Loire à Orléans et à Gien-le-Vieux, au cours du XIXe siècle. — De quelques opinions exprimées sur le pont de Génabe par des écrivains modernes.

Selon la tradition commune, la plus répandue et la moins contestée, les origines de la cité orléanaise seraient bien antérieures à l'époque de la conquête des Gaules par les Romains. C'est elle que César appelle *Genabum Carnutum* (1); c'est elle que le géographe Strabon, qui fut contemporain du grand capitaine, désigne par *Génabe*, *marché* ou *entrepôt* des Carnutes (2); c'est elle aussi que Ptolémée, l'un des successeurs et compatriotes de Strabon, mentionne sous le même nom grec de *Génabe* ou *Cénabe* (3); c'est elle que nous

---

(1) *Comment. de bell. gall.;* lib VII, cap. XI.
(2) Γήναβον τὸ τῶν Καρνόντων ἐμπόριον. Strabon écrivit son IVe livre de géographie vers l'an XVIII de l'ère chrétienne, d'après Tillemont.
(3) Κήναβον ou Γήναβον. Ptolémée, astronome et géographe, vivait à la fin

retrouvons avec la même dénomination latinisée de *Cenabum* sur la table théodosienne dite de Peutinger et sur l'Itinéraire d'Antonin (1) ; c'est elle enfin qu'un poète du moyen age, Antoine d'Asti, à l'imitation des anciens, appelait Génabe dans les vers qu'il composait en l'annnée 1451 (2) :

> *Aurelianensem quid dicam his versibus urbem ?*
> *Cui tale Augustus nomen dedit Aurelianus :*
> *Nam Genabum veteres illam dixere poetæ.*

Si l'on en croit les chroniques, ce serait à partir de la Renaissance du XVI⁰ siècle que l'on aurait commencé de disputer sérieusement à la cité orléanaise la légitime possession du territoire où fut assise l'antique Génabe. En ce temps Gien-le-Vieux et Meung-sur-Loire (3) revendiquaient simultanément ce glorieux héritage et ce fut sans doute à cette occasion qu'un chanoine de Saint-Liphard de Meung composa en l'année 1579 le dialogue (4)

---

du II⁰ siècle de l'ère chrétienne, le traducteur de Strabon croit qu'il faut écrire Γήναβον et non Κήναβον. Cette dernière leçon est conforme à l'inscription lapidaire découverte en 1865, à Orléans, sur laquelle on lit le mot latin tronqué *Cenab*. (Mémoire intitulé : *Sur une inscription découverte à Orléans*, lue à l'Académie des Inscriptions et Belles-Lettres, par LÉON RENIER, membre de cette Académie.)

(1) La table théodosienne fut dressée au milieu du III⁰ siècle entre les années 222 et 270, et l'Itinéraire d'Antonin lui est postérieur de près d'un siècle, car il a été dressé aux environs de l'an 364. La leçon *Cenabum* qui se lit sur l'inscription lapidaire précitée est conforme à celle de ces deux monuments de géographie ancienne.

(2) Le poème d'*Antoine d'Asti* ou *Astesan* a été composé à Blois. L'auteur était premier secrétaire du duc Charles d'Orléans, après son retour de sa captivité en Angleterre. (Manuscrit de la bibliothèque de Grenoble.) Le poète fait allusion aux auteurs anciens qui ont parlé de Genabe, et parmi eux sans doute à Aimoin, qui fut moine de Saint-Benoît-sur-Loire, vers la fin du X⁰ et au commencement du XI⁰ siècle, qu'il ne faut pas confondre avec son homonyme de Saint-Germain-des-Prés au IX⁰.

(3) Gien est distant de 64 kilomètres à l'orient d'Orléans et Meung à 18 kilomètres à l'occident de cette ville.

(4) Manuscrits et dialogues de Jacques Binet, chanoine de Saint-Liphard de Meung. (Bibliothèque nationale. Fonds Delamarre, 336. Reg. 9864 A.) « Orléans et Chartres, dit l'auteur, seules chez les Carnutes devinrent les sièges des évêques chrétiens, et dans l'office de l'église de Saint-Liphard,

qu'un annaliste du XVIIIe siècle insérait dans ses manuscrits (1).

Les travaux de la Commission de la topographie des Gaules (2) devaient rajeunir, en les éclairant de lumières nouvelles et de dissertations savantes, des controverses séculaires que l'on pouvait croire épuisées. Les modernes champions qui entrèrent en lice se partagèrent, à l'exemple de leurs devanciers, en deux camps : ceux-ci arborant la bannière d'Hadrien de Valois (3) et de Dauville (4), continuèrent la campagne ouverte depuis bien des siècles en faveur de la cité orléanaise, s'efforçant d'ajouter de nouveaux arguments à ceux qui démontraient déjà que cette ville occupe toujours l'assiette de la forteresse et de l'entrepôt des Carnutes ; celui-là, marchant sur la voie dans laquelle le savant abbé Lebœuf s'était trop légèrement aventuré (5), revendique pour le territoire de Gien l'honneur de posséder le berceau de l'antique Génabe d'où jaillit l'étincelle qui fit pâlir l'étoile de César et mit en péril l'édifice de la conquête de la Gaule que le grand capitaine croyait tranquille et pacifiée.

C'était pour punir d'une manière exemplaire l'audacieuse révolte des Génabiens et frapper les Gaulois d'une terreur salutaire que César avait mis le siège devant l'oppidum des Carnutes qu'il avait pris de vive force, livré au pillage et

l'évêque d'Orléans est appelé *Genabensis Pontifex*. Il est à croire que ceux qui ont ainsi parlé il y a 500 ans, continue l'auteur, avaient lu quelques anciens livres sur lesquels ils voyaient qu'Orléans était à la place de Genabum. » Cette assertion du chanoine de Meung reporterait l'origine de l'office de saint Liphard au moins à l'an mille. LEMAIRE (*Histoire et antiquitez d'Orléans*, 1648) confirme particulièrement ces deux passages, d'après Claudius Robertus et de la Saussaye, et la qualification de *Genabensis Pontifex*, appliquée à l'évêque d'Orléans, pages 5 et 24.

(1) POLLUCHE, *Essais sur Orléans*. (Bibliothèque municipale ; le manuscrit porte le titre de : *Fragments de quelques dialogues sur l'antiquité de la ville de Meung*).

(2) Cette commission fut nommée par l'empereur Napoléon III.

(3) *Hadriani Valesii historiographi Regis, Noticia Galliarum Parisiis*, anno 1675.

(4) Notice sur l'ancienne Gaule. Éclaircissements géographiques, 1741.

(5) Dissertation sur *Genabum* et *Vellaunodunum*. (Recueil de divers écrits par l'abbé LEBŒUF, chanoine d'Auxerre, tome II, 1738.)

détruit, croit-on, à peu près de fond en comble par le fer et le feu, un demi-siècle avant l'ère chrétienne (1).

A quelle époque et par quelle transformation le nom d'Orléans a-t-il été substitué à celui de Génabe? Les opinions sont partagées. Raoul Glaber, chroniqueur du XIe siècle, estime que c'est plutôt à la position qu'occupe cette ville sur le bord de la Loire qu'à l'un des empereurs romains qu'elle devait son nom (2). Parmi les érudits modernes, les uns tiennent pour l'empereur Aurélien, les autres pour Aurèle Antonin, ceux-ci pour Marc-Aurèle, ceux-là pour le consul Aurélien qui fut collègue de Stilicon en l'année 400 de l'ère chrétienne (3). Dès le IVe siècle, cette ville est appelée d'un nom latin *Aurelianis*, indéclinable, ou tout au moins invariablement employé à l'ablatif, et qui se perpétue non seulement pendant les deux derniers siècles de l'occupation romaine, mais encore durant toute la période du moyen âge (4).

Si au fond et pour le but que nous poursuivons, l'origine même du nom d'Orléans n'a qu'une importance secondaire, il n'en est plus de même quant à l'identité topographique de Génabe et d'Orléans. Que ce dernier nom soit dérivé de la position qu'occupe la ville sur le bord de la Loire, qu'il soit tiré du nom de l'un des trois empereurs, Aurélien, Aurèle Antonin, Marc-Aurèle, ou de celui du consul Aurélien qui fut

---

(1) *Cœs. Comment.*, lib. VII, cap, I, II, III, XI.

(2) *Diciturque Aureliana quasi ora ligeriana.*

(3) Guérard dit : que son premier nom *Genabum* ou *Cenabum* fut seul en usage jusqu'à Paul Orose, qui écrivait encore *Cenapum* en 416 ou 417. Ce nom s'est conservé cent cinquante ans environ après la mort violente d'Aurélien, survenue en l'année 275. D'un autre côté, le plus ancien document où l'on trouve Orléans désigné par *Aureliani* est la *Notice sur la Gaule*, qui fut rédigée sous le règne d'Honorius, entre les années 395 et 453. Alors ce nom devint en usage, celui de *Genabum* étant généralement abandonné par les écrivains grecs et latins. On doit donc, continue l'auteur, chercher une autre origine, et je proposerais Aurélien, qui fut consul avec Stilicon en l'an 400 de notre ère et dont l'époque coïncide avec les temps indiqués ci-dessus. (Polyptique de l'abbé Juninon, par GUÉRARD, membre de l'Institut, tome I, 1844.)

(4) Etymologie et histoire des mots *Orléans* et *Orléanais*, par A. BAILLY, ancien élève de l'École normale supérieure, professeur au Lycée d'Orléans. Herluison, éditeur, 1871.

le collègue de Stilicon, ou qu'il ait réellement une tout autre origine inconnue, quant à présent, nous nous bornerons à rappeler que, selon l'opinion la plus généralement accréditée, ce serait vers l'année 273 de notre ère que l'empereur Aurélien, vainqueur de Tétricus, l'agitateur des Gaules, aurait relevé les remparts de Génabe, qui était sans doute demeurée ville ouverte depuis sa révolte, et détaché du territoire des Carnutes la ville qu'il aurait *agrandie* (1) et à laquelle il aurait légué son nom Antoine, ainsi que nous l'apprend le poète d'Asti, dans les vers que nous avons rapportés plus haut; mais qui ne s'est pourtant substitué dans le langage populaire que lentement et progressivement à celui de l'héroïque Génabe si cher au cœur des vieux Gaulois (2). Ce qui demeure incontestable et confirmé par l'histoire comme les faits subsistants, c'est que l'antique oppidum des Carnutes fut entouré de murailles par les architectes de l'Empire, et que si la raison politique se refuse à admettre que cette construction dut suivre, à un court intervalle, la révolte des Génabiens qu'une nouvelle enceinte fortifiée par l'art romain pourrait favoriser et encourager peut-être, elle ne se refuse pas moins à admettre que cette œuvre considérable fut peut-être entreprise, eu égard aux difficultés des circonstances qui surgirent, dans les derniers temps de l'occupation romaine, ce qui placerait assez logiquement la date de l'établissement des remparts de la nouvelle métropole ligérienne à une époque moyenne entre celle de la conquête et celle de l'abandon de la Gaule, c'est-à-dire aux environs du règne d'Aurélien (3).

Quoi qu'il en soit donc, et en dernière analyse, le périmètre de la cité Aurélienne présentait la forme d'un quadri-

---

(1) *Aurelianus potius instaurator quam conditor censendus est.* (Historiens des Gaules, tome X, page 17.)

(2) Les deux noms de *Génabe* et d'*Orléans* ont été en usage simultanément, non seulement pendant les deux derniers siècles de l'occupation romaine, mais encore pendant toute la durée du moyen âge et même jusqu'au XV° siècle. L'opinion de Guérard ne paraît pas être absolument concluante sur ce point.

(3) Genabum adopta le nom d'Aurélien par reconnaissance. (Amédée Thierry, *Histoire d'Attila et de ses successeurs*, tome 1, page 164.)

latère dont les plus grands côtés, parallèles à la Loire, avaient environ cinq cent cinquante mètres, et les côtés perpendiculaires au cours du fleuve à peu près quatre cent quatre-vingts mètres de développement (1).

Bornons-nous donc à rappeler, pour demeurer dans l'ordre d'idées où nous voulons nous placer, que, puisque Orléans occupe l'assiette de l'antique Génabe, un *pont* y reliait les deux rives de la Loire au moment même où César s'emparait par un audacieux coup de main de la principale ville de guerre des Carnutes (2).

Quelle devait être la position de la tête de ce pont gaulois relativement à l'enceinte fortifiée de la ville assiégée? Cette question sans doute n'est pas dépourvue d'un certain intérêt, puisqu'elle est corrélative d'un épisode caractéristique de ce mémorable événement; mais nous la croyons rigoureusement insoluble par les raisons suivantes:

En admettant l'identité topographique de Génabe et d'Orléans (3), il faudrait déterminer d'abord le périmètre de l'enceinte fortifiée de l'oppidum des Carnutes, ainsi que la position de son pont, afin de rattacher ces éléments à l'enceinte gallo-romaine dont des traces nombreuses plus ou moins apparentes subsistent encore de nos jours : comme nous ne connaissons pas exactement ni le périmètre de l'enceinte gauloise de Génabe, ni la position que le pont contemporain de César devait occuper relativement à cette enceinte, le problème demeure sans solution topographique; toute

---

(1) *Manuscrits sur l'Histoire d'Orléans*, par Dubois, chanoine et théologal de l'église d'Orléans, déposés à la Bibliothèque de cette ville.

Histoire du siège d'Orléans et *Mémoire sur les antiquités du Loiret*, par Jollois.

Plan d'Orléans, par Ch. Pensée.

Histoire d'Orléans, par Bimbenet.

Histoire d'Orléans, par Vergnaud.

Mémoires et notices divers sur les antiquités de la ville.

(2) *Pontis atque itinerum angustæ multitudini fugam intercluserant.* (Comment., lib. VII. cap. XI).

(3) Les témoignages qui seront produits dans le cours de l'ouvrage au sujet de la succession des ponts depuis la conquête des Gaules jusqu'à la renaissance de l'an mille, seront autant d'arguments en faveur de l'identité topographique de Génabe et d'Orléans.

recherche dans ce sens serait oiseuse et stérile. Néanmoins, en l'absence d'antiques vestiges de l'enceinte gauloise, ne serait-il pas possible d'en déterminer au moins la position approximative, moyennant la connaissance préalable de l'emplacement du pont qui reliait les deux rives de la Loire au moment où César, accourant au bruit de la révolte des Gaules, vint fondre avec la rapidité de l'éclair sur Génabe pour y venger le massacre des citoyens romains? Ce problème demeure malheureusement aussi insoluble que le précédent; parce qu'il n'existe dans la Loire à Orléans, aujourd'hui, ni trace ni vestiges apparents d'un pont romain ou gaulois, ainsi que nous le démontrerons plus loin; et, s'il n'y en a plus, c'est que matériellement ces vestiges ne pourraient plus exister, ou que, s'ils existaient réellement encore, ils échapperaient à nos regards comme à nos procédés et à nos moyens d'investigation.

En effet les ponts qui traversaient la Loire, tant à l'époque de la conquête que durant l'occupation romaine, et particulièrement le pont d'Orléans sur lequel César a franchi le fleuve à la poursuite des Génabiens, lorsque leur cité fut envahie, n'étaient et ne pouvaient être que des *ponts de bois;* et après plus de dix-neuf siècles il ne peut subsister matériellement aucune trace, *apparente au moins,* d'une construction de cette nature.

Nous disons d'abord que le pont de Génabe était et ne pouvait être que de bois; nous ne voulons d'autre témoignage à l'appui que celui de César lui-même, qui est à la fois le plus compétent en fait et le plus véridique, car son amour-propre de grand capitaine n'était point engagé dans la question de savoir si le pont était de bois ou de pierre : or nous lisons dans ses *Commentaires* que le conquérant fit établir un grand nombre de ponts pendant ses campagnes dans les Gaules, et de tous ces ouvrages, le plus remarquable fut assurément celui du Rhin jeté en dix jours sur ce fleuve rebelle. César fait mention de quelques ponts construits par les Gaulois, mais sans dire nulle part que ces ponts fussent de pierre; et l'expression dont il s'est servi, notamment pour nous apprendre que les Parisiens détruisirent les ponts de leur cité : *rescindi jubent*, dit assez que ces ponts étaient de bois ; le verbe *rescindere* impliquant plutôt ici l'idée d'une séparation par coupure ou déchirement qu'une démolition proprement dite d'un ouvrage de pierre. Et cette interprétation trouve sa confirmation dans la description que l'empereur Julien faisait trois siècles plus tard des ponts de bois de Paris : *pontes publici, inquit, utrinque ad eam ferunt* (1).

Si les ponts de Paris n'étaient encore que de bois au IVe siècle de l'ère chrétienne, c'est-à-dire aux plus beaux temps de la domination romaine, *a fortiori* peut-on croire, sinon affirmer, que les ponts gaulois qui rattachaient l'île de Lutèce aux rives de la Seine n'étaient pas et ne pouvaient pas être de pierre. Mais, abstraction faite de la déclaration de Julien, ne suffirait-il pas de considérer la rapidité de l'exécution des ponts que César jeta sur les fleuves et les rivières, la promptitude des manœuvres à l'aide desquelles il remit en état quelques-uns de ceux qui avaient été coupés par l'ennemi, comme aussi la désignation explicite qu'il fait, en certains lieux, des ponts de bois, pour demeurer convaincu que les ponts à cette époque de notre histoire nationale, et particulièrement celui que les Gaulois avaient établi à Génabe sur la Loire, bien avant l'invasion romaine, et dont César a révélé l'existence, puisqu'il a traversé le fleuve sur ce pont, n'étaient et ne pouvaient être que des constructions en bois (2). Il n'est donc pas téméraire de croire, sinon d'affirmer, d'après les témoignages de César et de Julien, que durant les premiers âges de la domination romaine en Gaule, les ponts n'étaient et ne devaient être que de bois. Dans cet ordre d'idées rationnel que la technique ratifie et que la critique historique ne peut désavouer, les vestiges de ces ponts ne pouvaient être tout au plus de nos jours que des *chicots de pieux* formant un ensemble systématique de pilotis soit apparents, soit enfouis sous les sables et couverts par les eaux de la Loire, s'il nous

(1) *Juliani imperatoris, Misopogon*, Édition de 1566, page 38.
(2) *Cæs. Comment.* Lib. I, cap. XIII. Lib. III. Lib. IV, cap. XVII et XVIII. Lib. VI, cap. VI et IX. Lib. VII, cap. XI, XXXIV, XXXV. **Lib. VIII.**

était possible d'en découvrir *avec certitude* quelques-uns. Mais, d'une part, ces vestiges ne peuvent être restés apparents, parce que la nécessité d'assurer la sécurité des barques qui naviguaient sur la Loire aurait conseillé aux mariniers de les faire disparaître depuis bien des siècles, si, exposés dans le courant du fleuve au frottement incessant des sables siliceux, ces vestiges de pieux avaient pu échapper à cette seconde cause de destruction qui est tellement active que la pierre calcaire n'y résiste pas (1); d'autre part, peuvent-ils être enfouis sous les sables? Devant une telle interrogation, nous devons nous arrêter, car nous nous verrions entraînés dans le champ des conjectures et des hypothèses. Disons seulement que, découvrit-on, dans le lit du fleuve, des traces incontestables d'un pont, il serait tout aussi impossible aux ingénieurs hydrauliciens les plus expérimentés et aux archéologues les plus versés dans la connaissance des choses anciennes, qu'aux chimistes les plus habiles, d'affirmer que ces vestiges appartiennent à un *pont* de bois qui aurait été *contemporain de César* : nous aurons l'occasion de revenir sur cette intéressante question dans le chapitre VI. Quant à présent, nous nous en tenons à ce que dit le célèbre capitaine, et nous conclurons, sur ces témoignages réitérés, que les ponts des rivières de la Gaule, et spécialement ceux de la Loire, ne devaient être que de *bois*. Mais l'auteur des *Commentaires* fût-il muet sur ce point, que nous croirions pouvoir affirmer que les Gaulois n'ont jamais établi et ne pouvaient pas établir sur la Loire, ni en face de Génabe, ni ailleurs, des ponts de *pierre*.

Quelques auteurs qui, à tort, ont fait jusqu'ici autorité dans les controverses qu'ont suscitées les recherches sur la détermination géographique de Génabe, ont essayé de

---

(1) L'on peut s'assurer de cette vérité par l'examen des ouvrages construits dans le lit du fleuve, même depuis un petit nombre d'années. Ainsi à Orléans, les piliers du pont bâti vers l'année 1760, les duits, les perrés et les enrochements sont sillonnés de stries plus ou moins profondes que le frottement continu des sables entraînés par les eaux y creuse en peu de temps.

résoudre la question du pont gaulois sur la Loire au moment de la prise de cette ville par César : le chanoine Lebœuf, par exemple, affirme que ce pont (1) « duquel, dit-il, les anciens ont vu au XVIIe siècle des vestiges au fond de la rivière de Loire, était de bois. » Le respectable chanoine d'Auxerre n'en a vu *de ses yeux* aucun vestige dans la Loire, et il s'en est rapporté à de simples déclarations plus ou moins suspectes et dépourvues de toute autorité. La chronique prétend même qu'il n'est jamais allé visiter les lieux, ce qu'il est bien permis d'inférer de la rétractation loyale et naïve qu'il a faite plus tard en disant : « qu'il n'était point l'inventeur de ce *Genabum* et que c'était une ancienne tradition des habitants de Gien qu'il avait suivie (2). » Il aurait pu ajouter que s'il n'était pas l'inventeur de ce pont fabuleux, il s'en était fait tout au moins le trop crédule historien !

De son côté, Maugou de la Lande (3) affirme que quand la Loire est très basse, on y distingue *parfaitement* les restes d'anciennes *culées en pierre* qui sont celles du *pont de Génabe* en face de Gien-le-Vieux. L'auteur avance un fait qui était matériellement inexact en l'année 1863. Nous aimons à croire pour l'honneur de sa mémoire d'antiquaire qu'il s'en sera simplement rapporté, à l'exemple du chanoine d'Auxerre, à des déclarations d'autrui, sans avoir rien vu ni vérifié lui-même par ses propres yeux. Le colonel Paultre (4) nous apprend d'autre part qu'il s'était rendu à Gien pour y étudier la question de l'emplacement si controversé de l'antique Génabe, et qu'il résultait des *rapports* des mariniers, des pêcheurs et des gens du pays, que lorsque la Loire était basse, on y découvrait à fleur d'eau les ruines des piliers d'un *ancien pont* qui traversait la rivière : « C'est, dit

---

(1) Dissertation sur *Vellaunodunum* et sur *Genabum*, loc. cit.

(2) *Mémoires sur l'Histoire civile d'Auxerre*, nouvelle édition, tome 3.

(3) *Dissertation sur Genabum, ancienne ville de la Gaule*, par Maugou de la Lande, ancien secrétaire de la Société des Antiquaires de France. (*Mélanges d'archéologie*, par Bottin, 1831.)

(4) *Dissertation historique et critique sur l'ancienne ville de Genabum*, par Charles Paultre, lieutenant-colonel. (*Annales de voyages, de géographie et d'histoire*, par Maltebrun, tome 24, année 1814.)

« l'auteur, le pont de Genabum sur lequel César a franchi la
« Loire ! »

Le chanoine Lebœuf affirme que le pont était de *bois;* Maugou de la Lande et Paultre affirment, au contraire, qu'il était de *pierre*; et il est digne de remarque assurément, bien que ce ne soit pas un fait exceptionnel dans le monde des antiquaires, que chacun des trois archéologues n'a pas vu *de ses yeux* ce qu'il affirme exister avec un aplomb capable de donner la conviction à des lecteurs disposés à tout accepter de confiance.

Jollois (1), de son côté, a énergiquement combattu l'affirmation de l'existence de vestiges d'un ancien pont de pierre dans la Loire en face de Gien-le-Vieux. Sa discussion repose sur des faits précis et sur le résultat de quelques recherches locales ; et il déclare que rien ne lui a démontré qu'il y ait eu à une époque antérieure un pont de bois ou de pierre sur la Loire, en face du hameau de Gien-le-Vieux. Ajoutons enfin, pour vider cet incident, qu'au cours de l'année 1863, la Société archéologique du Loiret, émue du bruit qui se faisait alors autour de la question controversée de l'emplacement géographique de l'antique Génabe, mais surtout d'une prétendue découverte récente de plusieurs vestiges du pont légendaire, nomma une commission composée de quelques-uns de ses membres qui se transporta à Gien-le-Vieux pour résoudre définitivement, *de visu*, la question de fait de l'existence matérielle des vestiges apparents d'un pont antique dans le lit de la Loire, avec le concours et en présence de l'un des organisateurs de la croisade qui avait été préparée dans le but manifeste de replacer *per fas et nefas* l'antique oppidum des Carnutes sur le territoire de Gien-le-Vieux. Le procès-verbal des investigations consciencieuses et des recherches attentives de cette commission qui fut, de tous points, absolument négatif, a été reproduit *in extenso* dans les Mémoires de la Société archéologique de l'Orléanais (2). Cette campagne, qui s'ouvrit avec un certain

---

(1) Jollois, *Mémoire sur les Antiquités du Loiret.*
(2) Rapport d'une commission chargée de répondre à la question sui-

— 12 —

éclat, se termina brusquement par une retraite qui n'encouragera pas une nouvelle levée de boucliers tant que les adversaires d'Orléans n'auront à mettre en ligne que les arguments qui ont été discutés jusqu'à ce jour (1).

Les conclusions de la commission de la Société archéologique de l'Orléanais, corroborées par les déclarations antérieures de la commission de la topographie des Gaules, renouvelées en termes explicites dans une publication récente (2), et confirmées par la dissertation lumineuse d'un éminent académicien sur l'inscription lapidaire exhumée du sol orléanais (3) et par la découverte ultérieure d'un grand nombre de pièces de monnaie, d'armures et d'objets métalliques aux types celtique, grec et gallo-romain, extraits du lit du fleuve à Orléans et dans l'emplacement même du pont qui fut démoli au cours du XVIIIe siècle (4) et auquel l'ouvrage que nous écrivons est consacré, ont porté au système *Genabum-Gien* un coup dont il ne se relèvera plus. La science a parlé, la cause est entendue et le jugement sans appel !

Revenons à notre sujet. Existe-t-il dans le lit de la Loire, en face d'Orléans, des vestiges d'un pont dont on pourrait attribuer l'origine aux Gaulois ? Tous les auteurs, et le nombre en est grand, qui se sont occupés de cette question, n'ont fait à notre avis que l'effleurer sans la résoudre (5). On montre encore aujourd'hui dans le lit du fleuve des

vante : « Existe-t-il des vestiges apparents d'un pont dans le lit de la Loire en face de Gien-le-Vieux ? » (*Mémoires de la Société archéologique de l'Orléanais*, tome IX, 1865.)

(1) CHALLE, président de la Société des sciences de l'Yonne : *Mémoire sur l'emplacement de Genabum*, 1867. BOUCHER DE MOLANDON, président de la Société archéologique de l'Orléanais : *Notice sur la détermination géographique de Genabum*, tome XI des *Mémoires* de cette Société, 1868.

(2) *Dictionnaire archéologique de la Gaule à l'époque celtique*, tome I, page 638.

(3) Léon RENIER, *Mémoire lu à l'Académie des Inscriptions*, loc. cit.

(4) DESNOYERS, président de la Société archéologique de l'Orléanais : *Nomenclature et description des objets trouvés dans la Loire pendant les années de 1870 à 1874*. (*Mémoires* de cette Société, tomes XII et XV.)

(5) Pour ne parler que des écrivains orléanais du XIXe siècle, nous nous bornerons à citer le chanoine Dubois, de Billy, de Beauregard, Jollois, de Buzonnière, Bimbenet, de Pibrac, Vergnaud, de Certain, etc., etc.

débris de constructions plus ou moins anciennes, de bois et de pierre ; mais personne, que nous sachions, n'a réussi jusqu'ici à démontrer que ces débris appartenaient à l'époque antéchrétienne et qu'ils étaient des vestiges d'un pont qui aurait précédé la conquête romaine, ou qui aurait été contemporain. Nous essayerons, dans les chapitres qui vont suivre, d'établir la thèse opposée. Le lecteur jugera si nos efforts auront été couronnés de succès.

CHAPITRE II

PÉRIODE GALLO-ROMAINE

Des ponts d'Orléans après la conquête des Gaules et durant la période gallo-romaine jusqu'à la fin du V⁰ siècle. — De la restauration et de l'agrandissement de la ville d'Orléans au III⁰ siècle. — Du siège d'Attila et du pont de la Loire au milieu du V⁰ siècle. — Des baptistères fondés au IV⁰ siècle à Orléans, sous le vocable de Saint-Pierre-des-Hommes, *Virorum*, et de Saint-Pierre-des-Femmes ou filles, *Puellarum*. — Des vocables, *Sanctus Petrus pontis, in ponte, in puncto, de puncto.* — De la position remarquable, au point de vue géométrique et orographique, de la tour de l'abbaye de Saint-Pierre-Empont, au centre de la ville aurélienne. — De l'interprétation des leçons *pontis, in ponte, in puncto, de puncto,* dans leur triple corrélation avec la topographie et l'orographie du sol de la cité gallo-romaine, les documents anciens et modernes et la philologie.

Il ne peut être douteux pour quiconque a étudié l'histoire de Rome et la politique des Césars, que dans le double but de pacifier d'abord et d'asservir ensuite les nouvelles provinces dont la conquête leur avait coûté tant d'efforts et de sang, les Romains ont entretenu, amélioré et certainement reconstruit, durant leur possession cinq fois séculaire, le pont que les Gaulois avaient bâti sur la Loire, à Génabe, longtemps avant l'invasion. Il est à peine besoin d'en faire la remarque. Si l'édifice originaire, aussi grossier et imparfait qu'il fut aux yeux des architectes hydrauliciens de l'Empire, passés maîtres en l'art de bâtir, était un instrument de civilisation, il devait aussi et surtout être un instrument de domination dont les conquérants connaissaient parfaitement le prix, pour affirmer et consolider leur suprématie sur cette race belliqueuse et rebelle. On l'utilisa d'abord tel quel, et on prolongea son existence par un entretien plus ou moins régulier jusqu'au jour où la nécessité de son remplacement se sera fait sentir. Mais il est hors de doute qu'il n'y eut jamais d'interruption de passage sur la Loire dans la nouvelle métropole de la Gaule centrale durant la période de l'occupation étrangère, et qu'un pont y réunissait d'une manière continue les deux rives du grand fleuve, c'est-à-dire le Nord avec le Midi de la Gaule.

C'était de la politique élémentaire et les dominateurs du Monde n'ont eu garde de l'oublier; car les Gaulois vaincus par les armes romaines conservèrent l'amour très vif de leur indépendance qui, nous le disons à leur honneur, ne fit que sommeiller jusqu'au jour où l'alliance des Gaulois et des Francs, favorisée et encouragée par les Évêques, précipita la chute définitive de la puissance romaine en Occident.

Avant que l'empereur Aurélien entreprit, vers le milieu du III⁰ siècle, de relever de ses ruines l'héroïque oppidum des Carnutes et d'en faire une nouvelle cité qui depuis fut appelée Orléans, de l'agrandir, de la décorer de magnifiques monuments dont on a exhumé si souvent de précieux débris et de l'entourer de remparts formidables dont quelques vestiges qui ont bravé les efforts des hommes et des siècles sont encore debout et attirent nos regards, que s'est-il passé durant cette période trois fois séculaire ? Les Annales que nous interrogeons ne nous répondent que par un silence absolu; mais ne nous est-il pas permis d'affirmer qu'à défaut d'autres motifs et d'autres sentiments, les Romains auront tenu à honneur de ne pas paraître moins civilisés que ceux qu'ils appelaient dédaigneusement, dans l'insolence de leur orgueil, des brigands et des barbares ? Admettant donc l'hypothèse, qui est pour nous une vérité suffisamment établie et une certitude historique qui s'impose à la raison, que la ville d'Orléans aurait eu pour berceau l'antique Génabe, nous n'hésitons pas à admettre comme conséquence et à affirmer logiquement l'existence à peu près ininterrompue d'un pont sur la Loire en ce lieu célèbre depuis la conquête de César jusqu'à l'avènement d'Aurélien.

A partir de l'an 273 de notre ère, la ville nouvelle restaurée, agrandie et protégée par une enceinte de remparts élevés, devait nécessairement posséder sur la Loire au moins un pont de bois (1) qui répondait à la situation géographique, à l'importance militaire et politique de cette nouvelle métropole. C'était le complément naturel et absolument indispensable des grandes œuvres que la munificence impériale avait répandues à profusion sur cette cité privilégiée qui avait conquis et devait conserver une place exceptionnellement honorable dans les fastes de notre vieille patrie. Et si le récit trop succinct d'un respectable annaliste orléanais (2) a pu faire croire à des lecteurs qui ne connaissent pas la topographie de la ville aurélienne, que pendant le siège d'Attila, vers le milieu du V° siècle, l'absence d'un pont expliquerait pourquoi, parmi la multitude de Huns qui entouraient la ville, ceux-ci se noyèrent en essayant de traverser le fleuve à la nage pour échapper aux troupes d'Aétius qui arrivaient à marches forcées au secours des Orléanais, ceux-là, découragés, se livrèrent captifs aux mains de leurs ennemis et un grand nombre préféra mourir en combattant glorieusement plutôt que de tomber en esclavage ; hâtons-nous d'ajouter que cet épisode du passage de la Loire à la nage, incompréhensible dans l'hypothèse d'un pont, devient intelligible à la lumière des explications qui suivent : Un éminent historien moderne, qui a raconté la vie d'Attila et celle de ses successeurs, admet comme un fait de tradition incontestable que la ville d'Orléans occupe l'assiette de l'ancien oppidum des Carnutes et qu'elle

---

(1) « En raison de l'abondance des bois dans les Gaules, les Romains durent établir un grand nombre de ponts de charpente qui subsistaient encore pendant les premiers siècles du moyen âge. » (*Dictionnaire de l'Architecture française du XI° au XVI° siècle*, au mot Pont.)

(2) *Hunorum alii tronare Ligerium cupientes aquis fluentibus suffocantur, alii fatiscentes animis sese captivos dedunt, alii mortem gloriosam mucrone irruentium hostium appetunt magis quam precariam cogentur expectare.* (*Annales Ecclesiæ Aurelian. Anno 1615*, par Charles DE LA SAUSSAYE.)

possédait un pont à l'époque où le roi des Huns vint l'assiéger par la rive droite de la Loire (1).

L'objectif de la campagne d'invasion étant la Gaule méridionale, Attila s'était adroitement ménagé des intelligences avec le roi des Alains, qui occupait en Sologne la rive gauche du fleuve dont il gardait les passages. Les deux alliés ne doutaient pas que la ville d'Orléans ne fût bientôt soumise à leur domination ; mais leur espérance ne tarda pas à être déçue ; car dès que Sangiban, à la tête de ses troupes, se rapprocha du pont qui reliait cette cité à la rive de Sologne, les Orléanais lui en refusèrent le passage et en fermèrent la porte ; et lorsqu'aux premiers jours du mois de mai de l'année 451, le roi des Huns, partant de Metz, vint, après avoir traversé Châlons, Troyes et Sens, suivi d'une multitude de gens de guerre, planter ses tentes devant la métropole de la Loire, il la trouva munie de défenses formidables. Averti du danger qui menaçait sa ville épiscopale, Aignan s'empressa d'aller jusqu'à Arles implorer le secours du Patrice romain Aétius auquel il promit que les Orléanais soutiendraient vaillamment les attaques des Barbares pendant quarante jours. Le courageux évêque rentra donc dans sa ville y rapportant la promesse d'une assistance énergique et prochaine. Mais des circonstances imprévues retardèrent l'arrivée d'Aétius sous les murs de la ville assiégée ; les Orléanais, à bout de forces et de ressources, voyant leurs remparts ébranlés et se croyant abandonnés de ceux qui avaient promis de les secourir, se virent réduits à capituler et à se rendre à discrétion. Et les Barbares pénétraient déjà dans la ville dont ils avaient commencé le pillage (2) lorsqu'arrivèrent les secours attendus : « C'étaient,
« dit l'éminent historien, Aétius et Thorismond qu'on
« apercevait à la tête de la cavalerie romaine accourant à
« toute bride, et derrière eux on voyait briller les aigles des
« Légions et les étendards des Goths. Ils furent bientôt
« devant la ville ; un premier combat eut lieu au débouché

(1) AMÉDÉE THIERRY, *Histoire d'Attila et de ses successeurs*, tome I, pages 160 et suivantes.
(2) *Vit. sanct. Anian.*, apud Chesn. et Dom Bouquet.

« du pont, sur la rive et jusque dans les eaux de la
« Loire (1) ; d'autres lui succédèrent dans l'intérieur des
« murs. Les Huns furent mis en déroute et Attila fit former
« la retraite et décampa silencieusement pendant la nuit »
pour aller se faire écraser plus tard dans les champs
Catalauniques où il fut atteint par l'armée d'Aétius.
L'existence d'un pont sur la Loire à Orléans, au milieu du
V° siècle, est donc un fait historique absolument inséparable
des péripéties du siège d'Attila qui eut lieu sous l'épiscopat
de saint Aignan, défenseur et libérateur de la cité dans cette
suprême conjoncture (2).

Des auteurs orléanais, qui ont traité la question de savoir
si un pont rattachait les deux rives du fleuve durant la
période gallo-romaine, se sont efforcés de découvrir l'emplacement qu'il devait occuper et la nature de sa construction.
Nous allons examiner, avec quelques détails, avant d'aller
plus loin, les opinions de ces auteurs.

Nous sommes profondément pénétré de cette salutaire
croyance qu'il est bon, qu'il est nécessaire même, d'accorder
à la tradition les témoignages de respect que méritent les
choses anciennes ; mais c'est sous la condition que les faits

---

(1) *Itaque alii succubuerunt gladiis, alii coacti timore tradebant se gurgiti Ligeris, sortituri finem mortis.* (*Vit. sanct. Anian., loc cit.*) — Ni les chroniqueurs anciens, ni l'historien moderne n'expliquent d'une manière intelligible les péripéties de ces combats. Si les troupes d'Aétius sont arrivées sous les murs d'Orléans par la rive droite du fleuve, les Huns qui avaient pénétré dans la ville, étant poursuivis l'épée aux reins dans les rues, un certain nombre, ne pouvant fuir par le pont qui était peut-être trop étroit ou occupé et défendu par les troupes d'Aétius, se seront jetés dans la Loire où ils auront péri. Cette interprétation expliquerait le sens de la narration de la Saussaye et de celle de Thierry. Si, au contraire, une partie des troupes romaines arrivait par la rive gauche, un combat a dû être livré à la tête du pont entre ces troupes et les Huns ; ceux-ci, refoulés dans la ville et attaqués des deux côtés, ont dû chercher leur salut en essayant de se sauver à la nage. Dans les deux hypothèses, l'existence d'un pont est incontestable.

(2) Un sceau capitulaire de la collégiale de Saint-Aignan porte en légende cette inscription : *Sanctus Anianus liberator vetus Aurelianensis*. Ce sceau de cuivre, parfaitement conservé, qui a fait l'objet d'une notice insérée au tome X des *Mémoires de la Société archéologique de l'Orléanais*, paraît avoir été composé pour perpétuer la reconnaissance du Chapitre envers le roi Louis XII.

traditionnels se présenteront à notre esprit entourés d'un certain caractère de bonne foi et de désintéressement surtout, qui écarte jusqu'à l'ombre d'un soupçon de fraude ou de supercherie, de spéculation systématique ou d'amour-propre de l'auteur. Nous examinerons donc avec une attention soutenue les idées qui se sont produites sur le sujet et nous les jugerons avec la sincérité, la bienveillance et l'impartialité dont nous nous sentons capable et que nous demandons pour nous-même.

Les auteurs qui ont accidentellement parlé des anciens ponts d'Orléans se sont divisés en deux camps sur la question de l'emplacement qu'aurait occupé celui qui fut contemporain de la domination romaine. Les uns ont soutenu que ce pont devait se trouver sur la Loire à l'extrémité méridionale de la rue de la Poterne qui, prolongée au septentrion jusqu'à la Porte-Parisie, aurait partagé en deux parties à peu près égales l'assiette de l'antique cité Aurélienne (pl. I., fig. 1.); les autres que ce pont avait été bâti dans le prolongement de la rue des Hôtelleries-Sainte-Catherine (1), c'est-à-dire dans la direction prolongée de l'ancien rempart occidental gallo-romain séparant la cité d'un territoire adjacent qui devint plus tard le bourg d'Avignon (2). Les uns et les autres invoquant des documents écrits et l'existence des vestiges d'antiques ouvrages faits de main d'homme, ont interprété ces témoignages à leur point de vue personnel pour en tirer des conclusions plus conformes à leurs sentiments qu'elles ne paraissent l'être à la vérité matérielle.

Tout ce qui rappelle et contribue à perpétuer le souvenir du pont historique des Tourelles d'Orléans et l'incomparable et mystérieux fait d'armes dont il fut témoin et qui sauva la France au XV° siècle doit être conservé avec un soin pieux.

---

(1) Nous avons ajouté à la fin de l'ouvrage une notice explicative et détaillée de chacune des figures représentées sur les planches de l'Atlas. Nous prions le lecteur de se reporter à cette notice pour l'intelligence des planches et du texte.

(2) *Avenum.* Ce bourg longeait les murs d'Orléans à l'Occident. *Avenum* est le nom donné par Vincent de Beauvais pour l'année 1250.

Le lecteur nous pardonnera donc d'avoir entrepris des recherches qui, peut-être, pourront lui sembler, au premier coup d'œil, étrangères à notre sujet principal, mais qui, au fond, en sont les préliminaires nécessaires et indispensables.

L'origine de ces opinions divergentes sur la position que le pont d'Orléans a pu occuper au temps de la domination romaine apparaît dès les premiers siècles dans les Annales du moyen âge; mais il faut remonter jusqu'à l'époque gallo-romaine pour la découvrir et en suivre les développements.

Au IV° siècle de l'ère chrétienne, un évêque du nom de *Diopetus* gouvernait l'Église d'Orléans; les historiens le considèrent, sans justifications bien positives cependant, mais en s'appuyant sur la tradition, comme le fondateur de deux baptistères dans la cité aurélienne : le premier, sous le vocable de Saint-Pierre-des-Hommes, *Sanctus Petrus Virorum*, le second, sous celui de Saint-Pierre-des-Filles ou Femmes, *Sanctus Petrus Puellaris* ou *Puellarum*. Le plan de la ville romaine (pl. 1, fig. 1) montre la position de ces édifices (1). Le premier de ces deux sanctuaires paraît avoir conservé sans changement son vocable depuis sa fondation jusqu'à une époque qui demeure inconnue et à partir de laquelle on voit apparaître dans les actes, chartes, diplômes, des variantes du vocable qui furent employées soit simultanément, soit séparément et dont nous parlerons plus loin. Quant au second, il n'a pas cessé, depuis son origine jusqu'à nos jours, d'être désigné sous le nom de *Saint-Pierre-*

---

(1) *Diopetus duo amplissima baptisteria virorum et mulierum duobus in locis S. Petro dicatis instituit, anno 345.* (*Annales Eccles. Aurel.*, loc. cit. page 45.) — Symphorien Guyon. *Histoire de l'Église d'Orléans* 1647. — Chanoine Hubert, *Manuscrits sur l'Histoire d'Orléans*, composés vers le milieu du XVII° siècle. (*Bibliothèque municipale d'Orléans.*) — Polluche et Beauvais de Préau. *Essais historiques sur Orléans*, 1778. (*Bibliothèque municipale.*) — *Annotations*, par l'abbé Pataud. — Bimbenet pense, contrairement à La Saussaye, que le baptistère de Saint-Pierre-des-Filles était plutôt une Congrégation de jeunes filles qu'un baptistère. — *Justices du Chapitre et de l'église de Saint-Pierre-le-Puellier.* (*Mémoires de la Société archéologique de l'Orléanais*, tome IV, page 58.) Un monastère de filles, sous le même vocable *Sanctus Petrus Puellaris*, aurait été fondé à Tours, au VI° siècle, dans l'église de Saint-Pierre. (Chalmel. *Tablettes chronologiques de Touraine.*)

Puellier. De ces deux édifices qui avaient été rebâtis au moyen âge, dans le style caractérisé par le nom d'architecture romane secondaire, le dernier subsiste encore aujourd'hui, le premier a été démoli après la révolution de 1830.

Le baptistère de Saint-Pierre-des-Hommes, *Sancti Petri virorum* (1), qui a porté plusieurs vocables, devint, dans la suite des siècles, une abbaye, une église collégiale et une église paroissiale dont le vocable français fut *Saint-Pierre à pont* ou *empont*. Est-ce à la substitution du qualificatif *pont* au qualificatif primitif *hommes*, ou à l'emploi indifférent ou simultané de l'un et de l'autre dans la langue écrite et dans la langue parlée du moyen âge qu'il faut rechercher l'origine d'un système moderne qui a placé l'ancien *pont* d'Orléans à l'extrémité méridionale de la rue de la Poterne? Tel est le problème historique dont nous nous sommes proposé de chercher la solution.

Et d'abord nous rappellerons que la ville d'Orléans était en possession de plusieurs sanctuaires consacrés au Prince des Apôtres; nous venons d'en faire connaître deux; les autres étaient : *Saint-Pierre-aux-Bœufs, Saint-Pierre-Lentin, Saint-Pierre-Ensentelée*. Ces deux derniers ont disparu et Saint-Aignan s'est substitué à Saint-Pierre-aux-Bœufs (2). Nous ne nous occuperons que du premier de tous ces vocables qui est probablement, d'après la tradition et les chartes du moyen âge, le plus ancien : *Sanctus Petrus viro-*

---

(1) Nous n'avons rencontré que les leçons *Sancti Petri* et *Petri apostoli* dans les ouvrages suivants : *Annales ordinis S. Benedicti*, auct. Mabillon, tome I, liv. 5, page 116; *Act. sanct. ordin. Sanct. Bened.* Ier siècle, tome I ; *in vit. sanct. Mauri abb.*, page 288; d'Achery et Mabillon; *Act. sanct. Bolland.*, tome 1; *vita sanct. Mauri abb.*, page 1045.

(2) Saint-Pierre-des-Hommes. *Sanctus Petrus Virorum.*
Saint-Pierre-des-Filles. *Sanctus Petrus Puellarum* ou *Puellaris.*
Saint-Pierre-aux-Bœufs, hors la ville, devenu plus tard Saint-Aignan.
Saint-Pierre-Lentin. *Sanctus Petrus lactentium*, à côté de la cathédrale de Sainte-Croix.
Saint-Pierre-Ensentelée ou en Sainte-Lée, *Sanctus Petrus in sancta Lata.* Saint Pierre et sainte Lée étaient patrons de cette paroisse. On a écrit aussi *Sanctus Petrus in semita lata.* Cette église était hors de la ville, sur le bord du fossé, à proximité d'une voie spacieuse. (Vergnaud, *Histoire d'Orléans.*)

rum. C'est le seul d'ailleurs qui nous intéresse pour l'étude des anciens ponts d'Orléans.

Le sanctuaire de Saint-Pierre-des-Hommes, qui occupait un lieu dominant tous les alentours, avait été, par un pur effet de hasard, bâti à peu près au centre géométrique de la ville gallo-romaine (pl. I, fig. 1) (1). Dans la hiérarchie ecclésiastique, la Cathédrale de Sainte-Croix était la principale et la première église (2) ; après venait le Chapitre de l'église collégiale et royale de Saint-Aignan lorsque le nom du patron d'Orléans fut substitué dans ce sanctuaire à celui du Prince des Apôtres. La seconde église collégiale était Saint-Pierre-des-Hommes ou *empont* dont, en l'année 1186 (3), Hugues, doyen de Sainte-Croix, était abbé, *Beati Petri virorum abbas*. La qualité de *Seigneur* qui était attribuée au Chapitre de Saint-Pierre-des-Hommes lui donnait des droits sur toute l'étendue de sa juridiction. La Saussaye rapporte qu'au temps des invasions normandes et en l'année 837, on transporta de l'abbaye d'Hyesme, sise au diocèse de Bayeux, dans la ville d'Orléans, les reliques de saint Evroul. Sur l'emplacement qui reçut le corps du Saint à son entrée dans la ville, près la porte Dunoise (pl. I, fig 1) et qui était une dépendance du territoire et *destroit* (district) soumis à la juridiction du Chapitre de Saint-Pierre-des-Hommes, *Sancti Petri virorum quæ alias Sancti Petri de puncto dicitur quia est in puncto urbis, id est medio ædificata* (4), on bâtit une chapelle pour le vocable de Saint-Evroul. Ses reliques déposées dans l'église de Saint-Pierre *Sancti Petri quæ sita est in puncto civitatis* (5), y furent

---

(1) L'assiette de la ville gallo-romaine formait, avons-nous dit, un parallélogramme et le sanctuaire était situé à l'intersection de ses deux diagonales. Nous reviendrons plus loin sur cette particularité.

(2) LEMAIRE, *Histoire de l'Église et du diocèse d'Orléans*, 1648.

(3) BIMBENET, *Justice du Chapitre et de l'église de Saint-Pierre-Empont.* (*Mémoires de la Société archéologique de l'Orléanais*, tome IV.) Sous l'épiscopat de Manassès de Garlande, vers 1163, il existait dans la ville « tres abbatiæ, scilicet : Sancti Petri Virorum, Sancti Petri Puellarum et Sancti Aviti. » (*Annales Ecclesiæ Aurelianensis*, loc. cit., page 454.)

(4) *Annales Eccl. Aurel.*, loc. cit., page 329.

(5) *Ibid.*, page 331.

l'objet d'un culte public dont on retrouve encore les témoignages au cours des années 1555 et 1556 (1).

Avant la sécularisation du monastère, les abbés de Saint-Pierre-des-Hommes étaient choisis parmi les membres de la hiérarchie ecclésiastique. Plus tard les choses suivirent un autre cours (2). La dignité de doyen fut tenue par des personnes titrées ou appartenant à la noblesse. Les titulaires, au nombre desquels on compta des rois, étaient mis en possession de leur charge par un cérémonial qui atteste la haute considération dont jouissait cette antique abbaye. Le nouveau doyen était introduit dans l'église couvert de l'habit séculier, on lui remettait l'épée, la ceinture, la gibecière, les éperons dorés, et c'est orné de ces insignes qu'il faisait son entrée dans le sanctuaire, portant l'épervier au poing (3). Cette investiture seigneuriale était donnée dans la même forme au doyen du Chapitre de l'église de Saint-Aignan. Dans la ville d'Orléans les deux abbayes de Saint-Pierre-des-Hommes et de Saint-Aignan jouissaient seules de ce privilège. Mais celle de Saint-Pierre en possédait encore d'autres : ainsi, par un arrêt du parlement de Paris du 12 novembre 1322, il a été constaté que c'était l'église de Saint-Pierre qui sonnait le *couvre-feu* : *pulsatur ad igni tegium in ecclesia sancti Petri virorum* (4). C'était, disent des historiens orléanais : « la cloche de Saint-Pierre-Empont
« qui sonnait le couvre-feu, les réjouissances publiques, et
« les alarmes ; pendant la nuit elle sonnait la levée et
« retraite, et la continuation du guet. On l'appelait trom-
« pille de la guette, autrement chasse ribault. En temps
« de guerre les Eschevins plaçaient un poste de bour-
« geois (5) au haut de cette tour pour observer les dehors

---

(1) VANDEBERGUE DE VILLIERS. Tome II des manuscrits déposés à la Bibliothèque d'Orléans ; les tomes I, II, sont la propriété des Hospices de la ville et font partie de ses archives.

(2) LEMAIRE, *loc. cit.* — BIMBENET, *loc. cit.* et acte de GUILLAUME GIRAUT, notaire au Châtelet d'Orléans, du 24 mai 1419.

(3) GUILLAUME COMPAIN, doyen de Saint-Pierre-des-Hommes et prédicateur du roi Louis XI en l'année 1471. — LEMAIRE, *loc. cit.*

(4) *Annales Eccl. Aurelian.*, *loc. cit.*, page 551.

(5) La tour de Saint-Pierre-Empont conserva ce privilège jusqu'à

« de la ville, et pendant le siège de 1428-1429 la cloche
« du beffroi de Saint-Pierre joua un rôle très important. Elle
« sonna tout le jour de la prise des Tourelles (1). » Et nous
retrouvons dans les documents contemporains la confirmation pratique de ces privilèges : ainsi le compte de forteresse de l'année 1419 mentionne une dépense faite pour les cordes de la cloche de *Saint-Pierre-Empont* « qui sonne minuit et
« les portes » et pour l'année 1442-1443 une indemnité au Chapitre « pour une cloche rompue le jour de la feste de la Ville et pour les charges que icelle église a et porte tous les jours tant pour la guette comme du baffroy » (2).
Aux jours de la fête religieuse de la ville, le 8 mai de chaque année, la commune consacrait des sommes relativement importantes à la célébration du glorieux anniversaire de sa délivrance (3). Elle achetait des ornements pour les maîtres et pour les enfants de chœur des Chapitres de la cathédrale de Sainte-Croix, de Saint-Aignan et de Saint-Pierre-Empont qui suivaient la procession et y chantaient des cantiques ; elle les régalait de petits pâtés ; mais ces faveurs étaient une sorte de privilège exclusivement réservé à ces trois Chapitres. On retrouve ces détails naïfs et curieux dans les comptes de commune des années 1493 à 1561 (4). Toutefois, nous ne les rappelons ici que pour établir l'ordre de préséance dans lequel figure le Chapitre de *Saint-Pierre-Empont*. On en verra plus loin les motifs. Mais nous croyons devoir ajouter quelques preuves complémentaires de la haute situation qu'occupait le Chapitre de Saint-Pierre au sein de la hiérarchie de la Cité.

l'année 1412, à partir de laquelle on reconnut la nécessité, en raison des circonstances, de multiplier les postes d'observation et une guette fut installée dans la tour de Saint-Paul. (Comptes de forteresse des années 1416-1417.)

(1) LEMAIRE, POLLUCHE, VERGNAUD, *loc. cit.*
(2) VANDEBERGUE DE VILLIERS, tome I. (Archives des Hospices d'Orléans.)
(3) Cette fête, qui avait été primitivement instituée en mémoire de la *Délivrance de la Ville*, finit par devenir la *Fête de la Pucelle* : « l'idée
« abstraite de la délivrance s'effaça peu à peu devant l'image poétique et
« saisissante de celle qui en avait été l'instrument. » (MANTELLIER, *Histoire du siège d'Orléans*.)
(4) VANDEBERGUE DE VILLIERS, t. I, *loc. cit.* — Chanoine DUBOIS, t. II, *loc. cit.*

Dans une charte libellée en forme d'action de grâces rendue à G. Cardinat du titre des Saints Marcellin et Pierre, pour la date du 26 avril de l'année 1320, au sujet de la réformation de l'Université d'Orléans dont le soin lui avait été confié par le Saint-Siège : *in negotiæ reformatinus studii Aurelianensis* par les doyens et Chapitres de l'église cathédrale de Sainte-Croix d'Orléans, de *Saint-Pierre-des-Hommes*, de Saint-Avit, de Saint-Pierre-le-Puellier, ainsi que par l'abbé et le couvent de Saint-Euverte, par les prieurs et couvents des frères prêcheurs et mineurs de l'ordre de Saint-Augustin, l'on peut remarquer que le Chapitre de Saint-Pierre-des-Hommes, *Sancti Petri Virorum*, vient en l'ordre de préséance immédiatement après celui de la Cathédrale de Sainte-Croix, et que les huit sceaux appendus à la Charte le sont dans le même ordre (1).

Entrons maintenant dans l'examen des questions nées de l'obscurité qui entoure les origines du vocable *Saint-Pierre-Empont* substitué au vocable primitif *Saint-Pierre-des-Hommes* et de la corrélation que quelques écrivains des derniers siècles, et du XIX° en particulier, ont essayé d'établir entre le qualificatif *empont* (2) et le pont des Tourelles devenu célèbre dans l'histoire de notre patrie par les hauts faits de Jeanne la Pucelle, dont il reçut le nom sur la fin du XVI° siècle. Le respectable auteur des *Annales de l'Église d'Orléans* rappelait, en parlant de l'abbaye de Saint-Pierre-des-Hommes, l'emploi d'une ancienne variante de ce vocable : *Sancti Petri virorum quæ alias sancti Petri de puncto dicitur, quia est in puncto urbis, id est medio ædificata*, et il ajoutait un peu plus loin pour préciser sa pensée : *Sancti Petri quæ sita est in puncto civitatis* (3). Le lecteur remarquera que dans l'esprit

---

(1) Charte sur parchemin, texte latin ; les huit sceaux en cire de diverses couleurs appendus à des queues en parchemin sont en partie brisés. Celui de Saint-Pierre-des-Hommes, le moins mutilé, est de cire verte. (*Archives départementales du Loiret.*)

(2) On a écrit *empont*, *en pont*, comme on écrivait *embas*, *en bas* ; *emprès*, *en près* ; par la substitution de la lettre *m* à la lettre *n*. (*Trésor de la langue française, 1606.*)

(3) *Annal. Eccl. Aurel.*, pages 329 et 331. L'auteur écrivait à la fin du XVI° siècle et, à cette époque, l'abbaye de Saint-Pierre-des-Hommes ou

et sous la plume de l'annaliste la caractéristique *virorum* du vocable de la première phrase n'a pas pour équivalent littéral *de puncto* ou *in puncto*. Si La Saussaye écrit : *Sanctus Petrus de puncto* ou *in puncto*, c'est pour exprimer le fait matériel et l'indice topographique de la situation de ce sanctuaire au centre, au milieu de la ville, mais sans altérer ni changer le qualificatif *virorum*. Et l'explication de la pensée de La Saussaye se trouve confirmée par le récit du chanoine Hubert qui estime que cette variante *de puncto, in puncto*, est plutôt une distinction de *lieu* que de *nom*, c'est-à-dire plutôt topographique que qualificative. Cet annaliste s'exprime en ces termes (1) : « L'église collégiale de Saint-Pierre *en pont*
« est fort ancienne. *Cette distinction de nom ou plutôt de*
« *lieu où elle est située* a plusieurs origines. Quelques-uns
« tiennent que la plus certaine vient de sa situation *in puncto*
« *civitatis*, au centre, au point milieu de la ville, et il
« y a bien de l'apparence à cela ; vu que la ville d'Orléans
« n'avait son étendue en longueur que depuis l'ancienne
« porte Bourgogne jusqu'à l'ancienne porte Dunoise (pl. I,
« fig. 1) et de cette manière est justement située au milieu
« *entre ces deux portes* qui faisaient les deux extrémités de
« la ville. D'autres aussi tiennent qu'elle est appelée Saint-
« Pierre *en pont* parce que *la croupe de cette église abou-*
« *tissait sur la rue qui traversait la ville, et qui allait direc-*
« *tement au pont* (pl. I, fig. 1), vu que l'on *apprend* (2) que du
« temps des Gaulois et des Romains, lorsqu'ils dominaient
« dans les Gaules, *le pont de la Loire était à la porte de la*
« *Poterne*, et que même proche de cette porte, en dedans et

---

empont n'était plus au centre, au milieu de la ville, dont trois accroissements successifs avaient déformé la figure primitive aux XIVᵉ et XVᵉ siècles. (Pl. I, fig. 1.) A l'une comme à l'autre de ces trois époques, le centre, le milieu de l'agglomération, n'était plus à Saint-Pierre-Empont et les mots « *Abbatia Sancti Petri quæ sita est in puncto civitatis* », écrits par La Saussaye à la fin du XVIᵉ ou au commencement du XVIIᵉ siècle, consacraient alors une erreur chronologique et topographique.

(1) Chanoine HUBERT, *Manuscrits pour servir à l'Histoire d'Orléans*. Chap. III, sect. I., page 471, *loc. cit.*

(2) L'auteur résout, *à priori*, la question controversée et sans preuves ni justifications d'aucune sorte ; les mots *on apprend que...* ne sont pas une *preuve*.

« en dehors, on pourrait trouver quelques vestiges (1). Dans
« les actes publics cette église s'appelle encore d'un autre
« nom : *Ecclesia Sancti Petri virorum*. L'origine de cette dé-
« nomination se rapporte à la première institution que l'on
« attribue à l'évêque *Diopet*, pour servir de baptistère pour
« les hommes ou au moins à ce qu'elle a été un monastère
« d'hommes. » Et dans le même chapitre l'auteur continue
quelques lignes plus loin : « Je remarque que sous le règne
« de Louis d'Outremer, florissait un personnage de grande
« considération nommé Herluin, chancelier de Hugues-le-
« Grand, duc d'Orléans, archi-chapelain de la chapelle, prêtre
« et abbé des chanoines de Saint-Pierre *en pont* (2). *Herlui-*
« *nus cancellarius Hugonis magni abbas erat Sancti Petri*
« *de puncto.* » Et le chanoine Hubert traduit cette phrase,
avec une licence inadmissible, ainsi qu'il suit : « Herluin,
chancelier de Hugues-le-Grand, était abbé de Saint-Pierre
en pont. » Ce passage latin serait tiré d'une charte du
commencement du Xe siècle dont le chanoine Hubert n'indique pas la forme, et dont nous n'avons pu ni vérifier la
source ni collationner le texte (3). En l'acceptant comme authentique nous ne pourrions toutefois comprendre que le cha-

---

(1) Le lecteur verra plus loin que jusqu'ici il n'a rien été trouvé qui confirmait cette hypothèse.

(2) HERLUIN, dans ses premiers emplois, fut secrétaire et notaire du roi
Charles-le-Simple, maître de chapelle de Hugues-le-Grand et premier garde
des sceaux des comtes d'Orléans. Hugues-le-Grand fut comte d'Orléans vers
l'année 955. (Manuscrits du chanoine HUBERT. — LOTTIN, *Recherches historiques sur la ville d'Orléans, 1836*.)

(3) DE VASSAL, qui fut président de la Société archéologique de l'Orléanais,
archiviste du département du Loiret, et qui a laissé des ouvrages d'un mérite
réel, nous a déclaré, en l'année 1861, qu'il n'avait *jamais rencontré* écrite
d'une manière authentique la leçon *de puncto* ou *in puncto* et qu'il révoquait
en doute le témoignage de Hubert. Il pensait, à l'examen de manuscrits les
plus anciens à sa connaissance et en deçà du XIIIe siècle, que les deux
dénominations *Sanctus Petrus virorum* et *Saint-Pierre-Empont* ont été
employées *simultanément* et *parallèlement*, l'une en français, l'autre en latin ;
on verra plus loin que cette opinion est fondée.

La charte du Xe siècle indiquée par le chanoine Hubert serait-elle celle
que La Saussaye, page 329, désigne vaguement par ces mots : « *Abbatia
Sancti Petri virorum quae* ALIAS *de puncto dicitur?* » On ne peut que
regretter le silence de ces deux annalistes.

noine Hubert, à la vue d'un texte aussi positif, eût conservé quelque doute sur le sens du vocable Saint-Pierre-*Empont*. Si en effet la charte du X⁰ siècle contient *de puncto*, la question était résolue à la première lecture, car le chanoine Hubert savait assez de latin pour se garder de traduire *de puncto* par *en pont*. Au temps de ce chanoine, l'église de Saint-Pierre-des-Hommes n'était plus désignée dans le langage usuel que par le nom de Saint-Pierre-Empont. Pour les contemporains de l'auteur qui vivaient au milieu du XVII⁰ siècle, nulle confusion n'était possible, et tout le monde savait à Orléans que les noms de Saint-Pierre-*Empont* et Saint-Pierre-*des-Hommes* indiquaient une seule et même église située en un lieu parfaitement connu de tous les bourgeois de la cité. Mais l'infidélité de la traduction tendait à propager l'opinion qui rattachait vaguement cette désignation à l'existence d'un ancien pont imaginaire sur la Loire, au bas de la rue de la Poterne, opinion qu'aucun document authentique n'était venu confirmer, d'après l'aveu même de l'auteur, et que l'histoire serait sans doute condamnée à enregistrer et à accepter définitivement par cette raison que, bien que transmise sans témoignages, ni preuves ou justifications suffisantes, elle s'imposerait au nom de la *tradition* comme un fait irrévocable devant lequel il n'y aurait plus qu'à s'incliner.

En suivant l'ordre chronologique nous trouvons, au cours du XVII⁰ siècle, deux autres annalistes orléanais contemporains du chanoine Hubert, Symphorien Guyon et Lemaire, qui ont exprimé leur sentiment sur la question du vocable *Saint-Pierre-Empont*.

Symphorien Guyon (1) nous apprend que l'église de Saint-Pierre-des-Hommes a été désignée aussi par *Sanctus Petrus in puncto*, qu'il traduit par *Saint-Pierre en point* ou *en pont*, à raison, dit-il, qu'elle est située comme *au point de centre, au milieu de la ville*. Lemaire (2) prétend aussi que les anciens titres de l'église Saint-Pierre portent *in puncto, id est, in*

---

(1) Symphorien Guyon, *loc. cit.* Siècle III.
2) Lemaire, *loc. cit.*, 3ᵉ partie, page 85.

medio urbis qu'il traduit par Saint-Pierre *en poincte étant au milieu* de la ville. Si le chanoine Hubert s'est permis une licence en traduisant *de puncto* par *empont*, Symphorien Guyon et Lemaire ne se gênent pas davantage. L'on ne peut donc que regretter le défaut d'authencité des titres qui contenaient la leçon *in puncto* à la vue de laquelle toute incertitude et toute difficulté devaient disparaître.

Dans le XVIII° siècle, deux écrivains orléanais, Polluche et Beauvais de Préau, ont mentionné l'antique abbaye de Saint-Pierre-des-Hommes qu'ils désignent par le vocable *Sanctus Petrus in puncto civitatis*, ce qui constituait, au temps où les auteurs écrivaient, une erreur chronologique et topographique précédemment signalée. Mais ni l'un ni l'autre n'expriment d'opinion sur cette variante du vocable qu'ils se bornent à enregistrer (1).

Au XIX° siècle, un auteur qui a écrit beaucoup de mémoires sur la ville aurélienne (2) a rapporté l'interprétation de Symphorien Guyon et de Lemaire sur le sens de la variante topographique *in puncto civitatis*, à laquelle, dit-il, il en préfère une autre, *Sanctus Petrus in ponte*, qu'il traduit avec un sans façon incomparable par *Saint-Pierre situé sur le chemin ou dans la rue qui conduisait au pont !* Nous reviendrons plus loin sur cette variante. Enfin un autre écrivain (3), qui a étudié avec un grand soin plusieurs des questions touchant l'histoire d'Orléans, attribue la dénomination de *empont* à la situation de ce sanctuaire placé *au sein même de la ville et en son point milieu*, ce qui est une interprétation inadmissible au point de vue philologique, comme nous le montrerons plus loin, et une erreur chronologique et topographique au XIX° siècle.

Examinons maintenant le sens qu'il convient d'attribuer aux variantes *de puncto* et *in puncto* que des écrivains orléanais ont traduites par *au centre, au milieu de la ville, en poincte, empont*. On a dit pour justifier les interprétations que

(1) *Essais historiques sur Orléans*, 1778.
(2) *Histoire d'Orléans*, par VERGNAUD. Tome II, page 550.
(3) *Mémoire sur la Justice du Chapitre et de l'église de Saint-Pierre-Empont*, par BIMBENET, *loc. cit.*

le substantif *punctum, punctus* (1) signifie en français *un point* ; que le centre d'une surface est aussi appelé *un point ;* d'où la traduction correcte de *Sanctus Petrus in puncto* par *Saint-Pierre au point milieu, au centre de la ville.* L'on a dit aussi que les mots *punctum, punctus,* avaient eu une autre signification ; que leur orthographe avait subi une altération vers le XIII° siècle et qu'ils avaient perdu la lettre C ; d'où les mots *puntum, puntus* (2) et *Sanctus Petrus in punto.* On ajoute que le substantif *punctus* peut être pris pour *puncta ;* que ce dernier comporte, au nombre de ses significations multiples, celle de : promontoire, pointe de terre, sommet d'une montagne, *promontorium, id est lingua terræ,* d'où la traduction correcte : *Saint Pierre en pointe, sur un sommet,* pointe ou promontoire s'avançant vers la Loire ; sommet plus élevé que les terrains adjacents ; c'est le sens adopté par Lemaire qui écrit : *Saint-Pierre en poincte* (3).

Si ces déductions n'impliquaient contradiction ni avec la prédominance du qualificatif *virorum,* que le moyen âge nous a laissé de l'abbaye de Saint-Pierre-des-*Hommes,* ni avec les règles de la philologie ; si, d'autre part, la position géométrique et topographique de l'église collégiale satisfaisait à la double condition d'être le *point central* de la ville et d'occuper une sorte de *cap saillant* et *dominant,* ou de *pointe,* les interprétations qui précèdent porteraient avec elles un sérieux caractère de probabilité. C'est ce qu'il importe maintenant d'éclaircir.

---

(1) *Dictionnaires* de ROBERT (Estienne), de FURETIÈRE, de QUICHERAT et DAVELUY.

(2) Le glossaire de DUCANGE écrit indifféremment *punctum* et *puntum.*

(3) Le mot *promontorium* signifie généralement *promontoire* ou *cap*, c'est-à-dire une partie du continent, ou *langue de terre* qui s'avance dans la mer ; mais il a un autre sens, celui de *sommet de montagne, point culminant.* (Dictionnaire de QUICHERAT et DAVELUY.) — *Alexandrina magna est civitas quamdam habens punctum super quam est una turris quæ farum communiter appellatur.* (Glossaire de DUCANGE.)

Le substantif *punta* ou *puncta* conviendrait mieux que *puntum* ou *punctus,* parce que le *promontoire* ou la *pointe* de Saint-Pierre, ainsi que le sommet sur lequel il était bâti, sont encore au XIX° siècle ce qu'ils étaient au moyen âge. C'était aussi l'opinion de DE VASSAL, tandis que *punctum, puntum* ou *punctus,* était devenu un anachronisme dès le milieu du XIV° siècle et n'a pas cessé de l'être depuis. C'était encore l'opinion de DE VASSAL.

Et d'abord, quant à la position géométrique, il suffit, pour la reconnaître, de porter les yeux sur le plan de la ville gallo-romaine (pl. I, fig. 1). On y remarque *à priori* que l'église collégiale de Saint-Pierre-Empont fut bâtie en un lieu qui était à peu près le centre de figure de cette cité avant l'accroissement qu'elle reçut vers l'Occident au cours de l'année 1345 ; mais, à partir du XIVe siècle, le centre de figure s'est déplacé peu à peu par la juxtaposition des agrandissements successifs ; néanmoins, par la force de l'habitude, on aura conservé la désignation de Saint-Pierre *en point* ou *au centre* dans la langue écrite, mais surtout dans la langue parlée.

Il n'est pas moins important de s'assurer si, au point de vue topographique, la tour de Saint-Pierre-Empont avait été élevée sur une sorte de cap, de sommet ou de pointe dominant ses alentours. L'étude orographique nous a montré en effet que cette hypothèse était fondée. C'est sur ce point culminant qu'était assise la tour romane de Saint-Pierre-Empont. Partout, dans le périmètre de la cité, le sol était plus bas que la pointe de Saint-Pierre (note justificative du nivellement) et aujourd'hui encore, nonobstant les modifications que les siècles lui ont fait subir, le relief de la vieille agglomération gallo-romaine, augmentée du bourg d'Avignon, offre cette particularité bien remarquable et qui semble caractéristique, savoir : que l'on ne pourrait signaler dans son périmètre aucun point du sol qui fût plus élevé que celui que surmontait la tour et le beffroy de l'église collégiale de Saint-Pierre-Empont. On aurait donc pu appliquer à la cité aurélienne et spécialement à la position de cet édifice la phrase rapportée par Ducange au sujet de la tour de la ville d'Alexandrie, et que nous avons rappelée plus haut. Le relief de la cité d'Orléans accusé par les profils levés dans les deux directions magistrales, de l'Orient à l'Occident, et du midi au nord (pl. I, fig. 2, 3), le prouvent clairement. Il est donc parfaitement certain : que la tour de *Saint-Pierre-Empont* occupait à peu près le centre de la ville gallo-romaine ; que cette tour était bâtie sur le point le plus élevé et sur une sorte de cap ou promontoire s'avançant vers la Loire et dominant l'enceinte fortifiée de tous les côtés ; qu'enfin cet état de choses a duré jusqu'au milieu du XIV⁰ siècle, époque à partir de laquelle les accroissements successifs de la cité du côté de l'occident, de l'orient, et du nord, et la construction d'édifices plus élevés, tels que les clochers en pointe de Sainte-Croix et de Saint-Aignan, modifièrent l'aspect général que nous ne pouvons plus aujourd'hui rétablir que par l'imagination, surtout depuis que la belle tour romane de Saint-Pierre-Empont a été démolie et remplacée par un édifice informe de plâtre et de moellons (1).

Le vocable *Sanctus Petrus virorum* est le plus fréquemment employé dans les actes du moyen âge ainsi qu'on le verra plus loin ; les variantes *Sanctus Petrus in puncto*, ou *de puncto* sont beaucoup plus rares. Et celles que nous avons rapportées sont les seules qui soient passées sous nos yeux, ce qui ne veut pas dire toutefois qu'il n'en existerait pas d'autres que l'on découvrira plus tard, mais leur nombre serait infiniment restreint, croyons-nous, comparativement au vocable *Sanctus Petrus virorum* (2), que nous rencontrons dans les actes du XII⁰ siècle rapportés par l'auteur de la Justice du Chapitre de Saint-Pierre-Empont (3), sous les millésimes de 1185 et 1189, et dans un acte de donation consenti en faveur du monastère de Notre-Dame-de-Voisins, au diocèse d'Orléans, pour l'année 1237, d'une maison sise sur la paroisse de Saint-Pierre-des-Hommes, *virorum*, par un chevalier du nom de Raoul du *Pont* (4).

(1) La tour de Saint-Pierre-Empont a été détruite, avons-nous dit, après la Révolution de 1830. Elle avait quarante-sept mètres de hauteur. Elle était couverte à cette époque d'un toit bas à double versant. Mais ce genre de toiture pourrait bien ne pas avoir toujours été le couronnement de la tour de Saint-Pierre, au moins depuis sa fondation, car sur un plan de la ville fait en l'année 1640, par Fleury, on voit la tour surmontée d'un clocher terminé en pointe très élevée et aiguë. (LOTTIN, *loc. cit.*)

(2) L'auteur des *Annal. Eccles. Aurel.*, *loc. cit.*, a employé ce vocable de préférence à ses variantes. Les Cartulaires de Saint-Avit et de Voisins renferment ce vocable un grand nombre de fois du XII⁰ au XV⁰ siècle.

(3) BIMBENET, *loc. cit.*

(4) Terrier de Notre-Dame-de-Voisins. — Archives départementales du Loiret. — Le chevalier donateur était seigneur de la Censive d'Alluye, près Châteaudun.

L'ordre chronologique nous conduit aux comptes de régale de l'Évêché d'Orléans pour la fin du XIII⁰ et le commencement du XIV⁰ siècle (1), dans lesquels nous relevons les mentions suivantes écrites alternativement en latin et en français : *Anno 1279, capitulo sancti Petri* IN PONTE ; *année 1328, Eglise de Saint-Pierre* EN PONT ; *anno 1311, Capitulo Sancti Petri* VIRORUM. Voilà des exemples qui confirment l'usage introduit, depuis longtemps déjà sans doute dans la langue écrite, des deux vocables Saint-Pierre-des-*Hommes* et Saint-Pierre-*Empont*, le premier rappelant l'origine même de l'abbaye et du baptistère des hommes, *virorum*, le second *un pont* et non un *point*.

Dans la nomenclature qu'il a dressée des titres de certaines églises d'Orléans pour l'année 1388, le respectable La Saussaye a cité (2) : *Capitula Sanctæ Crucis* ; *Sancti Aniani* ; *Sancti Petri* IN PONTE ; *Sancti Petri Puellarum, Aurelian*. La caractéristique *in Ponte* rapprochée de *Puellarum* ne laisse aucun doute sur l'équivalence onomastique de *Sancti Petri virorum* et *Sancti Petri in ponte*.

Sur la fin du XIV⁰ siècle et à partir de l'année 1391 le vocable Saint-Pierre-des-*Hommes* nous apparaît écrit en langue française, sous la forme de Saint-Pierre-*Empont*, dans les comptes authentiques de communes et de forteresse qui sont conservés dans les archives municipales de la ville d'Orléans (3).

A dater de cette époque, les erreurs de traduction et les équivoques, pouvant naître des transformations fortuites ou

---

(1) Manuscrits de la Bibliothèque de la ville d'Orléans.
(2) *Annales Eccles. Aurel.*, *loc. cit.*
(3) Une partie de cette précieuse collection a été ou dispersée ou anéantie. Le premier et le plus ancien des registres que nous connaissons et qui porte le titre de *Compte de commune et de forteresse* commence à l'année 1391. Ces comptes collectifs furent séparés plus tard, puis réunis de nouveau à partir de la fin du XVI⁰ siècle (1595), et continués jusqu'à la Révolution de 1789. Les *comptes du pont et de l'hospice Saint-Antoine*, et les *comptes de commune et de forteresse* forment ce que l'on désigne sous le nom de *Comptes de ville*.

On peut jusqu'à un certain point suppléer aux lacunes de ces comptes par les *mandements* ou *ordonnances* qui sont les pièces justificatives des dépenses et réciproquement.

capricieuses des auteurs ou de simples copistes, ne sont plus possibles puisque les manuscrits originaux existent et que nous les avons sous les yeux. Dans la série de ces comptes, qui se prolongent durant plusieurs siècles, l'église paroissiale de Saint-Pierre « Virorum » est désignée par Saint-Pierre-*Empont* à l'orthographe près, qui varie d'une année à l'autre, mais sans altération de la signification du mot *pont*.

Mentionnons dans leur ordre chronologique tous les actes reçus par Guillaume Giraut, notaire au Châtelet d'Orléans, et qui, dans la seconde moitié du XIV° et la première du XV° siècle, portent en français la dénomination de Saint-Pierre-*Empont* (1).

Au nombre des documents qui renferment le vocable de Saint-Pierre-des-Hommes, mentionnons particulièrement le suivant qui est doublement intéressant autant par la variété et la simultanéité de ceux qui s'y trouvent, que par les souvenirs qu'il rappelle de la fameuse Université d'Orléans, et des étudiants de la nation germanique qui la fréquentaient (2). On lit dans ce registre : *Année* 1415, *Saint-Père* EMPONT et en marge *Saint-Pierre* EMPONT ; *anno* 1449, *Ecclesie Sancti Petri* VIRORUM et en marge *Presentie procuratoris ad Sanctum Petrum* VIRORUM ; *anno* 1454, *Sancti Petri* VIRORUM et en marge *Presentie procuratoris à Sainct-Père* A PONT ; année 1455, dans le texte et en marge *Presentie procuratoris à Sainct-Pyer* A PONT ; année 1459, *Sancti Petri* VIRORUM et en marge *Presentie procuratoris à Sainct-Père* A PONT ; années 1460-1461 dans le texte comme plus haut et en marge *Sainct-Père* ou *Peer* A PONT (3). Ces vocables présentent un caractère d'originalité qui ne se rencontre pas dans le texte des comptes de régale ; c'est que, indépendamment de leur variété et de leur simultanéité, on les voit accompagnés de notes marginales dont quelques-unes sont bilingues et dans lesquelles aucun mot latin ne comporte le sens de : *point, centre, milieu*

---

(1) Actes signalés par BIMBENET, *loc. cit.*
(2) *Actorum primus liber procuratorum venerabilis alemaniæ nationis almæ universitatis aurelianensis.* Manuscrit in-folio. (Archives départementales du Loiret.)
(3) Toutes les notes marginales sont du XV° siècle et contemporaines du texte.

de la ville, mais où l'on ne voit que les mots caractéristiques VIRORUM et PONT. Sur la fin du XVIe et au commencement du XVIIe siècle l'auteur des *Annales de l'Église d'Orléans* (1) employait le qualificatif latin *virorum* sous les millésimes de 1163, 1310, 1320, 1322, 1357, 1491, 1562. Pour le IXe siècle et deux fois sous le millésime de 837, il employait le même qualificatif qu'il accompagnait du commentaire topographique *in puncto civitatis*. Pour le XIVe, et sous le millésime de 1388, il supprimait le mot *virorum* auquel il substituait *in ponte*, dont nous montrerons au chapitre suivant l'équivalence mystique.

Symphorien Guyon et Lemaire écrivaient uniformément au XVIIe siècle : *Saint-Pierre empont*, ce qui permet de conjecturer, sinon d'affirmer absolument, que les deux vocables *Sanctus Petrus virorum* et *Sanctus Petrus in ponte* ou *pontis*, *Saint-Pierre à pont* ou *empont*, ont été en usage simultanément et en si grande majorité, ainsi que nous l'avons déjà dit plus haut, comparativement à celui de *Sanctus Petrus in puncto* ou *de puncto*, qu'il est permis de croire que ce dernier, qui aurait pu avoir sa raison d'être au point de vue topographique dans les premiers siècles, aura fini par tomber en désuétude, à partir de l'époque de la substitution de la langue française à la langue latine dans les actes publics et privés et dans le langage ordinaire, mais surtout et particulièrement à partir de celle où s'est répandu et généralisé parmi les abbayes du moyen âge l'usage des sceaux dont certains signes distinctifs ont eu avec le qualificatif: *in ponte, de ponte* ou *pontis* une corrélation que l'on ne retrouve à aucun degré avec le qualificatif *in puncto* ou *de puncto* au point de vue philologique et grammatical (2). Mais, quant au mot

---

(1) *Annales Eccl. Aurel.*, loc. cit.

(2) Conformément à la loi de dérivation, la forme française *Pont* suppose absolument une forme latine *Pons, Pontis*. Toute autre forme contenant la lettre C conservée ou syncopée aurait donné, d'après la loi de vocalisation, le son moderne *oi*.

Exemples : Strictus = étroit, strict ; tacere = taire, tacite (tacitus) ; noctem = nuit, nocturne (nocturnus) ; coctus = cuit, décoction ; conducere = conduire, conducteur ; facere = faire, facteur ; lavacrum = lavoir ; nigrum ou nicrum = noir, nègre ; sanctus = saint, sanctifier ; punctum = point ; tectum = toit ; etc. Il est vrai que cette règle comporte des exceptions.

particulièrement sujet à controverse, la forme latine *punctum* ne se trouve dans les textes de la langue *d'oïl* que sous la forme française *point*, comme la forme latine *pons* correspond invariablement pour le sens et pour les acceptions au mot français *pont*.

Nous allons continuer dans le chapitre suivant l'étude de cette question dont la solution est liée aux origines du pont de Jeanne la Pucelle et à la détermination de l'emplacement de cet ancien monument historique dont malheureusement il n'existe plus de vestiges apparents aujourd'hui.

CHAPITRE III

SUITE DE LA PÉRIODE GALLO-ROMAINE

Suite des ponts d'Orléans après la conquête des Gaules et durant la période gallo-romaine jusqu'à la fin du Ve siècle. — Des sceaux au moyen âge, de la variété de leurs signes et en particulier de ceux du Prince des Apôtres. — Des sceaux capitulaires de l'abbaye de Saint-Pierre-des-Hommes, *Virorum*, ou Saint-Pierre-*Empont* d'Orléans. — Des signes particuliers et caractéristiques de ces sceaux. — De la représentation iconographique sur les sceaux des types d'un pont, d'une rivière, de poissons. — De l'image de saint Pierre, pêcheur d'hommes. — Du vocable de Saint-Pierre-des-Hommes, *virorum*, et de ses variantes, *in puncto, de puncto, de ponte, pontis*, et de leur corrélation imaginaire et gratuite, avec un pont sur la Loire à Orléans. — De la filiation légitime du vocable de Saint-Pierre-Empont, tirée du vocable originaire Saint-Pierre-des-Hommes, saint Pierre sur un pont, équivalent des eaux et des poissons, saint Pierre, pêcheur d'hommes. — De la représentation de ces images parlantes sur les bannières de l'abbaye. — De l'origine probable et de l'emploi dans la langue française écrite et dans le langage usuel du vocable *Saint-Pierre-Empont*.

Si l'on rencontre quelques sceaux, assez rares d'ailleurs, des princes des dynasties mérovingienne et carlovingienne, et des personnages éminents qui ont vécu sous ces dynasties, les sceaux d'abbayes contemporaines parvenus jusqu'à nous sont plus rares encore et si rares même que Mabillon a pu dire qu'il ne connaissait aucun sceau d'abbaye antérieur au XIIe siècle, bien qu'il existe un grand nombre de chartes émanées d'abbés de monastères durant le cours des Xe et XIe siècles (1). Le premier sceau des rois capétiens que pos-

---

(1) *De re diplomatica*, page 133.

sèdent les Archives nationales est celui de Robert, deuxième du nom, qui mourut l'an de l'Incarnation 1031. Les successeurs de ce prince, Henri Ier, Philippe Ier, eurent aussi leurs sceaux particuliers dans le cours du XIe siècle (1).

Nous avons dit plus haut qu'il existait un grand nombre de chartes monastiques attribuées aux XIe et XIIe siècles, comme on peut s'en assurer par l'examen de la précieuse collection des sceaux des Archives nationales (2). Les titulaires représentaient par leurs sceaux divers attributs, soit particuliers ou personnels, symboliques ou matériels. Ces derniers, qui comprennent les types topographiques, sont extrêmement nombreux : des murailles crénelées, des donjons, des tours, des machicoulis, des herses, des portes, des façades d'églises et des navires, mais surtout des *ponts à une ou plusieurs arches* sont fréquemment reproduits. Ces derniers monuments sont l'un des signes topographiques le plus souvent figurés sur les sceaux des villes, abbayes, communautés, vicomtés, châtellenies, bailliages, prévôtés, que leurs noms renferment ou non le mot *Pont*. Nous avons introduit dans la note justificative les noms de quelques villes, abbayes, etc… qui ont introduit dans leurs armoiries ou leurs sceaux ce signe topographique. Si les exemples que nous produisons montrent que les villes, abbayes, communautés, dans le nom desquelles entre le mot *Pont*, avaient souvent ajouté ce signe

---

(1) Les sceaux des rois de cette époque représentent ces personnages généralement assis sur leur trône. Symphorien Guyon, *loc. cit.*, rapporte qu'au cours du XVIIe siècle, il existait, dans le Trésor de l'église Saint-Aignan d'Orléans, des lettres patentes de Philippe Ier, au millésime de l'an de grâce 1093, auxquelles était attaché un sceau de cire représentant le roi assis sur son trône. C'est l'attitude des rois Robert II, Henri I, Guillaume-le-Conquérant, etc.

(2) Parmi les sceaux les plus anciens d'abbayes d'hommes que renferment les archives, on peut citer ceux de Saint-Germain-d'Auxerre, 1133 ; Saint-Maur-des-Fossés, 1134 ; Saint-Hubert-des-Ardennes, 1135 ; Bonne-Espérance-de-Cambray, 1155 ; Saint-Quentin-du-Mont, 1180 ; Saint-Martin-de-Ruricourt, 1190. — Sigillographie. Collection des sceaux des archives de l'Empire. 3 vol. de 1863 à 1868.

Nous pouvons ajouter à la série qui précède le sceau de l'abbaye de Saint-Euverte d'Orléans du XIIe siècle, qui représente ce patron mitré et crossé, tenant un livre et visité par une colombe.

caractéristique aux autres signes distinctifs de leurs sceaux, ils montrent aussi que certaines villes et abbayes, dans le nom desquelles n'entre pas le mot *Pont*, avaient néanmoins adopté le même type. Nous ferons remarquer enfin que quelques villes ou abbayes, au nom desquelles le mot *Pont* est ajouté, n'ont jamais introduit ce type dans leurs armoiries, par exemple : l'abbaye de *Longpont* au diocèse de Soissons ; celle de *Pont-aux-Dames* et le prieuré de *Longpont* au diocèse de Paris, n'ont pas représenté ce signe sur leurs sceaux particuliers qui sont au type de la Vierge.

Parmi les représentations symboliques et patronymiques des sceaux de Chapitres et abbayes, celle de *Saint-Pierre* se retrouve fréquemment. Le Prince des Apôtres y est figuré debout ou assis, portant à la main les doubles clefs qui sont l'un de ses attributs caractéristiques, exclusifs et personnels, auxquels l'iconographie chrétienne en a ajouté d'autres, ainsi que nous le dirons plus loin.

Le lecteur a vu, au chapitre qui précède, que l'abbaye de Saint-Pierre-des-Hommes, Saint-Pierre-Empont, avait été désignée aussi dans le moyen âge par le vocable latin *Sanctus Petrus in ponte*. C'est le lieu de rapprocher ici des observations préliminaires que nous venons de présenter sur les sceaux en général et sur les attributs sigillaires de Saint-Pierre, les sceaux de l'abbaye de *Saint-Pierre-Empont* et de découvrir la corrélation de ces divers attributs avec le pont de la Loire, si, comme l'ont prétendu quelques écrivains, cette corrélation existe réellement. Nous avons eu l'occasion de *citer* une charte latine écrite sous la date du 26 avril de l'année 1320, en forme de lettre d'action de grâces adressée à G. Cardinal du titre des saints Marcellin et *Pierre*, à laquelle étaient appendus huit sceaux plus ou moins mutilés, au nombre desquels se trouve celui du Chapitre de Saint-Pierre-des-Hommes, *Sancti Petri virorum*. Sur ce fragment de sceau de cire verte et de forme ovale (fig. 9 de la pl. I), on distingue très nettement plusieurs arches de pont, et une rivière, et sous les arches, des têtes et des queues de poissons qui émergent, et, particularité plus rare, on aperçoit, en avant des arches, un homme étendu sur les eaux dans l'attitude d'une personne qui nage ou qui semble appeler du secours. Le fragment de la légende subsistant à senestre découvre à l'œil du lecteur le mot tronqué IRORV, partie presque intégrale de V [IRORV] M, qui est répété littéralement dans la charte. Aucun doute ne peut donc exister quant à la signification de la légende qui s'applique de la manière la plus claire à l'abbaye de *Saint-Pierre-des-Hommes*.

Un hasard heureux a permis de compléter la caractéristique et de dégager l'inconnu. La collection dans laquelle est déposé ce précieux fragment (1) en renferme un autre qui est plus précieux encore au point de vue sigillaire et iconologique. C'est un sceau et un contre-sceau de cire verte, malheureusement mutilés, de forme ovale, suspendus à une queue de parchemin, et que l'on suppose, d'après des indices assez sûrs, avoir été appliqués en l'année 1381. La composition du sceau, qui est des plus gracieuses, montre, en chef, une porte de rétable ornementé ayant pour supports trois arcades ogivales dont la médiane est un peu plus élevée que les deux extrêmes (fig. 7 de la pl. I). Sous le dais central *saint Pierre* mitré est assis portant à senestre les clefs symboliques. Un ange agenouillé sous chacun des dais latéraux encense le Prince des Apôtres. Bien que les arcades aient été brisées, on en distingue encore parfaitement les linéaments. A la pointe et à senestre l'attache ou queue de parchemin a conservé un fragment de sceau sur lequel la représentation des eaux est artistement accusée, et dans les autres fragments de l'exergue on distingue des linéaments de lettres qui sont demeurés intacts (fig. 9 de la pl. I). Il est bien évident qu'il s'agit ici de *Saint Pierre élevé sur un pont* et non moins évident d'un *Saint Pierre élevé sur les eaux*. Nous montrerons plus loin l'équivalence mystique de ces deux signes topographiques : *le pont et les eaux* (2). Sur le

(1) Archives départementales du Loiret.
(2) Au moyen âge et jusqu'à la création des chemins de fer, on ne construisait des ponts que sur des cours d'eau. On ne franchissait que très exceptionnellement les vallées sèches sur des ponts. Dans les temps modernes, les viaducs sont établis indistinctement sur les rivières et sur les

contrescel de forme ronde (fig. 10 de la pl. I), on lit en légende l'inscription suivante : *Contras S. Petri viror.* et on voit une main qui tient aussi les deux clefs symboliques. Il n'y a donc pas d'équivoque. En rapprochant les deux fragments principaux qui restent des empreintes de 1320 et de 1381, nous avons reconnu qu'elles avaient été produites l'une et l'autre par le même *sceau matrice* et nous avons pu restituer le *sigillum* dans son intégrité originaire, que nous avons représenté par la fig. 8 de la pl. I.

Nous sommes donc en possession du sceau authentique du Chapitre de *Saint-Pierre-des-Hommes* en usage dans le commencement du XIVe siècle, sur lequel se détache l'image de *Saint Pierre* avec la double clef symbolique et entouré d'une légende en belles capitales romaines. Nous sommes en même temps en possession du contrescel portant la double clef caractéristique de la mission divine confiée au Prince des Apôtres, et autour duquel se développe une légende intacte dont l'inscription ne laisse subsister aucun doute sur sa véritable signification.

Toutefois, en signalant les millésimes 1320 et 1381 à l'attention du lecteur, nous n'avons voulu en quelque sorte que poser deux repères bien précis dans la série des inscriptions sigillaires propres à l'abbaye de Saint-Pierre-des-Hommes, série que nous n'avons ni les moyens, ni l'espérance de reconstituer sans lacune depuis l'époque inconnue à laquelle cette institution monastique, qui jouissait d'une grande célébrité dans les fastes de la cité aurélienne, a commencé à faire usage d'un sceau particulier jusqu'au XIVe siècle. Nous avons mentionné au chapitre précédent les variantes du vocable : *Sanctus Petrus virorum* ; la première, *Sanctus Petrus de puncto, in puncto* ou *in puncta*, remontant, dit-on, et sans preuves suffisantes, au Xe siècle ; la seconde, *Sanctus Petrus in ponte*, n'ayant à notre connaissance une existence certaine et un acte de

---

vallées sèches et les ponts et les viaducs qui les traversent ne peuvent plus être aujourd'hui les équivalents des *eaux* dans le langage figuré et mystique, si ce n'est par respect pour la tradition.

naissance justifiés par des documents authentiques qu'à partir de la fin du XIII° siècle. Mais dans le dépouillement des innombrables chroniques du moyen âge, auquel la vie d'un homme ne suffirait pas, l'on est toujours exposé à ignorer des événements, des faits et des dates qui se rattachent au sujet que l'on veut traiter et qui, découverts plus tard, peuvent modifier les opinions que l'on avait exprimées sur ces événements et les conclusions que l'on en avait déduites. Des recherches récemment entreprises dans des chartes anciennes autorisent maintenant à reculer peut-être jusqu'au milieu du XI° siècle l'époque à laquelle on écrivait déjà : *Sanctus Petrus in ponte* et *Sanctus Petrus pontis* et où certainement aussi le vocable *Sanctus Petrus virorum* et ses variantes topographiques *Sanctus Petrus in puncto* ou *de puncto* furent concurremment employées avec ces autres variantes mystiques *Sanctus Petrus in ponte* ou *de pontis*, qui eurent pour expression en langue française *Saint-Pierre au pont, du pont*, et finalement *empont*. Et il n'est pas téméraire d'avancer, à présent, que la forme latine *in ponte* ou *pontis* remonte bien au delà du XI° siècle, ainsi que des découvertes ultérieures, prochaines peut-être, le démontreront. C'est dans deux chartes qui enrichissent le magnifique Cartulaire de l'abbaye de la Grande-Sauve que se trouvent ces deux dernières variantes de formé latine (1) : la première de ces chartes, qui a pour objet spécial une donation consentie par Albert, seigneur de Pithiviers en Orléanais, au monastère de la Grande-Sauve, est souscrite par *Rainerius* ou *Raynerius*, mandataire ou témoin de l'abbé de ce monastère, et qui se qualifie de *Raynerius de Sancto Petro in Ponte*. La seconde de ces chartes, qui a aussi pour objet la donation faite au même monastère d'un autre immeuble sis à Orléans, a pour témoin Hélias, doyen du Chapitre de la Collégiale de Saint-Aignan, et c'est le même Rainerius qui intervient dans l'acte avec la qualification équivalente de *Rainerius Sancti Petri pontis*. Bien que ces deux chartes ne portent pas de millésime, on y supplée au moins approximativement à l'aide

---

(1) *Cartul. maj. silvæ majoris*. Tome I, pages 311 et 240.

— 43 —

des mentions suivantes qui y sont insérées : *Regnanto rege Philippo : Albertus dives casatus aurelianensis ecclesiæ* (1) ; *Helias decanus Sancti Aniani*. On sait que Philippe Ier a régné de l'année 1060 à l'année 1108. Albert le Riche vivait sous l'épiscopat de Jean Ier évêque d'Orléans, entre les années 1091 et 1099. Quant à Hélie, doyen de Saint-Aignan, il exerçait cette charge en l'année 1093 (2). Si de ces diverses indications l'on ne déduit d'une part, avec certitude, que deux époques ou limites extrêmes, c'est-à-dire le commencement et la fin du règne de Philippe Ier, ces chartes, d'autre part, étant antérieures à la fin de ce règne et postérieures à son commencement, contiennent deux nouveaux exemples de la forme latine *in ponte* et *pontis* usitée sous des dates qui se placent dans la seconde moitié du XIe et au plus tard dans la première moitié du XIIe siècle. C'est une découverte qui, bien que très intéressante au point de vue où nous nous plaçons, laisse néanmoins sans solution la question de savoir à laquelle des deux formes latines *in ponte* ou *pontis*, et : *de puncto, in puncto* ou *in puncta* il faut attribuer l'antériorité. Cette question demeurera donc en cet état incertain jusqu'à la découverte d'autres exemples de l'emploi de l'une et de l'autre de ces deux formes.

Nous allons maintenant essayer de découvrir le sens sym-

(1) On lisait autrefois les qualifications d'Albert de Pithiviers sur une inscription gravée dans l'église de Sainte-Croix. DE LA SAUSSAYE donne l'explication du mot *Casatus* : « *Casatos porro dici homines qui res familiares nostræ ecclesiæ curarent.* » (*Annales ecclesiæ aurelian., auctore Carolo Sausseyo*, page 411.)

Symphorien GUYON, pages 338 et 340.

LEMAIRE, 3e partie, page 41.

(2) LA SAUSSAYE, Symphorien GUYON, LEMAIRE, *loc. cit.* — Le mandataire ou témoin de l'abbé de la Grande-Sauve se nommait *Rainerius* et vers le même temps le siège épiscopal d'Orléans était occupé par *Rainerius* (un peu avant l'année 1066 et jusqu'à l'année 1083). Ce mandataire, qui signait *de Sancto Petro in ponte* et *Sancti Petri pontis*, était certainement titulaire d'une dignité quelconque dans la hiérarchie de l'abbaye de Saint-Pierre-des-Hommes. L'évêque d'Orléans était-il à cette époque revêtu de cette dignité, comme on le constate relativement à l'abbaye de Saint-Aignan dont l'évêque était chanoine honoraire, et à l'abbaye de Saint-Pierre-Puellier qui, d'après le chanoine Hubert, était réunie à l'Évêché avec tous ses droits honorifiques, spirituels, temporels et mixtes ? (BIMBENET, *loc. cit.*, pages 96 et 63.)

bolique de chacune des figures et des signes emblématiques du sceau de *Saint-Pierre-des-Hommes*.

Et d'abord le personnage assis entre les deux anges est bien le Prince des Apôtres, saint Pierre; les inscriptions ne laissent aucun doute à cet égard. On connaît suffisamment d'ailleurs la signification mystique des deux clés pour que nous nous bornions simplement ici à la rappeler. Jésus-Christ dit à Pierre : « Je te donnerai les clefs du royaume des cieux, et tout ce que tu lieras sur la terre sera lié aussi dans le ciel, et tout ce que tu délieras sur la terre sera délié aussi dans le ciel. » (1). Ces paroles, il est superflu de le faire remarquer, n'ont, de près ni de loin, aucune corrélation matérielle ou mystique avec *un pont* sur la Loire à Orléans (2).

Nous avons dit que plusieurs villes, abbayes, communautés, avaient introduit dans leurs sceaux, soit ensemble, soit séparément, les types du *pont*, de la *rivière* et des *poissons*. Le type du pont, qui n'est pas toujours accompagné de poissons, se retrouve fréquemment privé de l'image de saint Pierre. Le pont seul n'est donc pas un attribut universel et nécessaire du Prince des Apôtres, et il ne le devient que s'il est accompagné soit de l'image de saint Pierre, soit d'un autre attribut caractéristique, ou enfin d'une inscription qui écarte toute équivoque. Il en est de même de la représentation iconographique des eaux et des poissons. Sur quelques sceaux le *pont* est figuré sans *rivière*, sur d'autres la rivière n'est pas couverte par un *pont;* on reconnaît sur certains

---

(1) *Tibi dabo claves regni cœlorum et quodcumque ligaveris super terram erit ligatum et in cœlis et quodcumque solveris super terram erit solutum et in cœlis.* (MATTH. XVI, 9.) Dans les représentations iconographiques, on a donné à saint Pierre, tantôt une, tantôt deux et même trois clefs. La traduction littérale du texte ci-dessus exige au moins deux clefs. (*Sacrarum Vaticanæ basilicæ cryptarum monumenta tabula X. Romæ*, 1828 à 1840.)

(2) On voit la représentation des clefs symboliques sur plusieurs sceaux des XIII⁰, XIV⁰, XV⁰ siècles : Sceaux du doyen de l'église Saint-Pierre, de Bar-sur-Aube, de l'église de Mussy-l'Évêque et de l'abbaye de Moutier-la-Celle-les-Troyes, dans le département de l'Aube; des églises des Saints-Michel et Pierre, de Strasbourg; d'un chanoine de Saint-Pierre, de Mâcon; des églises de Diénay et de Gévrolles, dans le département de la Côte-d'Or, etc. Tous ces sanctuaires étaient sous le vocable du prince des apôtres. (Extrait des volumes publiés par la Société de sphragistique de Paris.)

sceaux les *poissons* parfaitement représentés, mais sans accompagnement ni de *pont* ni de l'image de *saint Pierre*, dans ce cas les poissons peuvent ne pas être la figure d'un symbolisme chrétien. Mais sur les sceaux qui nous occupent les trois types : *pont*, *rivière*, *poissons*, ont été avec une intention manifeste, non seulement artistement réunis, mais nettement accusés.

Joignez à ces indices caractéristiques les *deux clefs*, l'*image* et le *nom* de *saint Pierre*, et vous aurez la double expression d'une allégorie mystique et matérielle du Prince des Apôtres, ainsi que, d'un commun accord, l'attestent l'Écriture, l'iconographie et la tradition.

Le *pont* paraît être un type relativement moderne qui, dans le symbolisme du moyen âge, accompagne assez souvent l'image du Prince des Apôtres, mais qui semble étranger au symbolisme figuré des premiers siècles de l'Eglise. La *rivière* ou les *eaux* étaient des attributs que depuis l'ère chrétienne les artistes s'étaient exercés à rapprocher de l'image de *saint Pierre*. Selon les Pères de l'Eglise, Moïse était le précurseur du Vicaire de Jésus-Christ, et les monuments chrétiens primitifs représentaient souvent la figure du législateur des Hébreux comme celle du Prince des Apôtres, l'un et l'autre frappant le rocher d'Oreb et faisant jaillir de ses flancs l'*eau* mystérieuse de la grâce, qui était Jésus-Christ lui-même (1). Dans le sceau de l'abbaye de Saint-Pierre-des-Hommes, indépendamment du sens mystique qu'elles comportent, la *rivière* ou les *eaux* rapprochées du *pont* semblent à priori impliquer l'idée corrélative d'un pont traversant une rivière et spécialement le pont d'Orléans jeté sur la Loire, comme les figures des ponts et des rivières représentées sur les sceaux de plusieurs des villes, abbayes ou communautés, sont une allusion aux ponts et aux rivières qui se trouvaient dans les lieux désignés sur ces sceaux. Nous montrerons plus loin que tel n'est pas, au fond, le sens qu'il faut attacher au type du pont sur le sceau de l'abbaye de

---

(1) Les Israélites buvaient l'eau jaillissant de la pierre, et cette pierre était Jésus-Christ « *Petra autem erat Christus.* » (Saint Paul, I. Cor. X, 4.)

Saint-Pierre-des-Hommes, pas plus qu'au type des poissons qui ont comme les eaux leur signification mystique, et qui, rapprochés des eaux et du pont, sembleraient compléter le sens topographique des trois types réunis puisque, au moyen âge, il n'y avait pas de pont sans rivière et sans eau, ni de rivière et d'eau sans poissons.

Dans le symbolisme iconographique des premiers âges chrétiens, le *poisson* est l'un des signes le plus universellement invoqués; il est désigné dans les discours des Pères de l'Eglise, reproduit sur les monuments de toute nature, soit comme figure arcane, soit comme représentation matérielle, gravée ou peinte, soit avec son nom grec ΙΧΘΥC. Ce symbole qui portait avec lui une double signification était l'image mystique du Christ et du chrétien. Sur le sceau de Saint-Pierre-Empont les eaux et les poissons réunis, dans le même cadre iconographique, à la figure du Prince des Apôtres, comportaient un sens mystique absolument indépendant du type du *Pont* qui ne remplit ici qu'un rôle secondaire, et qui n'est qu'une allégorie corrélative et complémentaire de l'idée mystique figurée par l'eau et les poissons. A première vue les poissons et l'homme étendu sur les eaux semblent n'être qu'un jeu d'esprit ou une fantaisie décorative de l'artiste; mais en y réfléchissant, l'observateur attentif y découvrira autre chose. Sa pensée se reportera vers l'humble batelier de la mer de Galilée, et sur les hautes destinées que Dieu préparait au pauvre pêcheur; il verra dans cette image et dans le petit tableau admirablement composé, le symbole en quelque sorte vivant de la soudaine métamorphose opérée dans le *pêcheur de poissons* qui allait, selon la parole divine, devenir *pêcheur d'hommes*. Car Notre-Seigneur dit à Simon Pierre et à André son frère : « Suivez-moi et je vous ferai pêcheurs « d'hommes, eux aussitôt laissant là leurs filets le sui- « virent (1) ». C'était l'accomplissement de la prophétie de Jérémie : « J'enverrai beaucoup de pêcheurs, dit le Seigneur, « et ils pêcheront les enfants d'Israël (2). »

(1) *Venite post me et faciam vos fieri piscatores hominum : et illi continuo, relictis retibus, secuti sunt eum.* (Matth. IV, 19, 20). Luc, V.)
(2) Jérémie, XVI, 16.

Nous n'hésitons donc pas à attribuer dans ce symbolisme iconographique le rôle essentiel et prédominant aux *poissons* et à *l'homme* étendu sur les eaux, en réduisant celui du *pont* à des proportions beaucoup moindres et en quelque sorte complémentaires de l'idée qui conduisait l'artiste à assimiler l'homme aux poissons.

Le dispositif architectural d'un pont permettait de placer le trône du Prince des Apôtres sur un piédestal élevé qui dominait la scène dont le batelier de Galilée devait être le principal acteur « *Sanctus Petrus [piscator] virorum ; Saint Pierre [pêcheur] des hommes* » (1). Il n'y a donc de doute ni sur l'idée, ni sur son expression figurée. On a voulu représenter la pêche symbolique des hommes annoncée par les prophéties bibliques et par les apôtres, et il paraît difficile d'adopter une disposition sigillaire plus correcte, plus ingénieuse, plus saisissante.

Les images de Jésus-Christ, de saint Pierre et des apôtres, accompagnées des attributs du pêcheur, se rencontrent fréquemment sur les monuments iconographiques des premiers siècles de l'Église. Aussi variées qu'elles fussent, elles ont été uniformément et partout interprétées dans le sens mystique (2).

Saint Grégoire de Nazianze dit que le Christ a voulu se faire pêcheur pour tirer de l'abîme le *poisson*, c'est-à-dire l'homme, *virum*, qui nage dans les *eaux* inconstantes et périlleuses de cette vie. Saint Cyrille de Jérusalem et saint Clément d'Alexandrie expriment l'un et l'autre les mêmes idées en termes tout aussi significatifs. Saint Pierre est représenté sous l'apparence d'un pêcheur à la ligne ou au filet, parce qu'il fut, après le Christ, le chef des pêcheurs

---

(1) On voit sur un sceau canonial de l'église de Châtillon-sur-Seine, département de la Côte-d'Or, qui remonte au XIIe siècle, la représentation symbolique de l'apôtre *pêcheur d'hommes* qui, assis dans sa barque, laisse traîner sa ligne que les poissons suivent. (Extrait des volumes de la Société de sphragistique de Paris.)

(2) Jésus-Christ tenant un poisson suspendu à une ligne, Jésus pêchant à la ligne, et Pierre au filet et à la ligne : Jésus ou Pierre debout, revêtu d'une peau de poisson comme d'un manteau, etc. (COSTADONI, BOTTARI, ROSSI, POLIDORI et MARTIGNY ; *Dictionnaire des Antiquités chrétiennes.*)

d'hommes, *piscatores virorum*; d'où le symbolisme du sceau de Saint-Pierre-des-Hommes : *Sanctus Petrus [piscator] virorum* (1), qui est non seulement le pêcheur d'hommes, mais celui des femmes et des filles : *Sanctus Petrus [piscator] puellarum*.

Nous ne quitterons pas ce sujet intéressant dont nous tirerons plus loin des conclusions, sans arrêter un moment l'attention du lecteur sur la variété des positions que l'artiste a données aux poissons, et qui ne nous semblent pas être un simple jeu d'esprit, mais qui, à notre sentiment, paraissent renfermer un autre sens allégorique et parabolique très profond. Sur le sceau les poissons ne montrent hors de l'eau que leur tête ou leur queue, mais leur corps est immergé; l'homme, au contraire, semble nager ou flotter sur les eaux, et son corps est étendu comme si l'artiste avait voulu attirer l'attention sur l'homme plus que sur les poissons. Le rapprochement de l'homme et des poissons sous la main de saint Pierre exprime clairement, d'une part, l'idée que l'artiste s'est efforcé de matérialiser en quelque sorte et qu'il a rendue avec autant de netteté que de finesse et de profondeur; de l'autre, l'identité qu'il a voulu établir, au sens mystique, de *l'homme* et des *poissons* que le chef des pêcheurs essaye de prendre à la ligne ou au filet, selon la parole évangélique. Mais quelle raison a pu suggérer à l'artiste l'idée de représenter l'homme à la surface des eaux et de ne montrer des poissons que la tête et la queue? L'intention nous semble renfermer, avons-nous dit, un autre sens mystique. Ne croirait-on pas en effet que ces poissons qui montrent leur tête observent ou écoutent le pêcheur et l'apôtre? que ceux dont on n'aperçoit plus que la queue plongent dans les profondeurs de l'abîme pour éviter le filet qui symbolise la parole évangélique? Les premiers ne paraissent-ils pas vouloir s'apprivoiser, les seconds, au contraire, fermer l'oreille à cette parole, s'enfuir et se cacher? Antithèse de la grâce et du péché exprimée par les allégories de saint

---

(1) *Viri, Virorum*, les hommes, le genre humain, l'humanité tout entière. (Diction. de QUICHERAT et DAVELUY.)

Cyrille et de saint Clément. Le premier de ces Pères dit en effet : « Jésus te prend à l'hameçon, ô homme, non pour te faire mourir, mais pour que, étant mort, tu renaisses à la vie. » Le second : « Pêcheur des hommes que tu sauves, les poissons sacrés qui étaient dans la mer du vice tu les retires de l'onde ennemie. »

Dans le sceau abbatial de Saint-Pierre des-Hommes, les poissons qui veulent écouter la parole de l'apôtre montrent leur tête et s'approchent de lui, mais les autres s'éloignent et se plongent dans la mer du vice. La transparence de l'allégorie sigillographique du sceau de Saint-Pierre et l'explication de son sens mystique ne semblent laisser rien à désirer.

Les deux sceaux portant les millésimes de 1320 et 1381 ont donc eu pour objet principal la représentation figurée du chef des pêcheurs d'hommes : *piscator virorum*, et le pont sur lequel trône le Prince des Apôtres n'est qu'un accessoire du tableau, un complément d'agencement et de décoration du sujet qui aide à l'intelligence de la scène. Ces sceaux appartiendraient donc tout aussi légitimement à une abbaye ou à une église dédiée à saint Pierre des hommes, éloignée d'une rivière et d'un pont, qu'à l'abbaye de Saint-Pierre-des Hommes à Orléans. Ce sceau caractéristique fut remplacé au XVIIe siècle par un autre beaucoup plus simple : *d'azur à un saint Pierre posé sur un pont de trois arches d'argent* (1), dans lequel on ne retrouve que la reproduction très affaiblie des types du XIVe siècle dont le sens symbolique si finement conçu et si artistement exprimé a totalement disparu. Ne serait-ce pas un signe des temps? L'on n'y voit plus ni l'homme sur l'eau, ni les poissons, et saint Pierre, mesquinement assis sur un pont, ne paraît plus avoir qu'une corrélation lointaine et plus ou moins douteuse, tant avec l'idée mère et fondamentale du baptistère qu'avec celle de la pêche des hommes. Ce sceau avait donc moins de relief, d'originalité et de caractère que celui du Chapitre de *Saint-*

---

(1) *Armorial de la province de l'Orléanais.* (Archives départementales du Loiret.)

Pierre-le-Puellier qui fut confirmé à la même époque : *d'azur, à un saint Pierre pape, vêtu pontificalement, la tiare en tête, assis de front sur un trône, donnant la bénédiction de sa main dextre et tenant deux clefs de sa senestre, le tout d'or* (1).

Toutefois dans ce dernier sceau aucun signe topographique ne rattache symboliquement le monastère de Saint-Pierre-Puellier à Saint-Pierre « pêcheur d'hommes », tandis que même dans le type amoindri du sceau du XVIIe siècle de Saint-Pierre-des-Hommes, on retrouve le *pont* qui est le signe corrélatif des *eaux*, des *poissons* et de la *pêche* mystique, bien que l'image de l'*homme* ait disparu. Toutefois ce seul type topographique, s'il n'eût été accompagné de l'inscription et du vocable, aurait pu se confondre avec les sceaux de villes, abbayes ou communautés qui portent le signe du *pont*, comme Avignon, Lyon, Angers, etc., et c'est probablement la reproduction de l'image du *pont* sur le sceau du XVIIe siècle qui a fait naître dans l'esprit de quelques écrivains modernes la pensée d'établir une sorte de connexité onomastique entre l'abbaye de Saint-Pierre-des-*Hommes* ou *Empont* et l'hypothèse d'un *ancien pont* sur la Loire situé dans le prolongement de la rue de la Poterne (pl. I, fig. 1).

On a dit en effet que le vocable de Saint-Pierre-Empont procédait de la juxtaposition de l'abbaye à la rue qui de l'intérieur de la cité conduisait au pont de la Loire, et on a même proposé d'aller jusqu'à traduire *Sanctus Petrus in ponte* par *Saint-Pierre au droit du pont*; et *Saint-Pierre sur le chemin ou dans la rue qui conduit au pont*. Ces interprétations licencieuses du texte original sont absolument inadmissibles (2). Mais, préalablement à toute controverse sur la traduction ou l'interprétation des mots contentieux, il fallait,

---

(1) *Armorial de la province de l'Orléanais*. (Archives départementales du Loiret.)

(2) DE BUZONNIÈRE, *Histoire architecturale de la Ville d'Orléans*, 1849. Dans le répertoire archéologique de l'arrondissement d'Orléans qu'il a publié en 1874, l'auteur a paru abandonner sa première idée puisqu'il dit, page 58 : « Que le pont du moyen âge a peut-être été construit à la place même « qu'occupaient les ponts gaulois et gallo-romains ».

VERGNAUD, *Histoire d'Orléans*, tome I, page 22 et tome II, page 550.

ce nous semble, commencer par démontrer l'existence matérielle, sinon de l'ensemble, au moins d'une partie des choses mêmes qui font l'objet de la discussion. Autrement l'on s'exposait à disserter dans le vide et c'est ce qui est arrivé ; car aucun des écrivains modernes qui ont parlé des ponts d'Orléans, n'a jusqu'ici réussi à prouver : qu'il y eût au temps de l'occupation romaine une rue qui, du monastère de Saint-Pierre-des-Hommes, descendait directement vers la Loire ; qu'il y eût des vestiges apparents ayant matériellement appartenu à un pont d'origine gallo-romaine, soit sur les bords du fleuve, soit dans son lit, suivant la direction prolongée de cette rue. Jusqu'à ce que la preuve de ces deux propositions essentielles ait été faite, il serait prudent de s'abstenir de faire procéder de l'existence problématique d'un pont qui aurait existé dans les conditions susdites, la dénomination de *Saint-Pierre-Empont*.

Nous montrerons ultérieurement que les fouilles qui ont été ouvertes au cours de l'année 1862, par les soins de l'édilité orléanaise, sur toute la longueur de la rue de la Poterne, ont mis à découvert des vestiges de constructions antiques qui laissent indécise, au moins, s'ils ne la résolvent pas négativement, la question de savoir si cette rue existait *à l'état de rue* au temps de la domination romaine, c'est-à-dire à l'époque de la construction de ce pont fabuleux, et nous montrerons aussi que les recherches laborieuses auxquelles nous nous sommes livré pour parvenir à découvrir des vestiges d'un pont romain sur la Loire dans la direction prolongée de cette rue, n'ont point procuré de résultats plus satisfaisants dans le sens de l'affirmation de la thèse dont il s'agit.

Si le baptistère de Saint-Pierre-des-Hommes, qui remonte à l'époque gallo-romaine, était désigné, comme tout porte à le croire, par *Sanctus Petrus virorum*, il peut paraître étrange qu'il n'ait pas été distingué du monastère de Saint-Pierre-le-

---

a représenté sur un plan de fantaisie, des vestiges d'un prétendu pont qui aurait existé dans le prolongement de la rue de la Poterne, et que les Normands auraient détruit au IXe siècle. Nous renvoyons le lecteur aux chapitres suivants.

Puellier, *Sanctus Petrus Puellarum*, dont il était contemporain, par les noms de *Sanctus Petrus in ponte*, au lieu de *Sanctus Petrus virorum*, puisqu'il était plus rapproché du pont hypothétique. On répond que se trouvant sur la rue qui menait à la Loire, il était plus naturel que ce baptistère prît le nom de *Sanctus Petrus in ponte* ; mais l'affirmation de l'existence d'une rue à cette place et à cette époque n'est pas la preuve de cette existence. C'est tourner dans un cercle vicieux. Cependant si l'on porte les yeux sur le plan de la ville (pl. I, fig. 1), on remarque que le baptistère de Saint-Pierre-Puellier était effectivement plus rapproché du pont hypothétique que ne l'était celui de Saint-Pierre-des-Hommes : la différence, mesurée sur une carte à grande échelle et en ligne droite, est de cinquante-cinq mètres (1). Si donc le vocable Saint-Pierre-*Empont* n'avait été substitué à celui de Saint-Pierre-des-*Hommes* que pour distinguer ce baptistère des autres sanctuaires dédiés au Prince des Apôtres, il eût été plus rationnel de changer le vocable du baptistère de Saint-Pierre-*Puellier* qui était plus rapproché du pseudo-pont que de celui de Saint-Pierre-des-*Hommes*. Ainsi la proximité de l'un ou de l'autre des baptistères de l'emplacement qu'aurait occupé le pont, dont on attribue la construction aux Romains, aurait dû naturellement trancher la difficulté en faveur du premier de ces deux sanctuaires.

Voudrait-on revendiquer au profit de l'abbaye de Saint-Pierre-des-Hommes certains privilèges dont elle jouissait dans la hiérarchie ecclésiastique d'Orléans, afin de justifier le qualificatif *empont* qui remplaça celui de *virorum*? La raison du premier de ces deux qualificatifs ne serait-elle autre que le fait, indifférent en apparence et au fond, de la contiguïté de la rue ou du chemin qui aurait été la voie conduisant du baptistère de Saint-Pierre-des-Hommes à la Loire? Et cette sorte de trait d'union, en supposant qu'il eût existé de fait, au temps de l'occupation romaine, aurait-elle pu créer au profit ou plutôt à la charge de cette abbaye une sorte de primauté

---

(1) La distance à vol d'oiseau entre l'église Saint-Pierre-Empont N et le point C est de 265 mètres ; la distance à vol d'oiseau entre l'église Saint-Pierre-Puellier et le point C est de 210 mètres.

onéreuse plutôt qu'un privilège au regard des autres établissements religieux de la cité aurélienne, en ce qui touche les œuvres soit de l'établissement du pont des Tourelles après la chute du pseudo-pont romain de la rue de la Poterne, soit de réparations majeures que des accidents imprévus rendaien souvent nécessaires, soit de simple entretien du nouveau pont pendant plusieurs siècles ? Examinons donc jusqu'à quel degré il existerait une corrélation entre le qualificatif *empont* et le *pont des Tourelles*.

Le règlement des affaires communes était confié, au moins depuis l'année 1384, aux douze notables élus sous le titre de procureurs généraux, gouverneurs de la ville, qui furent remplacés plus tard par les échevins. Au nombre de leurs attributions, on voyait figurer l'inspection et l'entretien des fortifications et des ponts. Pour l'exercice de cette partie de leur magistrature, on leur adjoignait trois commis ou délégués du clergé qui étaient renouvelés tous les ans (1). Cette coopération des *gens d'église* ne prit fin qu'après l'année 1637.

Les dépenses d'intérêt général de la cité étaient enregistrées dans trois séries de comptes distincts que nous avons déjà fait connaître : *Comptes de pont, Comptes de commune, Comptes de forteresse*. Au cours des XV⁰ et XVI⁰ siècles, les faits de dépenses étaient inscrits sur ces registres avec si peu de méthode qu'il n'est pas rare de rencontrer les mêmes faits mentionnés indifféremment dans les uns ou les autres, ou partie dans l'un et partie dans l'autre. Les comptes de forteresse ainsi que les comptes du pont devaient donc contenir acte de l'intervention des *commis* ou *gens d'église* dans les opérations de recettes et dépenses relatives à l'entretien et aux réparations des fortifications et du *pont* (2). Dans le compte de commune et de forteresse pour l'année 1391, par exemple, nous voyons intervenir la paroisse de Saint-Pierre-*Empont* et dans celui des années 1399 à 1481 nous lisons :

---

(1) Cette intervention des commis de l'église résulte d'un arrêt de Parlement rendu le 29 janvier de l'année 1389, sur lequel nous reviendrons plus loin.

(2) Comptes de commune et de forteresse des années 1391 à 1393 ; 1399 à 1400 ; 1401 à 1402.

« les gens d'église et les habitants d'Orléans ont payé leur portion des dépenses de fortification de la ville, compris celles des *forteresses du pont, les Tourelles et les ponts-levis* ».

L'un des dignitaires de Saint-Pierre-*Empont* était délégué par les corporations religieuses, à titre de *commis de l'église*, pour coopérer au règlement des dépenses des fortifications de la ville et du *pont* (1), et nous voyons en effet dans le compte de forteresse de l'année 1422 (2) que l'un des chanoines de cette église est désigné en cette qualité. Le Chapitre de Saint-Pierre-*Empont* aurait-il coopéré plus activement que les autres, soit à la construction du *pont des Tourelles*, soit à l'entretien et à des réparations de cet édifice considérable parmi ceux de la cité, et aurait-il été désigné dans le langage habituel sous le vocable de Saint-Pierre-*Empont* en considération de cette coopération même? Si nous sommes quant à présent privé de témoignages directs et suffisants à l'appui de cette hyopthèse que nous repoussons absolument, jusqu'à ce que les preuves contraires soient faites, l'on remarquera qu'en admettant que l'origine du vocable de Saint-Pierre-*Empont* fût celle que nous indiquons ici, il serait indifférent qu'il s'appliquât à un pont qui aurait été construit à l'extrémité méridionale de la rue de la Poterne, au point C situé à 250 mètres du point N, plutôt qu'au pont Z qui fut bâti dans les premières années du XII° siècle sur le prolongement de la rue des Hôtelleries, à 350 mètres du même point N (pl. I, fig. 1). La solution d'une question de cette nature ne peut évidemment dépendre et n'aurait certainement pas dépendu de quelques mètres de plus ou de moins sur la distance séparant le pont, en quelque lieu qu'il fût, de l'abbaye qui l'aurait établi de ses deniers, ou qui aurait contribué dans des proportions ou des conditions exceptionnelles à cette fondation monumentale.

(1) « Le 3 août de l'année 1472, maître Jehan de Mareau, chanoine de « l'église de Sainte-Croix, Jehan Barbin, sous-doyen de l'église de Saint-« Aignan et maître Jehan Sauvage, de l'église collégiale de Saint-Pierre-« Empont, commis par les gens d'église et le clergé de ladite ville à assister « pour eux aux affaires de la ville, ont été d'opinion, etc. » (Chanoine Dunois, *loc. cit.*, tome III.)

(2) Vandebergue de Villiers, *loc. cit.*, tome I. (Archives des Hospices.)

La légitimité de ces deux considérations pourrait se justifier par des exemples dont nous nous bornerons à citer le suivant : le pont de l'abbaye de Saint-Nicolas-de-Campagnac, sur la rivière du Gardon (1), fut commencé entre les années 1245 et 1250, sous l'épiscopat de Pons de Beemit qui est désigné dans un acte de l'année 1280 par le surnom de l'évêque du pont : *Epicospus Pontius de Ponte*, en reconnaissance du service rendu à la contrée par l'établissement d'un pont auquel avait concouru en particulier l'abbaye de Saint-Nicolas, dont les premiers prieurs ont été les protecteurs de ce pont, *conservatores*; l'abbaye introduisit parmi les pièces de ses armoiries un *pont* surmonté d'un *saint Nicolas*. Et comme chacun des prieurs possédait, ainsi que c'était l'usage dans presque toutes les abbayes, ses armoiries personnelles, la communauté de Saint-Nicolas-de-Campagnac eut aussi les siennes qui furent : *d'azur à un saint Nicolas crossé et mitré d'or, portant une aumônière à trois bourses de même, sur un pont à trois arches aussi d'or, maçonné de sable, et en pointe une rivière d'argent.* C'est en ces termes que les armoiries de l'abbaye furent enregistrées au cours de l'année 1696, à peu près à la même époque que celles des abbayes de Saint-Pierre-des-*Hommes* et de Saint-Pierre-*Puellier* d'Orléans.

Le type du pont a dû être introduit dans les armoiries du prieuré de Saint-Nicolas-de-Campagnac par l'une ou l'autre de ces deux causes : ou l'initiative de l'évêque auteur du projet et la coopération de l'abbaye à l'œuvre du pont, que l'aumônière caractéristique paraît indiquer clairement, ou le nom du patron de l'abbaye, saint Nicolas, qui est aussi celui des *mariniers* et des *eaux* (2). Nous donnons la préférence à la première de ces deux causes. Et il est hors de doute que, si l'abbaye et le pont, au lieu d'être contigus comme ils le sont effectivement, eussent été éloignés l'un de l'autre, le sceau et

---

(1) Note sur le pont du prieuré de Saint-Nicolas-de-Campagnac, au département du Gard. (*Mémoires de l'Académie du Gard, 1863.*) Ce prieuré est situé entre les villes de Nismes et d'Uzès.

(2) Parmi les attributs de saint Nicolas, on trouve une poupe de navire sur laquelle il est posé. (Forgeais, *Collection des plombs trouvés dans la Seine.* — Desnoyers, *Nomenclature et description des objets trouvés dans la Loire, loc. cit.*)

les armoiries eussent été composés d'une manière identique dans le second comme dans le premier cas.

Les conséquences qui découlent de cet exemple sont importantes. Si l'abbaye de Saint-Pierre-des-*Hommes* d'Orléans eût existé en dehors du territoire urbain, ou si Orléans n'eût pas été une cité du domaine royal, au temps de la construction du pont, on pourrait ne considérer les choses que par leur côté sensible, et, d'après les apparences, essayer d'établir une sorte d'analogie de position entre les fondateurs du pont d'Orléans et ceux du pont de l'abbaye de Saint-Nicolas-de-Campagnac; mais, ainsi qu'on le verra plus tard, le pont des Tourelles ne fut certainement pas une œuvre privée, et la caractéristique sigillaire *in ponte* ou *pontis*, substituée à des époques incertaines aux mots *virorum* et *in puncto* dans le vocable *Sancti Petri virorum*, même avant le XIe siècle, ne peut être équivalente ni matériellement ni grammaticalement de la caractéristique *de Ponte* dans l'inscription *Episcopus Poncius de Ponte*, *Évêque Pons du Pont*, qui spécifie le sceau de l'abbaye de Saint-Nicolas-de-Campagnac. Le Chapitre de Saint-Pierre-des-Hommes n'a jamais revendiqué, que nous ne sachions du moins, d'être le fondateur d'un pont sur la Loire à Orléans. Les historiens des siècles passés, comme les écrivains des temps modernes, qui ont effleuré la question n'ont eu d'autre but que d'essayer d'établir un lien de position topographique entre l'assiette de l'abbaye de Saint-Pierre-des-Hommes et celle d'un pont problématique qui aurait existé à une époque inconnue dans le prolongement de la rue de la Poterne. Les deux cas ne sont donc pas comparables.

L'évêque *de Ponte* de Saint-Nicolas-de-Campagnac était l'initiateur et le créateur de ce monument, ainsi que l'atteste l'aumônière sigillaire de son patron; le Chapitre de Saint-Pierre *virorum*, *in puncto*, *de puncto*, *in ponte* ou *pontis* d'Orléans n'a eu certainement d'autre intention, en représentant saint Pierre, son patron, sans aumônière, que celle de le différencier de son voisin, Saint-Pierre *puellarum*, et de lui donner les attributs qui sont plus propres au sens du mot *virorum*. C'est ainsi que le patron de l'abbaye devint le batelier de Galilée, le pêcheur d'hommes dont la caractéristique *in ponte* ou *pontis* rappelait les *eaux* et les *poissons*, c'est-à-dire la profession matérielle et mystique du Prince des Apôtres, d'où comme conséquence la transformation du vocable primitif: *Sanctus Petrus virorum* en celui de *Sanctus Petrus in ponte* ou *pontis*, Saint Pierre à pont, en pont, empont.

Dans le qualificatif *de Ponte* de Saint-Nicolas-de-Campagnac, la préposition *de* signifie *de*, *du*; d'où l'évêque de ou du Pont. Dans le qualificatif *in Ponte* de Saint-Pierre d'Orléans, la proposition *in* signifie *sur*, *en*; d'où Saint-Pierre sur le ou en Pont. Le qualificatif *Pontis* ne permet pas de doute sur le sens qu'il comporte: c'est Saint-Pierre *du pont*. Ce sont donc les équivalents de « Saint-Pierre *à pont* ou *empont* », vocables qui sont entrés dans la langue française écrite ou parlée du XIII° au XVI° siècle.

Nous croyons fermement que les vocables *Sanctus Petrus in ponte* ou *pontis*, Saint-Pierre au pont, du pont, empont, et leurs variantes n'ont aucune corrélation, ni directe ni indirecte, ni médiate ou immédiate, ni prochaine ou lointaine, soit avec un pont imaginaire qui aurait existé sur la Loire dans le prolongement de la rue de la Poterne, soit avec le véritable pont des Tourelles qui était situé à l'extrémité de la rue des Hôtelleries (pl. I, fig. 1).

Il nous reste maintenant à chercher l'explication de la substitution dans le langage habituel du vocable *Saint-Pierre-Empont* au vocable primitif *Saint-Pierre-des-Hommes*; elle nous paraît dériver de deux sortes de causes qui l'auront séparément ou simultanément favorisée. La première serait l'emploi du nouveau vocable latinisé *Sanctus Petrus in ponte* ou *pontis*, et francisé *Saint Pierre à pont, au pont, empont*, dans les actes publics, chartes, diplômes et autres documents de chancellerie, d'où il passa dans le langage usuel. C'est l'explication du fait par le fait, réalisé en vertu de la force des choses. La seconde cause paraît moins simple au premier aperçu, mais elle possède une grande puissance de propagation parmi le peuple qui garde merveilleusement le souvenir des impressions dont ses yeux ont été frappés. Ce fut une coutume générale au moyen âge, qui s'est transmise à travers les siècles jusqu'à nos jours, de porter dans les fêtes religieuses, les processions et les pèlerinages, des enseignes, des bannières, des statues, des images et aussi des châsses des saints patrons de la cité, comme un témoignage matériel et une affirmation vivante de la foi des populations catholiques, qui rehaussait admirablement la splendeur de leur culte. Dans les processions extérieures du clergé séculier de chacune des paroisses d'Orléans, les communautés religieuses et les abbayes régulières, ainsi que les différents corps d'état, se distinguaient, exactement comme aujourd'hui, par leurs couleurs, leurs bannières et leurs enseignes. Le clergé de *Saint-Pierre-des-Hommes* portait donc sa bannière patronale sur laquelle était représentée l'image du Prince des Apôtres, et il n'est pas téméraire de penser que cette image dut être la reproduction plus ou moins fidèle du *dispositif iconographique de son sceau*. Aucune des paroisses, abbayes ou communautés de la ville n'avait d'enseigne ou de bannière semblable à celle de Saint-Pierre-des-Hommes (*virorum*), caractérisée par les attributs réunis, les *eaux*, les *poissons*, l'*homme* et le *pont*. Ce Saint-Pierre-des-Hommes (*virorum*) était l'image du régénérateur et du Sauveur du monde; c'était donc le chef hiérarchique de ses homonymes qui avaient leurs sanctuaires distincts dans la cité ou en dehors de ses murs, et nulle confusion n'était possible. Aussi le peuple, dont les yeux sont surtout frappés par des signes matériels, n'apercevait probablement sur la bannière ni les poissons, ni l'homme, eu égard à l'exiguité de leurs proportions relatives, et les eût-il aperçus d'ailleurs, que son esprit aurait été beaucoup moins impressionné par leur sens mystique et symbolique que par ces signes matériels, et particulièrement par l'image du *Pont* fortement accusée; et la représentation figurée sur la bannière se réduisait pour lui à celle d'un *Saint-Pierre sur un pont*. Et cette bannière, sans cesser d'être celle de *Saint-Pierre-des-Hommes* « *virorum* », devint exclusivement pour le peuple (1) celle de *Saint-Pierre du pont, à pont, ou empont*,

(1) « Le Chapitre de Saint-Pierre-Empont est appelé en latin *Sancti Petri virorum*. » (Pouillié, du diocèse d'Orléans, de l'année 1648, imprimé chez Alliot, à Paris.)

vocable qui lui est resté propre. Le double vocable latin *Sanctus Petrus virorum* et *Sanctus Petrus in ponte* ou *pontis* fut employé simultanément dans les chartes, documents et actes publics ou privés, jusque dans ces derniers siècles (1), mais il devint le vocable populaire *Saint-Pierre à pont* ou *empont* qu'il conserva jusqu'à nos jours (2).

Nous résumerons cette dissertation de la manière suivante : la dénomination de Saint-Pierre-*Empont* qui fut employée durant le moyen âge et jusqu'à nos jours comme équivalente de celle de Saint-Pierre-*des-Hommes* n'a pu être exprimée en latin, surtout dans la langue écrite officielle, par *in puncto*. Si en fait la tour de Saint-Pierre était placée *au point milieu* de la ville gallo-romaine, et sur une sorte de *cap* ou *promontoire* dominant ses alentours, il serait téméraire d'affirmer ou simplement même d'inférer que cette double concordance topographique et orographique soit la preuve matérielle de la déviation de la forme française *empont* de la tournure latine *in puncto*. Les règles grammaticales s'y opposent absolument, cette dernière forme ne pouvant produire en français que le mot *point*, comme la première ne peut dériver que de la forme latine *pons, pontis*, qui exprime rigoureusement et sans équivoque l'idée d'un *pont*. Enfin, les sceaux capitulaires des années 1320 et 1381, sur lesquels on voit le signe topographique d'un pont fortement accentué, ruinent complètement, à première vue, la thèse qui prétend établir une filiation logique, grammaticale et géographique entre la forme française *empont* et la forme latine ancienne *in puncto civitatis*.

Nous avons fait de vains efforts pour découvrir l'origine et les causes de la substitution de la première de ces deux formes à la seconde dans la langue française. Mais nous avons la ferme croyance que le qualificatif *empont* ne pro-

---

(1) L'auteur des *Annales ecclésiastiques d'Orléans* emploie généralement le vocable *Sanct. Petr. virorum*. En rapportant des faits qui se passent en 1388, sous l'épiscopat de Jean VI, il emploie le vocable *Sanct. Petr. in ponte* et sous celui de Jean X, en 1562, le vocable ancien *Sanct. Petr. virorum*.

(2) Sur l'emplacement qu'occupait l'antique abbaye, les plaques indicatives actuelles des rues et places portent l'inscription : Cloître Saint - Pierre-Empont.

cède à aucun titre du qualificatif *in puncto civitalis* et qu'il faut le chercher dans le vocable *Sanctus Petrus pontis* ou *in ponte* exprimé matériellement sur les sceaux capitulaires par un *pont* et sur les bannières de l'abbaye qui devaient représenter l'image du Prince des Apôtres assis sur un *pont*; d'où l'usage se serait établi de désigner l'église, l'abbaye ou la tour de Saint-Pierre-des-Hommes, *Sanctus Petrus virorum* [*in puncto civitalis*], par le vocable *Saint-Pierre-Empont*, les formes antérieures à *pont, en pont, empont* comportant, indépendamment de l'image matérielle d'un pont, un sens mystique emprunté au symbolisme de saint Pierre *pêcheur d'hommes*, de la *rivière*, des *poissons*, et de l'*homme* étendu sur les eaux. Et lorsque les Orléanais voyaient défiler dans les rues de la vieille cité gallo-romaine, toutes pavoisées et enguirlandées, les processions religieuses au milieu desquelles brillaient les bannières des paroisses, abbayes, communautés, et celles des corporations d'état ornées des images vénérées des saints patrons, et reconnaissables, comme elles le sont encore de nos jours, aux attributs caractéristiques de chacun d'eux, voici, disaient-ils, *Saint-Pierre à pont, en pont, in ponte*, trônant sur un pont (1) et ils n'arrêtaient leurs regards que sur le pont qui était l'attribut saisissant de Saint-Pierre-*des-Hommes*, de Saint-Pierre-*Empont* dont le type topographique du sceau, reporté sur la bannière, était assez significatif pour dispenser l'artiste d'y écrire les mots : voici saint Pierre sur le pont, comme il n'était pas rare de le voir sur les enseignes de pèlerinages et sur les sceaux de cette époque (2). Les Troyens disaient en passant devant la belle

---

(1) Chez les Romains, chaque porte-étendard des légions était désigné par le signe ou la figure qui en couronnait la hampe. L'*imaginifer* portait l'image de l'Empereur régnant ; l'*aquilifer*, l'Aigle romaine ; le *draconarius*, le dragon de la cohorte ; le *manipule*, la main. Tous ces officiers *signiferi* étaient parfaitement distingués par le peuple, et lorsque les légions défilaient, enseignes déployées, sous les yeux et au milieu des rangs pressés de la multitude, le peuple qui ne voyait sur les enseignes que le signe caractéristique disait : Voici le *César*, voici l'*Aigle*, voici le *Dragon*, n'obéissant qu'à l'impression qui frappe ses yeux et l'exprimant sans périphrase, comme les Orléanais disaient au moyen âge : Voici Saint-Pierre *au Pont*.

(2) Les plombs d'enseignes de pèlerinages des XIVe, XVe et XVIe siècles,

croix de bronze ornée de figurines parmi lesquelles on distinguait particulièrement *Simon le Magicien* : *voilà Simon Magul !* Ce n'étaient ni le Christ, ni Satan, ni la Vierge Marie, ni la Madeleine, ni saint Jean, ni saint Pierre, ni saint Loup, ni aucun des autres personnages qui frappaient leurs regards, c'était *Simon Magul*, c'était le Magicien avec ses attributs (1). Obéissant à la même impressionnabilité, les Picards n'appelaient-ils pas saint Georges, habituellement monté sur un beau cheval de bataille, *saint Georges belle monture*, qualification justifiée par l'allure caractéristique du cheval sur lequel est assis le patron des guerriers, comme saint Pierre, le pêcheur d'hommes sur un *pont*. Ne disait-on pas à Provins : la *Lézarde* de saint Cyriaque, et à Tarascon : la *Tarasque* de sainte Marthe (2) ? Nous pourrions multiplier les exemples qui n'ajouteraient rien ni à la force du raisonnement, ni à l'évidence de la démonstration.

Nous pourrions nous arrêter ici et considérer la question comme résolue. Cependant les partisans de la thèse du pont romain ont multiplié leurs arguments. Non contents d'invoquer les textes et de les interpréter dans le sens de l'opinion qu'ils ont embrassée, ils ont porté la discussion sur un autre terrain. Ils ont soutenu qu'il existait des vestiges de ce pont antique dans le prolongement de la rue de la Poterne, non seulement sous le sol de cette rue, mais aussi et surtout dans le lit de la Loire.

retrouvés dans la Seine, à Paris, et dans la Loire, à Orléans, sont accompagnés d'inscriptions nominatives comme celles qui suivent :
XIVe siècle, *Veci Notre-Dame de Liesse* (Seine).
XIVe siècle, *Signum beate Marie [Carnotensis]* (Seine).
XIVe siècle, *S. beate Marie [Carnotensis]* (Loire).
XVe siècle, *Signa apostolorum Petri et Pauli* (Loire).
XVe siècle, *Sigillum beate Marie de Rocamador* (Loire).
XVe siècle, *Beate Marie de Podio [Le Puy]* (Loire).
XVe siècle, *[Notre-Dame] de Cléri* (Loire).
XVe siècle, *N re dame de Cléri* (Loire).
XVe siècle, *Veci S. Leu* (Seine).
XVIe siècle, *Signum beate Magdalene* (Loire).
FORGEAIS, *Plombs historiés de la Seine*, tome II. — DESNOYERS, *Nomenclature et description des objets trouvés dans la Loire*, loc. cit.
(1) VIOLLET-LEDUC, Dict. d'archit. au mot *Croix*.
(2) P. CAHIER, *Caractéristique des Saints*.

Nous allons les suivre dans cette nouvelle voie qui va présenter au lecteur une étude intéressante au double point de vue de l'archéologie locale et de l'art des constructions hydrauliques et militaires dans les siècles passés, non moins qu'à celui de l'histoire du monument auquel le nom glorieux de Jeanne la Pucelle, dont il est inséparable, a attaché une incontestable célébrité.

CHAPITRE IV

SUITE DE LA PÉRIODE GALLO-ROMAINE

Suite des ponts d'Orléans après la conquête des Gaules et durant la période gallo-romaine jusqu'à la fin du Ve siècle. — Recherches des vestiges de ponts gaulois ou gallo-romains à Orléans. — Des crèches et des cails existants à diverses époques sur le bord de la Loire à Orléans. — Des orgeaux et plates-formes. — Des crèches, croiches, ou croches des moulins à nef et des moulins pendus. — Des duits existants dans le lit du fleuve. — De la corrélation imaginaire que l'on s'est efforcé d'établir entre ces différents termes empruntés à la technologie locale ou avec les objets qu'ils désignent réellement, et des vestiges de ponts d'origine gauloise ou gallo-romaine.

L'écrivain moderne qui a le plus contribué à propager l'idée de l'existence d'un pont gallo-romain sur la Loire dans le prolongement de la rue de la Poterne est le chanoine Dubois, théologal de l'Église d'Orléans. Ce respectable ecclésiastique ne s'est pas borné à embrasser l'opinion qui avait eu cours avant lui ; il l'a développée, amplifiée et corroborée par des arguments qu'il croit décisifs et dont nous allons chercher à apprécier la valeur historique et technique. Et d'abord commençons par établir que l'hypothèse d'un pont gaulois ou gallo-romain qui aurait existé dans le prolongement de la rue de la Poterne et de la Crèche Meffroy (pl. III) est appuyée sur des mots et des définitions dont le sens a été dénaturé aussi bien par le chanoine Dubois que par les partisans de cette hypothèse gratuite. C'est ce que nous nous proposons de démontrer dans les pages qui vont suivre.

Il existait à l'époque du siège d'Orléans, au cours des années 1428 et 1429, à peu de distance et en aval du point où la rue de la Poterne aboutissait à la Loire, une tour que l'on appelait alors et que l'on a continué d'appeler *tour de la Croiche-Meuffroy*. Le nom *Meuffroy* ou *Meffroy* pourrait être celui d'un bourgeois de la cité qui l'aurait donné à cette tour, ainsi qu'il était d'usage assez commun vers cette époque, d'après les documents contemporains, à moins que le vrai nom n'ait été *Biffroy* (1), auquel cas la tour aurait été désignée par ce mot qui au moyen âge était synonyme de *beaufroi*, *belfroi* ou *beffroi* (2).

A proximité de cette tour, on voyait sur le bord même de la Loire des débris d'un ouvrage de maçonnerie qui, d'après le chanoine Dubois, était désigné tantôt sous le nom de *Crèche Meffroy* en raison du voisinage de la tour, et tantôt aussi par celui de *Crèche des Moulins*. « Car, dit l'auteur, le
« lit de la Loire étant resserré entre la Poterne et le duit, le
« courant était toujours rapide et l'eau n'y manquait jamais,
« ce qui déterminait un grand nombre de meuniers à y
« placer leurs moulins. »

C'est particulièrement dans le sens du mot et dans la destination qu'il s'est efforcé d'attribuer aux vestiges de l'ouvrage appelé *Crèche*, que l'auteur a cherché et qu'il a cru trouver la preuve de l'existence d'un *pont romain* en ce lieu. Ouvrant le dictionnaire de Trévoux (1771), il y a lu la définition suivante : « Une crèche, dit-il, ou, suivant l'orthographe du
« XVe siècle, une *croiche*, corruption du mot *crêche* ou
« *crèche*, est une espèce d'éperon bordé d'une file de pieux
« et rempli de maçonnerie devant et derrière les avant-becs
« de la pile *d'un pont* et qui est faite en manière de batar-
« deau avec une file de pieux à six pieds de distance » et

---

(1) Sur le plan original de Fleury, dressé en 1640, cette tour est désignée par *Biffroy*. Ce plan est à la Bibliothèque de la ville d'Orléans.

Les comptes de forteresse mentionnent la *Croiche de Meuffroy* dès l'année 1400. Ce nom remonte certainement plus haut.

Vandebergue de Villiers cite un titre de l'année 1627 dans lequel on lit *Crosse Meinfroy*. (Archives des Hospices, tome II.)

(2) Batissier, *Histoire de l'art monumental*, page 635.

« plus loin il ajoute : Je crois que ce qui est appelé *Cail* de la
« Poterne dans le compte de forteresse de 1447 était une
« digue ou chaussée qui conduisait à *la Croiche des Moulins,*
« *car elle était environnée de pieux,* et avait été rompue par
« les glaces. Elle se nommait aussi la *Crèche de Meuffroy,*
« parce qu'elle était peu éloignée d'une tour qui portait le
« même nom ; mais ce qui *prouve évidemment* que ce boule-
« vart était établi sur un reste de *pont romain,* c'est qu'il était
« *plus élevé* que la Motte Saint-Antoine puisqu'on y avait
« établi en 1428 une grosse bombarde qui lançait des bou-
« lets de pierre contre les Tourelles (Pl. I, fig. 1 et Pl. III).
« Ce boulevart de la Crèche-Meffroy était entouré d'eau, puis-
« qu'on y entrait par un pont-levis qui donnait sur le port. Il
« était fortifié comme les murs de la ville par des para-
« pets. » Dans un autre passage, l'auteur revenant sur ces
détails ajoute : « Il y avait en 1428, près de la poterne Ches-
« neau, au bas de la rue de la Poterne (Pl. I, fig. 1), un
« boulevart qui *devait* être un reste de *pont romain.* En effet,
« ce boulevart s'étendait dans la Loire puisqu'on le nommait
« boulevart de la *Creiche des Moulins.* Or, j'ai donné la défi-
« nition du mot Creiche. Je *crois* donc, continue l'auteur,
« avoir *prouvé* qu'en 1428 il y avait à la poterne Chesneau
« des restes considérables de *pont romain. Donc il a existé*
« *à cet endroit.* »

Avant d'aborder la discussion de fond de la thèse du chanoine Dubois, nous avons à peine besoin de faire remarquer les paralogismes de l'argumentation et la fragilité des conclusions affirmatives auxquelles il arrive. En effet, le respectable écrivain donne au mot *Cail* un sens qu'il n'a jamais eu ; c'était, dit-il, une chaussée *environnée de pieux* ; ce n'est pas environnée qu'il faut dire, mais *bordée* de pieux, ce qui est tout à fait différent. Le cail, dans la technologie du moyen âge comme dans la langue moderne, était un *quai* bordant la Loire. Si le cail eût été environné de pieux, il eût formé non un *quai* mais un *îlot* ; on voyait plusieurs exemples, sur la rive droite de la Loire, dans l'étendue de la ville d'Orléans, de ces *Cails,* d'après les documents contemporains, d'où il suit, d'après l'auteur, qu'il y aurait eu autant d'îlots que de cails. Au double point de vue technique et historique, l'interprétation est donc absolument inadmissible (1).

Nous avons vu que, pour prouver l'existence d'un ancien pont romain, le chanoine Dubois avait établi sa thèse sur un fait matériel qu'il a interprété arbitrairement, en lui appliquant une définition incomplète ou inexacte qu'il a empruntée au dictionnaire de Trévoux. Cette *Crèche Meffroy* aurait été, selon les idées qu'il s'est efforcé de propager, un *éperon* de défense des piliers d'un *pont*, d'où il a tiré la conclusion que cette crèche était la pile du *pont romain*. Nous pouvons répondre d'abord que le sens donné au mot crèche par les auteurs du dictionnaire de Trévoux, en l'année 1771, pouvait ne pas être le sens que l'usage avait consacré dans les siècles antérieurs. Notre langage technologique moderne donne du mot *crèche* la signification suivante : « Une *enceinte* formée dans l'eau pour préserver les fondations des ouvrages susceptibles d'être affouillés et dégradés par la force des lames et des courants. (2) » Cette définition prouve que de nos jours, au moins, la *crèche* est une enceinte qui a pour destination de préserver les fondations d'un ouvrage de maçonnerie établi dans l'eau ; par exemple, d'un *moulin*, d'une *écluse*, d'un *quai*, d'un *môle*, tout aussi bien

---

(1) Il existe encore dans la ville de Gien, sur la rive gauche de la Loire, un quai appelé le Cail ; ce mot, que le chanoine Dubois a relevé dans le compte de forteresse de 1447 pour Orléans, n'a jamais eu d'autre sens que celui de quai. Il est mentionné par les chroniqueurs et les historiens de Paris, au moins depuis le XIVe siècle, avec la même justification en français, à l'orthographe près. Ainsi on disait, en 1356, le cay du cloître Saint-Germain-des-Prés ; en 1389, les caiz de la Rivière ; en 1558, le quay de l'Escolle et le quay des Buttes. (*Histoire générale de Paris*, tome I, page 31.) Les mots *caia, caiare*, expriment l'idée de resserrer le lit de la rivière, dans la basse latinité, d'après les dictionnaires de la langue française de 1606, 1691, 1771, le glossaire de Ducange et Scaliger. *Caium* est employé dans une charte de Philippe-Auguste. Dans la langue celtique et bas-bretonne, *Kae* signifie haie, clôture, barrière, quai. Le sens incontestable du mot Cail a donc été détourné par le chanoine Dubois.

(2) *Dictionnaire des Travaux publics*, par Tarbé de Vauxclairs, inspecteur général des ponts et chaussées, 1835.

Cours de construction de Sganzin, XXe leçon sur les fondations des ponts.

Dictionnaire de Littré. — Enceinte de pieux préservant les fondations d'un ouvrage hydraulique.

que celles d'une culée ou d'un pilier de *pont*. Le sens donné par le dictionnaire de Trévoux étant limitatif relativement à nos usages modernes, pouvait l'être tout aussi bien relativement à l'art hydraulique des siècles passés ; et si cette remarque est fondée, nous sommes autorisés à inférer d'abord, que l'ouvrage appelé *Crèche Meffroy* ou *Crèche des Moulins* pouvait être un ouvrage tout différent d'un *pilier de pont* : par exemple, un mur de moulin, un mur de quai, ou un glacis incliné servant de point d'amarrage à des moulins à nef et à des bateaux de navigation.

« Le boulevart de la Crèche-Meffroy ou des Moulins s'avançait, dit l'auteur, dans la Loire. » Que faudrait-il en induire en faveur de la thèse que l'auteur développe ? Rien de concluant, puisque les murs de moulins fixes, comme les murs de quais, s'avancent dans la rivière, et si le mot crèche était synonyme de fondation ou d'ouvrage protecteur d'une fondation, il s'appliquerait tout aussi bien à un mur de moulin fixe, de quai ou cail, ou d'un glacis qu'à une *culée de pont*.

L'argumentation n'est donc pas concluante et l'on en aperçoit aisément la fragilité ; mais l'auteur ne se borne pas à cette première affirmation : « le boulevart de Meffroy, « dit-il, était plus élevé que la Motte Saint-Antoine, on y avait « établi en 1428 une grosse bombarde qui lançait des boulets « de pierre contre les Tourelles, ce qui prouve que ce boulevart « avait été établi *sur un reste de pont romain.* » Nous faisons de vains efforts pour relier logiquement les membres de cette laborieuse argumentation sans y réussir. Le respectable chanoine a déclaré que le boulevart de la Crèche-Meffroy était entouré d'eau et qu'on y arrivait par un pont-levis. Nous n'avons rencontré dans ceux des comptes de forteresse que nous avons eus sous les yeux aucun indice qui tranche la question dans le sens affirmatif. Nous lisons bien dans le compte de forteresse pour les années 1415 et 1416 qu'il y avait un pont-levis près le port d'Orléans : « d'emprès le port d'Or- « liens et pont-levis du port d'Orliens. » En admettant même *à priori* que ce port d'Orléans dût se trouver aux environs de la Crèche-Meffroy et de l'extrémité méridionale de la rue de la Poterne (pl. 1, fig. 1 et pl. III), il resterait à donner une réponse satisfaisante à chacune des trois questions suivantes : Quels motifs ont pu conseiller d'établir un pont-levis donnant directement sur la Loire ; d'entourer d'eau le boulevart de la Crèche-Meffroy qui était défendu par la rivière bien plus efficacement que par un fossé ; enfin quelle corrélation technique et militaire peut exister entre ce boulevart que l'on prétend gratuitement avoir été entouré d'eau et la culée ou le pilier d'un pont romain ? Sans chercher à résoudre ces trois objections capitales, nous dirons sur la première : qu'un annaliste orléanais moderne déjà nommé (1) demandait où et en quel lieu du littoral le *port d'Orliens*, qui aurait été rattaché aux murailles de la cité au long de la Loire par un pont-levis, pouvait se trouver ? Cet annaliste n'admettait pas qu'il pût avoir existé au pied de ces murailles, parce que, dit-il, la porte ou poterne s'ouvrant sur une rivière de trois à quatre cents mètres de largeur, n'a pas besoin d'un pont-levis ; c'est évident *à priori*.

Pour essayer toutefois de répondre à ces trois questions, l'on pourrait raisonner ainsi. Sur les deux premières : dans le but de mettre la poterne à l'abri d'un coup de main de la part d'ennemis débarquant au pied des murailles, les Orléanais auraient pu établir à une certaine hauteur au-dessus du niveau du bord de la rivière, en avant de cette poterne, et à une faible distance, un cavalier de terre revêtu de maçonnerie et accompagné d'une rampe descendant sur le port. Un pont-levis rattachant le seuil de la poterne au cavalier aurait permis l'accès du rivage ; l'intervalle compris entre la poterne et le cavalier aurait été le fossé que les eaux du fleuve pouvaient inonder en tout temps (2). Plus tard ce cavalier aurait été fortifié à l'instar des boulevarts, des portes de ville, et en 1428, au moment du siège, armé de canons. Ce cavalier aurait été désigné par le nom de Crèche-Meffroy. Mais ne peut-on répondre que cet ouvrage a pu être construit spécialement pour en faire un boulevart dans

---

(1) VANDEBERGUE DE VILLIERS, tome I. — Archives des Hospices d'Orléans.
(2) Si ces hypothèses étaient fondées, la raison militaire aurait commandé d'agir de même pour couvrir les autres poternes débouchant sur la Loire.

— 69 —

les premières années du XV⁰ siècle, ainsi qu'on en a élevé en avant des portes de la ville à cette époque, comme nous le dirons ultérieurement ?

Sur la troisième objection qui touche à la corrélation établie par le chanoine Dubois entre le boulevart de la Crèche-Meffroy et la culée ou le pilier d'un pont romain, l'on doit admettre logiquement que l'auteur a considéré la poterne comme ayant été, au temps des Romains, l'entrée d'un pont, et le massif du boulevart Meffroy, le premier pilier de ce pont. Mais il faudrait prouver d'abord que ce pont débouchait sur une rue, celle dite de la Poterne, ce qui en présuppose l'existence : c'est une pétition de principe.

Nous ne pouvons donc nous rallier à un pareil système qui pourtant semble être la seule solution de la difficulté soulevée par le chanoine Dubois; mais l'on remarquera que cette solution ne repose que sur de simples hypothèses, d'autant moins admissibles que nous pensons, avec Vandebergue de Villiers, que le *port d'Orléans*, invoqué par Dubois et auquel on accédait par un pont-levis, se trouvait sur l'île Saint-Antoine, en aval du pont des Tourelles. Nous aurons l'occasion de montrer plus tard que le *port des Poissonniers* était séparé du grand pont de la Loire par un *pont-levis* qui est probablement celui que Dubois, dans l'intérêt de sa thèse, a transporté de l'île Saint-Antoine à la Crèche Meffroy (Pl. I, fig. 12); nous n'en connaissons pas d'autre.

Pour rester dans l'ordre de considérations qui ont guidé le respectable chanoine, nous ferons remarquer qu'il n'est pas rare de rencontrer, sur les bords et dans le lit même de la Loire, des massifs de maçonnerie qui ont plus ou moins de ressemblance avec celui qu'il a décrit sous le nom de *Crèche* ou *Croiche* des Moulins ou de Meffroy. En parcourant les rives du fleuve, on y trouve encore aujourd'hui et même à de faibles distances d'Orléans (1) des vestiges d'ouvrages déjà anciens et encore très solides dont les eaux de la Loire baignent le pied. A les voir isolés et détachés, sans tenir à

---

(1) A Guissy et à Bou (Loiret), à Montlivault, à Saint-Dyé et à Menars (Loir-et-Cher), et ailleurs, en amont comme en aval d'Orléans.

aucune construction, ni en avant ni en arrière, ni en amont ni en aval, on peut les prendre sans grand effort d'imagination, et *à priori*, pour des culées de ponts. Quelques-uns de ces massifs présentent une face presque parallèle au fleuve, flanquée de murs en retour ; d'autres, deux faces convergentes, terminées en pointe et simulant à volonté un bastion de forteresse ou un avant-bec de pont. Les deux dispositifs sont quelquefois même réunis et juxtaposés ; leur sommet s'élève à quatre, cinq, six mètres au-dessus des basses eaux du fleuve. Ces faits peuvent être encore vérifiés de nos jours.

Que sont donc ces ouvrages ? Ce sont des vestiges d'éperons ou des épis destinés à rejeter le courant des eaux ou les glaces vers la rive opposée (1). Quelquefois aussi, les murs d'anciens moulins.

Si nous appliquons ces remarques à l'ouvrage désigné par *Crèche*, *Creiche* ou *Croiche* des Moulins à Orléans, nous reconnaissons avec le chanoine Dubois que cet ouvrage devait s'élever à une certaine hauteur au-dessus des basses eaux de la Loire, et qu'il pouvait même atteindre ou dépasser six mètres, ainsi que le prouvent les exemples que nous venons de citer, et par conséquent, un niveau supérieur à celui de la partie de la Motte Saint-Antoine ou des Poissonniers, située au couchant de la voie du pont (Pl. I, fig. 11-12), à l'époque du siège des Anglais en 1428-29, mais sans que cet ouvrage militaire eût été un pilier de pont romain. Nous constatons encore que les moulins à nef et les bateaux de navigation pouvaient et devaient même chercher, à l'abri de cette crèche, un refuge qui les protégeât contre la rapidité des eaux et le choc des glaces flottantes, ou s'y ranger pour profiter de l'augmentation de force motrice résultant de la position de cet ouvrage, ainsi que l'auteur en cite des

---

(1) Ces ouvrages en saillie, éperons, épis, produisant une déviation brusque du courant et des glaces, laissaient en aval une zone liquide dans laquelle les eaux tournaient sur elles-mêmes et que les mariniers nomment de nos jours une amortie. Ces zones mortes pouvaient recevoir des bateaux et des moulins à nef au moment des crues et des débâcles des glaces. C'étaient de véritables gares d'eau. Le chanoine Dubois a confirmé cette interprétation d'une manière implicite, comme on le verra plus loin.

exemples. Enfin, nous terminerons ces considérations par une observation qui ne manque pas d'intérêt. Sur le plan du cours de la Loire, dressé aux environs de l'année 1733 (1), l'on remarque que le ruisseau de Saint-Jean-de-Braye, petit affluent de la rive droite, descendait encore à cette époque vers Orléans, en passant sous les murailles de l'ancienne abbaye de Saint-Loup, au pied même de la petite falaise qui domine la rivière, pour venir se réunir au fleuve à une faible distance et à l'orient de l'église de Saint-Aignan (Pl. III), mais pendant la durée des crues, les eaux de la Loire envahissaient le lit du ruisseau (2). Cet état de choses remontait à une époque éloignée, car nous lisons dans le manuscrit de l'auteur qu'au XVIe siècle, la Loire s'ouvrit un bras au milieu des prairies qui s'étendaient depuis les îles de Charlemagne et de Saint-Loup jusque sous les murs de l'abbaye de ce nom (3). D'où nous inférons qu'avant le milieu du XVIe siècle, le cours principal et unique de la Loire passait au milieu de ces îles (Pl. III), et se rapprochait du point où fut établie au milieu du XIXe siècle la culée gauche du pont du chemin de fer existant aujourd'hui, un peu à l'orient du bourg de Saint-Jean-le-Blanc et du clos des Capucins (4) et que son thalweg en basses et moyennes eaux,

(1) Dépôt des cartes et plans au ministère des travaux publics.

(2) D'après les manuscrits du chanoine Dubois, l'île Charlemagne n'était encore, en 1700, séparée du coteau de Saint-Loup que par un fossé dans lequel les eaux de la Loire ne coulaient pas quinze jours par année. Toute la Loire passait encore, excepté dans les temps de crues, du côté de Saint-Denis-en-Val, au midi, et ne se rapprochait de la ville qu'un peu en amont de Saint-Aignan et de la Crèche-Meffroy (pl. III). Ces assertions du chanoine sont conformes aux indications du plan dressé par les ingénieurs en l'année 1733.

(3) Acte authentique de l'année 1556. On dit que l'île Charlemagne fut donnée par l'empereur à l'église de Saint-Aignan, qui était originairement sous le vocable de Saint-Pierre-aux-Bœufs. — VANDEBERGUE DE VILLIERS, loc. cit., t. II.

(4) L'ancienne berge de la Loire existe encore, de nos jours, depuis un point situé à un kilomètre à l'orient du pont du chemin de fer (pl. III) jusqu'à un demi-kilomètre environ à l'occident. La culée gauche actuelle du pont s'avance à 130 mètres dans le lit de la Loire, elle s'avançait encore davantage avant la grande crue de 1846 qui entraîna des avaries à la suite desquelles le pont fut allongé de plusieurs arches.

comme dans les plus grandes crues, se portait, eu égard à l'existence de l'île aux Toiles, de la rive gauche du fleuve sur la rive droite, et venait raser le pied des murailles entre l'église de Saint-Aignan et le pont des Tourelles, ainsi que l'indiquent les traces de ces thalwegs variables avec la hauteur des eaux figurées sur la Pl. III.

Ces observations montrent déjà suffisamment, ce nous semble, que la *Crèche des Moulins* qui se trouvait sur la berge du fleuve, au pied des murailles de la ville, pouvait bien avoir eu une tout autre destination que celle d'une culée de pont. Mais poursuivons.

Le chanoine Dubois rappelle qu'il existait à Orléans, au temps du siège des Anglais, une douzaine de moulins, installés le long de la muraille de la Loire (1), et, qu'au delà de la Tour-Neuve et non loin de Saint-Aignan, « il existait « des Moulins construits sur le bord du fleuve, en un endroit « où il y avait toujours beaucoup d'eau, même au milieu de « l'été (Pl. III) ». C'est qu'en effet le thalweg des basses eaux devait y passer ; et le *Journal du Siège* auquel l'annaliste se réfère, nous apprend que le 18ᵉ jour du mois de janvier de l'année 1429 « eust une grosse et forte escarmouche en une « isle devant la *Croche des Moulins de Saint-Aignan* ». Nous ignorons si ce fait de guerre s'accomplit dans l'île aux Toiles ou à la pointe aval de l'île Charlemagne qui étaient devant les Moulins de Saint-Aignan (Pl. III). Nous pourrions toutefois inférer des propres expressions de l'auteur qui invoque le texte du *Journal du Siège*, que, si la *Crèche* ou *Croche des Moulins* ou *de Meffroy* était un vestige de pont romain, la *Croche des Moulins de Saint-Aignan* pouvait bien avoir eu la même destination.

Si nous remontons plus haut encore et à une époque antérieure au siège d'Orléans du XVᵉ siècle, nous voyons que dans les comptes du pont, pour les années 1404-1407, il est

---

(1) D'après les manuscrits du chanoine Dubois, chacun de ces moulins était monté sur deux bateaux. Ces moulins furent coulés dès les premiers jours du siège, au mois d'octobre de l'année 1418, par l'artillerie anglaise, qui tirait de la rive gauche de la Loire.

Journal du Siège. — QUICHERAT. *Procès de Jeanne d'Arc*, tome IV.

fait mention d'un *Croiche aux pierres près Saint-Laurent.* Et les comptes de forteresse mentionnent aussi sous le nom de *creiche Sainct-Sanson* un ouvrage de maçonnerie placé sur le bord de la Loire. Il y avait, au récit de ces comptes, à proximité de cette *creiche,* des *moulins* désignés par le nom *Sainct-Sanson ;* d'où il serait encore permis d'inférer, d'après ces observations et en restant dans l'ordre d'idées du respectable chanoine, que la *Croiche* de Saint-Laurent et la *Creiche* de Sainct-Sanson auraient été à aussi bon droit et au même titre les *culées de deux autres ponts romains.*

Bornons ici, en résumé, nos citations déjà trop longues, en mettant en relief l'existence au moyen âge des quatre crèches le long des murailles du vieil Orléans : *Crèche Meffroy, Crèche Sainl-Aignan, Crèche Sainl-Laurent, Crèche Saint-Sanson,* bien authentiques et dûment enregistrées. Nous avons la ferme croyance que, si l'on voulait se donner la peine de parcourir tous les manuscrits et toutes les chroniques qui intéressent l'histoire locale dans les siècles passés, l'on découvrirait encore d'autres *crèches* tout aussi authentiques que celles que nous venons de citer. Mais, en s'en tenant seulement aux quatre précédentes, il serait déjà permis de conclure, d'après les principes du chanoine Dubois, qu'il y aurait eu *quatre ponts de pierre romains,* sans compter le cinquième qui occuperait, d'après les appréciations erronées du savant ingénieur archéologue Jollois, ainsi que nous le démontrerons plus loin, l'emplacement du pont des Tourelles dans la structure duquel on reconnaîtrait, dit-il, des restes de l'ouvrage des Romains.

Poser ainsi la question ou la réduire à ces simples termes, n'est-ce pas donner la solution négative de l'assertion du chanoine Dubois? Mais il importe d'aller plus loin encore afin de dissiper tous les doutes sur ce point controversé pour que l'on n'y revienne plus désormais.

Non content d'avoir essayé d'établir une complète assimilation entre l'une des nombreuses crèches que l'on rencontrait sur le bord de la Loire à Orléans et le *pilier* ou la *culée* d'un pseudo pont romain, le chanoine Dubois a voulu fortifier encore ses conclusions par une comparaison ou une assimilation de la crèche à un autre ouvrage accessoire du pont, l'*orgeau*; selon l'appréciation de cet écrivain, ces deux termes auraient, dans la langue et la pratique technique, la même signification. Le mot *orgeau* a été usité dans la région de la Loire orléanaise pendant un temps assez long. Depuis un grand nombre d'années, cette expression est tombée en désuétude et ne se rencontre ni dans la langue écrite, ni dans la langue parlée; elle est inconnue dans la langue populaire depuis les premières années du XVIII° siècle, avant même l'époque de la démolition du pont des Tourelles : le mot devait disparaître avec la chose. C'était une expression locale dont on ne trouve le sens dans aucun des glossaires que nous avons consultés (1). Nous le voyons apparaître pour la première fois dans les comptes du pont d'Orléans pour les années 1386 à 1389, où il est écrit *orgeau*.

C'était un usage établi que les diverses parties du pont des Tourelles fussent, à des époques périodiques, visitées par des experts, commis à cet effet. Cette opération, appelée *visitation*, se faisait avec une certaine solennité, en présence des notaires, des procureurs, proviseurs administrateurs du pont, des échevins et des prud'hommes; on examinait, dans leurs détails, les arches, piliers, fondations, etc., et l'on indiquait les réparations qui étaient reconnues nécessaires. Dans un procès-verbal de visitation, dressé le 26 juin 1555 (2), pour constater l'état du pont à cette époque, nous rencontrons à chaque ligne les mots *argeaux* et *plattes formes*. Ces deux parties essentielles des culées et des piliers du pont ont pour destination spéciale la protection de leurs fondations. C'est ce que nous allons démontrer. Et d'abord, les phrases « *parer* « *l'argeau* à l'entour du pilier; *remplir de pierres les argeaux* « *et plattes formes* » ne laissent absolument aucun doute sur le

---

(1) Les manuscrits de la Bibliothèque de la ville, et ceux des Archives municipales comme ceux des Hospices d'Orléans portent indistinctement et simultanément *orgeau, argeau, argeaul, argeot, archau, augeau, augereau, argueau*, suivant les époques. Le chanoine Dubois déclare n'avoir trouvé ce mot dans aucun glossaire. Nous n'avons pas été plus heureux : les glossaires de la langue française ancienne et moderne, et ceux de la langue bretonne et celtique n'en font pas mention. — Archives des Hospices d'Orléans.

(2) JOLLOIS, *Mémoires sur les antiquités du Loiret*, page 170.

sens que les hommes de l'art et les gens de métier attribuaient alors à chacun de ces deux mots. C'est à peu près le sens que nous attachons aujourd'hui au mot crèche qui n'est employé dans aucune partie de ce document. Un autre procès-verbal de visitation du pont, portant la date du 26 septembre de l'année 1630 (1), rédigé comme le précédent, arche par arche, contient, pour ainsi dire à chaque ligne, les mots *crèche, cresche de la pile* et *arqueau* qui ont l'un et l'autre la même signification que les mots correspondants *platte forme* et *argeau* du procès-verbal de l'année 1555.

Ce serait s'arrêter trop longtemps sur de vaines controverses si nous rapportions ici la démonstration que le chanoine Dubois a entreprise de la synonymie des mots *orgeau* et *crèche* et de l'identité des objets qu'ils représentent. Nous ne pouvons mieux faire que de renvoyer le lecteur à ses manuscrits.

Le sens qui nous paraît se déduire si clairement et si logiquement des deux procès-verbaux de visitation quant aux mots *orgeau, platte forme, crèche*, est confirmé de la manière la plus explicite par divers passages des comptes du pont pour les années 1386 à 1410, dans lesquels nous voyons mentionnées des dépenses concernant des fournitures de bois et de pierre pour la réparation « *des orgeaux des arches* ». Plus tard, en l'année 1417, « on fait maçonner le fondement du « pillier de Sainct-Anthoyne et *perroyer* le pillier d'emprès les « Torelles, *nestoyer l'augeau* du pillier Sainct-Anthoyne pour « le perroyer, idem pour le pont des Torelles à perroyer et ac- « coustrer de pierre aux *orgeaulx* d'emprès Sainct-Anthoyne, « soubs l'arche de la Croix *gecter du sablon aux orgeaux qui « estaient achevés de perroyer* (2) ». Ces détails montrent bien clairement que l'*orgeau* ou l'*augeau* était *perreyé* et après cette opération, recouvert de sablon, comme on le fait encore de nos jours, pour l'établissement *des perrés et des pavages* ordinaires.

Orgeaux et *crèches* ont donc été indubitablement, à des

(1) JOLLOIS, *Mémoires sur les antiquités du Loiret*, page 81.
(2) VANDEBERGUE DE VILLIERS. Anciens comptes de ville et Cartulaire d'Orléans, 2ᵉ vol. — Hospices d'Orléans.

époques diverses, des termes qui désignaient non seulement des ouvrages en saillie, protecteurs des fondations, des piliers et des culées du pont, mais aussi certains ouvrages de *rive*, ainsi que nous l'avons vu en parlant des nombreuses crèches qui bordaient le pied des murailles, baigné par les eaux du fleuve et dont les similaires existaient aussi sur la rive gauche, comme le prouve le passage suivant, tiré des comptes du pont pour les années 1386 à 1389 : « fourniture de bois pour « réparer les *orgeaux* de devant la place des Augustins, et « pour faire des *palis* de la dite place » (1).

Plusieurs documents contemporains nous ont d'ailleurs conservé la définition implicite mais suffisamment claire de l'*orgeau* et de la place qu'il occupait dans la nomenclature et l'agencement relatif des diverses parties constitutives du pont. Voici d'abord le résumé d'une sentence du Prévôt d'Orléans rendue le 27 septembre 1541, qui clôt un procès pendant entre les proviseurs et un locataire de l'une des maisons du pont (2). Cette sentence qui énonce la situation des maisons contient la description de l'une d'elles : En l'année 1542, les proviseurs ayant entrepris la reconstruction des maisons qui avaient été détruites par l'incendie de l'année 1537, firent rédiger un devis qui prescrivait que « chaque maison pré- « senterait environ deux thoises trois pieds de façade et de « largeur, et que sur le derrière de ladite maison régnerait « une galerie de quatre pieds de saillie. » La maison incendiée était assise sur l'un des piliers du pont, ainsi que la maison contiguë, et la sentence porte que : « avant l'incendie « le derrière de la maison était assis sur l'*arjeau en poincte* « beaucoup plus large et beaucoup plus plantureux qu'il « n'est à présent ». De ces indications qui sont assez claires il résulte que l'*arjeau* ou l'*orgeau en poincte*, qui n'est autre qu'une variante du terme technique *avant-bec*, était la base sur laquelle la maison avait été bâtie. Environ un siècle plus tard, et en l'année 1650, on retrouve des définitions de l'*arjeau* ou l'*orgeau* plus explicites encore dans les registres des titres

---

(1) Comptes du pont, Archives municipales d'Orléans.
(2) Extrait du Cartulaire et rôles y annexés du pont d'Orléans et de l'hôpital Saint-Antoine, de 1344 à 1571. — Archives des Hospices d'Orléans.

et des revenus de la Chapelle Saint-Antoine d'Orléans (1). Nous y lisons l'énoncé des baux de diverses maisons sises sur le pont : « bail d'une maison estant sur le premier *orgeau* « du costé de Sainct-Anthoine ; idem d'une maison sur le « second *orgeau* ; idem d'une maison bastie sur le quatrième « *orgeau* appelé *orgeau de la Treille;* bail d'une *place* estant « sur le troisième *argeau* du costé de la chapelle Sainct- « Anctoyne. » Les termes *orgeau* et *argeau* étaient encore synonymes à cette époque.

En l'année 1652 on désignait dans le même document « un « estacou (appentis) sur le deuxième *archeau* des ponts du « costé d'aval, ledit estasson estant à l'opposite d'un aultre « *archeau* d'amont où est le portraict de la Pucelle. » Et un peu plus tard une ordonnance des trésoriers de France du 12 avril 1683 autorisait les administrateurs de l'hôpital général, suivant les anciennes concessions, à faire bâtir : « une maison sur le premier *archeau* du pont du côté du « soleil levant, entre celui où est l'effigie de la Pucelle et la « ville. » Ces définitions suffiraient à la démonstration, puisque le portrait ou l'effigie de la Pucelle reposait *sur l'avant-bec du pilier* (pl. II, fig. 2; pl. VII, fig. 3).

Enfin six ans après on conservait le même mot pour exprimer le même objet, mais en changeant l'orthographe : « il était enjoint à tous les habitants de la ville et faux « bourgs d'Orléans de netoyer pour chacun jour de mercredy « et samedi, les rues chacun au droit soy, autant que son « logis en comporte et faire porter les ordures et immondices « qui en sortiront en la rivière et non sur les *argeols des ponts* « *et mottes, ilots, ports et autres endroits*, sinon derrière les « pots (creux, trous) des dites mottes qui ne sont pas encore « remplis (2). »

Mais au commencement du XVIII° siècle, les termes techniques argeau, orgeau, semblent être tombés en désué-

(1) Registre des titres des maisons, rentes et revenus dépendant de la chapelle Sainct-Anthoine-du-Pont. — Archives des Hospices d'Orléans.
(2) *Règlement pour l'exercice de la justice et police de la ville d'Orléans.* — Orléans, chez François Hoyer et Pierrre Rouzeau, imprimeurs du roi et de la ville, 1689.

tude. Le registre des biens de l'hôpital d'Orléans pour l'année 1725 (1), contenant l'énumération de toutes les maisons bâties sur le pont, les désigne sans employer le mot *argeau*. Ainsi, une maison près la Chapelle, une autre joignant la motte (îlot) des Cordiers, celle-ci près la Belle-Croix, celle-là près les Tourelles, etc... Enfin dans la technologie du XIX⁰ siècle, le mot *argeau* et ses analogues ont complètement disparu sur le littoral de la Loire.

Nous l'avons déjà fait remarquer précédemment, ni le mot *argeau*, ni ses similaires n'ont été inscrits dans les glossaires. C'était une expression exclusivement locale qui a subi comme la langue elle-même des modifications, surtout en passant par la bouche de simples ouvriers illettrés et peu habitués à la netteté et à la précision des mots ; elle a été en usage continu pendant plus de trois siècles, de l'année 1386 à 1689, et nous avons pu suivre sa trace nonobstant les altérations qu'elle a éprouvées dans les manuscrits et les livres jusqu'aux premières années du XVIII⁰ siècle.

De la comparaison des textes rapprochés des parties constitutives du monument dont l'*argeau* était un élément important, nous tirons cette conclusion que : nonobstant la diversité de langage et les obscurités qui ont fait de ce terme une sorte d'énigme, nonobstant les interprétations et les variantes qu'il a subies dans la bouche des hommes de l'art et des gens de métier comme sous la plume des notaires et des scribes qui l'ont employé dans les manuscrits, avant et après l'invention de l'imprimerie, ce terme n'a pas cessé, depuis l'époque à laquelle il nous apparaît pour la première fois dans les dernières années du XIV⁰ siècle jusqu'au jour où il tombe dans l'oubli, de désigner une seule et même chose, savoir : *le massif, soit de maçonnerie, soit de simple enrochement, qui entourait comme d'une ceinture la partie antérieure et saillante des piliers du pont, à fleur de basses eaux*, et par extension subséquente, *l'avant et l'arrière-bec des piliers au-dessus desquels étaient bâtis des maisons, des appentis et des boutiques, et furent érigés les calvaires de*

---

(1) Archives des Hospices d'Orléans.

la *Belle-Croix et de la Pucelle, et où se trouvaient aussi de simples places qui faisaient l'objet de locations particulières.* Cet appendice du pont que consolidaient les pieux d'enceinte de la fondation du pilier (1) était en outre protégé par un pavage plus ou moins soigné qui en formait comme l'enveloppe extérieure que l'on désigne dans les procès-verbaux de visitation par le mot de *platte forme* substitué au mot *argeau* comme équivalent.

Bien que son origine et ses racines nous soient inconnues, ne semblerait-il pas naturel de les faire remonter à celles du mot latin *augere* (accroître, augmenter, renforcer), le sens de ce verbe latin s'appliquant parfaitement à la destination matérielle de l'objet appelé *argeau* dans la langue du moyen âge, destination qui était de *renforcer* le pilier (2). Ce que nous allons ajouter sur cet important sujet confirmera l'exactitude du sens que nous attribuons à cette partie du pont.

Il nous est resté de l'ancien pont des Tourelles un dessin régulier (3) ; sur la pl. II, fig. 3, on aperçoit très distinctement les plattes-formes, désignées par la lettre A, qui entourent chaque pilier à fleur de basses eaux et le dispositif de l'appareil du pavage tel qu'il était au milieu du XVIII° siècle au moment de la démolition du pont. Sur la planche IV, fig. 5, on aperçoit à la base des piliers les *argeaux* A qui sont à fleur d'eau. L'argeau était donc la partie saillante en dehors de l'épaisseur des piliers au niveau des basses eaux. Cette opinion nous semble suffisamment établie par les considérations qui ont été exposées. Nous allons cependant en donner

---

(1) On lit dans les comptes du pont pour les années 1422 à 1435 : « payé au charpentier 410 chevilles de bois pour *queudre* (assembler) et *cheviller* les *pelz* aux *reilles* tout autour desdits *orgeaux.* »

(2) Le mot *argeau* et ses similaires que nous avons fait connaître plus haut peuvent tirer leur origine du verbe latin *Augere* tout aussi naturellement que le mot *ogive* ou *augive* peut s'en déduire ; les nervures saillantes des croix d'ogives qui *renforcent* les arêtes des voûtes d'église à leur intersection ont pu faire donner à ce système de construction le nom d'*ogive* ou *augive*, c'est-à-dire renforcement, qui est l'expression matérielle. (Voir au chapitre IX.)

(3) Bibliothèque de la ville d'Orléans.

la démonstration directe, afin de ne laisser subsister aucun doute sur la fausse voie dans laquelle le chanoine Dubois s'est engagé et sur les erreurs qu'il a propagées.

Nous avons déjà vu que les maisons, estaçons, appentis, étaient assis sur les argeaux ; les comptes du pont pour les années 1624 à 1626 et les registres des revenus de la chapelle Saint-Antoine du Pont pour l'année 1650 nous en ont fourni des témoignages authentiques. Le procès-verbal de visitation du pont dressé sous la date du 26 septembre 1630 porte cette mention : « à la onze yesme arche du cousté des Mothes « (ilot), fault *à l'arqueau sur lequel est la maison* où de-« meure Jehan Aumont et Guilletier, rejointayer le *poincteau* « d'esclats, chau, sable, regarnir *l'arqueau* de pierres me-« nues. » Le *poincteau* est, comme l'indique suffisamment ce mot, la partie angulaire et saillante, la *pointe* de l'avant-bec du pilier opposée au courant. Le compte du pont des années 1407 à 1410 nous apprend qu'il a été néces-saire « de faire une dépense à cause de deux piliers « dont la glace avait rongé et mangé les pointes jusque près *orgeaux*. »

Ces textes nous montrent que la maison occupée par Jehan Aumont était assise sur *l'argeau* (2), que le poincteau ou angle vif de l'avant-bec avait été détruit par les glaces. Or les comptes du pont dressés à diverses époques nous apprennent que les *argeaux* des piliers avaient besoin de

---

(1) Dans le devis des travaux à faire en 1628 pour la reconstruction de l'arche, dite Camuse, et du pilier adjacent les termes *avant-bec* et *poincteau* sont synonymes.

(2) La plupart des maisons du pont étaient assises sur les piliers et leurs avant-becs ; la largeur du pont entre les parapets sur l'emplacement des arches ne permettait guère, en général, d'établir des maisons sur ces mêmes arches à moins de donner une très grande largeur au pont entre les parapets, comme on l'a fait au pont au Change et au pont Notre-Dame de Paris. On a construit, sur le pont d'Orléans, des maisons en encorbellement « *domos pendulas* », comme au pont des Planches-Mibray, à Paris, au pont de Blois, au pont de Henri II, à Angers, aux ponts de Metz, ainsi que nous le dirons dans la suite de l'ouvrage. Le pont d'Orléans avait donc quelques maisons en encorbellement.

Les *galeries* dont il a été question précédemment devaient être établies dans le même système.

réparations fréquentes, ce qui conduit à admettre que cette nécessité de premier ordre impliquait la facilité d'exécuter ces travaux, d'où la conséquence que ces argeaux ne devaient pas être continuellement baignés et couverts par les basses eaux ordinaires de la Loire, conséquence explicitement confirmée par les considérations précédentes et par l'examen des dessins du pont.

Si nous avons longuement disserté sur ce sujet, c'est qu'il importait au double point de vue historique et technologique de chercher la véritable signification du terme *argeau* et de ses similaires qui a été détournée de son sens réel par des écrivains qui ont traité des antiquités ligériennes. Nous avons cité le respectable chanoine Dubois, dont à la vérité la compétence en matière technique était fort contestable ; mais il nous reste à exposer l'opinion de deux auteurs fort estimés, dont chacun a donné au mot *argeau* un sens différent de celui que le théologal d'Orléans a cherché à faire prévaloir. Au milieu de ces contradictions, il est bien difficile au lecteur de savoir ce qu'il doit croire, et il flotte indécis sans s'arrêter nulle part.

Le savant auteur du Mémoire sur les antiquités du Loiret rapporte le préambule du procès-verbal de visitation du pont fait à la date du 26 septembre de l'année 1630, dans lequel on lit : (1) « à la seconde arche remplir *largeau* de « la dicte arche ; à la troisyesme arche fault réparer *largeau* ; « à la quatre yesme arche mettre des pauls (pieux) à *largeau* ; « à la cinq yesme arche remplir *largeau* de pierre » et ainsi de même pour les septième, dixième, onzième et douzième arches, enfin : « pour la dix neuf yesme arche fault mettre « et appliquer des *paulz le long de largeau des deux costés* « *de la dicte arche.* » Ce texte ne laisse aucun doute sur le sens à attribuer au mot *argeau*. Mais ce qui nous paraît incompréhensible, c'est que Jollois, le savant ingénieur, en rapportant ce passage du préambule du procès-verbal de visitation précité : « *soubz les arches, argeaulx et aultres* « *endroits du dict pont* », ait cru devoir en interpréter le sens

(1) JOLLOIS, page 81.

par l'addition des deux mots : *petites arches*, renfermés entre parenthèses à la suite du mot *argeaulx* (*petites arches*). Ce qui signifie bien que les deux mots *arches* et *argeaulx* du procès-verbal sont aux yeux du savant archéologue l'équivalent de *grandes* arches et *petites* arches : le texte du document précité est incompatible avec une pareille interprétation qui en rendrait le sens absolument inintelligible ; comment, en effet, des *arches* pouvaient-elles comporter des *argeaulx* si ceux-ci étaient réellement de *petites arches ?* Comment aussi des saules auraient-ils été plantés sur ces *argeaulx* si ce mot est l'équivalent de petites arches ? Car on lit dans les comptes du pont pour les années 1422 à 1425 (1) : « *saulayes sur les orgeaux.* » Nous n'insistons pas.

Un autre auteur également fort instruit sur les antiquités locales a donné un sens différent à l'objet dont il s'agit ; le glossaire annexé à l'histoire des marchands fréquentant la Loire (2) renferme la définition suivante du mot *orgeaul, argeau, arquau* : « C'est, dit l'auteur, un *organeau*, anneau
« attaché aux quais pour amarrer les bateaux.* » Nous n'insistons pas davantage.

Le mot technique était, avons-nous dit, une expression locale, mais qui n'était pas exclusivement employée à Orléans. Ce mot, en effet, était également utilisé dans d'autres villes du littoral de la Loire ; ainsi les chroniques font mention : « d'un bateau qui se perdit par le hurt (heurt)
« qu'il fit à l'un des *orgeaulx* du pont de Blois (3). » Louis XII autorisa cette ville : « à bailler ou bastir les *argeaux* du
« pont, et sur *iceulx* faire maisons et revenus d'icelles
« appliquer au profict de la dicte ville (4). » Et dans un procès-verbal de visitation du pont de Jargeau, de l'année 1594, on rencontre le mot technique *argeaulx* appliqué à ce monument,

---

(1) Comptes du pont, 6ᵉ registre. (Archives municipales d'Orléans.)
(2) Mantellier, *Histoire des marchands fréquentant la Loire.*
(3) Mantellier, *loc. cit.* Tome II.
(4) Titre de concession relaté dans un inventaire municipal de l'année 1571. (*Histoire de Blois*, par Burgevin et Dupré, et *Notice historique sur l'ancien pont de Blois*, par de Martonne, insérée aux *Mémoires de la Société archéologique de l'Orléanais*, tome VI)

et l'on retrouve dans le texte la définition implicite du mot en question (1).

En résumé, nous croyons avoir restitué aux ouvrages accessoires du pont d'Orléans *orgeaux, plattes formes* et *crèches*, leurs caractère et destination usuels, et aux termes qui les expriment leur véritable sens technologique. L'argumentation laborieuse du théologal orléanais le conduisait, logiquement d'ailleurs, à l'affirmation de l'existence sur la Loire, dans la ville d'Orléans, d'autant d'anciens ponts d'origine gallo-romaine qu'il y avait eu de *crèches* sur ses deux rives à diverses époques de son histoire. Une telle conséquence renfermait virtuellement la condamnation de la thèse. Les deux sens attribués au mot *orgeau* par les autres écrivains précités sont absolument incompatibles avec les textes que nous avons interrogés, et ils ne tiennent ni devant ces textes ni devant les arguments et les preuves qui les infirment absolument.

Mais nous nous sommes demandé, après avoir posé ces conclusions, si le mot *crèche* ou ses analogues *croche, croiche*, comportaient encore un autre sens que celui que nous lui avons attribué dans la dissertation qui précède. Cette réflexion nous a été suggérée par les considérations suivantes :

Il y avait sur les rivières, au moyen âge, deux sortes de moulins à eau : les moulins à cages fixes, les moulins à cages mobiles ; les uns et les autres plus ou moins éloignés et indépendants des ponts. Les premiers étaient montés dans des bâtiments appropriés à cette destination ; les seconds installés sur des bateaux, d'où leur est venu le nom de moulins flottants ou à nefs. Les moulins à cages fixes sur les rivières sujettes à des crues nuisibles à la marche de l'usine étaient munis d'une roue motrice disposée de manière à pouvoir être élevée ou abaissée à l'aide d'une charpente et d'un mécanisme à crémaillère qui permettait au meunier

---

(1) VANDEBERGUES DE VILLIERS. *Extraits des pouillés et cartulaires d'Orléans*, tome III des manuscrits de l'auteur à la Bibliothèque municipale d'Orléans.

d'immerger ou de mouiller convenablement sa roue, quel que fût le niveau de la rivière, ou de la relever assez pour laisser passer les grandes eaux et les glaces par dessous sans danger. C'étaient des moulins à roues suspendues, d'où leur est venu, sur la Loire notamment, le nom de *Moulins pendus*. Mais il y avait aussi des moulins à nef installés sur un ou deux bateaux, et des moulins à cages fixes établis sur ou contre les ponts ; les documents contemporains, les plans et les vestiges de ces anciennes constructions ne laissent aucun doute à ce sujet (1). Nous y reviendrons dans le chapitre xviii, eu égard à la connexité de ces établissements avec les ponts et spécialement avec celui d'Orléans.

L'on peut demander par exemple si le mot *crèche* des piliers du pont avait le même sens que les mots *crèche* ou *croiche* des moulins. Aucun des glossaires composés depuis le Trésor de la langue française de 1606 jusqu'à nos jours ne donne, que nous sachions, au mot *crèche* ou *croche* le second sens que nous croyons lui avoir été propre dans les siècles passés. Ce qui nous autorise à inférer ou que ce mot n'a pas un sens usuel très répandu, ou que le second sens que nous cherchons n'était donné à ce mot que dans le langage vulgaire et en quelque sorte local, c'est qu'en ouvrant le dictionnaire de la langue bretonne (2), nous y lisons ce qui suit : « *Croc* ou *crok* veut dire *croc, crochet, accroche*. Il « signifie aussi *suspension (de crogi*, *krogi* ou *kregi*, *pendere*, « *suspendere*). *Croc* est manifestemment gaulois et celtique.

---

(1) On peut voir la représentation graphique du mécanisme hydraulique des moulins pendus sur plusieurs dessins de ponts du moyen âge, particulièrement à Blois, à Saumur et aux Ponts-de-Cé sur la Loire, à Angers sur la Maine, à Vernon et à Pont-de-l'Arche sur la Seine ; ces dessins font partie des collections du ministère des travaux publics, de l'École des ponts et chaussées, de l'Atlas des ponts de la Loire dédié à Colbert, et des archives du département de l'Eure. La roue hydraulique suspendue à une charpente mobile à crémaillère est munie d'un rouet dont les dents s'engrènent dans les fuseaux d'une lanterne à axe vertical qui transmet le mouvement de rotation à la meule renfermée dans l'étage du bâtiment correspondant à la chaussée du pont.

(2) Dictionnaire de Dom Louis Pelletier, religieux bénédictin de la Congrégation de Saint-Maur. Les dictionnaires modernes confirment l'exactitude de la définition de Dom Pelletier. (Dictionnaire de Littré.)

« Les Irlandais disent *crogh* une crémaillère, qui est un croc
« suspendu par un autre croc. Nous trouvons dans la basse
« latinité *croca*, *crocæ*, une potence, un bâton d'estropié qui
« a la forme d'une croix et qui semble suspendre l'homme
« qui s'y appuie. On nomme cela en Anjou et ailleurs *crioches*
« et *ecrioches*, mots correspondants de *croca*. Du mot breton
« *crok*, les Français ont fait *croc*, *croichir*, *croche*, *crochet*. »
Legonidec confirme cette interprétation (1). Quelles inductions est-il permis d'en tirer ? L'on peut dire que la *croche*
ou *croiche* des moulins devait être un ouvrage, un mur,
pilier, glacis, auquel étaient scellés des *crocs* ou *crochets*
pour *crocher*, *croichir*, *accrocher* ces moulins, c'est-à-dire
les amarrer pour les empêcher de s'en aller au courant de
l'eau. Et nous lisons dans un dictionnaire du XVII° siècle (2)
le sens que l'on donnait au mot *accrocher* « qui en terme
« de marine signifiait arrêter un navire, l'attacher avec une
« chaîne. » Ce sens est bien celui qui convient aux moulins
à nef, lesquels étaient accrochés à des points fixes. Ainsi,
par exemple, ceux de l'Hôtel-Dieu d'Orléans étaient attachés
au pont avec des chaînes (3). Cet usage n'était pas d'ailleurs
particulier à la ville d'Orléans, car la débâcle de glaces qui
détruisit le vieux pont de Blois en 1716 (pl. VI, fig. 3) entraîna
les cinq moulins qui étaient accrochés à ce pont (4).

Les mots *croche*, *croiche*, signifiaient aussi, par extension,
les crocs ou crochets eux-mêmes qui servaient à amarrer les
moulins flottants. On lit en effet dans l'un des comptes de
forteresse de la ville d'Orléans (5), les mots « *croichez de
fer* » avec l'acception qui précède et dans un autre compte,
ce passage significatif : « *ont été scellés de plastre grant
« quantité de croiches aux Molins de la Poterne Chesneau.* »
Enfin il ne paraîtrait pas contraire au sens des étymologies

---

(1) Dictionnaire celte-breton ou breton-français, 1821.
(2) Dictionnaire de Furetière, 1691.
(3) Comptes du pont pour les années 1404 à 1407. (Archives de la ville d'Orléans.)
(4) De Martonne : *Notice historique sur l'ancien pont de Blois*, loc. cit.
(5) Comptes de forteresse des années 1399, 1401, 1405, 1406. (Archives de la ville d'Orléans.) *Ibid.* de l'année 1422.

données par Le Pelletier, Legonidec et les autres lexicologues, d'affirmer que le mot *croche* ou *croîche* a pu désigner par une autre extension, dans le langage vulgaire ou technique de l'époque, *les piliers ou murs de la cage des moulins pendus*.

Nous sommes donc autorisés à soutenir que le mot *crèche* ou ses dérivés, appliqués aux moulins de la Loire à Orléans, désignaient, suivant les cas, soit les ouvrages protecteurs des *fondations*, des *murs*, *piliers* et *glacis* à l'abri desquels stationnaient ces moulins, ou ces *murs*, *piliers* et *glacis* eux-mêmes auxquels ils étaient amarrés, soit les *crochets* à l'aide desquels les chaînes étaient retenues, soit enfin par extension les piliers qui servaient à suspendre les roues de ces sortes de moulins.

Le chanoine Dubois et les écrivains modernes, qui se sont déclarés les propagateurs de sa thèse touchant l'emplacement du pseudo-pont gallo-romain, n'ont pu parvenir à se mettre d'accord sur le lieu précis où ce pont aurait touché la rive droite de la Loire. Etait-ce exactement en face de la rue de la Poterne ou de la rue de la Crèche-Meffroy située un peu à l'occident de la précédente ? Le respectable chanoine nous apprend que dans sa pensée « le pont romain tra-« versait la Loire en face de la Poterne Chesneau (extrémité « de la rue de la Poterne) *plutôt à l'ouest qu'à l'est,* » c'est-à-dire entre la poterne et la tour de la Crèche-Meffroy. Cette vague indication montre bien l'absence de preuve positive de l'affirmation de l'écrivain et la fragilité de ses assertions. S'agissant d'un fait matériel invoqué comme un témoignage à l'appui d'une opinion ou d'un système, la première condition est la précision qui exclue les généralités. La confession de l'annaliste revient à dire : J'affirme qu'il a existé un pont romain à tel endroit, mais je ne sais où; cherchez et vous trouverez ! Il faut rendre cette justice au respectable chanoine qu'il joignait l'exemple au précepte et qu'il faisait appel à tous les arguments en faveur de sa thèse sans se décourager. Après les crèches ce sont les cails, après les cails ce sont les orgeaux, après les orgeaux voici les *duils* qu'il fait entrer en ligne dans les termes suivants : « Le *duil* d'Orléans,

« dit-il, me semble un monument qui prouve aussi que le pont
« romain répondait à la poterne Chesneau ; le mot *duit*
« vient du mot latin *ductus* et signifie une chaussée moins
« haute que la Loire lorsque ses eaux sont basses et qui est
« destinée à entretenir un courant d'eau rapide à l'endroit où
« il y a des moulins (1). » Or le duit se terminait à la Poterne
Chesneau (2). Il y *avait donc* des moulins à cet endroit, et
ces moulins *devaient* appartenir au roi, car il n'y avait que
le souverain qui avait le droit d'embarrasser le lit d'un
fleuve considérable comme la Loire et qui eût assez de
fortune pour construire un duit. Or c'était sur le pont que
de tout temps nos rois avaient des moulins. Ce pont existait
donc vis à vis la poterne Chesneau. Je sais, continue notre
écrivain, que du temps de Louis VII les moulins du roi
avaient été reportés sur l'ancien pont (le pont sis en face
de la rue des Hôtelleries-Sainte-Catherine) qui existait
alors. Mais si nos rois n'avaient jamais eu de moulins que
sur ce pont (3), le duit aurait été inutile, puisque la Motte-
Saint-Antoine resserrait le lit de la Loire suffisamment pour
rejeter l'eau sur les moulins du roi ; d'ailleurs l'île aux
Toiles empêchait que la Loire ne prît son cours du côté
de Saint-Marceau (4). Le duit aurait donc été inutile si, sous
la seconde race de nos rois, leurs moulins n'avaient pas été

(1) C'est une définition restrictive ; le sens général du mot *duit* est celui
d'un ouvrage destiné à conduire les eaux. Dans le cas particulier, le duit est
une digue basse et submersible qui a pour objet de diriger les eaux sur tel
ou tel point du lit du fleuve, soit pour favoriser le roulement d'un moulin,
soit pour faciliter la marche des bateaux de navigation. En fait, les duits
avaient autrefois cette double destination qui est réduite à la seconde depuis
que les moulins sont supprimés. (Voir chap. XI.)

(2) Non à la poterne Chesneau, mais *en face* de cette poterne. Cette
assertion est vraie ou fausse selon l'époque que l'on considère, ainsi qu'on le
verra plus loin.

(3) L'auteur cite un passage d'une charte de Louis VII, au millésime
de 1176, dans lequel il est question des moulins que le roi avait sur le pont
« *in molindinis nostris in ponte* ». Nous reviendrons plus tard sur cette
charte que nous avons vainement cherchée sans réussir à la trouver.

(4) Les documents contemporains infirment cette assertion : nous dirons
plus loin qu'il a existé des *duits*, *plusieurs duits* établis, réparés, reconstruits
à diverses époques, nonobstant la présence de l'île aux Toiles et spécialement
en 1566. (Manuscrits des Archives hospitalières d'Orléans.)

placés sur le pont romain ; il existait donc vis-à-vis la Poterne Chesneau.

Cette laborieuse argumentation contient presque autant d'erreurs que de mots. C'est une suite d'assertions sans preuves ou contraires aux faits historiques, de paralogismes et de pétitions de principes sur lesquels il serait oiseux de s'arrêter plus longtemps.

Ces arguments fragiles étant épuisés, l'auteur en appelle à d'autres. C'est le tour des grands chemins qui rayonnaient sur la ville d'Orléans et convergeaient des diverses provinces méridionales de la France au pseudo-pont gallo-romain dont le chanoine place la tête de rive droite au point M, extrémité méridionale de la rue de la Poterne, et la tête de rive gauche en un point P, où la rue de la Brèche aboutit à la Loire (pl. III). A entendre l'auteur, on croirait que, sous la domination romaine, le réseau des chemins publics qui rattachaient la ville aux provinces méridionales ne différait pas de celui de nos routes modernes. C'est un pur anachronisme, ou tout au moins une hypothèse gratuite sur laquelle nous n'insistons pas.

Après les grands chemins romains, le chanoine Dubois, pour clore la série de ses arguments, en fait intervenir un qui n'a ni plus ni moins de fondement que les autres. Il pose en fait, mais toujours sans produire de preuves, que l'empereur Aurélien *n'a pu bâtir* les murailles de la ville renouvelée qu'en plaçant, pour la plus grande facilité et commodité de ses habitants, la muraille de l'orient qui occupait à peu près l'assiette de la rue de la Tour-Neuve, et celle de l'occident qui correspond à la rue des Hôtelleries-Sainte-Catherine, à égale distance du pont (pl. III), ce qui en fixe, dit-il, la position au point M, extrémité méridionale de la rue de la Poterne. L'auteur ne semble pas s'apercevoir qu'il admet comme prouvé ce qu'il a précisément pour but de démontrer.

En définitive, les arguments multipliés que le chanoine a produits sont sans valeur, et la question qu'il a posée attendait encore une solution après comme avant sa dissertation aventureuse. Mais comme il importe essentiellement à notre sujet de découvrir la vérité sur les origines du pont des Tourelles, nous allons continuer dans le chapitre suivant la démonstration que nous avons commencée, en éclairant de nouvelles lumières le chaos d'obscurités précédemment accumulées sur cet intéressant problème historique.

CHAPITRE V

SUITE DE LA PÉRIODE GALLO-ROMAINE

Suite des ponts d'Orléans après la conquête des Gaules et durant la période gallo-romaine jusqu'à la fin du V⁰ siècle. — Continuation des recherches des vestiges de ponts gaulois ou gallo-romains. — Des témoins souterrains de la rue de la Poterne. — Des différentes directions assignées aux ponts antiques sur la Loire. — Des vestiges apparents et des vestiges invisibles dans le lit du fleuve. — De la découverte des ruines d'anciens duits et des particularités de leur construction à diverses époques. — De l'île aux Toiles, sise en face de l'église Saint-Aignan et de sa corrélation avec les vestiges d'anciens ouvrages existant dans le lit du fleuve. — De la découverte de blocs de maçonneries anciennes sur les deux rives de la Loire au cours des années 1769 et 1804, par les ingénieurs Desroches et Bouchet, et de la destination qui leur fut assignée à cette époque et jusqu'à nos jours. — Du désaccord existant entre les partisans de l'hypothèse du pont gaulois ou gallo-romain au sujet de la direction de son axe. — Des sondages exécutés en l'année 1861, dans le lit de la Loire, pour la recherche des vestiges invisibles de ce pont légendaire. — Du résultat absolument négatif de ces sondages quant à l'existence de ces vestiges.

Le théologal orléanais et ses continuateurs ont posé en fait que, durant la période gallo-romaine, la rue de la Poterne qui aboutit perpendiculairement à la Loire devait être et avait été l'une des artères maîtresses de la ville aurélienne. Un auteur moderne avait même cru reconnaître, il y a peu d'années, sur la surface de l'ancien pavage de cette rue qui est remplacé aujourd'hui, comme il l'a été bien des fois sans doute depuis l'occupation romaine, par d'autres pavages, les ornières qu'y auraient creusées les roues des chars romains ! Ce n'était qu'une illusion dont quelques découvertes prochaines allaient faire évanouir le trop fallacieux mirage.

Au cours de l'année 1862, l'édilité orléanaise faisait pratiquer des fouilles dans toute la longueur de cette rue, depuis la Loire jusqu'à l'ancienne porte Parisis (pl. I, fig. 1) pour établir des égouts et des conduites de distribution d'eau potable. Ces fouilles ont mis au jour des vestiges de constructions souterraines qui ébranlent et ruinent les hypothèses sur lesquelles on s'était plu à édifier le système d'un pont gallo-romain qui aurait été le prolongement de cette rue problématique. En ouvrant la tranchée de trois mètres de profondeur dans l'axe même de cette rue, la pioche des terrassiers est venue heurter plusieurs souches de murailles d'origine évidemment gallo-romaine, des tronçons de colonnes et des bornes de pierre encore debout (1). Ces vestiges démontrent, *à priori*, que la voie urbaine à laquelle on a donné au moyen âge le nom de rue de la Poterne, sous lequel elle est connue de nos jours, n'existait pas à l'état de voie ou de rue aux époques indéterminées, mais incontestablement postérieures à l'origine de l'occupation romaine, auxquelles il faut rattacher la construction des ouvrages de main d'homme dont les débris s'offraient à nos regards au fond de cette tranchée, et que l'assiette de cette rue fut occupée par des édifices publics ou privés. En présence de ces témoignages plusieurs fois séculaires qui ne sont pas évoqués pour les besoins de la cause, on se demande naturellement s'ils sont antérieurs ou postérieurs, soit au IX° siècle, époque présumée par les inventeurs et propagateurs de l'hypothèse de la destruction du prétendu pont gallo-romain par des causes inconnues (2), soit au XII° siècle, époque probable de l'établissement du

---

(1) Six tronçons de colonnes en calcaire oolithique ont un diamètre de soixante centimètres ; quatre bornes en pierre de forme parallélipipédique ont de quarante à quarante-six centimètres de côté.

(2) A l'hypothèse de l'existence d'un pont sur l'emplacement qu'il désigne, Dubois en ajoute une autre: celle de la destruction de ce pont problématique par les glaces ou par tout autre accident, et la reconstruction de ce pont au

pont des Tourelles, ainsi que nous le verrons ultérieurement. Nous répondons que si ces vestiges étaient antérieurs au IX⁰ siècle, ils seraient la preuve évidente que la rue n'existait pas, que le pont dont cette rue aurait, de l'aveu des auteurs, justifié et nécessité la présence, n'existait pas davantage, et que la rue et le pont, considérés par ces auteurs comme des objets corrélatifs, n'auraient jamais existé que dans leur imagination. Et nous ajoutons que si les constructions auxquelles appartiennent ces vestiges étaient postérieures au XII⁰ siècle, ceux-ci ne pourraient pas se trouver là où ils gisent, puisque la rue existait au moyen âge, et qu'en outre, surtout, ils ne seraient pas enfouis à cette profondeur, car il est démontré que le sol du vieil Orléans n'a pas été exhaussé de trois mètres depuis le moyen âge.

Nous devons signaler une particularité très importante, c'est que les tronçons de colonnes, les bornes et les souches de murailles étaient *superposés à une chaussée de soixante centimètres d'épaisseur* assise sur le terrain vierge marno-calcaire, à trois mètres environ au-dessous du sol actuel de la rue. La croûte supérieure de cette chaussée se composait d'un mélange de terre, de sable et de mortier maigre (1). Un ensemble de pareils témoignages suffirait, en l'absence d'autres preuves, à faire justice de l'hypothèse de la coexistence continue, simultanée et corrélative, depuis les temps de la conquête romaine jusqu'au IX⁰ siècle, d'une voie descendant à la Loire dans l'emplacement de la rue de la

---

lieu même où existait le pont des Tourelles en 1428, c'est-à-dire dans le prolongement de la rue des Hôtelleries. (Tome V de ses manuscrits.) Rien de sérieux ne justifie toutes ces suppositions gratuites.

(1) Ces débris de chaussée accusent manifestement l'existence d'une voie romaine antérieure à l'époque des constructions de maçonnerie dont il a été parlé plus haut. On sait, en effet, que dans la couche supérieure (*summa crusta*) des chaussées romaines, ainsi que dans les deux couches suivantes (*nucleus* et *rudus*) formées de pierres cassées, le mortier entrait comme élément essentiel. L'ensemble de ces trois couches, d'une épaisseur totale de soixante centimètres, d'après la pratique de Vitruve, reposait sur une fondation de pierre ou blocage (*statumen*), dont l'épaisseur variait avec la nature du sol.

Poterne, et d'un pont sur le fleuve dans le prolongement de celle-ci.

Le chanoine Hubert, que nous avons eu déjà l'occasion de citer, inclinait à penser qu'il serait possible de trouver quelques vestiges du pont *romain* en dedans et en dehors de la porte de la Poterne ; le chanoine Dubois a invoqué à l'appui de sa thèse l'existence actuelle de quelques vestiges d'anciens ouvrages dans le lit de la Loire. Les partisans de cette opinion en ayant appelé aux mêmes témoignages, nous avons pensé qu'il fallait absolument entreprendre des recherches matérielles dans le but d'éclairer et d'épuiser la question et de ne rien laisser d'indécis dans l'étude des origines du pont des Tourelles.

Nous venons de démontrer que les fouilles ouvertes dans la rue de la Poterne, sur le bord de la Loire, c'est-à-dire en dehors et en dedans de la porte de la Poterne, selon les indications du chanoine Hubert, n'avaient produit que des résultats négatifs (pl. I, fig. 4); nous avons porté nos recherches dans le lit même du fleuve, en suivant la direction indiquée par le chanoine Dubois comme étant celle qu'il attribue au pont romain. Cet écrivain, avons-nous dit, pose en fait que la culée de rive droite du pont devait se trouver entre les rues de la Poterne et de la Crèche-Meffroy MM' (pl. III) et la culée de rive gauche à l'extrémité P de la rue de la Brèche. Ce pont, qui se serait appuyé sur la pointe orientale de la Motte-Saint-Antoine aux environs du point N", aurait présenté la forme d'un chevron brisé.

Jollois, qui a nié formellement l'existence d'un pont en ce lieu, a démontré que les vestiges d'ouvrages que l'on aperçoit encore dans le lit de la Loire suivant la direction signalée par le chanoine Dubois n'étaient que des débris d'ouvrages de navigation ou d'anciens duits de moulins (1). Les arguments présentés par Jollois n'ont pas paru suffisamment démonstratifs, puisque, nonobstant ses dénégations très précises et très nettes et justifiées d'ailleurs par des arguments positifs, il s'est rencontré des incrédules qui ont partagé

---

(1) JOLLOIS, *Mémoires sur les antiquités du Loiret*, pages 84-85.

et propagé l'opinion du chanoine Dubois, et continué de soutenir que, dans la direction qu'il avait indiquée, il existait encore des traces incontestables d'un pont gallo-romain ou purement gaulois (1)

Les vestiges du pont que quelques auteurs orléanais soutiennent avoir existé dans l'emplacement désigné par le chanoine Dubois ne peuvent être que de deux sortes : vestiges *apparents* en certains états des eaux du fleuve ; vestiges *invisibles* enfouis sous les sables ou couverts par les eaux les plus basses de la Loire pendant l'été. Nous avons déjà restitué leur véritable signification à quelques-uns des vestiges apparents signalés par le chanoine Dubois ; nous allons porter maintenant nos investigations sur les débris ou vestiges apparents et sur les vestiges invisibles que recèle le lit du fleuve.

Nous avons, pendant la saison des basses eaux de l'année 1861, relevé avec un grand soin le plan du cours de la Loire, suivant la direction indiquée par le théologal d'Orléans (pl. III), entre le pont construit en l'année 1760 et le pont du chemin de fer du Centre, sur une étendue d'environ quatorze cents mètres. Nous y avons représenté les vestiges subsistants en l'année 1861 du pont des Tourelles, les deux autres ponts précités, les rives du fleuve, les duits, et la grande île aux Toiles dont le périmètre a été successivement modifié par l'action des eaux et des glaces et la main des hommes depuis le XVe siècle, et dont il n'existe plus aujourd'hui de traces apparentes dans le lit de la Loire ; enfin les débris épars des ouvrages établis à diverses époques, dont quelques-uns ont été signalés par Dubois et Jollois (2). Le duit le plus moderne Y E X rattache la rive

---

(1) DE BUZONNIÈRE, *Histoire architecturale de la ville d'Orléans*, pages 135 et 136.

VERGNAUD, *Archéologie du Loiret et Histoire d'Orléans*.

LOTTIN, *Recherches historiques sur la ville d'Orléans*.

DUFAUR DE PIBRAC, *Mémoires de la Société d'agriculture, sciences, belles-lettres et arts d'Orléans, 1836.*

Archives des Hospices d'Orléans.

DE CERTAIN, *Mémoire sur les anciens ponts d'Orléans*.

(2) Nous avons représenté sur ce plan la queue de l'île Charlemagne et de

gauche du fleuve au pont X qui a remplacé le pont des Tourelles démoli vers le milieu du XVIII⁰ siècle. L'amorce du duit E N' O montre encore, sur une certaine longueur, au moment des basses eaux, en remontant vers l'amont, plusieurs lignes de pieux très inégalement espacés dans chacune d'elles jusqu'au point O, et dont la direction générale paraît aboutir au point L, appartenant à la rive septentrionale de l'île aux Toiles, qui était appelée, au XV⁰ siècle, *isle devant Saint-Aignan*. Aux deux extrémités des lignes de pilotis, vers les points E et L, on remarque des vestiges de maçonneries relativement considérables, formés de blocs de pierre de taille à parements proprement taillés. Ces vestiges, à n'en pas douter, sont les tronçons d'un autre duit E N' O L, qui aura été détruit par les eaux et par les glaces. Les détails de la pl. III, fig. 1, 2, 3, font comprendre la position relative que devaient occuper ces tronçons, séparés aujourd'hui, avant la destruction de l'ouvrage dont les amorces E L présentent *identiquement les mêmes appareils* et qui n'est qu'un fragment du duit E X dont l'origine ancienne était aux environs du point N" et qui n'aura été prolongé en N" X que postérieurement à la suppression de la motte Saint-Antoine qui a eu lieu au XVIII⁰ siècle. Les assises inclinées de cette maçonnerie le démontrent suffisamment.

Les vestiges que l'on rencontre au point L sont, à ne pas s'y tromper, de la même nature et de la même époque ; le mode uniforme de construction et de fondation de ces fragments d'un même ouvrage trahit donc une origine commune. La maçonnerie appareillée d'une manière identique repose sur de minces madriers de chêne cloués sur des quartiers de même essence et posés horizontalement. Nulle autre précaution n'a été prise pour assurer la stabilité de cette construction éphémère, simplement fondée sur le sable, un peu au-dessous du niveau des basses eaux, et que des pieux ou plutôt de simples piquets de faible longueur sont censés pro-

---

Saint-Loup, et les îlots en face de Saint-Aignan, la trace des murs d'enceinte de la ville au long de la Loire, les anciennes rives du fleuve, les ouvrages militaires de la rive gauche au XV⁰ siècle, et les thalwegs des grandes, moyennes et basses eaux.

léger contre les violences de la Loire qui en a facilement raison.

Dans l'intervalle O L nous n'avons pu découvrir aucunes traces d'ouvrages faits de main d'homme. Les pieux en auront été sans doute arrachés et les maçonneries démolies, ainsi que nous le voyons faire tous les jours (1) ; nonobstant cette solution de continuité, le plan montre bien clairement qu'il existait à une époque inconnue, entre les points E et L, un duit rectiligne dont la trace est jalonnée par les maçonneries existantes sur ces deux points et par les lignes de pieux parallèles qui s'étendent sans interruption du point E au point O.

L'extrémité du duit L semble avoir été terminée autrefois par un musoir circulaire ; cependant il est difficile d'affirmer que telle en a été la disposition primitive, car le déplacement des fragments qui subsistent encore et leur état de dégradation trop prononcé ne permettent pas d'exprimer un avis sur ce point avec certitude. Nous reviendrons plus loin sur les caractères de cette construction particulière qui n'est pas dépourvue d'intérêt, même en dehors de toute recherche et de toute induction archéologiques.

Un autre duit qui partait du point Z, extrémité orientale de l'ancienne motte Saint-Antoine, se dirigeant suivant Z B' T' S jusqu'en face du clos des Capucins, se composait, à l'imitation du précédent, de deux lignes de pieux établies parallèlement à trois mètres l'une de l'autre, et dont l'intervalle n'était rempli de maçonnerie au moment des sondages de 1861, que sur deux points g' f. Partout ailleurs l'on ne voyait que des blocs de pierre jetés pêle-mêle sur le fond de sable (pl. III, fig. 5), dans les intervalles des deux lignes de pieux (2) dont les têtes entre les points S et T' sont rasées

---

(1) Chaque année, à l'époque des basses eaux, on a enlevé les vestiges d'anciens ouvrages qui forment des écueils pour la navigation. On en utilise les matériaux, principalement les pierres, pour la réparation des duits et des perrés de rives ; les bois généralement hors de service ne sont destinés qu'au chauffage, lorsqu'ils ne sont pas décomposés.

(2) L'enlèvement de la maçonnerie sur les autres points a pu être fait postérieurement à la construction et à l'abandon de ce duit ; nous en voyons tous les jours des exemples.

au niveau des plus basses eaux, sauf entre les points T' et Z, où elles sont à trente-six centimètres au-dessous. Au point A' on a trouvé des blocs de maçonnerie très solide dont le plus volumineux avait 3ᵐ 50 de longueur et 60 à 80 centimètres d'épaisseur, et le plus petit 25 centimètres seulement d'épaisseur ; le parement taillé du gros bloc est en dessous et la queue des moellons à la surface (1). C'est une maçonnerie renversée qui certainement n'a pas été construite dans la position qu'elle occupe aujourd'hui (pl. III, fig. 4). On distingue suivant la direction Z R une ligne de débris de maçonnerie continue d'excellente qualité, et plus ou moins bouleversée, qui formait autrefois la base du mur de défense méridional de la motte ou de l'île Saint-Antoine contre les eaux de la Loire. Cette destination est parfaitement indiquée sur l'élévation géométrale du pont des Tourelles qui fut démoli vers l'année 1760. Le plan de la Loire (pl. III) nous montre bien distinctement qu'Orléans a possédé à des époques diverses plusieurs duits qui n'ont pu ni coexister, ni fonctionner simultanément (2) et dont le plus récent est incontestablement le duit X E T' Y. Nous essaierons de découvrir plus loin l'ancienneté relative de l'un et de l'autre des deux duits Z T' S et Z O L.

Les comptes de forteresse et les comptes du pont font mention des duits d'Orléans. Le compte de forteresse de l'année 1447 à l'année 1449 nous apprend qu'il existait à cette époque deux duits : l'un désigné sous le nom de duit

---

(1) La queue du moellon est, en terme de construction, la partie du moellon opposée au parement vu. Les exemples de ces maçonneries renversées sont nombreux sur la Loire.

(2) Des duits semblables existaient sur un grand nombre de points de la Loire où l'on en aperçoit les vestiges de nos jours. Dans la notice sur *l'ancien pont de Blois*, nous voyons que les ponts de Blois et de Tours étaient accompagnés de duits. (*Mémoires de la Société archéologique de l'Orléanais*, t. VI, 1863.) Un peu au-dessous de Gien, en face du confluent de la petite rivière de Notre-Heure, on voit des vestiges de duit consistant en deux files de pieux presque parallèles au cours de l'eau, sur 120 mètres de longueur, avec d'autres lignes en écharpes. (*Mémoires de la Société archéologique de l'Orléanais*, tome IX, Question de Genabum.) Enfin, à Amboise, en face du confluent de l'Amasse ; à Saumur, dans le bras des Sept-Voies ; à Champtoceau et ailleurs, il existe encore aujourd'hui des vestiges de ces anciens ouvrages.

de *Foubert* ; l'autre sous le nom du *duc d'Orléans*. Le même compte de l'année 1477 à l'année 1479 nous apprend aussi que l'on travaillait vers cette époque *à la construction du duit de Monseigneur le duc*. Nous lisons dans les mêmes documents pour les années de 1513 à 1515 que l'on exécutait des *battis de pieux* au duit situé derrière Saint-Antoine et que l'on y employait des fagots et des pierres et aussi des pièces de bois appelées *relles* (madriers, quartiers, semelles, longrines), et au cours des années 1549 à 1551, que le duit était construit en dos d'âne et couvert de grandes pierres.

On peut lire dans les comptes du pont pour les années de 1450 à 1452 la description d'un ouvrage *en fagots* exécuté au duit passant en amont et près de la chapelle Saint-Antoine (1). Dans les mêmes manuscrits on a mentionné sous les millésimes de 1485 à 1488 la fourniture de fagots pour le duit de l'île derrière la chapelle Saint-Antoine, et immédiatement après, cette autre indication : d'un *duit nouvellement fait*. Ces citations, tirées de documents authentiques, démontrent qu'il a été fait, de l'année 1447 à l'année 1551 seulement, des réparations nombreuses et importantes aux duits d'Orléans (2) et que ces duits, ou au moins l'un d'eux, ont été refaits à neuf. Malheureusement, la concision de ces indications ne permet pas de découvrir auquel des duits dont le plan nous montre les divers tracés ces réparations et reconstructions peuvent s'appliquer.

A une époque plus rapprochée de nous, le 23 mars de l'année 1684, un procès-verbal de visite du pont d'Orléans (3) fait mention du duit en ces termes : « le duist qui remonte « de la pointe de la Mothe Saint-Antoine jusque vis-à-vis « les Capucins (4) et qui sert à faire prendre le cours de la

---

(1) C'est l'un des duits Z T' S-Z E L (pl. III).

(2) LOTTIN fait remonter la construction du duit *le plus ancien* à l'année 1556 ; ce duit aurait été continué en 1583 par Henri III. L'origine d'amont aurait été vis-à-vis le clos des Capucins ; les faits précédents démontrent l'erreur de l'auteur.

(3) *Bulletin de la Société archéologique de l'Orléanais*, n° 38. Année 1861.

(4) Les deux duits Z T' S et Z O L s'étendaient vers l'amont jusqu'en face du clos des Capucins (pl. III).

« rivière du costé de la ville est entièrement ruiné, et s'il n'est
« pourvu à sa réparation la rivière perdra son cours du
« *costé de la ville* et le prendra du *costé du faubourg du*
« *Portereau*, ce qui serait préjudiciable à la ville. Pour-
« quoi nous ordonnons que le duist sera incessamment
« rétably suivant le raport desdits experts, lesquels, en notre
« présence, en ont fait la visitation et nous ont raporté :
« Que le duist a de longueur environ trois cents thoises, etc.,
« etc. », et le procès-verbal fait connaître que la réparation
doit consister : « dans un battage de pilotis très serrés et
« dans la confection de maçonnerie ordinaire et en pierre de
« taille, à chaux, sable et ciment, et que lesdites pierres de
« taille seront consolidées avec des queues d'aronde, des
« barres et chevilles de fer, et crampons scellés au plomb. »
Il est donc bien démontré que les vestiges de tous ces ouvrages que l'on trouve encore aujourd'hui dans le lit de la
Loire à Orléans, à l'exception de ceux des piliers du pont
des Tourelles, avec lesquels il n'est pas possible de les
confondre, n'ont absolument aucune corrélation technique ou
chronologique, prochaine ou lointaine, avec un autre pont
qui aurait existé en ce lieu à une époque antérieure.

Nous avons représenté (pl. III) *l'île aux Toiles*, en face de
la ville, telle qu'elle fut à diverses époques : 1428-1429, 1622,
1640, 1733, et figuré ses périmètres successifs ainsi que les
vestiges des ouvrages que nous avons rencontrés dans nos
explorations. L'île aux Toiles était fort ancienne ; au temps
du siège des Anglais, en 1428-1429, elle existait déjà, car c'est
sur cette île que Jeanne d'Arc, après avoir traversé la Loire
sous les yeux et sous le canon des Anglais, les 6 et 7 mai
1429, opéra son débarquement presque miraculeux pour aller
attaquer les boulevarts de la rive gauche et les Tourelles
occupés par les ennemis (1). Elle était appelée aussi *isle devant
Saint-Aignan*. En l'année 1622, elle était connue sous la
dénomination de *l'Isle aux Toilliers* et elle est figurée sur
un plan original de Fleury, arpenteur juré au bailliage
d'Orléans, avec les maisons d'habitation qui s'y trouvaient

(1) *Journal du Siège.* — *Les Chroniques et Mémoires contemporains.*

à cette époque (1). En 1640, un autre plan du même arpenteur, sur lequel l'île est désignée par *les Isles*, ne contient plus de bâtiments (2). Est-ce une omission ou ne doit-on pas plutôt attribuer cette lacune aux inondations survenues durant une période de dix-huit ans, et qui auront détruit ces bâtiments dont on ne voit plus de traces sur le dernier de ces deux plans (3)?

Le duit Z T' S, dont la partie T' S couvre le sous-sol de l'île, n'a pu être contemporain de la formation de cette île, ni coexister avec elle, car il aurait été absolument privé de raison d'être, hydrauliquement parlant; il n'a pu que lui être antérieur ou postérieur. Les documents du moyen âge nous apprennent que les duits ne sont pas une invention des derniers siècles et la comparaison de ces documents avec les cartes hydrographiques modernes, non moins que les remarques pour ainsi dire journalières des riverains du fleuve, établissent que parmi les îlots de sable que l'on voit émerger après les crues, les uns disparaissent presque aussitôt, les autres, au contraire, se consolident, s'exhaussent peu à peu avec ou sans le secours de l'homme, et s'agrandissent au point de devenir de véritables îles qui subsisteront pendant un temps illimité. Nous inclinons à croire que le duit Z T' S est postérieur à la formation de l'île, et qu'il n'a pu être établi au cours du XVIIe siècle qu'après la destruction d'une partie considérable de cette île, soit par les crues et les glaces, soit par la main des hommes. Un historien orléanais (4) nous apprend en effet que de son temps, c'est-à-dire dans la première moitié du XVIIe siècle, un îlot s'était formé depuis peu d'années en face des Capucins, à la tête de la grande île aux Toiles, et que cette alluvion était un obstacle à l'écoulement des eaux des crues. Les inondations qui se

---

(1) Collection Jarry, d'Orléans.
(2) Bibliothèque municipale.
(3) Ces destructions de bâtiments sont fréquentes aux époques des crues. LEMAIRE, *loc. cit.*, rapporte que la crue de l'année 1641 a rompu la levée des Capucins. Le sol de l'île aux Toiles avait moins de relief que cette levée, il était donc *à fortiori* submergé par les crues.
(4) LEMAIRE, *loc. cit.*

sont succédé dans le cours de ce siècle, auront causé de graves dommages à l'île aux Toiles dans sa partie orientale et au duit Z T' ou Z O L qui rattachait la pointe Z de la motte Saint-Antoine à cette île. Ne serait-ce point à l'occasion de ces événements que la commune d'Orléans se sera trouvée dans la nécessité d'entreprendre le rétablissement de ce duit pour faire cesser le préjudice qui résultait de cette fâcheuse situation, ainsi que le contaste le procès-verbal du 23 mars 1684 précité ?

De l'année 1640, date du plan de Fleury, qui porte l'indication *des Isles*, si nous passons à l'année 1733, nous trouvons, sur un plan authentique, la représentation de *l'île aux Toiles*, mais notablement diminuée en longueur, et ne contenant plus qu'un seul corps de bâtiment (1). Sa rive orientale est éloignée du duit Z E Y et reportée à l'occident ; le lit du fleuve étant devenu libre, soit par la main de l'homme, soit par l'action des eaux et des glaces, entre les points T' et Y, on a pu établir un duit continu, soit entre les points Z T 'S, soit entre les points Z E Y, à une époque qui serait comprise entre les années 1640 et 1733 (2). Un historien orléanais, confirmant la déclaration de l'historien du XVII° siècle, rapporte que l'île aux Toiles, représentée par la planche III sous le nom de *les Isles*, a été détruite de main d'homme au cours de l'année 1645, par les habitants du Portereau et de Saint-Jean-le-Blanc requis à cet effet pour exécuter ce travail par corvée (3). Nous ferons remarquer que l'île aux Toiles

---

(1) Carte de la Loire dressée par les ingénieurs des turcies et levées aux environs de l'année 1733. Dépôt des cartes et plans au ministère des travaux publics.

(2) Après l'inondation mémorable de 1856, la grande brèche qui existait depuis longtemps dans le duit E Y à partir de la rive Y, en descendant vers le point T', a été fermée. Nous avons reconstruit la partie du duit attenante à la rive, en substituant un chevron brisé Y à l'élément rectiligne qui rattachait sous un angle très aigu ce duit à la rive dont les perrés de défense étaient affouillés et démolis à l'époque des crues moyennes. La nouvelle forme Y a éloigné toute crainte de danger.

(3) LOTTIN, *Recherches historiques sur la ville d'Orléans*, tome II, p. 195, dit aussi que cette île était appelée *l'île Bernard*, laquelle en s'accroissant « avait obstaclé » le cours de la Loire. L'île Bernard était sans doute l'îlot signalé par Lemaire, lequel se sera réuni peu à peu, par accroissements suc-

n'a pas été entièrement détruite à cette époque, puisque le plan des ingénieurs, de l'année 1733, en laisse voir encore parfaitement intacte la partie occidentale à l'aval du duit E Y, qui n'a été enlevée que dans la seconde moitié du XVIIIe siècle, à l'époque de la démolition du pont des Tourelles, ainsi que le lecteur l'apprendra plus loin.

Nous avons rapporté précédemment le libellé d'un procès-verbal de visitation du pont portant la date du 23 mars 1684, qui signalait les dégradations du duit, et en sollicitait, en termes pressants, l'urgente réparation. Les travaux d'enlèvement de la partie orientale des *Isles*, en l'année 1645, ont été nécessairement suivis de l'établissement, soit du duit E T' S, soit du duit Z B' T' S qui, d'après les termes mêmes du procès-verbal, « remonte de la pointe de la motte Saint-Antoine « jusque vis-à-vis les Capucins, et qui a trois cents thoises de « longueur », puisque, en l'absence de l'un ou de l'autre de ces duits, les eaux auraient pris une direction opposée au port de la ville (planche III). En l'année 1684, le duit était « entièrement ruiné »; a-t-il été rétabli suivant sa direction primitive ou a-t-il été un peu infléchi? En un mot, a-t-on exécuté le duit Z B' T' S ou le duit Z E T' Y ? Comme ils se prolongeaient l'un et l'autre vis-à-vis les Capucins, leur commune longueur était d'environ trois cents toises à partir de la pointe orientale de la motte Saint-Antoine Z, et le lit de la Loire étant libre suivant ces deux directions, puisque la partie des îles correspondante avait été enlevée dès l'année 1645, l'incertitude subsiste ; mais les faits matériels et l'existence des vestiges de ces anciens ouvrages sont un argument de plus contre la thèse du pseudo-pont gallo-romain.

Le chanoine Dubois et les partisans de son système ont propagé l'opinion que les vestiges d'anciens ouvrages que la Loire découvre en eaux basses vis-à-vis la rue de la Poterne, devaient appartenir à un pont romain ou gaulois (1). Au nombre de ces

cessifs, à la pointe orientale de la grande île aux Toiles. C'est à cette époque que le bras de la Loire, du côté de la Sologne (pl. III) aura été comblé avec les terres provenant des îles.

(1) Dans la dissertation n° 20 sur les fortifications d'Orléans en l'année 1428 et sur les armes de défense, insérée au volume V de ses mémoires,

vestiges, il en est un désigné sur le plan par la lettre A' que l'on pourrait, *à priori*, assimiler à un bloc de maçonneries d'un pont, car il est le plus souvent impossible de constater la différence de destination originaire des ruines de maçonneries, qui ont toujours entre elles plus ou moins de ressemblance. On remarquera, toutefois, que ce bloc se trouve à la fois, et en aval des duits dont il peut être l'un des débris qui aurait été entraîné par les eaux ou les glaces, et sur la rive septentrionale de l'ancienne île aux Toiles. L'on peut donc soutenir que ces blocs proviennent, soit des anciens duits qui avaient été construits en maçonnerie (1) puisque des plans (planche III, fig. 1, 2, 3) et des documents contemporains nous apprennent l'existence de ces sortes d'ouvrages, soit des bâtiments que renfermait l'île aux Toiles avant qu'elle disparût totalement au XVIIIᵉ siècle, soit enfin des ouvrages de défense des rives de cette île dont les berges devaient être nécessairement protégées contre les eaux, les glaces et les corps flottants, par la double raison que cette île faisait en quelque sorte partie de la ville ou du faubourg du Portereau, et qu'elle contenait des bâtiments. Ses berges ont donc été défendues par des maçonneries comparables à celles qui protégeaient l'île ou motte Saint-Antoine, et dont les vestiges du côté méridional sont représentés par les lettres R Z (planche III), et du côté septentrional par les maçonneries du duit X Z, vestiges qui subsistent encore aujourd'hui, et qui opposent une grande force

---

l'annaliste Dubois raconte, aux pages 16, 17, 18, que des mariniers lui ont *rapporté* qu'il existait dans le lit de la Loire, entre le point M et le point P (pl. III) des débris de maçonnerie et des pieux. Dubois part de là pour annoncer que c'est la direction du pont romain, sans même s'assurer *de visu* si les mariniers lui avaient dit la vérité. C'était déjà sur de semblables avis que les défenseurs du pont gaulois, en face de Gien, avaient bâti leur système. Dubois, dominé par l'idée du pont romain en face de la rue de la Poterne, écrit cette phrase inexplicable : « *Ces pieux ne pouvaient appartenir qu'au pont romain !* » Un coup d'œil jeté sur la planche III permet de réduire à néant une pareille affirmation, puisque le lit de la Loire est criblé de pilotis.

(1) Durant l'existence simultanée de l'île aux Toiles et de la motte Saint-Antoine, l'intervalle qui les séparait pouvait être fermé par des duits d'une faible longueur tels que Z A', par exemple, dont le bloc de maçonnerie A', signalé précédemment, pourrait être un des débris.

de résistance à l'action désorganisatrice des sables siliceux, et à la puissance d'entraînement des eaux, des glaces et des corps flottants (1).

Mais l'on a encore fait appel à d'autres témoignages, ainsi l'on a dit : que dans le cours de l'année 1769 on avait démoli des maçonneries très résistantes sur le glacis du quai de la Crèche Meffroy (pl. III) devant la poterne Chesneau, et dans le cours de l'année 1804, des maçonneries de même nature sur la rive gauche du fleuve vis-à-vis la rue de la Poterne. L'on a prétendu que ces maçonneries, remarquables, dit-on, par leurs proportions et leur solidité, ne pouvaient appartenir qu'à un pont et n'être l'œuvre que des Romains ou des Gaulois (2). A des affirmations aussi catégoriques et aussi vagues, on pourrait répondre par des dénégations qui ne feraient pas avancer la question d'un pas et la laisseraient exactement au même point. Pour mettre le lecteur à même de juger le différend, nous reproduisons les textes sur lesquels on s'appuie. Voici d'abord l'extrait du rapport de l'ingénieur qui fit détruire en l'année 1769 un massif de maçonnerie devant la poterne Chesneau, point M de la pl. III : « Ce massif que l'on jugea
« être de construction gauloise s'avançait en droite ligne
« dans la rivière sur plusieurs toises de longueur ; cette
« découverte confirma en partie l'opinion que cette maçon-
« nerie pouvait avoir fait partie de la *culée* du pont qui avait

---

(1) Le plan géométral du pont d'Orléans, portant le millésime de 1760, montre que les murs qui protégeaient l'île ou motte Saint-Antoine, étaient à peu près verticaux et fondés sur pilotis comme des murs de quais. Le procès-verbal de la visite du pont de l'année 1684 porte : « qu'il faut réparer les
« parapeles du bout de la mothe Z, réparer les deux talus ou empatements
« de la mothe tant du côté de la ville que du Portereau Z X, Z R ; réparer
« dans la même *muraille*, du costé de la ville, une descente en pierre de
« taille ; réparer les *murailles* de la descente qui va dans l'eau ; faire tirer
« toutes les pierres de taille des deux mottes (motte Saint-Antoine, motte des
« Poissonniers, à l'orient et à l'occident du pont, pl. III) qui sont tombées
« des *murailles* et parapeles d'icelles. » Il est donc positif que la motte Saint-Antoine et celle des Poissonniers étaient entourées de murailles dont une partie des débris, enfouie sous les sables ou cachée sous les eaux ordinaires, redevient apparente aux époques des plus basses eaux d'été.

(2) DE BUZONNIÈRE, *loc. cit.*, page 137. — LOTTIN, *loc. cit.* — VERGNAUD, *Histoire d'Orléans*, tome II. — Et d'autres auteurs.

« existé avant Jules César et dont il est parlé dans ses
« *Commentaires* (1). » Voici maintenant l'extrait du rapport
d'un autre ingénieur qui rend compte des découvertes qu'il
fit dans le lit du fleuve, trente-cinq ans après l'un de ses
prédécesseurs (2) : « Les grandes eaux de la Loire, à la fin
« de l'année 1804, ayant détruit la partie du duit (3) attenante
« à la levée de Saint-Charles, avaient aussi creusé entre le
« duit et la levée un bassin très profond qui par suite des
« grandes chaleurs avait laissé à découvert dans le fond de
« la rivière des restes de construction à ciment qui s'éten-
« daient vers la ville et en ligne droite avec la poterne
« Chesneau et l'église de Saint-Pierre-Empont (4). » Ce
rapport fut annexé à celui de l'année 1769, « lequel avait
« également signalé à cette époque la découverte faite du
« côté de la ville d'une construction semblable s'étendant du
« nord au midi, dans la direction de celle nouvellement
« trouvée (5), ce qui fit *présumer* alors d'une manière *plus*

---

(1) Le rapport de l'ingénieur Desroches se trouve dans les Archives des Hospices d'Orléans et dans les tomes II et VII des *Recherches historiques* de LOTTIN, pages 320 et 327. VERGNAUD, dans son *Histoire d'Orléans*, tome II, page 438, donne un extrait de ce rapport qui n'est pas conforme à l'original ; cet auteur dit, par exemple, que le massif de maçonnerie qui s'avançait dans la Loire « de plusieurs toises » s'avançait bien de « *cent pas* au delà du glacis. » Vergnaud n'a pas vu ce massif; son assertion n'a donc aucune autorité.

(2) Le nom de cet ingénieur est Bouchet ; nous avons eu sous les yeux un plan des quais d'Orléans, dressé à la date du 7 floréal an VII, par cet ingénieur en chef.

(3) Il s'agit du duit Z E Y qui rencontrait la berge sous un angle très aigu, ainsi qu'on l'a dit plus haut. La levée de Saint-Charles est comprise entre la levée ou quai des Augustins au couchant et le clos des Capucins au levant, à droite et à gauche des points Y Y' (pl. III). Le bassin creusé par les eaux se trouvait entre les points Y Y". Les restes de la construction à ciment signalés par le rapport sont immédiatement à l'amont du point Y et représentés par le chiffre 7 sur la planche III. On y reviendra plus loin.

(4) Ces derniers mots sont absolument inexplicables et inintelligibles. Une ligne droite ne peut se diriger à la fois du point Y" sur le point M (ou sur les points voisins M' et M") et encore moins sur l'église Saint-Pierre-Empont, située au nord du point M, à l'extrémité de la rue de la Poterne et à 265 mètres de ce point (pl. I, fig. 1).

(5) Nous retrouvons ici une description aussi inexplicable et inintelligible que la précédente. Si, en effet, la construction découverte en 1769 s'étendait

« *certaine* l'existence d'un très ancien pont à cet endroit,
« vis-à-vis le centre de la ville, pont sur lequel avait passé
« César et celui dont il parle dans ses *Commentaires* (1). »

Les vestiges, signalés en 1769 et en 1804, d'ouvrages anciens dont les destinations ont pu être très diverses, ne permettent pas d'affirmer que tels ou tels de ces vestiges ont nécessairement appartenu à un pont de construction romaine ou gauloise. Ce diagnostic téméraire provoque et fait naître des contradictions inévitables et des mieux fondées, puisque les architectes du moyen âge bâtissaient, dans le lit des rivières, des ouvrages de maçonnerie dont les mortiers sont devenus avec le temps aussi durs que les meilleurs mortiers romains (2). Et sans remonter même à ces époques lointaines, il serait facile de trouver des mortiers mis en œuvre depuis moins d'un siècle qui ne le cèdent en rien aux meilleurs mortiers du moyen âge et aux mortiers romains. Ni la technique, ni la critique historique ne peuvent absolument rien tirer d'utile de ces affirmations contradictoires dépourvues de preuves et de justifications et dont quelques-unes même ne méritent pas qu'on s'y arrête.

Une particularité que nous devons signaler nous est révélée par le plan de la Loire dressé en l'année 1733 (pl. III) ; le duit, d'après ce document authentique, se terminait entre les points Y et Y" par un énorme massif de maçonnerie en forme de musoir. De ce point partait un autre duit Y Y' ou un ouvrage quelconque dont le plan ne permet guère de

---

vers le *midi*, c'est-à-dire dans la direction M N, elle ne pouvait s'étendre en même temps vers le *sud-est* M Y". On aperçoit distinctement l'intention préconçue de rattacher les deux massifs découverts aux points M et Y" à un ouvrage d'ensemble, un pont, dont les deux culées auraient été placées en ces deux points. Ce qui doit paraître étrange, c'est le concours prêté par deux hommes de l'art à de telles excentricités.

(1) Les textes précédents se trouvent dans les manuscrits des Archives hospitalières d'Orléans.

(2) On peut voir au Musée d'Orléans, où nous les avons déposés, une collection d'échantillons de mortiers provenant des anciens ponts de la Loire : Orléans, Jargeau, Tours, etc. L'échantillon de mortier du pont d'Orléans qui remonte au XIIe siècle est d'une dureté remarquable, et nul architecte, archéologue, ingénieur, n'oserait affirmer qu'il appartient à telle ou telle époque s'il ne la connaissait d'avance.

soupçonner la destination. Ce musoir lui-même et cet ouvrage, dont les lettres Y Y' indiquent la trace, sont-ils contemporains du duit E Y"? Ne sont-ce pas des vestiges d'ouvrages plus anciens dont il n'est permis d'affirmer ni l'âge, ni la destination? Il est donc au moins téméraire de soutenir que ces débris ont appartenu à tel ou tel ouvrage dont la construction remonterait à une époque antérieure et certainement indéterminée, et particulièrement à un pont d'origine romaine ou gauloise.

Il faudrait d'ailleurs reconnaître *à priori*, si cette dernière supposition pouvait avoir quelque fondement, que les Romains ou les Gaulois auraient obéi à une singulière inspiration en choisissant une direction inclinée M Y qui allongeait, sans raison ni motifs légitimes, un pont jeté sur un fleuve aussi difficile que la Loire. C'eût été insensé, et une pareille idée ne serait certainement jamais entrée dans leur esprit. Aussi le chanoine Dubois s'est-il gardé de suivre ses devanciers dans la voie où ils s'étaient si évidemment fourvoyés. Placé dans cette alternative, ou de compromettre sciemment le succès de sa thèse, ou de renier cette proposition insensée qui prétendait justifier l'existence antique d'un pont sur la direction M Y adoptée par les ingénieurs Desroches et Bouchet, Dubois a pris un *moyen terme*, croyant y trouver un terrain plus solide pour y bâtir son pont. Il a donc sacrifié la partie la plus gênante de ce lourd bagage, et laissant de côté les vestiges signalés sur la rive gauche du fleuve en l'année 1769, au point Y, pour ne retenir que ceux de la rive droite, découverts en l'année 1804, aux environs du point M. Grâce à cette élimination judicieuse, Dubois s'est affranchi de la solidarité du système fantastique qui attribuait les ruines d'anciens ouvrages découvertes au cours des années 1769 et 1804 sur les deux rives du fleuve, sur les points Y et M, à un seul et unique pont romain ou gaulois sur lequel César aurait traversé la Loire à Génabe, un demi-siècle avant l'ère chrétienne !

Aussi laborieuse qu'eût été jusqu'ici l'instruction de cette question intéressante, nous avons voulu la poursuivre et essayer de la mener à bonne fin. Bien que tout cet échafaudage d'assertions téméraires et d'hypothèses complaisantes, à la suite desquelles l'opinion publique s'était égarée, fût ébranlé et à peu près démoli, il restait encore une dernière opération à faire : la recherche des vestiges d'ouvrages anciens qui pouvaient être plus ou moins profondément *enfouis sous les sables* ou *invisibles* pendant la saison des plus basses eaux du fleuve.

Le lecteur a pu voir que l'idée de l'existence antique d'un pont gaulois dans la direction M Y de la planche III ne supportait pas un examen sérieux. Le chanoine Dubois, à la vérité, ne s'appropriait qu'une variante de ce système, et c'est à découvrir dans le lit de la Loire les vestiges de ce monument légendaire qui constituent la base de cette variante que nous avons consacré les recherches dont il nous reste à parler.

Les partisans du système du pont gaulois ou romain placent d'un commun accord la culée de rive droite sur le quai de la Poterne, entre les points M' M" (1) et le chanoine Dubois fixe celle de rive gauche à l'entrée même de la rue de la Brèche, au point P (2). Le massif de maçonnerie découvert en l'année 1769 entre les points M M" s'étendait, dit-on, dans la direction du midi ; l'axe du pont aurait pu lui être parallèle sur une certaine longueur à partir de la rive pour s'y briser et aller rejoindre le point P sur la rive gauche. Si donc nous traçons à droite et à gauche des points M et P deux lignes parallèles à celle qui les réunit et à vingt mètres de distance, si des points M M' éloignés entre eux de trente-six mètres nous menons deux perpendiculaires à la rive M N et M' N", et de ces deux derniers points deux autres lignes N R et N" R convergentes, nous formons deux enceintes M" M'" R P' et M M' N" R N M dans l'intérieur desquelles ont dû reposer les piliers antiques du pont cherché, et où

---

(1) Le chanoine Hubert, les ingénieurs Desroches et Bouchet, Vergnaud, etc...

(2) Le chanoine Hubert incline à penser : « qu'il serait possible de trouver « quelques vestiges du pont romain en dedans et en dehors de la poterne « Chesneau M, pl. III », ms., *loc. cit*. Le chanoine Dubois, avons-nous dit, ch. IV, « pense que le pont romain traversait la Loire en face de la poterne « Chesneau M, plutôt à l'ouest M'" qu'à l'est M", pl. III », ms., *loc. cit*.

l'on doit en retrouver quelques vestiges apparents ou cachés sous les sables ou sous les eaux. C'est sur ces deux enceintes que nous avons porté nos investigations; or nous n'avons pas cru qu'il y eût la moindre utilitité de pratiquer des opérations de sondages sur la direction M Y" inadmissible, *à priori*, et abandonnée par le chanoine Dubois lui-même.

Les seuls vestiges apparents que renferment ces polygones se réduisent au massif de maçonnerie A' dont nous avons indiqué l'origine et la destination présumées, et aux ruines d'anciens duits (pl. III).

Il restait à découvrir, au moyen de sondages pratiqués sur ces polygones, les vestiges non apparents enfouis dans les sables ou cachés sous les eaux les plus basses de l'été. Deux séries d'opérations ont été faites au cours de l'année 1861, la première au mois de septembre, la seconde au mois de novembre de la même année (1). On a tracé sur le premier polygone P' R M''' N'' un réseau dont les mailles quadrangulaires avaient dix mètres de côté ; sur le second, dans sa partie comprise en M M' et N N", un réseau dont les mailles avaient dix et douze mètres de côté, et dans l'autre partie comprise entre N N" et le point R un réseau à mailles trapézoïdales dont un des côtés avait dix mètres et dont la superficie allait en décroissant de plus en plus à mesure que l'on s'approchait du sommet R ; à chacun des angles de tous ces quadrilatères on enfonçait à coups de masse une barre de fer dans le sable, dans les graviers, la marne et le tuf calcaire ; et en retirant cette barre on ramenait au jour quelques fragments des matières sur lesquelles on avait arrêté la sonde. Dans le premier polygone on a pratiqué cent soixante sondages qui ont pénétré au-dessous du zéro de l'échelle du pont d'Orléans, à des profondeurs variant d'environ deux mètres au minimum jusqu'à quatre mètres au maximum ; et, dans le second polygone, cent sondages dont les profondeurs ont été au minimum de deux mètres trente-cinq centimètres, et au maximum de quatre mètres au-

---

(1) Le niveau de l'eau à l'échelle du pont d'Orléans était à 0^m 15 au-dessous du zéro dans la première opération, et à 0^m 40 au-dessus dans la seconde.

dessous des basses eaux ou du zéro de l'échelle du pont. Les angles des mailles des polygones étaient les uns à sec et plus ou moins élevés au-dessus du zéro de l'échelle et des eaux du jour, les autres mouillés par des tranches d'eau ayant jusqu'à un mètre soixante centimètres d'épaisseur dans la première opération et deux mètres dans la seconde.

Les tableaux de sondage accusent la présence du sable, du gravier, de la marne et du tuf calcaire de la Beauce, rarement de l'argile et de la vase, enfin de quelques pierres erratiques noyées dans les couches de sable alluvial. Mais l'outil n'a rencontré aucune résistance qui pût faire présumer l'existence de maçonneries à ces profondeurs.

Un tel ensemble de résultats est concluant, et comme les sondages ont été poussés au-dessous des niveaux où les débris d'un pont antique auraient formé des écueils que les mariniers du moyen âge auraient arrachés, et comme d'autre part les études hydrauliques de la Loire montrent que le *niveau général moyen de son lit* ne s'exhausse pas, nous pouvons inférer avec la plus entière confiance que, suivant la direction indiquée par le chanoine Dubois, et ratifiée par les écrivains qui lui ont succédé, l'on ne trouve au fond de la Loire jusqu'à des profondeurs mesurées au-dessous du zéro de l'échelle, entre deux et quatre mètres, aucune trace, aucun vestige de maçonneries antiques, rien enfin qui autorise la moindre probabilité en faveur du système, sinon imaginé tout entier, du moins développé et amendé par le chanoine orléanais, et adopté par ses continuateurs.

Le résultat de nos explorations est d'autant plus défavorable à ce système que tous les anciens ponts du moyen âge ont laissé dans le lit de la Loire de nombreuses traces et d'incontestables vestiges, soit apparents, soit non apparents, de leur existence, par exemple : les vieux ponts de Sully, de Jargeau, d'Orléans, de Meung, de Blois, de Tours, de Saumur et autres dont les ruines, aux époques des basses eaux du fleuve, frappent les yeux de tous ceux qui veulent se donner la peine de les regarder.

N'est-il pas permis de s'étonner que le pont *gaulois ou romain* qui aurait été, au sentiment des partisans du système, *construit en maçonnerie*, hypothèse absolument inadmissible d'ailleurs, eu égard à l'époque, aux difficultés d'une telle entreprise et à l'insuffisance des moyens d'exécution, que ce pont, disons-nous, dont, au témoignage de ces mêmes partisans, les vestiges sinon des *voûtes* tout au moins des *piliers* seraient demeurés *apparents* jusqu'au premier quart du XIXe siècle, ait pour ainsi parler *fondu* en quelque sorte dans les eaux de la Loire, et quelques années seulement avant que l'on entreprît d'en constater *de visu*, méthodiquement et régulièrement l'existence? C'était la répétition de la fantasmagorie des vestiges du pont gaulois de Gien-le-Vieux (1) dont les partisans *avaient vu*, disait-on, jusqu'au milieu du XIXe siècle les vestiges *très apparents* dans le lit de la Loire, et qui avaient fondu aussi tout à coup dans ses eaux dès que l'on eut pris la résolution de s'en approcher et d'en constater l'existence matérielle et la destination primitive.

Nous croyons, en résumant cette longue dissertation, que l'hypothèse de l'existence dans le lit de la Loire, à Orléans, de débris d'un antique pont de maçonnerie, gaulois ou romain, en face et dans le prolongement de la rue de la Poterne, appuyée soit sur la particularité du vocable de l'église de Saint-Pierre-*Empont* confinant à cette même rue qui ne paraît avoir été ouverte que postérieurement à l'époque gallo-romaine, soit sur la présence de ces débris eux-mêmes constatée dans le lit et sur les deux rives du fleuve au point indiqué, nous croyons, disons-nous, que cette hypothèse légendaire absolument privée de justifications techniques est condamnée à demeurer à l'état de *desideratum* indéfini tant qu'elle ne se recommandera que par les assertions et les témoignages dont nous avons fait toucher du doigt la faiblesse, la fragilité et le néant. Nous croyons fermement que tout cet arsenal d'opinions sans consistance, d'assertions sans preuves et d'affirmations sans crédit

---

(1) C'est par une méthode analogue qu'à une époque postérieure et peu éloignée, nous avons aidé à dissiper les nuages qui depuis trop longtemps obscurcissaient la question si controversée du *pseudo-pont de Genabum* que l'on soutenait avoir existé en face du hameau de Gien-le-Vieux. (*Mémoires de la Société archéologique de l'Orléanais*, tome IX, 1865, *loc. cit.*, chap. I.)

s'écroule de lui-même en présence de l'étude de tous les éléments sur lesquels on avait bâti le laborieux édifice. Nous avons l'espérance que le spectre de ces ruines fantastiques et légendaires, qui a servi de thème aux dissertations du chanoine Hubert, de l'abbé Lebeuf, du chanoine Dubois et de leurs continuateurs, ne troublera plus le repos des archéologues orléanais.

CHAPITRE VI

SUITE DE LA PÉRIODE GALLO-ROMAINE

Suite des ponts d'Orléans après la conquête des Gaules et durant la période gallo-romaine jusqu'à la fin du Ve siècle. — Examen critique de l'opinion de l'ingénieur Jollois sur l'origine gallo-romaine du pont des Tourelles d'Orléans. — Examen critique de la méthode appliquée par les ingénieurs Perronet et Jollois, pour la détermination de l'âge du pont des Tourelles d'Orléans. — Résumé des chapitres I, II, III, IV, V, VI, sur les ponts de la période gallo-romaine.

Après avoir revendiqué avec justice et raison pour la cité aurélienne l'héritage de la position géographique de l'antique Génabe, Jollois, séduit par l'amour de son sujet, s'est laissé entraîner à écrire que les fondations du pont démoli vers le milieu du XVIIIe siècle « et qui se voient encore dans le lit « de la Loire au-dessus du niveau des basses eaux, sont « probablement, avec des changements et des modifications « que le temps y aura apportés, celles du pont qui existait à « l'époque des *Romains* (1). » L'ingénieur archéologue justifie, par des exemples empruntés à d'autres villes antiques, Nantes, Tours, Auxerre, la position excentrique du pont relativement à l'enceinte gallo-romaine (pl. I, fig. 1). Ce savant auteur ne paraît pas mettre en doute que le *pont romain* ait occupé l'emplacement du pont *gaulois* et « il lui paraît assez vrai- « semblable que ce dernier ait été construit en bois. » Quant

---

(1) JOLLOIS, *Mémoire sur les antiquités du département du Loiret*, 1836, pages 84 et suivantes.

à la nature du pont romain, Jollois n'éprouve ni hésitation, ni scrupule ; ce monument, dit-il, « nous paraît offrir tout à « fait l'aspect d'un pont romain, et l'on pourrait conclure que « s'il n'était pas entièrement de construction romaine, il « *montrait* au moins encore quelques-unes de ses parties « *bâties* ou *restaurées* par les Romains. »

Telle est l'opinion du savant archéologue que nous avons déjà énoncée sommairement dans le chapitre Ier et que nous nous proposons d'examiner ici avec d'autant plus d'attention qu'elle présente un certain degré de corrélation avec celle d'un ingénieur éminent qui fut et qui est demeuré l'un des maîtres de l'art hydraulique moderne, le célèbre Perronet.

Disons d'abord que nous éprouvons quelque surprise que Jollois ait paru hésiter un moment sur la nature du pont gaulois et n'ait pas rejeté, *a priori*, la pensée que les Génabiens qui, selon l'usage général des nations de la Gaule, avaient construit principalement en *bois* l'enceinte fortifiée de leur *oppidum* (1), auraient tenté de construire en *pierre*, longtemps avant l'ère chrétienne et l'invasion des légions romaines, un pont qui rattachait cette place à la rive gauche de la Loire. Jollois a établi sa thèse sur les exemples et les considérations qui suivent.

Et d'abord il a comparé les profils des arches du pont d'Orléans tels que les donnent le dessin pittoresque de la *ville ducale et épiscopale d'Orléans* (2) et celui de la *vue d'Orléans* (3) qui ne pouvaient que tout au plus reproduire l'aspect de ce monument sur la fin des XVIe et XVIIe siècles, à ceux des arches du pont de Dordives (4) qui fut bâti par

---

(1) *Muris autem, omnibus gallicis hæc fere forma est.* (CÆS. *Comm.*, lib. VII, cap. XXII.)

(2) Gravure de Jean Boisseau, sans date ni nom d'auteur, remontant à la fin du XVIe ou au commencement du XVIIe siècle.

(3) Dessin d'Israël Sylvestre, gravé par Collignon, remontant aux environs de l'année 1660.

(4) Dordives est situé à dix-huit kilomètres au nord de la ville de Montargis, département du Loiret ; le pont gallo-romain se trouvait sur la voie de Sens à Orléans qui, comme un certain nombre de voies romaines d'importance secondaire, n'est pas mentionnée dans les Itinéraires antiques. (JOLLOIS, *loc. cit.*, pages 20 et suivantes.)

les Gallo-Romains sur la rivière du Loing avec des arches de *plein cintre* extradossées en bandeau au nombre de treize. Les vestiges de ce pont encore visibles accusent des arches de faibles ouvertures variant de quatre à cinq mètres seulement et divisées en groupes de deux, cinq et six arches sur trois alignements différents d'une longueur ensemble de cent quinze mètres. Les piliers sont munis d'avant-becs triangulaires couronnés par un chaperon pyramidal sans larmier, et privés d'arrière-becs ; l'appareil du pont est exclusivement de moellons équarris sans pierre de taille. De cette comparaison, Jollois a cru pouvoir inférer que le pont d'Orléans qui fut démoli au milieu du XVIII° siècle devait être le *pont romain*. « Ses arches, dit-il, sont nombreuses et en *plein cintre* telles « que celles du pont de Dordives (1). » Dominé par l'amour des choses antiques que réchauffait alors le souvenir de la découverte de médailles romaines qui aurait été faite « dans « la démolition de la maçonnerie des deux arches attenant « au Châtelet », Jollois n'a pu résister à son penchant et il s'est laissé aller à émettre l'opinion que nous avons rappelée en commençant ce chapitre.

Nous avons dit plus haut que les vues cavalières dessinées par des artistes de la fin des XVI° et XVII° siècles ne pouvaient reproduire que l'aspect du pont à cette époque. Mais ces vues cavalières que nous avons sous les yeux (2) sont des compositions de pure fantaisie qui manquent absolument des qualités reconnues nécessaires pour faire preuve dans un débat technique. Le pont, les fortifications, les Tourelles, les Mottes, le Châtelet, la Ville et le Portereau sont des *à peu près*, et le galbe des arches en particulier, qui est ici l'élément capital, est d'une monotonie et d'une uniformité contre lesquels proteste le document authentique dont nous allons parler. A en croire les vues cavalières dont il s'agit, toutes les voûtes du pont d'Orléans auraient été de plein cintre, et Jollois, dont l'esprit positif ne se complaisait guère dans les régions vaporeuses de la fantaisie, s'est

---

(1) Jollois, *loc. cit.*, page 85.
(2) Jollois, *Lettre aux antiquaires de France*, 1834.

laissé prendre à ce mirage trompeur qui venait donner un corps à ses idées et fortifier son opinion.

Pour renverser son système, il nous suffit d'opposer un dessin géométral représentant la face amont du pont qui fut dressé dans la première moitié du XVIII° siècle, par les anciens ingénieurs des turcies et levées ou par ceux qui devaient construire le nouveau pont vers cette époque (pl. VII, fig. 3) (1). Cette composition géométrique est la représentation exacte du pont avant sa démolition, et comme ce monument n'a pas été détruit de fond en comble entre les dernières années du XVI° et les premières du XVIII° siècle, ainsi que l'attestent les documents authentiques et irrécusables que nous possédons, nous sommes en droit d'affirmer que, sauf deux ou trois arches qui ont pu dans ces intervalles subir des modifications, ainsi que nous le dirons plus loin, le reste est demeuré intact ; d'où la conclusion que le dessin géométral des ingénieurs du XVIII° siècle, qui est la représentation *rigoureuse* des formes et dimensions ainsi que du nombre des arches du pont à cette époque, l'est également, à deux ou trois arches près, des formes et dimensions du monument aux dernières années du XVI° et pendant le cours du XVII° siècle, et qu'il fait foi contre les vues cavalières et les autres dessins pittoresques et contre tous les arguments. En rapprochant du dessin géométral du pont d'Orléans les fragments des vues cavalières (pl. IV, fig. 1 et 2) et le dessin en élévation des arches du pont *gallo-romain de Dordives*, nous ne reconnaissons absolument aucun point ni de comparaison, ni de similitude (2).

Ce n'est donc pas plus le nombre des arches des deux ponts

---

(1) La réduction que nous présentons est à l'échelle de 1 millimètre par mètre. Le dessin original mesure 2 mètres 60 centimètres de longueur, il faisait partie de la collection Jarry-Lemaire dont il était l'ornement. Son propriétaire nous avait gracieusement autorisé à en relever les dimensions numériques au moyen desquelles nous avions pu dresser l'élévation d'aval de ce monument à l'échelle de 1 millimètre par mètre (pl. VII, fig. 2). Son fils a bien voulu nous communiquer plus tard le dessin original avec un empressement dont nous témoignons à l'un et à l'autre notre reconnaissance.

(2) Le dessin du pont de Dordives figure au *Mémoire* de JOLLOIS *sur les antiquités du Loiret*. Nous n'avons pas cru qu'il fût nécessaire à notre but de reproduire l'original de ce dessin.

que le type du plein cintre qui pourrait justifier, ainsi que le pense Jollois, l'origine gallo-romaine du pont d'Orléans ; car si le pont de Dordives comportait treize arches, celui d'Orléans en avait dix-huit entre le Châtelet de la rive droite et compris celle qui portait le fort des Tourelles vers la rive gauche, au moment de sa démolition au XVIII° siècle (1). Le rapprochement de ces nombres d'arches est loin d'être un moyen de démonstration de la thèse, l'âge d'un pont, et en particulier celui d'Orléans, étant absolument indépendant du nombre de ses arches.

Quant aux arches de plein cintre, voici comment elles étaient réparties au pont d'Orléans à l'époque de sa démolition, vers le milieu du XVIII° siècle. Il y en avait deux consécutives et attenantes à la motte Saint-Antoine du côté de la ville. C'étaient les deux seules voûtes de plein cintre, et les seize autres étaient en arcs aigus ou ogivals (pl. VII, fig. 2). Les deux vues cavalières invoquées par Jollois à l'appui de sa thèse ne donnent ni le nombre, ni le galbe réel des arches du pont, pas plus à l'époque de sa démolition qu'aux dates de ses compositions pittoresques. Nous avons dit que ce monument ne comprenait que dix-huit arches seulement au XVIII° siècle, depuis le Châtelet jusques et y compris celle sur laquelle la forteresse des Tourelles est assise vers la rive opposée. L'arche de plein cintre qui complétait le pont au midi des Tourelles, à cette époque, n'existait pas dans l'intervalle qui sépare la gravure de Jean Boisseau de celle de Collignon, c'est-à-dire de la fin du XVI° à la fin du XVII° siècle, chacune de ces gravures représentant des ponts de bois munis de pont-levis. L'arche de plein cintre qui réunit la forteresse des Tourelles à la rive de Sologne sur le dessin géométral des ingénieurs du XVIII° siècle (pl. VII, fig. 2) était de création relativement moderne, de la fin du XVII° ou des premières années du XVIII° siècle,

---

(1) Nous ne comprenons pas dans les dix-huit arches celle qui, située entre le fort des Tourelles et la rive gauche, complétait le pont d'Orléans au XVIII° siècle (pl. VII, fig. 2), parce que, antérieurement, il y eut, à diverses époques, des ponts de bois et de pierre qui rattachaient le fort aux boulevarts et ravelins de la tête du pont, ainsi qu'on le verra plus loin.

et bien certainement postérieure à l'année 1668, puisqu'un devis régulier dressé à cette époque prescrit l'établissement d'une voûte de maçonnerie en remplacement des ponts de bois représentés sur les gravures précitées, entre le terre-plein du ravelin de la rive gauche et le pont-levis des Tourelles qui est très exactement figuré sur ces gravures. L'arche qui se voit sur le dessin géométral du milieu du XVIIIe siècle est donc postérieure à l'année 1668 puisque ce devis porte expressément ces mots : « construire un pont de pierre « attenant au pont-levis de la porte des Tourelles, au lieu du « pont de bois qui y estoit (1). »

Quant aux deux arches attenantes à la motte Saint-Antoine du côté de la ville, elles étaient également de construction relativement récente, quoique antérieure à celle de l'arche dont nous venons de parler. La première des deux, contiguë à la motte Saint-Antoine, la cinquième à partir du Châtelet, et qui est désignée dans les documents contemporains sous le nom d'arche *camuse*, fut renversée par l'une des grandes crues de la Loire qui ont précédé l'année 1628 et reconstruite pendant les années suivantes, ainsi que le constatent le devis qui fut dressé à cette époque, et les procès-verbaux, requêtes et ordonnances concernant cette reconstruction (2). La quatrième arche, contiguë à la précédente du côté de la ville, a dû être reconstruite vers la même époque, soit avant, soit après l'année 1630, car elle est de plein cintre et d'un galbe

---

(1) Ce devis est rapporté *in extenso* par JOLLOIS. (*Mémoire sur les antiquités du Loiret*, page 173.)

(2) La désignation d'arche *Camuse* résulte explicitement du texte de ce devis et très implicitement des procès-verbaux, requêtes et ordonnances concernant cette reconstruction. (*Archives départementales du Loiret.*) Le procès-verbal de visitation du pont, sous la date du 26 septembre 1630, rapporté par Jollois (*Mémoire sur les antiquités du Loiret*, pages 81 et suivantes) constate à l'arche quinzième, comptée à partir des Tourelles, le fait de la reconstruction de l'arche contiguë à la motte Sainte-Antoine qui est l'arche *Camuse*, et donne au contraire à l'arche suivante, la seizième, le nom d'arche *Camuse*. Est-ce une erreur de Jollois ou des experts qui ont dressé le procès-verbal du 26 septembre ? Jollois a exactement désigné en son lieu l'arche *Camuse* sur la planche IV de son *Histoire du siège d'Orléans*, et l'erreur signalée existe dans son *Mémoire sur les antiquités du Loiret*, de l'année 1836.

identique à sa voisine, ainsi que le montre le plan géométral à grande échelle dressé par les ingénieurs du XVIII° siècle dont la réduction est représentée par la pl. VII, fig. 2 (1).

Ce serait surtout, paraît-il, dans « la démolition des deux « arches attenant au Châtelet » que Jollois aurait trouvé l'argument le plus favorable à son système, puisqu'il dit que l'on avait découvert « dans la maçonnerie de ces arches une assez « grande quantité de médailles romaines, d'où l'on pour- « rait conclure que si l'ancien pont n'était pas entièrement « de construction romaine, il montrait au moins encore « quelques-unes de ses parties bâties ou restaurées par les « Romains (2). »

Jollois ignorait évidemment deux choses capitales : la première, la destruction, en l'année 1435, de six arches sur sept qui existaient entre le Châtelet et la motte Saint-Antoine au commencement du XV° siècle, et leur reconstruction après l'année 1435; la seconde, le dessin géométral des ingénieurs du milieu du XVIII° siècle. Ces deux faits suffiraient à infirmer *a priori* et sans discussion la théorie de Jollois, et nous n'hésitons pas à affirmer que s'il en avait eu connaissance il eût renoncé à combattre, comme il l'a fait avec plus de persistance systématique que de raison, pour le triomphe de la théorie chimérique du pont romain.

La débâcle des glaces du 22 février 1435, qui a renversé de fond en comble *six des sept arches* précitées, laissa la seconde à partir du Châtelet seule debout. La première, contiguë au Châtelet, fut reconstruite et élargie, les cinq autres furent remplacées par trois arches de plus grande portée (3). Les

---

(1) Le procès-verbal de visitation du pont du 25 juin 1555, rapporté par Jollois (*Mémoire sur les antiquités du Loiret*, pages 170 et suivantes), constate dès cette époque le mauvais état de ces deux arches. Les requêtes, ordonnances et procès-verbaux d'experts que nous avons mentionnés plus haut concernant la reconstruction de l'arche *Camuse* signalent, au cours du mois de mai de l'année 1630, le péril de l'arche voisine « qui menace ruine ». Ces deux arches de plein cintre sont donc à peu près contemporaines. Dans tous les cas elles ont été refaites *au moins une fois* après leur reconstruction du XV° siècle qui suivit l'année 1435.

(2) JOLLOIS, *Mémoire sur les antiquités d'Orléans*, pages 85 et 86.

(3) Comptes du pont pour les années 1435 et suivantes : Registre de 1435,

six nouvelles arches furent construites non en *plein cintre*, mais en *arcs aigus*; l'élévation générale du XVIII° siècle (pl. VII, fig. 2) accuse ce galbe avec la plus grande netteté sur les trois premières arches à partir du Châtelet (1); quant aux deux suivantes, l'on a vu qu'elles furent reconstruites en plein cintre postérieurement au XV° siècle. D'où il suit que la première arche attenante au Châtelet, rétablie après l'année 1435, était en arc aigu, et que la suivante, qui resta debout après le cataclysme du XV° siècle, offrait le même type originaire qui remonte au XII° siècle, comme on le verra plus tard, et qui s'est conservé intact sur cette arche jusqu'au XVIII° siècle; ni l'une ni l'autre de ces deux arches ne pouvaient donc présenter « quelques-unes de leurs parties « bâties ou restaurées par les Romains ».

Que dirons-nous maintenant de la découverte des médailles romaines et des conclusions que le savant archéologue a tirées de leur découverte sur la foi du respectable chanoine Nutin (2)? On aurait trouvé, dit-on, « dans la maçonnerie des « deux arches, une assez grande quantité de médailles ro- « maines. » Ces découvertes anonymes doivent être généralement tenues pour suspectes, et la déclaration du chanoine Nutin, qui n'a pas été témoin de cette trouvaille, n'est pas suffisante pour lui imprimer le cachet d'exactitude et de précision sans lequel on est entraîné aux plus regrettables inductions et aux plus fâcheux écarts. Nous en avons donné des exemples dans les chapitres qui précèdent. Nous répondrons d'abord, quant à la réalité du fait littéralement énoncé par Jollois, sur la foi du chanoine Nutin, que ce fait est nettement contredit par deux écrivains orléanais qui l'ont nié absolument (3).

---

fol. 1; de 1436, fol. 15 et suivants. — Comptes de forteresse pour les années 1435 et 1437. — Lettres patentes de Charles VII en date des 17 février et 24 décembre 1435. (Archives municipales et hospitalières d'Orléans.) Nous reviendrons en particulier sur la reconstruction de cette partie du pont dans un autre chapitre.

(1) Ce type ogival est identiquement représenté sur le dessin dressé par l'Inspecteur général des ponts et chaussées Pitrou. (Recueil de différents projets d'architecture concernant la construction des ponts (1756.)

(2) JOLLOIS, *loc. cit.*, page 85.

(3) VERGNAUD, *Histoire d'Orléans*, 1830, tome II, page 437, et LOTTIN,

— 121 —

Mais en admettant même la réalité de la présence des monnaies romaines dans les débris des maçonneries des deux premières arches attenant au Châtelet, faudrait-il en conclure qu'elles y ont été déposées par des *maçons romains* (1) ? Si la réponse à cette question pouvait et devait être affirmative, la conséquence immédiate à en tirer logiquement et techniquement, serait que les voûtes de ces deux arches n'auraient pu être exécutées que sur le type de plein cintre, type romain par excellence. Mais puisqu'en réalité, et graphiquement parlant, ces deux voûtes démolies au XVIIIe siècle avaient été construites sur le type ogival ou en arc aigu, il faut en conclure absolument que ces voûtes pas plus que leurs piliers n'étaient dans leurs parties visibles des œuvres romaines (2). Cette négation toutefois ne va pas jusqu'à impliquer l'opinion contraire que les Romains n'avaient pas, au temps de la République comme sous l'ère impériale, avant comme après César et la conquête des Gaules, bâti des ponts de *pierre*, et même de très considérables, en Italie comme dans d'autres régions de leur vaste empire. Si le peuple que l'histoire qualifie de peuple-roi construisit de grands ponts de bois, de pierre et d'autres ponts mixtes bien avant l'ère chrétienne ; si sous le règne de Trajan, par exemple, il en établit un sur le Danube qui fut assurément

Recherches historiques sur la ville d'Orléans, tome I, page 17. — Ces deux auteurs, contemporains de Nutin et de Jollois, habitaient, comme eux, la ville d'Orléans.

Quel que soit le degré de confiance que l'on accorde à ces deux écrivains (et celle de Jollois n'est pas douteuse ; *Lettre aux antiquaires de France, 1834,* page 12, *loc. cit.*), leur dénégation subsiste et tend à infirmer l'argument invoqué par Jollois et la conclusion sur lequel elle repose.

(1) Les médailles que l'on assure avoir été mises au jour, lors de la démolition de la partie du pont voisine du Châtelet et dont nous ne nions pas systématiquement et de parti-pris la découverte, ont pu se trouver réunies sur ce point comme l'avaient été les nombreuses médailles et monnaies aux types celtique et gallo-romain que l'on a extraites, un siècle plus tard, au cours des années 1870 et suivantes, des sables de la Loire, dans l'emplacement même qui avait été occupé par le pont. (DESNOYERS, *loc. cit.* chap. I, *in fine.*)

(2) JOLLOIS dit textuellement : « le pont *montrait* au moins encore quelques-unes de ses parties bâties ou restaurées *par les Romains* » (*loc. cit.*, page 86).

la plus surprenante et la plus gigantesque de ses œuvres (1) ; si quelques-uns des ponts de Rome modernes, qui existent encore aujourd'hui, sont réellement, comme on le dit, des constructions antiques, ou si tout au moins ils reposent sur des fondements de ponts qui remonteraient au temps de la République ou des empereurs (2), il resterait encore à faire la preuve que les Romains avaient bâti plusieurs ponts de *pierre* durant leur occupation cinq fois séculaire de la Gaule, sur les grands cours d'eau qui sillonnaient son territoire : le Rhin, le Rhône, la Saône, la Garonne, la Loire et la Seine ; car il ne faut pas oublier qu'au IVe siècle, par exemple, Paris, la ville de prédilection de l'empereur Julien qui l'appelait sa chère Lutèce « *chara Lutecia* » ne possédait encore que de chétifs ponts de bois « *pontes sublicii* (3). »

Si les Romains ont établi dans les Gaules quelques ponts de pierre dont il est resté des vestiges incontestables jusqu'à nos jours (4), l'on s'est quelquefois trop pressé, par amour des choses antiques et sans justifications suffisantes, d'attribuer aux Romains la construction de ponts de pierre sur les

---

(1) Le pont sur le Danube se composait de vingt-une arches ou de vingt-une travées, appuyées sur d'énormes piliers de maçonnerie de vingt mètres d'épaisseur, fondés sur un radier général qui était formé de bateaux chargés de chaux, sable et pierres, et échoués sur le fond du lit. Ce pont comportait-il des arches de *maçonnerie* ou des travées de charpente *arquée* ? On n'est pas d'accord sur ce point. — Gauthey prétend que ce pont avait des arches de pierre de cinquante-cinq à soixante mètres d'ouverture dont on voyait encore, dit-on, les amorces en l'année 1809. Dion Cassius, qui tient pour les arcs de charpente, est cité par Batissier, et Léonce Reynaud partage cette opinion que semble justifier, d'ailleurs, la représentation figurée de ce monument sur la colonne trajane. La portée des arcs ne paraît pas avoir excédé une quarantaine de mètres. (GAUTHEY, *Traité de la construction des ponts.* — BATISSIER, *Histoire de l'art monumental*, pages 228 et 269. — Léonce REYNAUD, *Des Travaux publics en France.*)

(2) BATISSIER, *loc. cit.*, page 270.

(3) JULIANI MISOPOGON, *loc. cit.*

(4) Saintes, sur la Charente ; Dordives, sur la rivière du Loing ; au Saut-du-Rhône, en aval de Genève et ailleurs. On ignore si ce dernier pont fut de construction romaine et s'il eut des arches de pierre ou des arcs de charpente. (*Annales des ponts et chaussées*, 1832.) — On cite encore les ponts de Jommières et de Boisseron, d'Argens et d'Ambrussum dans le midi de la France. (GAUTHEY et Léonce REYNAUD, *loc. cit.*)

grands cours d'eau. Ainsi Bergier (1) croit, au témoignage de Barthélemy Chassané, que les Romains ont construit plusieurs ponts de pierre sur le Rhône et sur la Saône ; quatre sur le Rhône à Genève, Lyon (2), Vienne et Avignon, et quatre sur la Saône que Chassané qualifie de : « *pontes « excellentes qui non modica impensa structi sunt.* » Ces ponts que Bergier estime avoir été bâtis en *pierre* n'auraient été, d'après Chassané, construits que dans le *style* ou la *manière des Romains*. « La grande partie desquels estoient, dit-il, *de « la façon romaine.* » Bergier va bien au delà de la pensée de Chassané en supposant que les ponts dont il s'agit sont l'œuvre des Romains, alors que ce dernier se borne à louer l'excellence de ces ponts construits « de la façon romaine ». Qu'entend-on d'ailleurs par *façon romaine* qui s'appliquerait au même degré à des ponts de pierre, à des ponts de bois, comme à des ponts mixtes de pierre et de bois, car les Romains en bâtissaient de ces trois sortes ? Nous n'insistons pas sur la nuance qui sépare le texte même rapporté par Bergier de l'interprétation qu'il lui donne ; elle est suffisamment accusée.

Si le pont du Rhône à Lyon, connu sous le nom de Pont de la Guillotière et celui d'Avignon, sur lesquels nous aurons occasion de revenir en leur lieu, n'étaient pas des ouvrages d'origine romaine, il est évident qu'ils en furent une imita-

---

(1) *Histoire des grands chemins de l'Empire romain*, tome II. L'auteur rappelle que, au témoignage de Strabon, les chefs des armées romaines bâtirent plusieurs ponts sur la Meuse, la Moselle et sur d'autres rivières, au cours de leurs campagnes en Gaule et en Germanie ; mais ces ponts militaires ne pouvaient être que de bois. Il rappelle aussi que les Romains « estimoient les ponts estre une chose dépendante de la religion, et qu'ils « n'en faisoient jamais sans certaines cérémonies » à propos desquelles il cite le fameux pont Sublicius, à Rome, qui était *de bois*. Les considérations de l'auteur ne prouvent donc pas le fondement de l'opinion qu'il a émise sur la nature de *pierre* des ponts romains bâtis dans les Gaules, et spécialement sur le Rhône et la Saône.

(2) S'agit-il d'un pont sur la Saône à Lyon ou sur le Rhône ? du pont qui aurait été reconstruit par l'évêque Humbert, en l'année 1150, au pied du coteau de Fourvières, ou du pont de la Guillotière, rebâti un siècle plus tard par l'initiative du pape Innocent IV ? (Brugnier-Roure, *Les constructeurs de ponts au moyen âge*, pages 35 et suivantes.)

tion. Quant au pont de Vienne du Dauphiné, la question de son origine reste bien obscure. Si l'on en croyait certains historiographes (1), il en faudrait attribuer la construction première à Gracchus Tiberius Sempronius qui l'aurait bâti cent soixante-quinze ans avant l'ère chrétienne! Nous ne nous arrêtons pas à ces indications. La vérité est que l'on ne paraît savoir quelque chose de précis sur ce monument qu'à partir du XIV° siècle.

En résumé, l'opinion la plus vraisemblable et la mieux fondée aujourd'hui est que les ponts de pierre de construction romaine sont l'exception dans les Gaules (2). « On ne « trouve presque pas de ponts *de pierre* qui auraient été « construits pendant la période gallo-romaine. » Telle est l'opinion des archéologues du pays chartrain (3). « Les ponts « de *pierre* bâtis par les Romains encore apparents sont « rares ; s'ils eussent été nombreux on en trouverait les « traces sur nos rivières » ; ainsi parle un architecte archéologue éminent (4). Enfin, d'après une publication technique récente (5) : « les traversées des rivières par les voies « romaines en Gaule se faisaient souvent à *gué* ou en *bacs* ; « l'on a en effet constaté *l'absence de ponts* sur le Var pour « la voie aurélienne ; sur la Gironde pour la route de « Saintes à Bordeaux ; sur la Dordogne pour la route de « Périgueux à Agen, etc., etc. Les Romains construisaient « des ponts *de bateaux* et des ponts *de bois*. Ils firent aussi « des ponts *de maçonnerie*, mais avec une parcimonie rela- « tive ; ils reculaient devant les difficultés des *fondations en*

---

(1) Symphorien Champier, Odon et Chorier, d'après Brugnier-Roure, *loc. cit.*, page 60.

(2) Ce n'est pas le sentiment de Brugnier-Roure qui écrit : « *Si j'eusse voulu « des ponts romains*, j'en aurais *sans doute* trouvé *un bon nombre* dans notre « midi de la France, si riche en monuments, qui ont bravé les Barbares an-« ciens et modernes » (page 60, *loc. cit*). Ce sont des mots qui manquent de justification et tous les ponts du midi de la France auxquels on attribue une paternité romaine, que nous avons rappelés plus haut, et ceux auxquels l'auteur fait allusion, n'ont probablement pas des actes de naissance dûment légalisés.

(3) *Statistique archéologique d'Eure-et-Loir*, page 249, Chartres, 1859.

(4) Viollet-Leduc, *Dictionnaire de l'Architecture française*, au mot *Pont*.

(5) Léonce Reynaud, *Les grands Travaux publics de la France*.

« *rivière*. Quand ils se trouvaient en présence d'un *fond*
« *de rocher*, ils faisaient des ponts solides et durables (1).
« En donnant à leurs piles de larges empatements, au risque
« de n'obtenir qu'un débouché insuffisant, ils réussissaient à
« s'établir assez solidement sur des terrains *compressibles*,
« mais ils ne savaient se défendre que d'une manière impar-
« faite contre les dangers des affouillements (2), et c'est ce
« qui causa la ruine de la plupart de leurs ponts (3). Les
« piles dont l'épaisseur atteignait en moyenne le *tiers* de
« l'ouverture des arches n'étaient pas enracinées assez pro-
« fondément, les fiches des pieux de fondation ou d'enceinte
« étaient trop faibles, en un mot les procédés de dragage et
« de battage étaient insuffisants (4). »

Revenons maintenant au cas particulier du pont d'Orléans, et examinons le dernier argument que Jollois a invoqué pour essayer de faire triompher la thèse du pont romain. Non content de sa propre et réelle autorité, il en appelle à celle d'un autre savant, sinon plus compétent en ces matières, du moins plus renommé, Perronet, qui fut premier ingénieur des ponts et chaussées, et qui en cette qualité reçut la mission d'inspecter les travaux du nouveau pont construit sous le règne du roi Louis XV (pl. VII, fig. 4) en remplacement du pont des Tourelles, et d'en faire la réception après son achèvement. Jollois, qui n'a pu voir le pont des Tourelles au moment de sa démolition, s'est cru cependant autorisé, ainsi que nous l'avons dit plus haut, à déclarer que, dans son

---

(1) Si le pont de Limoges, dit de Saint-Martial, est réellement bâti sur d'anciennes *fondations* romaines, il serait la justification de l'opinion de l'auteur : ce pont fut rétabli au XIII⁰ siècle. La Vienne, à Limoges toutefois, n'est pas un fleuve proprement dit, et son fond de granit n'est qu'à une très faible profondeur. Nous y reviendrons plus loin.

(2) Ce vice de construction se rencontre sur tous les ponts du moyen âge dont les piliers n'ont pas été établis directement sur le fond fixe et résistant du lit de la rivière.

(3) Les ponts de pierre d'origine romaine ayant été peu nombreux de l'avis de l'auteur, les vestiges en sont rares, si rares même qu'on a quelque difficulté d'en justifier l'existence authentique.

(4) Nous aurons plusieurs occasions, en étudiant les ponts principaux bâtis au moyen âge, de signaler ces vices de construction qui leur sont communs avec les ponts d'origine romaine.

opinion : « si le pont n'était pas entièrement de construction « romaine, il montrait au moins encore quelques-unes de ses « parties bâties ou restaurées par les Romains ». Perronet, qui a vu de ses propres yeux le vieux monument à l'époque de sa démolition, est beaucoup plus circonspect que Jollois quant à *l'âge* de ce pont et à sa *paternité*. C'est sur le degré de noircissement ou de *coloration* des pilots extraits des fondations de cet ouvrage, et sur le temps supposé nécessaire pour la production de cette coloration, de sa propagation de la périphérie au centre, que les deux savants ingénieurs ont exprimé des opinions divergentes, et conséquemment sur l'âge qu'il convenait d'attribuer à ce monument.

« Dans plusieurs parties de la fondation de ce pont, dit « Perronet, on a trouvé des pieux de bois de chêne d'un *beau* « *noir d'ébène jusqu'à leur centre* ; on pourra juger de *l'anti-* « *quité* de ces pilotis par le temps considérable qu'il faut pour « noircir ce bois jusque dans le cœur, d'après la connaissance « que l'on a que cette couleur n'a pénétré au plus que d'une « ligne (0^{m}0025) en vingt-deux ans dans un pareil pieu et qu'il « est vraisemblable que cette opération se fait plus lentement « en approchant du centre. On n'entend parler ici que de « *l'antiquité des pilots, parce que le pont, quoique ancien,* « n'était pas d'une construction assez solide pour qu'on pût la « reporter *aussi loin* (1). » Le célèbre ingénieur établit donc d'une manière implicite et obscure une distinction entre l'époque de la plantation des pilots et celle de l'établissement du pont, la première remontant à *l'antiquité*, la seconde à une simple *ancienneté* relative, distinction qui ne résout pas la question, puisqu'elle revient en d'autres termes à dire que les pilots sont plus anciens que le pont. Si Perronet toutefois n'indique pas même approximativement l'époque de la plantation des pilots et l'âge du pont, sa phrase est conçue de telle sorte qu'elle laisse implicitement supposer que l'auteur admet l'existence d'une loi physico-chimique qui règle *la marche de la coloration en fonction du temps*. Nous montrerons plus loin l'erreur de cette doctrine et les écarts énormes

---

(1) Œuvres de Perronet, in-folio, Paris, 1782 et 1783, tome II, page 17.

dans lesquels son application peut entraîner l'observateur, et Jollois y est tombé.

Reprenant la question où Perronet l'avait laissée, Jollois ajoute en manière d'interprétation et de complément des données de l'éminent constructeur pour en faire l'application numérique au problème qu'il se proposait de résoudre : « On « ne peut *supposer* que les pieux eussent *moins* de dix « pouces (0^{m}27) de diamètre, ce qui donne cinq pouces ou « soixante lignes (0^{m}135) pour l'épaisseur des couches con- « centriques. Il en résulterait donc que ces pieux, arrachés « en 1760, auraient été enfoncés dans le lit de la Loire en 440, « à raison de vingt-deux ans par chaque ligne d'épaisseur « de la couche noire, en *supposant* la pénétration de cette « couche *égale* à chacune de ses périodes ; mais si l'on « admet *leur diminution proportionelle en rapprochant du* « *centre*, et si l'on considère en outre que lorsque les pieux « furent arrachés ils *pouvaient* être arrivés déjà *depuis long-* « *temps à leur entière coloration*, on reconnaîtra que l'époque « de l'enfoncement de ces pieux dans le lit de la Loire *peut* « *bien être reportée* jusqu'à *l'an 270, au temps du règne* « *d'Aurélien, et même plus loin encore dans l'antiquité* (1). »

Nous ferons remarquer avant d'aller plus loin que la dernière conclusion de Jollois le conduit aux temps préhistoriques, en dépassant notablement le but qu'il s'était proposé de démontrer seulement l'origine *gallo-romaine* du pont d'Orléans, et non son origine *celtique*.

La loi de Perronet qui est basée soit sur une simple *hypothèse*, soit sur quelques *faits* d'observation locale, appliquée par Jollois au pont d'Orléans moyennant de nouvelles *hypothèses superposées* aux premières, ne peut être admise comme une loi générale ; considérée dans ses termes

(1) L'opinion vulgaire, qui attribue au pont des Tourelles une origine contemporaine des premiers empereurs romains ou même antérieure à l'invasion de la Gaule par César, était répandue dans le public avant le XVIIIe siècle. Perronet ne la partageait pas. On peut lire en marge d'un mémoire manuscrit d'Aubry, inspecteur général des turcies et levées, daté de l'année 1790, une note écrite vers l'année 1815, par une main inconnue, portant que « ce pont était « construit depuis dix-huit siècles. » (Archives départementales du Loiret.)

et dans son esprit, elle conduit à des erreurs manifestes. La question qui naît de l'application de cette loi peut se formuler en termes techniques ainsi qu'il suit :

« Étant donné un tronçon de bois de chêne (1) retiré d'un
« milieu liquide dans lequel il était immergé, dont les
« couches concentriques présentent une couleur noirâtre
« plus ou moins foncée de la périphérie au centre, soit
« complète et à peu près uniforme, soit partielle et dégradée
« en allant de la périphérie vers le centre, sans l'atteindre ;
« on demande si la durée de l'immersion à laquelle est due
« la coloration du bois peut être calculée dans l'état présent
« de nos connaissances physico-chimiques. »

Ces considérations développées par les deux savants ingénieurs ne démontrent pas d'une manière irrécusable que les pieux noircis qui furent extraits au XVIII° siècle des fondations du pont des Tourelles, aient été destinés primitivement à un *pont de pierre* : Perronet le nie implicitement, et de son côté Jollois ne le démontre pas, rigoureusement parlant. Nous allons prouver qu'ils se sont trompés tous les deux. En effet les déductions du premier reposent sur des faits d'observation insuffisante puisque la progression du noircissement de la périphérie au centre d'un pilot de bois de chêne « à raison d'une ligne en vingt-deux ans » n'est pas une règle générale, tout au plus pourrait-elle être acceptée comme un fait purement local, en faisant même abstraction de plusieurs éléments essentiels qu'il faut absolument distinguer et prendre en considération avant de l'établir au risque de tomber dans les plus grandes erreurs. Quant aux inductions du second, qui généralise une règle locale et sans tenir aucun compte de ces éléments, elle le conduit à des erreurs plus grandes encore. Perronet a omis de faire connaître le *diamètre* des pieux sur lesquels il a basé ses déductions ; et il a laissé au lecteur le soin de calculer lui-même l'époque

---

(1) Nous ne parlons ici que du chêne parce que cette essence de bois, particulièrement en cause pour le pont d'Orléans, est celle dont on fait généralement usage en France dans les travaux hydrauliques. La même question peut se présenter à résoudre pour les autres essences employées dans ces sortes de constructions.

de leur plantation, puisqu'il s'est borné à parler de *l'antiquité* des pilots, expression vague et incertaine qui, chronométriquement parlant, manque absolument de précision. Jollois, voulant combler cette lacune qui l'embarrassait fort, a superposé d'autres hypothèses à celles de Perronet ; de telle sorte que, d'hypothèses en hypothèses, il fait remonter la plantation des pieux non seulement au milieu du Ve siècle, mais, grâce à un supplément de bonne volonté, il la recule jusqu'au milieu du IIIe, c'est-à-dire au règne d'Aurélien !

Pour la défense, sinon pour le succès de sa thèse, Jollois aurait dû s'en tenir là ; mais, entraîné à la suite de son savant confrère et forçant l'hypothèse, il reporte la date de la plantation « plus loin encore dans l'antiquité ». Que de pareils calculs soient présentés à l'appui de simples conjectures et sans prétentions d'exactitude scientifique, que l'absence de documents ne permet pas d'atteindre, rien de mieux ; mais Jollois y a certainement attaché plus d'importance, et la règle purement locale de Perronet aura exercé une influence décisive sur l'opinion très exagérée de Jollois, sur sa conclusion en faveur d'une idée préconçue et contraire à celle de Perronet, c'est-à-dire de l'origine *romaine* du Pont des Tourelles et de « l'existence au milieu du XVIIIe siècle de « quelques-unes de ses parties *bâties ou restaurées par les* « *Romains* ». Jollois, qui a combattu avec raison et non sans quelques succès le système fantastique du Chanoine Dubois sur le prétendu pont gallo-romains, s'est aventuré lui-même beaucoup trop loin dans le champ des conjectures sur la paternité qu'il attribue au pont historique des Tourelles, et ses inductions, basées sur des faits et sur des calculs contestables, ne sont pas plus solides que celles du théologal d'Orléans.

Si Jollois n'a pas démontré l'authenticité de l'art romain « par quelques parties encore visibles au XVIIIe siècle du pont des Tourelles », et il ne l'aurait pu sans nier la certitude acquise de faits matériels résultant de documents qu'il a certainement ignorés, nous sommes en désaccord avec lui sur l'âge plusieurs fois séculaire qu'il attribue à quelques pilots extraits soit des abords, soit au-dessous des fondations du pont des Tourelles, comme nous le sommes avec le savant ingénieur Perronet qui, faisant toutefois une distinction judicieuse entre l'ancienneté du pont des Tourelles et l'antiquité des pilots dont il s'agit, admet que ceux-ci ont été mis en fiche bien avant la construction primitive de ce pont historique, ce qui peut ne pas être vrai, l'état particulier de ces pilots « *d'un beau noir d'ébène jusqu'à leur centre* » qu'il invoque à titre de justification pouvant être un témoignage trompeur qu'il a accepté comme une certitude expérimentale. Jollois, entraîné par Perronet, n'hésite pas à faire remonter aux temps *antiques* et mêmes préhistoriques l'époque de la plantation de ces pilots. Dans cette campagne archéologique, il a certainement dépassé son but en présentant comme un argument favorable au système d'un *Pont romain* des pilots qui auraient été mis en œuvre même *avant l'occupation romaine*.

Nous ne pensons pas qu'il soit permis de trancher la difficulté soulevée par ces deux savants ingénieurs, soit en reportant la date de la mise en fiche de ces pilots aux temps *antiques*, c'est-à-dire aux siècles qui ont précédé l'invasion romaine dans les Gaules, et aux âges préhistorisques qui ont vu fonder l'antique *Oppidum* de Génabe, et bâtir son pont de bois, soit au IIIe ou au Ve siècle de l'ère chrétienne, ainsi que Jollois croyait l'avoir démontré à l'aide d'inductions qui manquent de base. Ces pilots pourraient avoir été mis en fiche à l'une quelconque de ces époques sans que l'état de nos connaissances physico-chimiques et le degré d'avancement actuel de la science expérimentale permissent d'affirmer ou de nier la vérité de telle ou telle assertion ; la méthode expérimentale n'ayant pas su découvrir jusqu'ici la loi du noircissement des pilots de bois de chêne, la science est impuissante à donner quant à présent la solution chronométrique du problème. Toutefois, en faisant abstraction de cette impuissance, il faut bien reconnaître que le phénomène de la transformation des pilots étant absolument indépendant de la nature du pont, bois ou pierre, il ne serait pas plus rationnel de soutenir qu'il y a plus ou moins de motifs de croire que ces pilots ont servi à la construction d'un grand *pont de pierre* qu'à celle des ponts de bois que la cité aurélienne a possédés sans interruption depuis les âges qui ont précédé la conquête des Gaules jusqu'à la chute de l'empire romain, en Occident, comme aussi durant les périodes mérovingienne et carolingienne. Il nous paraît certain que, dans l'état présent de nos connaissances physiques, il n'est permis à personne de soutenir que les pilots noircis qui ont motivé les opinions des deux savants ingénieurs Perronet et Jollois ont été mis en œuvre dans le cours de tel ou tel siècle, et il serait plus que téméraire d'affirmer qu'ils ont appartenu d'origine soit à un pont gaulois ou romain, soit à un pont mérovingien ou carolingien, de bois ou de pierre, soit à l'un des ponts bâtis durant la période capétienne, et particulièrement au pont des Tourelles dont la construction est certainement postérieure à la renaissance de l'an mil, et aux règnes des premiers souverains de cette dynastie, ainsi que nous le démontrerons dans les chapitres qui suivent.

Mais avant de commencer l'étude des ponts durant la période mérovingienne à partir de la fin du Ve siècle, il est nécessaire de jeter un coup d'œil rétrospectif sur les sujets traités dans les six chapitres qui précèdent pour en résumer et traduire le sens général.

Avant de nous engager dans la route que nous allons suivre, nous nous sommes efforcé de la débarrasser des obstacles multipliés dont elle était semée et de mettre en plein relief l'objectif dont nous ne voulons pas détourner notre pensée, savoir : les origines véritables du pont des Tourelles et l'histoire de ce monument national, témoin aujourd'hui disparu du merveilleux fait d'armes accompli au XVe siècle par la main d'une vierge qui fut aussi une héroïne et une martyre, et à l'inspiration de laquelle la France du moyen âge dut sa délivrance, et la France moderne son autonomie et sa liberté.

Nous avons essayé de découvrir ce que devaient être les ponts de cette cité dont l'antique Génabe fut le berceau aux temps préhistoriques de la Gaule et à l'époque de l'invasion de César dans le pays des Carnutes, dont elle était déjà un point fortifié et un entrepôt commercial sur la Loire, un demi siècle avant l'ère chrétienne. Alors les ponts de bois étaient seuls en usage comme ils le furent, sauf de rares exceptions, durant la période gallo-romaine. Nous avons démontré que la confusion introduite au moyen âge dans les vocables successifs du baptistère qui fut depuis l'abbaye de Saint-Pierre-*des-Hommes, virorum*, et de Saint-Pierre, *in ponte*, *empont*, comme les interprétations données par les écrivains des derniers siècles à ce vocable et à ses variétés avaient amoncelé comme à plaisir autour de cette question une telle abondance d'obscurités et d'équivoques que l'esprit le moins prévenu devait se laisser aller à croire que la cité aurélienne possédait originairement un pont qui aurait été transporté plus tard de l'extrémité méridionale de la rue de la Poterne, dans le prolongement de celle des Hôtelleries, sur l'emplacement même de celui qui fut le pont historique des Tourelles.

Nous croyons avoir donné la véritable interprétation du vocable *empont* déduite du symbolisme des sceaux capitulaires de l'abbaye de Saint-Pierre des hommes. Des recherches nombreuses, appuyées sur des sondages multipliés, sont venues corroborer et confirmer l'opinion de Jollois, et c'est aussi la nôtre, qui niait l'existence antique d'un pont gaulois ou romain sur l'axe prolongé de la rue de la Poterne, à défaut d'anciens vestiges dans le lit du fleuve qui soient les témoignages palpables de cette origine quinze ou vingt fois séculaire.

CHAPITRE VII

PÉRIODE MÉROVINGIENNE

Des ponts de la Gaule franque et des ponts d'Orléans depuis la chute de l'Empire romain jusqu'à la fin du VIIIe siècle. — Du passage des fleuves et des rivières. — Des ponts de bois. — Des ponts de bateaux. — Des bacs. — Des passages à gué. — Exemples de ces divers moyens employés durant la période mérovingienne. — Des campagnes de Clovis au commencement du VIe siècle. — Childebert et Chilpéric. — Des campagnes de Charles Martel au VIIIe siècle. — Hunalde, duc d'Aquitaine, traverse la Loire au milieu du VIIIe siècle. — Pépin et Carloman. — Pépin traverse la Loire à Orléans, à la fin du VIIIe siècle. — Résumé du chapitre VII et opinion de deux auteurs du XVIIIe siècle sur l'absence des ponts, avant l'*an mil*, dans la Gaule franque.

Sur la fin du Ve siècle, la puissance romaine penchait vers son déclin ; l'étoile des Césars, qui avait projeté de lumineux rayons sur la terre des Gaules, perdait chaque jour de son éclat avant de disparaître pour faire place à un astre nouveau. Les Francs victorieux allaient essayer de relever le sceptre d'Occident que les mains débiles des derniers successeurs d'Auguste n'avaient plus la force de porter. Aux prises avec les difficultés matérielles de la conquête et avec les obstacles politiques et religieux qui se dressaient devant eux, les Francs avaient bien d'autres soucis que de construire des ponts de pierre sur les rivières de la Gaule. Successeurs et héritiers des Romains, ils profitaient de leurs œuvres sans chercher à les améliorer, car pendant de longues années après la mort de Clovis, ses descendants divisés par les rivalités et les ambitions étaient plus préoccupés d'intrigues et de violences réciproques que du bien-être de leurs sujets ; ils n'eurent ni la volonté ni le temps de créer des voies de communication. L'insuffisance de leurs moyens d'action et l'ignorance de leurs ouvriers suffiraient d'ailleurs, à défaut d'autres motifs, à expliquer leur incurie (1) ; que la décadence de l'art, pendant les derniers temps de la domination romaine et à l'aurore de la période mérovingienne, soit considérée comme une cause ou comme un effet, peu importe, elle nous fait comprendre pourquoi les dynasties franques ne s'attachèrent pas à doter leurs royaumes d'édifices de cette nature ; là où la civilisation romaine armée de toutes les ressources contemporaines de la science et de la richesse avait dû s'arrêter, pouvait-on espérer logiquement que l'ignorance de populations que l'on appelait barbares, et privées de tous ces moyens, dût faire un pas en avant ? Ces nouveaux conquérants se contentaient donc de ponts de bois, souvent même de ponts de bateaux ou de simples bacs pour franchir les fleuves, les rivières et les ruisseaux. Ainsi, dans les premières années du VIe siècle, sous le règne de Clovis (507), la ville d'Arles était en possession d'un pont planchéié (2) et quelques années plus tard le duc Gontran Boson, l'un des grands personnages de la cour de Childebert, traversait la Loire à Amboise sur un *pont de bateaux* qu'un vent violent disloquait au moment même où il se trouvait sur ce frêle édifice (3).

En l'absence de ponts ou de bacs, et lorsque la situation des lieux ou les circonstances ne permettaient pas d'en établir, on franchissait *à gué* les cours d'eau (4), à la seule condition toutefois que cette manœuvre ne fût pas matériellement

(1) Esquisse rétrospective du service et des travaux des ponts et chaussées aux temps qui nous ont précédés, par DE BOISVILLETTE, ingénieur en chef des ponts et chaussées. (*Annales du Corps*, 1847.)
(2) « *Pons tabulatus* » *Ex Theodoric regis Italiæ Epistolæ*. (Tome IV du *Recueil des Historiens des Gaules*, page 11).
(3) *Subito adversante vento, separatis navibus quæ pontem illum sustinebant...* (*Greg. Tur. gl. Confess. Mir. Sanct. Mart. Lib. II. cap.* XVII.)
(4) *Statistique archéologique d'Eure-et-Loir*, page 240. Chartres, 1859.

impraticable. Toutefois, quel que fût le degré d'ignorance où était plongé ce pays, il répugne absolument à l'esprit d'admettre qu'aucun moyen de traverser les cours d'eau ne fût à la disposition de ses populations, spécialement dans la partie centrale de la Gaule, entre Nevers et Tours, qui nous occupe particulièrement ici. Bien que les guerres étrangères et intestines fussent à peu près l'état normal durant ces longs siècles de transitions mystérieuses et de transformations sanglantes, nous nous refusons à croire que l'instinct social, fût-il même exclusivement militaire et conquérant, n'eût pas fait sentir à ces nouveaux maîtres le besoin et la nécessité d'établir et surtout de conserver des voies de communication, et de les rétablir dès que, par des causes quelconques, les ponts avaient été ou détériorés ou détruits. La vérité de cette opinion que nous ne prétendons pas démontrer par ces seules considérations morales nous paraît appuyée aussi sur des faits contemporains, et prouvée par des événements historiques parfaitement connus.

Au commencement du VI° siècle, Clovis, roi des Francs, quittait Paris pour entrer en campagne et marcher contre les Visigoths d'outre-Loire. Grégoire de Tours raconte qu'en l'année 507 le premier roi chrétien franchit le fleuve à la tête de ses légions, mais sans nous apprendre ni en quel lieu, ni par quel moyen ; il se borne à dire que Clovis partit de Paris sans doute et se dirigea sur Poitiers en traversant le territoire des Turones. Le passage de la Loire s'effectua probablement à Tours ou peut-être à Amboise où le roi des Francs et Alaric avaient eu précédemment une entrevue dans une île sise en face de ce bourg qui dépendait de la cité des Turones (1). Une opération de cette nature s'est-elle faite sur un pont fixe ou sur un pont de bateaux, sur des barques libres ou à gué? Si le chroniqueur mérovingien n'a pas consigné cet épisode dans ses annales, il est d'autant plus permis d'en inférer que la traversée s'est effectuée tout simplement sur un pont (2), que le chroniqueur a bien le soin

(1) *Greg. Tur. hist. francor. lib II*, cap. XXXV et XXXVII. L'île dont fait mention l'annaliste existe encore aujourd'hui.
(2) Ce ne pouvait être qu'un pont de bois ou un pont de bateaux ; la

de dire que les Francs, se trouvant momentanément arrêtés par une crue de la Vienne, leur chef n'hésita pas à leur faire franchir cette rivière torrentielle *à gué*, manœuvre aussi tardive que périlleuse, dont l'insuccès pouvait compromettre Clovis et sa fortune. On sait le reste : les vaillantes légions d'Alaric taillées en pièces et le roi des Visigoths frappé d'un coup mortel de la propre main de Clovis dans cette sanglante mêlée, tel fut le résultat de ce combat de géants (1).

Le récit de Grégoire touche au merveilleux. Le passage d'une rivière à gué, quelle qu'en soit la largeur, est une opération simple en été à l'époque des basses eaux ; mais au moment d'une crue, les rivières torrentielles comme la Vienne sont des obstacles devant lesquels on s'arrête ou qu'on ne surmonte qu'au moyen de ponts ou de bateaux, à moins d'être réduit comme César, à Bourbon-Lancy, à choisir entre deux périls extrêmes le moins menaçant; mais la Loire, qui présente une largeur de trois à quatre cents mètres dans la partie de son cours qui s'étend d'Orléans à Tours, et dont le fond est de sables mouvants qui engloutissent chaque année bien des baigneurs imprudents, n'a pas de gué ou de fond solide sur cette étendue. Le passage à gué d'une armée nombreuse suivie d'un attirail et d'un matériel militaires considérables que nécessitaient l'importance et la durée probable de la campagne entreprise par Clovis, était une manœuvre très périlleuse au moment d'une crue de la Vienne (2), si même elle était humainement possible. Grégoire de Tours, qui raconte l'épisode du passage à gué de la

---

seconde hypothèse est d'autant plus acceptable que Grégoire signale l'existence d'un pont de cette nature à Amboise, moins d'un demi-siècle plus tard.

(1) La bataille se donna à Voulon *in Campo vogla dense*, sur la rivière du Clain, à vingt-quatre kilomètres de Poitiers et au midi de cette ville. Grégoire de Tours raconte qu'une biche, effrayée sans doute par le tumulte, traversa la rivière sur un gué, indiquant à Clovis la voie praticable. Ce lieu aurait conservé le nom caractéristique du *Gué-de la-Biche*. (*Mémoires de la Société des Antiquaires de l'Ouest, 1836.*)

(2) Quand les pluies tombent sur les régions centrales de la France, leurs divers bassins hydrauliques sont plus ou moins atteints par ces pluies, et il est bien rare que les cours d'eau ne subissent pas quelques modifications simultanées dans leur régime.

Vienne, n'a pu omettre dans sa narration le passage à gué de la Loire qui était bien autrement difficile et aventureux, et il n'eût certes pas oublié de dire que l'absence d'un pont à Amboise et à Tours ne fut pas un obstacle à la marche rapide de Clovis qui aurait affronté sans hésiter, comme il allait le faire sur la Vienne, les périls d'un passage à gué ou même dans de frêles esquifs pour arriver plus vite à la rencontre de l'adversaire qu'il cherchait. Le passage de la Loire dans de pareilles conditions aurait été plus merveilleux encore que celui de la Vienne et aurait mérité que l'annaliste, en raison de la grandeur, de la hardiesse, et de la témérité même de l'entreprise, en consignât la description et le souvenir dans sa chronique. Nous ne pouvons donc admettre, par ces considérations, que les légions franques aient traversé la Loire autrement que sur un ou plusieurs ponts de bois ou de bateaux, vraisemblablement à Amboise ou à Tours, ainsi que nous l'avons dit plus haut. Et cette opinion ne semble-t-elle pas rétrospectivement confirmée par l'épisode qui a marqué le retour du héros franc de sa campagne d'Aquitaine ? Clovis séjourna dans la ville de Tours ; c'est là qu'il reçut de l'empereur Anastase les honneurs consulaires et que, revêtu de la tunique de pourpre et de la chlamyde, il ceignit le diadème dans la basilique de Saint-Martin. Le roi franc partit de Tours pour se rendre à Paris où il établit le siège de sa puissance et de son gouvernement. Il est donc parfaitement rationnel, à défaut de témoignage direct et authentique, d'admettre que Clovis traversa sur un pont la Loire à Tours pour rentrer dans ses États (1).

A la mort de Clovis, son héritage fut partagé entre ses fils, déplorable et funeste résolution qui fut la source de tant de misères et faillit compromettre les destinées de la France chrétienne. Les territoires conquis sur les Romains, sur les Bourguignons et les Visigoths par l'épée de Clovis, furent divisés en plusieurs royaumes et celui dont Orléans devint

---

(1) *Greg. Tur. hist. franc.*, lib. II. cap. xxxviii. — *Gesta Regum franc.* (*Historiens des Gaules*, tome II, page 555). — *Ex chronico veteri moissiacensis cœnabii.* (*Ibid.*, tome II, page 650.)

la capitale échut à Clodomir. Durant un siècle, de l'année 511 à l'année 613, la cité aurélienne, qui avait eu l'honneur d'être ville impériale trois siècles auparavant, eut le privilège insigne de donner son nom au royaume d'Orléans. Est-il permis de supposer que cette capitale aurait été moins favorisée que l'ancienne Génabe, l'héroïque cité des Carnutes qui possédait un pont sur la Loire six siècles auparavant? L'opinion contraire est d'ailleurs confirmée par l'épisode suivant : Childebert, roi de Paris, ayant résolu de tirer vengeance des indignes procédés d'Amalaric, roi des Visigoths d'Espagne, envers la reine, fille de Clovis et sœur de Childebert, entreprit une expédition au delà des Pyrénées. Parti de Paris à la tête d'une nombreuse armée, il traversa la Loire, entra sur le territoire des Bituriges et vint camper aux environs du bourg de Selles-sur-le-Cher (1). La cité d'Orléans se trouve sur le chemin de Paris en Espagne, et la ligne droite tirée de la capitale sur le bourg de Selles passe à Orléans ; il n'est pas douteux que Childebert y aura franchi la Loire sur un pont, ne fût-ce que sur un modeste pont de bois, comme ceux que possédait Paris à cette époque, car les ponts, sous le règne de Childebert dans la première moitié du VIe siècle et sous celui de Chilpéric dans la seconde, n'étaient certainement ni plus ni moins perfectionnés que ceux qui existaient au IVe sous le gouvernement de l'empereur Julien. Ainsi Leudaste, comte de Tours, poursuivi par les serviteurs de Frédégonde, et espérant pouvoir échapper à la mort, s'enfuyait sur l'un des ponts de la Cité, mais son pied s'étant engagé entre *deux des poutres*, il se cassait la jambe et tombait au pouvoir de son ennemi (2).

---

(1) *Histoire des Gaules*, tome III, page 429, *in vita sanct. Eusicii*. Le lieu de Selles est désigné par *Cella Eusicii*, dans la chronique de *Petri Bechini*. « *Childeberto eunti in Hispaniam, Sanctus Eusicius, biturici pagi incola, victoriam prædixit, nolens aureos accipere ab eo ; super eum defunctum rex Ecclesiam fecit.* » Une annexe située au midi de Selles-sur-Cher porte encore le nom de chapelle *Saint-Eusice*. (GRÉGOIRE DE TOURS et FRÉDÉGAIRE, traduction de Guizot et Alfred Jacobs, tome II, page 360, 1861.)

(2) *Cumque Leudastes per pontem urbis fugeret clapso inter duos axes qui pontem faciunt pede, effracta oppressus est tibia.* (Greg. Tur. Hist.

Si du VIe nous passons au VIIIe siècle sans nous arrêter aux événements militaires qui dans cet intervalle pourraient justifier l'existence de ponts sur la Loire à Orléans, c'est que la situation générale des choses est demeurée à peu près stationnaire. Les chroniques des premières années du VIIIe siècle rapportent les hauts faits de Charles Martel et ses campagnes fréquentes au midi comme au nord de la Loire et dont quelques épisodes rentrent directement dans notre sujet. Ainsi, au cours de l'année 715, le duc d'Aquitaine s'avançait contre Charles, prince d'Austrasie (*Carlus Princeps*) ; après avoir franchi la Loire et la Seine, Eudes allait se faire battre dans les environs de Soissons par le terrible adversaire qu'il avait provoqué. Le duc d'Aquitaine vaincu reprenait honteusement le chemin qu'il avait suivi, et le vainqueur le harcelait si vivement qu'Eudes avait à peine le temps de repasser précipitamment la Loire à Orléans même, et de regagner ses provinces où Charles Martel le pourchassait sans l'atteindre (1).

Quelques années après ces événements, Eudes remis de sa frayeur reprenait courage et, dans l'espoir d'effacer la honte de sa défaite, rompait le traité qu'il avait fait avec son

Eccles. franc., *lib.*, *VI, cap.* XXXII.) A cette époque, la basilique de Saint-Martin, à Tours, et le palais épiscopal étaient en bois. (*Greg.*, *lib. V.*, *cap.* II et IV.)

Dans la seconde moitié du VIe siècle et en l'année 563, le pont de Genève fut emporté par une crue du Rhône. (*Marii Episcop. Lausannensis chronican. Historiens des Gaules*, tome II, page 17.)

(1) *Fredegarii Scholastici chronicum, pars II.* — DOM RUINART, 1699. Suite à Grégoire de Tours, colonne 673. Ce chroniqueur fixe la date de cet événement à l'année 719 ; la *Chronique de Moissac* et les *Annales de Metz* adoptent l'année 719. (*Historiens des Gaules. Ex chronico veteri moissiacensis cœnobii*, page 655 et *Annales franc. met.*, même recueil et même tome, page 684.)

Ce dernier chroniqueur dit que Charles s'arrêta à Orléans « *et ibi castra posuit* ». Un autre chroniqueur adopte l'année 717. (Même recueil et même tome. *Ex adonis chronico de francis*, page 671.) *Les Chroniques de Saint-Denis*, dont nous rapportons ci-après le texte, la fixent à l'année 715. « *Et s'enfui li dux Heudes jusques à Paris saine trespassa et fui tout outre jusques à Orliens ; là n'osa demeurer et s'enfui en sa terre. Charles le suivit longuement, mais il ne le pot trouver.* » (*Historiens des Gaules*, tome III. — *Chronique de Saint-Denis*, livre V, page 309.)

adversaire. Celui-ci rassemblait une armée nombreuse, traversait la Loire en l'année 731 et marchant contre le duc d'Aquitaine le mettait en déroute, et après cette victoire retournait en Austrasie ; mais ces humiliations, loin de calmer le duc d'Aquitaine, ne firent que l'exaspérer, et la soif de la vengeance l'aveugla au point de lui conseiller une alliance avec les Sarrasins d'Espagne qu'il appela à son aide pour combattre le héros franc : c'était en l'année 732 ; celui-ci se porta à marches forcées contre les hordes sarrasines qui, après avoir inondé les provinces du midi et franchi la Garonne et la Dordogne, s'avançaient vers la Loire avec la vitesse de l'ouragan ! Déjà elles atteignaient Poitiers dont elles pillaient et brûlaient la basilique de Saint-Hilaire et menaçaient d'un pareil sort « la maison du bienheureux Martin de Tours », le sanctuaire vénéré de la Gaule (1). Les deux armées se rencontrèrent entre Tours et Poitiers, dans les landes dites de Charlemagne, où les Sarrasins furent massacrés par les Francs, et leur chef Abdérame périt de la main de Charles Martel (2). Pour rentrer dans ses Etats le prince victorieux revient à Orléans traverser la Loire d'où il gagne Paris (3). Peu après Charles organisait contre les Frisons qui s'étaient révoltés une formidable expédition

---

(1) AIMOIN, *lib. IV, cap.* LII.

(2) *Fredegarii Scholastici chronicum, pars II*, colonnes 674, 675.
Le chroniqueur inscrit ce grand événement aux millésimes 731 et 732. Les historiens ne sont pas d'accord sur l'attitude du duc d'Aquitaine dans cette lutte mémorable qui fit donner au prince Charles le surnom de Martel. Frédégaire accuse le duc d'Aquitaine d'avoir appelé les Sarrasins à son aide contre les Francs. Dom Ruinart fait observer qu'Eudes avait déjà répudié l'alliance des Sarrasins depuis quelque temps et qu'il fut au contraire un auxiliaire très actif du prince dans cette autre bataille de géants. Il s'appuye sur *Anastasius in vita Gregorii II* et *Paul. Diac., lib. VI. Hist. Lang. cap.* XLVI. Nous n'insistons en faveur ni de l'une, ni de l'autre version ; nous ne voulons retenir de ces événements que les faits matériels des *passages* de la Loire par la nombreuse armée des Francs austrasiens et de leurs auxiliaires les Bourguignons. (*Historiens des Gaules*, tome III, page 656. — *Ex vit. Sanct. Euch., Epis. aurel.*, et même recueil, tome II, page 684, *Annales. franc. met.*)

(3) « *Cum ad civitatem venisset Aurelianis, Ligeris alveum transiens et ad urbem Parisius tendeas*, etc., etc... » (*Ex vit. Sanct. Eucherii, Epis. Aurel. Historien des Gaules*, tome III, page 656.)

maritime dont le chroniqueur raconte les préparatifs consistant principalement à rassembler un grand nombre de bâtiments de mer pour opérer contre les rebelles (1). Cette expédition, qui eut lieu en l'année 734, se termina comme les précédentes à la satisfaction du héros ; mais l'année suivante Charles Martel, ayant été informé de la mort du duc Eudes, prit conseil de ses barons et entra de nouveau en campagne ; il franchit la Loire pour rétablir son autorité sur les provinces d'Aquitaine qui essayaient de se soustraire à la suprématie franque (2) ; grâce à un traité intervenu entre Charles d'Austrasie et Hunalde, fils du duc Eudes, celui-ci put conserver ses Etats moyennant promesse de fidélité envers lui et ses deux fils Peppin et Carloman, et Charles rentra dans ses domaines en traversant la Loire.

Les événements militaires qui se sont passés dans l'intervalle des années 715 et 735 n'ont pour nous d'autre intérêt que la démonstration de l'existence d'un pont ou de plusieurs ponts sur la Loire entre Orléans et Tours ; tel est en effet notre objectif.

Charles Martel franchit ce fleuve en l'année 715 à la tête d'une armée nombreuse, à Orléans même, où le duc d'Aquitaine venait de le franchir deux fois, et la seconde à la tête d'une armée en déroute à laquelle le vainqueur ne laissa certainement pas le temps de *construire un pont sur la Loire*, s'il n'en existait pas un.

Si dans les années 731, 732, 735, le prince d'Austrasie traverse encore six fois la Loire à la tête de son armée, n'est-il pas permis de conjecturer, puisque le but de l'expédition du héros franc, l'Aquitaine, était le même qu'en l'année 715, qu'il aura naturellement choisi Orléans pour le lieu de passage du fleuve ? Les chroniques contemporaines

---

(1) « A ce tens avint que li Frison qui sont gent cruel et hardie se
« rebellèrent contre li trop cruelment, là ne pot on aller par terre, car celle
« région est enclose de mer ; pour ce convint il assambler grant navie de
« nés et de galies pour passer en Frise. » (*Chronique de Saint-Denis*, livre V.
— *Historiens des Gaules*, tome III, page 310.)

(2) *Fredegarii Scholastici chronicum. Pars II*, colonne 675.
Chronique de Saint-Denis, page 310 et *Annales franc. mett.* (*Historiens des Gaules*, tome II, page 684.)

sont absolument muettes sur le moyen qu'ont dû employer tour à tour et le duc d'Aquitaine et Charles Martel pour franchir la Loire ; leur silence sur des faits de cette importance ne s'explique que par l'existence matérielle d'un pont ; le passage sur un pont fixe n'étant ni une véritable manœuvre, ni un épisode de guerre, il eût été oiseux d'en parler, ce que les annalistes n'auraient pas manqué de faire s'il eût fallu seulement passer la Loire sur un *pont de bateaux* et *a fortiori* sur des *bacs* ou *à gué*. Quant aux expéditions subséquentes, il est permis d'inférer que, puisqu'il existait en l'année 715 un pont à Orléans, très probablement aussi les passages effectués par Charles Martel dans les années 731, 732, 735, l'ont été à Orléans même et non ailleurs. Ce qui corrobore cette induction, c'est que le chroniqueur qui appelait l'attention du lecteur sur les grands préparatifs de l'expédition maritime contre les Frisons, préparatifs exceptionnels, n'aurait certainement pas manqué de nous apprendre que le duc d'Aquitaine traversant la Loire à Orléans n'y avait pas trouvé de pont, et que Charles Martel qui le poursuivait et qui franchit la Loire après lui aurait dû rassembler dans cette ville des bateaux, comme il l'avait fait pour entreprendre son expédition contre les Frisons. Et puisque le chroniqueur est muet sur les moyens employés pour effectuer les divers passages du fleuve, on est autorisé raisonnablement à affirmer que ces passages se sont tout simplement faits sur un pont préexistant. Si cette induction pouvait être contraire à la vérité historique, ne serait-on pas à juste titre étonné de la persistance avec laquelle les chefs de guerre partant de l'un et de l'autre côté de la Loire choisissaient Orléans pour y traverser le fleuve, persistance qui serait d'autant moins justifiée s'il n'eût pas nécessairement existé un pont à Orléans qu'on en rencontrait sur d'autres points du fleuve, ainsi qu'on le dira plus loin.

Dans le cours de l'année 742, les deux fils de Charles Martel, Peppin et Carloman, ayant résolu d'entreprendre une campagne en Aquitaine pour y aller combattre les Gascons révoltés et leur chef Hunalde qui avait rompu le pacte précédemment conclu entre le prince Charles et le duc d'Aquitaine, son père, les deux princes austrasiens rassemblèrent une armée qu'ils conduisirent en Aquitaine, en passant par Orléans même où elle franchit la Loire (1). Hunalde paya d'une défaite honteuse sa coupable félonie et les deux princes après leur victoire retournèrent dans leurs Etats, probablement par la route qu'ils avaient parcourue peu de temps auparavant. Orléans offrait donc des facilités particulières pour traverser le fleuve, puisque les armées s'y dirigeaient de préférence aux localités voisines.

Bientôt Hunalde, profitant des embarras que causaient à ses adversaires leurs démêlés avec les Bavarois, reprit l'offensive et dans le cours de l'année suivante, 743, à la tête d'une nombreuse armée, il se dirigea vers la Loire qu'il franchit sans obstacles et porta la guerre chez les Francs ; il marcha sur la ville de Chartres (2) qu'il mit au pillage avant de la livrer aux flammes ; la basilique dédiée à la Vierge Marie (*Virgini Pariturae*) ne fut pas épargnée dans cette cruelle expédition et le laconisme du chroniqueur ne permet pas de douter que l'armée du duc d'Aquitaine ait passé et repassé la Loire sur un ou plusieurs ponts qui auraient existé nécessairement à cette époque entre Orléans et Tours, ponts fixes ou ponts de bateaux. Tours, Amboise et Blois étaient déjà des villes d'une assez grande importance pour que le duc d'Aquitaine sût pertinemment qu'il y trouverait des ponts, car depuis plus de deux siècles Tours et Amboise en avaient un.

Nous terminerons ces citations historiques par une remarque digne d'attention, bien que les chroniques soient muettes sur ce détail. On comprend sans effort que Clovis, Charles Martel, Peppin et Carloman, qui se disposaient à franchir la Loire à la tête de leurs armées, se soient ménagé,

(1) *Carlomannus atque Pippinus congregato exercitu, Ligeris alveum, Aurelianis urbe, transeunt.* (*Fredeg. Pars III*, colonne 682.)
(2) *Hæc dum apud Bojoarios agerentur, Hunaldus dux Aquitaniæ, Ligerim transiens, cum manu valida, ad Carnotis urbem perveniens, ipsâ civitate diruta, eam cremavit, cum Ecclesia episcopali quæ in honore Sanctæ Dei Genitricis Mariæ Consecrata fuerat.* (*Annal. franc. Melen. Historiens des Gaules*, tome II, page 687, et Ludov. DUFOUR, *Annal. franc.*, anno 743. *Historiens des Gaules*, tome III, page 704.)

en l'absence de ponts fixes s'il n'en eût pas existé à Orléans, tous les moyens matériels, les ressources et le temps nécessaires pour faire approcher, du haut et du bas de la rivière de Loire dont les eaux coulaient sur leurs territoires, des bateaux et les bois dont on avait besoin pour préparer le passage de leurs armées ; aucun ennemi sur l'autre bord ne pouvait troubler ces préparatifs ; mais quand le duc d'Aquitaine fait une brusque irruption sur la Loire qu'il traverse *deux fois* à la tête d'une nombreuse armée, « *cum manu validâ* », est-il permis de supposer qu'Hunalde ait pu opérer ce double passage sans y trouver un ou plusieurs ponts, car il lui aurait été extrêmement difficile, sinon impossible, de préparer les bateaux en nombre suffisant pour exécuter avec chance de succès une manœuvre aussi périlleuse ?

Hunalde ne jouit pas longtemps de son facile triomphe. Dès que Peppin et Carloman en eurent fini avec les Bavarois, ils reprirent à leur tour l'offensive et franchirent de nouveau la Loire, en l'année 744, pour porter la guerre dans les provinces d'Aquitaine (1). Les expéditions des Francs Austrasiens furent, dans ces temps, si nombreuses, qu'il n'est pas surprenant que les annalistes aient commis quelques confusions. Cette dernière expédition est-elle distincte de celles qui suivent, ou se confond-elle avec l'une d'elles ? Nous ne pouvons que laisser la question sans réponse. Ainsi, en l'année 745, le roi Peppin s'avançait jusqu'à la Loire à *Nevers*, s'en allant guerroyer dans les pays d'Aquitaine. Les chroniqueurs ne sont pas d'accord sur le point de savoir si l'expédition d'outre-Loire reçut son accomplissement, ou si des concessions exigées du duc d'Aquitaine n'y firent pas renoncer. Mais l'année suivante, le prince d'Austrasie, à la tête d'une nombreuse armée qu'il rassemblait à *Orléans*, y traversait encore la Loire. L'année 747, c'était à *Sancerre* qu'il franchissait le fleuve. Un an après, Peppin partait

(1) *Hoc anno ut legimus in annalibus Metensibus, Peppinus et Carlomannus non immemores injuriariun Hunaldis ducis Ligerim transeunt...* (*Historiens des Gaules*, tome III, pages 704 et 705. Ludovici Dufour, *Annales*, anno 744.

d'Orléans en bateau *(navali evectione)* pour se rendre au château-fort de *Sellus*, situé sur les bords de la Loire. Au cours de la même année 748, le roi franc, se trouvant malade à Tours, y traversait la Loire pour retourner à Paris. Les années 760, 761, 762 virent de nouvelles expéditions entreprises contre les Aquitains et les armées en campagne passer le fleuve à Nevers, à Mesves, et sur d'autres points encore (1). Enfin, deux ans avant sa mort, en 766, le roi Peppin tenait ses assises à Orléans, avant d'entrer en campagne contre le duc d'Aquitaine, et il traversait encore la Loire dans cette ville (2). Les ponts étaient donc en réalité beaucoup plus nombreux sur la Loire dans les huit premiers siècles qu'on ne le suppose généralement, ponts fixes et ponts de bateaux.

Consignons ici cette observation importante, c'est que la ville d'Orléans était un lieu de passage très fréquenté, aussi bien au point de vue militaire qu'au point de vue commercial, et qu'elle n'a pas cessé d'être l'objectif des chefs d'armée et des conquérants qui traversaient la Loire, au centre de la Gaule franque, du nord au midi, ce qui implique logiquement l'existence permanente d'un pont solidement établi, car les armées traînaient quelquefois à leur suite un matériel et des engins de guerre lourds et encombrants, ainsi que l'histoire nous l'apprend au sujet du siège de Bourges en l'année 762 (3). De quelle nature furent ces ponts ? Les chroniqueurs sont muets sur ces détails qui n'ont à la vérité d'intérêt qu'au point de vue technique, et qui, à ce titre,

---

(1) *Fredegarii Scholastici chronicum* et *Fredegariani chronici continuati*, pars IV, pages 6 et 7 du vol. V des *Historiens des Gaules*. Nous avons vainement cherché le lieu géographique désigné par *Sellus castrum super fluvium Ligeris*. Ce château n'était sans doute pas très éloigné d'Orléans. Etait-il au village existant sur la rive droite du fleuve appelé *La Celle*, entre Mesves et Gien ? Mesves fut une station romaine entre Sancerre et Nevers.

(2) *Historiens des Gaules*, tome V, pages 6, 7, 18, 200, 223, 339. *Annales, Franc. Fredegariani chron. Eginhard. Chronique de Saint-Denis. Annal. franc. met.*

(3) *Universa multitudo gentis francorum... cum machinis et omni genere armorum urbem cæpit.* (*Fredegariani chronici continuati*, pars IV, page 5 du tome V des *Historiens des Gaules*.)

n'attiraient pas leur attention. Furent-ils de pierre, de bois, c'est-à-dire fixes, ou établis sur les bateaux ? La question n'acquiert une importance réelle, ainsi que nous l'avons dit précédemment, qu'au regard de l'antiquité du pont des Tourelles dont Jollois a prétendu faire remonter la paternité jusqu'aux Romains. Si cette thèse, en effet, dont nous avons démontré la fragilité, était fondée, le pont d'Orléans appelé pont des Tourelles, sur lequel se sont opérés les nombreux passages d'armées du V⁰ au VIII⁰ siècle, eût été nécessairement le *pont romain* évoqué par le savant archéologue. Mais les ponts de pierre furent des constructions extrêmement rares durant la période mérovingienne, et presque tous ceux qu'on y rencontrait étaient bâtis sur des rivières de médiocre importance et remontaient à la période romaine. Nous avons signalé celui de *Dordives* sur la petite rivière du Loing, au département du Loiret ; on en verra un autre exemple dans le pont de *Saintes* sur la Charente ; Grégoire de Tours en mentionne un troisième dans une localité que l'on appelait de son temps le *pont de pierre*, en souvenir peut-être de l'entrevue qui y réunit les rois Gontran et Childebert son neveu (1). Ces trois ponts d'origine romaine étaient des exceptions au principe de la construction des ponts en bois, car, dit un savant architecte « les Romains durent établir un
« grand nombre de ponts de charpente en raison de l'abon-
« dance du bois dans les Gaules ; ces ponts subsistaient
« encore pendant les premiers siècles du moyen âge (ère
« mérovingienne) ; les ponts de pierre bâtis par les Romains,
« encore apparents, sont rares ; s'ils eussent été nombreux,
« on en trouverait les traces sur nos rivières(2) ».

(1) *Greg. Tur. franc. hist., lib. V, cap.* XVIII. — *Petrens pons*, Pompierre, village situé à onze kilomètres au midi de Neufchâteau (Vosges), sur le Mouzon, petit affluent de la Meuse. (Viollet-le-Duc, Dictionnaire de l'architecture, au mot *Pont*.)
Nous n'avons pas la prétention de mentionner dans notre ouvrage tous les ponts de pierre qui ont pu être bâtis par les Gallo-Romains pendant les cinq premiers siècles de l'ère chrétienne. Le titre le dit explicitement.
(2) Viollet-le-Duc, Dictionnaire de l'architecture, au mot *Pont*. Il existait des ponts sur la Seine, au-dessous de Paris, avant l'année 760 ; mais on ignore s'ils étaient de pierre ou de bois, il est très probable qu'ils étaient de bois.

Nous faisons, en terminant ce chapitre, l'humble aveu que nos inductions ne peuvent rigoureusement tenir lieu de preuves matérielles que nous aurions été heureux d'offrir au lecteur. Mais la période mérovingienne, qui ne fut qu'une des longues phases du laborieux enfantement de la nationalité, est toute pleine d'obscurités et de ténèbres à travers lesquelles nous ne voyons poindre de loin en loin que des éclaircies fugitives dont la lueur incertaine permet à peine de distinguer et de saisir quelques rares points de repère qui n'en sont même souvent que les ombres ! Presque tout ce qui touche à notre sujet est conjectural, et il n'en pouvait être autrement, en l'absence de documents précis qui font défaut aujourd'hui ou que nous n'avons eu ni le mérite ni la chance heureuse de découvrir, mais que d'autres plus favorisés posséderont peut-être un jour. Nous ne devons donc prétendre en ce moment qu'au modeste succès que procurent de simples inductions basées sur des exemples multipliés et des faits similaires, ainsi que sur des probabilités fondées sur la logique vulgaire et le sens commun. Mais nous aimons mieux l'avouer sans détour que nous bercer de fausses illusions et du vain espoir de renouer la chaîne rompue des événements et des traditions dont il ne nous reste plus que des tronçons épars. Néanmoins, à notre point de vue, et pour le but que nous nous sommes spécialement proposé, les faits particuliers que nous avons signalés et les considérations dont nous les avons éclairés présenteront au lecteur, nous l'espérons du moins, un certain intérêt. Aussi insuffisants que soient les témoignages des chroniqueurs contemporains, ils sont pourtant assez multipliés pour permettre d'en tirer cette induction à défaut de preuve matérielle et directe : que durant la période mérovingienne il n'a existé dans aucune des localités de la Loire que nous avons citées de ponts de pierre sur le fleuve, et que, spécialement à Orléans, ces chroniqueurs n'ont pas mentionné l'existence d'un édifice de cette nature et de construction romaine qui serait devenu plus tard le fameux pont des Tourelles, dont le souvenir est inséparable du nom glorieux de Jeanne la Pucelle.

Nous croyons utile, pour faciliter l'intelligence de ce qui

précède, de résumer en termes succincts les faits historiques rappelés et classés chronologiquement dans ce chapitre. Nous y avons vu que, pendant la période trois fois séculaire qui correspond à la durée de la dynastie mérovingienne, les *ponts de bois*, les *ponts de bateaux* et les *bacs* furent les moyens les plus usuels de traverser les fleuves et les rivières et que les *passages à gué* n'étaient qu'un moyen extrême auquel les armées n'avaient recours en campagne que lorsque les ponts manquaient, et qu'elles n'avaient à leur disposition ni *barques* ni *radeaux* pour franchir ces cours d'eau. Quant aux ponts de pierre, leur extrême rareté est notoire, et les quelques édifices de cette nature qui se rencontraient disséminés sur le territoire de la Gaule franque étaient des œuvres romaines datant de l'époque de la conquête.

Nous croyons que la vérité de ces assertions est suffisamment démontrée par les exemples qui ont été rapportés dans ce chapitre et par les principaux faits de guerre qui se sont passés depuis la campagne d'outre-Loire, entreprise par le premier roi chrétien au cours de l'année 507, jusqu'à celle de Hunalde, duc d'Aquitaine, exécutée sur le territoire chartrain pendant l'année 743. Le choix d'Orléans pour le lieu de passage de la Loire par les chefs de guerre durant cette période montre suffisamment que cette cité possédait un pont, puisque, si l'opération n'avait pu se faire que par le moyen de barques et de radeaux ou à gué, il eût été inutile de prendre ce lieu particulier pour objectif, comme il eût pu être plus expédient dans certaines circonstances d'aller chercher un autre point de passage s'il n'eût pas existé de pont dans cette ville. Quant à la question de savoir si cet édifice fut *de bois* ou *de pierre*, elle ne nous paraît pas admettre d'alternative, et en nous appuyant sur les considérations développées nous n'hésitons pas à adopter la première hypothèse, celle d'un pont *de bois*, dont nous constaterons encore l'existence dans le chapitre suivant.

Nous croyons utile, en terminant ce chapitre et avant de commencer le suivant, de mettre sous les yeux du lecteur les assertions de deux écrivains compétents du XVIIIe siècle qui sont infirmées par les faits historiques rapportés dans le chapitre précédent et par deux faits que nous citerons ultérieurement.

Un savant ingénieur écrivait, au XVIII° siècle (1), l'étrange opinion qui suit sur les anciens ponts de la France au moyen âge : « On ne connaît en France, dit-il, aucun pont dont la « construction remonte au delà du XII° siècle. *Les rivières « étaient alors franchies par le moyen de bateaux et de bacs.* » Ce qui signifie, si nous comprenons bien la pensée de l'auteur, *qu'avant le XII° siècle*, il n'existait sur les rivières de la Gaule franque, et *à fortiori* sur ses fleuves, ni ponts de bois, ni ponts de pierre, et que le passage de ces cours d'eau ne pouvait se faire et ne se faisait que par le moyen de *bateaux et de bacs*. Si cette opinion, prise dans son sens général, est fondée quant aux ponts de pierre, car il n'existait que très peu d'ouvrages de cette espèce sur les fleuves et sur les rivières de la Gaule franque, où l'on en voyait cependant quelques-uns, elle ne l'est pas quant aux ponts de bois. Sous une autre forme, mais dans un ordre d'idées absolument semblable, un écrivain plus moderne, mais plus versé que Gauthey dans la connaissance des choses du moyen âge, a écrit : « *qu'avant la renaissance du XI° siècle* (2), *de simples « cordes tendues d'une rive à l'autre formaient le principal « secours que l'autorité seigneuriale offrait aux voyageurs ; « qu'il n'y avait sur les petites rivières que de simples passe- « relles, mais que les ponts manquaient sur les eaux consi- « dérables.* »

A la lecture de telles hérésies, que doivent penser les ingénieurs modernes, les économistes, les archéologues et les gens du monde, de l'état social de la Gaule franque ? Nous répondons à ces deux savants auteurs que s'il en eût été ainsi, les transports de marchandises n'auraient pu se faire sur le réseau des chemins qui sillonnaient la Gaule. Aussi mal entretenus, aussi incommodes et difficiles qu'ils fussent au moyen âge, ces chemins n'avaient pas cessé d'être, depuis la chute de l'Empire romain, les voies par lesquelles les

---

(1) GAUTHEY, *loc. cit.*
(2) CHAMPOLLION-FIGEAC, Droits et usages concernant les Travaux publics et privés de l'an 987 à l'an 1380. (*Revue archéologique, 1860.*)

échanges se faisaient entre les provinces privées de rivières navigables La raison se refuse à admettre qu'à la rencontre de chaque cours d'eau, moyen ou petit, il fallait opérer un transbordement de marchandises des *chars* sur des *bateaux*, ou s'aventurer avec un attelage sur des *bacs* ou de *simples passerelles*. Sans doute, il en fut ainsi dans bien des cas et même durant de longues années. Mais il y a loin de l'exception à la règle, et nous espérons que le lecteur reconnaîtra, à mesure que les événements se dérouleront sous ses yeux, comme il a déjà pu le reconnaître dans les chapitres qui précèdent, que cette opinion dépasse la limite de l'exacte vérité et qu'il existait *avant l'an mil,* sur les fleuves de la Gaule franque, et *a fortiori* sur les rivières et les simples ruisseaux, des ponts en plus grand nombre que ces deux écrivains ne paraissent le croire, si l'on juge leur sentiment d'après les termes qui doivent être l'expression de leur pensée commune.

Si cette opinion était fondée, et le simple raisonnement comme les faits protestent contre elle, les *Capitulaires de Charlemagne* et ceux de *ses successeurs* n'auraient formulé que de vaines prescriptions manquant absolument de justification. *Charles le Chauve* aurait-il parlé de la restauration des *ponts* établis d'ancienneté sur les fleuves, des *barques* qui passaient dessous, et des droits que payaient les personnes qui traversaient ces ponts, *si ces ponts n'avaient pas existé* ? Et ce n'est pas seulement des *ponts contemporains* de ce prince que les *Capitulaires* entendent parler (1), mais c'est aussi et surtout de ceux qui existaient avant son règne et remontaient aux siècles passés, à la dynastie mérovingienne, et peut-être au temps de la domination romaine dans les Gaules ! Et comme les *Capitulaires* ordonnent de pourvoir à l'entretien, à la restauration, à la reconstruction des ponts sur les rivières *navigables* pour maintenir la continuation des voies *terrestres,*

---

(1) *De pontibus restaurandis, videlicet ut secundum Capitularia avi et patris in subi antiquitus fuerunt, reficiantur.* (Balazius, *tom. secundus,* colonne 69 ; *titulus XV, cap.* iv, v, *anno 854 Incarnationis.*)

Placuit nobis ut antiqua et justa telonea a negotiatoribus exigantur tum de pontibus quanque de navigiis. (*Balazius, ibid.,* colonne 905.)

il est bien permis d'affirmer que les pouvoirs locaux, quels qu'ils fussent alors, ne demeuraient pas indifférents quant à l'établissement, à l'entretien et à la reconstruction des ponts fixes sur les rivières *non navigables*, à défaut de *ponts de bateaux*, de *bacs*, ou *de gués* qui permettaient de les traverser avec plus ou moins de sécurité. Ces affirmations se déduisent naturellement, non seulement du texte des *Capitulaires*, mais encore des relations contemporaines qui ont été produites précédemment, comme de celles qui trouveront leur place dans les chapitres subséquents.

CHAPITRE VIII

PÉRIODE CAROLINGIENNE ET FÉODALE

Des ponts de la Gaule franque et des ponts d'Orléans depuis le milieu du VIIIe siècle jusqu'à l'an mil. — Du passage des fleuves et des rivières. — Des ponts de bois. — Des ponts de bateaux. — Des bacs. — Des passages à gué. — Exemples de ces divers moyens employés durant la période Carolingienne. — Des campagnes de Charlemagne et des ponts qu'il a construits. — Du passage de la Loire à Orléans par Louis le Pieux au IXe siècle. — Des ponts de la Seine sous Charles le Chauve et Charles le Simple. — Des incursions des Normands et des ponts détruits par ces barbares sur la Loire et sur la Seine. — Passage de la Loire à Orléans par les Hongrois au Xe siècle. — Gauthier, évêque d'Orléans, a-t-il fait reconstruire le pont de la Loire au IXe siècle? — Résumé du chapitre VIII.

Peppin, fils de Charles Martel, mourait en l'année 768, laissant l'héritage royal à ses deux fils Charles et Carloman. Deux ans s'étaient à peine écoulés que ce dernier mourait à son tour, et que Charles devenait le chef de la dynastie franque. Celui qui fut le grand empereur d'Occident conduisit pendant les trente-deux années de sa vie militante ses armées nombreuses et presque toujours victorieuses à travers les Gaules, l'Espagne, l'Italie et la Germanie, franchissant les montagnes, les vallées et les fleuves comme ses prédécesseurs, et sans s'arrêter devant aucun de ces obstacles. Si les fleuves ne lui offraient pas de ponts pour les franchir, il s'arrêtait pour en établir, ou bien il passait à gué les rivières comme César et Clovis. C'est ce qu'il dut faire notamment au début de sa mémorable campagne de l'année 778 en Espagne, où, après avoir traversé l'Ebre *à gué* et soumis les provinces septentrionales révoltées, il rentrait en France par la vallée de Roncevaux, dans les défilés de laquelle l'arrière-garde de son armée fut exterminée par les Navarrais, les Gascons et les Sarrasins coalisés. L'année suivante, Charles revenait tristement d'Aquitaine dans ses Etats, le cœur oppressé par le souvenir de sa défaite, et avant de passer à Paris, il franchissait encore la Loire en un lieu que le chroniqueur a omis de faire connaître (1). Plus tard, dans l'une de ses expéditions, le grand capitaine renonçant à faire traverser par sa cavalerie le Rhône à gué, prenait la résolution, au témoignage du poète, d'y établir un pont de bois (2). Et en l'année 789, Charles construisait sur l'Elbe deux ponts que les annalistes ont suffisamment caractérisés ; l'armée, disent-ils, campa sur les rives de ce fleuve et après l'achèvement de ces ouvrages, ce prince compléta l'un d'eux par une double tête fortifiée. Ces ponts étaient de bois, rapporte l'un des chroniqueurs ; et les têtes fortifiées, au témoignage d'un autre, étaient faites de bois et de terre (3). Les chroniques nous apprennent que l'audacieux capitaine qui ne reculait jamais devant les difficultés, d'où qu'elles vinssent, avait décidé, en l'année 792, l'établissement d'un pont sur le Danube. A la vérité ce n'était pas un pont fixe,

(1) *Histoire des Gaules*, tome VI, *in vita Ludov. pii imper.*, page 88.

(2) Trop est Rune parfonde... (Le Rhône est trop profond), ni porroient passer palefroi ni roucin (ni cheval de parade, ni cheval de service) 1 (un) pont ferons sur Rune par force et par angin (machine). Les estaches (poteaux ou pieux), de chasnes (chêne), les planchers de sapin. XXX toises aura au travers de chemin. (*Chanson des Saxons*, chap. CXVII, citée par Viollet-le-Duc, Dictionnaire de l'architecture, au mot *Pont*) Si le grand empereur avait mis ce projet à exécution, il aurait singulièrement devancé son siècle ; car un pont de trente toises (soixante mètres) de largeur de voie serait une exception, même de nos jours.

(3) *Histoire des Gaules*, tome V. (*Annales francor.*, page 21.) *Unum ex utroque capite vallo munivit.* (*Eginhardi Annales*, page 209.) Dui (deux) fors pont de fust (bois) fist faire au travers de l'iaue. (*Chroniques de Saint-Denis sur les gestes de Charlemagne*, page 242.) *Duos pontes construxit et ex utraque parte castra ædificavit ex lignis et terra.* (*Annales franc. Met.*, page 346.)

mais la grandeur de l'œuvre ne mérite pas moins l'admiration. C'était un pont stratégique dont il voulait se réserver l'usage exclusif et en priver ses ennemis le cas échéant. Cet édifice était installé sur des bateaux amarrés solidement aux deux rives avec des cordages, et fortement ancrés au fond du fleuve, de telle sorte qu'il pouvait être démonté et rétabli à volonté (1).

Trois ans s'étaient écoulés depuis que Charles avait ceint le diadème impérial, lorsqu'il se décida à entreprendre, en l'année 803, l'établissement à Mayence d'un grand pont sur le Rhin. Cet édifice, aussi remarquable par ses vastes proportions, car il avait cinq cents pieds de long, que par la masse des travaux qu'il exigea et la perfection que l'on apporta dans ses détails, n'était qu'un pont de bois que l'incendie détruisit en trois heures, dix ans après sa construction et un an seulement avant la mort de l'Empereur (2).

A l'aurore de la période carolingienne comme au temps de la domination des Romains et de la dynastie mérovingienne, les ponts de bois et les ponts de bateaux étaient d'un usage à peu près exclusif ; c'étaient, à vrai dire, les seuls ponts que l'on construisît sur les rivières et particulièrement sur les fleuves, soit pour le service journalier des communications locales, soit pour les besoins momentanés mais fréquents des armées en campagne. Et ce genre de construction se généralisa et se propagea sous des formes variées à travers les divers cycles du moyen âge et de la Renaissance jusqu'à nos jours ; et nous voyons encore ces deux systèmes de construction mis en pratique comme ils l'étaient depuis les temps les plus reculés. Toutefois, le pont de bateau est, comme le bac moderne, demeuré l'exception, et il n'était

(1) *Pons factus est anchoris et funibus ita cohœrens, ut jungi et dissolvi possit.* (Annales franc, page 48. *Pons navalis.* (Poetæ saxonici. Annal., pages 156, etc. *Eginhardi. Annales*, page 210.) *Pont de nez* (nef). (Chronique de Saint-Denis, page 244. Historiens des Gaules, tome V.)

(2) *Ingenti labori et mirabili opere de ligno construxit.* (Historiens des Gaules, tome V, page 370. *Ex Mariani scoti chronicorum, lib. tert.*) *Pons apud Moguntiacum mense maio incendio conflagravit.* (Annal. franc. Même recueil, page 62. *Eginhardi Annales.*)

employé en général que pour des besoins urgents ou momentanés, à moins pourtant que ce pont ne fût destiné à des communications d'une rive à l'autre d'un fleuve très rapide et à fond mobile qui offrait des difficultés à peu près insurmontables à l'établissement d'un pont de bois permanent, c'est-à-dire prenant ses points d'appui sur le fond même du fleuve, et encore dans ce cas l'importance de la ville et la fréquence des passages d'un côté à l'autre du fleuve imposaient en quelque sorte l'obligation d'y établir un pont fixe sur pilotis. Avignon n'avait encore ni pont de bois, ni pont de bateaux au milieu du XII⁰ siècle ; un simple bac desservait alors les deux rives du Rhône (1).

A l'aurore du IX⁰ siècle et en l'année 814, le grand Empereur des Francs terminait sa brillante carrière à Aix-la-Chapelle, laissant tomber la lourde couronne d'Occident sur la tête de son fils Louis le Pieux, roi d'Aquitaine, qui avait été sacré à Rome par le pape Adrien et apporté, dit-on, dans un berceau à Toulouse, la capitale de ses États. Louis tenait alors sa cour à Doué en Anjou (2). C'est là qu'il reçut un message des barons (3) qui entouraient le grand Empereur à son lit de mort. Le hérault porteur du funèbre message passa par Orléans, et le nouveau souverain s'y rendit lui-même pour traverser la Loire en allant de Doué à Aix-la-Chapelle. C'était à la vérité la voie presque droite,

---

(1) *Acta sanct. Bolland. Decima quarta aprilis de sancto Benedicto fund atore pontis avenionensis*, pages 254 et suivantes.

(2) Doué est aujourd'hui une petite ville située à 18 kilomètres au sud-ouest de Saumur et désignée dans les chroniques par Thedwat, Theodalz, Theotuadus ; *nunc Doadum seu Dove appelatur ; situm erat palatium in Diœcesi Andegavensi.* (*Gestes de Louis le Débonnaire*, page 137. *Ermoldi Nigelli Carminibus de rebus gestis Ludovici pii*, page 28. *Vita Ludovici pii imp. Historiens des Gaules*, tome VI, page 96.)

(3) *Missus est ad Ludovicum Rampo liberis silicet et proceribus.* (*Vit. Lud. pii imperat. Historiens des Gaules*, page 96.) Li baron Palazin et li autre prince envoierent à li un message qui avoit nom Rampon. *Par Orliens s'en ala li messager.* Théodulphes li évesques de la cité qui moult estoit sage hons (hommes), s'aperçut bien pourquoi il estoit envoiez : tantost mandat à l'empereur par un autre messager se il volait que il alast encontre lui ou que il l'atendis à la cité. Et li impereres li remanda que il alast à lui. (*Gestes de Louis le Débonnaire*, page 137. *Historiens des Gaules.*)

mais quel que fût le désir de Louis le Pieux de répondre aux avances du grand évêque Théodulfe, qui gouvernait alors l'Église d'Orléans, et de s'entretenir d'affaires d'État avec l'illustre pontife dans ces conjonctures suprêmes, il est permis de croire pourtant que si la cité aurélienne n'avait pas eu un pont à offrir au souverain pour traverser la Loire avec aisance et sécurité, Louis le Pieux, qui était fort pressé d'arriver à Paris et à Aix-la-Chapelle, se serait dispensé de remonter jusqu'à Orléans, puisqu'il aurait pu traverser le fleuve à Tours, à Amboise ou à Blois, et y appeler Théodulfe, qui lui proposait d'ailleurs spontanément soit d'aller à sa rencontre, soit d'attendre son arrivée dans sa ville épiscopale, et que l'Empereur mandait l'évêque auprès de sa personne pour retourner ensemble dans la cité aurélienne. Quel que fût donc au fond le motif qui régla son itinéraire, il est historiquement constaté que le nouvel Empereur a traversé la Loire à Orléans au commencement de l'année 814.

Ermold le Noir, historiographe de Louis le Pieux, a consacré dans ses œuvres poétiques quelques détails à cet événement. Malheureusement la précision de son langage n'est pas à la hauteur de son enthousiasme lyrique, et quelques personnes prenant trop au pied de la lettre la narration d'Ermold, pourraient en conclure *qu'il n'y avait pas de pont à Orléans* au moment où le successeur de Charlemagne vint traverser la Loire sous les murs de cette cité. Ainsi, dans une intéressante notice sur les anciens ponts d'Orléans, qui fut communiquée il y a quelques années à la Société archéologique et historique de l'Orléanais par l'un de ses membres (1), l'auteur s'était proposé de prouver qu'il n'a jamais existé que trois ponts sur la Loire dans la cité aurélienne :

1° Le pont gaulois, contemporain de César, qui aurait disparu bien avant le IX° siècle sous le règne des Mérovingiens. Ce pont, d'après l'auteur, aurait été situé dans le

---

(1) DE CERTAIN, *Mémoire inédit sur les anciens ponts d'Orléans.* (Société archéologique de l'Orléanais.)

— 157 —

prolongement de la rue de la Poterne, conformément à des constatations faites par les deux ingénieurs modernes (chapitre V) et sur l'emplacement même où, d'après le chanoine orléanais Dubois, les Romains auraient construit un pont de pierre.

2° Le pont du moyen âge ou pont des Tourelles, qui fut démoli dans la seconde moitié du XVIII° siècle.

3° Enfin le pont qui fut établi à cette dernière époque et qui existe aujourd'hui (1).

S'il fallait ajouter foi à cette nomenclature chronologique, on devrait admettre comme conséquence une longue lacune de quatre ou cinq siècles durant laquelle la cité aurélienne aurait été *absolument privée d'un pont ;* c'est inadmissible et telle serait la conclusion que l'on est logiquement disposé à tirer de la dissertation de l'auteur qui a pris au pied de la lettre la poésie lyrique de l'historiographe de Louis le Pieux. Comme nous croyons avoir déjà produit la preuve, que nous espérons compléter d'ailleurs par des considérations qui passeront ultérieurement sous les yeux du lecteur, de l'existence non interrompue d'un pont ou de ponts successifs durant la période indiquée par cet écrivain, il est nécessaire d'opposer à la narration imagée d'Ermold le Noir l'ensemble des récits des autres chroniqueurs, d'en analyser le sens, de faire la part des louanges et des flatteries du panégyriste pour en dégager le côté positif et matériel, et, s'il se peut, découvrir la vérité. Selon le récit d'Ermold (2), à peine le

(1) Nous ne parlons pas du pont du chemin de fer d'Orléans à Vierzon, bâti vers le milieu du XIX° siècle.

(2) *Cum undique turba ruit francorum conceta regnis*
Regis in occursum plebs petit omnis ovans.
Et Caroli proceres prorsus, regnique priores
Atque Sacerdotum currit amica cohors.
Densanturque viæ, replentur claustra domorum ;
Non capitur tecto, scandit in alta domus.
Flumina non retinent trepidos, nec horrida silva,
Nec glacialis hiems, nec pluviosa dies.
Qui rate non valuit, satagens hic forte natatu
Trans fluvium Ligeris certat abire prior.
O quantos populos celsa de rupe videres
Absque rate in fluvium se dare proccipites !
Aurelianenses illos visere natantes ;
Turre vocant summa, litus amate, viri !

bruit se répand-il du passage du nouveau souverain à Orléans, que « de toutes parts arrive des Francs la foule
« empressée, et que les populations se précipitent à sa ren-
« contre avec les témoignages et les manifestations de la joie
« la plus vive. Les nobles serviteurs de l'Empereur défunt
« marchent en tête du cortège, accompagnés des premiers
« personnages de l'État, et suivis de la phalange des prêtres,
« tous animés d'un même sentiment d'amour pour leur nou-
« veau souverain. Les rues de la cité sont encombrées : les
« portes et les fenêtres des maisons ne suffisent plus à satis-
« faire les curieux ; on en voit qui montent jusque sur le toit
« des habitations. Ni les fleuves rapides, ni les forêts inhos-
« pitalières, ni le froid glacial, ni enfin la pluie diluvienne ne
« font peur à personne, tant est irrésistible l'élan qui entraîne
« les foules. Tel qui n'a pas de barque, pour atteindre plus
« vite l'autre rive de la Loire, s'y jette à la nage et fait des
« efforts inouïs pour y arriver le premier. Combien n'en voit-
« on pas qui, réduits à ce moyen extrême, se précipitent de
« la crête du rivage dans les eaux du fleuve ! Et les Orléa-
« nais de rire à la vue de ces nageurs intrépides et de leur
« crier du haut de leurs remparts : Amis, bonne chance, et
« gagnez heureusement le bord ! Mais ce n'est au milieu
« de la foule immense accourue au-devant du prince qu'un
« même amour, qu'un même désir de contempler son
« auguste personne. On se réunit enfin et l'on arrive. Le
« souverain fait à chacun, selon son rang et sa position,
« bonne et gracieuse réception. Et, aussitôt après, au milieu
« de ce flot de peuple, le nouveau César fait une sorte d'en-
« trée triomphale dans les murs de la ville aurélienne. »

C'est ainsi que parle l'historiographe de Louis le Pieux. Cette poésie dithyrambique n'a jamais prouvé qu'il n'existait pas de pont sur la Loire à Orléans en l'année 814 ; elle

Unus amor cunctis erat, omnibus una voluntas.
Cernere quo faciem regis adusque queant ;
Conveniunt tandem, recipit quos Rex Pius omnes
Ordine quemque suo cum pietatis ope
Aurelianis ovans Cœsar mox visitat urbem
Ermoldi Nigelli Carminis de rebus gestis.
Ludovici pii. Lib. II. (*Historiens des Gaules*, tome VI, page 28.)

témoignerait seulement de l'enthousiasme de ses habitants et des paysans accourus des régions voisines. En effet, huit siècles après ces manifestations, l'on a pu revoir, non plus à Orléans, mais dans un petit bourg de l'Anjou, les Rosiers-sur-Loire, des excentricités de même espèce. Louis XIII descendait le fleuve en bateau accompagné de sa cour. Parti de Saumur, il passa devant le bourg des Rosiers le 8 août de l'année 1614, et voici en quels termes Héroard, médecin historiographe de Sa Majesté (1), raconte cet épisode du voyage : « Le peuple, dit-il, amassé à diverses troupes sur « les bords de la rivière, avec larmes et grandes acclamations « de joie et vive le Roi ; que ung peu au-dessoulz des Rosiers « il s'avança environ cinquante ou soixante femmes avant « dans l'eau jusqu'aux genoux pour approcher plus près des « bateaux et le voir. » Mais les flatteries d'Ermold à l'adresse de Louis le Pieux et les manifestations des naïades du bourg des Rosiers envers un jeune monarque de treize ans sont bien tièdes et semblent un jeu d'écolier à côté de celles que Boileau, le grand maître en l'art d'écrire, prodiguait à Louis XIV, au char duquel il attachait modestement et sans plus de façons Alexandre et César (2). Boileau, en plein XVIIe siècle, qui fut le siècle de la lumière, de la grandeur et du bon sens, comparait Louis XIV à Jupiter, et prêtait au roi très chrétien la taille et le visage du Maître de l'Olympe (3). Il personnifiait le Rhin dans un simple mortel aux mains duquel il plaçait un mousquet pour repousser l'invasion des Français ! Les vers d'Ermold comme ceux de Boileau sont bourrés de métaphores, et il serait par trop puéril de prendre au sérieux les récits de ces deux poètes sur le passage de la Loire et du Rhin. La simple lecture suffit à séparer les faits de l'ordre matériel des images dans lesquelles la flatterie des deux poètes s'est plu à les encadrer.

(1) Journal d'Héroard, médecin de Louis XIII, de l'année 1605 à l'année 1636. (Manuscrits de la Bibliothèque impériale.) — *Mémoires de la Société académique d'Angers*, tome VIII, 1865, 2e cahier.
(2) *Epître I au Roi*.
(3) *Epître IV au Roi*.

Mais nous allons plus loin et nous prétendons que le récit d'Ermold affirme implicitement l'existence d'un pont sur la Loire. Parce qu'il aurait plu à quelques fanatiques, possédés d'un enthousiasme hors de saison, de traverser pendant l'hiver à la nage le fleuve pour se porter plus vite à la rencontre du nouveau souverain et saluer à son lever ce pâle soleil comparé à l'éblouissante figure de Charlemagne son père, il n'est permis à personne de conclure de ce fait excentrique à l'absence d'un pont sur la Loire à Orléans, pas plus qu'il ne le serait de prétendre que les cinquante ou soixante folles du bourg des Rosiers, qui sont entrées dans l'eau jusqu'aux genoux pour voir de plus près le jeune roi Louis XIII, n'auraient pu trouver quelques barques dans le voisinage pour s'approcher plus décemment de l'escadrille royale.

En acceptant la vérité du fait raconté par Ermold, voici l'interprétation qu'il nous paraît raisonnable de lui donner : A l'exemple de tous les ponts fixes du moyen âge établis sur les grands cours d'eau, celui d'Orléans devait être assez étroit. C'est un des caractères généraux de ces édifices qui ne comportait que de rares exceptions motivées par des circonstances toutes particulières; la foule empressée ne pouvait circuler librement sur ce pont, ni le traverser pour se porter de la rive droite de la Loire à la rencontre du Roi qui arrivait par la rive gauche; le pont était donc exclusivement réservé aux grands, aux premiers personnages de l'État et de la Cité, ainsi qu'à la phalange des prêtres qui formaient le cortège. Ceux à qui l'accès du pont fut interdit, et leur nombre dut en être considérable, puisque, au récit d'Ermold, la population entière, non seulement de la ville, mais des régions voisines, était accourue, n'eurent d'autre parti à prendre que d'attendre tranquillement dans la ville l'arrivée du souverain ou de passer le fleuve en barque; les plus pressés, les fanatiques et les fous qui n'avaient pas de barques à leur disposition se sont donné la satisfaction de traverser la Loire à la nage, malgré la rigueur de la saison, ce qui doublait incontestablement le mérite d'une telle action et le prix d'un tel dévouement. Peut-être d'ailleurs l'historiographe officiel avait-il deviné qu'il ne déplairait pas trop à son auguste maître de l'entendre raconter que l'ardeur et l'empressement de ses nouveaux sujets les avaient échauffés à un tel degré qu'ils se jetèrent résolument à la nage dans l'eau glacée pour jouir plus tôt de sa royale présence. Louis XIII dut s'égayer au spectacle des naïades du bourg des Rosiers qui entraient dans l'eau pour le contempler à leur aise, et plus tard au récit de ses courtisans qui durent lui rappeler cet exemple de l'ardent amour de son peuple. Les fêtes publiques ont dans tous les temps provoqué des excentricités et des folies analogues. Mais si l'on y regarde de plus près, et si l'on se donne la peine d'analyser la poétique narration de l'historiographe de Louis le Pieux, on y découvre de nouvelles preuves de l'erreur de ceux qui ont pu déjà ou pourraient croire encore que le Prince n'a pas traversé la Loire à Orléans sur un pont. S'il était vrai qu'à défaut de pont l'héritier de Charlemagne dut faire son entrée dans la ville en passant le fleuve sur une barque, le cortège qui était sorti de la ville pour aller à sa rencontre aurait dû nécessairement user aussi du même moyen et le poète trouvait là un sujet de description pittoresque qu'il n'aurait pas manqué d'exploiter. Le retour du cortège eût prêté aux mêmes variations rehaussées par la présence du nouveau César. Le silence d'Ermold est déjà un témoignage assez concluant, mais que la concision de son dernier vers rend d'ailleurs, absolument décisif, puisque le poète ne met pas d'intervalle entre la réception faite par Louis le Pieux des personnages qui viennent à sa rencontre sur la rive gauche de la Loire et l'entrée du souverain dans la ville sur la rive droite presque immédiatement après et pour ainsi dire sans intervalle ni retard : « *Cæsar mox visitat urbem.* » L'adverbe *mox* est la négation implicite d'un passage en barque et pendant l'hiver surtout d'un fleuve de quatre cents mètres de largeur par un cortège aussi nombreux que celui qui accompagnait le nouvel Empereur. Le récit d'Ermold le Noir implique donc nécessairement l'existence d'un pont sur la Loire à Orléans en l'année 814, et les autres circonstances que nous avons fait précédemment connaître corroborent cette induction à laquelle elles donnent le caractère de la certitude.

Louis le Pieux, à l'exemple de son illustre père, consacra tous ses soins aux intérêts publics, lorsque les choses de la guerre lui en laissaient le temps. Dans l'un de ses Capitulaires pour l'année 819, il signalait à l'attention de ses commissaires « *missi dominici* » les ponts établis sur les rivières navigables (1). Trois ans plus tard, ce prince transmettait dans son Capitulaire de l'année 822 des instructions à ses délégués sur les ponts de son vaste empire ; il ordonnait que là où ces édifices existent d'ancienneté, comme dans les localités où le grand Empereur son père en avait fait établir pour divers services, ces ouvrages fussent réparés ou renouvelés par les soins et aux frais des personnes qui les avaient construits ; et pour donner plus d'autorité à ses recommandations, il fixait le terme extrême qu'il accordait pour cette restauration, sans que ce terme pût être prorogé au delà de la fête de la Saint-André (30 novembre) ; à moins toutefois, ajoutait-il, que l'importance de l'œuvre ou que les crues des eaux ne missent des empêchements majeurs en quelques localités (2). On ne dirait certainement pas mieux au XIX° siècle, et cette instruction semblerait dictée par un ministre des travaux publics.

Lous le Débonnaire franchit lui-même plusieurs fois les fleuves et les rivières de son empire sans que les annalistes aient laissé, que nous sachions du moins, quelques détails un peu précis sur la nature des ponts qu'il a traversés. En l'année 832, par exemple, il passait la Loire à Orléans, où il tenait ses assises avant de se rendre à Limoges (3) ; il retrou-

(1) *Vel ubi naves subtus pontes transire solent.* (*Ludov. pii imp. Capitularia*, cap. v, art. vii. *Historiens des Gaules*, tome VI, page 246.)

(2) *Ut ubi pontes antiquitus fuerunt et in is locis ubi tempore genitoris nostri ipso jubente, diversarum necessitatum causa facti sunt, omnino absque ulla dilatione ab his qui eos tunc fecerunt restituantur et renoventur ita ut ad missam Sanctæ Andreæ restaurati fiant ; nisi forte aut ipsa operis magnitudo aut aquarum in quolibet innundatio hoc prohibeat.* — Capitulaire de l'année 822 pour les commissaires impériaux, art. xx. (*Historiens des Gaules*, tome VII.)

(3) *Annales Bertiniani de gestis Ludov. pii imp.* (*Historiens des Gaules*, tome VI, page 194.)

vait sans doute dans la cité aurélienne le pont sur lequel il avait franchi le fleuve en l'année 814. Sept ans après, ce prince traversait la Loire pour se rendre à Clermont, mais en un point que ceux des chroniqueurs que nous avons pu consulter n'ont pas fait connaître, et au cours des années 832, 839, 840, le successeur de Charlemagne passait le Rhin et le Mein pour aller guerroyer dans les plaines de la Germanie, où il rencontrait certainement les ponts qui existaient déjà avant son avènement et dont, pour cette cause, les chroniqueurs se sont abstenus de signaler le lieu et la nature (1).

Sous les règnes de Louis le Pieux et de Charles le Chauve, son successeur, les annalistes font encore mention de fréquents passages des fleuves et des rivières par leurs armées, notamment de la Seine, de la Meuse, de la Moselle, du Rhin et du Rhône; mais sans s'arrêter aux épisodes de ces passages, ni préciser les lieux, ce qui indique d'une manière implicite, mais suffisante, que ces princes n'ont eu à pourvoir ni à la construction de ponts nouveaux, ni au rétablissement des anciens. Dans l'une pourtant de ces expéditions sur les bords de la Seine, entre Paris et Rouen, en l'année 841, Charles le Chauve, ayant reconnu que les ponts nombreux qui existaient sur cette rivière venaient d'être détruits par une crue des eaux qui avaient brisé et submergé tous les bateaux et que ses adversaires avaient renversé tous les ponts qu'ils avaient rencontrés sur leur passage (2), s'empressa de faire remonter des barques de l'embouchure de la Seine pour en faire un pont et traverser le fleuve, ce qui permet d'inférer naturellement que les ponts détruits étaient soit des ponts de bois, soit des ponts de bateaux auxquels Charles le Chauve s'empressait de substituer un pont de cette seconde espèce pour les besoins momentanés de son armée.

La France était envahie jusqu'à son centre par des bandes de Normands qui remontaient le cours de ses fleuves et y

---

(1) *Annales Bertiniani de gestis Ludov. pii imp.* (*Historiens des Gaules*, tome VI, page 194. *Ludov. pii imp.*, page 122.)

(2) *Gerardus pontes quoscumque reperit, destruxit.* (*Nithardi Caroli nepotis historiæ. Historiens des Gaules*, tome VII, page 19.)

portaient la dévastation et la mort ; l'année néfaste de 865 voyait ces audacieux pirates se montrer pour la troisième fois devant la ville d'Orléans, d'où ils poursuivirent leur campagne nautique jusqu'au monastère de Saint-Benoît qu'ils livrèrent à l'incendie. C'est au retour de cette incursion que, s'arrêtant à Orléans, ils pillèrent la ville et mirent le feu aux édifices et aux habitations particulières. Si l'on en croit le témoignage de l'annaliste normand, l'église de Sainte-Croix aurait échappé seule par miracle à cet immense désastre, « *præter ecclesiam Sanctæ Crucis quam flamma cum inibi mul-* « *tum laboratum Nortmannis fuerit, vorare non potuit* » (1). C'est vers cette même époque que l'empereur Charles le Chauve faisait reconstruire le pont d'Anvers sur l'Oise et celui de Charenton sur la Marne, établis d'ancienneté par les habitants de ces deux localités et qui se trouvaient dans l'impuissance, soit de les réparer, soit de les reconstruire, empêchés qu'ils étaient par la crainte trop fondée des incursions et des dévastations des hommes du Nord qui peut-être les avaient déjà détruits (2), comme Gérard avait détruit quelques années auparavant tous les ponts de bois ou de bateaux qui traversaient la Seine au-dessous de Paris.

Est-ce au règne de Charles le Chauve et en l'année 861 qu'il faut reporter la construction du grand pont de Paris

(1) Les Normands firent trois expéditions contre Orléans : la première en l'année 854 ; l'attitude des Orléanais exhortés par leur évêque Agius, aidé de son collègue de Chartres, Burchardus, leur en imposa et les fit renoncer à leur entreprise ; ils redescendirent la Loire en repassant à Blois, qu'ils avaient pillé et incendié avant de remonter jusqu'à Orléans. (*Annales Bertiniani. Historiens des Gaules*, tome VII, page 70.) La seconde expédition aurait eu lieu en l'année 855, d'après la chronique des Normands. (*Historiens des Gaules*, tome VII, page 153.) Les pirates n'auraient consenti à abandonner leur entreprise qu'au prix d'une rançon et chargés de butin ; la date de cette seconde expédition paraît incertaine, car les *Annales de Saint-Bertin* (*Historiens des Gaules*, tome VII, page 98) semblent la placer dans l'année 865. La dernière incursion date de l'année 865. (*Ex chronico de gestis Nortmannorum in Francia. Historiens des Gaules*, tome VII, page 154. *Ex miraculis sancti Benedicti. Ex miraculis sancti Maximini abb. Miciacensis.*)

(2) *Ab incolis qui ex antiquo ipsos pontes fecerant propter infestationem Nortmannorum refici non valebant.* (*Annales Bertiniani. Historiens des Gaules*, tome VII, page 91.)

que ce prince aurait bâti dans le but d'arrêter les incursions des Normands ? Si l'on s'en rapporte à la chronique d'Adon, archevêque de Vienne, contemporain de cet événement, l'affirmative ne serait pas douteuse, et ce serait bien ce prince qui en aurait conçu la pensée et poursuivi l'exécution : « *Rex Carolus aliquot annos adversus Danos atque Normannos variis eventibus dimicans pontem miræ firmitatis adversum impetum eorum super Sequanam fieri constituit, positis in utrisque capitibus castellis artificiosissime fundatis, in quibus ad custodiam regni præsidia disposuit* ». Un autre chroniqueur, Hugue, moine de Fleury-Saint-Benoist, reporte au contraire à l'année 919 la construction de ce pont dont il attribue l'honneur au roi Charles le Simple : « *Carolus miræ firmitatis super Sequanam pontem exstroi fecit, positis in utrisque capitibus castellis artificiose fundatis, ubi præsidia collocavit* (1) ». A la lecture de ces textes, la question se pose naturellement à l'esprit de savoir si Hugue de Fleury aurait commis une erreur chronologique ou si le pont aurait été reconstruit deux fois aux époques indiquées, d'abord par Charles le Chauve, ensuite par Charles le Simple, de telle sorte et dans de telles conditions que les mêmes descriptions pussent être appliquées à l'un comme à l'autre édifice par les deux annalistes du moyen âge. Nous inclinons pourtant à croire que c'est plutôt au premier de ces deux souverains que reviendrait l'honneur de cette construction, aussi remarquable, disent les textes, par la résistance du pont proprement dit que par l'habileté qui présida à l'établissement des deux solides Châtelets dont on protégea ses deux têtes. Sauf les

---

(1) *Historiens des Gaules*, tome VIII, page 318. (*Ex libello Hugonis floriac. Monachi.*)

Une charte de Philippe-Auguste de l'année 1222, libellée en faveur des évêques de Paris, déclare par son article 14 que le roi possédait des maisons sur le grand et sur le petit pont et, par son article 17, qu'il y a dans Paris un pont appelé « *pontem de Rollo* ». Nous verrons, chap. XI, que le grand pont appartint aux évêques. Le grand pont qui fut bâti soit par Charles le Chauve, soit par Charles le Simple, pour faire obstacle aux incursions des Normands, a-t-il été désigné par Philippe-Auguste par *pons de Rollo* en souvenir du fameux chef des Normands contemporain de Charles le Simple ? (*Historiens des Gaules*, tome XVIII, page 740. *Ex historia Episcop. Antissiodor.*)

mots « *miræ firmitatis* », qui appliqués à un pont spécifieraient plus correctement une œuvre de pierre qu'une construction de bois, rien dans les textes ne peut imposer la croyance que le pont de Charles le Chauve fut un pont de pierre, car le participe « *fundatis* » n'implique pas d'autre idée que celle d'une construction *bien assise, solide* et *résistante*, et comme ces qualificatifs adjectifs n'ont qu'un sens relatif, mais non absolu, ils ont pu désigner, dans l'esprit aussi bien que dans les termes des chroniqueurs, un édifice en bois, et d'autant plus naturellement que vers cette époque la plupart des édifices militaires, religieux et civils, n'étaient que des constructions de bois. Il semble donc que le mot *fundatis* ne soit pas un argument suffisamment probant en faveur de la construction en pierre du pont et de ses deux châtelets (1).

Nous n'insistons pas davantage sur cette hypothèse qui n'a d'intérêt d'ailleurs à notre point de vue qu'en ce qu'elle affirme l'existence en l'année 861 d'un pont sur le bras septentrional de la Seine à Paris. Si Charles le Chauve ne fut dirigé dans sa résolution de reconstruire un pont qui existait avant lui que par l'intention de défendre Paris contre les attaques des Danois et des Normands séuaniens, les événements subséquents ne tardèrent pas à démontrer la faible portée de ses visées politiques et l'inanité de ses efforts, puisque les incursions des pirates recommencèrent nonobstant ce nouvel obstacle et ne prirent fin que sous le règne de Charles le Simple. Si ce dernier, au contraire, avait reconstruit le pont dont il s'agit avec les mêmes intentions, sa politique aurait été mise en défaut comme celle de Charles le Chauve, puisque les traités qui consacrèrent le fait consommé de la prise de possession par les Normands des territoires de la Basse-Seine et par l'investiture que leur chef Rollon recevait de Charles le Simple, devaient rendre

---

(1) Abbo fait mention du grand Châtelet qu'il appelle « *Castellum et maxima turris* » au second livre de sa description de Paris. Un historiographe dit que le *grand Chastal* et *porte de Paris* était une forteresse entourée de fossés pleins d'eau pour la défense de la cité dans l'île. (*Les anciens ponts de Paris*, par Dubreul.)

inutile cet obstacle militaire. Toutefois, à l'appui de la thèse qui attribuerait à ce prince la pensée de la reconstruction de l'édifice dont il s'agit, l'on pourrait ajouter que nonobstant les traités d'alliance, les serments et les conversions au christianisme, dont il avait quelques raisons de se défier, Charles n'était pas sans inquiétude sur l'éventualité des irruptions soudaines et des coups de main audacieux de ces infatigables voisins, et l'on comprend que le souverain, obsédé par ces perplexités incessantes, ait songé à mieux défendre Paris, comme aussi à intercepter à sa volonté les communications nautiques de la Basse avec la Haute-Seine, au moyen d'un solide pont fortifié dont les deux têtes seraient munies de châtelets inexpugnables. Quelle que soit la version à laquelle on attache le plus de confiance, elle ne nous offre partout qu'un médiocre intérêt au point de vue de la nature du pont et du style de sa construction, pour le but que nous poursuivons ; nous ne retenons donc de la narration de ces événements que le fait certain de la reconstruction du pont sur le bras septentrional de la Seine, dans l'emplacement même du Pont au Change, soit en l'année 861, soit vers l'année 919.

Reprenons maintenant le cours de nos études des ponts, en suivant l'ordre chronologique, au point où nous les avons laissées. A la mort de Charles le Chauve qui arriva en l'an 877, le prestige et la puissance du souverain allaient s'amoindrir rapidement devant les prétentions ambitieuses et les empiètements croissants des grands vassaux de la couronne ; à l'unité politique on vit succéder une multitude de petites autocraties, sortes de royautés embryonnaires dont les titulaires, grands barons féodaux, avaient bien plus à cœur de constituer l'autonomie et de fortifier l'indépendance que de se rallier à la voix du suzerain, de se grouper et de combattre sous la bannière de France, et courir sus aux envahisseurs. Profitant de ces divisions intestines, les Normands continuaient leurs incursions et ruinaient le pays que ni la royauté abaissée et impuissante, ni les grands vassaux égoïstes et arrogants, n'étaient en état de protéger.

Sous le règne de Louis le Bègue, fils et successeur de **Charles** le **Chauve**, que les chroniqueurs ont qualifié du surnom peu honorable de *Nihil fecit* (1), ces pirates recommencèrent leurs expéditions dans la vallée de la Loire, et s'avançant jusqu'à Amboise en détruisirent le pont de bois ; après avoir ravagé le pays qui s'étend à l'orient de cette ville entre les vallées de la Loire et du Cher, et démoli le pont de pierre de la petite ville de Bléré située sur cette dernière rivière, à huit kilomètres et au midi de celle d'Amboise, ils rassemblèrent leurs forces et s'en allèrent mettre le siège devant la ville de Tours (2). La narration du chroniqueur ne laisse guère de doute sur la nature du pont d'Amboise ; puisqu'il se borne à signaler la ruine de cet édifice sans dire s'il était de bois ou de pierre, c'est que ce pont était de bois comme la presque totalité de ceux que l'on construisait à cette époque, et qu'il lui paraissait superflu d'en spécifier la nature qui rentrait dans la règle générale ; mais dès qu'il mentionne un *édifice de pierre*, il a soin de le qualifier « *lapidens pons* » comme une exception à cette règle. Bléré était une petite ville *fortifiée* au commencement du XIIe siècle « *munita* » (3) ; l'était-elle déjà au IXe ? il serait rationnel de l'admettre, car une simple bourgade ouverte n'aurait pas eu le privilège de posséder un pont de pierre, qui était à cette époque une œuvre exceptionnelle, bien que la rivière du Cher n'ait pas, à beaucoup près, à Bléré, la largeur de la Loire à Amboise et à Tours, villes *fermées* et bien autrement importantes, qui n'avaient que de modestes ponts de bois qu'elles paraissent avoir conservé jusqu'aux XIe et XIIe siècles. L'attribution que nous faisons ici d'un pont de pierre à une petite bourgade pourrait sembler doublement suspecte en raison de la faible importance de ce lieu, mais aussi et particulièrement à cause de l'inexactitude de la traduction

---

(1) *Historiens des Gaules*, tome IX, pages 25 et *passim*.

(2) « *Normanni pontem Ligeris* (Ambasiæ), *dirnerunt vastatis itaque agris inter Carum et Ligerim, destructo etiam lapideo ponte Blisei, cum ultra non repererint quo diripere possent, collectis armatorum copiis ad urbem Turonicam iter dirigunt.* » (*Historiens des Gaules*, tome IX, page 25. *Ex gestis consulum Andegavensium. Auctore monacho benedictino majoris monasterii.*)

(3) *Ex gestis Ambasiensium dominorum.* (*Historiens des Gaules*, tome XII, pages 510, 512.)

que nous faisons du vocable « *Blisei* » qui, s'il avait été correctement écrit par le chroniqueur et n'avait pas été altéré par les copistes, appartiendrait sans conteste à la ville de *Blois*. Toutefois il paraît que c'est la leçon *Blisei* plutôt que la traduction qu'il faudrait accuser d'inexactitude. Ce qui prouve d'abord que Bléré fut un lieu de quelque importance, c'est qu'il est cité souvent dans les chroniques sous des vocables variés, mais le vocable de *Blisei* manque dans l'*Index geographicus* du tome IX des *Historiens des Gaules*, ce qui est déjà un premier indice de la possibilité d'erreur de transcription que confirme explicitement le récit du moine de Marmoutiers tel que nous le lisons dans le *Spicilège* de d'Achery (1) qui est antérieur au Recueil de dom Bouquet ; les deux récits sont à peu près identiques quant aux événements, mais ils en diffèrent par le vocable *Blisei* que contient le second de ces recueils, au lieu de *Blirei* qui est nettement écrit dans le second. Et la différence que nous signalons est capitale au point de vue où nous nous plaçons et justifie suffisamment le développement que nous donnons à ce point particulier de notre histoire puisqu'il s'agit de savoir si la ville de Blois, *castrum Blesum*, possédait ou non au cours du IVe siècle un pont de pierre, *pons lapidens*, sur la Loire. Aux arguments qui précèdent nous en ajoutons un autre qui semble peser d'un poids décisif dans la balance.

Il y avait, en l'année 819 (2), un lieu particulier appelé « *in condita ponte lapidense* », c'est-à-dire un domaine rural (3) sis au pont de pierre « *in villa Blidrico* », sur le territoire ou la banlieue de Bléré. Le rapprochement et la connexité des termes *ponte lapidense*, *Blidrico* ne lèvent-ils pas toute incertitude sur l'existence en l'année 819 d'un *pont de pierre* à Bléré? Le document qui renferme ces énonciations est un testament authentique fait par deux chanoines de Saint-Martin de Tours en faveur de leurs

---

(1) *Spicilegium sive colectio veterum aliquot scriptorum*, par d'ACHERY, tome III, pages 237, 238.
(2) DE FLEURY, archiviste du département de Loir-et-Cher.
(3) *Condita, id, est, locus certus, territorium, villa*. (Gloss. DUCANGE.)

frères auxquels ils lèguent, pour en jouir après leur mort, le domaine rural dont ils étaient ensemble propriétaires, les terres, les maisons, les constructions qu'ils exploitaient eux-mêmes (1). Quoi qu'il en soit, des érudits compétents inclinent à croire que le vocable *Blirei* désigne la localité de *Bléré* et non celle de *Blois*. Telle est aussi notre opinion que nous devons appuyer par d'autres considérations dont le lecteur appréciera la portée.

En admettant d'abord que le pont de Blois eût été, au IX° siècle, construit en pierre et que les Normands ligériens l'eussent détruit dans l'expédition entreprise sous le règne du successeur de Charles le Chauve, ces pirates n'auraient pas donné en cette circonstance une idée bien favorable de leur finesse qui est devenue proberbiale. Que les Normands aient renversé des édifices publics, qu'ils aient incendié des villes et des bourgs après les avoir rançonnés et pillés, c'était le but de leurs entreprises ; qu'ils aient même dans des circonstances particulières, pour favoriser leurs projets, soit pour attaquer, soit pour se défendre, protéger leur marche en avant ou couvrir leur retraite, détruit des ponts sur des rivières secondaires comme le Cher, la Vienne, la Sarthe et autres, ces ponts fussent-ils de pierre, on le comprendrait encore ; leurs débris ne créaient pas d'obstacles au passage de leurs barques, puisque ces cours d'eau secondaires n'étaient pas les grandes voies qu'ils parcouraient dans leurs expéditions intérieures ; mais ce que l'on comprendrait moins, c'est que ces pirates qui avaient déjà remonté la Loire au-dessus de Blois eussent, de propos délibéré, barré de leurs propres mains le lit du fleuve avec les débris des ponts, de manière à se fermer à eux-mêmes la voie qui leur permettait de renouveler leurs incursions dans la Haute-Loire et jusqu'au centre du pays. Les Normands ligériens auraient agi contre leurs propres intérêts, et leurs manœuvres, en général, ne permettent guère d'accepter une telle interprétation.

(1) *Mansus dominicatus (IX° et X° seculo) id est, fundus cum certo agri modo villuta, villa* : *Mansus dicebatur proprius et particularis domini, quem dominus ipse colebat cujusque fructus percipiebat.* (Gloss. DUCANGE.)

A un autre point de vue, d'ailleurs, il ne faut pas oublier que, à l'époque où nous sommes, Blois n'était encore qu'une petite bourgade n'ayant d'autre importance que par son *Castellum*; n'est-ce pas en effet dans le commencement du X° siècle, vers l'année 924, que Thibaut, comte de Blois, surnommé le Tricheur, institua dans le Blésois une puissance héréditaire qui reçut sa sanction définitive à l'avènement de Hugues Capet, et qui, à l'exemple des autres grands fiefs de la France féodale, devint une sorte d'État au petit pied régi par un souverain (1)? N'est-il donc pas permis d'admettre que, à dater de cette époque, et dans le cours du X° siècle, Blois ayant pris une certaine extension par la réunion de ses trois bourgs, jusque-là isolés, et dont le plus ancien, celui du Foix, *de Fisco*, qui était du domaine royal, avait fait l'objet d'une concession souveraine en l'année 924 au profit des religieux de Saint-Laumer, ses comtes ont pu songer à entreprendre la construction de ponts de pierre sur la Loire dont la réalisation, par suite d'événements politiques, du défaut de moyens techniques et pécuniaires, fut ajournée jusque vers le milieu du XI° siècle.

Si enfin l'on devait admettre absolument l'hypothèse de l'existence sur la Loire d'un pont de pierre à Blois au IX° siècle, les mots *lapides ponte Blisei* ne pourraient-ils encore s'entendre dans un autre sens que celui de *pont de pierre sur la Loire* ? Nous avons vu que la ville était autrefois, comme elle l'est aujourd'hui, séparée de la Sologne par la vallée du fleuve, et que, au pied du coteau de rive gauche, une rivière, le Cosson (2), y avait creusé son lit. Il existe des traces matérielles et parfaitement authentiques de l'existence, au moyen âge, de trois ponts distincts en face de la ville de Blois sur les bras du fleuve. Celles des ponts chartrains et celles du pont Saint-Michel, qui sont comme les témoins de l'existence ancienne d'un bras méridional du fleuve durant les crues de submersion de la vallée et du cours du Cosson, et celles du pont détruit en l'année 1716, encore visibles au fond du lit

---

(1) DE LA SAUSSAYE, *Essai sur l'origine de la ville de Blois,* tome 1, des *Mémoires de la Société des Sciences, Belles-Lettres et Arts de Blois, 1834.*
(2) *Cusso*, Papirius Masson : *descriptio fluminum Galliæ, 1612.*

septentrional qui longe le pied du coteau sur lequel la ville s'élève en amphithéâtre. L'île de Vienne (aujourd'hui faubourg de ce nom) qui n'est une île à proprement parler, dans les temps modernes (*insula Evenna*), que pendant la durée des crues de submersion de la vallée, n'a-t-elle pu être une île véritable dans les siècles qui ont précédé l'établissement du pont Saint-Michel et des ponts chartrains, et de celui qui fut renversé en l'année 1716 ? Ici apparaît une autre inconnue que les notions insuffisantes acquises jusqu'à présent ne permettent pas encore de dégager bien nettement (1).

N'est-il pas permis d'admettre que, au IXe siècle, un pont de pierre a pu exister sur un bras méridional du fleuve, et en particulier sur le lit de la rivière du Cosson, tout aussi légitimement que sur la rivière du Cher à Bléré ? Et dans cette hypothèse, la leçon du chroniqueur angevin *lapideo ponte Blisei* s'expliquerait sans effort au double sens grammatical et topographique, puisque de preuve certaine des ponts existaient dans la traversée de la vallée de la Loire pour rattacher la ville de Blois au coteau de la Sologne, en franchissant le lit du Cosson; les mots précités n'impliquant pas nécessairement l'idée d'un pont unique, laissent entendre que le pont de pierre pouvait n'être que l'un des ponts qui franchissaient les divers cours d'eau permanents ou intermittents de la vallée, et parmi lesquels indubitablement il y en avait de bois à l'époque indiquée, comme on a la preuve qu'il en a existé pendant toute la période postérieure, et jusqu'aux derniers siècles.

Encore un mot sur cet incident, le *Castrum Blisum* était, avons-nous dit ailleurs, traversé par le torrent de l'*Arron* qui se déchargeait dans la Loire. Ce petit cours d'eau ne pouvait être franchi que sur des ponts. Ces derniers étaient-ils de bois ou de pierre ? et, dans ce dernier cas, le chroniqueur aurait-il voulu dire que les Normands avaient coupé le pont de pierre,

(1) Les déplacements du lit du fleuve sont des faits historiques; citons seulement ceux du château de l'Ile, en face de Chécy et de Saint-Loup, près Orléans; de Meung, en aval d'Orléans; entre Saint-Patrice et Saumur; de Saint-Martin-de-la-Place, au-dessous de cette ville; entre Saumur et les Ponts-de-Cé et ailleurs. (Chapitre XI.)

lapideo ponte, ou l'un des ponts de pierre qui séparaient de son temps en deux parties le *Castrum Blisei* ?

En résumé, nous croyons que les preuves manquent pour affirmer qu'il existait au IXe siècle un pont de pierre sur la Loire à Blois et qu'elles sont suffisantes au contraire pour affirmer qu'il existait des ponts de bois à cette époque (1).

A peu près dans les temps où ces événements se passaient sur la Loire, les Parisiens voyaient remonter vers leur cité un nouveau flot de Normands Séquaniens. C'était au cours de l'année 886. A la terreur inspirée par l'arrivée des pirates s'est jointe l'alerte causée par une crue subite des eaux de la Seine qui mit en péril le *Petit-Pont*. Si la situation était des plus critiques, l'énergie des assiégés fut à la hauteur du double péril qui les menaçait. A la voix de leur évêque Gozlin accoururent des hommes aussi énergiques que dévoués sur l'habileté desquels il pouvait compter, et grâce à la coopération des personnages qui l'entouraient, au premier rang desquels on distinguait Eudes, comte de Paris, fils aîné de Robert le Fort, et Hugues, comte d'Anjou, les dégradations qui avaient menacé l'existence du Petit-Pont purent être réparées pendant la nuit (2). Si nous rapportons ici cet épisode, c'est dans le double but de rappeler, d'une part, que le pont de Charles le Chauve et ses deux châtelets ne furent pas capables d'intimider les Normands et de mettre un terme à leurs incursions dans la vallée de la Seine ; et, de l'autre, que le Petit-Pont pouvait être aussi bien, d'après le témoignage des chroniqueurs, de *pierre* ou de *bois* ; si, en effet, le pont était

---

(1) Pendant toute la durée de la domination romaine et des deux dynasties franques, les *ponts de pierre* furent rares dans les Gaules, surtout dans les provinces dont Blois faisait partie. (DE LA SAUSSAYE, *loc. cit.*)

(2) *Inundatione fluminis minor pons disruptus est et episcopus delegit ex suis viros nobiles et strenuos ut mane facto pons restauraretur* (*Annales Vedastini. Historiens des Gaules*, tome VII, page 85) Ce siège mémorable est un des événements militaires les plus extraordinaires du moyen âge. Ne pouvant faire remonter leurs *sept cents barques* au-dessus de Paris, arrêtés qu'ils étaient par l'obstacle des deux ponts dont les assiégés étaient maîtres et par la rapidité du courant dans les deux bras de la Seine qui entouraient la cité, les Normands prirent la résolution audacieuse de *hâler à terre* leurs barques pour les remettre en Seine à l'amont de Paris et remonter le fleuve afin d'aller hiverner en Bourgogne.

de pierre, une arche ou même deux arches tombées, les piliers restant encore debout, pouvaient être remplacées, eu égard à leur faible portée, par des poutres et un plancher dans l'intervalle d'une nuit ; or ni les bras ni le courage ne faisaient défaut et le péril était imminent. Si au contraire le pont était de bois et reposait sur des piliers de pierre, l'accident pouvait consister soit dans l'effondrement d'une ou de deux travées, soit dans leur entraînement par les eaux gonflées de la Seine, et il n'était pas plus difficile de rétablir le passage que dans le cas précédent. Mais les chroniqueurs ne sont pas d'accord sur la nature et l'étendue des dégradations. Dubreul, au témoignage d'Abbo, dit que « le Petit-Pont,
« soit de vieillesse ou autrement par la force de la rivière,
« tumba dedans, que les Parisiens tindrent bon fort long-
« temps contre la furie des Normands, en la tour qui costoioit
« (contigu) le petit Chastellet du côté de l'abbaye de Saint-
« Germain » (1).

En présence des obscurités des chroniques, nous croyons que si le pont de pierre ou de bois avait été complètement détruit, Gozlin n'aurait pas essayé de le restaurer *dans une nuit*, mais que, puisque l'opération a été tentée, c'est que l'accident pouvait être de la nature de ceux que nous avons indiqués, ce qui laisserait toujours subsister l'hypothèse soit d'un pont de pierre, soit d'un pont de bois. Nous inclinons pourtant à croire que le Petit-Pont était de bois (2).

Le lecteur a pu remarquer, dans la série des siècles qui précèdent le XIe et durant la période des deux dynasties franques, que les armées en campagne traversaient les rivières à gué, mais seulement lorsqu'elles ne trouvaient pas de ponts à proximité pour les franchir. Ainsi en fut-il des rivières de l'Aisne et de l'Oise au cours des années 923 et 978 ; mais ces épisodes prouvent seulement que la stratégie ne permettait

---

(1) Dubreul, *Anciens ponts de Paris*.
(2) Le participe « *disruptus* » semblerait plutôt s'appliquer à la rupture d'un pont de bois qu'à celle d'un pont de pierre. Toutefois nous n'insistons pas plus que de raison et nous ne nous hasarderons pas à faire dépendre la solution de la difficulté de l'emploi de tel ou tel mot latin qui comportait plusieurs sens.

pas toujours aux armées en présence d'aller chercher les ponts où ils existaient pour les franchir, et que, soit des manœuvres précipitées, soit des nécessités urgentes ou des ruses de guerre commandaient de les traverser à gué, sur les lieux mêmes où elles devaient livrer bataille, ou soutenir une lutte à laquelle elles ne pouvaient échapper. Mais ce serait aller beaucoup trop loin que de soutenir que, durant les cinq siècles qui s'étendent du VIe au XIe, l'usage des gués, particulièrement sur les grandes rivières, fut autre chose, au triple point de vue des nécessités militaires, civiles et rurales, qu'un accident passager, et que cet usage dut être la règle et non l'exception.

Ce fut au cours de l'année 937 que les Hongrois (Madgyars) faisant irruption en Occident parcoururent la France, du Rhin à la Garonne. Orléans, qui était la cité privilégiée et naturellement indiquée par sa position centrale, fut l'objectif de ces Barbares, sur lequel ils se dirigèrent pour traverser la Loire. Ils s'approchaient donc avec assurance des murs de la cité sans être inquiétés par personne, lorsque tout à coup ils se virent poursuivis et rigoureusement attaqués par Ebbes de Déols, l'un des puissants barons du Berry qui les fit décamper en les poussant au delà de la Loire qu'ils franchirent plus vite qu'ils ne l'auraient voulu. Ebbes trouva la mort dans une sanglante échauffourée et reçut la sépulture dans l'église de Saint-Aignan d'Orléans (1). Il est incontestable, d'après la narration succincte du chroniqueur, que le passage de la Loire eut lieu sur un pont préexistant, car si cette opération avait dû se faire à gué, il est hors de doute que les Hongrois, vivement poursuivis par Ebbes ou ses lieutenants, auraient été ou massacrés ou noyés. Comme au récit du chroniqueur rien de semblable ne s'est produit, il est assurément permis d'en inférer que les Hongrois auront traversé la Loire sur le *pont*, sans que le chroniqueur

---

(1) *Ebbo Ligerim Aurelianis coegit... in Sancti Aniani ecclesia sepultus.* (*Ex chronico Richardi pictavensis. Historiens des Gaules*, tome IX, page 23.) Mabillon place cet événement en l'année 935, ce qui importe peu pour l'objet que nous avons en vue. (Voir la *Revue archéologique*, 1859, tome I, pages 195 et suivantes.)

nous apprenne si les Orléanais leur accordèrent la liberté du passage, et si ce fut dans la retraite précipitée des Hongrois que la plus grande partie se sera échappée par la rive gauche pour gagner les provinces de Guyenne.

Quoi qu'il en soit, ce fut la dernière apparition sérieuse des Barbares du Nord dans les provinces de la Gaule franque, mais les historiens qui ne sont pas d'accord sur la date de cette invasion ne nous apprennent pas si elle fut antérieure ou postérieure à la mort du roi Raoul. Il est permis de penser que ces Barbares n'auront pas osé s'aventurer dans une entreprise qui eût été bien périlleuse pendant l'existence de ce prince guerrier qui s'intitulait dans ses actes : « Raoul, par la grâce de Dieu, roi des Français, « des Bourguignons, des Aquitains, invincible, pieux et « toujours auguste, pleinement roi par la soumission « volontaire tant des Aquitains que des Goths (1) » et qui mourut l'an 936. Il est donc très probable que l'épisode du passage de la Loire par les Hongrois à Orléans est postérieur à cette dernière date.

Avant la fin du Xe siècle, les chroniques signalent encore l'existence de ponts sur plusieurs rivières importantes. Ainsi, au cours de l'année 987, quelques seigneurs et évêques s'étaient associés pour bâtir à frais communs un pont sur la rivière du Tarn à Albi, « *grande opus* ». Cet exemple fut imité par les abbés d'Aniane et de Saint-Guillem qui réunirent aussi leurs efforts pour construire un pont sur la rivière d'Hérault (*super fluvium Eraur*), en un lieu dit le Gouffre ; mais ils s'engagèrent à ne bâtir sur ce pont ni tour, ni forteresse, ni chapelle, dans l'intérêt de l'un ou de l'autre de ces deux monastères (2). Ces exemples montrent suffisamment que les ponts, même sur des rivières considérables, n'étaient déjà plus au cours du Xe siècle une rare exception.

Nous ne terminerons pas ce chapitre sans revenir un moment sur les invasions nautiques des Normands dans les

---

(1) CHANTON et BORDIER, *Histoire de France*.
(2) CHAMPOLLION-FIGEAC, *Droits et usages concernant les travaux publics et privés de l'an 987 à l'an 1380*. Aniane et Saint-Guillem sont situés sur la rivière de l'Hérault : Aniane à gauche, Saint-Guillem à droite.

provinces supra-ligériennes. Le chanoine Dubois, fort enclin à colorer d'un vernis d'antiquité exagérée quelques-uns des monuments de la cité aurélienne, a soutenu que celle-ci possédait, vers les années 870 ou 880, un pont qui n'aurait été démoli que sur la fin du XVIII° siècle et que cet édifice ne serait autre que le pont des Tourelles d'Orléans (1). Nous partageons l'opinion du vénérable théologal quant à l'existence, au IX° siècle, d'un pont sur la Loire, au lieu même qui fut occupé par le pont historique des Tourelles, et nous avons, croyons-nous, suffisamment démontré la vérité de cette assertion. Ce serait à l'évêque Gauthier ou Vauthier, qui gouvernait alors l'Église d'Orléans, que, selon notre auteur, reviendrait l'honneur d'avoir construit ce monument qui est demeuré célèbre par le souvenir des hauts faits de Jeanne la Pucelle dont il a été témoin. Les Normands, qui avaient, pendant leur invasion de l'année 865, accumulé tant de ruines dans cette ville, ont aussi détruit une partie de ses murailles, mais tous les monuments publics et le pont lui-même ont-ils subi le même sort ? Nous hésitons à nous prononcer, car les chroniques que nous avons consultées ne sont pas suffisamment explicites pour permettre d'affirmer que les choses se soient passées ainsi. Quoi qu'il en soit, voici comment le chanoine d'Orléans explique l'intervention de Gauthier : c'est par des *hypothèses* à défaut de preuves. Ainsi il suppose que l'Evêque aurait conseillé aux habitants de la ville d'Orléans et à ceux du bourg d'Avignon (*Avenum*), qui touchait aux murs d'Orléans (pl. I, fig 1), de réunir ce bourg à la ville, d'entourer ce groupe ainsi formé de bonnes et solides murailles (2), et de construire un pont, pour la plus grande commodité des deux groupes de population réunis et pour

---

(1) Manuscrits de la Bibliothèque d'Orléans.
(1) Le chroniqueur contemporain dit que l'évêque Gauthier fit reconstruire les murs de la ville qui n'avaient pu être détruits que par les Normands ; mais il se tait sur le fait du pont : *Agio episcopo sub quo civitas Aurelianensis semel distracta, secundo incensa est, diem obeunte, Walterius successit vir strenuus, et ad quæque perferenda forti animo præparatus ; qui et muros urbis exstruxit.* (*Ex. mir. S. Max. abb. mic.*, auct. Letaldo qui vixit seculo X. *Recueil des Historiens des Gaules*, tome VII, anno 853.)

leur utilité commune, sur la limite des deux territoires, c'est-à-dire dans la direction de la rue des Hôtelleries-Sainte-Catherine qui occupe l'assiette des fossés de l'ancienne cité gallo-romaine. Ce pont ne serait autre que celui des Tourelles. Sans doute cette combinaison était raisonnable et économique, et il ne resterait plus, pour la faire prévaloir et entrer dans le domaine de l'histoire, qu'à démontrer qu'elle a été autre chose qu'une hypothèse et qu'elle est une certitude et une réalité. C'est ce que le docte chanoine a oublié de faire, et ce qu'il ne pouvait faire en l'absence de témoignages qu'il lui était impossible de produire (1). Les circonstances n'étaient rien moins que propices et les temps rien moins que favorables à l'exécution d'un édifice qui devait coûter tant de peines, de soucis et de dépenses. Cette thèse soulève les objections qui ont été faites précédemment à propos d'un pont de pierre qui aurait existé à Blois vers la même époque. Après les invasions des Normands, et durant cet intervalle plus que séculaire qui sépare l'avènement de Charles le Chauve (843) de celui de Hugues Capet (987), lorsque la ville d'Orléans avait été deux fois au moins ruinée par les dévastations, les pillages et l'incendie, le premier soin des habitants aura été sans doute de réparer, de consolider et d'entretenir le pont tel quel, s'il n'avait pas été ruiné entièrement par les Barbares, et sans chercher à faire des innovations, et encore moins à entreprendre une œuvre colossale et certainement unique et exceptionnelle pour l'époque, telle qu'un pont de pierre sur la Loire, de quatre cents mètres de longueur ; la sollicitude et les efforts des Orléanais se seront probablement circonscrits dans des limites plus modestes. Laissons donc cette fiction et cette hypothèse gratuites sans nous y arrêter plus longtemps. Toutefois, c'est ici le lieu de parler d'un plan auquel nous avons déjà fait allusion et sur lequel on s'est appuyé pour continuer l'erreur dont le chanoine Dubois a été l'un des propagateurs les plus opiniâtres.

---

(1) VERGNAUD (*Histoire d'Orléans, 1830*, vol. II, page 437) adopte implicitement cette hypothèse, de même qu'il affirme que le pont a été *détruit* par les Normands, ainsi qu'on va le voir.

— 179 —

Un auteur orléanais (1) prétendait qu'il avait eu en sa possession une *image* sur laquelle étaient figurés les vestiges d'un pont qui aurait été situé dans le prolongement de la Poterne et détruit au IXe siècle par les Normands. Dans un ouvrage publié par cet auteur on peut voir un *facsimile* de ce plan reproduit dans un opuscule postérieur (2) intitulé *Plan de Cenabum Aurelianum (ville d'Orléans en 1300 environ ; plan très anciennement gravé sur bois et réduit ici à demi grandeur)*. Cette image représente l'enceinte de la ville gallo-romaine, et sur l'emplacement même de la rue de la Poterne, l'auteur, amplifiant encore l'hypothèse du chanoine Dubois, a inscrit *de propos délibéré* cette mention plus que *téméraire* : *rue du Vieux-Pont* ; puis s'avançant dans le lit même de la Loire, en face de cette rue, il a figuré deux points, l'un vers la rive droite, l'autre vers la rive gauche, indiquant des vestiges de pont. Enfin, pour compléter la séduction, il a écrit dans la légende annexée à cette image ces mots audacieux : *Culée du pont détruit par les Normands*, au premier point sur la rive droite, et *restes du même pont*, au second point sur la rive gauche. Lorsque après un certain laps de temps un historien qui voudra s'éclairer sur les origines du pont des Tourelles et sur les anciens ponts d'Orléans, arrêtera ses yeux sur cette image, son embarras sera grand ; il ne pourra guère douter, en effet, que ce plan soit un document authentique complété par des recherches sérieuses et par la découverte faite, au XVIIIe et au XIXe siècle, des vestiges incontestables de ce pont ; et pourtant cet édifice fantastique, que quelques écrivains auront imaginé de placer en un lieu où ni chroniques contemporaines ni vestiges matériels authentiques n'établissent l'existence antérieure au IXe siècle, ne serait qu'un mirage trompeur, ainsi que nous en avons la ferme croyance jusqu'à preuve contraire et que nous l'avons démontré.

Avec les dernières années du Xe siècle s'éteint la dynastie

(1) VERGNAUD, *Histoire d'Orléans, 1830.*
(2) VERGNAUD, *Histoire d'Orléans, 1830,* page 22 du vol. Ier, et *Lettres sur Genabum aurelianum, 1866.*

carolingienne sans qu'aucun document sérieux nous ait offert la preuve que le pont des Tourelles avait été bâti sous les auspices d'un prince de cette lignée, ainsi que l'a supposé gratuitement le chanoine Dubois. Ce n'est qu'après l'an mil, et postérieurement à l'avènement de la dynastie capétienne qu'il faut chercher et que nous avons la certitude de trouver l'origine de cet édifice illustré par la victoire mémorable de la Pucelle d'Orléans.

Jetons maintenant un coup d'œil rétrospectif sur les faits relatés dans ce chapitre; nous y voyons en résumé que durant cette période tourmentée de plus de deux siècles, les ponts établis sur les cours d'eau étaient *de bois* et que les passages des armées en campagne avaient lieu sur des ponts de cette espèce ou sur des ponts de bateaux, sur des bacs ou radeaux, mais que les passages à gué ne furent, comme dans les siècles antérieurs, que des exceptions. Les ponts *de pierre* qui auraient existé d'ancienne date ou qui auraient été bâtis durant cette période, particulièrement sur les fleuves et les grandes rivières, étaient extrêmement rares, et nous estimons qu'il est pour le moins prudent de suspendre tout jugement contraire, spécialement en ce qui touche le grand pont de Paris, dont on attribue la construction, *en pierre*, à Charles le Chauve ou à Charles le Simple, jusqu'à ce que des documents plus nombreux et plus précis, et que des arguments plus décisifs que ceux qui ont été produits, notamment dans ces derniers temps, aient permis de trancher cette question que les chroniques contemporaines nous paraissent avoir laissée dans une obscurité complète; mais ce qui ne paraît pas douteux, c'est que l'empereur Charles le Chauve donna tous ses soins à la construction des ponts. Nous avons vu qu'en particulier, dans l'intervalle qui sépare le règne de Charlemagne de l'avènement de la dynastie de Hugues Capet, il a existé à Orléans un pont sur lequel ont été effectués deux passages du fleuve demeurés célèbres dans l'histoire, le premier au commencement du IXe siècle sous le règne de Louis le Pieux, le second probablement sous celui de Louis d'Outremer, successeur du roi Raoul. Nous avons dit que les Normands avaient détruit, notamment le pont d'Amboise sur la Loire et le pont de *pierre* de Bléré sur le Cher, vers l'année 819, mais qu'il n'a vraisemblablement pas existé de pont en pierre sur la Loire à Blois durant le IX⁰ siècle, et que la question de l'existence d'un édifice de cette nature est née de la confusion et de la similitude des vocables *Blisei* et *Blerei* ; *Blois* et *Bléré*.

Nous avons vu les Normands remonter la Seine et venir assiéger Paris en l'année 886, pendant qu'une crue de la rivière ébranlait et mettait en péril le Petit-Pont que l'évêque Gozlin fit réparer dans le court intervalle d'une nuit, épisode qui implique la nature de bois de cet édifice. Nous avons retrouvé plus tard les Hongrois, au commencement du X⁰ siècle, à Orléans, où ils franchirent le fleuve sur un pont pour gagner les provinces de la Guyenne. Enfin nous avons rapporté que des ponts furent bâtis sur le Tarn et sur l'Hérault au cours du X⁰ siècle. Nous avons clos ce chapitre en ramenant l'attention du lecteur sur l'opinion d'écrivains orléanais qui attribuent sans preuves à l'évêque Gautier la construction, au IX⁰ siècle, du pont d'Orléans, lequel, selon les auteurs modernes, serait le pont même des Tourelles, et nous avons mis sous ses yeux la preuve des falsifications de plans prétendus anciens et apocryphes et sur lesquels on a figuré des vestiges imaginaires d'un pseudo-pont gallo-romain ou gaulois dans le prolongement de la rue de la Poterne ; à la vue de ces images les lecteurs non prévenus se seraient laissés probablement séduire et auraient accepté des élucubrations sans fondement ni autorité, comme des arguments sérieux et même décisifs en faveur d'une thèse dont nous croyons avoir suffisamment démontré l'inanité.

CHAPITRE IX

PÉRIODE CAPÉTIENNE ET FÉODALE

Les ponts au moyen âge depuis l'an mil. — De l'architecture romaine ou romane et de l'architecture dite ogivale ou gothique. — Des voûtes en plein cintre, des voûtes en arc de cercle, et des voûtes en arc brisé, improprement appelées ogivales ou gothiques. — Des avantages que présentent les voûtes en arc brisé. — De l'emploi simultané depuis l'an mil des voûtes de plein cintre, en arc de cercle et des voûtes en arc brisé dans la construction des ponts.

Sur la fin du IXe siècle, la dynastie des Carolingiens cessait de régner. Hugues Capet, fils de Hugues le Grand, comte de Paris, était élu roi de France par tous les barons du royaume avec le consentement de la nation, et en l'année 987 l'empire germano-franc n'était déjà plus qu'un souvenir. Si les chroniqueurs ne sont pas absolument d'accord sur la date précise de ce mémorable événement, l'écart de deux ou trois années serait pour notre sujet sans importance (1). A peine avait-il ceint la couronne royale que Hugues Capet associait son fils Robert à la puissance souveraine dans la ville d'Orléans (2)

---

(1) *Regni proceres elegerunt Hugonem et evexerunt.* (*Historiens des Gaules*, tome X. *Ex chronico Willelmi Naugii*, page 300. *Ex brevi chronico Tornacensi. Historiens des Gaules*, tome VIII, page 285. *Ex chronico sancti Benigni divionensis*, tome VIII, page 244.) — ORDERIC VITAL, tome IX, page 2, et RICHARD LE POITEVIN, page 24, fixent à l'année 991 la fin de la dynastie carolingienne.

(2) Cette investiture eut lieu l'année même de l'élection de Hugues Capet.

qui l'avait vu naître, où il avait reçu le baptême, et dont il fit, pendant toute la durée de son règne, glorieux à plus d'un titre, sa résidence de prédilection (1).

Les temps n'étaient guère propices aux grandes œuvres, dans les dernières années du IX° siècle, et le règne du successeur de Hugues Capet s'ouvrait en l'année 997 sous les plus tristes auspices. C'était en effet une croyance répandue parmi les peuples que la fin du monde était proche. Le fantôme de l'effrayant millénaire et la sombre prophétie de sa suprême échéance amollissaient toutes les énergies et paralysaient tous les courages. Pourquoi s'occuper du lendemain puisque les temps allaient finir et que les siècles étaient consommés? Ces pronostics (2) qui troublaient le repos public non moins que les consciences étaient jetés en pâture à la multitude ignorante du haut des chaires chrétiennes, et Paris, qui était devenu la capitale des rois capétiens, put entendre comme Orléans, quelques années avant l'an mil, des prédicateurs annoncer sérieusement la fin du monde et l'avénement de l'Antéchrist (3). La frayeur universelle ne fut pas cependant de longue durée, car dès que les peuples, à l'aurore du XI° siècle, virent encore le soleil, qu'ils croyaient éteint dans le chaos universel, se lever radieux et resplendir sur leurs têtes en donnant aux prophéties des mystagogues, des spirites, et des illuminés de ce temps-là un démenti bien éclatant, chacun se prit à respirer, la confiance commença de renaître, et l'énergie individuelle prit la place de l'abattement et de la prostration. Ce fut en effet une

« *Statim* » aussitôt, selon la *Chronique de Tours*. (*Historiens des Gaules*, tome X, pages 280 et 281.) — ORDERIC VITAL, tome IX, page 18, et *Miracles de Saint-Benoit*, page 142, du même volume. — SYMPHORIEN GUYON, d'accord avec LA SAUSSAYE, reporte l'acte de cette investiture à l'année 992 et même à l'année 994. (*Histoire d'Orléans*, pages 268 et 271. *Annales Eccles. Aurel.*, page 352.)

(1) SYMPHORIEN GUYON, *Histoire d'Orléans*, pages 271, 315, 321.

(2) Pronostics tirés du chap. XX de *l'Apocalypse* de saint Jean, commentés et développés au gré de chacun, mais contrairement au sens caché, puisqu'en fait les pronostics humains du IX° siècle ne se sont pas réalisés.

(3) L'abbé LEBEUF, *Dissertation sur l'état des lettres*, tome II, pages 40 et 42. ABBON, moine de Fleuri, *Apologétique* adressée à Hugues et à Robert, rois de France. SYMPH. GUYON, *Histoire d'Orléans*, page 277.

époque de *renaissance* (1) et de *révolution* (2), particulièrement dans l'art de bâtir. « L'architecture, comme le pays,
« était tombée dans le chaos qui a régné entre la renaissance
« tentée par le génie de Charlemagne et la constitution du
« gouvernement féodal. Mais dès l'ouverture du XI° siècle
« une véritable révolution se produit dans l'art de bâtir ;
« partout on vit s'élever de nouvelles basiliques et de nou-
« veaux monastères (3). La quantité d'églises construites en
« France à cette époque est en effet quelque chose de prodi-
« gieux, et ce qui ne l'est pas moins, ce sont les belles et
« savantes dispositions, l'ornementation de bon goût, les
« sculptures élégantes qui se produisent en même temps et
« sans que rien jusqu'alors ait paru y préparer. »

Le XI° siècle donna donc le signal du réveil de l'Occident, et l'on a pu dire que c'était de cette époque que datent les vraies origines de notre civilisation moderne qui préludait par l'organisation féodale, et bientôt après par l'établissement des communes. C'est aussi à cette époque, unique dans l'histoire, que nous assistons au spectacle de la création des grandes œuvres matérielles de l'activité humaine qui vont se produire et se développer parallèlement sous les deux formes les plus saisissantes : celle des basiliques, églises et monastères, et celle des donjons féodaux, vivante expression de l'idée et de l'autorité religieuse, comme de la force et de la puissance militaires. Les ponts sur les grands fleuves et sur les rivières vont apparaître simultanément comme le complément nécessaire de ces œuvres de foi robuste et d'énergie virile (4).

---

(1) *Des Pèlerinages en terre sainte*, par Ludovic Lalanne. (Bibliothèque de l'École des Chartes, 2° série, 2° volume.)

(2) *Traité d'architecture* de Léonce Raynaud, inspecteur général des ponts et chaussées, professeur à l'École polytechnique, 2° partie, pages 223 et 224.

(3) *Erat enim instar ac si mundus ipse excutiendo semet, rejecta vetustate, passim candidam ecclesiarum vestem indueret.* (Raoul Glaber, livre 3, chap. IV. — *Recueil des Historiens* de Duchesne, tome IV, page 27.)

(4) *Architecture militaire au moyen âge*, par Verdier, tome VII des *Annales archéologiques* de Didron. — *Architecture militaire du moyen âge*, par Viollet-le-Duc, pages 63 et suivantes.

Le mouvement intellectuel et littéraire qui depuis la mort de Charlemagne avait subi un temps d'arrêt, et même de recul très prononcé, pendant les invasions normandes, allait recommencer sa marche ascendante, et parmi les écoles ecclésiastiques et monastiques dans lesquelles on enseignait même l'astronomie, la géométrie et le calcul, celles de l'Orléanais, et en particulier celle de Saint-Benoît (chapitre XIV) brillèrent d'un éclat particulier (1). Tout concourait alors au renouvellement social, et l'architecture qui, ainsi qu'on l'a dit avec raison, est la vivante et profonde expression du génie et de l'esprit d'un peuple (2), prenait une allure nouvelle et originale, en harmonie parfaite avec les connaissances techniques et les sentiments religieux de l'époque. C'est une gloire qui lui appartient et qu'il faut d'autant moins lu contester qu'elle est plus difficile à acquérir. Puisque le temple avait été chez tous les peuples le monument le plus important de la cité, il était naturel que les architectes exerçassent d'abord et plus particulièrement leur talent sur les édifices religieux. Dès les dernières années du X° siècle (3) ; on jetait les fondements de la vaste église de Saint-Front de Périgueux, dans laquelle la *courbe de plein cintre romain* allait se marier déjà avec l'*arc brisé*, et ce mélange des deux styles devait s'accentuer pendant le cours du XI° siècle, ainsi que le prouvent plusieurs exemples, parmi lesquels on peut citer les fenêtres du clocher de Puy en Velay dont les courbes sont tracées sur ces deux types. Si le XI° siècle fut une période d'essais, de tâtonnements et d'hésitations, cette période fut loin d'être stérile, car on éleva un grand nombre d'édifices religieux qui donnèrent naissance à ce style que l'on appela *roman*, et dont les maîtres puisaient leur doctrine et les principes de leur art au sein des monastères. Mais le XII° siècle vit bientôt pâlir puis s'effacer graduellement le souvenir des

---

(1) *Mémoires de la Société archéologique et historique de l'Orléanais*, tome XIV, pages 209 et 551.

(2) Viollet-le-Duc, *Dictionnaire d'architecture*, vol. 1, page 134.

Léonce Reynaud, *Traité d'architecture*, vol. 2, page 240.

(3) Congrès des Sociétés savantes à la Sorbonne en 1883. (Section d'archéologie.)

traditions romaines dont la courbe caractéristique, le *plein cintre*, qui dominait au XI⁰ siècle, cédait peu à peu la place à l'*arc brisé* ; c'est de l'accouplement de ces deux lignes que naquit l'architecture de transition qui fut abandonnée systématiquement sur la fin du XII⁰ siècle, époque à laquelle l'arc brisé devenait prédominant et bientôt exclusif même, et engendrait cette admirable architecture, improprement mais communément dite *ogivale*, sur laquelle nous allons nous arrêter un moment, parce que c'est de l'emploi que l'on fit de l'*arc brisé* dans le cours du XI⁰ siècle et de sa rapide vulgarisation que date l'ère des grandes voûtes des basiliques (1) et celle des ponts monumentaux construits sur les fleuves de la Gaule franque, particulièrement du pont historique des Tourelles d'Orléans, auquel on a donné le surnom de pont de Jeanne la Pucelle, parce qu'il fut le théâtre du glorieux fait d'armes qui marqua les débuts de l'héroïne.

Nous allons essayer de mettre en lumière, dans les chapitres qui suivent, ce côté particulier du tableau de quelques-uns des grands ouvrages d'art de l'ordre civil que le moyen âge nous a légués.

Les ponts d'Orléans demeurèrent, durant les premières années du XI⁰ siècle, tels qu'ils avaient été construits dans les siècles antérieurs, c'est-à-dire simplement en bois, comme tous les ponts existants à peu près sans exception sur les fleuves et les rivières de France. Durant la période romane, les architectes n'osaient pas établir des voûtes de pierre sur les grandes nefs des basiliques, sans les contrebuter par des massifs très résistants, et c'était sur les basses nefs seulement, comme sur les baies et sur les arcatures des galeries, que l'on jetait généralement des arceaux de plein cintre (2). Quant aux nefs d'une plus grande largeur, on les couvrait par des charpentes plates ou cintrées dont l'usage a persisté

---

(1) *Traité d'architecture* de Léonce Reynaud. Dans tout ce qui va suivre, nous appellerons voûtes en *arc brisé* ce que l'on est dans l'usage de désigner par le nom de *voûtes ogivales*.

(2) *Dictionnaire d'architecture*, de Viollet-le-Duc, au mot *voûte*, et autres auteurs.

pendant plusieurs siècles encore (1) ; la poussée latérale qu'exerce sur les murs des nefs l'arc de plein cintre ne permettait pas d'employer avec sécurité des voûtes de pierre. Et les ponts jetés sur les fleuves, qui exigeaient un large débouché pour faciliter l'écoulement des eaux des crues et le passage des glaces, étaient, par une raison analogue, composés de travées à palées de bois, ou de piliers en maçonnerie sur lesquels s'étendait un réseau de poutres couvertes d'un plancher. Mais les dégradations et la destruction trop fréquente des charpentes des basiliques par les incendies et la détérioration très rapide des palées et des planchers des ponts, causée par leur exposition continuelle aux intempéries et à l'action des eaux, des sables et des glaces, devaient inviter les constructeurs à rechercher les moyens de substituer à ces ouvrages périssables des œuvres plus résistantes et plus durables (chapitre XI).

La question de l'établissement des voûtes de pierre, plus légères que les voûtes de plein cintre, a donc été l'objectif et le sujet des préoccupations et des études incessantes des architectes du moyen âge et plus spécialement de ceux des XIe et XIIe siècles. *L'arc brisé* se présenta-t-il naturellement à leur esprit ou fut-il le résultat de calculs et d'observations pratiques ? Ce qui est admis généralement aujourd'hui par les constructeurs modernes, c'est que l'usage et la pratique des larges voûtes des basiliques, bien plus que des grandes arches des ponts en France, date de l'emploi et de la vulgarisation de cette courbe type. On a beaucoup et longuement discuté sur le point de savoir si l'arc brisé était d'origine française ou étrangère ; cet arc a été employé dans les monuments les plus anciens, en Lydie, en Égypte, en Grèce, en Sicile, en Espagne ; l'arc brisé est donc de tous les pays, car on le voit figuré sur les murs des basiliques romanes primitives de l'Occident, comme sur le *Méquias* ou Nilomètre du Caire qui remonte à l'origine du IXe siècle, parce qu'il

---

(1) VIOLLET-LE-DUC, *Dictionnaire d'architecture*, au mot *architecture*. Églises de Saint-Jean, de Châlons ; du Pré-Notre-Dame, au Mans ; de la Trinité et de Saint-Étienne, de Caen ; de Vignory (Haute-Marne). Ces églises sont des XIe et Xe siècles.

n'est pas plus difficile à tracer que le plein cintre. Aussi a-t-on pu dire avec raison que du jour où l'homme avait inventé le compas et le moyen de décrire des cercles, il avait découvert l'*arc brisé* (1). Mais si cet arc, comme la géométrie, n'a pas de patrie, l'art *gothique*, improprement dit *ogival*, est essentiellement français, nonosbtant les prétentions rétrospectives des écoles anglaise et allemande. Celui-ci ne consiste pas seulement dans l'emploi de l'arc brisé ; ce qui le caractérise, c'est une combinaison des voûtes d'arête, ou d'arcs de cloître à nervures *saillantes* profilées suivant des types variés et formant une sorte de réseau ou d'ossature élastique et indépendante qui partageait en panneaux légers les voûtes des basiliques dont elles reportaient les poussées sur des points d'appui particuliers. Ce *renforcement* des arêtes d'intersection des berceaux de voûtes a fait donner originairement à ces nervures diagonales entrecroisées le nom assez caractéristique de *croix* ou *croisée d'augive* ou *d'ogive*.

Nous avons posé la question de savoir si l'emploi et la vulgarisation de l'arc brisé, au cours des XIe et XIIe siècles, procédaient soit d'une sorte d'instinct ou de sentiment des praticiens, soit d'une observation de quelques résultats favorables constatés sur les édifices dans lesquels l'*arc brisé* avait été adopté comme type du profil des grandes voûtes ; mais la réponse nous importe peu au fond. En réalité, les constructeurs du moyen âge avaient deviné, raisonné et observé juste en attribuant à l'arc brisé sur le plein cintre une supériorité incontestable quant aux moindres poussées latérales des voûtes établies sur ces deux types générateurs, supériorité que l'analyse moderne a fait ressortir avec la rigueur mathématique ; le calcul des courbes des pressions démontre en effet que la voûte dite *en ogive*, ou en arc brisé, offre plus d'avantages que la courbe de *plein cintre* ou que

---

(1) LÉONCE REYNAUD, *Traité d'architecture*, tome II, pages 597, 598.
VIOLLET-LE-DUC, *Dictionnaire d'architecture*, aux mots : Architecture, constructions, voûtes, etc.
DE VERNEILH, *Origine française de l'architecture*. (*Annales archéologiques* de DIDRON, tomes I et II.)
VIOLLET-LE-DUC, *Construction des édifices religieux en France. Ibid.*
BATISSIER, *Histoire de l'art monumental*, page 515.

la voûte *surbaissée*, puisque les épaisseurs de piliers augmentent à mesure que les flèches des arcs diminuent ; que la courbe des pressions oscillant entre les lignes d'intrados et d'extrados d'une manière plus irrégulière dans la voûte en arc brisé que dans les deux autres types, la première exige plus d'épaisseur de maçonnerie que les secondes pour se maintenir en équilibre ; qu'enfin cette voûte, eu égard à l'inégalité de la distribution des pressions, renferme une cause intrinsèque plus active de déformation. L'expérience prouve en effet à l'appui des calculs que les voûtes en arc brisé sont exposées à subir, au moment toujours critique de leur décintrement, des déformations d'autant plus sensibles que l'on aura mis moins de précision dans l'exécution et que l'on aura négligé les précautions capables, sinon de prévenir, du moins d'atténuer les effets inévitables des tassements (1).

Les voûtes en *arc brisé* employées dans les ponts de grande ouverture pouvaient donc, à l'exemple des basiliques, donner plus de confiance aux constructeurs que les voûtes de *plein cintre*, toutes autres choses égales. La principale objection que l'on pouvait faire à leur emploi dans la construction des ponts, c'était la grande élévation de la clef des voûtes qui impliquait un surhaussement de l'édifice et de ses abords ; mais au moyen âge les voies de communication terrestre n'atteignaient pas le degré de perfection qu'elles possèdent actuellement et l'utilité des chemins à pentes douces était bien moins appréciée qu'elle ne l'est de nos jours. La grande déclivité des abords des ponts en général fut acceptée comme une condition parfaitement compatible avec les besoins du

---

(1) Léonce Reynaud, *Traité d'architecture*, tome I, pages 371, 372.

Frezier, *Traité de la coupe des pierres*, 1754.

Viollet-le-Duc, *Dictionnaire de l'architecture*, aux mots : Architecture, construction, ogive, voûte. — *Construction des édifices religieux en France* par le même. (*Annales archéologiques* de Didron, tome II.)

De Verneilh, *Architecture civile du moyen âge*. (*Annales archéologiques* de Didron, tome VII.)

Lassus, *de l'Ogive*. (*Annales archéologiques* de Didron, tome II.)

Dupuit, inspecteur général des ponts et chaussées. (*Traité de l'équilibre des voûtes*, 1870, pages 94, 104.)

temps (1). On contruisit donc des ponts avec des doubles rampes plus ou moins rapides, dites en *dos d'âne*, dont un grand nombre existent encore et dont l'usage s'était maintenu jusqu'au siècle dernier. Depuis lors, les conditions et les nécessités d'une circulation plus économique ont fait adoucir peu à peu les fortes rampes d'accès des ponts qui ne sont plus aujourd'hui qu'une exception dans la construction des grands ponts modernes et dans le réseau général des voies de communication terrestres.

Mais si l'arc brisé est devenu le type dominant pour l'établissement des voûtes dans les grandes nefs des basiliques, en considération de sa propriété particulière et très précieuse d'exiger des murs d'appui moins épais que le plein cintre, cette propriété n'était pas au même degré appréciée pour les voûtes des ponts. Dans ces édifices tels que le moyen âge les a construits, rien ne limitait d'une manière rigoureuse les épaisseurs de leurs supports puisque, soit pour une cause, soit pour une autre, et en chaque localité, les constructeurs, avons-nous dit, assignaient toujours aux piliers des épaisseurs qui, théoriquement et pratiquement parlant, dépassaient de beaucoup les dimensions strictement nécessaires à l'équilibre purement statique de leurs voûtes. Ces excédents d'épaisseur trouvaient leur justification, aux yeux des constructeurs, soit dans la nécessité de donner plus d'assiette aux piliers afin d'augmenter leur stabilité, soit dans la considération des dangers auxquels ils étaient exposés à l'époque des débâcles, des glaces, des crues et des inondations, soit dans celle des moindres dépenses qu'exigeait l'établissement de larges massifs comparativement à de larges voûtes, toutes les fois que, à tort ou à raison, les constructeurs croyaient pouvoir faire abstraction de la question, si importante dans les temps modernes, des débouchés des arches au point de

---

(1) Il y eut des exceptions à cette condition ; ainsi les grands ponts de la Loire, dont nous parlerons plus loin, les grands ponts du Rhône, le pont de Mautauban, sur le Tarn, ne présentaient que des pentes peu sensibles ou nulles. Les architectes hydrauliciens ne créaient pas des pentes par esprit de système, ils obéissaient à des nécessités topographiques ou financières.

vue de l'écoulement des eaux d'inondation, du passage des glaces, des débâcles ou de la circulation des bateaux, soit dans les inconnues du problème capital des fondations sur les terrains meubles ou compressibles qui préoccupaient beaucoup les constructeurs, mais dont ils ne surent pas trouver la solution, ainsi que les accidents nombreux survenus aux grands ponts du moyen âge le prouvent surabondamment (1). Enfin les piliers épais qui maintenaient en équilibre chaque voûte considérée isolément offraient l'inappréciable avantage de permettre de construire une ou plusieurs arches, soit consécutives, soit isolées, d'un grand pont pendant le cours d'une campagne, comme on construisait une ou plusieurs travées d'une basilique, et d'attendre ainsi que les obstacles qui provenaient de la hauteur des eaux, toujours variable d'une année à l'autre, eussent disparu ou fussent atténués de manière à laisser au constructeur la faculté de continuer l'œuvre entreprise, ou que l'absence des moyens pécuniaires, s'ils venaient à faire défaut momentanément, ce qui était le cas ordinaire, n'exposât pas les ouvrages déjà faits à une ruine inévitable. L'épaisseur excessive des piliers pouvait donc permettre de procéder successivement et par parties à l'achèvement des grands ponts, ce qui n'aurait pu se faire, si les piliers avaient eu la légèreté de ceux que les ingénieurs modernes exécutent depuis longtemps déjà, et qui ont pour but de supporter le poids mort des voûtes, mais non de résister aux efforts de la poussée latérale tendant au renversement de ces piliers, ce qui arrive lorsque l'une des voûtes tombe, parce qu'alors toutes les autres subissent le même sort (2). Nous aurons l'occasion de constater plus loin les avantages que procurent ces larges piliers, spécialement en parlant des reconstructions partielles des voûtes du pont des Tourelles, mais dont nous allons citer en passant un exemple pris sur la Loire. Les premiers ponts qui furent construits à Saumur sur ce fleuve, vers l'année 1160, étaient de bois. Des

---

(1) Nous aurons occasion de signaler plusieurs exemples de ces accidents.
(2) On a vu de nombreux exemples de ces sortes de renversement de ponts pendant la néfaste guerre franco-allemande de l'année 1870.

contestations très vives s'étaient élevées, au sujet de ces ponts, entre les bourgeois de la ville et l'abbaye voisine de Saint-Florent. Henri II, roi d'Angleterre et comte d'Anjou, au jugement duquel les parties en avaient appelé, attribua la propriété des ponts à cette abbaye, à charge par elle de rembourser le prix aux bourgeois qui les avaient construits de leurs deniers. Henri II imposa en outre l'obligation aux moines de Saint-Florent « de bâtir tous les ans, à leurs « frais, *une arche en pierre*, pour remplacer peu à peu les « *ponts de bois* » (1). Il est certain que si chacune des arches construites annuellement n'avait pas été appuyée sur de larges piliers capables de résister par l'inertie de leur masse aux poussées latérales de ces voûtes, l'obligation imposée par le comte d'Anjou aurait été vaine et serait demeurée sans exécution. C'est ainsi, d'ailleurs, que les choses se passaient au moyen âge pour tous les ponts jetés sur les fleuves, dont les arches s'élevaient de proche en proche, les unes après les autres : les grands ponts d'Avignon et du Saint-Esprit sur le Rhône, et celui de Montauban sur le Tarn, en sont les plus célèbres et les plus authentiques témoignages.

Les difficultés de fondation des piliers des grands ponts étaient donc probablement, et plus encore que les difficultés d'établissement des larges voûtes, le sujet des constantes préoccupations des architectes hydrauliciens, et le système des gros piliers artificiels qui divisait les ponts en sections indépendantes n'aura peut-être pas été sans influence sur l'emploi qu'on a fait des îles qui, dans plusieurs localités, divisent la longueur totale du pont en deux ou plusieurs sections. On distinguait particulièrement sur la Loire *les ponts d'Orléans, de Blois, d'Amboise, de Tours, de Saumur, les ponts de Cé et les ponts de Nantes* ; sur la Maine les grands ponts *d'Angers* ; sur le Rhône *les ponts d'Avignon et du Saint-Esprit* ; sur l'Aude celui de *Carcassonne* ; sur le Tarn celui de *Montauban*. Nous n'étendons pas plus loin les

---

(1) BODIN, *Recherches historiques sur la ville de Saumur*, tome I, pages 208 et suivantes.

citations. Aussi, sur la Loire, disait-on communément *les ponts* d'Orléans, de Blois, etc., au lieu de *le pont* (1), comme on disait *les ponts de Paris*, c'est-à-dire le grand pont et le petit pont qui aboutissaient à l'île de la Cité, quoiqu'ils ne fussent pas dans le prolongement l'un de l'autre.

Si l'art ogival ou gothique a élevé sur le sol de la Gaule franque et dans les pays voisins, du XI° au XII° siècle, une infinité de monuments religieux aussi admirables par leur élégance que par leur légèreté, ce ne fut que grâce à l'introduction de l'arc brisé dans les voûtes des grandes nefs. Mais si l'application de la courbe en arc brisé à la construction des grands ponts fut moins générale, ajoutons qu'elle fut aussi moins heureuse, au double point de vue de l'élégance et de la légèreté. Quelque sveltes que parussent être les arches très aiguës à la clef, elles devaient être écrasées par le voisinage immédiat des lourds piliers qui les soutenaient, et le petit nombre de ponts qui nous restent de cette époque en est, sauf de très rares exceptions, et quelle que soit la forme des voûtes, la preuve manifeste. Hâtons-nous pourtant d'ajouter que ce n'est pas à l'arc brisé qu'il faut uniquement imputer la lourdeur de ces édifices, car toutes autres choses égales, le plein cintre les écrasait tout autant, puisque, pour des arches de même ouverture, la hauteur du pont était moindre et l'épaisseur des piliers relativement plus considérable ; c'est ce que l'examen des anciens ponts construits dans le second système démontre avec la même clarté, nonobstant les évidements ménagés quelquefois dans les tympans pour faciliter l'écoulement des eaux des crues (2).

Quoi qu'il en soit, la prédominance du type de l'arc brisé

---

(1) DE LA SAUSSAYE, *Essai sur l'origine de la ville de Blois*.

(2) On a cherché à dissimuler la lourdeur de ces édifices en évidant les tympans et en y ménageant des arcades secondaires qui donnaient de la légèreté aux ponts et facilitaient l'écoulement des grandes eaux. Cet artifice qui a été mis en œuvre non seulement dans les ponts voûtés en arc brisé, mais dans les ponts voûtés de plein cintre et aussi en arc de cercle, est encore aujourd'hui d'usage dans la construction des ponts modernes les plus légers et les plus élégants. Ce dispositif est une imitation de l'architecture antique. C'est ce que GAUTHEY appelle l'œil du pont. (*Traité de la construction des ponts*, tome 1.)

ne fut pas, à partir de la fin du XII° siècle, aussi absolue dans la construction des grands ponts que dans celle des nefs des basiliques et la courbe de plein cintre, c'est-à-dire le vieux type romain ou roman, fut adoptée pour les arches des grands ponts, postérieurement à l'an mil, comme elle l'était précédemment pour quelques nefs d'églises et pour les arches des petits ponts, concurremment avec l'arc brisé ; toutefois, si les maîtres des œuvres finirent par abandonner le plein cintre des monuments religieux, les architectes hydrauliciens furent moins absolus lorsqu'il s'est agi de voûtes de ponts et les deux types, l'arc brisé, le plein cintre et l'arc de cercle furent conservés et appliqués simultanément ; néanmoins le premier fut généralement préféré dans les régions du Centre et du Nord de la France, au moins jusqu'aux XIV et XV° siècles, époque de la décadence de l'art gothique ou ogival. Cette sorte de rivalité qui s'est maintenue entre les deux types pour la construction des grands ponts s'explique et se justifie par les caractères qui distinguent les grandes nefs des basiliques des grandes arches de ponts. Le plein cintre et surtout l'arc de cercle étaient, au double point de vue de l'art et de la dépense, un obstacle à peu près absolu à l'établissement des voûtes des grandes nefs des basiliques, parce que ces types auraient exigé des murs d'appui d'une épaisseur inadmissible et incompatible avec le but qu'il s'agissait d'atteindre ; l'arc brisé, au contraire, donnait satisfaction dans une large mesure aux vœux des populations qui réclamaient de vastes églises puissamment éclairées à la place des anciennes basiliques étroites, basses, sombres et obstruées par les lourds piliers de leurs voûtes. Mais, dans les arches des grands ponts, l'arc brisé devait perdre beaucoup de sa supériorité sur le plein cintre et sur l'arc de cercle, puisque nous avons dit que pour opposer une suffisante résistance à tous les autres efforts, indépendamment du poids mort des voûtes, les constructeurs se croyaient obligés de donner aux piliers de leurs ponts des épaisseurs excessives qui dépassaient démesurément les strictes exigences de la statique.

Malheureusement pour l'histoire de l'art hydraulique au

moyen âge, surtout dans le cours des siècles qui ont précédé l'an mil, les chroniqueurs sont aussi sobres de renseignements et d'indications techniques sur la forme géométrique des voûtes de tel ou tel pont qu'ils le sont sur la nature des ponts eux-mêmes quant à l'emploi du bois ou de la pierre dans leur construction, et l'on est presque toujours condamné à introduire de simples conjectures plus ou moins hasardées à la place d'un fait certain dans l'étude technique de ces importants édifices.

CHAPITRE X

SUITE DE LA PÉRIODE CAPÉTIENNE ET FÉODALE

Suite des ponts au moyen âge depuis l'an mil. — Des ponts de Montereau. — De Foulques-Nerra à Angers. — De Tours. — De Blois. — De Beaugency. Des dispositions caractéristiques de ces édifices.

>   Nota sur les dessins des ponts. — Les dessins de la plupart des anciens ponts de la Loire ont été relevés sur les dessins originaux renfermés dans un atlas composé par l'ingénieur Poitevin et dédié par lui à Colbert sur la fin du XVIIe siècle. J'en ai composé un atlas d'un format plus petit que j'ai offert à l'École des Ponts et Chaussées en 1867.

Nous allons reprendre, dans ce chapitre, la suite des considérations générales sur les ponts que nous avons interrompues au IXe siècle. Après l'échéance du terrifiant millénaire, il sembla que le monde se réveillait à l'aurore d'une ère nouvelle; car en même temps que les édifices publics, religieux, militaires et civils se multiplient sur le sol de la Gaule franque, les chroniqueurs enregistrent avec plus de régularité non seulement leur existence, mais aussi les circonstances générales et particulières et quelquefois même aussi certains détails de leur construction. Les ponts sont, à la vérité, relégués à l'arrière-plan parce qu'ils n'étaient encore que l'expression et la traduction d'un besoin matériel secondaire imparfaitement apprécié en comparaison des édifices religieux et des châteaux féodaux qui, ainsi que nous l'avons dit au chapitre IX, étaient la parfaite image de la société gallo-franque à cette époque du moyen âge ; toutefois les ponts sont mentionnés plus fréquemment, bien que d'une manière concise et trop souvent obscure ou indéterminée : nous allons en voir des exemples.

Dès l'année 1003, une terrible inondation de la Loire portait sur ses rives de terribles dévastations et les chroniques rapportent que les ponts les plus solides furent entraînés dans cet effrayant cataclysme. Notons en passant que les textes authentiques confirment rétrospectivement ce que nous avons dit, dans les chapitres qui précèdent, de l'existence d'un assez grand nombre de ponts, même sur les fleuves, *avant l'an mil* : « *Pontes firmos eradicando* » (1), disent les chroniques. Si la Loire a détruit les ponts solides, c'est qu'évidemment il en existait de plusieurs sortes. Malheureusement aucun des ponts n'est spécifié particulièrement et si la qualification de *firmos* implique suffisamment l'idée d'une grande solidité et d'une œuvre durable, elle ne désigne pas la nature des matériaux qui constituent ces ponts, bois ou pierre.

Voici des exemples : Si nous savons que le pont de Montereau, bâti longtemps avant l'année 1026 au confluent de l'Yonne et de la Seine, était fermé à ses deux extrémités par des portes fortifiées, aboutissait au donjon d'un châtelet que le comte de Sens avait établi en ce lieu (2), nous ignorons en quoi consistait la construction de cet édifice.

Les chroniques d'Anjou sont plus explicites ; elles nous apprennent, en effet, qu'entre les années 1005 et 1007, Foulques Nerra, comte d'Anjou, construisait à Angers, sur la Maine, affluent de la Loire, un pont de pierre « *pons saxeus* » assez solide pour braver les efforts des crues hivernales de cette rivière « *quod videlicet lapideo opere*

---

(1) *Ex chronico floriacensi*, page 178 ; *ex libro II miracul. S. Patris Benedicti*, page 348 ; *casas una cum hominibus eruendo, pontes firmos sepesque eradicando... ita ut diluvium esse crederetur* (*Historiens des Gaules*, tome X.)

(2) VIOLLET-LE-DUC, *Dictionnaire d'architecture*, au mot *pont*.

(3) *Ex gestis consulum Andegavensium*, page 255. *Meduana fluvius qui placidis undis Andegavium percabitur quem pons saxeus hybernas passurus aquas amplectitur.* (*Historiens des Gaules*, tome X.) — *Cart. S. Mariæ de*

« *constreximus* » (3), mais de la forme des arches le chroniqueur n'a rien dit, nous laissant dans l'incertitude sur le point de savoir si elles furent de plein cintre, en arc de cercle ou en arc brisé. Nous reviendrons plus loin sur ce pont qui a subi bien des changements et des transformations dans la suite des âges.

Eudes II, dit le Champenois, comte de Blois et de Champagne, qui devint comte de Touraine dès les premières années du XIe siècle (1), mû par un sentiment de commisération et de charité chrétienne en faveur des personnes qui, obligées de passer la Loire à Tours sur des ponts fragiles ou dans de simples bacs aux époques de crues et d'inondations du fleuve, payaient trop souvent de la vie ces traversées périlleuses, résolut de mettre un terme à ces accidents en établissant un pont de pierre, sur les vives sollicitations de sa femme Ermengarde d'Auvergne. Une charte dont la date paraît être fixée entre les années 1031 et 1037 a conservé la mémoire de cet événement important. L'historien de Touraine exprime (2), en termes forts nets, que jusqu'à cette époque : « il n'existait aucun pont de pierre ni à Tours ni « aux environs ; que le comte Eudes II eut le premier le mé- « rite d'entreprendre un très grand ouvrage dont huit siècles « ont ressenti le bienfait, auquel il ajouta la générosité d'af- « franchir le pont de toute espèce de péage, ce qui n'était « pas un léger abandon dans ces temps où la féodalité pesait « sur tout ». L'auteur appuie son affirmation, quant à la nature d'un pont de pierre, non seulement sur l'ensemble de la charte précitée, sur l'esprit qui l'a dictée, mais aussi et particulièrement sur les termes mêmes dans lesquels le généreux

---

charitate, anno 1208, hoc est de toto ponte Meduanæ quod videlicet lapideo ponte constraximus.
D'ESPINAY, *Les enceintes d'Angers*, page 55, 1875.
(1) CHALMEL, *Histoire de Touraine*, tome I, et *Tablettes chronologiques*, pages 465 et suivantes. Eudes II fut surnommé le Champenois, parce qu'il réunit le comté de Champagne à ceux de Chartres, Blois et Tours. Ce dernier fut détaché en l'année 1044 et réuni au comté d'Anjou.
(2) CHALMEL. On reporte même la date de la construction de ce pont à l'année 1024. (*Mémoires de la Société archéologique de Touraine*, tome XI, 1859.)

donateur parle de l'œuvre qu'il a résolu d'entreprendre : « C'est, dit-il, quelque chose de *mémorable, utile à la posté-« rité* et par conséquent *agréable à Dieu* ; tenu de faire de « *grandes choses*, mais n'en pouvant faire de *plus grandes* « pour le présent, j'ai ordonné de construire un pont sur la « Loire auprès de la ville de Tours. Et pour qu'après l'achè-« vement d'un si *grand ouvrage*, etc, etc. » On aperçoit aux expressions employées qu'il s'agit bien d'un grand ouvrage, c'est-à-dire durable, stable autant que possible, et qui doit profiter à la postérité ; appliquées à un pont, elles indiquent qu'il doit être construit de pierre, par opposition à ce qui existait auparavant, car le donateur annonce qu'il ne peut faire une *plus grande chose*, ce qu'il n'eût pas dit s'il s'était agi d'un simple pont de bois. L'importance de cette charte fixe une date précieuse pour l'histoire des ponts au moyen âge. Il ressort de ce document que le pont de pierre de Tours aurait été commencé entre les années 1031 et 1037, mais que la date de son achèvement reste incertaine, car la charte n'en fait pas mention, et l'histoire de la Touraine suppose, sans justification suffisante, que cet édifice a été achevé l'année ou avant l'année de la mort du comte Eudes, c'est-à-dire en 1037 (1).

Ce fut vraisemblablement vers cette époque aussi que le comte de Blois aura fait construire le pont de cette dernière ville, dans le lieu de sa résidence habituelle, puisque l'existence de cet édifice est mentionnée dans une charte de l'année 1078, aux termes de laquelle Etienne, comte de Blois, fait don aux bénédictins de Pontlevoy de deux moulins qui lui appartiennent au pont de la Loire « *duos molendinos ad pontem Ligeris* » (2) ; il fallait donc que le pont existât, aussi

---

(1) « Notre vieux pont était l'un des plus anciens de France, car il remonte « certainement au XIe siècle. Il a été souvent réparé et *même refait* en partie « au moyen âge à la suite des grandes crues, mais la première moitié du « XIe siècle doit être regardée comme l'époque de la naissance de ce vieux « monument. »
Grand Maison, archiviste du département d'Indre-et-Loire, à Tours.
Champollion-Figeac, *Droits et usages concernant les travaux publics et privés.*
(2) Dupré et Burgevin, *Histoire de Blois.*

Bernier soutient-il que ce pont existait avant l'année 1078, bien que « il ne se trouve, dit-il, aucun titre qui parle de « son fondateur » (1). Cet historien cite en effet une charte donnée par le comte Etienne touchant l'abbaye de Saint-Jean-lez-Blois (ou Saint-Jean-en-Grève), de l'année 1089, qui mentionne l'existence du pont en ces termes : « *duos scilicet* « *molendinos ad pontem Ligeris* », et une charte postérieure de l'année 1242, par laquelle Thibaud, comte de Blois, fait plusieurs concessions dans le voisinage d'un pont. Le préambule de cette charte porte : « *concedo omnia quæ sequuntur* « *ad pontem Ligeris* ». Le donateur y rappelle les libéralités faites aux églises de Sainte-Marie de Pontlevoy, et de Saint-Jean de Blois, dès l'année 1147, par ses ancêtres (2). Si l'un des comtes de Blois, qui furent de très hauts et puissants seigneurs, a pu, par les motifs indiqués, construire un pont de pierre sur la Loire à Tours, il est logique au moins d'admettre qu'il a dû faire tous ses efforts pour doter le lieu de sa résidence d'un édifice dont l'utilité n'était pas moindre à Blois qu'à Tours ; et si le pont de Blois n'a pas précédé celui de Tours, il aura dû être son contemporain ou le suivre de bien près. C'était pour les comtes de Blois une sorte de consolation et d'adoucissement à la douleur d'avoir perdu le comté de Tours qui fut réuni à celui d'Anjou par la force des armes, et qu'ils ne réussirent plus à reconquérir. Nous n'hésitons donc pas à croire que le pont de pierre de Blois a été bâti au cours du XIe siècle, ou vers l'époque à laquelle le Bourg moyen fut réuni au château (*castellum*) par des murailles qui enveloppaient la nouvelle enceinte de la cité avec la tête de rive droite du pont fortifié que des tours et des ponts-levis devaient protéger contre des attaques venant de l'île de Vienne du côté de la Sologne.

Déjà, au cours des IXe et Xe siècles, le *Castrum Blisum* ou *Blesense* désignait une petite ville dont les habitations privées

---

(1) Bernier, *Histoire de Blois*. Dans son important ouvrage sur les *Inondations en France*, Maurice Champion reporte l'origine du pont de Blois au Xe siècle sans faire connaître de quelle source il a extrait cette date que nous tenons pour suspecte à défaut de justification. (Tome III, page 15.)

(2) Bernier, *Histoire de Blois*.

s'étaient groupées au pied du château que l'on appelait *Castellum Vetus*. Dès le commencement du Xe siècle, les religieux de Saint-Laumer avaient dû se mettre à l'abri dans l'intérieur même du château et en l'année 924, le roi Raoul leur concédait une église située en dehors du périmètre du *Castellum*, mais dans l'enceinte du *Castrum* (1).

A quelle époque précise remonte la construction des murailles qui enveloppèrent le bourg moyen qu'elles rattachèrent au château proprement dit, et quel en fut l'auteur ? A cette double question la réponse est incertaine ; ce que l'on peut inférer de plus probable, c'est que cette époque est antérieure à la première croisade de l'an 1095 à laquelle prit part le comte Etienne, qui, en vertu de concessions réciproques et de libéralités accordées par lui aux habitants de sa ville de Blois, avait obtenu, en échange, leur concours pour l'établissement de murailles propres à défendre son château ou son donjon « *ut ipsius castellum muro clauderent* » (2). Le pont a dû être établi avant les croisades, car il existait déjà en l'année 1809, d'où il est permis d'inférer que cette œuvre pourrait être vraisemblablement attribuée à Eudes II, le constructeur du pont de Tours, dont celui de Blois serait à peu près contemporain ; mais que son auteur soit Eudes II ou Etienne, l'origine de cet édifice remonte aux environs du milieu du XIe siècle et elle doit être attribuée aux comtes de Blois de la maison de Champagne (3).

Si les comtes de Blois furent au moyen âge de puissants seigneurs, les sires de Beaugency, leurs voisins et feudataires,

---

(1) Une charte du Roi de France en faveur de l'abbaye de Saint-Laumer porte que les religieux « *fugati, indecenter, morantur in castello Blesensi, sub mœnibus Blæsis Castri..... Actum Lugduni anno verbi 924 signatum Rodulphi gloriosissimi* ». (BERNIER, *Histoire de Blois* ; DE LA SAUSSAYE, *Essai sur l'origine de la ville de Blois* ; TOUCHARD-LAFOSSE, *Histoire de Blois*).

(2) TOUCHARD-LAFOSSE, *Histoire de Blois*. Il est permis de croire que cette enceinte ou chemise du donjon était une *reconstruction*, car ce château qui existait bien avant la fin du XIe siècle, était pourvu d'une enceinte soit de bois, soit de pierre ; les mots *muro clauderent* ne peuvent s'entendre que d'une reconstruction postérieure à l'époque de la construction première du donjon.

(3) DE LA SAUSSAYE, *Revue des Sociétés savantes*.

occupèrent aussi une grande place dans les annales de l'Orléanais, du Blésois et du Vendômois, particulièrement pendant les trois siècles qui suivirent l'an mil. Relevaient-ils des comtes de Blois, ou, comme ceux-ci, uniment du roi de France? Il semble qu'il soit resté des doutes à cet égard. Si, dans l'opinion de quelques historiens (1), « il n'y a pas « d'apparence que les seigneurs de Beaugency aient rendu « jamais foy et hommage aux comtes de Blois et qu'ils aient « marché sous leurs bannières », dans l'opinion de quelques autres (2), « les seigneurs de Beaugency ne reconnaissaient « que le roi pour suzerain » ; ils s'appelaient chevaliers (*miles*), ils avaient un chancelier, des gentilshommes, des pages, des écuyers et des sergens d'armes ; ils s'intitulaient *sires* de Beaugency par la permission de Dieu : « *de castro belgen-* « *tiaci Dei permissione dominus.* » Toutefois il semblerait que les puissants seigneurs en usaient envers leur suzerain à la manière des grands feudataires au regard du roi de France, *franc, Dei gratia rex*, dont ils bravaient souvent l'autorité suprême tout en se reconnaissant légitimement ses vassaux, car, au témoignage de Brussel, le fief de Beaugency était dans la mouvance du comté de Chartres et de Blois (3). Quel fut celui des sires de Beaugency à qui appartint la paternité du pont de la Loire? Lancelin II fut l'un des plus redoutés châtelains de ce lieu ; nous le voyons figurer à la dédicace de l'église de Saint-Sauveur de Melun bâtie par sa sœur Elisabeth et consacrée par Renaud, évêque de Paris, son neveu ; l'acte de cette solennité religieuse porte le seing *Lancelinus de Belgentiaco*, analogue à la qualification de *missus dominicus de castro belgentiacensi* que nous voyons relatée dans le Cartulaire de l'abbaye de Vendôme. De ce puissant seigneur suzerain sortirent d'illustres rejetons, parmi les femmes, dont quelques-unes même portèrent la couronne de reine et d'im-

---

(1) BERNIER, *Histoire de Blois.*
(2) PELLIEUX, *Histoire de Beaugency*, 2ᵉ édition.
(3) *Comes Carnotensis et Blesis tenet comitatum cum omnibus feudis dependentibus..... Blesium* (Blois), *Marchenai* (Marchenoir), *Beaugenci et Braceaux* (Bracieux). (Livre des fiefs de Champagne, de BRUSSEL, cité par l'auteur de l'*Histoire de Beaugency*, tome I, page 136, 2ᵉ édition.)

pératrice (1). Le donjon féodal aux formes quadrangulaires, qui nonobstant ses cicatrices élève encore aujourd'hui à trente mètres de hauteur sa tête découronnée, est, au témoignage des antiquaires et des archéologues, une création du XI° siècle, à peu près contemporaine des donjons célèbres d'Arques, de Chauvigny, de Falaise (2). Ce donjon (*castellum*) possédait comme tous ceux du moyen âge des défenses indépendantes de celles de la ville (*castrum*) qui les enveloppèrent plus tard, ainsi que la tête fortifiée du pont militaire que nous voyons encore debout ; peut-être même remonte-t-il plus haut. Comme le château de Blois, celui de Beaugency a donné asile aux religieux de l'abbaye de Notre-Dame (3). Ce donjon précéda certainement la construction du pont. Quel est exactement l'âge de ces deux édifices, et celui de l'enceinte de pierre du *castrum belgentiacensi* à laquelle se rattachèrent les tours et les défenses du pont ? Toutes ces questions restent sans réponse précise quant à présent. Mais il est permis de conjecturer que les sires de Beaugency, vassaux redoutés des comtes de Chartres, de Tours et de Blois, dont la puissance leur portait ombrage, auront tenu à ne pas demeurer en arrière de leurs seigneurs, et, qu'à leur exemple, ils auront voulu consolider leur puissance matérielle par l'établissement sur la Loire d'un pont fortifié dont on ne connaît à la vérité ni l'âge précis, ni le nom de son fondateur, mais qui est bien antérieur à l'année 1160, puisqu'il est signalé déjà dans un titre de cette époque (4).

Le pont de Beaugency doit être contemporain de ceux de Blois et de Tours ; c'est ce que nous essayerons de faire ressortir plus loin des rapprochements et des comparaisons historiques et techniques que nous mettrons sous les yeux du lecteur.

Voilà donc en résumé trois types de ponts, celui de Tours,

(1) PELLIEUX, *Histoire de Beaugency*, 2° édition.
(2) DE CAUMONT, DUCHALAIS, PELLIEUX, VIOLLET-LE-DUC, *Dictionnaire d'architecture*, aux mots donjon et château, et *Architecture militaire*, du même auteur ; BATISSIER, *Histoire de l'art monumental*.
(3) *Cartulaire de Notre-Dame de Beaugency*. (*Mémoires de la Société archéologique et historique de l'Orléanais*.)
(4) BERNIER, *Histoire de Blois*.

celui de Blois et celui de Beaugency, dont la construction remonte au XI° siècle et à l'aide desquels nous pouvons établir l'âge du pont des Tourelles d'Orléans, en l'absence de documents et d'actes authentiques contemporains de ce dernier qui puissent nous guider dans la solution du problème que nous nous proposons de résoudre (1). Nous allons donc analyser rapidement les particularités caractéristiques de chacun de ces trois édifices, et en les rapprochant des éléments que nous possédons encore du pont des Tourelles, nous pourrons fixer d'une manière approximative l'âge de ce monument auquel se rattache d'une manière intime et inséparable le nom à jamais illustre de la libératrice d'Orléans en 1429.

PONT DE TOURS. — L'ancien pont (pl. VI, fig. 4) dont les vestiges subsistent encore au fond de la Loire dans l'emplacement même du pont suspendu dit de Saint-Symphorien, au nord de la ville de Tours, a été démoli en l'année 1784. Un plan nous est resté de cet édifice intitulé : *vue et plan général des ponts de la ville de Tours* (2). Ces ponts comportaient un ensemble de 26 arches dont seize étaient en arc brisé, une travée en bois, et les neuf autres de plein cintre ou surbaissées, accusant une technique relativement moderne ; la faible ouverture des voûtes en arc brisé reportait l'époque de leur construction jusqu'à l'origine même du monument. Chacune des quatre voûtes modernes, les seizième, vingt-unième, vingt-deuxième et vingt-troisième, avait remplacé *deux arches en arc brisé*, ce qui élevait à trente le nombre des arches primitives de l'édifice, sinon à son origine, au XI° siècle, du moins au XVII°; les ponts s'appuyaient sur deux îles, l'une dite de Saint-Jacques, située entre les dixième

---

(1) Les ponts du XI° siècle dont les vestiges restent debout sont extrêmement rares au XIX°. D'après le dictionnaire iconographique des monuments du moyen âge, de GUINEBAULT, il y avait encore, en l'année 1860, un pont *gothique* du XI° siècle, au château des anciens comtes de Champagne (département de l'Aube).

(2) Ce plan, qui a été dressé sur la fin du XVII° siècle, est renfermé dans un atlas de dessins de divers ponts de la Loire, dédié à Colbert.

et onzième arches, l'autre dite du Faubourg-des-Ponts, sise entre les dix-huitième et dix-neuvième, enfin sur un îlot dont la tête du côté d'amont était, comme celle de l'île Saint-Jacques, protégée par un pilotage, entre les vingt-troisième et vingt-quatrième arches. La porte dite du Pont, donnant entrée dans la ville, était flanquée de deux tours réunies par une courtine à mâchecoulis qui se rattachait à la muraille de la Loire. Un pont-levis complétait sans doute cette partie défensive du *castrum turonense* (1). Un second pont-levis était établi sur le sixième pilier à partir de la ville, et un troisième flanqué de deux tours couvrait la dix-neuvième arche (travée de bois) au nord de l'île du Faubourg-des-Ponts ; il est permis de conjecturer que la porte de Saint-Symphorien devait être aussi, dans les temps antérieurs, munie d'un pont-levis sur le premier pilier dont la voûte en arc brisé a été remplacée par une voûte en arc de cercle désignée sur le plan par la mention *arche neuve*. Les deux îles étaient couvertes de maisons au XVIIe siècle, et celle du Faubourg-des-Ponts était beaucoup plus étendue que celle de Saint-Jacques. Cette dernière, vers le XVe siècle, eut une si grande importance que les insulaires formaient à eux seuls une compagnie militaire marchant sous leur propre drapeau. Le nom de cette île paraît venir de la chapelle dédiée à saint Jacques qui s'élevait sur son territoire (2). Les trois ponts étaient désignés par leur numéro d'ordre à partir de la ville, ainsi qu'il suit : premier pont, second pont, troisième ou grand pont dont la maîtresse arche (la vingt-deuxième) était surmontée d'une croix. Enfin le dessin montre l'emplacement d'un moulin ruiné qui était établi sur la dix-septième voûte en arc brisé. Tous les piliers, sauf celui qui repose sur l'îlot entre les vingt-troisième et vingt-quatrième arches, sont uniformément terminés à l'amont et à l'aval par des avant et

---

(1) Cette porte était voisine de l'ancien château bâti par Henri II, comte d'Anjou, au XIIe siècle, sur les vestiges d'un *castrum* romain ; le pont, la porte, la muraille de la cité, et le château se protégeaient réciproquement. La situation était comparable à celle du Châtelet et du pont des Tourelles d'Orléans.

(2) *Mémoire de la Société archéologique de Touraine*, tome XI, 1859.

arrière-becs dont la section est *triangulaire*. L'ensemble du pont paraît avoir été disposé suivant deux alignements dont l'un partait de la ville, l'autre du bourg Saint-Symphorien, et qui se rencontrent dans l'île du Faubourg-des-Ponts sous un angle obtus d'environ 175 degrés, la pointe tournée vers l'amont. Les écarts que l'on observe en dehors de l'alignement général des six premiers piliers du côté de la ville portant les voûtes en arc brisé semblent témoigner des difficultés que les constructeurs ont rencontrées à l'époque de leur établissement. Telle était en résumé la physionomie de l'ancien ou plus exactement des anciens ponts de Tours, avant leur démolition définitive, d'après un plan authentique à l'exactitude duquel nous devons accorder toute confiance en raison de sa provenance officielle.

Nous avons dit plus haut que chacune des quatre grandes voûtes en arc surbaissé accusait une technique moderne et avait remplacé deux arches primitives, soit en arc brisé, soit de plein cintre, d'une ouverture beaucoup moindre que celle de ces grandes arches. On peut s'assurer aisément de la vérité de cette assertion en interposant sur le plan un pilier dans le vide de ces arches. Comment les architectes hydrauliciens s'y sont-ils pris pour opérer cette transformation? Nous le dirons plus loin avec la plus entière certitude lorsque nous examinerons la structure originaire de quelques ponts, notamment de ceux de Jargeau et d'Orléans, et les modifications qu'ils ont subies postérieurement à leur construction. Faisons remarquer seulement que les architectes qui ont réalisé ces modifications au pont de Tours, afin de donner plus d'ouverture aux arches, en ont renforcé les piliers en les élargissant, comme nous le reconnaîtrons avec plus de netteté sur le pont de Jargeau. Nous devons faire observer, en outre, que les piliers des arches en arc brisé primitives étaient munis d'avant-becs *triangulaires*, dépourvus de chapiteau ou chaperon pyramidal ; et que le corps de ces avant-becs ne s'élevait pas jusqu'au niveau de la clef des voûtes, tandis que sur les piliers des arches modernes qui ont été substituées aux anciennes, le corps des avant-becs triangulaires monte jusqu'au parapet. Cette différence, que l'on pourrait considérer comme caractéristique, sera signalée sur d'autres ponts dont nous étudierons la structure, quel que soit d'ailleurs le galbe primitif de leurs voûtes, soit de plein cintre, soit en arc de cercle, soit en arc brisé.

Pont de Blois. — On peut voir encore aujourd'hui à quelques mètres de distance à l'occident du pont de Blois, dont la reconstruction date de l'année 1716, les vestiges de l'ancien qui fut bâti au moyen âge (pl. VI, fig. 3). Les deux plans que nous possédons de ce vieil édifice le représentent au moment où la débâcle des glaces de l'hiver de 1715 à 1716 l'a surpris et a renversé les treize premières arches de fond en comble à partir de la ville, ne laissant debout que les sept arches suivantes qui joignent le faubourg de Vienne sur la rive gauche du fleuve, ce qui portait à vingt le nombre des arches de ce pont (1). A première vue, la disposition générale de cet édifice considérée dans la section horizontale de ses piliers au niveau des basses eaux, et dans l'élévation géométrale de ses arches prise au-dessous du parapet, ne semble pas porter le sceau d'une construction ancienne. Dix-neuf arches sur vingt paraissent être des pleins cintres ; sur l'un des plans, la sixième serait en arc brisé très aigu ; sur l'autre plan c'est la cinquième, mais la première est bien plus nettement accusée que la seconde, et si nettement même que l'erreur est impossible (2). Quoi qu'il en soit, la forme de ces deux voûtes porte le *sigillum* d'une incontestable ancienneté.

(1) Le dépôt des cartes et plans du Ministère des Travaux publics renferme un plan sans date ni signature intitulé : Vue et plan géométral du pont de Blois et un second plan dessiné à la même échelle que le précédent, sur lequel il a été calqué, et qui porte la suscription : Fait par le sieur *Poictevin*, ingénieur et architecte du Roy, à Blois, ce 12e février 1716, trois ou quatre ans avant sa mort. *Poictevin* exerçait ses fonctions depuis l'année 1680.

(2) Le pont a été détruit les 6 et 7 février ; le plan signé *Poictevin* est donc postérieur à l'événement et n'a pu représenter *de visu* l'édifice qui n'existait plus depuis cinq à six jours. *Poictevin* s'est borné à en dessiner les ruines qu'il a rapportées sur un plan antérieur qui est sans date ni signature, lequel indique la voûte en arc brisé la plus distincte et la plus accentuée. Une fois le pont détruit, l'ingénieur-architecte ne pouvait plus en dessiner ni la forme, ni les dimensions, et il a dû emprunter un plan ancien pour dresser celui qui porte la date du 12 février.

Les piliers sont à peu près équidistants ; la septième arche plus large que les autres était destinée au passage des bateaux. Toutes les arches, sauf la précédente, paraissent avoir une dizaine de mètres d'ouverture ; tous les piliers sont fortifiés par des avant-becs triangulaires peu allongés ; six d'entre eux sont munis d'arrière-becs de même forme ; quatorze sont coupés quarrément en aval, ce sont les plus anciens ; six des piliers sortent de l'alignement général, mais la voie du pont était rectiligne entre les deux culées extrêmes, disposition assez rare pour un grand pont du moyen âge. Enfin les moulins qui interceptent cinq arches sont établis sur pilotis immédiatement en aval des piliers auxquels ils sont contigus. Cet ensemble constitue donc un édifice qui offre les apparences d'une construction relativement moderne. Mais la superstructure fait disparate avec ces dispositions. Sans doute, et nous reviendrons plus loin sur ce côté de la question, les arches de tous les ponts établis depuis l'an mil n'ont pas eu pour type l'arc brisé, et durant la période du XIe au XVIe siècle, un grand nombre de voûtes furent construites en plein cintre ou en arc de cercle. Celles du pont de Blois, par exemple, pouvaient être des voûtes primitives datant de la période romane, et même d'une époque postérieure au XIIe siècle ; toutefois nous ne le croyons pas. Il reste à connaître la raison de l'interposition et de l'existence, à la fin du XVIIe siècle, d'une et même de deux arches en *arc très aigu* au milieu des dix-huit ou dix-neuf autres de *plein cintre*, ou qui paraissent être de plein cintre. Sans être aussi aiguës que les précédentes, quelques autres voûtes semblent avoir été exécutées sur un type d'arc brisé, mais légèrement surbaissé, lequel, en considération de l'exiguïté de l'échelle du dessin original, autorise à penser que sur la fin du XVIIe siècle, le pont de Blois possédait plusieurs voûtes tracées en arcs plus ou moins aigus qui n'ont certainement pas une origine moderne et qui paraissent être, comme les voûtes en arc brisé du pont de Tours, des témoins irrécusables de la construction primitive. Les fortifications du pont de Blois subsistaient presque dans leur intégrité et dans un état assez satisfaisant de conservation au XVIIe siècle, et même en l'année 1716, au moment où l'édifice a été définitivement détruit. L'on distingue, en effet, sur le plan : les tourelles construites sur le premier pilier à l'entrée de la ville ; celles du milieu du pont établies sur le treizième ; leurs ponts-levis munis de joues rampantes élevées sur les parapets ; les joues rampantes des tourelles voisines de la ville, qui couronnaient en manière de courtine la première arche, se soudaient à la muraille d'enceinte de la ville ; on montait par des escaliers ménagés sur les joues rampantes à l'étage supérieur de ces tourelles dont les toits aigus, ornés de lucarnes et de girouettes, abritaient des hourds parfaitement caractérisés (1). La chapelle consacrée en dernier lieu sous le vocable de saint Fiacre (2) s'élevait en face des Moulins royaux sur l'avant-bec du cinquième pilier en partant de la ville et une croix de pierre désignait aux mariniers le quatrième pilier du côté du faubourg de Vienne. Quelques maisons particulières, occupées par des gens de métier ou de commerce, étaient bâties sur les avant et les arrière-becs, et un duit dont le plan indique l'amorce à l'avant-bec du onzième pilier dirigeait les eaux du fleuve sous l'arche maîtresse et sous les roues des moulins pendus. Telle se présentait dans son ensemble la configuration du pont de Blois avant la catastrophe de l'année 1716.

Quelques historiens ont donné de cet édifice des descriptions qui ressemblent plus ou moins à la précédente ; cependant on y constate certaines différences qui peuvent paraître

---

(1) Le dessin authentique du pont signé *Poitevin* indique par une teinte de couleur *bois* la nature non équivoque de ces appendices usités au moyen âge ; la silhouette de ces tourelles ressemble beaucoup, avec les hourds, à celle de la tour du château de Sercy en Bourgogne (BATISSIER, *Histoire de l'art monumental*, page 631), et des clochers des environs de Verdun qui furent des tours militaires pendant les guerres des XIVe et XVe siècles. (VIOLLET-LE-DUC, *Dictionnaire d'architecture*, au mot *hourd*.)

(2) Ce vocable paraît avoir subi plusieurs changements. Au XVIIe siècle, il était *Saint-Fiacre*, d'après les plans des ingénieurs des turcies et levées ; la tête du pont s'appuyait au faubourg de ce nom, selon Dupré et Burgevin ; les archives de Loir-et-Cher mentionnent un legs fait en l'année 1399 à la chapelle de la *Bienheureuse-Vierge-Marie* existant sur le pont de Blois, d'après l'archiviste de Fleury ; enfin l'édicule aurait été placé à une époque indéterminée sous le patronage du *Prince des Apôtres*.

à la première lecture dénuées d'importance, mais qui, en réalité, touchent au fond même de la question dont nous poursuivons la solution ; il est donc nécessaire de les examiner. Deux des historiens de la ville de Blois (1) nous apprennent que ce pont fut couvert de maisons postérieurement au règne de Louis XII, c'est-à-dire au commencement du XVIᵉ siècle, et « que cet édifice ressemblait plutôt à une *rue*, « car c'est à peine si l'on apercevait la Loire en traversant « cette voie étroite et embarrassée dont le dessous était aussi « embarrassé que le dessus ». Un autre écrivain s'exprime à peu près dans les mêmes termes (2), en ajoutant à son récit quelques détails pleins d'intérêt, dont toutefois nous croyons devoir rectifier certains passages au profit de ce que nous croyons être la vérité historique. « En résumé, dit cet auteur, « on remarque quatre époques dans la construction du pont de « Blois. Au moyen âge, *il était en bois* et sinon tout à fait « libre, du moins peu chargé d'édifices. Depuis Louis XII il « s'obstrue complètement. Ensuite il devient mi-partie de « bois et de maçonnerie ; enfin, au XVIIᵉ siècle, *se solidifie* « *tout en maçonnerie* en se dégageant peu à peu de nouveau. « Son dernier état après les réparations de 1678 et 1679 doit « être celui où le trouva la débâcle de 1716. » Nous allons voir que ce résumé est erroné dans la plupart de ses parties. La dissertation de l'auteur énonce des faits et exprime des opinions tels que ceux-ci :

« La chapelle de Saint-Fiacre, placée sur le pont, près « d'une tour qui en protégeait le milieu, d'après le système « des fortifications en vigueur pendant tout le moyen âge, « devait remonter à une *haute antiquité*, puisqu'il fallut la

---

(1) DUPRÉ et BURGEVIN, *Histoire de la Ville de Blois*.

(2) DE MARTONNE, archiviste de Loir-et-Cher, Notice historique sur l'ancien pont de Blois et sur sa chapelle, insérée aux *Mémoires de la Société archéologique de l'Orléanais*, tome VI. « Le pont, entièrement couvert de maisons, « garni de tours *au bout* et *au milieu*, et d'une église au centre formant « ainsi une petite ville sur l'eau, devait être fort étroit, mais présenter une « physionomie des plus pittoresques avec son clocher, ses faîtes aigus, ses « créneaux, ses pignons de bois sculptés, ses toits luisants d'ardoises..... » Le roi Louis XII avait autorisé les bourgeois à bâtir ces maisons moyennant une rente perpétuelle ou viagère.

« rebâtir au XV⁰ siècle. » Nous ferons remarquer qu'il n'était guère d'usage d'élever des édifices en *pierre* sur des ponts de *bois*, sauf de très rares exceptions, surtout des édifices militaires ; l'inverse était plus rationnel. Si le pont de Blois avait été réellement *de bois*, on ne l'aurait probablement pas chargé de plusieurs tours et d'une chapelle en pierre. Et, plus loin, l'auteur ajoute : « Thibault, comte de « Blois, a concédé par une charte de l'an 1182 à l'église de « Bourmoyen le moulin situé dans l'*arceau* appelé *Effreli*, où « la même église possédait déjà un autre moulin. Ainsi les « *arceaux* et les moulins de ce monument avaient des « noms particuliers et s'encombraient tellement d'édifices « qu'on comptait plusieurs moulins dans une seule *arche*. » Le mot *arceau* est la traduction française des mots latins *arca*, *archia*, *archia* ou *archus*, lesquels, appliqués à un pont, n'ont jamais signifié que arche ou voûte de pierre (1), d'où cette conséquence que, à la fin du XII⁰ siècle, le pont de Blois se composait, au moins pour une partie, d'arches et de voûtes de *pierre*, état incompatible avec l'assertion de l'auteur que, *au moyen âge*, le pont était *de bois*.

Les idées de l'écrivain manquent quelque peu de précision ; il dit par exemple : « les avaries de ce pont furent « nombreuses avant la catastrophe de l'année 1716. Une partie « de ce pont était en *bois*, l'autre en *pierre*, usage commun « autrefois. » Ceci confirme ce que nous avons dit plus haut ; l'auteur évoque ensuite une autorisation, délivrée en l'année 1366 par Louis II, comte de Blois, de prendre dans ses forêts les bois nécessaires aux réparations du pont Saint-Michel qui avait été « rompu et dépecé par les guerres ». Le pont de la Loire a dû subir bien des épreuves, pendant une

---

(1) *Fornix pontis*, *Gloss*. DUCANGE, charte de l'an 1203. *Cartulaire de Beaugency*, charte de l'année 1228 citée par Ducange, charte de l'an 1333, fonds du Châtelet d'Orléans, Archives du Loiret. *Cartul. S. Mariæ de charitate Andegav.*, *anno 1028*, citée dans une notice sur les enceintes d'Angers. Documents relatifs à l'histoire de la ville de Mâcon, années 1362 à 1367, insérés aux *Mémoires* de l'Académie de cette ville (voir aux chapitres XI, XVI). Chez les Romains, une muraille percée d'arcades en plein cintre s'appelait *paries fornicatus*.

existence six fois séculaire, et l'on pourvoyait à ses réparations à l'aide de constructions provisoires, ce qui n'implique à aucun degré l'existence *permanente* d'un *pont de bois*, pas plus au moyen âge que de nos jours. Ainsi, continue l'auteur, le roi ordonna, en l'année 1569, de rompre les arches du pont (1) et l'on procéda, en l'année 1573, à une adjudication de travaux pour réparer cette dégradation : « On fit un *pont de* « *boys* à l'endroyt des arches rompues du grant pont de Bloys, « rupture qui a dû être exécutée par des *maçons* et des « *perriers;* en avril 1574, on fit un *pont de bois* pour rem- « placer provisoirement les trois arches tombées en ruine. » Ces citations sont précieuses, parce qu'elles renferment la preuve la moins équivoque de la construction du pont de Blois. Si, en effet, en l'année 1569, ce pont avait été composé partie en bois et partie en pierre, « l'assemblée de la ville « n'aurait pas ordonné aux échevins de prendre des *maçons* « et des *perriers* pour rompre les arches dudit pont » ; il était bien plus simple et bien plus expéditif de détruire ou d'enlever les poutres et les planchers qui formaient les travées de bois, au lieu d'encombrer le lit du fleuve des débris de maçonnerie des voûtes qu'il fallait extraire plus tard à grands frais. Les arguments que l'auteur a produits sont donc la preuve que le pont ancien de Blois se composait uniquement d'arches et de voûtes de pierre, preuve confirmée d'ailleurs d'une manière explicite par une inscription qui rappelle : « que le *pont de pierre* (au témoignage de « l'auteur lui-même), ruiné par les guerres, a été rétabli sous « le règne de Henri III et le gouvernement de Philippe « Hurault en l'année 1580 » ; cette qualification *pont de pierre*, rapportée au XVI° siècle, démontre encore que cet édifice « ne se solidifie pas tout en maçonnerie au XVII° » et qu'il était ainsi constitué longtemps auparavant.

Le pont de Blois a subi, comme tous les anciens ponts de la Loire, des accidents plus ou moins graves aux époques d'inondations et de débâcles des glaces, qui ont ruiné ses piliers et renversé plusieurs de ses arches. On a dû pourvoir

(1) Pendant les guerres entre catholiques et huguenots.

provisoirement à ces accidents par des ponts de bois, dont quelques travées ont pu durer longtemps (1). Nous nous bornerons à citer, parmi les causes qui ont nécessité l'établissement de ponts provisoires, la débâcle des glaces de l'année 1439, qui enleva plusieurs arches du pont d'Orléans ; l'inondation de l'année 1579, accompagnée d'un tremblement de terre qui emporta une grande partie des faubourgs de Blois ; celle de l'année 1586, qui dévasta les environs d'Orléans et de Tours ; la débâcle du terrible hiver de l'année 1608, qui rompit les levées, ébranla les arches du pont d'Orléans et emporta le faubourg du bout du pont de Beaugency (2), n'aura probablement pas épargné le pont de Blois ; l'inondation de l'année 1615, connue sous le nom de déluge de Saumur, qui exerça ses ravages sur tout le cours du fleuve et spécialement en aval d'Orléans, et qui, notamment, bouleversa les faubourgs de Tours ; celle de l'année 1641, qui porta le deuil sur les rives de la Loire dans l'Orléanais ; enfin, les inondations qui se succédèrent au cours des années 1661, 1665, 1668, 1684, dont la dernière, notamment, emporta quatre arches des ponts de Cé (3), et celle de l'année 1710, qui renversa quatre arches du pont de Beaugency (4), n'auront pas dû passer inoffensives sous le pont de Blois, dont elles auront culbuté successivement plusieurs des arches, ou ébranlé les piliers qui se sont écroulés ensuite, ainsi que nous en mentionnerons plus loin un exemple relativement récent, tiré du vieux pont de Tours.

L'auteur que nous citons a fait une analyse succincte de douze plans ou vues pittoresques du pont de Blois qu'il a eus

---

(1) Le pont de Beaugency, dont nous nous occuperons plus loin, est un des plus remarquables exemples, car plusieurs de ses arches de pierre ont été remplacées par des travées de bois qui se sont succédé depuis plus de 150 ans et qui existent encore aujourd'hui après plusieurs renouvellements.

(2) PELLIEUX, *Essais historiques sur Beaugency*. MAURICE CHAMPION, déjà cité.

(3) MAURICE CHAMPION, déjà cité ; nous omettons plusieurs autres inondations survenues dans l'intervalle de 1439 à 1684, qui en comporte 50 et dont les effets ont pu être destructeurs.

(4) PELLIEUX, *Essais historiques sur Beaugency*.

à sa disposition (1). Sauf un ou deux de ces plans qui portent l'intitulé : *Plan géométral*, les autres ne sont que des vues pittoresques plus ou moins inexactes, et auxquelles il est prudent de n'accorder qu'une très légère confiance quant à la précision. Et à propos de l'un de ces plans dessiné sur vélin, au cours du XVIIe siècle, qui représente seize arches, l'auteur précité dit avec beaucoup de raison que : « c'est peut-« être par fantaisie d'artiste ou faute de place ». Nous aurons occasion de rappeler, au sujet du pont des Tourelles d'Orléans, de nombreuses fantaisies de ce genre. Les plans dont il s'agit indiquant un nombre d'arches qui varie de seize à vingt, l'auteur ajoute : « que les arches ont été en nombre « divers, suivant le temps, c'est-à-dire en augmentant tou-« jours de *quinze à vingt* ». Si cette assertion était fondée quant au nombre primitif de quinze arches, il en faudrait conclure que le lit du fleuve avait un bras de décharge, parce que les quinze arches n'auraient pas suffi pour l'écoulement des crues. L'examen de cette question d'hydrographie locale nous conduirait hors de notre sujet, et nous renvoyons le lecteur aux historiens qui l'ont traitée (2).

Nous résumons notre opinion sur les arches du vieux pont de Blois en ces termes : Au XIe siècle, ses voûtes furent très probablement en arcs brisés, et plusieurs d'entre elles subsistaient encore au XVIIe siècle et même en l'année 1716, au moment où le pont a été renversé ; cet édifice a subi, comme tous les ponts de la Loire, des dégradations nombreuses qui ont occasionné la chute successive de ses voûtes et de ses piliers aux avant-becs triangulaires dépourvus de chaperons pyramidaux, et dont le plan du XVIIe siècle (pl. VI, fig. 3) nous montre encore quelques spécimens. Des travées de bois provisoires ont certainement remplacé, à des époques di-

---

(1) Bibliothèque nationale, Topographie de Loir-et-Cher.
(2) DE LA SAUSSAYE, *Essai sur l'origine de la ville de Blois*.
DUPRÉ et BURGEVIN, *Histoire de Blois*. Le premier de ces trois écrivains soutient contre les deux autres que le bras principal du fleuve n'était pas autrefois dans l'emplacement du Vieux-Pont, ce qui implique l'existence ancienne de plusieurs bras ; la discussion est sans intérêt puisqu'elle ne repose que sur des hypothèses ou sur des assertions qui ne peuvent tenir lieu de preuves matérielles.

verses, les voûtes et les piliers détruits par les eaux et les glaces, en attendant que l'on pût les reconstruire en pierre. De siècle en siècle, les arches primitives en arc brisé, qui ont été détruites par une cause quelconque, ont été remplacées par des arches de plein cintre ou surbaissées, et le pont du XI° siècle est parvenu jusqu'à l'année 1716, sauf peut-être le nombre des arches, en cet état final que représente le dessin géométral signé par l'ingénieur Poictevin (pl. VI, fig. 3) sur lequel on remarque quelques-unes des particularités signalées au pont de Tours, en ce qui est des avant-becs triangulaires, de leur élévation et de leur couronnement.

PONT DE BEAUGENCY. — Nous ne connaissons pas d'autre description du pont de Beaugency que celle qui en a été faite par Pellieux (1) : « Tout ce qu'on sait de cet édifice, dit cet
« écrivain, c'est qu'il existait déjà au XI° siècle. Il finissait au-
« trefois à la *seizième arche* et était défendu aux deux extré-
« mités par des fortifications qui en rendaient l'accès imprati-
« cable avant l'invention de la poudre. *Comme l'ancien pont*
« *d'Orléans*, il avait, du côté de la Sologne, une porte avec un
« pont-levis flanqué de *deux tourelles* bâties sur la grosse pile
« de la *seizième* arche que soutenait la culée. Les fortifications
« à l'entrée de la ville étaient contiguës à celles de la grosse
« tour et du château, et consistaient en deux portes, un pont-
« levis, trois tours du côté du levant et des murailles très
« élevées qui allaient jusqu'à la cinquième arche. Ces forti-
« fications furent détruites en 1767. Ce pont, qui avait autre-
« fois trente-neuf arches (2), n'en a plus aujourd'hui que
« vingt-six, y compris l'arche marinière et les huit traverses
« en bois (travées) appuyées sur des piles de pierre. Sa lon-
« gueur est de 440 mètres (3), et sa plus grande largeur de

---

(1) PELLIEUX, *Histoire de Beaugency*, 2° édition.
(2) Cette assertion manque de preuves.
(3) Cette longueur est exacte ou erronée selon l'époque à laquelle on s'arrête ; la culée droite à l'entrée de la ville est demeurée fixe ou à peu près, mais la culée gauche a certainement changé de position, puisque, selon l'auteur, le nombre des arches aurait varié de quinze à trente-neuf; l'allongement n'a pu se faire que du côté opposé à la ville, eu égard à la disposition des lieux ; le doute n'est pas possible sur ce point.

« 10 à 11 mètres. Quatorze des arches semblent appartenir
« au XIV° siècle. Le faubourg du Pont (rive gauche) ayant
« été emporté par la crue de 1608, et la Loire passant de-
« puis dans cet endroit, on fut obligé d'ajouter à l'ancien
« pont une continuation *moitié en bois et moitié en pierre.* »

La légende du pont de Beaugency rappelle des souvenirs dont on retrouve les traces sur un certain nombre de ponts du moyen âge, qui ont conservé la dénomination de *Ponts du Diable*, bien plutôt en mémoire de difficultés que les constructeurs auront rencontrées en cours d'exécution, et qui, eu égard à l'insuffisance de leurs moyens, semblaient alors insurmontables, que de quelques épisodes que les croyances populaires rattachaient à une mystérieuse origine. L'un des piliers du pont de Beaugency, par exemple, que les crues du fleuve ont renversé à demi, et qui se tient encore debout (en 1867) contre les lois de la statique, et par une sorte de miracle d'équilibre, a mérité le surnom vulgaire de *pile de l'arche du Diable*. Ce n'est pas à cet accident, qui ne paraît remonter qu'aux premières années du XVIII° siècle, que ce surnom doit être probablement attribué, mais plutôt à des circonstances bien antérieures qui dateraient vraisemb'ablement de l'origine même de cet édifice. Le pilier incliné dont il s'agit ne fait pas partie de la structure primitive du pont qui se terminait, dit-on, à la seizième arche (1), car ce pilier sépare aujourd'hui deux travées de bois correspondantes à des arches de pierre qui paraissent n'avoir été ajoutées en prolongement du pont primitif, et à gauche des deux tourelles du seizième pilier, qu'au cours du XVII° siècle. Quoi qu'il en soit, la tradition et la crédulité populaire réunies ont attribué trop généreusement au démon le mérite de la construction de ce grand édifice, qui, à en juger par ce qu'il en reste au XIX° siècle, a dû être assurément l'une des plus belles créations matérielles du moyen âge.

L'importance relative du pont de Beaugency, qui existe en-

---

(1) Nous ne pensons pas, contrairement à l'opinion de Pellieux, que les constructeurs du pont ne lui auraient donné que seize arches ; ce nombre eût été évidemment insuffisant pour l'écoulement des crues du fleuve, ainsi que nous l'avons dit au sujet du pont de Blois.

core aujourd'hui, les analogies et les similitudes qu'il présente, tant au point de vue de ses origines que de sa construction primitive, et des modifications qu'il a subies dans le cours de sa longue existence, avec les ponts voisins, de Blois, de Tours, et particulièrement avec celui des Tourelles d'Orléans, dont il nous paraît être comme le type vivant ; ces analogies et ces similitudes, disons-nous, sont si frappantes qu'il devenait nécessaire d'en présenter un dessin géométral, tant en élévation qu'en plan horizontal, qui résumât, au moins dans ses grandes lignes, la physionomie de l'un des derniers survivants des ponts monumentaux du XIe siècle. Nous n'avons pas essayé de restituer les fortifications qui formaient autrefois le couronnement de la superstructure de cet édifice, afin de ne pas paraître substituer la fantaisie ou l'idéal à la réalité ; nous nous sommes bornés à reproduire l'image fidèle des vestiges tels que nous les trouvons représentés sur un document authentique du XVIIe siècle (1). Du côté de la ville, les quatre premières arches et leurs piliers étaient surmontés de tours et de murs crénelés, et percés de meurtrières ; la chapelle, sous le vocable de saint Jacques, s'élevait sur l'avant-bec du deuxième pilier ; le pont-levis couvrait la quatrième arche, et la baie, qui fut ménagée dans la voûte en arc brisé, y est encore parfaitement apparente, en 1867, quoique remplie de maçonnerie relativement moderne profilée suivant la courbure de l'intrados, sans liaison avec les douelles anciennes (2). Le plan indique bien nettement le dispositif de cet ouvrage, qui est muni de deux cou-

---

(1) Aujourd'hui trois des quatre premières arches du côté de la ville, qui furent à leur origine en arc brisé, sont en partie enfouies sous les remblais du port et du quai ; mais la première est invisible, la seconde dont on n'aperçoit que la clef et les premiers voussoirs est en arc de cercle ou en plein cintre ; les deux suivantes sont en arc brisé. Sur deux dessins géométraux des XVIIe et XVIIIe siècles (dépôt des cartes et plans du Ministère des Travaux publics) les trois premières arches sont de plein cintre et la quatrième est en arc brisé. Nous avons reproduit exactement le dispositif du dessin du XVIIe siècle.

(2) Nous employons le terme technique *pont-levis* pour exprimer le pont mobile à l'aide duquel on fermait et on rétablissait à volonté la communication du dedans au dehors d'une enceinte fermée. Les ponts-levis ou mobiles étaient de plusieurs sortes ; les plus anciens s'abaissaient au lieu de se lever ;

loirs formés d'une double muraille parallèle à la longueur du pont, et dans lesquels on pénétrait par deux baies ménagées dans les tours du troisième pilier ; le couloir d'amont semble avoir eu la destination d'un guichet affecté au service des piétons, des bêtes de somme et des cavaliers qui y passaient, lorsque le tablier ou plancher du pont-levis était redressé. Les murs de ces couloirs, faisant face à la rivière, étaient crénelés pour permettre aux défenseurs de repousser l'attaque des ennemis qui seraient venus en barques menacer le pont-levis ; l'ensemble de ces fortifications, qui se reliaient directement aux murailles d'enceinte riveraines de la Loire et à la grosse tour écrêtée dont la silhouette se détache au-dessus de la culée même, constituait le système des ouvrages défensifs de la porte proprement dite à l'entrée du pont.

Du côté de la Sologne, on aperçoit sur le seizième pilier les vestiges parfaitement conservés d'une porte fortifiée, consistant en deux tourelles ouvertes du côté de la ville, et munies de deux murailles crénelées qui s'étendaient parallèlement à la longueur du pont sur les deux arches contiguës à ces tourelles, et qui portaient les escaliers par lesquels on accédait à leurs étages supérieurs. Ce sont les ruines des défenses d'un pont-levis qui était disposé sur la dix-septième voûte ; le plan du XVIIe siècle en fait d'ailleurs la mention expresse par cette inscription : *premier pont-levis*. En comparant ce dispositif à celui que présente le treizième pilier du pont de Blois (pl. VI, fig. 3) au-dessus duquel est inscrite la légende *tour du pont-levis*, on reconnaît, a priori, une communauté de destination, de type et d'origine de ces ouvrages ; mais le pont de Blois ne se terminait certainement pas au treizième pilier du côté de la Sologne, et nous savons qu'il avait en outre sept arches au delà de ce pilier ; d'où nous pouvons conclure fermement que, contrairement à l'opinion de l'historien de Beaugency (1), le pont du *castrum belgentiacense* ne se terminait pas autrefois

---

d'autres étaient roulants sur des longrines ou glissières. Quel que fût celui des systèmes que l'on adoptât, leur destination était la même, celle de fermer une baie ouvrant sur un fossé.

(1) PELLIEUX, déjà cité.

à la seizième arche. Le plan du XVIIe siècle montre que trois arches, à la suite des deux tourelles du pont-levis, ont été construites postérieurement aux seize arches primitives, pour atteindre une petite île désignée par les mots « *île des ponts de Beaugency* », dont il ne reste sur le plan qu'un lambeau entouré de débris des murs qui la protégeaient vers l'amont contre les attaques du fleuve ; il existait donc précédemment une île sur ce point, ce qui implique aussi l'existence d'un autre pont qui allait de cette île rejoindre la rive gauche de la Loire, d'où il suit que le pont de Beaugency aurait rencontré sur sa direction, comme les ponts anciens que nous avons cités précédemment et d'autres que nous aurons occasion de mentionner ultérieurement, au moins une île sur laquelle il s'appuyait. L'édifice se composait donc de deux parties au moins qui devaient être distinguées par des noms différents, puisque le plan désigne les seize premières arches comprises entre la ville et le pont-levis par les mots *grands ponts*. A l'aide du plan et des indices qu'il renferme, l'on peut restituer la forme périmétrique de l'île dans sa partie d'amont : elle était protégée par des murs de défense contre la Loire qui présentaient l'aspect d'un musoir ou avant-bec polygonal régulier dont l'un des angles était opposé au fil de l'eau. Sur le bras qui séparait cette île de la rive continentale du fleuve, il existait un pont de bois qui fut rasé par les glaces de l'année 1677 ; ce pont de bois existait-il avant l'année 1608 ? C'est une question à laquelle, en l'absence de documents positifs, nous ne pourrions répondre. Tout ce que nous savons, c'est que l'inondation et la débâcle des glaces de l'année 1608 qui fut exceptionellement désastreuse emportèrent le faubourg du bout du pont ; que le débordement de l'année 1628 (1) renversa une partie des ponts de Nevers et des ponts Chartrains et Saint-Michel de Blois, et que les travées qui séparaient l'île de la rive continentale furent, comme nous l'avons dit, rasées par les glaces de l'année 1677. A ce pont de bois l'on substitua des voûtes

---

(1) Maurice Champion, déjà cité, tome II.

de plein cintre reposant sur des piliers consolidés par des pilotis et par des radiers de maçonnerie, qui occupèrent sa place ainsi que l'assiette de l'île et celle d'une partie des ouvrages qui la protégeaient. L'île et ces ouvrages de défense disparurent à cette époque. Des six voûtes établies après l'année 1677, nous n'avons indiqué sur le plan géométral que la dernière portant le numéro 25, qui terminait à cette époque, comme aujourd'hui, le pont de Beaugency. L'inondation de l'année 1710 renversa ces voûtes, dont celles qui portaient les numéros 22 et 25 demeurèrent seules debout. Nous n'avons voulu surcharger le plan du XVII° siècle ni de la représentation de ces ruines, ni de celle des ponts de bois qui ont remplacé les arches de pierre et que l'on dut consolider en l'année 1725, à la suite des crues du fleuve qui les avaient ébranlés, parce que ces images n'offraient qu'un intérêt secondaire. Ces ponts de bois du XVIII° siècle, qui ont été réparés et renouvelés successivement, sont parvenus jusqu'à nos jours sans avoir été remplacés par des arches de pierre. Aujourd'hui, comme en l'année 1725, il existe depuis et compris la dix-septième arche, jusqu'à la dernière qui porte le n° 25, cinq arches de pierre, les 17°, 18°, 19°, 22°, 25°, et six travées de bois.

Le plan géométral du XVIII° siècle (1), rapproché du plan du XVII° (pl. VI, fig. 2), donne une sorte de mesure de la fréquence et de la gravité des détériorations qu'a dû subir le pont de Beaugency antérieurement au XVII° siècle, et en le comparant à ses contemporains, les ponts de Tours et de Blois, l'on peut, avec assurance, inférer de ce parallèle que ces deux derniers n'auront pas été plus ménagés que lui par les crues et les débâcles des glaces qui auront fait disparaître les types originaires de la plupart de leurs arches et de leurs piliers, dont les avant-becs, comme ceux du pont de Beaugency, étaient dépourvus de chaperons pyramidaux (2)

(1) Ce plan, signé Desroches, ingénieur du Roy, à la date du 15 mars 1725, est au dépôt des cartes et plans du Ministère des Travaux publics.
(2) Sur le plan de Desroches, *presque tous* les avants-becs sont coiffés du chapeau pyramidal; sur le plan du XVII° siècle (pl. VI, fig. 2) il n'y en a *qu'un seul*. Ce rapprochement fixe l'époque de la construction de ces chaperons qui sont de construction moderne.

et auxquels on a substitué plus tard des dispositifs relativement modernes qui en ont altéré la physionomie primitive.

Nous allons maintenant étudier plus particulièrement les dispositions des avant et des arrière-becs des piliers, le galbe des voûtes, et faire connaître les rapports des épaisseurs des piliers aux ouvertures ou portées des arches de ces trois ponts de Tours, Blois et Beaugency.

Et d'abord, parlons des piliers. L'avant-bec *triangulaire*, qui date de l'époque romaine, a été adopté par les constructeurs des premiers siècles du moyen âge et son usage s'est transmis jusqu'à nous à travers les vicissitudes de l'art de bâtir. Formé primitivement par deux plans verticaux se coupant en pointe contre le courant, l'avant-bec prenait, à partir du XII° siècle, des formes variées, pendant que l'arrière-bec, qui semblait ne pas avoir de raison d'être, projetait peu à peu son relief en aval du plan vertical de la tête du pont : à des proéminences, faibles d'abord, quadrangulaires, triangulaires, polygonales, succédèrent bientôt des formes plus ou moins effilées. On a vu, après l'an mil, des piliers sans arrière-becs, d'autres avec des reliefs à peine sensibles, carrés, triangulaires, polygonaux et simultanément des arrière-becs très saillants. Dans la comparaison que l'on pourra faire des arrière-becs de ponts bâtis sur des rivières éloignées les unes des autres, il sera prudent de ne pas se hâter de conclure que l'absence de cet appendice ou l'exiguité de son relief soit toujours un signe d'antériorité relativement à un arrière-bec présentant une saillie plus accentuée, triangulaire, polygonale, ou carrée ; il n'y a pas de règle sans exception. Mais sur un même édifice cette différence de forme pourra le plus souvent permettre de constater l'ancienneté relative de la construction. L'absence de saillie de l'arrière-bec témoignera de la priorité de son exécution comparativement à la saillie triangulaire, carrée ou polygonale, courbe ou rectiligne des joues ou flancs de cet appendice. Ces considérations, répétons-le, ne sont exposées ici que comme l'énoncé d'une règle générale, ou d'une formule technique soumise à quelques exceptions. Nous y reviendrons plus loin, mais en faisant l'application de ces considérations aux ponts de Blois et de Beaugency, l'on peut du moins en reconnaître l'exactitude. Si à Tours (pl. VI, fig. 4) les piliers sont munis d'arrière-becs triangulaires, ne faut-il pas en attribuer la cause aux nombreux sinistres et aux reconstructions anciennes de cet édifice qui, notamment au cours de chacun des XII°, XIII° et XIV° siècles, a été partiellement détruit : une première fois, en l'année 1189, par les propres mains des habitants de la cité « *pons dirutus a civibus* » que Philippe-Auguste vint assiéger (1); et une seconde fois, en l'année 1235, par une inondation du fleuve qui renversa les ponts de Tours et ceux de Saumur, et dont les premiers surtout, à en juger par le sens du récit du chroniqueur, auraient dû être radicalement dé- « truits : *per ruptionem pontium apud Turones submersi* « *fuerunt homines infiniti.* » C'était un déluge qui a dû laisser d'effroyables ruines sur son passage (2). Une troisième fois en l'année 1309 (3). Trois arches du pont furent rompues en l'année 1677 (4); enfin l'inondation de l'année 1755 fut si violente qu'elle ébranla les arches de ce pont, sur lequel la circulation des véhicules dut être interdite ; l'une des arches voisines de l'île Saint-Jacques s'écroula à la suite de cette secousse (5). Il est donc aisé de comprendre que dans les reconstructions successives, les maîtres des œuvres auront renforcé les piliers nouveaux par l'addition de contreforts, éperons ou arrière-becs saillants et triangulaires comme les avant-becs, ainsi que nous le dirons plus loin en parlant des arches jetées sur les divers bras du Cher, à côté de cette

---

(1) *Guillelmus armoricus de gestis Philippi Augusti.* (*Histoire des Gaules*, tome XVII).

(2) *Ex brevi chronico S. Florentini Salmuriensis.* (*Histoire des Gaules*, tome XVIII.) Nous omettons un grand nombre d'inondations qui ont certainement ébranlé ou détruit successivement les arches et les piliers du pont de Tours : En l'année 1143 « *Glacies aquarum pontes confragerunt* » ; en l'année 1306 « *pontes molendinaque quam plurima corruerunt* ». (*Histoire des Gaules*, tomes XII, page 299, et XX, page 594.) Les chroniqueurs ne citent aucun fleuve en particulier.

(3) MAURICE CHAMPION, déjà cité, tome 2, page 201, et *Chroniques de Touraine*, par SALMON.

(4) CHALMEL, *Histoire de Touraine*, tome I.

(5) MAURICE CHAMPION, tome II, pages 37 et 40.

ville, et dont celles du pont dit de Saint-Sauveur ont dû être à peu près contemporaines de celles du grand pont de la Loire.

Le pont de Blois (pl. VI, fig. 3), qui fut détruit par les glaces en l'année 1716, se composait alors de dix-neuf piliers, dont huit étaient terminés en aval carrément sans saillie, et cinq qui étaient prolongés au delà de l'alignement. Les deux derniers de la rive gauche avaient pour destination sans doute, eu égard à leur saillie considérable, de porter des édifices publics ou des établissements privés (1). Six piliers étaient munis d'arrière-becs triangulaires à peu près semblables aux avant-becs ; onze piliers s'avançaient dans la direction d'amont en formant saillie d'une longueur variable sur l'alignement du pont, et servaient de fondement et d'appui à des maisons particulières dont le nombre s'accrut notablement à partir des premières années du XVIe siècle, époque à laquelle Louis XII permit à la ville de Blois de concéder des places à bâtir sur les *argeaux* du pont, moyennant des redevances qui seraient versées dans le Trésor municipal pour être consacrées sans doute aux dépenses des réparations qu'une ancienne transaction intervenue entre les comtés de Blois et la ville mettait à la charge de la communauté de ses habitants. Sur les dix-neuf piliers de ce pont, six seulement sont munis d'un arrière-bec triangulaire, les treize autres sont dépourvus de cet appendice. Une telle diversité est le témoignage incontestable des réfections partielles de ces piliers et des arches correspondantes, ainsi que nous le verrons plus loin en traitant des ponts ménagés sous les grandes chaussées transversales de la vallée de la Loire qui rattachent la ville de Blois et son faubourg de Vienne au coteau de la Sologne, comme sous celles de Tours ; et nous ajoutons que dans les unes comme dans les autres la présence de piliers alternativement munis et privés d'arrière-becs triangulaires accuse non seulement une diversité d'âge et de

---

(1) DE MARTONNE, déjà cité, parle des *boucheries* qui étaient établies sur le pont ; au pont de Tours, l'*écorcherie* était installée sur des piliers dans le prolongement d'aval de la première arche du côté de la ville ; à Angers, sur le pont des Treilles, on voyait de semblables dispositions.

système, mais une antériorité certaine en faveur de ceux qui sont coupés carrément.

Le pont de Beaugency (pl. VI, fig. 2) a conservé la plus grande partie des piliers de l'époque de sa fondation, sinon des voûtes en arc brisé qui subsistent au nombre de dix. L'historien de cette ville croit que quatorze de ses voûtes peuvent avoir été reconstruites au XIVᵉ siècle. Bien que cette assertion manque de preuves directes, elle pourrait toutefois n'être pas gratuite; nous relevons en effet dans le tableau chronologique trois crues survenues au cours du XIVᵉ siècle : 1309, 1363 et 1389, dont la première a démoli les ponts de Tours. Nous avons relaté plus haut la crue désastreuse de l'année 1306 qui a détruit des ponts et des moulins; une autre plus ancienne, celle de l'année 1235, qui a renversé les ponts de Tours et ceux de Saumur; enfin une antérieure, celle de l'année 1143, dont les glaces ont ruiné aussi plusieurs ponts. Il est permis et parfaitement légitime d'admettre que le pont de Beaugency a subi sinon les mêmes désastres, du moins des désastres analogues, et que la plupart de ses voûtes primitives ont été ébranlées, démolies, et quelques-uns de leurs piliers déchaussés et renversés. Toutes les voûtes en arc brisé subsistantes peuvent donc ne pas être contemporaines de la construction de l'édifice ; mais elles caractérisent, bien qu'un peu vaguement, les époques de ses reconstructions partielles. Ces voûtes, qui présentent des ouvertures et des montées inégales, ne permettent de déterminer ni les rayons exacts, ni les points précis des centres de leurs arcs générateurs. Aucun n'a pour type l'arc aigu équilatéral, et la plupart semblent avoir eu originairement leurs centres au-dessous de la corde des arcs. L'irrégularité des profils de ces arches anciennes peut n'être pas seulement une des conséquences des défauts inhérents à la nature même de l'arc brisé, la déformation inévitable de leurs courbes dans l'opération du décintrement; elle peut encore avoir et elle a eu très probablement pour causes l'ébranlement des voûtes occasionné par le passage plusieurs fois séculaire des véhicules, les réfections partielles, insuffisantes et grossières, des dégradations des voûtes, les chocs réitérés des glaçons pendant les débâcles et l'affaissement du sol de fondation des piliers résultant de l'action des eaux, ainsi que les observations anciennes et modernes l'ont prouvé. Ces diverses causes agissant isolément ou simultanément ont nécessairement altéré la pureté originaire des courbes des arches en admettant que leurs galbes aient été géométriquement tracés à l'époque de la construction, ce dont il est toujours, pratiquement parlant, permis de douter, même dans les conditions et circonstances les plus favorables (1). Mais si les voûtes primitives ont été ou partiellement ou totalement renversées, les piliers de 1 à 16 ont conservé leurs positions respectives sinon leur constitution fondamentale. La régularité parfaite de leur aménagement, l'équidistance qui les sépare et la similitude absolue des avant et arrière-becs des piliers de 5 à 16 sont une démonstration quasi mathématique de l'invariabilité de leur assiette originaire. Si les piliers de 1 à 4 présentent des formes un peu différentes de celles des autres, c'est que ces dernières sont motivées par leur destination militaire bien caractérisée; mais leurs voûtes ont conservé depuis la fondation du pont des ouvertures qui n'ont pas varié, sauf les arches n°s 5 et 6, et le pilier intermédiaire n° 5 qui furent supprimés au XIX° siècle, pour faire place à une large voie marinière que les piétons et les véhicules franchissaient sur un pont suspendu auquel on a récemment substitué une travée métallique.

Les preuves nous font défaut quant à présent pour émettre une opinion motivée sur la forme des piliers n°s 1, 2, 3, 4, dont les voûtes étaient couronnées par une véritable forteresse défendant l'entrée du *castrum*. Nous croyons que non seulement les ouvrages militaires, mais aussi les voûtes et les piliers qui leur servent d'appui, ont été remaniés et reconstruits postérieurement à la fondation du pont ; c'est, à notre

---

(1) Nous avons eu sous les yeux des plans dessinés à l'échelle de cinq millimètres pour mètre, à la vue desquels nous avons écrit ce qui précède. Quant aux éléments générateurs des voûtes en arc brisé, le dessin réduit à une échelle cinq fois moindre permettait d'autant moins de vérifier graphiquement l'exactitude de ce que nous venons d'énoncer, que le plan du XVII° siècle n'est pas absolument identique à celui du XIX°.

sens, l'explication de la disparate de ces quatre piliers aux douze autres. Nous produirons ultérieurement, en parlant des travaux militaires du pont des Tourelles d'Orléans, des faits particuliers dont l'application au pont de Beaugency découlera naturellement et justifiera notre induction.

Sur le plan géométral dressé à la fin du XVIIe siècle, les trois premiers piliers accusent des saillants inégaux du côté d'amont, celui du second paraissant être à peu près double de celui des deux autres. Ce relief pourrait avoir été diminué dans l'intervalle des années 1709 et 1725 à la suite des dégradations occasionnées par l'une des nombreuses crues du fleuve survenues dès les premières années du XVIIIe siècle. Si les arrière-becs n'offrent aucune particularité digne d'intérêt, car ceux des deux premiers piliers sont terminés carrément avec une saillie à peine sensible, et le troisième qui s'étend en aval à la distance d'une demi-largeur du pont en se rétrécissant légèrement est également coupé parallèlement à l'axe de l'édifice, il n'en est pas de même des avant-becs dont les dispositions extrêmement remarquables et peut-être uniques sont un témoignage de l'esprit observateur des constructeurs du moyen âge. L'avant-bec triangulaire dont la destination principale était, dans la pensée des hydrauliciens de ce temps-là, de diviser le volume des eaux courantes, de briser les glaces et d'atténuer l'intensité des chocs directs des corps flottants, est un type romain qui s'est transmis jusqu'à nos jours. Quelques architectes du moyen âge avaient bien remarqué déjà les défauts de ce type, car dès les XIIe et XIIIe siècles, dans les provinces de Lorraine et du Limousin, notamment à Metz et à Limoges, et peut-être même auparavant comme nous le verrons pour le pont des Tourelles d'Orléans, ils substituaient aux flancs rectilignes de l'école romaine des surfaces courbes dont la section horizontale était un arc brisé qui marquait un progrès réel dans l'art de la construction des ponts (1). Les ingénieurs des temps modernes ont adopté quelquefois ce type concurremment avec le demi-

---

(1) Didron, *Annales archéologiques*, tome XX, notice sur les ponts du moyen âge, par de Verneilh. — Raillard, notice sur les principaux ponts du moyen âge à Metz. (*Mémoires de l'Académie impériale de Metz*, 1864.)

cercle ou les arcs surbaissés et les courbes elliptiques ; bien que le demi-cercle ne soit pas à beaucoup près le type théorique, il a néanmoins prédominé et c'est celui qui s'es généralement imposé en raison de la facilité et de l'économie que présente son exécution. Toutefois les flancs curvilignes des avant-becs se réunissant en pointe vers l'amont, qui furent employés dans les deux provinces précitées, n'étaient pas encore le dernier mot de l'art hydraulique, et le type par excellence est celui qui, depuis longtemps adopté chez les peuples modernes pour la construction des carènes des navires, est devenu l'une des formules élémentaires de l'architecture navale ; la contre-courbe effilée vers la proue comme vers la poupe et d'autant plus accentuée que l'on considère des sections horizontales du navire plus rapprochées de la quille, semble être le *desideratum* et le terme extrême de la science. Les architectes hydrauliciens qui au XIIe et au XIIIe siècle bâtissaient des ponts dans l'Orléanais, en Lorraine et en Limousin, sur des piliers munis d'avant-becs curvilignes, ne montraient-ils pas aux constructeurs des temps modernes la véritable voie du progrès ? Mais leur appel demeura bien longtemps sans échos, et ce ne fut qu'au siècle dernier, que quelques-uns des plus célèbres ingénieurs de cette époque y répondirent en introduisant dans les piliers des ponts monumentaux de Compiègne, de Mirepoix, de Saumur, d'Orléans, de Tours et autres, les formes rationnelles imitées des modestes praticiens des XIIe et XIIIe siècles.

Gauthey, qui occupa parmi les ingénieurs du XVIIIe siècle un rang très honorable, s'est particulièrement livré à la recherche des moyens les plus propres à atténuer les effets destructeurs des eaux courantes qui subissent une contraction au passage des ponts ; il a entrepris dans ce but une série d'expériences dont les résultats le conduisirent à affirmer que le pilier à section horizontale elliptique est le plus favorable et que l'avant-bec équilatéral mixtiligne est de beaucoup préférable à tous ceux dont il avait fourni les types à l'expérimentation ; et, faisant un pas de plus dans cette voie, l'habile ingénieur avait projeté un pont dont les piliers étaient munis d'avant et d'arrière-becs auxquels il avait donné *une forme approchant de celles des extrémités d'un navire* (1). Un demi-siècle après ces conclusions, un savant archéologue (2) comparaît l'avant-bec en arc brisé *à la proue d'un navire qui coupe doucement le courant.* Aussi incomplète que fût la comparaison, elle indiquait néanmoins de la part de l'auteur un pressentiment vrai du but à atteindre. Des expériences délicates, entreprises dans ces derniers temps pour contrôler en quelque sorte celles de Gauthey dont elles sont venues confirmer la parfaite exactitude, ont conduit leur auteur à écrire ce qui suit (3) : « Il semble qu'on réunirait les « avantages des formes triangulaires et rondes de l'avant-bec « en lui donnant une section à double courbure analogue à « l'*intrados des voûtes de l'architecture persane.* » Les expressions et les définitions des trois auteurs peuvent donc se traduire en ces termes : le pilier et son avant-bec doivent présenter une section horizontale analogue à celle d'un navire. Ce que les architectes hydrauliciens des XIIe et XIIIe siècles avaient entrevu, ce que les auteurs modernes ont signalé comme le *desideratum* et le dernier mot de la science hydraulique, les constructeurs du pont de Beaugency l'avaient réalisé, car les avant-becs des trois premiers piliers de la rive droite avaient pour types des *contre-courbes qui ont la plus grande analogie avec celles de la proue et de la poupe des navires modernes dans la zone de leurs œuvres vives* (4). Ce sont là, croyons-nous, les véritables types, théoriques au moins, des avant et arrière-becs des piliers des ponts.

Les flancs des avant-becs tracés en arcs brisés ont une corrélation assez naturelle avec la partie antérieure des tours

---

(1) Gauthey, *Traité de la construction des ponts*, tome I, édition de 1809.

(2) De Verneilh, *Annales archéologiques*, tome XX, 1860.

(3) Durand Claye, ingénieur des ponts et chaussées, expériences sur les affouillements. (*Annales des ponts et chaussées*, 1873.)

(4) Cette contre-courbe en forme d'accolade est devenue, postérieurement à la construction du pont de Beaugency, l'un des caractères distinctifs de l'architecture de la troisième époque gothique ; on la rencontre dans les monuments persans et mauresques, elle est empruntée au talon droit ou talon renversé de l'architecture romaine.

rondes ou demi circulaires engagées dans les courtines des enceintes de quelques villes et châteaux du XIII⁰ siècle (1). Mais la difficulté de conserver intacts les becs saillants plus ou moins aigus en raison de la moindre résistance qu'ils offrent aux chocs destructeurs n'aura pas été sans influence sur la limitation de l'emploi de ce type qui ne s'est pas généralisé.

Quoi qu'il en soit et en résumé, c'est probablement aux constructeurs du pont de Beaugency qu'appartient l'idée et que revient l'honneur d'avoir appliqué pour la première fois la *contre-courbe* aux avant-becs des piliers des ponts, et d'avoir été les précurseurs des hydrauliciens modernes. Si les difficultés de conserver des avant-becs aigus plus encore que celles de les exécuter ont ralenti et même suspendu dans la marche progressive l'emploi de la contre-courbe, l'idée-mère a survécu comme survivent toutes les idées justes, et nous venons de la voir jaillir, par une sorte d'intuition et d'illumination intérieure, de l'esprit de quelques constructeurs modernes, comme elle s'était déjà traduite en façons élégantes et rationnelles que les ingénieurs des constructions navales ont données à la proue et à la poupe des bâtiments de mer.

Les avant-becs des trois premiers piliers des ponts de Beaugency présentaient donc cette forme exceptionnelle à partir du niveau de leur fondation et jusqu'à la hauteur des avant-becs des autres piliers, puis au-dessous, les flancs s'amortissaient en surfaces gauches pour redevenir les supports hémi-circulaires de trois tours rondes ouvertes à la gorge sur la voie du pont, dont les deux premières s'avançaient en saillie sur des corbeaux de pierre comme des machicoulis. C'est dans la seconde de ces tours qu'avait été disposée la chapelle de Saint-Jacques, le patron des voyageurs et des pèlerins.

Ainsi qu'on peut le remarquer sur les ponts en arcs brisés

(1) Loches, Provins, Carcassonne, Issoudun, Limoges : de Verneilh, dans la notice précitée sur les ponts du moyen âge, dit que la parenté et l'analogie entre les tours de la ville et les piles ogivales des deux ponts de Limoges ne sont pas douteuses.

des premiers temps, les piliers de ceux de Tours, de Blois et de Beaugency présentaient des épaisseurs ayant un rapport déterminé avec l'ouverture des arches, autant du moins que les plans qui nous en restent et les reconstructions successives permettent de le conjecturer. A Tours, plusieurs piliers avaient une épaisseur égale à la largeur des voûtes adjacentes qui ne paraît pas différer beaucoup de 10 mètres, et leur rapport semble varier dans les limites de 1 à 0,50, excepté toutefois pour les voûtes qui ont été notoirement agrandies par la suppression d'un pilier intermédiaire et la réunion de deux voûtes en une seule, comme on le voit, par exemple, entre les piliers 14 et 15, 18 et 19, 19 et 20, 20 et 21 (ce dernier étant dans le terre-plein de l'îlot). Nous avons représenté sur le dessin par des lignes ponctuées les piliers et les voûtes qui existaient primitivement ou qui ont été supprimés pour agrandir le débouché de certaines arches afin de faciliter le passage des bateaux et l'écoulement des eaux de grande crue, comme nous en verrons un exemple remarquable au pont de Jargeau et à celui des Tourelles d'Orléans, et comme nous en avons cité un autre sur le pont de Beaugency au XIX° siècle. Au pont de Blois, les rapports entre les épaisseurs des piliers et l'ouverture des arches, généralement inférieurs à ceux du pont de Tours, ne s'élèvent qu'exceptionnellement au-dessus de 0,50 ; dans les reconstructions successives des arches on aura diminué les épaisseurs des piliers (1) sans en diminuer le nombre, si ce n'est à l'arche n° 7 qui en a remplacé deux pour l'établisssement d'un passage marinier entre les deux groupes de moulins qui étaient contigus à cette arche. Les portées des voûtes paraissent être de 10 mètres, à l'exception de l'arche n° 7, dont l'ouverture mesurée à la naissance est de 14 mètres, et de l'arche n° 1 dont le débouché ne paraît pas avoir été supérieur à 8 mètres. A Beaugency, nous retrouvons

(1) Lorsque les fondations primitives d'un pilier sont très épaisses, comme elles l'étaient aux époques dont nous nous occupons ici, il était facile d'établir sur ces larges empatements des piliers plus étroits, afin d'agrandir l'ouverture des arches, sans changer l'assiette primitive de ces piliers. Pour atteindre le même but, on supprimait aussi un pilier et deux arches, que l'on remplaçait par une arche unique, comme nous en avons déjà cité des exemples, et comme nous en verrons de nouveaux ultérieurement.

des proportions analogues ; si nous ne considérons que les piliers qui paraissent remonter à l'origine du pont, entre les n°s 5 et 16, les moins épais n'ont que 6 mètres, et le plus épais 8 mètres ; la moindre ouverture des arches est de 9 mètres, et la plus grande de 11 mètres ; le rapport moyen que l'on déduit des épaisseurs de tous ces piliers à l'ouverture des arches est égal à 0,75 (1).

Nous avons dit que le dispositif des piliers coupés carrément en aval, avec ou sans saillant quadrangulaire, accusait généralement une ancienneté relative. Il semble que l'absence de saillant ou de relief quadrangulaire en arrière-bec aurait précédé, dans l'ordre chronologique, l'éperon triangulaire dont l'avant-bec était armé dans l'antiquité romaine, et à en croire le savant directeur des Annales archéologiques dont nous avons rapporté l'opinion, les architectes du moyen âge auraient été conduits à supprimer l'arrière-bec comme un appendice *inutile*. Cette sentence, outre qu'elle énonce comme général un fait qui comporte de très nombreuses exceptions, a le défaut d'être en contradiction avec l'expérience d'abord, et aussi avec la science de l'hydrodynamique. Parmi les ponts du moyen âge qui font exception, celui d'Avignon projeté et commencé par saint Benezet, en l'année 1177, et achevé quatre ans après la mort de cet humble prêtre qui fut un architecte inspiré, est demeuré le plus remarquable. Cet édifice, ainsi que nous le verrons plus amplement au chapitre XII, était accompagné d'avant et d'arrière-becs triangulaires allongés. Le pont de Carcassonne, bâti comme

(1) Nous avons eu l'occasion de dire plus haut que les dessins géométriques des arches du pont de Beaugency, relevés aux XVIIe et XIXe siècles, ne sont pas absolument concordants. On observe des écarts assez sensibles entre les valeurs numériques des ouvertures et des montées des voûtes en arc brisé. Ces écarts n'ont pas toutefois d'importance quant aux rapports géométriques des épaisseurs moyennes des piliers à l'ouverture des arches correspondantes.

Pour les trois ponts de Tours, Blois, Beaugency, les rapports moyens des épaisseurs aux portées des arches sont résumés comme il suit : sur le pont de Tours, ce rapport varie de 1 à 0,50.

Sur le pont de Blois, ce rapport ne s'élève qu'exceptionnellement au-dessus de 0,50.

Sur le pont de Beaugency, ce rapport moyen est égal à 0,75.

le précédent durant le XII° siècle, est armé d'éperons aigus tant en aval qu'en amont, et le pont de Béziers, qui date de la même époque, était absolument privé d'arrière-becs (1). Au siècle suivant l'on construisait le pont de Jargeau sur la Loire, et le pont de Cahors sur le Lot, avec des piliers munis de la saillie triangulaire à leurs deux extrémités, et les ponts de Limoges, au contraire, avec des piliers armés d'avant-becs triangulaires en arcs brisés (2), et au lieu d'arrière-becs des contreforts rectangulaires formant sur l'alignement du pont un relief plus ou moins prononcé. Mais peu à peu des arrière-becs triangulaires et polygonaux vinrent allonger les corps de tous les piliers du côté d'aval, et cette formule se généralisa de plus en plus jusqu'à l'époque de la seconde Renaissance au XVI° siècle et aux temps modernes.

Nous continuerons dans le chapitre suivant l'étude particulière des arrière-becs des piliers des ponts.

(1) VIOLLET-LE-DUC, *Dictionnaire*, au mot *Pont*.
(2) Le tome XX des *Annales archéologiques* renferme l'indication de plusieurs ponts du moyen âge dans la province du Limousin qui étaient munis d'avant-becs triangulaires en arc brisé. L'auteur croit que ce type d'avant-bec est d'invention limousine ; nous avons cité les ponts de Metz en Lorraine, qui datent de la même époque et dont les avant-becs étaient tracés sur le type d'arc brisé. Nous en verrons un autre exemple au pont des Tourelles d'Orléans.

CHAPITRE XI

SUITE DE LA PÉRIODE CAPÉTIENNE ET FÉODALE

Suite des ponts du moyen âge. — Des ponts de Saumur. — Des ponts de Cé. — Des ponts d'Angers. — Des moulins incorporés aux ponts. — De la corrélation des ponts du XI⁰ siècle bâtis sur le lit des fleuves et rivières avec les ponts construits sous les chaussées transversales du val de la Loire à Blois et à Tours. — Pont de Sully. — Des ponts construits pendant la première moitié du XII⁰ siècle. — Des ponts : d'Amboise, — du Mans, — de Rouen — de Henri II, à Angers, — de Saumur, — du Pont-au-Change, à Paris, et du Petit-Pont de cette ville. — Résumé des chapitres IX, X, XI.

Nous allons revenir, en commençant ce chapitre, sur l'important sujet de la forme des arrière-corps qui fut donnée aux piliers des ponts au moyen âge et de sa corrélation avec l'ancienneté relative de cet édifice ; nous prendrons pour exemples d'autres ponts de la vallée de la Loire que ceux de Tours, de Blois et de Beaugency. Nous entrerons dans quelques détails sur les dispositifs que présentent les arrière-becs des anciens ponts de Saumur et des Ponts-de-Cé, ainsi que ceux de l'un des vieux ponts d'Angers sur la Maine ; nous porterons ensuite notre examen sur les ponts des grandes chaussées qui traversaient la plaine submersible de la Loire, notamment à Blois et à Tours, et qui établissaient une communication entre les coteaux de ses deux rives. De temps immémorial, et aussi loin que les documents écrits reportent les souvenirs historiques, la vallée de la Loire était submergée par les crues du fleuve et par celles de ses bras secondaires, indépendamment de celles des cours d'eau tributaires du fleuve qui sillonnaient cette vallée, particulièrement aux environs des Ponts-de-Cé, de Saumur, de Tours et de Blois. Les habitants des deux rives opposées n'auraient pu entretenir des relations continues de voisinage, puisque les communications par terre eussent été interrompues toutes les fois que les grandes eaux débordées se déversaient sur la plaine, si l'on n'avait corrigé cette grave irrégularité du régime fluvial par l'établissement de chaussées insubmersibles qui s'étendaient d'un des côtés à l'autre de la vallée, et aux travers desquelles on avait ménagé des ponts qui furent généralement de bois pendant plusieurs siècles, et très probablement aussi jusqu'après l'an mil, époque à laquelle les riverains intéressés reconnurent la nécessité de substituer des voûtes de pierre aux ponts de bois sur les fleuves et les rivières importantes comme sur les cours d'eau d'un ordre inférieur. Si le lecteur veut bien nous suivre dans cette nouvelle exploration, nous allons lui montrer que dans les diverses localités précitées, la suppression des arrière-becs, non seulement des piliers des ponts jetés sur le fleuve, mais de ceux qui étaient construits sous les grandes chaussées tranversales, ne fut que l'application d'une formule ancienne qui se modifia avec le temps et que cette suppression atteste, comme nous l'avons dit plus haut, l'antériorité de l'existence des piliers qui furent peu à peu munis de cette annexe, laquelle, après avoir été une exception, a fini par devenir la règle générale.

A Saumur on voyait encore, au XVIIe siècle, sur le fleuve de Loire, six corps de ponts (indépendamment de celui de la Croix-Verte qui est situé au delà de la levée) que, sur un plan authentique, on désigne en partant de la ville par les noms de *pont Foulon*; *pont de la Croix de par Dieu ou grands ponts de bois*; *arche du moulin pendu*; *grandes arches*; *pont de la Boire-Torse*; *pont de la Bastille*; ces ponts se composaient en totalité de *trente-sept arches* de pierre ou travées de bois (1). *Deux piliers* seulement sont

---

(1) Plan des ingénieurs des turcies et levées dressé à la fin du XVIIe siècle et présenté à Colbert, *loc. cit.*

Au IVe siècle, la Loire coulait au pied du coteau septentrional de la vallée

munis d'arrière-becs *triangulaires*, les trente cinq autres sont coupés *carrément en aval*, bien que la plupart des arches de pierre soient de plein cintre ; une bastille établie sur la troisième arche de rive droite était protégée par deux ponts-levis. Un peu à l'amont des grands ponts de bois, l'on apercevait dans la Loire les ruines d'un pont plus ancien, qui est désigné sur le plan par la légende *pont ruiné* et dont les piliers, au nombre de sept, ne laissent pas même *soupçonner l'existence d'arrière-becs*. Serait-ce l'inondation de l'année 1235 qui aurait rompu les ponts de Tours et de Saumur et à la violence de laquelle l'on devrait attribuer la ruine de ce dernier ? Nous ne sommes pas en mesure d'éclairer ce point encore obscur (1). Nous avons dit, au témoignage de l'historien de Saumur, que les premiers ponts de cette ville qui ne dateraient, d'après lui, que du milieu du XII° siècle, étaient de bois et que c'était en vertu d'une sentence rendue par Henri II, comte d'Anjou et roi d'Angleterre, que les moines de Saint-

à partir de Langeais ; la Vienne, au contraire, coulait au pied du coteau méridional à partir de Candes et allait se réunir à la Loire au pont de Sorges, à quatre kilomètres en amont des Ponts-de-Cé. Au X° siècle, le confluent de ces deux rivières s'était déplacé et était remonté à Saint-Maur, éloigné de vingt kilomètres des Ponts-de-Cé, d'après une charte de Foulques Nerra. Vers le milieu du XII° siècle, à la suite d'une grande crue, le confluent fut déplacé et remonté un peu au-dessous de l'abbaye de Saint-Florent de Saumur, probablement entre Saumur et Saint-Martin, car on trouve dans le lit de la Loire, vers ce village, des traces incontestables de bouleversements violents qui furent la conséquence de la réunion des deux rivières. Les ruisseaux le *Lane* et le *Changeon*, qui serpentent dans la vallée en aval de *Langeais*, formèrent la petite rivière de l'*Authion* qui remplaça le lit de la Loire au pied du coteau septentrional et qui aujourd'hui se jette dans le fleuve entre les Ponts-de-Cé et le confluent de la Maine. On pense que ce fut entre les années 1040 et 1090 que la Loire s'ouvrit un lit plus direct entre le confluent de l'Indre et Saumur, et que le confluent de la Loire et de la Vienne se rapprocha plus près de cette ville. Au XIV° siècle ou peut-être au XV°, le confluent fut reporté à Candes où il se trouve aujourd'hui, et le nouveau lit de la Loire entre Candes et Saumur ne cessa de porter le nom de lit de la Vienne jusqu'au milieu du XVI° siècle. Nous n'attachons qu'une importance secondaire aux dates précitées qui sont l'objet de quelques contradictions. (BODIN, *Recherches historiques sur la ville de Saumur*. — L'abbé CHEVALIER, *Études sur la Touraine*. (*Revue des Sociétés savantes*, 1858.)

(1) *Historiens des Gaules*, tome XVIII, page 329. — *Ex brevi chronico S. Florentini Salmuriensis.*

Florent de Saumur furent tenus de remplacer chaque année les travées *de bois* par une arche de pierre. Les ruines des sept piliers que l'on voit rapportées sur le plan authentique sont donc vraisemblablement celles du pont de pierre primitif dont la construction fut ordonnée par le comte d'Anjou à l'époque de son voyage à Saumur, et de l'établissement des levées, entre les années 1161 et 1172.

Aux Ponts-de-Cé, où les cours d'eau descendant des pays d'amont se sont concentrés et peu à peu réunis, la Vienne, le Thouet et la Loire, on avait établi, pour les franchir, une série de chaussées et de ponts *bout à bout, sur une longueur de plus de trois kilomètres*, et dont l'emplacement, la nature et l'état matériel ont certainement subi de grands changements dans la suite des siècles. Ces chaussées étaient en principe composées de deux murailles parallèles dont l'espace intermédiaire, rempli de terre, formait sur le sol de la vallée un relief assez saillant pour mettre la voie au-dessus du niveau des plus grandes eaux connues. Ce qui reste de ces chaussées, rapproché des plans des ingénieurs des turcies et levées, suffit à faire comprendre le dispositif général de ces constructions hydrauliques (1). Aux époques des crues moyennes et simultanées, quoique sans débordement, de ces trois cours d'eau, cette partie du territoire de l'Anjou présentait alors comme aujourd'hui l'aspect d'une petite mer (2). Au témoignage de l'annaliste saumurois, le premier pont de pierre qui aurait été reconstruit vers le milieu du XIe siècle, pour rattacher l'île et le bourg des Ponts-de-Cé au continent

---

(1) Plans des Ingénieurs des turcies et levées dressés à la fin du XVIIe siècle et présentés à Colbert, *loc. cit.*

(2) L'historien de Saumur, Bodin, dit que ce lieu fut appelé *Ponts Sagei* ou *Sigei* d'où l'on a fait *Ponts-de-Cé*, *Ponts Ceus*, *Pontes Ceos*, du mot celtique *Cé* qui signifie *étang* ou *grande étendue d'eau*. L'étymologie ne viendrait-elle pas tout aussi bien du mot anglo-saxon *sea*, *see* qui signifie (Dictionnaire de Samuel Johnston, 1765) l'eau par opposition à la terre, *the water opposed to the land*, ou bien (Dictionnaire de Boyer, 1752) la mer en général et en particulier? On lit dans la chronique de Saint-Aubin d'Angers pour l'année 1206, *Hist. brevis comit. Andegav.* (Salmon et Marchegay) *Pons Secii*. Le nom de *Pont* ou *Pont-de-Sée* était usité au cours des XVe, XVIe et même XVIIIe siècles. (MANTELLIER, *Histoire de la Communauté des marchands fréquentant la Loire*, tome II, page 240 et suivantes.)

de la rive droite d'une manière permanente, s'appelait le pont de *Saint-Aubin* ; un peu plus au nord, du côté d'Angers, il en existait un autre que les documents modernes désignent sous le nom de *pont Bourguignon* (1). Ces deux ponts traversaient les anciens lits de la Loire. Celui de *Saint-Maurille*, sis au midi du bourg des Ponts-de-Cé, paraît avoir été bâti par Henri II, comte d'Anjou, sur l'ancien lit de la Vienne, pour relier le bourg de Saint-Maurille à celui des Ponts-de-Cé et au pont de Saint-Aubin ; enfin un quatrième pont, jeté sur les bras du Thouet, ou Louet, rattachait cette série de ponts au coteau de la rive gauche sous la roche d'Erigné. Dès l'année 958, l'empereur Charles le Chauve avait accordé le droit de *pontonnage* du pont de Saint-Aubin à l'abbaye de ce nom située dans la ville d'Angers, et par une charte du XII° siècle, Henri II, comte d'Anjou, avait concédé à l'abbaye de Fontevrault le bourg des Ponts-de-Cé avec un péage, sous réserve d'exemption de ce droit en faveur des habitants dudit lieu. Les plans authentiques qui furent dressés sur la fin du XVII° siècle, dont il a été question plus haut, représentent avec une parfaite exactitude l'état des lieux à cette époque (2). La chaussée dite du pont Bourguignon était traversée par cinq arches de pierre et deux travées de bois, et la chaussée qui reliait le bourg de Saint-Maurille au coteau de rive gauche présentait onze arches disséminées par groupes de une à trois, au milieu d'autres groupes contenant un plus grand nombre d'arches et qui étaient de véritables ponts, dans l'acception technique du mot. Ainsi celui de Saint-Aubin consistait en vingt-six arches et travées ; celui de Saint-Maurille com-

(1) Sous ce pont coulent les eaux de la rivière d'Authion qui sont séparées aujourd'hui par une digue du lit du fleuve, auquel elles vont se réunir un peu plus bas.

(2) Au témoignage de Bodin, il aurait existé des ponts sur la Loire, la Vienne et le Thouet au lieu des Ponts-de-Cé *de toute ancienneté*. La superposition des fondations du vieux pont de Saint-Maurille à des ouvrages antérieurs serait, d'après l'historien, la preuve non équivoque de l'établissement de plusieurs ponts dont l'origine remonterait aux Romains et qui auraient été négligés pendant les siècles des dynasties mérovingienne et carolingienne. Nous sommes loin de contester les assertions de l'historien quant à la succession des ponts, dans ce lieu, depuis la conquête romaine. Nous ne ferions de réserve que sur la nature de ces ponts, bois ou pierre,

portait vingt-une travées de bois, les unes soutenues par des piliers de pierre, les autres par des palées de charpente offrant des ouvertures très variables. Sa tête de rive gauche était accompagnée de trois tournants de moulins installés en aval des quatre dernières travées, que le plan désigne par le nom de *grande voie*, et séparées du reste du pont par un îlot. Le pont de Saint-Maurille est distingué sur le même plan par le nom de *pont neuf*, en mémoire de son rétablissement à la suite d'inondations et de débâcles qui auront détruit l'ancien. Entre le bourg de Saint-Maurille et le coteau de rive gauche on voit trois groupes de ponts, nommés sur ce plan *chaussée et pont de Loire* et formés de voûtes de pierre, dont dix-huit dans le premier groupe, vingt-deux dans le suivant et huit dans le troisième qui joint le rocher d'Érigné. Cette série de chaussées et de ponts, qui comportait en tout *cent treize* arches de pierre ou travées de bois, établies, à la suite les unes des autres sans alignement systématique, et serpentant comme à plaisir autour de la pointe orientale de l'île sur laquelle a été bâti au moyen âge le château qui existe encore aujourd'hui, est assurément l'une des conceptions hydrauliques les plus originales de ces temps reculés. Or, et c'est à cette conclusion que nous voulons aboutir, parmi les *cent treize arches* de pierre ou travées de bois reposant sur des piliers dont les fondations de la plupart sont manifestement contemporaines de ces arches et remontent conséquemment aux XIe et XIIe siècles, on ne compte sur le plan du XVIIe que *quatre* piliers munis d'arrière-becs triangulaires, *deux* terminés par un arrière-corps quadrangulaire, *deux autres* par une saillie en forme de trapèze, contre *soixante-dix-huit* qui sont *dépourvus d'arrière-becs* et coupés carrément sans relief.

Il est bien évident que cette suppression systématique de l'appendice des piliers ne peut être que le résultat de l'application d'une méthode et d'une formule passées en usage aux époques de l'établissement de tous ces piliers.

Si nous pénétrons dans la vallée de la Maine, affluent de la Loire, à proximité des Ponts-de-Cé, nous y rencontrons des exemples d'anciens ponts dont les vestiges, rapportés sur des plans authentiques de la fin du XVIIᵉ siècle, accusent des dispositions qui rentrent pleinement dans notre sujet. Nous avons déjà parlé du pont de pierre bâti à Angers, vers les années 1005 et 1007, par Foulques Nerra. Cet édifice remarquable, qui avait remplacé d'anciens ponts de bois, était établi sur la voie antique de Tours à Rennes. Le comte d'Anjou en avait concédé aux religieuses du Ronceray toutes les pêcheries, ainsi que tous les emplacements occupés par les moulins compris dans l'intérieur et au-dessous des arches de ce pont (1). Comme on l'a fait trop souvent à des époques récentes, et fort inconsidérément d'ailleurs, l'on ne craignait pas de rétrécir les débouchés des ponts et de ceux-ci en particulier, que l'on désignait par le nom de *grands ponts*, comprenant deux groupes rattachés à l'île qui les séparait. Le pont *de la Tannerie* a disparu et ce bras de la rivière a été comblé récemment. Quant au pont principal qui fut reconstruit plusieurs fois, on en a diminué l'ouverture par la suppression de quelques arches dont on a retrouvé, dans ces dernières années, les vestiges qui s'étendaient sur la rive gauche jusqu'à une grande distance de la culée du pont moderne (2). Le plan dressé sur la fin du XIIᵉ siècle ne peut donner aucune idée de la physionomie du pont de *Foulques Nerra*, si ce n'est que quelques piliers sont coupés carrément *sans arrière-becs*, ou prolongés à une certaine distance en aval, pour servir d'appui à des usines ou à des ateliers dont ce plan ne fait pas connaître la nature (3).

Ce n'est qu'un siècle après la construction de ce pont de pierre par Foulques Nerra qu'un autre pont a été bâti à deux cent cinquante mètres environ vers l'amont avec une

---

(1) *Piscationes universas et arcas molendinorum intra ipsas archas omnes.* (Cart. S. Mariæ de Charitate, anno 1028. Les enceintes d'Angers par d'Espinay.) Nous pensons que la préposition *intra* comporte deux sens distincts qui s'appliquent parfaitement à la situation : *dans l'intérieur, dans le vide* des arches, et *au-dessous* des arches ; c'est, qu'en effet, les moulins occupaient littéralement la position définie et caractérisée par la préposition *intra* ou *infra*.

(2) *Description de la ville d'Angers*, par Péan de la Tuilerie, édition de 1869, page 410.

(3) Plan des ingénieurs des turcies et levées présenté à Colbert, *loc. cit.*

destination spéciale ; c'est le pont *des Treilles* dont on ignore, quant à présent, aussi bien la date de sa construction que le nom de son fondateur (1). Tout ce qu'on sait, c'est que dans la première moitié du XIIe siècle, Henri II Plantagenet, comte d'Anjou et roi d'Angleterre, avait concédé à l'hôpital Saint-Jean les moulins à cages fixes qui y étaient installés ; que, plus tard d'autres moulins furent établis sur ce pont, qui finit peut-être par les contenir tous, à en juger par la description graphique du XVIIe siècle qui ne porte la trace d'aucun des moulins qui existaient sur le pont de Foulques Nerra. Au XVIIe siècle, le pont des Treilles présentait huit alignements différents dans sa longueur totale de cent soixante-dix mètres. On y voyait quatre groupes de moulins installés en aval sur des fondations de maçonnerie ; la voie de circulation publique, ménagée sur la partie d'amont des piliers qui sont munis uniformément d'avant-becs triangulaires, n'avait pas plus de quatre mètres de largeur sur les deux premiers tiers de la longueur comptée à partir de la rive gauche de la Maine, qui est la partie la plus ancienne. Sur le dernier tiers attenant à la rive droite, la voie de circulation a été portée de quatre à six mètres pour le pont dit *pont ruiné*, puis à dix pour le pont dit des *Grands-Moulins*. Les deux premiers tiers, vers la rive gauche, sont désignés sur le plan par le nom de *pont des Treilles*. Dans cette section l'on ne remarque *aucune trace d'arrière-bec*, et cette absence est un nouveau caractère d'ancienneté relative, car les piliers du *pont ruiné* sont munis d'arrière-becs triangulaires semblables à ceux du *pont des Grands-Moulins* ; or ces deux dernières sections

---

(1) Le pont *des Treilles* d'Angers était aussi appelé pont *des Trèges* ; en Anjou, on appelait *trèges* les treillis composés de barreaux de fer ou de bois ; en Lorraine, *baires* ou *bairons* ; au moyen âge, le mot *treille* signifiait *grille*. Le pont *des Treilles* à Angers, comme le *moyen pont* à Metz, faisait partie de l'enceinte fortifiée ; les *trèges*, *treilles*, *baires* ou *bairons* étaient des espèces de herses composées de fuseaux ou de barreaux de fer ou de bois que l'on élevait et abaissait à l'aide de divers mécanismes, comme les herses des portes fortifiées. (*Les enceintes d'Angers*, par d'Espinay. — *Les ponts du moyen âge à Metz*, par Raillard. — Littré, *Dictionnaire de la langue française*. — Bodin, *Recherches historiques sur le Bas-Anjou*, tome I, pages 292 et 293, dit que le pont des Treilles existait *avant* l'année 1155.)

sont manifestement plus récentes que le *pont des Treilles* proprement dit (1). Telle est la proposition que nous avons voulu confirmer sur ce vieil édifice.

L'antique cité des Turones est assise dans la presqu'île formée par la Loire et par le Cher. Un pont rattachait la ville au coteau de la rive droite de la Loire, et, du côté opposé, d'autres ponts ménagés sous des chaussées insubmersibles donnaient passage aux eaux du Cher et à celles de la Loire, qui se réunissaient assez souvent aux époques de leur débordement, comme elles le font encore de nos jours lorque les digues sont rompues. Ces ponts étaient désignés par les noms de *Pont long* ou *de Saint-Avertin* ; *Pont Dion* ou *de Saint-Sauveur* ; *Pont de Saint-Eloy* ; *Pont Saint-François* ; *Pont aux Oies* ; *Pont neuf* ; tous ces ponts sont figurés sur des plans authentiques de la fin du XVIIe siècle (2). Les chaussées sont formées de deux murailles parallèles comme celles des Ponts-de-Cé. Les arches de pierre et travées de charpente ménagées sous ces chaussées ont été exécutées par groupes très inégalement distribués ; les travées de bois furent établies sur l'emplacement d'anciennes voûtes écroulées. On compte cinquante-neuf arches de pierre en *arc brisé* et six en *plein cintre*, dont deux sont mentionnées sur les plans précités comme ayant été « refaictes à neuf l'an 1696 » ; enfin les mêmes plans nous montrent vingt-sept travées de bois reposant, les unes sur des piliers de maçonnerie, les autres sur des palées. Il résulte de cette analyse que la presque totalité des baies ou pertuis se compose d'arches en arc brisé, et que les voûtes de plein cintre, comme les travées de bois, n'ont été substituées aux arches renversées par les inondations que très postérieurement à l'établissement de ces arches.

(1) Les voûtes du pont des Treilles sont exécutées suivant une surface *conoïdale* présentant la forme d'un demi-entonnoir qui se rétrécit depuis la tête d'amont jusqu'aux roues des moulins ; le rapport de l'ouverture d'aval à l'ouverture d'amont de ces voûtes varie de 1 à 0,50 et même 0,40. Les plus petites arches ont moins de 4 mètres d'ouverture.

(2) Plans des ingénieurs des turcies et levées, dressés à la fin du XVIIe siècle et présentés à Colbert, *loc. cit.*

Le *Pont Dion* ou *Guion, Pons Guidonis* ; on ignore l'origine précise de ce nom. (GRANDMAISON, archiviste d'Indre-et-Loire.)

Tous les piliers sans exception sont munis d'avant-becs triangulaires, et *douze* seulement *d'arrière-becs de même forme*; les piliers coupés carrément et sans arrière-becs sont au nombre de *quarante-six*; le rapprochement de ces chiffres est une confirmation de la règle locale que nous voulions établir.

A Blois, nous trouvons des dispositions qui offrent la plus grande ressemblance avec les précédentes ; la vallée s'étendant sur la rive gauche du fleuve, entre le faubourg ou l'île de Vienne et le coteau de Sologne, était submergée autrefois, comme elle l'est encore aujourd'hui d'ailleurs, par les inondations de la Loire qui mêlait ses eaux à celles de la rivière du Cosson ; les documents historiques nous apprennent que depuis les temps de l'occupation romaine, les communications d'une rive à l'autre du fleuve étaient établies sur des ponts et des chaussées qui régnaient d'une manière pour ainsi dire non interrompue entre l'ancien *Castrum blesense*, assis sur la rive droite, et le coteau de Sologne, rattachant la Beauce, c'est-à-dire Vendôme et Chartres, au pays des Bituriges et à *l'oppidum avaricum*. Ces communications n'ont pas dû cesser d'exister pendant tout le cours du moyen âge, sauf aux époques d'interruptions accidentelles occasionnées soit par les inondations qui renversaient les ponts et faisaient brèche aux chaussées, soit par les invasions normandes, soit par les guerres intérieures. Les écrivains modernes s'accordent pour faire remonter au XI° siècle l'établissement d'un pont de pierre sur la Loire à Blois, et de deux chaussées munies de ponts intercalés, sur la vallée submersible ; l'une et l'autre de ces chaussées partaient du faubourg de Vienne : la première, dite des *Ponts Chastré*, qui s'inclinait un peu vers l'Orient et, après avoir traversé la rivière du Cosson, allait rejoindre le coteau en face du bourg de Vineuil; l'autre, dite *de Saint-Michel*, qui se trouvait à l'Occident et coupait la même rivière à la distance d'environ deux kilomètres des ponts Chastré. Les deux chaussées sont encore jalonnées sur le sol de la plaine, la première par des ouvrages intacts, la seconde par les ruines du pont dit de Saint-Michel. Les chaussées sont formées de deux murailles parallèles, comme celles des Ponts-de-Cé et de Tours, sur un type uniforme. Des plans dressés sur la fin du XVIIe siècle (1) donnent une idée très nette de la manière dont ces ouvrages avaient été conçus et exécutés. La chaussée des ponts Chastré ou Chartrains comprenait, à cette époque, cinquante-deux arches de pierre et celle des ponts Saint-Michel vingt-cinq, soit ensemble *soixante-dix-sept arches* ayant des ouvertures différentes et distribuées par groupes composés d'un nombre variable et plus ou moins grand d'arches, selon la plus ou moins grande dépression de la surface de la vallée et la direction des courants qui s'y établissaient en vertu de ces dépressions, des pentes et des obstacles qui contrariaient l'écoulement naturel et faisaient dévier les eaux dans un sens ou dans un autre, ainsi qu'on l'observe encore de nos jours, au moment des crues de submersion des vallées. Quinze piliers des ponts de la première chaussée sont munis d'avant-becs triangulaires et *neuf* en sont dépourvus et coupés *carrément* à l'alignement du parapet. *Aucun de ces piliers n'est accompagné d'arrière-bec saillant.* Dans les arches de la chaussée de Saint-Michel, tous les piliers sont armés d'un avant-bec triangulaire et coupés d'équerre en aval dans l'alignement du parapet. Nous retrouvons donc encore ici une nouvelle confirmation de la règle. Résumant la discussion sur le sujet, nous dirons que les arches qui traversent les chaussées du val de Saumur et des Ponts-de-Cé, comme de celui de Tours et de celui de Blois, ont été projetées sur des types anciens, ainsi que le démontrent d'une manière incontestable plusieurs groupes d'arches des chaussées de Tours jetées sur les bras du Cher, et notamment le groupe des vingt-quatre arches consécutives du pont dit de Saint-Sauveur, dessinées sans exception en arc brisé. L'absence d'arrière-becs des piliers des ponts existants sous ces chaussées, rapprochée de la suppression de cet appendice caractéristique sur les piliers des grands ponts traversant le fleuve, semble accuser une contemporanéité et une communauté d'origine qui confirment

---

(1) Plans des ingénieurs des turcies et levées, dressés à la fin du XVIIe siècle et présentés à Colbert, *loc. cit.*

de la manière la moins équivoque la formule ou la règle que nous avons énoncée, consistant en ce que l'absence d'arrière-becs des piliers d'un pont, tout au moins dans la région fluviale qui nous occupe plus particulièrement ici, était un témoignage de l'ancienneté relative de ces piliers comparée à d'autres d'un même pont ou d'autres ponts qui seraient munis de cet appendice.

Cette règle paraît être généralement vraie, bien que nous ne prétendions pas affirmer qu'elle ne comporte pas, même sur quelques ponts de la Loire, certaines exceptions qui d'ailleurs la confirmeraient. Mais pour que l'on ne se méprenne pas sur notre pensée, nous ajoutons que ces observations n'ont pas pour but d'établir que toutes les arches isolées et tous les groupes de ces arches disséminés sur l'étendue des chaussées dont nous parlons et tels que les plans authentiques du XVIIe siècle nous les représentent, soient sans exception de construction primitive ; loin de là, nous tenons pour certain que la plupart de ces arches ont été ruinées par les inondations, mais il nous paraît résulter de l'étude des documents et de l'état des lieux que le plus grand nombre a été reconstruit, soit sur leurs piliers primitifs, soit sur des piliers neufs fondés sur l'assiette même des anciens et rétabli d'après les types originaires, c'est-à-dire sans arrière-becs triangulaires se détachant en relief saillant sur l'alignement du parapet. On appréciera plus loin l'utilité de ces considérations et de ces rapprochements dans l'application que nous nous proposons d'en faire pour déterminer, à défaut de preuves plus décisives, l'âge du pont des Tourelles d'Orléans.

Mais, avant de traiter cette question, il nous a paru nécessaire de porter nos investigations sur un élément qui ajoutera son contingent de lumière à la discussion touchant l'âge des ponts que nous avons plus particulièrement pris pour termes de comparaison. Il s'agit des moulins à eaux (1), qui furent,

---

(1) L'invention de ces moulins est attribuée aux Romains, puisque Vitruve en parle. Toutefois, leur usage ne se répandit que lentement dans les Gaules. Le *Dictionnaire des Beaux-Arts*, de Millin, dit que sous les premiers rois mérovingiens cet usage devenait assez commun. Sous les carolingiens, ces usines étaient déjà très nombreuses et une charte de l'empereur Charles le

à des époques diverses, installés sous les ponts de la Loire et dont nous avons déjà eu l'occasion de parler dans le chapitre IV. Au moyen âge, les moulins à eau ne pouvaient être établis sur bateaux, sur cages fixes de maçonnerie, ou sur pilotis, qu'à la condition de ne causer aucun préjudice à la navigation, et tout propriétaire, quelle que fût sa qualité, était tenu de s'y soumettre, sous peine de suppression, de destruction ou de confiscation de ces usines et de réparation des dommages causés aux navigateurs. De nombreux monuments subsistent de cette jurisprudence fondée sur l'application du droit féodal et régalien. Le nombre de ces moulins sur bateaux était très considérable et particulièrement dans les villes, indépendamment de ceux qui étaient installés sous les arches des ponts, mais ces derniers jouissaient de certains privilèges et ne formaient d'ailleurs que la faible minorité de ces sortes d'usines dont les plus nombreuses étaient disséminées sur les rives du fleuve, dans toute l'étendue de son parcours. Les moulins montés dans des cages bâties soit en pierre, soit sur pilotis, étaient beaucoup plus rares que les moulins à nef qui, indépendamment de la moindre dépense de leur construction, possédaient cet autre avantage de permettre de les déplacer à volonté lorsque les circonstances l'exigeaient, ce qui arrivait fréquemment.

En parlant des ponts de Cé, d'Angers, de Tours, de Blois, et de Beaugency, nous avons fait mention des moulins qui y étaient installés et nous revenons sur cette question parce que les documents contemporains renferment quelques indices qui aident à fixer l'époque approximative de la fondation de ces édifices.

En décrivant le vieux pont de Tours, dont le plan des ingénieurs des turcies et levées nous a conservé l'image fidèle à la fin du XVIIe siècle, nous avons signalé sur le prolongement, en aval de la dix-septième arche, les vestiges d'un ancien moulin ruiné. Il est permis de conjecturer, sinon d'affirmer, que ce moulin était contemporain du pont ; mais, en

Chauve, de l'année 857, fait donation à l'évêque de Paris et à ses successeurs « du *grand pont et des moulins* qui sont édifiés dessus ». (A. DUBREUL, *Anciens ponts de Paris*, 1612, pages 235 et suivantes.)

l'absence de date certaine, nous ne nous y arrêterons pas plus longtemps.

A Blois, nous possédons des documents écrits des années 1078 et 1089, qui sont des témoignages à la fois de l'existence des moulins sur ou sous le pont, et par conséquent du pont lui-même : « *duos molendinos ad pontem Ligeris* (1). » Le plan des ingénieurs des turcies et levées, exécuté sur la fin du XVIIe siècle, indique le lieu où les moulins *bannaux et royaux* étaient installés à cette époque ; c'était à la suite des arches nos 4, 5, 6, 8 et 9 à partir de la ville. Ces cinq moulins étaient montés dans des cages fixes adossées à la face d'aval du pont et l'on y accédait par la voie charretière du pont lui-même. Les trois premières arches du côté de la ville paraissent avoir été dégagées de tout obstacle qui aurait gêné l'écoulement des eaux et le passage des bateaux et qui aurait pu contribuer à diminuer l'efficacité des ouvrages militaires qui protégeaient l'entrée de la ville. Les deux premiers piliers de la rive gauche présentaient des allongements considérables, tant en amont qu'en aval (2), sur lesquels il a existé autrefois, ainsi que nous l'avons déjà fait remarquer, plusieurs établissements et ateliers publics ou particuliers, comme des moulins. Nous avons cité plus haut un exemple de ces dispositions pris sur l'arche du pont de Blois qui était désignée sous le nom d'*Effreti*.

Sur les plans des ponts de Beaugency de la fin du XVIIe siècle, l'on n'aperçoit aucune trace d'anciens moulins ; ni indication graphique, ni légende écrite ne permet

---

(1) La préposition *ad* comporte plusieurs sens : *sur, sous, dans, chez, vers, du côté de, auprès de* ; les quatre premiers impliquent l'idée d'incorporation des moulins au pont ; les trois derniers, la proximité et la contiguïté seulement. TOUCHARD LA FOSSE, *Histoire de Blois*, page 32, traduit *ad* par *sous* ; DUPRÉ et BURGEVIN, *Histoire de Blois*, par *auprès*. Nous adoptons le premier sens, le seul véritable *sous* ou *sur*, lesquels dans l'espèce sont identiques, ces deux prépositions ayant la même signification, c'est-à-dire l'incorporation des moulins au pont. Nous verrons plus loin, au sujet du pont de Beaugency, que tel est le sens de la préposition *ad*.

(2) On verra qu'au pont des Tourelles il y eut des moulins à cage fixe installés sous l'arche prolongée en amont de l'axe du pont attenante à la Motte Saint-Antoine (chap. XVII).

d'affirmer, *a priori*, que des moulins aient été juxtaposés ou incorporés à cet édifice ; et pourtant nous possédons des documents authentiques qui en attestent l'existence ancienne. Voici, par exemple, l'extrait d'une charte portant concession faite par Jean, seigneur suzerain de Beaugency, à l'abbaye de Notre-Dame de ce lieu, à l'effet d'établir sur le pont un moulin et une pêcherie ; le moulin doit être placé *sous l'arche « in archa pontis » qui est la cinquième à partir du Castrum* (1). Cette charte est au millésime de 1203. Mais l'abbé de Notre-Dame n'aura pas sollicité cette concession au moment juste où le pont venait d'être achevé, d'où il suit que la fondation de ce pont devait remonter bien plus haut que l'année 1203, ce qui confirme rétrospectivement nos précédentes inductions. Cette charte vient corroborer aussi l'opinion que nous avons exprimée quant à l'absence ancienne des moulins du pont de Blois sur ses trois premières arches. Les fortifications de la tête du pont de Beaugency s'étendaient sur les cinq premières voûtes, d'après les indications positives du plan des ingénieurs des turcies et levées et l'autorisation donnée par Jean de Beaugency à l'abbé de Notre-Dame de n'établir son moulin que *sous, dans, « in »* la cinquième arche à partir du *Castrum* prouve que ces cinq arches étaient libres de tout obstacle qui pût gêner le passage des eaux et des barques ou compromettre la défense de la tête du pont en cas d'attaque dirigée contre la ville.

Les moulins à cages fixes incorporées aux ponts, *« in archa pontis »*, laissaient libre la voie publique destinée aux piétons et aux véhicules qui la parcouraient. Ces cages,

(1) Cette charte porte l'intitulé : « *Quod nos possumus facere unum molendinum ad pontem et unam piscacionem* » ; le texte qui suit donne le vrai sens de la préposition *ad*, sur ou sous l'arche du pont, ainsi que nous l'avons vu plus haut pour le pont de Blois : « *Ego Johannes Belgenciacensis dominus... unum stallum in archa pontis que est quinta a castro Belgenciaci ad faciendum unum molendinum dedi et concessi, et unam piscationem prope molendinum et circa... actum anno gracie* M° cc° III°, *Philippo regnante in Francia, Hugone Aurelianense episcopo, Gaufrido Belgenciacensi existenta abbata.* » (Extrait du Cartulaire de Notre-Dame de Beaugency. *Mémoires de la Société archéologique de l'Orléanais.*)

soit de maçonnerie, soit de bois, étaient adossées le plus généralement à la face d'aval de l'édifice, de manière à gêner le moins possible l'écoulement des eaux et des glaces ; les barques ne naviguaient pas sous les arches occupées, soit à titre permanent, soit à titre temporaire, par les moulins, que leur cage fût fixe ou mobile ; par les moulins à cages fixes, parce que les roues et leur mécanisme de suspension auraient été des obstacles à leur passage (pl. VI, fig. 3, du pont de Blois) ; par les moulins à cage mobile ou à nef qu'on ne retirait de cette position qu'à l'approche des crues et des glaces, qui les auraient infailliblement entraînés ou brisés, ou que dans des circonstances graves qui commandaient l'emploi de cette manœuvre. Nous aurons occasion de signaler quelques-uns de ces déplacements en parlant des moulins du pont d'Orléans, chap. XVII.

Indépendamment des exemples tirés des ponts de Tours, de Blois et de Beaugency, on peut voir d'autres dispositifs d'arches occupées par les moulins à cages fixes sur les ponts de Saumur, où nous avons fait remarquer l'existence d'un moulin *pendu* installé sur une arche en dehors de la voie des piétons, sur les ponts de Cé où l'on voyait trois tournants de moulins en aval et en dehors de la voie charretière, enfin sur les grands ponts d'Angers ou ponts de Foulques Nerra, et sur celui de Treilles, dont presque toutes les arches étaient occupées par des moulins à cages fixes établies, comme les précédentes, en dehors et en aval de la voie qui traversait ces deux ponts.

L'un des deux ponts d'Amboise sur la Loire, qui fut reconstruit par Hugue, seigneur de ce lieu, vers l'année 1110, était appelé le *Pont des Moulins* (1) ; l'absence de plan authentique ne permet pas de reconnaître exactement l'emplacement qu'occupaient ces usines relativement au pont ; mais il est probable qu'elles étaient installées du côté d'aval de ce pont, selon l'usage adopté généralement pour profiter

---

(1) *Pons molendinorum vocatur.* (*Ex gestis ambasiensium dominorum. Historiens des Gaules*, tome XII, pages 510 à 526.)

de l'accélération de vitesse du courant produite par le resserrement des eaux.

Sur la Seine, au moyen âge, les moulins étaient nombreux, et ceux qui avaient été installés sur les ponts de Paris partagèrent leur triste sort aux époques des grandes crues et des débâcles de glace. Charles le Chauve avait fait donation, par une charte de l'année 857, à l'évêque de Paris et à ses successeurs « du grand pont et des moulins qui « estoient ediffiez dessus », avec défense aux comtes de Paris et aux autres juges de troubler les donataires dans la propriété et la jouissance de ces biens. En l'année 1070, le roi Philippe Ier et, en l'année 1137, le roi Louis VII avaient transmis aux religieux de Saint-Martin la propriété des moulins qu'ils avaient sur ce pont et dont le mécanisme était renfermé dans des bâtiments ou cages établis sur le pont même (1). La catastrophe de l'année 1296 ayant détruit le grand pont, on rebâtit à côté de l'emplacement de cet ancien édifice un pont de bois (2) sur lequel furent installés, et à côté les uns des autres, les moulins qui, avant le sinistre de l'année 1296, encombraient le grand pont, ce qui fit donner au nouveau le nom de *Pont aux Meuniers*, sur lequel la circulation publique fut interdite jusqu'à la fin du XVIe siècle. Un incendie le consuma en l'année 1596 avec presque tous les moulins et les maisons dont il était chargé. Rebâti en bois, vers l'année 1598, par Charles *Marchand*, dont il prit le nom, avec une double rangée de maisons symétriques séparées par une rue centrale, il fut incendié une dernière fois en 1621 et les moulins et les maisons devinrent la proie des flammes (3).

(1) MALINGRE, *Antiquités de la ville de Paris*, 1640, tome I, pages 137 et suivantes. — FÉLIBIEN et DOM LOBINEAU, *Histoire de la ville de Paris*, tome Ier, pages 91 et suivantes. — DUBREUIL, *Les anciens ponts de Paris*, pages 235 et suivantes.

(2) Le pont de bois paraît bien avoir existé dès le XIIIe siècle ; existait-il avant la catastrophe de l'année 1296 qui renversa le grand pont, ou ne fut-il bâti qu'après ? Un acte de l'année 1273, qui a précédé une sentence arbitrale de 1296, porte : « le vieux grand pont de pierre lequel souloit estre où le pont des moulins est à présent ». Ce qui donnerait au pont des Molins une existence antérieure à 1296. (BONNARDOT, dans *Paris à travers les âges*, édition Didot, 1875.)

(3) Les historiographes de Paris.

En parlant du pont de l'Arche sur la Seine, nous avons dit que les moulins que l'on voyait encore, en l'année 1856, adossés à sa face d'aval, au moment où ce vieil édifice tombait de vétusté, existaient déjà au XIII° siècle et très probablement avant cette époque, car des rentes sur leurs produits étaient données par les rois à plusieurs établissements publics (1).

La coutume d'établir des moulins sur les ponts des grandes rivières, née au moyen âge, s'était transmise jusqu'aux temps modernes, et leur suppression, comme celle des moulins à nef qui embarrassaient leurs cours, a été commandée par des considérations d'ordre, de convenances, et de nécessités publiques. Cette coutume toutefois ne subsiste encore sur les rivières du domaine national que par une sorte d'exception, comme nous venons d'en citer un exemple pour le pont de l'Arche, en 1856. Mais sur les rivières qui ne sont pas classées navigables et domaniales, l'on rencontre un très grand nombre de ponts auxquels sont accolés des moulins à cages fixes, dont ils sont ou paraissent être des annexes en quelque sorte solidaires et contemporaines.

Avant de passer à l'examen de quelques-uns des ponts de pierre bâtis au XII° siècle, il n'est pas hors de propos de rappeler que si ces sortes d'édifices avaient été une exception avant cette époque, ils le furent encore pendant de longues années, non seulement sur les grands cours d'eau, mais encore sur des rivières de moindre importance où des ponts de bois, auxquels on donnait le nom de *planches* (2), étaient les moyens communément employés pour les traverser. Aussi croyons-nous qu'il est prudent de conjecturer que, lorsque les chroniques contemporaines font mention d'un pont sans en désigner la nature, c'est d'un pont de bois généralement qu'elles veulent parler. Ainsi, avant l'année 1073, les abbayes de Saint-Arnoud et de

---

(1) Bonnin, le pont de l'arche, *Courrier de l'Eure*, 4 novembre 1856.

(2) Voir plus loin le pont des *planches Mibray*, à Paris, qui existait avant le IX° siècle, le pont de Rouen, celui d'Arles, le pont de Saumur, vers le milieu du XII° siècle.

Bouxion-aux-Dames avaient construit à frais communs un pont sur la Moselle, dans le pays messin ; il est bien probable qu'il s'agit d'un modeste pont de bois. En l'année 1120, l'abbaye de Moissac recevait à titre de don gratuit le *pont de planches* existant sur l'Aveyron en un lieu appelé *roca columbaria*. Les chroniques nous apprennent que Louis VII autorisait, en l'année 1122, les bourgeois de Beauvais à refaire les *ponts en planches* sur les eaux du Thérain qui traverse leur ville, et qu'en l'année 1148, ceux de Saint-Quentin, par un arrangement convenu entre eux et le monastère de cette ville, se chargeaient de l'entretien des ponts sur la Somme qui étaient sa propriété seigneuriale (1).

Avant de quitter le XIe siècle, nous devons mentionner l'un des plus anciens ponts de la Loire sur l'âge duquel nous n'avons malheureusement aucun document précis. Mais nous savons que ce pont existait dans la première moitié du XIVe siècle, puisque les annales manuscrites de l'abbaye de Fleury-Saint-Benoît (2) rapportent qu'en l'année 1363 ce pont aurait été détruit par une crue de la Loire, qui est peut-être celle de l'année 1365, laquelle, d'après une charte de cette date, n'aurait renversé seulement que quelques-unes de ses arches. Le chanoine Hubert (3) déclare que le pont de Sully était encore debout sous le règne de Henri IV, mais qu'il n'existait plus en l'année 1650. D'après d'autres annalistes, l'édifice aurait été détruit par l'inondation de l'année 1608 (4). La charte de 1365 autorise les ouvriers qui travaillaient aux fortifications de la ville de Sully à cette époque : « à prendre
« les matériaux aux arches chues de ce pont que Monseigneur
« donne à la ville ». C'était donc un pont de pierre que les crues du fleuve avaient récemment détruit ou notablement compromis. Il a été relevé après ce sinistre, puisqu'il existait encore à la fin du XVIe siècle et qu'il ne fut entiè-

---

(1) CHAMPOLLION-FIGEAC, *Droits et usages*.
(2) Manuscrits de l'abbaye. *Histoire de l'abbaye*, par l'abbé ROCHER.
(3) Manuscrits de la bibliothèque d'Orléans.
(4) L'ESTOILLE, collection Petitot. — L'abbé PATAUD, *Histoire manuscrite de la ville d'Orléans*. (Bibliothèque de la ville.)

rement ruiné que dans les premières années du XVII⁰ siècle, époque à partir de laquelle il n'a plus été rebâti (1). Sully était membre et paroisse de la châtellenie de la Fauconnerie attribuée à l'évêché d'Orléans, dans la mouvance duquel elle était déjà à la fin du XIII⁰ siècle (2). Le pont était donc la propriété de l'évêque, et c'est à ce titre qu'il disposait à son gré des matériaux provenant de sa démolition. Si l'on en croit des documents dont nous n'avons pu constater l'authenticité, le pont de pierre de Sully aurait existé déjà vers le milieu du XI⁰ siècle, car sous les règnes de Henri I⁰ʳ et de Philippe I⁰ʳ, son fils, entre les années 1031 et 1108, les gens de guerre qui tenaient le château de Sully (3) se permettaient de faire des incursions sur les terres seigneuriales de l'abbaye de Fleury-Saint-Benoît qui était située de l'autre côté de la Loire, en passant sur le pont, ce qui prouverait bien qu'il existait un pont à cette époque, et que ce pont était de pierre, ainsi que nous l'avons dit plus haut. Sa longueur devait être considérable, eu égard à la grande largeur du lit du fleuve avant l'endiguement. Un témoin occulaire de la démolition de plusieurs des vieilles arches, en l'année 1833, a déclaré que les arches de ce pont étaient fort étroites et mal fondées, que les pierres de parement ne présentaient pas plus de quarante centimètres d'appareil, que les pieux qui entouraient la fondation des piliers n'avaient pas plus de deux mètres de longueur. Ce témoin croit que la longueur du pont pouvait être de six à sept cents mètres (4). La configuration actuelle des

---

(1) En l'année 1833, un pont suspendu a été construit sur l'emplacement du vieux pont.

(2) BIMBENET, justice temporelle de l'évêché d'Orléans, *Mémoires de la Société archéologique de l'Orléanais*, tome VI, 1863. — *Monographie du château de Sully*, par LOISELEUR.

(3) Il existait à Sully un château féodal avant celui dont on voit aujourd'hui les magnifiques vestiges et dont la construction date peut-être de la chute du vieux pont dans la seconde moitié du XIV⁰ siècle.

(4) Le docteur Boullet croit que ce pont devait être « une œuvre romaine » en raison du voisinage de la ville gallo-romaine *Belca*, aujourd'hui le village de Bonnée, situé à trois kilomètres du pont de Sully, et mentionnée dans l'*Itinéraire* d'Antonin comme une station de la voie de Nevers à Paris par

lieux n'est plus celle du XIe siècle, mais la chaussée qui rattache la culée du pont suspendu aux premières maisons de la rue de Sully n'existait pas encore, et devait être occupée par une partie du pont, lequel pouvait bien avoir plus de cinq cents mètres d'une rive à l'autre.

Le XIIe siècle vit bâtir plusieurs ponts de pierre, parmi lesquels on en cite de très remarquables et qui demeurent célèbres, par exemple celui d'Avignon, sur lequel nous nous arrêterons particulièrement en raison de son caractère exceptionnel ; mais, pour suivre l'ordre chronologique de la création de ces édifices, arrêtons-nous d'abord au pont d'Amboise, bâti sur la Loire vers l'année 1110 par Hugues, châtelain de ce lieu : « *pontem Ligeris composuit* (1) » ; c'est ce puissant seigneur qui fit construire les premières tours de pierre de ce château, ainsi que l'église dédiée à saint Thomas. Ce pont de pierre, séparé en deux parties par une île existant encore aujourd'hui, dut être sans doute l'un des grands monuments hydrauliques de ce siècle ; il avait été réparé et partiellement reconstruit postérieurement à cette époque ; la partie de ce pont qui rattachait l'île à la ville d'Amboise a été reconstruite après la désastreuse inondation de l'année 1866, et quelques années auparavant, pendant la construction des ouvrages de protection de la ville contre les crues du fleuve, nous avions rencontré sous les décombres du quai de la rive gauche quelques-unes des voûtes en arc brisé du pont primitif.

Dès l'année 1134, la ville du Mans possédait déjà un pont de pierre sur la Sarthe, que Philippe-Auguste, assiégeant cette ville en l'année 1189, essaya vainement de détruire (2) ;

Orléans ; mais cet argument est insuffisant comme preuve de l'origine du vieux pont. Aucune voie antique n'est signalée dans la direction de Bonnée à Sully ; les Romains n'auraient certainement pas fait, au prix de sacrifices énormes, un pont aussi considérable dans un but stratégique purement problématique, lorsqu'ils n'en ont pas entrepris sur des rivières de moindre importance, à la rencontre de certaines voies navigables qui sillonnaient le territoire de la Gaule.

(1) *Historiens des Gaules*, tome XII, pages 510 à 526.

(2) *Historiens des Gaules*, « *usque ad pontem lapideum* », tome XII, page 554, et tome XVII, *in vita Henrici II Angliæ regis* « *pontem quemdam*

mais nous ignorons à quel type il faut rattacher ce dernier édifice, quant à la courbure de ses arches.

Les chroniques contemporaines nous apprennent que le grand pont de Rouen avait éprouvé, en l'année 1136, un sinistre considérable; sa tête fortifiée, du côté de la ville, aurait été incendiée (1). Cette mention laconique permettrait, *a priori*, de supposer que le feu aurait détruit les premières travées du pont qui était de bois à cette époque, et qui fut remplacé par l'Impératrice Mathilde, fille de Henri I, roi d'Angleterre (2), vers le milieu du XIIe siècle, par un pont de pierre (3). Opinion confirmée par un document authentique de l'année 1204 qui porte que les bourgeois de Rouen, ayant conclu avec le roi Philippe-Auguste un traité pour la reddition de leur ville (4), s'engagèrent à remettre entre ses mains la barbacane qui défendait la tête du pont, à détruire quatre des *arches* de ce pont du côté de la ville et à établir en avant desdites arches une porte, ou à la murer, selon le bon plaisir du souverain. Le pont était donc de pierre, puisqu'il contenait des *arches*, et comme l'exécution d'une œuvre de cette importance devait exiger nécessairement un grand nombre d'années, l'on doit reporter vers le milieu du XIIe siècle, entre les années 1130 et 1150, la date de l'établissement à Rouen d'un grand pont de pierre sur la structure duquel, piliers et arches, il est regrettable que les chroniques soient muettes et ne nous

lapideum volentes diruere ». Ce pont remontait peut-être au XIe siècle, ou tout au moins au commencement du XIIe.

(1) *Historiens des Gaules*, tome XII, *ex chronico rotomagensi*, page 785, « *hoc anno cœpit ignis in capite magni pontis* ».

(2) Mathilde avait épousé Henri V, empereur d'Allemagne. Devenue veuve en 1126, elle revint en Angleterre. Son père la déclara héritière du trône d'Angleterre et du duché de Normandie. Elle épousa, en 1127, Geoffroy, comte d'Anjou, surnommé *Plante Genest*.

(3) De Laverdy, *Notes et manuscrits de la bibliothèque du roi*, tome III, page 585.

(4) *Historiens des Gaules*, tome XVII, page 58, « *direddenda Rotomagensi urbe Pactum inter cives et Philippum regem francorum, an. 1204, art. VI: nos cives tradimus eidem regi franciæ barbachannam quæ est in capite pontis... Nos diruemus quatuor archas pontis et ad caput arcarum illarum quæ diruentur versus Rotomagum, nos faciemus portam vel obstruemus, sicut eidem regi placuerit* ». (*Rigordus de gestis Philippi Augusti franc. regis.*)

— 255 —

apprennent rien de ce qui intéresse plus particulièrement notre sujet (1).

En l'année 1149, nous trouvons encore dans les provinces du nord-ouest de la France, qui étaient alors soumises au roi d'Angleterre, un des exemples les plus remarquables de la construction de grands ponts de pierre que l'on substituait peu à peu aux ponts de bois dans toutes les provinces de l'ancienne Gaule (2). Ainsi que nous l'avons dit plus haut, Henri II, comte d'Anjou, voulut reconstruire à Angers le pont que Foulques Nerra y avait bâti dès les premières années du XIe siècle; les deux parties de cette ville, séparées par la rivière, ne formaient alors qu'une seule agglomération urbaine, bien que le quartier situé sur la rive droite ne fût pas encore enfermé dans des clôtures, car ce ne fut que durant le cours du XIIIe siècle, sous le règne de saint Louis, que la troisième enceinte enveloppa dans une chemise de pierre les deux quartiers de la ville (3). Le comte d'Anjou résolut donc de favoriser d'une manière spéciale sa bonne

(1) Le pont de Rouen paraît avoir été reconstruit en bois vers l'année 1145, après le sinistre de l'année 1136 ; le pont de pierre de Mathilde s'écroula au XVIe siècle, l'on en voyait encore les vestiges au commencement du XIXe. Les échevins et les conseillers de la ville de Rouen ayant formé le projet de le rétablir, s'adressèrent au célèbre *Salomon de Caus*, qui fut ingénieur et architecte du roi Louis XIII. Les échevins voulaient un pont de bateaux ; Salomon de Caus proposait d'abord un pont de pierre, puis un pont de bois ; les Rouennais tenaient pour un pont de bateaux, qui fut installé vers l'année 1621, et auquel Salomon de Caus demeura étranger. (*Revue des Sociétés savantes*, tome II, 1870, Lettres de Salomon de Caus conservées dans les archives de la ville de Rouen.) — Le pont de bois reconstruit vers l'année 1145 s'appuyait sur une petite île ou plutôt sur un rocher qui émergeait du fond du fleuve. Sur cet îlot, s'élevait une chapelle en bois sous le vocable de Saint-Martin-*du-Pont*. (DE LAVERDY, *loc. cit.*) — En l'année 1144, le comte de Toulouse autorisait l'établissement d'un pont sur le Tarn, à Montauban. Nous verrons plus loin que cet édifice ne fut construit réellement que sur la fin du XIIIe siècle et achevé au commencement du XIVe.

(2) D'après les *Historiens des Gaules*, tome XII, page 359, il y aurait eu un pont en construction à Arles, sur le Rhône, vers l'année 1165. Ce ne pouvait être qu'un pont de bois ou un pont de bateaux. (CHAMPOLLION-FIGEAC, *Droits et usages.*)

(3) D'ESPINAY, *Les enceintes d'Angers*. Au cours de l'année 1144, un incendie avait compromis l'existence du pont de Foulques Nerra. Le chroniqueur a voulu faire allusion soit aux maisons, ateliers ou usines qui étaient

ville d'Angers et de la doter d'un pont exceptionnellement remarquable pour l'époque, moins par la forme ou la grandeur de ses arches, que par la transformation de la voie de ce pont en une véritable rue prolongeant celles de la ville qui y aboutissaient. Le pont de Foulques Nerra avait subi, soit du fait des crues de la Maine, soit par d'autres causes inconnues, des détériorations fréquentes, qui avaient détruit plusieurs arches de pierre que l'on avait remplacées provisoirement par des travées de bois ; Henri II conçut donc le projet de créer une œuvre monumentale et de donner en même temps à ses sujets un témoignage de sa libéralité, car il voulut que la circulation fût libre désormais en tout temps sur le nouveau pont ; que des maisons à plusieurs étages et symétriques y fussent bâties pour recevoir des ateliers, des magasins et des marchandises, afin que les passants pussent y trouver constamment tout ce qui pouvait satisfaire aussi bien les besoins usuels de la vie commune que les désirs du luxe le plus raffiné ; et ce prince poussa la délicatesse de ses attentions envers les Angevins jusqu'à vouloir que les bâtiments qui bordaient les deux rives du pont fussent disposés de manière à protéger les passants contre les ardeurs du soleil. C'est en ces termes que le chroniqueur a enregistré cet événement mémorable (1) ; car ce fut sans doute à l'imitation de ce qui

installés sur l'édifice, soit à des travées de bois qui remplaçaient des arches tombées par suite d'accidents provenant des crues, des glaces, de vétusté ou autrement. (*Ex chronico sanct. Albini Andegav. Historiens des Gaules*, tome XII, page 481.)

(1) « *Ut autem liberum commeatur civibus offeret ; terra, lignis, lapidibus, comportatis construi super aquas in habitaculis ergasteria toleravit ; sic ex opposito sibi respondentia, sic fere sub aqua contignatione disposita, quod pontem medium ex maxima parte ligneum, quasi solidam redigant in plateam, transeuntibus quidem assidue patefactam, sed Phœbo non perviam ; in qua quid usus desideret quid luxus deposcat, abunde reperiet transitus per eam compendiosus* ». (*De origine comitum Andegavensium. Historiens des Gaules*, tome XII, pages 535, 536.) On ne peut induire de ce texte, *a priori*, si les maisons étaient bâties sur les voûtes et sur les piliers, c'est-à-dire sur l'assiette même du pont, ou bien partie sur cette assiette, partie en saillie ou en encorbellement. La seconde hypothèse est la seule vraie, la première paraissant incompatible avec les mots « *Phœbo non perviam* » qui impliquent la continuité des maisons dans la longueur du pont.

se fit à Angers en l'année 1149, que l'usage se propagea dans d'autres pays d'établir sur quelques grands ponts, soit une, soit deux files régulières de maisons d'habitation et de magasins symétriques, même lorsque ces ponts n'étaient faits que de bois, comme nous le verrons plus loin en parlant des ponts de Paris aux XII° et XIII° siècles. Si intéressant que soit l'épisode de la reconstruction du pont d'Angers, nous n'y trouvons aucune indication touchant la forme et la grandeur de ses arches et de ses piliers ; c'est une lacune bien regrettable que le silence du chroniqueur et l'absence de toute autre description ne nous permettent pas de combler (1).

Au nombre des grands ponts de pierre qui furent construits sous le XII° siècle, nous avons déjà eu l'occasion de citer (chapitre IX), celui de Saumur qui remplaça l'ancien pont de bois dont la dépense dut être payée, en exécution d'une sentence souveraine du comte d'Anjou rendue vers l'année 1160, aux bourgeois de la ville par l'abbaye de Saint-Florent, à charge par celle-ci de substituer chaque année une arche de pierre aux travées et planchers de bois. Mais sauf la trace des ruines des piliers de ces ponts, que les ingénieurs des turcies et levées ont rapportées sur leurs plans au XVII° siècle, aucun indice authentique n'est parvenu, à notre connaissance, de la figure géométrique des arches du pont de Saumur, qui ont été contemporaines de celles des ponts de Cé, et vraisemblablement aussi, comme elles, en arc brisé.

Le pont au Change, ou aux Changeurs, sur le bras principal de la Seine à Paris, fut appelé Grand-Pont dès les temps carolingiens, et peut-être même depuis la domination romaine, pour le distinguer du Petit-Pont, construit sur le bras secondaire du fleuve. On a émis, dans ces derniers temps, des doutes quant à l'existence d'un pont sur l'em-

---

(1) En l'année 1175, une crue renversait plusieurs maisons du pont avec les arches, et deux ans après un incendie consumait les autres maisons. (*Ex chronico S. Albinni Andegav. Historiens des Gaules*, tome XII, page 484. *Ex chronico S. Sergii*, an. 1175.) — En l'année 1202, les gens du Roi des Anglais brûlèrent une partie de ce pont. (*Ex chronico S. Albini.*)

placement du pont au Change à des époques aussi reculées. Dès l'année 1141, le pont était déjà bordé de deux rangées de maisons et de boutiques, dont l'une était encore occupée par les changeurs, et l'autre par les orfèvres, en l'année 1618 (1) ; ce dispositif des maisons sur les ponts n'était plus une nouveauté, puisque, au récit de Duchesne, en la *Vie de saint Lubain*, le pont dit les *Planches-Mibray* était, avant le milieu du IXe siècle, couvert de maisons bâties en encorbellement et suspendues sur l'abîme « *domos pendulas* ». Les maisons du pont de Henri II, à Angers, n'auraient donc été qu'une imitation lointaine et perfectionnée déjà de ce qui existait dans les siècles passés sur le pont des Planches-Mibray et, plus récemment encore, sur le pont au Change, depuis l'année 1141, époque à laquelle le change aurait été transporté sur le grand pont par un édit de Louis VII, à l'exclusion de tout autre négoce. Cette destination impliquait l'existence de maisons et de boutiques dont la construction devait être assez précaire et dépouillée de toute symétrie architecturale, s'il est vrai, comme le prétend un chroniqueur, que dès le XIe siècle ce pont était partie de bois, partie de pierre (2). Cette assertion serait confirmée, sinon pour le XIe siècle, tout au moins pour le milieu du XIIe, entre les années 1141 et 1149, car, au témoignage d'un chroniqueur contemporain (3), ce serait en l'année 1175 que Maurice, évêque de Paris, aurait jeté les fondements de la cathédrale de Notre-Dame et entrepris simultanément la construction de deux ponts de pierre, l'un sur la Seine, l'autre sur la Marne, sans désigner le lieu précis où ces deux édifices furent élevés : « *duos « pontes lapideos, alterum super Sequanam, alterum super*

---

(1) SAUVAL, *Antiquités de la ville de Paris*, 1724, tome Ier, pages 215 et suivantes. — MALINGRE, FÉLIBIEN et DOM LOBINEAU, déjà cités. — Les changeurs payaient au roi xx sols par an et par fenêtre. (Charte de 1141 citée par CHAMPOLLION-FIGEAC, *Droits et usages. Annales des ponts et chaussées*, 1864. *Notice sur les ponts de Paris*, par FÉLINE ROMANY.)

(2) JAILLOT, cité par les historiographes de *Paris à travers les âges*.

(3) *Historiens des Gaules*, tome XII, page 298. *Ex chronologia sanct. Mariani altissiodorensis.*

« *Malronam* » (1). A cette époque, le Grand-Pont était propriété seigneuriale ecclésiastique de l'évêque, puisque, par une charte de l'année 857 à 862, l'empereur Charles le Chauve avait fait donation à l'évêque Enée et à ses successeurs du pont qu'il avait bâti de ses propres deniers, et qu'un arrêt du Parlement de Paris, rendu le 11 août de l'année 1550, rappelle que le Chapitre de Notre-Dame avait été substitué aux droits de l'évêque par un traité postérieur ; et comme, d'autre part, il fut justifié par des actes déposés aux archives du Chapitre, non moins que par la notoriété publique, que le Chapitre jouissait des droits de propriété du pont depuis l'année 1245, on tire la conséquence que vers l'année 1175 l'évêque de Paris était propriétaire de cet édifice. Ce ne pouvait donc être que de ce pont et non de celui qui traversait le bras méridional de la Seine, que Guillaume le Breton aura voulu parler en spécifiant la nature de sa construction, car il n'y avait alors que deux ponts à Paris, et le Petit-Pont, qui paraît avoir été reconstruit en pierre sur la fin du XII° siècle, n'aurait pas eu pour auteur l'évêque de Paris, bien que la tradition attribue à Maurice de Sully le rétablissement en bois, vers l'année 1185 (2), de ce petit pont, qui n'aura eu qu'une existence bien courte, puisqu'il fut ensuite refait en pierre, comme on va le voir plus loin.

Le Grand-Pont fut-il épargné par la crue de la Seine survenue en l'année 1219 ? Nous l'ignorons absolument. Ce que nous savons, c'est que cette crue ébranla le Petit-Pont. Et, au témoignage des historiens, il faut arriver à l'année 1281 pour enregistrer une autre catastrophe : la crue de la Seine, survenue à cette époque (3), « rompit la maistre arche du

---

(1) Le pont de la Marne est peut-être celui de Charenton dont il est fait mention dans le testament de Philippe-Auguste, de l'année 1222. (*Historiens des Gaules*, tome XVII, page 114.) — GUILLAUME LE BRETON, MORANDIÈRE, *Cours de construction des ponts*, ont dit par erreur que jusqu'en l'année 1500 on n'avait construit à Paris que des ponts en charpente. Le Grand-Pont et le Petit-Pont avaient été bâtis en pierre plus de *trois siècles* auparavant.

(2) CHAMPOLLION-FIGEAC, *Droits et usages*.

(3) *Historiens des Gaules*, tome XX, page 515. — GUILLAUME DE NANGIS, *Vie de Philippe III*.

« grand pont et quassa et froissa des autres jusqu'à VI ». Ce texte permettrait d'affirmer que le Grand-Pont contenait plus de sept arches (1), assertion que l'absence de documents contemporains ne permet ni d'adopter, ni d'infirmer ; la même incertitude subsiste quant à la date de la restauration ou reconstruction de cet édifice que la crue diluvienne de l'année 1296 vint renverser de fond en comble avec les maisons dont il était couvert et les moulins installés sous ses arches : « *duo pontes lapidei cum molendinis et domibus super œdi-*« *ficatis atque castelleto parvis Pontis totaliter corrue-runt* » (2). Au témoignage d'un historiographe, on aurait essayé de rebâtir le Grand-Pont en l'année 1323 et l'on aurait même relevé l'un de ses piliers sur les fondements de l'ancien édifice ; la nouvelle construction, refaite entièrement de bois, sauf les autres piliers dont on ignore la nature, aurait duré en cet état jusqu'à l'année 1612 (3). Il est vrai que d'autres écrivains contestent ces dates, et, d'après leur témoignage, un pont de bois aurait été reconstruit dès l'année 1304 sur les ruines de l'édifice écroulé huit ans auparavant ; ce pont aurait été emporté de nouveau par la crue de la Seine en l'année 1374 (4) et, après ce dernier événement, la circulation aurait été rétablie sur le pont aux Meuniers. Au milieu de toutes ces contradictions et en l'absence de documents précis, dont la plupart nous font défaut, il nous est impossible de dissiper tous les nuages, d'éclaircir toutes les obscurités, et de voir clair dans ces ténèbres. Quoi qu'il en soit, le pont au Change ou Grand-Pont et le pont aux Meuniers, qui était

---

(1) Malingre soutient que le pont fut complètement détruit. Dubreul, Sauval, Félibien et Dom Lobineau sont de cet avis.

(2) *Historiens des Gaules*, tome XX, page 863 ; *Chronique de Saint-Denis, Chronicon Guillelmi de Mangiaco ;* Malingre, Dubreul, Sauval, Félibien et Dom Lobineau. Malingre invoque les documents de la *librairie* de Saint-Germain-des-Prés et les témoignages de Jacques Meyer, auteur des *Annales de Flandre*, et de frère Pierre le Juge, auteur de l'*Histoire de sainte Geneviève*, livre 3.

(3) Dubreul-Sauval rectifie ces deux dates qu'il remplaça par 1325 et 1618.

(4) Historiographes de *Paris à travers les âges*. Suivant ces écrivains, les glaces de l'hiver de l'année 1408 auraient ébranlé quatorze boutiques de changeurs qui occupaient un des côtés du pont ; les orfèvres occupaient l'autre, d'après Guillebert ou Gilbert de Metz, en l'année 1430.

contigu « et qui étaient bâtis tous deux sur des pieux de bois,
« furent incendiés en trois heures avec les maisons qu'ils
« portaient, en l'année 1621 » (1) ; les maisons et les moulins
annexés à ces deux édifices furent dévorés par les flammes
et leurs débris engloutis dans le fleuve ou entraînés par les
eaux. Ce ne fut qu'une vingtaine d'années après ce double
sinistre, vers l'année 1639 ou 1641, que l'édilité parisienne
prit la résolution de rebâtir *en pierre* le pont au Change,
auquel on donna une largeur énorme, afin de suppléer les
deux ponts sur le commun emplacement desquels il allait
être construit et de le couronner en guise de parapets d'une
double file de maisons à quatre étages (2). Un autre historiographe (3) a consigné dans ses annales des détails techniques
d'un haut intérêt. Il rapporte, en effet, qu'au moment du rétablissement de cet édifice, en l'année 1641, l'on retrouva dans
l'enceinte de l'un des batardeaux du nouveau pont, de vieilles
maçonneries de pierre de taille bien parementées qui avaient
fait partie d'un ancien pilier muni d'un avant-bec triangulaire
et coupé *carrément* en aval du pont. Toutes ces pierres de
grand appareil étaient assemblées à queue d'aronde, réunies
avec du mortier de ciment très dur, et reliées les unes aux
autres par des crampons plombés : « aucune n'était taillée
« en cintre, mais leurs parements étaient verticaux, à la façon
« d'un pont plat en bois posé sur des piliers ». L'historiographe
raconte qu'il a lu de ses yeux la relation écrite de ce qui
précède et qu'il a appris des maîtres ouvriers du pont en
reconstruction que : « les autres piliers et le pont tout entier
« étaient de la même fabrique » ; que sous ces maçonneries de
glos blocs de pierre de taille, si intimement unis que pour en
arracher un « il fallait arracher une assise tout entière », on
trouva des billes de bois de chêne longues de sept à huit
pieds, larges de dix et épaisses de six, « qui ne ressemblaient
« aucunement à une plate-forme ; par dehors ces bois étaient
« noirs comme de l'ébenne, et par dedans de la couleur qu'ils
« devraient avoir si on les eût taillés tout nouvellement, ce qui

(1) FÉLIBIEN et DOM LOBINEAU, *loc. cit.*
(2) *Ibid.*
(3) SAUVAL, *loc. cit.*

« fait voir, continue-t-il, qu'on a raison de croire que le chêne
« ne pourrit point dans l'eau; et tout de même qu'*anciennement*
« *on ne mettait point sous les piles des ponts ni plate-forme ni*
« *pieux et que c'est une invention des derniers temps* ». Ces
passages sont fort instructifs au point de vue technique en ce
qu'ils montrent : que les piliers des deux ponts les plus
anciens de la Seine à Paris n'étaient pas munis d'arrière-becs
triangulaires ; que les piliers étaient simplement fondés sur
le sol, creusé à une profondeur demeurée jusqu'ici inconnue,
et très irrégulièrement recouvert d'un lit de pièces de bois
couchées horizontalement; que les blocs de pierre de taille
étaient cramponnés, et que spécialement les bois de la fondation, dont l'enveloppe extérieure était *noire comme de
l'ébène*, avaient conservé la couleur de leurs fibres et tissus
intérieurs aussi naturelle que s'ils venaient d'être récemment
mis en œuvre. Rien dans ces détails n'est propre à nous faire
connaître l'âge exact des piliers démolis vers l'année 1641,
pas plus que les figures géométriques des arches que les
crues des années 1281 et 1296 ont renversées. Nous y trouvons du moins certaine similitude et quelques points de
comparaison avec plusieurs ponts dont nous avons examiné
précédemment la structure, et avec d'autres édifices dont
nous aurons à nous occuper ultérieurement.

Nous avons dit, au chapitre VIII, que le *Petit-Pont*, jeté sur
le bras méridional de la Seine, était probablement de bois à
l'époque du siège de Paris par les Normands, en l'année 886 ;
il était alors muni d'un château de bois qui en formait la
tête fortifiée et qui fut plus tard nommé le Petit-Châtelet.
Au témoignage d'un historiographe (1), ce pont, rebâti en
pierre au XII° siècle, n'aurait duré que onze ans ; reconstruit
après ce dernier désastre, il aurait été renversé de nouveau
par une inondation en l'année 1207. C'est vers cette époque
que nous trouvons pour la première fois sur ce pont
quelques détails précis que nous allons rapporter, en
égard à leur double importance historique et technique.

Un contemporain, qui vivait au commencement du

(1) Sauval.

XIII⁰ siècle, Godefroy ou Geoffroy, chanoine de l'abbaye de Saint-Victor, a laissé une description pittoresque du Petit-Pont tel qu'il était sur la fin du XII⁰ siècle avant sa destruction par l'inondation de l'année 1206 qui lui enleva trois arches (1). Ce chroniqueur a fait connaître les constructeurs et les raisons qui ont motivé l'exécution en pierre de cet édifice. Godefroy rapporte en effet que quelques-uns des instituteurs « *scholarchæ* » établis sur la montagne de Sainte-Geneviève (2) avaient fixé leur domicile au pied de cette montagne sur le bord de l'eau, et que, dans le but d'attirer les élèves qui habitaient en l'île de la cité, ils prirent la résolution de construire de leurs propres mains et avec leurs ressources, sur le petit bras de la Seine, un pont en remplacement de celui qui avait été renversé par les crues de la fin du XII⁰ siècle. Cet édifice, au témoignage de l'annaliste, était remarquable par l'élégance de ses formes « *elegantis formæ* », ce qui aurait fait donner aux *scolarchæ* le surnom de *petits constructeurs de ponts* « *parvi Pontenses* », par opposition sans doute aux frères hospitaliers *pontifes*, qui florissaient à cette époque « *factorum pontium* », dont nous nous occuperons dans les chapitres suivants. Les instituteurs de la montagne Sainte-Geneviève construisirent donc ce pont de leurs propres mains et le couronnèrent de maisons pour s'y loger, d'où leur est venu le nom d'habitants du pont « *pontis incolæ* ». L'édifice, d'après le chroniqueur, n'était pas moins digne d'attention par ses dispositions architecturales que par le choix, la préparation et la mise en œuvre des matériaux : « des fondements, composés de gros blocs de
« pierre parfaitement équarris et appareillés, soutenaient l'édi-
« fice qui semblait reposer sur des *piliers d'airain* capables
« de braver toutes les attaques de la Seine. Sur le corps de
« ces piliers, prolongés en dehors du pont et qui devaient lui

---

(1) *Historiens des Gaules*, tome XVIII, pages 797 et 798. Extrait des miracles de sainte Geneviève, par un anonyme chanoine de Sainte-Geneviève.

(2) « En la haulte partie de la ville où les escoles sont », (GILBERT ou GUILLEBERT DE METZ, dans sa description de Paris vers l'année 1430.) — Le Petit-Pont rattachait l'île de la Cité au quartier de la rive gauche dit *l'Université*. (*Revue archéologique*, 12⁰ année, pages 193 et 442.)

« assurer une existence *sans limites*, s'élevaient de petits édi-
« fices que l'on nomme *exedres*, de l'intérieur desquels la vue
« embrassait le cours du fleuve et plongeait jusque dans ses
« profondeurs. On y jouissait du plaisir de la natation aux
« époques où les ardeurs du soleil invitent à rechercher la
« fraîcheur des eaux de la Seine. C'est dans cet édifice qu'une
« confrérie de vénérables instituteurs, aussi respectables par
« l'âge et le savoir que par la régularité de leurs mœurs, avait
« fait élection de domicile et distribuait aux enfants du
« peuple une abondante instruction. » Tel est le sens de la
description laissée par le moine Godefroy dans sa prose
versifiée. Une particularité très digne de remarque au point
de vue technique, c'est le silence du chroniqueur sur le mode
des fondations des piliers : les blocs de pierre équarris
reposaient-ils directement sur le sol plus ou moins creusé
ou sur un échiquier de pilotis ? On peut à bon droit
s'étonner que l'annaliste, qui a décrit avec une admiration
non dissimulée tous les détails de la construction, ait gardé
le silence sur le mode de fondations, ce qui nous autorise à
inférer que l'on n'employa pas la méthode des pilotis qui
eût été dans cette circonstance une nouveauté sur laquelle le
chroniqueur aurait certainement appelé l'attention de ses
lecteurs. Quoi qu'il en soit, les pronostics du chanoine de
Saint-Victor en faveur de ce remarquable édifice, auquel on
promettait une existence éternelle, ne devaient pas se réaliser.
L'inondation de l'année 1206 enlevait trois arches du pont
avec les maisons superposées et les moulins qui en formaient
des annexes « *tres arcus parvi pontis fragit et quam plures
domos ibidem evertit* » (1). Un chroniqueur, qui fut témoin
oculaire de la catastrophe, en a laissé une description pittoresque, quasi-technique et saisissante : « le pont de pierre,
« dit-il, que l'on distingue du grand pont de Paris par le
« nom de Petit-Pont, touchait à son heure dernière. L'on y
« pouvait en effet apercevoir, et très distinctement, de larges
« crevasses béantes qui en sillonnaient les murailles, ses

---

(1) *Historiens des Gaules. Rigordus de gestis Philippi Augusti.* Tome XVII, page 61. — DUBREUL et SAUVAL, *loc. cit.*

« mortiers étaient désagrégés, ses pierres ne tenaient plus
« les unes aux autres, et le pont tout entier menaçait de
« s'abîmer dans une chute inévitable et prochaine, et de
« fait, au crépuscule du soir, le pont s'écroula » (1). Ce pont
fut sans aucun doute relevé, mais de quelle manière, nul
ne le sait probablement. Ce que l'on n'ignore pas, c'est qu'il
paraît avoir été fortement éprouvé par les crues de la Seine,
survenues peu de temps après, puisque, au témoignage d'un
autre historiographe de Philippe-Auguste, l'année 1219 lui
aurait fait subir de telles dégradations que la circulation y
était suspendue (2). Quoi qu'il en soit, de réparations en
réparations, cet édifice put se soutenir encore et subsister
jusqu'à la fin du XIII° siècle, époque à laquelle il fut définitivement ruiné par les inondations des années 1280 et 1296
qui renversèrent aussi son châtelet qui en commandait le
passage (3). Il resterait à apprendre par quels moyens
techniques et par quels procédés le Grand-Pont et le Petit-
Pont, qui l'un et l'autre s'abîmèrent simultanément dans la
Seine, furent rétablis. Est-ce à partir de ce double désastre
que les architectes hydrauliciens en revinrent au système
des ponts de bois ? Dubreul prétend que les deux ponts
furent reconstruits « en bois *sur pilotis* et durèrent jusqu'à
« l'année 1314 » et il ajoute que le Petit-Pont fut rebâti en
pierre postérieurement à cette date ; mais un chroniqueur
contemporain est plus explicite et plus exact : l'hiver de
l'année 1325 fut, dit-il, très rigoureux, et à la fonte des glaces,
les deux ponts qui étaient encore de bois furent rompus :
« *utriusque pontis Parisius lignei post glaciei dissolutionem*

---

(1) « *Pons lapideus qui respectu Majoris pontis ejusdem urbis Parvus pons appellatur, ruinam promistebat. Videres in ipso ponte appertissimas rimas et amplissimas, cæmentum demolitum, lapides disjunctos ad invicem et ipsum pontem ruinosum et in proximo ruiturum et in noctis crepusculo parvus pons corruit* ». (*Historiens des Gaules*, tome XVIII, pages 797, 798.
— *Ex miraculis sanctæ Genovefæ*, par un anonyme chanoine de Sainte-Geneviève.)

(2) « *Pons qui parvus dicitur, aquis inundantibus, suum viatoribus officium denegabat, maio mense fere jam medio* ». (*Historiens des Gaules*, tome XVII, page 113. Guillelmus armoricus de gestis Philippi Augusti.)

(3) *Chronicon Guillelmi de Nangiaco*, loc. cit. Félibien et Dom Lobineau.

« *ruptio secuta* » (1). Ce qui prouve qu'entre les deux catastrophes qui ont signalé les années 1296 et 1325, les deux ponts de Paris étaient de bois, contrairement à l'opinion de Dubreul qui prétend que le Petit-Pont aurait été rebâti en pierre peu après l'année 1314, à l'aide des amendes imposées aux juifs qui habitaient la ville. Ce ne fut que sur la fin du XIVe siècle que ce pont ayant été rompu de nouveau, l'on mit la main à l'œuvre pour sa reconstruction, dont Charles VI posa la première pierre en l'année 1394 ou 1395, mais cet édifice, dit-on, n'aurait duré qu'un an (2). Les dépenses furent supportées par la ville et prélevées sur les deniers ordonnés pour les travaux divers et les fortifications (3). La circulation ne pouvait pas demeurer indéfiniment suspendue ; il fallut, en 1406, aviser aux moyens de bâtir un nouveau pont avec le concours des Trésoriers de France, de l'Hôtel de Ville, du Parlement, du Châtelet, de l'Evêque de Paris, du Roi, de la Reine et des grands personnages du royaume (4) et, en l'année 1409, Charles VI, par lettres patentes délivrées au moment de l'achèvement de l'édifice, ordonnait que les loyers des maisons élevées sur ce pont seraient versés dans le Trésor municipal et que, moyennant cet accroissement de revenus, la ville serait tenue à l'avenir d'entretenir et de réparer le Petit-Pont (5). Ce dernier ouvrage était-il de bois, était-il de pierre ? Nouvelle incertitude. Tout porte à croire, cependant, qu'il était encore de bois et qu'il traversa le XVe siècle, à la fin duquel il aurait été détruit, puis rebâti dès les premières années du XVIe siècle par le frère Joconde, qui reconstruisit à la même époque le pont Notre-Dame (chap. XIII) (6).

Nous ne pousserons pas plus loin nos recherches sur le

---

(1) *Historiens des Gaules*, tome XX. *Continuatio chronici Guillelmi de Nangiaco*, page 639, et *Chronique de Saint-Denis*, page 718. — DUBREUL, *loc. cit.*

(2) SAUVAL, *loc. cit.* — FÉLINE ROMANY, Notice sur les ponts de Paris (*Annales des Ponts et Chaussées*, 1864).

(3) SAUVAL, *loc. cit.*

(4) *Ibid.*

(5) DUBREUL, *loc. cit.*

(6) FÉLIBIEN et DOM LOBINEAU, FÉLINE ROMANY, *loc. cit.*

Petit-Pont de Paris et nous nous arrêterons au seuil même de la renaissance du XVIe siècle.

Avant que le cycle du moyen âge fût fermé, Paris avait vu s'élever sur les deux bras de la Seine qui enveloppaient la cité, indépendamment des Grand et Petit Ponts, trois autres édifices hydrauliques connus sous les noms de Planches-Mibray, pont aux Meuniers et pont Saint-Michel. Nous ne rappelons ici en quelque sorte que pour mémoire les deux derniers. Quant au pont des Planches-Mibray, auquel le pont Notre-Dame fut substitué, nous y reviendrons dans le chapitre XIII, à la suite des ponts du XIVe siècle, en considération des particularités techniques qu'il présente. Le pont aux Meuniers fut bâti tout en bois pour le service des moulins, ainsi que son nom primitif l'indique; il a peut-être été construit avant le XIIIe siècle, tout au moins il existait à cette époque, d'après un acte de l'année 1273 et une sentence arbitrale de l'année 1296 où l'on cite : « le vieux « grand pont de pierre lequel souloit estre ou le pont des « Molins est à présent » (1). A la suite de chacun des accidents qu'il éprouvait, soit du fait des eaux, soit du fait de l'incendie, ce pont fut toujours restauré en bois. Ce mode de construction étant étranger à notre étude, qui n'a pour objectif que les ponts de pierre du moyen âge, nous n'en parlerons pas. Le pont Saint-Michel lui-même, dont la construction première ne remonterait qu'à la fin du XIVe siècle, n'offre rien qui soit de nature à nous arrêter, d'autant moins que *Dubreul* dit qu'il fut bâti en bois par Hugue Aubriot, prévôt de Paris, en l'année 1384 ; que *Sauval* prétend, au contraire, qu'il fut bâti en pierre, avec des arches, sous Charles VI, en l'année 1387 ; qu'enfin *Felibien* et *Dom Lobineau* assurent, comme Sauval, que le nouveau pont fut bâti en pierre avec des maisons par-dessus et aux frais de la ville de Paris. Nous n'entreprendrons pas de vider le différend qui n'offre aucun intérêt pour nos études et nous passons outre. Mais pour demeurer fidèle, autant que possible, à l'ordre chronologique, nous rappellerons que le

---

(1) JAILLOT, cité par les historiographes de *Paris à travers les âges*.

grand évêque Maurice de Sully, qui fut l'un des plus fameux bâtisseurs du XII° siècle, faisait, en l'année 1168, avec la comtesse de Meulan un traité ayant pour objet la construction à frais communs *d'un pont de pierre* sur la Seine dans cette ville (1). Les annales contemporaines ne nous apprenant rien de particulier ni sur les dispositions techniques, ni sur les formes architecturales des piliers et des voûtes, nous nous bornerons à signaler l'existence de cet édifice sans nous y arrêter plus longtemps.

Après avoir conduit, dans les huit premiers chapitres, le lecteur à travers les obscurités des dix premiers siècles, nous sommes arrivé à une époque de renaissance et de rénovation proprement dites, l'an mil, à partir de laquelle nous voyons les grandes constructions religieuses, militaires et civiles prendre un essor et un développement inconnus jusque-là. Nous avons montré dans le chapitre IX de quels éléments nouveaux l'architecture en général, mais l'architecture hydraulique en particulier, allait être dotée pour établir les voûtes sur un galbe jusqu'alors inusité ; nous sommes entré dans quelques développements sur l'emploi simultané de l'arc brisé, du plein cintre et de l'arc de cercle, exprimant le regret que le silence des chroniqueurs, l'absence de documents graphiques et la destruction des monuments hydrauliques, soit par la vétusté, soit par l'incurie ou la main des hommes, nous laissent dans une complète ignorance sur les formes géométriques que donnèrent aux voûtes et aux piliers des ponts les premiers constructeurs hydrauliciens des XI° et XII° siècles. Dans les chapitres X et XI, nous avons transporté le lecteur à Angers, et d'Angers à Tours, Blois et Beaugency, pour y étudier les ponts qui furent bâtis dans ces villes au cours du XI° siècle, et en particulier les formes probables de leurs voûtes et celles des piliers sur lesquels elles reposaient. Nous avons, indépendamment des types de voûtes et de piliers, appelé l'attention sur les moulins qui furent des annexes très importantes des ponts

---

(1) CHAMPOLLION-FIGEAC, *Droits et usages*. — VIOLLET-LE-DUC, *Dictionnaire d'architecture*, au mot *Pont*.

de cette époque, comme ils l'ont été dans les siècles suivants, et sur les ponts de bois ou *planches* qui furent en usage concurremment avec les ponts de pierre, avant comme après le XII° siècle. Enfin nous avons ramené le lecteur successivement à Amboise, au Mans, à Rouen, à Angers, à Paris et à Meulan, pour lui montrer des ponts de pierre dont la construction remontait authentiquement au XII° siècle. Nous avons particulièrement examiné les deux ponts de Paris, le Grand et le Petit-Pont, les deux plus importants qui rattachaient à cette époque l'île de la cité avec les deux rives de la Seine, et essayé d'apporter quelques éclaircissements dans la narration chronologique des accidents survenus à ces édifices, des renversements, reconstructions et réparations dont ils ont été l'objet. Nous n'avons insisté que sur les ponts *de pierre*, les seuls dont nous nous proposions d'étudier les types, que l'insuffisance des documents contemporains, les incertitudes et les contradictions enveloppent d'épaisses ténèbres. Le fait qui nous a paru se dégager de cette analyse, c'est que les accidents qui ont frappé les ponts de Paris aux époques où nous sommes, qui ont causé aux architectes hydrauliciens tant d'insomnies et les ont conduits, par une sorte de désespérance, des ponts de bois aux ponts de pierre, des ponts mixtes de bois et pierre aux ponts de bois, pour revenir, ballottés et découragés par les catastrophes, dans les mêmes sentiers, pour aboutir aux mêmes insuccès, jusqu'au jour où, abandonnant le système des fondations des piliers reposant sur un sol mobile incapable de résister aux corrosions de la rivière en crue et aux débâcles des glaces, on ait inauguré la méthode de fondations sur pilotis qui seule pouvait, dans l'état des connaissances techniques de l'époque et de l'insuffisance des procédés et des moyens mécaniques, assurer aux piliers des ponts une stabilité et une durée supérieures à celles que l'on avait obtenues dans le système opposé. Ce n'est pas que la méthode des pilotis, telle qu'on l'employait à son début, fût capable de donner la solution du problème de la stabilité relative de ces ouvrages ; il a fallu du temps et de l'expérience pour la perfectionner, et nous en verrons dans le chapitre XIII une application décisive faite en l'année 1500 dans la reconstruction du pont Notre-Dame.

Nous allons ouvrir le chapitre suivant par l'étude descriptive et succincte du fameux pont de Saint-Bénezet d'Avignon, bâti sur la fin du XIIe siècle et qui fut contemporain des deux ponts de Paris, le Grand et le Petit-Pont, reconstruits en pierre entre les années 1175 et 1196, par l'examen desquels nous avons clos le présent chapitre.

CHAPITRE XII

SUITE DE LA PÉRIODE CAPÉTIENNE ET FÉODALE

Des ponts au moyen âge à partir du milieu du XIIe jusqu'au commencement du XIIIe siècle. — Des ponts : d'Avignon, — de Carcassonne, — de Béziers, — de Metz. — De divers autres ponts. — Des passages des rivières à gué durant cette période.

Avant d'entrer dans l'examen du pont d'Avignon, connu sous le nom de Saint-Bénézet, rappelons d'abord un fait préliminaire qui se rattache à la mémoire de son illustre fondateur. Les religieux qui s'étaient constitués en confrérie sous le nom d'Hospitaliers Pontifes ou constructeurs de ponts, sur l'institution desquels nous reviendrons plus loin, chapitre XIV, auraient exécuté, croit-on, leur premier ouvrage à Maupas, au diocèse de Cavaillon, vers l'année 1158 (1). Il ne nous est resté aucune indication précise ni de l'importance, ni des dispositions techniques et des formes de ce pont de pierre que nous nous bornons à mentionner par égard pour la corporation célèbre qui rendit de si importants services et dont le souvenir est inséparable de celui de saint Bénézet.

(1) CHAMPOLLION-FIGEAC, *Droits et usages*; VIOLLET-LE-DUC, *Dict. d'arch.* au mot *Pont*. Le lieu de Maupas, situé sur la Durance, à onze kilomètres d'Avignon, prit, à la fin du XIIe siècle, le nom de *Bonpas* qu'il a conservé. La ville de Cavaillon est située à vingt-deux kilomètres d'Avignon, sur la Durance, comme Bonpas. (Voir le chap. XIV.)

Le pont d'Avignon, qui passe à juste titre pour le plus important comme aussi le plus célèbre, non seulement parmi ceux qui furent construits au cours du XII° siècle, mais encore parmi ceux qui l'ont précédé et suivi, ce pont, disons-nous, eut pour auteur et maître des œuvres un humble pâtre du Vivarais. Les Bollandistes ont enregistré dans leurs annales, sous le sceau de témoignages authentiques, plusieurs documents du plus haut intérêt sur cet édifice qui fut regardé comme un chef-d'œuvre en même temps qu'un prodige (1) et dont les quelques arches subsistantes encore aujourd'hui attestent l'inspiration manifeste de son fondateur, sa résolution inébranlable et sa foi invincible qui le livrèrent d'abord à la dérision publique, puis à la persécution, et le conduisirent au seuil même du martyre (2). Ces qualités surnaturelles furent secondées par une intelligence et une aptitude auxquelles on chercherait vainement à attribuer une origine purement humaine et qui surpassent toute croyance dans un pauvre enfant sans instruction et sans prestige, sans ressources ni appui d'aucune sorte (3). Ainsi d'ailleurs qu'on l'avait déjà fait avant lui sur d'autres rivières de la Gaule franque, Bénézet utilisa les îlots qui émergeaient du Rhône, bien qu'ils ne fussent pas sur une direction rectiligne en face de la cité d'Avignon. Guidé par l'instinct pratique qui, partout alors dans ces œuvres d'ordre purement matériel,

---

(1) C'est l'opinion généralement admise dans les temps modernes, parmi les hommes de l'art, comme parmi les contemporains de saint Bénézet. « *Præpositus avenionensis dixit Benedicto : tu dicis facere pontem ubi Deus, nec Petrus, nec Paulus, nec etiam Carolus (magnus), nec alter facere potuit.* » (*Act. sanct. de sanct. Benedicto, fundatore pontis avenionensis*).

(2) « *Causa derisionis missus est ad præpositum villæ ut excoriaret eum, vel abscinderet sibi manus et pedes, quia pessimus et gladiator erat.* » (*Act. sanct., loc. cit., id est homicida vel latro, gloss. Ducange.*)

(3) « *Cum præ magnitudine nemo crederet hoc facturum Benedictum..... cum sumptus non haberet, sed populi ab eo nutu divino commoniti, illud opus perfecerunt..... Sepultus est Benedictus super illum pontem mirificum..... propter ætatis staturæque brevitatem Benezettus seu Benedictulus vocatus adolescens Benedictus..... puer Benedictus oves matris suæ regens in pascuis..... vilis persona et nihil habens.* » (*Act. sanct. de sanct. Benedicto.*)

subordonnait à l'utilité sinon l'art et la technique proprement dits, du moins la raideur géométrique, Bénézet eut le secret de combiner dans une admirable harmonie ces deux éléments, sans sacrifier les exigences économiques de l'une aux convenances artistiques des autres ; brisant l'axe de son pont, il alla chercher sur les îlots qu'il apercevait devant lui des lieux propres pour y poser, à l'abri des eaux ordinaires et surtout des petites crues du fleuve qui sont la cause la plus fréquente des retards et des mécomptes, les fondements et les premières assises de ses piliers sur les points où le rocher se rencontrait à une faible profondeur. Et là où le rocher manquait, l'architecte improvisé imita ce qui se faisait déjà de son temps et ce qui se fit depuis (1) ; il échoua sur le fond de gravier du lit des blocs de pierre qui servirent de base aux piliers que l'on protégea contre les corrosions par des enrochements considérables, qui sont encore de nos jours noyés dans une profondeur d'eau de sept mètres au-dessous de la naissance des arches. Le parti un peu risqué auquel s'était arrêté Bénézet lui permit d'établir ses fondations dans des conditions satisfaisantes au triple point de vue de la solidité, relative au moins, de celles qu'il ne put asseoir sur le rocher, de l'économie et de la rapidité de l'exécution de l'ensemble de ce grand ouvrage (2). Onze ans suffirent en effet pour achever un pont de vingt-une arches gigantesques, les plus grandes que l'on eût entreprises avant lui, et qui s'étendait sur une longueur de neuf cents mètres (3), résultat surprenant et presque incroyable, lorsqu'on sait que le pont d'Orléans, construit au XVIIIe siècle avec neuf arches

---

(1) Vieux ponts de Blois, d'Orléans, de Sully : dans ces trois ponts, les pieux d'enceinte remplaçaient les enrochements du pont d'Avignon. Au XIXe siècle, les piliers du pont suspendu de cette dernière ville ont été établis dans le système des fondations du pont de saint Bénézet. On verra plus loin un exemple de ce système de fondation, au pont de Saint-Georges à Metz, à peu près contemporain du pont d'Avignon.

(2) « *Etenim istic ubi pons structus est varias parvas insulas format Rhodanus quæ commoditatem præbuerunt fundandarum pilarum.* » (*Act. sanct. et act. ex manuscript. archivii Avenionensis.*)

(3) C'est par erreur que Morandière a dit, dans son *Cours de construction des ponts*, 1874, que cette longueur n'était que de six cents mètres.

seulement, avait exigé neuf années et le concours réunis de tous les moyens techniques et scientifiques, matériels et pécuniaires, que la civilisation moderne mettait au service des ingénieurs. Aussi les Avignonnais contemporains de saint Bénézet, émerveillés de ce résultat prodigieux, ont-ils déclaré au procès de canonisation que ce pont ne pouvait être qu'œuvre divine et qu'il n'avait pu être bâti que par la puissance de Dieu « *per virtutem Dei* » (1). Les anciens témoignages écrits, ainsi que les plans des vestiges du pont d'Avignon relevés de nos jours et comparés aux représentations graphiques conservées des derniers siècles, ne laissent absolument aucun doute sur la forme de l'axe du pont, qui était une *ligne sinueuse et point du tout droite* (2). Cette brisure de l'axe, conseillée par la disposition naturelle des lieux et par l'instinct pratique, était, avons-nous dit, admise au moyen âge, et nous en avons produit quelques exemples qui avaient précédé l'application faite par Bénézet à ce merveilleux édifice qu'il n'eut pas la satisfaction de terminer, car la mort vint le surprendre en l'année 1184, sept ans après en avoir posé les fondements (1177) et quatre ans seulement avant son achèvement (1188). Jusqu'à ce novateur étrange, les hydrauliciens du moyen âge n'avaient pas osé projeter de larges voûtes sur les fleuves ; et les premières qui furent surhaussées en arc brisé pendant le XIe siècle et la première moitié du XIIe ne présentaient-elles que de faibles portées, et cette timidité, bien justifiée d'ailleurs, laissa son empreinte sur les arches de la plupart des ponts pendant quelques siècles. Il était réservé à un pauvre pastoureau, absolument ignorant de toutes les choses de la terre, d'étonner ses contemporains par la hardiesse de son plan et l'audace de sa résolution, comme s'il eût été habitué par profession, lui simple berger adolescent, à braver des difficultés de cet ordre et à les vaincre. Bénézet, à force de science infuse plutôt que d'expérience acquise, jette sans hésitation sur ce fleuve

---

(1) BOLLANDISTES, *Ex authenticis mss. archiv. avenion. Depositiones testium.*

(2) « *Parvas insulas format Rhodanus unde factum ut pons ipse nequaquam rectus, sed sinuosus sit.* » (*Act. sanct. et ex manuscript.*, loc. cit.)

impétueux des arches de pierre de plus de trente mètres d'ouverture, laissant bien loin derrière lui tout ce qui s'était fait en ce genre, même chez les Romains. L'architecte improvisé venait d'ouvrir à la technique des grandes voûtes des ponts une voie nouvelle au seuil de laquelle les constructeurs stupéfaits s'arrêtèrent longtemps encore sans oser s'y engager. Ce coup de maître, couronné par un succès merveilleux, confirma les contemporains dans la croyance de l'inspiration surnaturelle du petit berger, qui éclatait d'ailleurs à leurs yeux par d'autres témoignages irrécusables, et couronna sa mémoire d'un prestige et d'une auréole de gloire dont sept siècles n'ont pu ternir la splendeur et l'éclat. Comme David enfant, fortifié par l'esprit d'en haut, avait terrassé le géant, de même aussi Bénézet, enfant lui-même « *adolescens* », avait dompté le Rhône, cet autre géant qui avait défié les plus entreprenants et les plus audacieux bâtisseurs, y compris les Romains passés maîtres en cette matière. Les dépouilles mortelles du vainqueur tombé sur le champ de bataille témoin de son triomphe furent déposées dans la chapelle érigée en l'honneur de saint Nicolas, patron des mariniers, sur le deuxième pilier du pont. C'est dans ce mausolée que reposèrent, durant plusieurs siècles, les restes de celui que l'Église a placé sur ses autels et qu'elle vénère sous le nom de saint Bénézet (1).

Le pont d'Avignon fut dès son origine accompagné d'un hospice organisé à l'imitation des hôpitaux du Saint-Esprit et de Saint-Antoine, et d'une maison conventuelle dont saint Bénézet aurait été, au moins nominativement, le premier prieur (2). Construit dans un but éminemment pacifique, ce

---

(1) La chapelle de saint Bénézet, qui devint un lieu de pèlerinage très célèbre, fut érigée sur le deuxième pilier du pont, à partir de la ville (ou le troisième si l'on compte la culée de rive pour un pilier). Les témoins entendus au procès de la canonisation ont déclaré que Bénézet avait exprimé le désir d'être enseveli dans cette chapelle « où il est encore », disaient ces témoins. Le corps du saint fut, pour cause de réparation du pont, retiré en l'année 1669 de la chapelle où il reposait depuis l'année 1185 et réintégré dans ce sanctuaire en 1672. (*Act. sanct.*, *loc. cit*, *depositiones test. ex authenticis mss. archivii avenionensis.*)

(2) *Chorographie et histoire de Provence*, 1736, pages 162 et suivantes, du tome II, par Honoré BOUCHE, docteur en théologie.

pont était devenu, par la force des événements politiques et religieux, un siècle et demi après son achèvement, un ouvrage militaire. Philippe le Bel, en l'année 1307, bâtissait le châtelet de Villeneuve qui commandait la tête du pont sur la rive droite, et vers le milieu du XIVe siècle, les Papes élevaient un autre châtelet sur la rive opposée pour fermer l'entrée d'Avignon. Ces deux châtelets subsistent encore de nos jours. Toutefois, sauf cette double forteresse, sa chapelle et son hospice, le pont d'Avignon ne nous offre, ni dans la composition générale, ni dans la forme et la dimension de ses arches et de ses piliers (1), aucun terme de comparaison avec le pont des Tourelles d'Orléans au point de vue technique et l'étude de ses parties constitutives mettra le lecteur à même de conclure ultérieurement que ces deux monuments appartiennent à des écoles d'architecture hydraulique parfaitement distinctes.

Le pont de Saint-Bénézet se composait de vingt et une arches; les vestiges des piliers et les arches subsistantes aujourd'hui permettent d'apprécier numériquement la portée des arches mesurée entre les naissances, et de reproduire la forme géométrale ; il est rationnel d'inférer que les arches manquantes étaient profilées sur le même galbe. Le type en est l'arc de cercle, dont le centre se trouve au-dessous de la ligne horizontale qui joint les naissances des arches dont les quatre premières, qui sont encore debout, mesurent de 21^{m}80 à 34^{m}80 de portée. En relevant exactement la forme graphique de la quatrième, on a trouvé qu'elle avait été tracée avec un rayon de 20 mètres. Le corps de chaque arche était formé de quatre arceaux ou arcs-doubleaux de pierre de taille juxtaposés, presque indépendants et faiblement liaisonnés tant en douelle que dans le corps même de la voûte, les deux extrêmes appareillés en bandeau extradossé selon la méthode romaine, comme au pont aqueduc du Gard. Les avant-becs étaient de forme triangulaire très effilée et parementés de pierre d'appareil ; les arrière-becs étaient iden-

---

(1) Sauf un point de ressemblance indiqué plus haut quant au système de la fondation sur le gravier des piliers qui ne reposent pas sur le rocher.

tiques ; leur sommet, dérasé à peu près à la moitié de la hauteur du parapet, se terminait en glacis pyramidal très aplati. Au-dessus de ces appendices s'ouvrait une baie ou petite arcade de plein cintre traversant le corps du pont d'un tympan à l'autre, et pouvant au besoin faciliter l'écoulement des eaux pendant les plus grandes crues du fleuve. C'était l'*œil* du pont (*occulus*) imité des Romains. La largeur du pont entre ses têtes n'était que de 4ᵐ90. Les piliers avaient, au niveau des naissances, une faible épaisseur comparativement à ceux des ponts voûtés en arc brisé que l'on bâtissait aux XIᵉ, XIIᵉ et XIIIᵉ siècles dans d'autres régions de la Gaule franque, car le rapport de cette épaisseur à l'ouverture des arches n'était en moyenne que de 0,25. C'est un des caractères singuliers de cet édifice qui témoigne de la hardiesse de son constructeur.

Nous avons dit que Bénézet avait bâti sur l'avant-bec du second pilier, en partant de la ville, une chapelle dédiée à saint Nicolas, et que ce grand ouvrage fut complété, selon l'esprit du temps, par un hospice et un monastère qui entraient indubitablement dans le plan du fondateur (1). Si ces annexes ne furent pas établies de son vivant, elles l'auraient été au plus tard vers l'année 1187, trois ans après sa mort, ainsi qu'il appert d'un acte de cette date concédant au prieur du pont, successeur de Bénézet, et à ses frères une église, un cimetière et une chapellerie. Les historiens ne sont pas d'accord sur les emplacements qu'auraient occupés ces divers bâtiments dans le voisinage plus ou moins immédiat du pont et du fleuve, mais dont quelques-uns devaient en être fort rapprochés (2) et qui furent collectivement et indistinctement désignés par l'*œuvre* ou la *maison du pont*. Comme le sol de la cité était, au XIIᵉ siècle, de six mètres

---

(1) GRÉGOIRE, ancien évêque de Blois, *Recherches historiques sur les congrégations hospitalières des frères pontifes ou constructeurs de ponts*, Paris, 1818. — CHAMPOLLION-FIGEAC, *Droits et usages*. Ce dernier auteur prétend que saint Bénézet fit établir, avant sa mort, l'hospice et la maison conventuelle en ajoutant toutefois qu'il règne une grande incertitude sur ces dates.

(2) Honoré BOUCHER, DOM VAISSETTE, *Histoire du Languedoc*. — GRÉGOIRE, CHAMPOLLION-FIGEAC,

plus bas que le dessus du pont, il a fallu racheter cette différence de niveau du côté d'Avignon par des escaliers qui furent vraisemblablement ménagés soit autour, soit dans l'intérieur de la porte qui fermait l'entrée de la ville, et du côté de Villeneuve par une rampe très inclinée.

Au XIV° siècle, le roi de France établissait, sur la rive droite de Villeneuve, une tour et des défenses formidables, et de leur côté les Papes, qui avaient fait de cette ville le siège de leur gouvernement, redoutant ce dangereux voisinage, transformèrent la porte primitive de la cité en un solide châtelet, de sorte que le pont de Saint-Bénézet se trouva métamorphosé en un pont militaire, contrairement aux intentions et aux prévisions de son fondateur. Les crues du Rhône, les glaces, les faits de guerre ont, à diverses époques, plus ou moins compromis l'œuvre admirable de saint Bénézet, non moins que l'imprévoyance et l'incurie des hommes qui n'ont pas su conserver ce monument que les contemporains regardaient comme une œuvre divine (1), que le chancelier de l'Hôpital exaltait dans ses vers (2), et auquel les modernes accordent un tribut unanime d'éloges et d'admiration (3).

Sur la fin du XII° siècle et dès le commencement du XIII°, l'arc gothique s'épanouissait dans les provinces du domaine royal dont Paris était le centre géographique et politique, et, sous l'inspiration des évêques et des rois unis dans un même sentiment de réaction contre la suprématie du clergé régulier, l'on voyait s'élever les magnifiques cathédrales aux voûtes en arc brisé (4), qui devaient éclipser les

---

(1) Les Bollandistes ; les témoins au procès de canonisation. Les deux premières piles du côté d'Avignon ont été entourées d'une enceinte de pieux et palplanches, en l'année 1856, pour les protéger contre les affouillements.

(2) . . . . *nil ponte superbius illo*
Quem subtus Rhodanus. . . . .

(3) *Ce pont l'un des plus beaux et des plus considérables ; ce pont savamment construit ; ce beau monument.* (VIOLLET-LE-DUC, *Dict. d'arch.* au mot *Pont.*) — *Ce pont miraculeux ; cette œuvre immense.* (CHAMPOLLION-FIGEAC, *Droits et usages.*)

(4) Noyon, Paris, Bourges, Laon, Soissons, Chartres, Rouen, Coutances, Angers, Tours, etc.

basiliques des plus célèbres abbayes : les principes caractéristiques des architectures romane et byzantine cédaient la suprématie au nouvel art qui, sous le nom d'architecture ogivale ou gothique, allait régner sans partage et systématiquement dans la construction des monuments religieux pour les voûtes de grande portée. Le temps était venu où les voûtes surhaussées en arc brisé détrôneraient les voûtes de plein cintre; cependant, les maîtres des œuvres étaient loin d'être unanimes sur le point de savoir s'il convenait de substituer dans tous les édifices indistinctement des provinces de la Gaule franque les principes de la nouvelle école ; il y eut au contraire une sorte de protestation et de réaction contre ces principes, ou comme un parti-pris de défiance ou de routine, à l'ombre et à la faveur desquels les architectes hydrauliciens, constructeurs de ponts, persistèrent dans leur préférence quant à l'emploi des voûtes en arc brisé de faible portée et des grandes et des petites voûtes soit de plein cintre, soit surbaissées. La tentative hardie de saint Bénézet et le magnifique succès de son œuvre magistrale demeurèrent d'abord sans écho dans le monde des praticiens. Troublés à la vue de ces immenses voûtes surbaissées en arc de cercle de plus de trente mètres de portée, qui chassaient leurs piliers en dehors avec plus d'énergie encore que les voûtes de plein cintre et qui dominaient le fleuve indompté, les architectes hydrauliciens ont pu ne voir dans ce coup d'essai, à le juger superficiellement, qu'une sorte de réaction contre l'avénement de l'arc brisé que l'on allait appliquer aux grandes voûtes des basiliques dans un but diamétralement opposé, et dont les constructeurs de ponts n'avaient pas encore fait usage pour les voûtes de ces édifices, d'une dimension comparable à celles du pont d'Avignon. Quoi qu'il en soit, les petites voûtes en arc brisé continuèrent d'être en faveur, comme les voûtes classiques de plein cintre ou les voûtes surbaissées, dans l'établissement des grands ponts durant de longues années. Au fond, cette sorte de réaction apparente n'était qu'une réminiscence de l'art romain, qui était encore vivace à cette époque dans les provinces orientales et méridionales de la Gaule franque.

C'est sur ce type que furent bâtis, vers la fin du XII° siècle, au temps de la construction du pont d'Avignon et de la mort de son illustre fondateur, saint Bénézet, vers l'année 1184, les ponts de Carcassonne sur l'Aude, et de Béziers sur l'Orb. Les arches de l'un et de l'autre étaient de plein cintre (1). Dans le premier de ces deux édifices les avant et arrière-becs étaient triangulaires et allongés comme au pont d'Avignon, mais, contrairement à ce qui s'est fait sur ce dernier, les voûtes sont construites par assises ou rangées de voussoirs continus et reliés en lit de pose au lieu de l'être par des arcs-doubleaux simplement juxtaposés. Au pont de Béziers, les piliers étaient coupés carrément en aval, ce qui prouve derechef que les architectes hydrauliciens n'entendaient pas se laisser emprisonner dans des formules immuables, même dans leur application à des édifices similaires et bâtis presque simultanément sur les rivières des provinces limitrophes, formules qui pourtant avaient plus d'un terme commun. C'est ainsi encore que furent ou paraissent avoir été construits les ponts de Metz sur la Moselle, à la fin du XII° et dans le cours du XIII° siècle, dont celui de Saint-Georges paraît être le prototype et que nous nous bornerons à examiner ici (2). Cet édifice, qui probablement existait déjà à la fin du XII° siècle, paraît avoir été le premier construit *en pierre* dans cette ville, avec trois arches au type de l'arc de cercle, qui ne sont ni égales, ni cylindriques et dont la plus

---

(1) Le vieux pont de Carcassonne subsistait encore dans ces derniers temps ; il avait cinq mètres de largeur et ses avant et arrière-becs sont montés jusqu'à la chaussée ; il était autrefois protégé du côté opposé à la cité par une formidable défense qui enveloppait le faubourg. Sur la rive droite le pont se rattachait aux murailles de la cité. Une chapelle du XV° siècle était annexée au pont. Le comte de Béziers fit abandon, en sa qualité de seigneur suzerain, aux bourgeois de Carcassonne de ce pont qu'ils avaient construit à leurs frais, mais dont il était propriétaire foncier, sous la réserve qu'ils lui payeraient une faible redevance annuelle et que les produits du péage seraient appliqués à l'entretien de ce monument qui s'appuyait sur une île et qui comportait onze arches, dont deux sur le bras gauche, cinq sur le bras droit, deux sur l'île et deux sur la berge de rive droite. (VIOLLET-LE-DUC, *Dict. d'arch.* aux mots *Pont* et *Siège*. — CHAMPOLLION-FIGEAC, *Droits et usages*.)

(2) RAILLARD, *Les principaux ponts du moyen âge à Metz*.

grande mesure une portée de quinze mètres cinquante centimètres, et la plus petite de onze mètres. Les voûtes primitives étaient formées par quatre arcs-doubleaux de pierre de taille, dont le vide intermédiaire fut rempli de maçonnerie ordinaire; le rapport de l'épaisseur des piliers à l'ouverture de l'arche centrale dépassait 0,50. Tous les avant-becs présentaient une section en arc brisé très allongé, et tous les arrière-becs une section triangulaire; les uns et les autres ne paraissent avoir été couronnés de chaperons que postérieurement à leur construction; les piliers n'ont pas été fondés sur le terrain solide, mais simplement sur les graviers de la Moselle, sans grillages, plates-formes, ni pilotis. Comme la plupart des ponts du moyen âge, celui de Saint-Georges était sinueux. Sa tête d'amont était couronnée par une file de maisons qui reposaient partie sur des madriers, poutres, contrefiches et corbeaux de pierre (1). C'était une imitation des maisons suspendues de temps immémorial au pont des *Planches-Mibray* à Paris (chapitre XI). Les voûtes des ponts de Metz furent-elles à l'origine tracées en arcs de cercle surbaissés ou en arcs brisés auxquels les arcs de cercle avaient été postérieurement substitués ? Le mode de construction des voûtes de ces ponts trahit leur forme originaire; il paraît hors de doute que l'arc de cercle fut adopté systématiquement pour les ponts de Metz, à l'exclusion de l'arc brisé, presque en même temps que l'arc de cercle était préféré à Avignon, le plein cintre à Carcassonne et à Béziers, et un peu plus tard l'arc de cercle aux ponts de la Guillotière et du Saint-Esprit sur le Rhône. Cette coïncidence de l'art romain et de l'art ogival dans la Gaule franque, sur les confins de la Germanie, qui imprimaient simultanément leur sceau sur les grands ponts comme sur les édifices religieux, confirme ce que nous avons dit plus haut des réminiscences de l'école romaine :

« Le retard dans l'adoption du type ogival, au XIIIe siècle,
« d'après un savant archéologue qui a fait une longue étude
« des constructions du moyen âge, et la persistance de
« l'architecture romane parallèlement au style ogival primi-

---

(1) Les niches pratiquées dans le parement de la tête du pont pour loger les abouts des contre-fiches sont encore apparentes de nos jours.

« tif sont remarquables en Lorraine et dans le pays messin.
« La formation complète du genre gothique a été plus tar-
« dive dans les provinces du centre que dans celles du nord,
« et si l'on s'avance dans le Lyonnais, la Provence et le
« Dauphiné, les monuments de ce style deviennent de plus
« en plus rares (1). » Un autre auteur non moins compétent
dit aussi : « Le style ogival avait envahi toute la France à la
« fin du XIII° siècle, sauf la Provence, la Bretagne, la
« Guyenne, et quelques diocèses du Midi où il ne pénétra
« que plus tard. L'ogive n'a jamais été en grande faveur dans
« le Dauphiné, la Provence et le Languedoc ; il semble que
« les artistes aient tenu à y conserver les traditions de l'art
« antique. Les églises entièrement en arc brisé du Midi
« datent surtout des XIV°, XV° et XVI° siècles. Les archi-
« tectes de ce pays ont été les derniers à employer l'ogive
« d'une manière systématique et absolue (2). »

La ville de Nantes était, de temps immémorial, munie de ponts de bois dont l'établissement est bien antérieur à la fin du XII° siècle. Mais les historiens ne rattachent qu'à des temps relativement modernes la construction en pierre des ponts sur les six bras du fleuve de la Loire qui séparaient la ville des territoires de la rive gauche. Au XII° siècle, les ponts étaient encore de bois et c'est des édifices de cette nature que Constance, duchesse de Bretagne, confirmait l'ancienne concession par une charte mentionnée dans une histoire locale : « en l'année 1188, la duchesse Constance confirma ou octroya
« aux *religieux* de la Madeleine la possession des ponts depuis
« Pirmil jusqu'à la ville, avec ordre d'entretenir cette donaison
« ou autrement qu'ils soient *damnés à tous les diables et qu'ils*
« *endurent la peine avec le trahiste Judas* » (3). Le pont de

---

(1) DE CAUMONT, *Architecture religieuse dans le rudiment d'archéologie*, 5° édition, 1870, page 522.

(2) BATISSIER, *Histoire de l'art monumental*, pages 518, 547, et suivantes. — D'après Viollet-le-Duc et d'autres écrivains (*Dict. d'arch.*, tome I, p. 370), le Château des Papes, à Avignon, a été construit au milieu du XIV° siècle, de 1336 à 1370, et les remparts de cette cité ont été réédifiés aux environs de l'année 1350 ; l'*arc brisé* entre comme type architectural dans les constructions.

(3) Note sur la reconstruction de deux ponts sur la Loire à Nantes, par

Pirmil, qui joignait la rive gauche, se composait depuis les époques les plus reculées, de onze piliers en pierre d'une épaisseur excessive, sur lesquels il ne paraît pas que des voûtes en pierre aient été construites avant l'année 1565 ; les piliers les plus épais varient de sept à huit mètres, les plus minces de cinq à six, pour les voûtes de plein cintre ou surbaissées de vingt deux à onze mètres. Les voûtes du XVIe siècle ont remplacé les planches de bois. Onze piliers sont munis d'avant-becs *triangulaires* et sont coupés *carrément* ou *polygonalement* en aval ; *un seul* est accompagné d'un arrière-bec triangulaire. Le pont des Récollets qui vient à la suite présente quatre arches de plein cintre, trois piliers dont les épaisseurs varient de six mètres cinquante centimètres à trois mètres soixante quinze centimètres pour des ouvertures passant de sept mètres soixante-dix-huit centimètres à quatre mètres cinquante centimètres. Les piliers offrent cette particularité remarquable qu'ils sont dépourvus d'*avant et d'arrière-becs*, comme le pont de Toussaint qui est jeté sur le troisième bras et qui comprend trois arches de plein cintre de 5^{m}70 à 5^{m}35 d'ouverture, dont les deux piliers également dépourvus d'*avant et d'arrière-becs* offrent des épaisseurs variant de 5^{m}50 à 5^{m}00. Le quatrième pont à la suite, nommé pont de la Madeleine, présentait onze arches de plein cintre ou surbaissées, dont la plus large avait 9^{m}50 de portée et la plus étroite 8 mètres et des piliers variant de 7 mètres à 5 mètres, munis d'avant et d'arrière-becs triangulaires. Le pont de la Belle-Croix, qui est le cinquième à partir de la rive gauche, était formé de piliers massifs reposant sur un sous-sol compressible, dont les constructeurs avaient augmenté la résistance en le lardant d'un grand nombre de petits pieux juxtaposés. Ces piliers étaient très épais « et « les pleins, dit l'auteur de la note, étaient *plus grands* « que les vides, sur ces piliers étaient placées des travées « en bois » (1).

LECHALAS, ingénieur en chef. (*Annales des ponts et chaussées*, 1865). Nous n'avons pas sous les yeux les chroniques dont il s'agit, de sorte que nous n'avons pu indiquer ni leur date, ni leur auteur.

(1) Nous n'avons pas de notion précise sur le sixième et dernier pont qui

Il résulte de cette analyse que parmi les piliers de ces ponts qui présentaient des épaisseurs relativement très considérables, un certain nombre n'étaient pas munis d'arrière-becs et que quelques-uns même étaient dépourvus d'avant et d'arrière-becs. Ces dispositions sont caractéristiques d'une incontestable ancienneté. Leur grande épaisseur, qui dépasse tout ce que nous avons raconté jusqu'ici, ne pouvait pas être motivée par la nécessité de leur faire supporter le poids des voûtes de pierre, puisqu'il n'en existait pas à l'origine, mais par celle de donner à ces piliers un plus large empatement, afin de prévenir leur enfoncement dans les terrains vaseux très compressibles qui forment le lit du fleuve à Nantes; la multitude de petits pieux découverts récemment sous les piliers du vieux pont de la Belle-Croix, qui n'avaient eu antérieurement qu'à supporter de simples « travées de bois », est la preuve rétrospective et matérielle de cette opinion (1). Les ponts de bois de Nantes reposant sur des piliers de maçonnerie auraient été successivement remplacés par des voûtes, et nous avons cité le pont de Pirmil qui a subi cette transformation vers le XVIe siècle. Si l'on doit s'en rapporter aux souvenirs de l'au-

est voisin de la poissonnerie, et qui est le premier en partant de la ville pour traverser le fleuve. Les dimensions que nous avons fait connaître pour les épaisseurs des piliers et l'ouverture des arches montrent que le rapport entre les épaisseurs de ces piliers et les ouvertures des arches, pour les divers ponts, varie de 0,35 à 0,96 et que, pour le pont de la Belle-Croix, ce rapport était supérieur à 1.

(1) Les terrains vaseux compressibles du lit de la Loire, à Nantes, sont un obstacle à l'établissement de constructions stables, à moins de précautions particulières et dispendieuses. Les hydrauliciens du moyen âge l'avaient bien remarqué, et nous pouvons citer des faits récents entre plusieurs qui justifient leurs craintes. Ainsi, en 1854, nous avons fait construire, à quelques kilomètres en amont de Nantes, sur la rive gauche du fleuve, une écluse de garde contre le flot de marée à l'embouchure du canal de Haute-Goulaine dans la Loire. On a dû établir cette écluse sur une vaste plateforme en bois supportée par des pieux enfoncés de quinze mètres dans le sous-sol vaseux. Et les ponts du chemin de fer qui traversent la Loire entre Nantes et l'écluse de Goulaine ont été fondés plus récemment sur des piliers descendus à dix-huit mètres de profondeur au moyen de caissons métalliques et de l'air comprimé, sans même que l'on atteignît, pour la plupart, le *schiste micacé* qui constitue le fond solide à plus de vingt-cinq mètres au dessous des basses eaux du fleuve et qui est recouvert sur cette épaisseur par des terrains de transport anciens et modernes.

teur de la *Topographie des Gaules* (1), rajeunis par le crayon d'un habile architecte, les avant-becs des piliers de ces ponts auraient été surmontés de maisons et de boutiques, et le vide de quelques-unes des travées aurait été occupé par des moulins. Bien que les détails techniques tirés des anciens ponts de Nantes ne présentent aucune corrélation, même lointaine, avec le pont des Tourelles d'Orléans, nous les avons reproduits pour compléter la preuve de l'existence ancienne des ponts sur la Loire, même dans les localités qui se prêtaient le moins à l'établissement de ces sortes d'édifices, par la double considération de la grande largeur du lit du fleuve et de la nature très défavorable du sous-sol sur lequel ils devaient être fondés.

Avant de terminer ce qu'il nous a paru intéressant de noter sur les ponts du XIIe siècle, nous croyons qu'il n'est pas hors de propos de mentionner encore quelques épisodes qui s'y rattachent. C'est ainsi qu'en l'année 1190, les rois de France et d'Angleterre, Philippe-Auguste et Richard Cœur-de-Lion, s'en allaient de compagnie guerroyer en Palestine contre les infidèles; chemin faisant, leurs armées traversèrent le Rhône à Lyon; les chroniqueurs racontent que cette multitude avait à peine franchi le fleuve que le pont s'écroula, non sans faire encore beaucoup de victimes (2). Nous ne retenons de la narration de cette catastrophe que le fait de l'existence d'un pont *fixe* sur le Rhône à Lyon, soit en pierre, soit en bois, et non d'un simple bac ou d'un pont de bateaux. On ignore la nature de la construction du pont, qui d'après le texte latin pourrait être indifféremment de *pierre* ou de *bois*, puisque le verbe « *cecidit* » exprime aussi correctement la chute de l'un que de l'autre ; mais soit de bois, soit de pierre, ce pont s'effondra sous le poids de la multitude qui s'y était pressée pour le franchir et dont les traînards auront été engloutis avec ses débris (3). Huit ans après cette catastrophe, un pareil évé-

---

(1) *Topographie de la Gaule*, gravures de MÉRIAN. — VIOLLET-LE-DUC, *Dict. de l'arch.* au mot *Pont*.
(2) *Hist. des Gaules*, t. XVII, p. 500. *Pons cecidit non sine læsione virorum et mulierum.* (*Ex Benedicti Petroburgensis vita Henrici II, Angliæ regis.*)
(3) Des érudits modernes ne doutent pas que ce pont était de bois et qu'il

nement arrivait devant Gisors, et si Philippe-Auguste avait échappé à la mort en traversant le Rhône à Lyon, peu s'en fallut qu'il fût moins heureux dans cette seconde circonstance. Les rois de France et d'Angleterre, qui avaient fait trêve à leurs querelles pour aller guerroyer ensemble les Sarrasins en Palestine, recommencèrent à se disputer avec plus d'acharnement dès qu'ils furent rentrés dans leurs États. En l'année 1198, par exemple, les deux champions se livraient un combat sanglant aux portes de Gisors. Philippe, battu par son rival, dut chercher le salut dans la fuite, mais le pont de Gisors s'effondra sous le poids de la multitude de ses gens, et tous, pêle-mêle, tombèrent dans la rivière (1). Le récit du chroniqueur laisse quelque doute sur la nature du pont « *fractus* » qui fut rompu ou brisé, ce qui ne semble pas caractériser un pont de *bois* plutôt qu'un pont de *pierre*.

Comme dans les siècles précédents, les gens de guerre en campagne rencontraient le plus souvent des ponts sur les rivières et les chroniqueurs ne mentionnent les passages à gué qu'à titre de faits purement exceptionnels motivés par des circonstances locales. Ainsi, au cours de l'année 1189, Philippe-Auguste résolut de prendre la ville de Tours qui appartenait au roi d'Angleterre (2) ; gagnant par une marche rapide les bords de la Loire, il arrive en face de la ville dont le fleuve le séparait ; mais là il s'aperçoit que le pont venait d'être détruit « *diruto* » par les indigènes secondés par les gens du roi des Anglais. Comme il y avait péril en la demeure, il fallait brusquer l'attaque et, à défaut de pont, passer la Loire à gué. Les trois chroniqueurs français (3) racontent que Philippe, entrant

occupait l'emplacement du pont de la Guillotière, qui fut reconstruit cinquante-cinq ans plus tard, par le pape Innocent IV, chapitre XIII. (BRUGUIER-ROURE, *Les constructeurs de ponts au moyen âge*.)

(1) *Pons fractus est præ multitudine intrantium et ipse rex cecidit in riviera de Epte et bibit ex ea.* (*Histoire des Gaules*, tome XVII, page 589, *ex Rogeri de Hoveden annalium parte posteriori*.) Le malin chroniqueur anglais s'égaie en disant que le roi de France *a bu un coup*.

(2) *Anno 1188, mortalis guerra orta est inter regem Franciæ et regem Angliæ, unde terræ eorum in omni parte destructæ sunt.* (*Histoire des Gaules*, tome XVII, page 486, *ex Benedicti Petroburgensis, loc. cit.*)

(3) *Guillelmus Armoricus de gestis Philippi Augusti ipsius regis Capel-*

dans l'eau monté sur son palefroi, traça avec des jalons ou balises le chemin que ses gens devaient suivre, et que dès qu'il eut atteint la rive opposée toute l'armée royale leva ses tentes, s'ébranla et, suivant son chef héroïque, gagna heureusement l'autre bord ; ce que voyant, la ville se rendit presque aussitôt à discrétion. Chacun des chroniqueurs encadre son récit d'une teinte plus ou moins transparente de merveilleux. Ils assurent que le roi *découvrit*, contre toute espérance, un *gué* sur lequel personne avant lui n'était passé, plus audacieux et plus heureux que César qui laissa à ses cavaliers le mérite de la découverte du gué de la Loire à Bourbon-Lancy. Deux des historiographes, plus enthousiastes, ne craignent pas d'affirmer que la Loire, qui était *haute*, *s'abaissa* en ce moment, puis remonta à son niveau dès que l'armée royale eut atteint l'autre rive (1). Les bourgeois de Tours, ajoute l'un des annalistes, témoins de ce miracle, reconnurent l'autorité du roi « car ils sorent bien que Diex ovroit (travaillait) pour lui » (2). Si les choses s'étaient réellement passées ainsi, il y faudrait voir un *miracle* tout à fait comparable au passage de la mer Rouge par les Israélites, car il est aussi impossible à une armée de traverser à gué la Loire aux environs de Tours, lorsqu'elle est en crue, qu'il eût été à Moïse de traverser sans un miracle la mer Rouge à pied sec. Les récits des deux derniers chroniqueurs français, manifestement entachés d'exagération courtisanesque, sont ramenés à leur juste degré de vérité par le chroniqueur anglais (3), qui raconte simplement que le roi Philippe traversa à gué la Loire avec ses gens, ce qui, dit-il, put se faire sans péril « *præ modicitate aquæ* » à cause des *eaux basses* que l'on trouve dans le fleuve à cette époque de l'année : « *post festum nativitatis Beati Johannis* », après *la Saint-Jean*. C'est en effet vers le mois de juillet que les

---

lanus. (*Histoire des Gaules*, tome XVII, page 69.) — *Rigordus de gestis Philippi Augusti Francorum regis*. (*Histoire des Gaules*, tome XVII, p. 28.) — Et les gestes de Philippe-Auguste extraits des Grandes chroniques de France dites de Saint-Denis. (*Histoire des Gaules*, tome XVII, page 369.)

(1) Rigord et les *Grandes chroniques*.
(2) *Grandes chroniques de France*.
(3) *Ex Benedicti Petroburgensis vita Henrici II, Angliæ regis*. (*Histor. des Gaules*, tome XVII, page 489.)

eaux sont basses dans cette rivière. Le merveilleux disparaît pour ne laisser de place qu'à la simple réalité. Philippe-Auguste et son armée furent obligés de passer la Loire à gué, mais à une époque de *basses eaux*, parce que le pont de Tours avait été rompu par les bourgeois de la cité et que la traversée ne pouvait pas se faire autrement. Dans la saison des crues l'événement aurait été regardé avec raison comme un prodige.

Neuf ans après, en l'année 1198, le duc Philippe, marchant vers le Rhin à la tête d'une grande armée, traversait la Moselle à gué, profitant d'une *baisse des eaux* si extraordinaire que depuis plus d'un siècle, au rapport du chroniqueur liégeois, on n'avait rien observé de semblable : « *præ siccitate nimia Mosella transitum liberum præbuit* » (1). Nous voyons ici un nouvel exemple de passage de rivière *à gué* dans des circonstances exceptionnellement favorables, ainsi que nous en rencontrerons encore d'autres au cours du siècle suivant.

Richard d'Angleterre et Philippe-de-France, animés l'un contre l'autre d'une rivalité croissante qui ne leur laissait ni trêve ni repos (2), se croyaient personnellement protégés par la main de Dieu qui, à en croire leurs historiographes, multipliait les miracles pour assurer à chacun des deux champions la possession des objets de ses convoitises plus ou moins légitimes. Nous en avons déjà vu des témoignages. Lorsque Richard s'emparait, en l'année 1194, de plusieurs villes du Poitou, le chroniqueur angevin ne manque pas de dire que c'est par l'aide de Dieu « *Deo adjuvante* », ajoutant aussitôt que Philippe-Auguste, au contraire, n'a conquis les villes de Normandie sur le roi d'Angleterre que par séduction et tromperie « *per seductiones manifeste et pace seductoria* ». Et plus tard, en l'année 1206, le roi d'Angleterre ne trouvant ni pont, ni bateaux, pour traverser la Loire, et pressé d'arriver à Angers, pour en châtier les bourgeois, *étendit la main sur les eaux*

---

(1) *Hist. des Gaules*, tome XVIII, page 615, *ex chronico Leodiensi*.

(2) *Inexorabilis discordia ; ut tantum in terra absque habitatoribus relicta et cultoribus evacuata, solitudinis speciem multis in locis præterre videretur.* (*Hist. des Gaules*, tome XVIII, page 78, *ex Rodulphi Coggeshalæ* (Coggeshal) *abbatis chronico anglicano*).

du fleuve qui lui livrèrent un passage à gué : « *divino fretus auxilio (quod etiam dictu mirabile et nostris inauditum temporibus) veniens ad portum alarcher* (1) *aquam manu signans, cum toto exercitu transvadavit* ». Le chroniqueur anglais, qui ne veut pas être en reste avec les historiographes de Philippe-Auguste, ne manque pas de faire remarquer au lecteur que le *nouveau Moïse a fait aussi un miracle* à l'instar de son compétiteur ! Si les deux monarques pratiquent la maxime sauvage *œil pour œil* et *dent pour dent*, ils l'adoucissent au moins en y ajoutant *miracle pour miracle* ! Quoi qu'il en soit, Richard marche sur Angers, met la ville à feu et à sang et ne s'en éloigne qu'après avoir accompli ce bel exploit (2) sans l'aide de Dieu !

(1) Le nom *alarcher* nous est inconnu ; s'il n'y avait pas de pont en ce lieu, il en existait à cette époque plusieurs autres sur la Loire. Le passage à gué n'a été en cette circonstance, comme dans beaucoup d'autres, qu'un incident de guerre. Il est présumable que les ponts de Saumur et les ponts de Cé avaient été coupés par les partisans de Philippe-Auguste.

(2) *Hist. des Gaules*, tome XVIII, *ex chronico Andegavensi s. Albini*, pages 325, 326, 327.

CHAPITRE XIII

SUITE DE LA PÉRIODE CAPÉTIENNE ET FÉODALE

Des ponts au moyen âge à partir du commencement du XIIIe siècle jusqu'à la fin du XIVe. — Des ponts de Meung et de Jargeau sur la Loire, — de Limoges, — de Cahors, — de la Guillotière à Lyon, — du Saint-Esprit, — de Montauban. — De divers autres ponts. — Des passages des rivières à gué durant cette période.

En l'année 1207, à l'aurore du XIIIe siècle, le diocèse d'Orléans était gouverné par Manassès de Seignelay, troisième du nom, qui a laissé dans les Annales de cette province de grands souvenirs. Un historien orléanais du XVIIe siècle (1) parle des œuvres temporelles de l'évêque d'Orléans en ces termes : « Il s'adonna aussi à bastir pour
« la commodité de ses successeurs évesques ; car il fit faire
« un palais épiscopal à Meun, flanqué de tours et environné
« de boulevars, qui se voit encore à présent (1607 et 1650) ;
« il fit bastir aussi un pont sur la rivière de Loire au lieu
« dit de Meun où il reste encore quelques anciens vestiges,
« et fit bastir un autre *semblable pont de pierre* à Jargeau,
« désirant pourvoir à la commodité de ces deux petites
« villes qui sont deux chastellenies dépendantes des
« évèques d'Orléans. » Manassès de Seignelay décéda

---

(1) Symphorien Guyon, *Histoire d'Orléans.*

l'an 1221 (1), après avoir achevé des œuvres capitales dont l'une seulement eût suffi à glorifier le règne d'un souverain, la construction en pierre du pont de Meung et celle du pont de Jargeau, situés sur la Loire, l'un au couchant, l'autre au levant, éloignés de dix-huit kilomètres de la ville épiscopale. Le premier de ces deux édifices n'existait plus au milieu du XVII° siècle, au témoignage de l'historien, et sa destruction remonte peut-être à la fin du XVI° et au commencement du XVII° siècle, époque à laquelle le lit de la Loire fut ramené à force de travaux de main d'homme au pied du coteau de Meung, par ordre du roi Henri IV, dans la position qu'il occupe depuis bientôt trois siècles (2). Le second, après être demeuré debout jusqu'à la fin du XVIII° siècle, finit par être renversé par la grande débâcle des glaces de l'hiver de 1789. Si le chroniqueur contemporain n'a donné aucun détail sur les dispositions générales de ces deux ponts qui datent des premières années du XIII° siècle, ni sur la forme géométrique de leurs arches et celle de leurs piliers, du moins pouvons-nous interroger les vestiges de ces édifices qui gisent au fond de la Loire et qui sont visibles aux époques des basses eaux (3) et des plans

(1) Les dépouilles mortelles de Manassès III furent inhumées dans la cathédrale de Sainte-Croix, où l'on célébrait autrefois, le 28 septembre, l'anniversaire de la mort de ce grand évêque. Symphorien Guyon n'a pas donné le sens littéral du récit du chroniqueur contemporain que nous rétablissons ci-après : « *Apud Magdunum castrum episcopale ubi episcopus proprium non habetat quod competens esset domicilium, magnæ nobilitatis exstruxit palatium cum turribus et propugnaculis, præsidium videlicet municipii inexpugnabile et nobile episcopi, cum ad castrum illud delegaverit mansionem. Ibidem et apud Jargolium super Ligerim lapideos pontes fecit.* » (*Ex historia episcoporum antissiodorensium et ex chronico lemovicensi sancti Martini, Historiens des Gaules*, tome XVII, pages 734 et 240.) Cette description implique l'exécution de formidables ouvrages militaires disposés pour la défense du *castrum* de Meung en même temps que d'œuvres somptueuses qui ont fait de la maison épiscopale un véritable château seigneurial approprié à la double dignité du personnage auquel il était destiné.

(2) La Loire passait dans le lit que l'on nomme aujourd'hui vieille rivière. La ferme du Roquelin, qui est sur la rive gauche du fleuve, était, avant le XVII° siècle, sur la rive droite. (Chanoine Dubois, *Manuscrits*, tome V.) Le vieux pont était à un demi-kilomètre environ à l'orient de ce château.

(3) Comme à Sully, Orléans, Blois, Tours, Saumur, Ponts-de-Cé.

authentiques qui sont arrivés jusqu'à nous. Nous ne connaissons à la vérité aucun dessin graphique du vieux pont de Meung ; mais il nous reste plusieurs dessins géométraux de celui de Jargeau, tel qu'il se composait avant sa destruction, qui ont été dressés par les ingénieurs des turcies et levées et qui donnent la représentation fidèle de ce pont après les inondations désastreuses du XVII° siècle, et notamment celle de l'année 1608 qui « avait miné de ses « glaces les ponts de Gyan (Gien) Gergeau et Saumur » (1), celles non moins terribles du commencement du XVIII° siècle, qui en avaient renversé plusieurs arches, et après la débâcle plus funeste encore de l'hiver de 1789 à 1790 qui a consommé la ruine définitive de ce vieux monument. Son contemporain de Meung, qui a succombé aux attaques de la Loire, au XVII° siècle, avait été certainement construit sur le même plan que celui de Jargeau, avec des piliers, des arches et des défenses militaires identiques, puisqu'il avait été bâti simultanément par le même prélat, au moyen des mêmes ressources pécuniaires et des mêmes procédés techniques. En étudiant donc le pont de Jargeau, nous aurons acquis la connaissance des dispositions de celui de Meung. L'un des dessins géométraux dont nous venons de parler montre que les inondations antérieures à 1709 avaient renversé plusieurs arches du pont de Jargeau et que celle de cette même année avait continué l'œuvre de démolition par la dislocation de deux autres arches qu'il a fallu rétablir. A cette date précise de 1709, le pont comportait seize arches, dont trois grandes (deux en arc de cercle et une en anse de panier à trois centres) d'une construction récente, quatre de plein cintre et neuf en arc brisé ; les quatre de plein cintre, montées sur des pieds-droits, accusent bien nettement une main-d'œuvre relativement moderne. Sur les neuf arches dites gothiques, les trois premières qui touchent à la ville ont une ouverture de huit mètres seulement, tandis que les quatre du côté droit du fleuve présentent des ouvertures de douze mètres ; l'une des arches de plein cintre et à pieds-droits

---

(1) Maurice CHAMPION, tome II, page 228.

n'avait que cette dernière portée. L'irrégularité des ouvertures des arches n'est pas une exception dans l'histoire des ponts du moyen âge, ainsi que nous l'avons déjà constaté ; elle tient à des causes multiples dont la principale est, à notre sens, l'inexpérience jointe à l'inhabileté de la plupart des architectes hydrauliciens de ces époques lointaines. A cette cause est venue s'ajouter celle-ci dans la succession des temps : la pratique venant en aide à la science, peu à peu les constructeurs se sont enhardis et ils procédèrent graduellement à l'établissement de plus grandes arches dans les ponts nouveaux et à l'élargissement des arches trop étroites dans tous les anciens, à mesure que les crues ou les débâcles des glaces renversaient quelques-unes de ces arches qui faisaient obstacle à leur passage, ainsi qu'à la marche des bateaux, et qui étaient aussi une cause à peu près journalière de périls et de sinistres pour la navigation de ces rivières. Nous avons déjà eu l'occasion de parler sur ce sujet, et nous y reviendrons lorsque nous traiterons de la restauration du pont des Tourelles, au commencement du XVe siècle ; le dessin authentique du pont de Jargeau, dont nous nous occupons ici, renferme un exemple bien caractéristique de l'un des nombreux procédés auxquels les constructeurs avaient recours pour substituer des arches de grande portée à des arches de moindre ouverture en utilisant les piliers existants. Eu égard à la grande épaisseur de ces piliers et à la faible largeur des voûtes qu'ils supportaient, chacune de celles-ci se tenait en équilibre lorsque les voûtes adjacentes étaient renversées ; on détruisait alors le pilier commun à deux arches contiguës que l'on remplaçait ensuite par une voûte unique. Si l'architecte supposait que les deux piliers extrêmes étaient capables d'une résistance absolue, il construisait l'arche unique ; mais s'il craignait que ces piliers ne fussent pas assez épais, il les élargissait convenablement et y établissait la voûte. Ce second dispositif est indiqué de la manière à la fois la plus correcte et la plus intelligible sur le plan du pont de Jargeau de l'année 1709, par des traits et des teintes tranchées qui ne laissent rien à désirer pour la clarté. Chacune des trois grandes arches au type de l'arc de cercle et de l'anse de panier dont nous avons parlé a donc été substituée à une couple d'arches étroites en arc brisé. Si l'on rétablit sur le plan géométral le pilier initial primitif avec une épaisseur égale à celle des piliers des deux extrémités du pont correspondant aux voûtes en arc brisé primitives, on restitue le nombre d'arches dont se composait le pont originaire de Manassès de Seignelay, c'est-à-dire de vingt ; ces arches ont été construites avec des portées très inégales de huit à seize mètres sur des piliers dont les épaisseurs varient de cinq à huit mètres ; le rapport de l'épaisseur de ces piliers à l'ouverture des arches est d'environ 0,60 pour les petites et 0,50 pour la plus grande, qui fut à l'origine la vraie marinière.

Mais ce ne sont pas les seules particularités que l'on remarque sur le vieux pont de Jargeau, ni les seuls enseignements qu'on en peut tirer pour le but que nous poursuivons ; en examinant avec attention le plan de 1709, l'on y découvre encore d'autres détails qui offrent un réel intérêt pour l'étude architecturale des ponts au moyen âge. Et d'abord l'axe longitudinal de l'édifice n'est pas et n'a probablement jamais été rectiligne ; c'était un polygone composé de cinq ou six côtés formant une sorte de grand arc de 335 mètres de corde et de six mètres de flèche, qui tourne sa concavité vers l'amont, comme nous l'avons déjà fait remarquer pour l'un des ponts de Cé, aux abords du château, et pour la partie du pont d'Avignon qui correspondait aux arches numéros 6, 7, 8, 9, 10, à compter de la ville. Les massifs prismatiques triangulaires des avant-becs ne s'élevaient à Jargeau qu'à la moitié ou aux deux tiers de la hauteur de la clef des voûtes et se terminaient en plate-forme de maçonnerie légèrement inclinée, sans chaperon pyramidal accentué. Cette annexe, dont les Romains et les Gallo-Romains ornaient assez souvent leurs piliers et dont on voit sur les ruines du pont de Dordives (Loiret), un type bien conservé, fut retranchée à un grand nombre de ponts du moyen âge, particulièrement aux ponts de la Loire dont nous avons déjà parlé et dont les dessins géométraux accusent bien nettement l'absence. Si les exemples concluants des ponts de Beaugency et de Jargeau confirment cette règle quant aux ponts de la Loire, nous nous garderons bien toutefois de dire qu'elle fut sans exception. Quoique plusieurs dessins réguliers de ponts du moyen âge nous représentent des piliers couronnés de chaperons à grand relief (1), l'on peut supposer que tous ou la plupart de ces chaperons sont des œuvres subséquentes et relativement modernes, ainsi que les plans authentiques des ponts de Beaugency et de Jargeau en offrent le témoignage le plus indiscutable. Les voûtes du pont de Jargeau présentaient, comme celles de tous les ponts de la Loire, des douelles continues et cylindriques ; on n'aperçoit sur aucun des dessins de ces anciens ponts de traces d'arcs-doubleaux, soit juxtaposés et accolés, comme on le voit au pont d'Avignon, soit éloignés l'un de l'autre, comme on l'a remarqué au pont de Metz et comme on en rencontrait sur d'autres ponts de quelques provinces de la Gaule franque, par exemple dans le Poitou, dont l'origine remonte à la fin du XIIe et au commencement du XIIIe siècle (2). La suppression des chaperons sur les piliers des ponts de la Loire nous apparaît assez clairement comme l'application d'une formule de l'architecture hydraulique dans cette région centrale.

Arrivé à ce point de nos études, nous nous sommes arrêté un moment pour nous recueillir et nous demander si nous ne possédions pas assez d'éléments pour établir, au moins avec une suffisante approximation, la filiation et la parenté du pont des Tourelles, sans qu'il fût nécessaire d'entrer dans de nouveaux développements sur les ponts du XIIIe siècle. Après quelques hésitations, motivées naturellement par la crainte de paraître nous éloigner de notre sujet, mais dissipées tout aussitôt par la pensée de mettre sous les yeux du lecteur l'histoire succincte de quelques-uns des ponts

---

(1) Les avant-becs des piliers des ponts d'Avignon, de Carcassonne, de Béziers, de Saint-Esprit, etc., étaient couronnés de chaperons pyramidaux d'un faible relief. Sont-ils contemporains de ces édifices ? On peut le croire pour quelques-uns, mais le doute est permis pour quelques autres,

(2) VIOLLET-LE-DUC, *Dictionnaire*, au mot *Pont*.

du XIII⁰ siècle, considérés dans leurs rapports avec le monument que nous étudions plus particulièrement, le pont des Tourelles d'Orléans, nous avons repris la série chronologique de ces constructions qui ont tenu une si large place dans les préoccupations du moyen âge, surtout depuis la Renaissance de l'an mil, au triple point de vue social, militaire et religieux.

Nous allons donc transporter le lecteur dans les provinces centrales et méridionales de la Gaule franque. Et d'abord nous nous arrêterons dans la ville capitale du Limousin, où nous trouverons deux ponts bâtis sur la Vienne qui sont dignes de notre attention ; ils ont déjà fait le sujet de notices archéologiques écrites par des personnes fort compétentes (1). Toutefois, nous croyons que le sujet n'est pas épuisé et qu'il peut être utile à l'art, autant qu'à l'histoire des constructions, de compléter ces notices et de tirer de ces deux exemples certaines conséquences dans l'intérêt de la thèse que nous soutenons.

Les deux ponts de Saint-Martial et de Saint-Étienne signalés par l'un de ces écrivains (2) auraient été, le premier, reconstruit, le second, bâti à neuf, au cours du XIII⁰ siècle; et l'un et l'autre, après plus de six siècles d'existence, sont encore debout ; mais le premier est le plus mal bâti et le moins régulier des deux. Leurs piliers, qui ont des épaisseurs de six à sept mètres, supportent des voûtes en arc brisé de onze à douze mètres d'ouverture, ce qui donne pour le rapport de leur épaisseur à la largeur des arches environ 0,56. La chaussée du pont Saint-Étienne n'a que quatre mètres de largeur entre les parapets de cinquante centimètres d'épaisseur. Les avant-becs de ces deux ponts présentent en section horizontale un arc brisé et les arrière-becs coupés carrément s'élèvent jusqu'à la chaussée, où ils forment des gares pour faciliter la circulation des personnes et des véhicules. Sur l'avant-bec du

---

(1) BARON DE GIRARDOT, Des ponts au XIII⁰ siècle. (*Annales archéologiques*, tome VII.) — FÉLIX DE VERNEILH, *Construction des ponts au moyen âge*. (*Annales archéologiques*, tome XX.)

(2) Félix de VERNEILH.

pilier central du pont Saint-Etienne, on voyait, du côté de l'orient, un autel de pierre et, sur l'arrière-bec, une croix dont le style décoratif semble reporter la date de leur érection au règne de saint Louis, c'est-à-dire à la première moitié du XIIIe siècle. Sur le pont Saint-Martial, une base de croix ornée de têtes d'animaux fantastiques, de trèfles et de quatre-feuilles délicatement sculptés paraît être contemporaine de celle de l'autre pont. Ces deux croix, suivant l'opinion de l'archéologue que nous avons cité, fixeraient l'époque de la construction des deux édifices, qui dans leur ensemble présentent d'ailleurs les mêmes formes. En considération de la juste autorité dont jouit le savant auteur dans ces matières, nous croyons devoir rapporter ici quelques passages de sa notice : « J'ai remarqué, dit-il, que trois
« des piles du pont Saint-Martial reposent sur les ruines d'un
« pont romain. La construction antique est de grands blocs
« de granit autrefois réunis par des crampons de métal. Elle
« est parfaitement visible du côté d'aval, où les assises du
« moyen âge ne la recouvrent pas tout à fait parce que la
« largeur du pont a été diminuée, d'ailleurs la portée des
« arches est demeurée la même ainsi que l'épaisseur des piles
« qui atteint sept mètres. » Les ingénieurs romains de Limoges n'avaient donc pas été plus hardis que leurs successeurs du XIIIe siècle. Leur œuvre était conçue de façon à durer presque éternellement, mais sans doute elle fut volontairement ruinée à une époque inconnue et très ancienne, puis rétablie avec les mêmes matériaux, comme l'atteste une contre-pile bâtie d'abord sans avant-bec et uniquement avec des pierres de grand appareil, dont les trous à crampons ne se correspondent plus. Enfin le pont Saint-Martial fut l'objet d'une reconstruction générale à peu près vers le même temps où s'élevait le pont de Saint-Etienne. La construction du moyen âge a utilisé, çà et là, beaucoup de blocs antiques reconnaissables aux trous de louve, aux marques de crampons, à leurs dimensions surtout. En général, cette construction est composée de petites pierres, toujours en granit comme dans les autres monuments de la ville ; mais on n'a mis ni dans le choix des pierres, ni dans la régula-

rité des assises, le même soin que pour les constructions religieuses de la même ville et de la même époque. On voulait faire ce qui était nécessaire et rien de plus. Le savant archéologue a cru voir dans les matériaux employés à la reconstruction du pont Saint-Martial, au XIII° siècle, les restes incontestables d'un pont antique, d'un pont romain. Nous nous permettons de douter que les faits qu'il paraît avoir constatés *de visu* soient suffisamment caractéristiques de l'origine qu'il lui attribue. L'emploi de gros blocs, la présence de crampons de métal, les trous de louve, la suppression des avant-becs des piliers ne prouvent pas plus que le pont rebâti au XIII° siècle ait reposé sur les fondements d'un pont romain, que sur ceux d'un pont mérovingien ou carolingien, ou même sur ceux de l'édifice qui fut détruit vers le milieu du second siècle de l'ère capétienne. Nous avons eu déjà l'occasion, en parlant du vieux pont au Change, à Paris, de rapporter de précieux détails sur la découverte qui fut faite d'anciens piliers de maçonnerie à parements verticaux, dans la construction desquels entraient aussi de gros blocs de pierre et des crampons de fer (1) et auxquels on ne peut guère attribuer, *a priori*, une origine romaine, et d'autant moins que l'on a soutenu dans ces derniers temps que ces vestiges n'étaient autres que les fondements du pont qui fut baptisé du nom de Charles le Chauve, et qu'ils ne remontaient conséquemment qu'au milieu du IX° siècle (2). Nous dirons plus loin, à propos des fondations du pont des Tourelles d'Orléans, que des gros blocs, des libages et des crampons de fer ont été découverts dans ces substructions qui ne présentent aucun des caractères propres à l'art hydraulique romain. L'objection que nous faisons ici à l'opinion de l'auteur sur l'antiquité problématique des fondements du pont Saint-Martial ne suffit pas sans doute pour l'infirmer *a priori* ; nous nous bornons à

---

(1) SAUVAL, *Antiquités de Paris*, tome I, page 225.
(2) Notice et lettre sur le Grand-Pont de Paris, le Pont-aux-Changeurs, le Pont-aux-Meuniers et le Pont de Charles-le-Chauve. (*Revue archéologique*, 12° année, 1855 ; notice de BERTY, page 193, et lettre de VACQUER, page 502.)

l'exprimer pour mettre le lecteur en garde contre les illusions et les entraînements de l'esprit. Assurément les Romains ont eu tout le temps et tous les moyens matériels nécessaires pour bâtir à Limoges un pont de pierre sur la Vienne, comme ils en ont bâti sur quelques autres rivières de la Gaule ; ce qui manque à l'assertion de l'auteur pour en faire une vérité incontestable, comme à Saintes sur la Charente, comme à Dordives sur le Loing et ailleurs, c'est la preuve matérielle, et nous nous permettons de répéter qu'elle nous paraît faire défaut. Le savant archéologue croit que le pont antique ou romain de Saint-Martial a été volontairement ruiné à une époque (antérieure au XIII° siècle) inconnue et très ancienne. Les chroniques contemporaines ne reportent pas si loin la destruction volontaire de cet édifice. « En « l'année 1153, Henri, duc de Normandie et comte d'Anjou, « qui venait d'épouser Aliénor, reine répudiée par Louis le « Jeune, se rendit à Limoges. Une dispute et un conflit, dont « on ignore les véritables causes, ayant éclaté entre les habi- « tants et les hommes d'armes qui formaient l'escorte de ce « prince, celui-ci entra dans une violente colère et ordonna de « raser les murailles de la ville et de rompre le pont « *pon-* « *temque disrupit* (1). » Le pont Saint-Martial, rétabli au XIII° siècle, avait donc été rompu par le comte d'Anjou moins d'un siècle auparavant, et l'époque de sa construction primitive pouvait être aussi bien rattachée, avons-nous dit, aux premiers temps de la dynastie capétienne ou à ceux des dynasties carolingienne et mérovingienne qu'aux temps de la domination romaine dans les Gaules. Que s'est-il passé entre l'époque de la rupture du pont par le comte d'Anjou et celle de sa reconstruction au XIII° siècle ? Il est probable que l'édifice aura été remplacé d'abord par un pont de bois, qui existait encore en l'année 1214, car un chroniqueur contemporain nous apprend qu'un violent orage renversa la *tour de bois* qui avait été élevée sur le milieu du pont Saint-Martial « *cecidit turris lignea de medio pontis sancti*

---

(1) *Hist. des Gaules*, tome XVIII, page 242, *fragmentum genealogicum ducum Normann.*

« *Martialis* » (1). Si cet épisode ne prouve pas absolument que le pont fût de bois en l'année 1214, car on bâtissait alors des forteresses et des tours de bois sur des ouvrages de pierre, du moins permet-il de conjecturer que si le pont Saint-Martial n'a été rétabli qu'après l'avènement de saint Louis au trône de France, en l'année 1226, un pont provisoire, surmonté d'une tour de bois, pouvait exister en l'année 1214 et que le nouvel édifice de pierre aura remplacé le pont de bois. Quoi qu'il en soit, nous ne retenons de ce qui précède que les particularités suivantes : au XIIIe siècle, les voûtes des ponts Saint-Martial et Saint-Etienne de Limoges étaient en arc brisé ; le rapport entre l'épaisseur des piliers et l'ouverture des arches était d'environ 0,56. Les avant-becs du nouveau pont et de celui de Saint-Etienne étaient terminés en arcs brisés, et les arrière-becs coupés en équerre. Toutes ces particularités caractéristiques des deux édifices du XIIIe siècle nous laissent néanmoins dans l'ignorance complète des autres dispositions du pont Saint-Martial avant sa rupture, en l'année 1153, par les ordres du comte d'Anjou. Etait-ce un pont de bois sur piliers de maçonnerie ? Etait-ce un pont de pierre en voûtes de plein cintre ou en arc brisé ? Le doute ne semble pas possible quant à la nature de la construction. En effet, le comte d'Anjou fit rompre le pont, c'est-à-dire intercepter la circulation ; mais il n'en fit certainement pas démolir les piliers qui demeurèrent debout, et sur lesquels on ne tarda pas à installer des poutres et un plancher de bois auxquels on substitua, au XIIIe siècle, un pont de pierre, ou plutôt simplement des voûtes appuyées sur ces anciens piliers dont l'énorme épaisseur exclut l'idée qu'ils aient pu être destinés primitivement à un pont de bois ; d'où la conclusion que le pont dont Henri II ordonna la rupture en l'année 1153 était un pont de pierre dont l'existence remontait plus haut, et que si son origine n'était pas romaine, elle pouvait être antérieure à l'an mil.

Si nous passons des provinces centrales de la Gaule fran-

---

(1) *Hist. des Gaules*, tome XVIII, page 234, *ex chronico Bernardi Iteriⁱ monachi et armarii S. Martialis Lemovicensis*.

que dans les provinces méridionales, qui furent dès les premières années du XIII° siècle le théâtre de funestes guerres de religion, nous apprendrons par les chroniques contemporaines l'existence et le lieu d'un certain nombre de ponts, ainsi que le rôle qu'ils ont rempli durant les marches et contre-marches des gens de guerre en campagne. Ainsi, en l'année 1211, le comte de Montfort, à la tête des troupes coalisées, s'avançait contre les hérétiques albigeois qui s'étaient renfermés dans la forteresse de Lavaur (*Vaurus*) située à quelques heures de distance de Toulouse. Pour attaquer et prendre cette forteresse, les croisés jetèrent un *pont de bois* sur la rivière de l'Agent (1) et de là, s'avançant contre la ville de Toulouse, ils vinrent camper sur la rive droite du Lhers (2), petite rivière qui coule au nord et à une faible distance de la métropole de la Gaule méridionale, parallèlement à la Garonne. Au témoignage du chroniqueur, il existait sur le Lhers deux ponts qui furent témoins de quelques faits de guerre; les croisés ayant traversé la rivière, partie sur l'un des ponts à moitié ruiné, partie à la nage, poursuivirent les Albigeois jusqu'aux portes de Toulouse. Au cours de la même année, la ville de Muret, assiégée par les Albigeois, était secourue par les croisés. L'extrémité du long pont de bois qui traversait la Garonne ayant été livrée aux flammes, le comte de Montfort, suivi d'un grand nombre des siens, n'hésita pas à entrer dans la rivière, qui était, suivant le chroniqueur, profonde et dangereuse, et après de grands efforts parvint à éteindre l'incendie et à rétablir le pont sur lequel il fit passer toute son armée pour occuper cette place de guerre (3). En l'année 1214, Simon de Montfort allait assiéger le château du Mas d'Agen placé en aval de la ville de ce nom; les gens de la Réole, informés de cet événement, remontèrent la Garonne dans des barques armées

---

(1) *Hist. des Gaules*, tome XIX, page 34, *Petri monachi Vallium Sarnaii* (Pierre de Vaux de Cernay), *historia Albigensium*.

(2) *Ibid.*, page 48.

(3) *Hist. des Gaules*, ibid., pages 68, 69. C'est de Muret que sortit, en 1213, l'armée des Croisés pour combattre les Albigeois qui, commandés par le roi d'Aragon et le comte de Toulouse, furent taillés en pièces.

en guerre et vinrent disputer le passage du fleuve aux croisés ; ceux-ci, renouvelant la manœuvre qui avait si bien réussi au passage du Lhers, se mirent à l'eau et franchirent le fleuve (1). Trois ans plus tard, en l'année 1217, à la suite de vicissitudes de guerre et de politique, le comte de Monfort revenait devant Toulouse (2) : la ville, située sur la rive droite du fleuve, était reliée au faubourg Saint-Cyprien par deux ponts : « *exitus Tolosanis per duos pontes super ipsum flu-* « *vium patebat* », qu'une formidable crue rompit par le milieu : « *inesperato vigore fluminis ambo pontes rupti sunt per me-* « *dium* ». Les assiégés, contraints, durent se rendre à discrétion ; mais à peine le vainqueur s'était-il éloigné, que les Toulousains rappelèrent leur comte Raymond VI qui avait dû chercher un refuge en Espagne. Accompagné d'une faible escorte, Raymond, répondant à l'appel, reprit le chemin de Toulouse où il entra sans passer sur « le pont, ou les « ponts » qui étaient rompus, mais en traversant la Garonne à gué « *non ponte, sed vado* », opération facile d'ailleurs à l'époque des basses eaux du mois de septembre (3).

A peu près en même temps que les croisés guerroyaient contre les Albigeois, d'autres belligérants, empereurs, rois, comtes, seigneurs d'église et seigneurs d'épée, se querellaient et se battaient entre eux dans le nord de la Gaule franque. On va voir que, dans les opérations stratégiques, les ponts de bois et les passages des rivières à gué remplissaient un rôle considérable. Mentionnons d'abord l'existence, dans la petite ville de Mouzon-sur-Meuse, vers l'année 1212, d'un pont dont le chroniqueur a omis de laisser la description, se bornant à constater le fait matériel par ces simples mots : « *a molendinis ejusdem villæ usque ad pon-* « *tem* » (4). Au mois de mars de l'année 1214, l'évêque de Liège et le comte de Los, redoutant une attaque imminente d'Othon de Brunswick, empereur des Romains, prennent le

---

(1) *Hist. des Gaules*, tome XIX, page 94.
(2) *Ibid.*, pages 110 et 111.
(3) *Hist. des Gaules*, tome XIX, page 212, *Guillelmo de Podio Laurentii, historia Albigensium.*
(4) *Ibid.*, tome XVIII, page 608, *ex chronico Mosotuentis Monast.*

parti de détruire le pont de bois de Maëstrick et d'en emporter les poutres : « *trabes quæ solivæ vocantur, ad villam* « *quæ nivella vocatur deducunt* » (1). Le chroniqueur nous apprend que vers la même époque, pendant le siège de Dinant, un grand nombre de combattants périt, submergé par la chute du pont : « *fracto ponte* » (2). Ce pont était de bois, les termes de la chronique s'appliquant plutôt à un édifice de cette nature qu'à un pont de pierre.

Au cours de la même année, Philippe-Auguste marchait à la tête de son armée contre les troupes de l'empereur des Romains, soudoyé par Jean-sans-Terre, roi d'Angleterre. Aux contingents anglais et germains s'étaient ralliées les milices très aguerries du comte de Flandres et du comte de Boulogne, vassaux redoutables et révoltés contre leur suzerain. Othon avait hissé le pavillon impérial sur son char de bataille, c'était une aigle d'or aux ailes déployées reposant sur un dragon. Philippe-Auguste s'avançait de son côté, précédé de l'étendard royal de Saint-Denis semé de fleurs de lis (3). A peine l'armée française eut-elle franchi la rivière qui séparait les deux armées, que Philippe ordonna de couper le pont de bois pour qu'aucun de ses gens ne fût tenté de quitter le champ de bataille « *jussit pontem confringere* » (4). On sait le reste, l'armée des coalisés fut détruite à Bouvines, l'étendard de Germanie tombait aux mains des Français ; le char de guerre de l'empereur mis en pièces, le dragon brisé et l'aigle dépouillée de ses ailes furent déposés aux pieds du vainqueur (5). Quel rôle a joué dans ce drame sanglant le pont de bois qui fut coupé par ordre du roi de France ?

---

(1) *Hist. des Gaules*, tome XVIII, page 630, *ex chronico Leodiensi*.

(2) *Ibid.*, tome XVIII, page 631, *ex chronico Leodiensi*.

(3) *Ibid.*, tome XVII, pages 94 et suivantes. *Guillelmus Armoricus de gestis Philippi Augusti. Otho pro vexillo erexerat aquilam deauratam super draconem pendentem in pertica oblonga erecta in quadriga.*

(4) *Ibid.*, page 716, *ex Mathæi Paris majori anglicana historia. Vexillum Philippi Augusti floribus liliis distinctum.*

(5) *Ibid.*, *Guillelmus Armoricus, loc. cit. Quadriga discerpitur, draco frangitur, aquila alis evulsis et confractis ad ipsum regem defertur.* Bouvines est situé entre Lille et Tournay « *in tornacensi territorio* », sur la rive droite de la rivière de la Marque.

Et qui pourrait affirmer qu'un pont de pierre eût eu la même part dans le triomphe de Philippe-Auguste et le succès de la mémorable journée du 27 août 1214, inscrite en lettres d'or au livre de l'histoire sous le nom de journée de Bouvines ?

Après le rôle des ponts dans les faits de guerre, voici celui des passages des rivières à gué. Maëstrick était assiégée de nouveau par l'empereur des Romains, dans le cours de l'année 1214, mais, au lieu de rétablir le pont de bois sur la Meuse qui avait été démonté quelques mois auparavant, il parut aux assiégeants qu'il serait plus expédient de traverser la rivière *à gué*, opération que les basses eaux de la fin de l'été rendaient facile : « *vada congrua secus molendina invenerant* » (1), et le chroniqueur désigne même le lieu où les troupes passèrent la rivière auprès des moulins.

Le magnifique pont d'Avignon, que l'humble berger du Vivarais avait bâti dans des intentions pacifiques, ne devait pas tarder à devenir témoin des faits de guerre les plus tragiques et les plus lamentables. Au cours de l'année 1226, trente-huit ans après l'achèvement de cet admirable édifice, les Avignonnais en détruisirent une ou plusieurs arches à chacune de ses extrémités, pour mettre leur cité en bon état de défense contre Louis VIII qui descendait la vallée du Rhône à la tête d'une armée formidable pour aller châtier les Albigeois et leurs adhérents. Le comte de Toulouse, Raimond VII, ayant été excommunié et déclaré déchu de ses États comme chef des hérétiques méridionaux, ce fut au roi de France qu'échut la pénible charge d'assurer l'exécution de la sentence ; la cité d'Avignon, fortement attachée à la cause religieuse de son suzerain, le comte de Toulouse, ne paraissait pas empressée, dit-on, d'obéir à la sommation du roi de France et de se soumettre à son autorité politique ; elle se disait même résolue à braver ses menaces et à lui résister à outrance. Louis VIII dut se résoudre à en faire le siège, et les Avignonnais s'y préparèrent en com-

---

(1) *Hist. des Gaules*, tome XVII, page 768, *ex Matthæi Paris majori anglicana historia*.

mençant par rompre leur pont à chacune de ses extrémités :
« *Avinionenses pontem ab utraque parte celeriter diruerunt* ».
Le mot « *diruerunt* » s'applique aux voûtes dont la rupture
devait intercepter le passage. Les Français, qui attaquaient
par la rive droite, jetèrent d'abord un pont de bateaux sur le
bras de Villeneuve et purent débarquer en force dans les îles
qui se trouvaient au milieu du fleuve (aujourd'hui la Barthe-
lasse) : « *rex pontem de navibus super Rhodanum fabricari*
« *fecit.* » Le roi fit-il installer un pont de bateaux sur chacun
des deux bras du Rhône, et renonça-t-il à utiliser le pont de
Saint-Bénézet dont les arches extrêmes étaient détruites? Le
récit du chroniqueur semblerait autoriser cette hypothèse (1) ;
les notions les plus élémentaires de la stratégie conseillaient
d'ailleurs d'établir le pont de bateaux à une certaine distance
des murailles et au delà de la portée des traits des assiégés,
pour tenter un débarquement avec plus de sécurité. Si l'on
en croit l'un des chroniqueurs (2), ce débarquement, en quelque lieu qu'il ait été effectué, fut signalé par un effroyable
cataclysme : le pont fut écrasé sous les pieds des assiégeants dont trois mille furent engloutis dans le Rhône :
« *Unde super pontem quemdam qui ultra Rhodanum fluvium*
« *se extendit ad urbem, tanta se armatorum copia ingressit,*
« *quod vel a civibus, vel etiam præ pondere in eodem pugnan-*
« *tium, pons fractus præcipitavit in flumen rapidissimum ad*
« *tria millia armatorum.* » L'annaliste, qui ne désigne pas
explicitement le pont de Saint-Bénézet dont la célébrité était
universelle, entend-il parler d'un autre pont (*quemdam*), d'un
pont anonyme, provisoire, dont l'existence ne devait être que
momentanée ? Les mots « *qui se extendit ad urbem* » pourraient faire supposer qu'il s'agit du pont de Saint-Bénézet ;
la catastrophe n'aurait-elle été que le résultat de la rupture
des arches par le fait, soit volontaire des Avignonnais, soit
accidentel ? D'autre part, l'expression de pont brisé (*pons
fractus*) s'applique-t-elle particulièrement à un ouvrage en bois
qui aurait été brisé, disloqué, sous le poids des assiégeants,

---

(1) *Hist. des Gaules*, tome XVIII, pages 315 et suivantes, *ex chronico
Turonensi auctore anonymo, s. Martini Turon. Canonico*.
(2) Mathieu Paris, *loc. cit.*

ou détruit par les assiégés eux-mêmes? Il reste donc une incertitude dans le texte du chroniqueur. Quoi qu'il en soit, nous ne retiendrons de ce lamentable épisode que ces deux faits : l'établissement d'un pont de bateaux sur le Rhône par les troupes de Louis VIII, pour assiéger Avignon, et la destruction de deux au moins des arches de rive du pont de Saint-Bénézet, motivée par des nécessités de guerre. Le premier soin des Avignonnais, après leur soumission volontaire au roi de France, aura été sans doute consacré au rétablissement des arches détruites et à la restauration du monument qui faisait la gloire de leur cité.

Après Bouvines, après Avignon, voici Taillebourg dont le nom rappelle l'un des plus grands événements militaires et politiques du XIII° siècle et du règne glorieux de saint Louis. Ici encore, dans la mémorable journée de Taillebourg, qui précéda la victoire de Saintes, le pont ou plutôt les ponts jetés sur la Charente et les manœuvres du passage de la rivière eurent une part considérable dans le résultat final de la lutte engagée, en l'année 1241, entre le roi de France et Henri III d'Angleterre. Les troupes de ce dernier, retranchées sur les bords de la Charente, s'appuyaient au château de Taillebourg qui commandait le pont très étroit qui réunissait les deux rives. Tenter le passage dans de pareilles conditions, c'était courir à un échec inévitable, et, sur le conseil de ses capitaines, le roi se décida à opérer une diversion et à franchir sur deux points la rivière « par nez (bateaux) et par « pons : très malle rivière, dit Joinville, laquelle n'avait là « près qu'ung petit pont de pierre moult estroit par où l'on « peust passer ». La manœuvre se fit-elle dans des embarcations libres ou sur un vrai pont de bateaux? Cette seconde hypothèse serait la véritable, au témoignage d'un autre chroniqueur qui rapporte que : « saint Louis fit lever (jeter « ou construire) un pont plus légièrement (aisément) passer « outre envers le roi Henry (1) ». Quoi qu'il en soit, les ponts de Taillebourg ont puissamment contribué au succès de la

(1) *Historiens des Gaules*, tome XX, page 337, vie de saint Louis, par GUILLAUME DE NANGIS. Ce serait aussi l'opinion exprimée par les *Grandes chroniques*.

fameuse campagne, qui prépara la soumission des provinces méridionales de la France à la dynastie des Capétiens.

Soixante ans s'étaient écoulés depuis l'achèvement du pont d'Avignon, lorsque, vers l'année 1245, le pape Innocent IV, profitant de son séjour à Lyon, forma la résolution, avant de retourner à Rome, de construire ou plutôt de reconstruire sur le Rhône le pont de la Guillotière (1). Comme le pont du Saint-Esprit, dont nous parlerons en son temps, le pont de la Guillotière fut construit en pierre. Quelques auteurs ont soutenu que les directeurs et maîtres des œuvres étaient des frères Hospitaliers Pontifes (2) ; l'un d'eux même a écrit que les vingt arches du pont de la Guillotière avaient été construites par saint Bénézet (3), assertion qui est en contradiction avec la chronologie, puisque saint Bénézet était mort depuis plus d'un demi-siècle, et qui a été réfutée par d'autres archéologues (4).

Au XVIIIe siècle, cet édifice se composait de dix-huit arches, ayant de huit à trente-deux mètres de portée, dont six en arc de cercle et douze en plein cintre, reposant les unes et les autres sur des piliers munis d'avant et d'arrière-becs triangulaires. Le pont de la Guillotière offrait à l'œil beaucoup moins de légèreté et d'élégance, que les ponts d'Avignon et du Saint-Esprit. Ses tympans sont pleins et ses piliers épais sont écrasés par de lourds chaperons pyramidaux ; le rapport de l'épaisseur moyenne des piliers à l'ouverture moyenne des arches est de 0,50, tandis qu'à Avignon ce rapport n'est que de 0,25, et qu'il ne s'élève qu'à 0,38 au pont Saint-Esprit. Et encore faudrait-il opérer la réduction, sur ces deux derniers édifices, de la largeur des arcades des tympans, déduction qui abaisserait très notablement les rapports 0,25 et 0,38 afférents aux ponts d'Avignon et du

---

(1) Honoré BOUCHER, dans sa *Chorographie de la Provence*, place à l'année 1240 le commencement de la construction de ce pont.
(2) VIOLLET-LE-DUC et CHAMPOLLION-FIGEAC, *loc. cit.*
(3) Baron DE GIRARDOT, Des ponts au XIIIe siècle. (*Annales archéologiques*, tome VIII, 1847.)
(4) GRÉGOIRE, VIOLLET-LE-DUC, CHAMPOLLION-FIGEAC, *loc. cit.*, et BRUGNIER ROURE, dans les *Constructeurs de ponts au moyen âge*.

Saint-Esprit. Ces écarts suffiraient seuls, indépendamment d'autres différences, à faire repousser l'idée que le pont de la Guillotière a pu être bâti par des maîtres constructeurs, appartenant à l'école des frères Pontifes d'Avignon et du Saint-Esprit.

Quoi qu'il en soit, il est permis d'induire *a priori*, de la variété des galbes des voûtes, que l'édifice n'a pas été construit d'un seul jet ; et l'histoire semble confirmer cette opinion, car, au témoignage de Montfalcon (1), les deux premières arches et les piles auraient été bâties en pierre, et le reste n'aurait consisté que dans un simple pont de bois. Innocent IV n'aurait donc été que l'initiateur de l'entreprise, dont il n'aurait posé que les bases et jeté les premiers fondements, et dont ses successeurs auraient encouragé l'achèvement par tous les moyens et toute l'influence dont disposait l'Église. « Bien que *l'œuvre du Pont* fût constituée dans « l'une des plus grandes villes du royaume, les travaux traî- « nèrent en longueur durant *plusieurs siècles* (2). » Nous inclinons à penser que l'on aura pu faire confusion entre les travaux de restauration ou de reconstruction partielle qu'ont dû exiger les premiers ouvrages exécutés durant une période aussi longue. L'auteur que nous venons de citer dit qu'au XVIᵉ siècle il y avait encore « trois arches de bois du côté « de la Guillotière, qui furent remplacées par des construc- « tions en pierre en 1572 ». Nous inclinons à penser encore que les historiographes auront confondu les travées de bois du temps de François Iᵉʳ et de Henri II avec des travées qui n'ont pas été contemporaines du pape Innocent IV. Ces travées du XVIᵉ siècle n'auront peut-être été établies qu'à titre provisoire, pour remplacer des arches écroulées à diverses époques antérieures, ainsi que cela se voyait très fréquemment avant la Renaissance, et se voit encore même dans les temps modernes.

Le pont de Lyon fut, comme la plupart des ponts du moyen

---

(1) MONTFALCON, *Histoire de Lyon*, tome I, page 392, et *Revue des Sociétés savantes*, 6ᵉ série, tome IV, année 1876, page 80.
(2) BRUGNIER ROURE, *loc. cit.*

âge, un pont militaire ; il était muni de trois tours, dont deux rondes à ses extrémités, et une carrée vers son milieu, accompagnée d'un pont-levis. On prétend qu'une inscription lapidaire, découverte au XVIIIe siècle sur l'une de ces tours, rappelait que le pont avait été bâti, partie avec les deniers propres du pape Innocent IV, son fondateur, partie avec les produits des aumônes, quêtes et indulgences accordées aux personnes qui contribueraient à l'achèvement de cette œuvre éminemment utile, enfin partie avec les produits des donations faites par toutes sortes de personnes, ainsi que c'était d'usage à cette époque (chapitre XV). On dit aussi qu'une autre inscription lapidaire, gravée sur l'une des pierres du pont, rappelait par un jeu de mots que cet édifice bâti en pierre était l'œuvre d'un Pontife ou constructeur de ponts, en même temps qu'Évêque : « *pontifex animarum fecit pontem petrarum* ». Si l'authenticité et la contemporanéité de cette seconde inscription sont bien constatées, elles iraient à l'encontre de l'assertion ci-dessus rappelée de la *durée plusieurs fois séculaire* du pont d'Innocent IV, dont ce pape aurait été l'initiateur, dont il aurait posé les fondements et commencé l'exécution, mais dont il n'aurait vu l'achèvement (1).

Nous avons eu l'occasion, en traitant dans le chapitre III la question des emblèmes sigillographiques, de parler de l'abbaye de Saint-Nicolas de Campagnac et du pont qui avait été bâti sur la rivière du Gardon (2), entre les années 1245 et 1250, et qui fut achevé avant que l'on commençât le pont Saint-Esprit. Nous avons dit que cet édifice avait été entrepris sous l'inspiration et par l'initiative de Pons de Becmil, évêque d'Uzès, qui, en reconnaissance de ce service

---

(1) GAUTHEY, *loc. cit.* Nous avons dit, chapitre XII, en parlant d'une catastrophe dont Philippe-Auguste et Richard Cœur-de-Lion ont failli être victimes en traversant le Rhône à Lyon au cours de l'année 1190, que le pont qui s'écroula devait être plutôt de bois que de pierre ; l'inscription « *pons petrarum* » semble faire ressortir intentionnellement la nature du nouveau pont comparée au pont primitif qui était de bois.

(2) Note sur le prieuré de Saint-Nicolas-de-Campagnac, département du Gard, par GERMER-DURAND. (*Mémoires de l'Académie du Gard.*) Ce pont est bâti sur le territoire de la paroisse de Sainte-Anastasie.

signalé rendu à la contrée, reçut trente ans après sa mort le surnom de l'Évêque du Pont « *Epicopus de Ponte* ». Le pont de Campagnac fut établi sur une ligne brisée en trois alignements, avec neuf arches portées sur des piliers munis d'avant et d'arrière-becs triangulaires. Une association s'était formée sous le nom de confrérie du Saint-Esprit de Blauzac, pour recueillir les aumônes destinées à l'œuvre du pont de Saint-Nicolas, qui faisait en quelque sorte partie du monastère dans l'enceinte duquel fut érigée une tour pour en commander le passage. Ce fut donc, comme la plupart des ponts du moyen âge, un ouvrage militaire à la dépense duquel l'abbaye contribua de ses propres deniers (1). On regarde ce pont comme le coup d'essai des frères Hospitaliers Pontifes dans le diocèse d'Uzès. Si la chapelle manque à l'édifice, c'est que le voisinage immédiat et la contiguïté de la chapelle du monastère y suppléait. En considération des sacrifices pécuniaires qu'ils avaient faits pour la construction de ce pont, les seigneurs et les habitants de Blauzac furent exempts des péages qui étaient perçus au passage. L'auteur de la notice parle du pont de Saint-Nicolas en ces termes : « Outre le célèbre pont du Saint-Esprit, sur le « Rhône, le département du Gard possède, à dix kilomètres « de Nîmes, sur le Gardon, un autre chef-d'œuvre de ces « frères Pontifes qui, au XIIIe siècle, dotèrent nos contrées « de ces moyens de communication dont leur art, mieux « inspiré qu'à des époques plus récentes, a su faire de « véritables monuments, aussi remarquables par leur élé- « gance et leur hardiesse, que par leur solidité ». Et, en effet, ce pont existe encore de nos jours. Il a été restauré vers l'année 1860.

Dans les premières années du XIXe siècle, la ville de Cahors possédait trois ponts anciens sur la rivière du Lot. Gauthey (2) les désigne par les noms de pont Notre-Dame, pont Neuf, et pont de Valendre. Le premier de ces trois

---

(1) Le prieuré de Saint-Nicolas avait été donné en l'année 1156 par le roi Louis VII à l'évêque d'Uzès, avec les églises et villages formant la circonscription de ce diocèse.

(2) GAUTHEY, *Traité de la construction des ponts*, page 90.

ponts était connu indistinctement sous les noms de pont Vieux, pont Romain ou des Romains, pont Notre-Dame, pont Saint-Georges. Ce pont, que la tradition, comme on le voit, reporte au temps de la domination romaine, fut composé successivement d'arches en plein cintre, de portées inégales, avec des travées de bois. Rompu en l'année 1328, privé de deux arches en 1496, puis de plusieurs arches en 1783, il fut finalement démoli en l'année 1839 et remplacé par un nouveau pont, situé à cent cinquante mètres en aval. Ce vieil édifice fut, au moyen âge, armé de défenses, entre autres d'une forte tour que la crue du Lot renversa en 1496, et accompagné d'une chapelle dédiée à Notre-Dame, contiguë à la culée gauche ; c'est cette chapelle qui aura donné à ce pont le nom de Notre-Dame.

Le pont Neuf, connu aussi aujourd'hui sous les noms de pont Bulier ou pont de Cabessut, présente cinq arches inégales en arc brisé, et deux arches en plein cintre. Comme le précédent, il fut muni d'ouvrages militaires, de deux tours centrales et de deux têtes fermées par des portes, dont il ne reste plus aujourd'hui de vestiges.

Enfin le pont de Valendre, Valendré, Calendré ou Valentré (1), le plus jeune des trois anciens ponts de Cahors, est formé de six arches principales en arc brisé d'égale portée ; ainsi que les deux ponts précédents, celui de Valentré, qui eut une destination militaire, a conservé les trois tours, contemporaines de sa construction primitive, aux étages supérieurs desquelles on accède par des escaliers de pierre établis à l'extérieur de ces tours ; celui de la tour centrale est construit sur l'avant-bec du pilier, ceux des deux autres sur des murs ou joues en surhaussement du parapet, comme nous l'avons vu sur les ponts de Blois et de Beaugency.

---

(1) Chacun de ces quatre noms est employé par divers écrivains. (GAUTHEY, loc. cit. — BERTY, notice sur les ponts d'Avignon et de Cahors, dans les *Monuments anciens*, de JULES GAILHABAUD. — VIOLLET-LE-DUC, au mot *Pont*. — RAILLARD et BILLARD, *Notice sur les principaux ponts de Metz*.) Le nom de *Valentré* est adopté par les ingénieurs de Cahors. Ce pont a cinq mètres et demi de largeur entre les parapets, réduite à moins de quatre mètres sous les tours.

Au pont Vieux ou pont Romain, les avant-becs étaient triangulaires et les arrière-becs coupés carrément montaient jusqu'au parapet. Sur le pont Neuf ou pont Bulier, les avant-becs sont triangulaires, et, sauf deux qui sont coupés carrément, les arrière-becs sont triangulaires et s'élèvent jusqu'au parapet. Enfin au pont de Valentré, les avant-becs triangulaires très aigus sont accompagnés d'arrière-becs coupés carrément, montant les uns et les autres jusqu'au niveau du parapet du pont, dont les crénelages ont disparu depuis longtemps.

Les dates de construction des trois anciens ponts de Cahors sont assez problématiques. Il peut être vrai que le plus ancien, le pont *Vieux* ou *Romain*, soit une œuvre qui remonte à la conquête des Gaules. Nous n'avons aucune preuve matérielle à opposer à cette tradition. Quant aux deux autres, le pont Neuf et le pont Valentré, certains documents contemporains semblent leur assigner des dates qui ne sont pas absolument concordantes avec les assertions de quelques archéologues modernes. Deux d'entre eux (1) placent l'époque de la construction du pont Valentré, soit à l'année 1251, soit dans la seconde moitié du XIII° siècle. Un troisième (2) invoque aussi la date de 1251, mais sans préciser auquel des deux ponts elle s'applique. On oppose d'autre part à cette date, une délibération des consuls de Cahors au millésime de 1306, ordonnant l'établissement d'un pont en un lieu nommé le port de *Valentré* et situé en aval des deux autres ponts à l'occident de la cité. Les travaux, commencés en l'année 1308, furent achevés à une époque indéterminée ; la date de construction de cet édifice appartiendrait donc au XIV° siècle. Quant au pont Neuf ou pont Bulier, on paraît être moins fixé encore sur l'époque de son établissement. Tout ce que l'on sait, c'est qu'en l'année 1251, une convention intervint entre les consuls et l'évêque Barthélemy, seigneur féodal du lieu, et que l'autorisation ne fut accordée par le

---

(1) Viollet-le-Duc, *Dict. d'arch.*, au mot *Pont*. — Berty, *Notice sur les ponts d'Avignon et de Cahors*. — Morandière, *Cours de construction des ponts*.

(2) Champollion-Figeac, *Droits et usages*.

prélat qu'au prix de conditions assez lourdes. Il semblerait donc résulter de ces faits que le pont Neuf ou pont Bulier serait un édifice du XIII° siècle, mais que celui de Valentré ne serait qu'un édifice du XIV°, à peu près contemporain du pont de Montauban dont nous nous occuperons plus loin (1).

Ce serait ici le lieu d'examiner avec quelques détails l'un des plus curieux spécimens des ponts rebâtis au moyen âge, sur les fondements et les piliers d'un édifice gallo-romain, nous voulons parler du pont de Saintes sur la Charente (2). Ce monument, qui a complètement disparu vers le milieu du XIX° siècle, présentait un ensemble de dispositions militaires qui en faisait un type des plus caractéristiques. Ce pont était fermé sur la rive droite de la Charente, au faubourg des Dames, par une porte fortifiée ; à une petite distance de cette porte, se dressait l'arc triomphal gallo-romain, à double voie, dont la plate-forme supérieure avait été couronnée au moyen âge d'une muraille crénelée, au moment de la reconstruction des arches ruinées de cet antique édifice ; plus loin, avant d'arriver à l'autre extrémité, on se heurtait à une énorme tour de pierre à section ovale, munie à son sommet d'une dentelure de machicoulis, et qui commandait le pont dont elle interceptait le passage, ainsi que la porte de la ville formée d'une défense crénelée et flanquée de deux tourelles à machicoulis. La grosse tour et la porte, séparées par un petit intervalle, furent rasées après les guerres de religion de la fin du XVI° siècle. La partie centrale du pont comprise entre l'arc romain et la tour ovale était tout entière de maçonnerie ; les parapets crénelées abritaient les défenseurs du pont, qui pouvaient aisément interdire le passage sous les arches aux embarcations ennemies. Les deux sections extrêmes étaient composées de travées de bois, dont on enlevait les poutres mobiles lorsque les nécessités de la défense l'exigeaient. Les voûtes, avons-nous dit, furent reconstruites

(1) Les renseignements sur les ponts de Cahors nous ont été communiqués par l'ingénieur en chef des Ponts et Chaussées Scheltinx en résidence dans cette ville. (Voir MORANDIÈRE, *Cours de construction des ponts.*)
(2) VIOLLET-LE-DUC, *loc. cit.* — GAUTHEY, *loc. cit.*

au moyen âge sur les fondations du pont gallo-romain, mais à diverses époques qui restent indéterminées, ainsi qu'on l'a constaté avant leur démolition. Ces voûtes étaient des *arcs en tiers points*, c'est à peu près la seule donnée qui nous reste, donnée insuffisante pour permettre de fixer la date de leur construction, mais qui dit assez qu'il ne faut pas la chercher avant le XI° siècle. Nous ne retiendrons donc que deux particularités de l'examen sommaire que nous venons de faire du pont de Saintes : ses voûtes en arc brisé et les fortifications du moyen âge, qui en faisaient un ouvrage militaire de premier ordre, comparable, sous certains points de vue, au pont des Tourelles d'Orléans.

Nous terminerons l'étude technique des ponts du moyen âge par celle de trois édifices bâtis au cours des XIII°, XIV° et XV° siècles et qui, projetés sur des formes et des types absolument différents quant à la nature et à l'aspect architectural, mettent en plein relief l'opinion que nous avons déjà eu l'occasion d'exprimer, savoir la parfaite indépendance, au point de vue de l'art proprement dit, des architectes hydraulyciens de cette période. Nous voulons parler du pont du Saint-Esprit sur le Rhône, du pont de Montauban sur le Tarn et du pont Notre-Dame à Paris.

L'un des passages les plus dangereux du Rhône a toujours été celui qui, avant l'établissement du pont Saint-Esprit, était connu sous le nom de Saint-Savourin ou Saturnin-du-Port, dépendance seigneuriale de l'abbaye de Cluny. Cédant aux sollicitations des habitants de la contrée, le prieur des Clunistes de ce lieu, Jean de Thianges, posa sur la rive gauche la première pierre d'un pont (1) dont il confia la direction aux frères Hospitaliers Pontifes en l'année 1262, un peu plus d'un siècle après que saint Bénézet eut jeté les fondements du pont d'Avignon (2). Ce nouvel édifice, qui exigea des travaux considérables, ne put être achevé qu'après de longues années, trente selon les uns, quarante selon les

---

(1) « *In ripa condaminæ nostræ ultra Rhodanum quod est proprium allodium Beati Petri Cluniacensis pontem volumus incipere.* » (GRÉGOIRE, *loc. cit.*)

(2) GRÉGOIRE, VIOLLET-LE-DUC, CHAMPOLLION-FIGEAC.

autres (1). Ce serait vers la fin de l'année 1309 que Philippe le Bel aurait accordé des lettres royales en faveur du pont nouveau qui fut appelé *pont Saint-Esprit*. « Ce nom, dit « Grégoire, devint commun à la ville et remplaça celui de « Saint-Saturnin dont les habitants étaient persuadés, comme « le prieur des Clunistes, que le Saint Esprit les avait dirigés (2) ». Quoi qu'il en soit, il est aisé de reconnaître, à l'ensemble des dispositions comme aux détails techniques des deux ponts d'Avignon et du Saint-Esprit, que ce sont deux frères jumeaux, bien que nés à un siècle d'intervalle. Ils ont été, en effet, conçus dans le même système, établis sur les mêmes principes et exécutés par des maîtres d'œuvre élevés à la même école, obéissant aux mêmes traditions : brisure de l'axe du pont, grandes voûtes en arc de cercle parfaitement caractérisées (3), avant et arrière-becs triangulaires arasés à une faible hauteur au-dessus des naissances de ces voûtes, petites baies pratiquées dans le centre des tympans, l'œil du pont, bandeaux de tête extradossés et même largeur de passage entre les parapets. Le pont qui subsiste aujourd'hui est tracé sur trois alignements, dont la rencontre se fait pour les deux premiers au treizième pilier et pour les deux autres au quinzième, en partant de la rive droite. La direction générale des deux derniers alignements s'incline dans le sens du courant d'amont en aval. Le premier alignement est perpendiculaire à la direction actuelle de la berge de rive droite et à celle du courant général des crues du fleuve, d'où il est permis d'inférer, contrairement à l'assertion d'un savant architecte (à moins que l'hydrographie ait été modifiée profondément en ce lieu depuis six siècles), que les constructeurs du pont n'ont, pas plus ici qu'au pont d'Avignon, intentionnellement disposé leur plan de manière que l'axe

---

(1) GRÉGOIRE, CHAMPOLLION-FIGEAC, GAUTHEY, etc., *Mémoires de l'Académie du Gard*, 1863, page 185.

(2) GRÉGOIRE, DOM VAISSETTE, tome III, page 608, dans les preuves.

(3) C'est par erreur que le savant auteur du *Dictionnaire d'archéologie*, VIOLLET-LE-DUC, a dit que les voûtes de ce pont sont *plein cintre* : on a relevé, en 1853, les formes géométriques des arches, qui, comme sur le plan de Gauthey, sont des arcs de cercle.

de l'édifice formât « un coude à l'opposite du courant sur « le grand bras du Rhône ». Cette analogie entre les deux ponts était commandée par des considérations différentes de celles que l'auteur a invoquées pour les justifier. Le pont Saint-Esprit se composait originairement de vingt arches (1) qui présentent toutes, aux dimensions près, le même galbe ; ce sont des arcs de cercle, avons-nous dit, mais légèrement déformés par les inégalités des pressions exercées pendant la construction et des tassements postérieurs à l'opération du décintrement. Comme au pont d'Avignon, toutes les arches sont établies avec des ouvertures différentes variant d'un minimum de $25^m 90$ à un maximum de $33^m 80$ de portée, pour une montée ou flèche dont la hauteur minima est de $9^m 84$ et la hauteur maxima $12^m 76$. Les piliers présentent des épaisseurs variant de 6 à 15 mètres, mesurées au niveau des naissances des arches. Le rapport moyen des épaisseurs des piliers à l'ouverture moyenne des arches est de 0,38. Les treize premiers, à compter de la rive droite, ont été fondés *sur le roc vif* et maçonnés bien au-dessous du niveau des basses eaux et les six autres ont été établis *sur pilotis*. La longueur totale de l'édifice, mesurée entre les deux culées extrêmes, était de 785 mètres et sa largeur d'une tête à l'autre, compris les parapets, de $5^m 40$. Le corps des voûtes était formé de quatre arcs-doubleaux comme au pont d'Avignon, avec cette variante qu'ils étaient unis par quelques voussoirs, placés en liaison de distance en distance, de manière à établir une certaine solidarité entre ces arcs (2). Cet édifice, qui paraît n'avoir eu, comme celui de saint

---

(1) Il n'y en a plus que dix-huit ; les deux premières de rive droite et leur pilier ont été détruits entre les années 1853 à 1856 et remplacés par une arche métallique pour faciliter le passage des bateaux. Au XVIe siècle, la première arche de rive gauche a été démolie et remplacée par quatre petites arches de plein cintre. Entre les années 1860 et 1870, ces arches ont été démolies et remplacées, à leur tour, par une arche unique semblable à celle qui avait été détruite au XVIe siècle. Ces petites arches sont figurées sur le dessin de Gauthey.

(2) Le pont du XIIIe siècle a été élargi dans la période de 1860 à 1870 au moyen d'un bandeau de $2^m 48$ composé de claveaux dont les joints se croisent alternativement.

Bénézet, qu'une destination primitive purement civile, revêtit plus tard un extérieur militaire : ses deux têtes furent défendues par des portes fortifiées, et, au cours du XIV° ou du XV° siècle, celle de rive droite, ainsi que l'hospice, furent rasées pour faire place à une citadelle (1). Le pont Saint-Esprit, qui subsiste toujours, fut mis au rang des plus beaux édifices hydrauliques du moyen âge ; comme celui d'Avignon, il porte à un degré manifeste l'empreinte des réminiscences de l'architecture romaine, et c'est sans doute à ce caractère *sui generis* qu'il doit d'avoir été, par une erreur chronologique matérielle dont on voit beaucoup d'exemples, attribué aux Romains (2). Ce monument porte le signe distinctif des œuvres sorties des mains des Hospitaliers frères Pontifes et comme leur marque de fabrique, savoir : l'hospice destiné au soulagement des malades et des pauvres passants et une chapelle (3), en faveur desquels les donations, les aumônes et les libéralités abondaient, grâce à la célébrité des pèlerinages qui attiraient vers ces lieux bénis des foules nombreuses de voyageurs et de malades qui allaient y chercher leur guérison.

La construction du pont de Montauban sur le Tarn a été traversée de nombreuses péripéties avant d'arriver au terme de son entier achèvement. Vers le milieu du XII° siècle, un comte de Toulouse accordait aux bourgeois de Montauriol l'autorisation de bâtir un pont pour aider au développement de la nouvelle ville. La charte de l'année 1144 porte que « les habi-
« tants bâtiront un pont et qu'après sa construction le seigneur
« comte s'entendra avec six prudhommes des meilleurs
« conseillers du pays sur les droits qu'ils devront y établir,
« afin que le dit pont puisse être entretenu et réparé » (4).

---

(1) Grégoire et Viollet-le-Duc.
(2) Grégoire critique cette opinion que l'on trouve exprimée dans les *Antiquités et recherches des villes, châteaux et places remarquables de France* d'André Duchesne.
(3) Le dessin géométral de Gauthey représente trois édicules posés sur les piliers 1, 13, 19, à partir de la rive droite. L'absence de détails ne permet pas de déterminer ni leur âge, ni leur destination. Ces édicules n'existent plus aujourd'hui.
(4) Devals, notice sur le pont de Montauban, *Annales archéologiques*,

Les troubles occasionnés par les guerres religieuses, la pénurie de ressources financières jointe à une succession d'événements défavorables firent ajourner, pendant près d'un siècle et demi, l'exécution de ce grand ouvrage qui demeura à l'état de projet jusqu'à l'année 1291, époque à laquelle les consuls de la nouvelle cité purent faire l'acquisition de l'île du Tarn, sur laquelle devaient être établis les premiers piliers du pont. Le roi Philippe le Bel, désirant venir en aide aux Montalbanais, leur octroyait par lettres patentes de l'année 1304 un subside sur sa cassette, en même temps qu'il autorisait les consuls à prélever un droit sur tous les étrangers qui traverseraient leur ville, dans le but de subvenir aux frais d'établissement de l'édifice. Ces actes de libéralité ne furent pas absolument gratuits; le souverain y mettait en effet pour condition que les bourgeois bâtiraient à leurs frais sur le pont projeté trois fortes tours, une sur chaque tête et la troisième au milieu de l'édifice « et dont il « se réservait la propriété et la garde ». Pendant dix ans, les travaux furent languissants et, en l'année 1314, le roi de France dut en ordonner la continuation d'office aux frais de la cité. Ce ne fut qu'après de très longs débats et de nombreuses vicissitudes que le pont put enfin être achevé, en l'année 1335, près de deux siècles après l'autorisation octroyée par le comte de Toulouse. Le pont de Montauban, dont la destination primitive avait été toute pacifique, fut transformé, au cours de sa construction, en un édifice militaire de premier ordre. La tour carrée qui fermait son entrée du côté de la campagne s'élevait à vingt mètres au-dessus de la chaussée; elle était en outre précédée d'une forte barbacane. La tour placée à l'entrée de la ville était semblable à celle-ci et l'une et l'autre portaient une couronne de créneaux et de machicoulis; la tour centrale, bâtie sur l'arrière-bec triangulaire du pilier, avait des dimensions plus modestes et une hauteur beaucoup moindre; une communication était établie entre la tour et l'avant-bec du pilier par le moyen d'une des arcades de décharge qui traversaient le pont dans son épais-

tome XVI. — Viollet-le-Duc, *Dictionnaire d'architecture*, au mot Pont. — Champollion-Figeac, *Droits et usages*.

seur et un escalier intérieur à vis conduisait à une poterne qui débouchait au niveau de la rivière. Dans l'étage de cette tour correspondant au niveau du pavé de la chaussée, on avait construit une chapelle sous le vocable de sainte Catherine (1). Ce pont militaire, qui se rattachait naturellement aux fortifications de la cité, a une longueur de 250 mètres ; il comprend sept arches en tiers point de 22 mètres de portée et six piliers munis d'avant et d'arrière-becs triangulaires de plus de 8 mètres d'épaisseur, ce qui donne pour le rapport de cette épaisseur au vide des arches un peu moins de 0,40. La chaussée du pont, établie à 18 mètres de la rivière, est horizontale et les tympans sont percés de hautes arcades de décharge en tiers-point pour faciliter l'écoulement des crues. Ce beau monument, bâti en brique et pierre, revêt un grand air de puissance et de majesté. C'était, au temps de sa construction, comme il l'est encore de nos jours, après une existence de cinq siècles et demi, un remarquable édifice dont rien ne fait entrevoir la fin prochaine, bien qu'exposé aux attaques fréquentes des eaux torrentielles du Tarn et qui mérite encore l'éloge qu'en faisait Charles VI dans ses lettres patentes du 8 mars 1405 en ces termes : « C'est une grant et « notable chose ». Quoique plus jeune de quatre siècles que celui des Tourelles d'Orléans, il a plus d'un point commun avec ce dernier édifice : ses voûtes en arc brisé, ses trois tours et sa barbacane rappellent assez exactement les Tourelles du pont d'Orléans, le boulevard qui les couvrait vers la Sologne, la bastille Saint-Antoine et le Châtelet. A ces titres seuls, le pont de Montauban méritait de prendre place dans la nomenclature des édifices les plus intéressants des derniers siècles du moyen âge.

Nous allons clore la série des édifices hydrauliques bâtis sur les fleuves et les rivières de la Gaule franque par l'étude technique des dispositions générales qui présidèrent à la construcion du pont Notre-Dame, sur la Seine, à Paris. Comme tous les ponts qui ont existé dans cette ville pendant

(1) Sur l'avant-bec de ce pilier, il y avait une bascule portant une cage de fer, dans laquelle on plaçait les blasphémateurs pour les plonger dans le Tarn. (VIOLLET-LE-DUC, *loc. cit.*)

le cours du moyen âge, celui de Notre-Dame a eu ses péripéties et ses malheurs. Chose remarquable, il semblait que la Seine au cours si tranquille devait, sinon plus, tout au moins au même degré que les rivières les plus calmes, respecter les ponts que l'on jetait sur son lit dans l'intérieur de la cité parisienne, et pourtant il n'en fut rien durant de longs siècles, car il est à peu près impossible de compter les reconstructions et restaurations de ces ponts pendant le cours du moyen âge, tant les documents contemporains et les interprétations des historiens modernes sont confus, obscurs et contradictoires (1). C'est ce contraste, plus apparent que réel, entre les régimes torrentiels de certains cours d'eau, sur lesquels on construisait des ponts durables, et le régime tranquille de la Seine, sur laquelle cependant les ponts ne pouvaient durer, qui suggéra à un savant architecte et archéologue les réflexions suivantes (2) : « Ce qui a donné
« une si fâcheuse opinion, en général, des ponts du moyen
« âge, c'est l'histoire lamentable de ceux de Paris, si souvent
« emportés par de grandes crues avec les maisons qu'ils sou-
« tenaient. Nous ne critiquerons pas bien vivement leur
« conception, leur grande largeur, leur mauvaise confection,
« mais il importait de les faire solides et on n'y parvint pas.
« Primitivement on les construisit en bois, ce qui les con-
« damnait à ne pas vivre longtemps ; mais, quand ils

(1) Nous nous bornerons à citer deux exemples. Dubreul dit que le pont Saint-Michel fut bâti *tout en bois* en l'année 1384 par Hugue Aubriot, prévôt de Paris ; Sauval, dom Lobineau et Félibien écrivent que ce pont fut reconstruit *tout en pierre* en l'année 1387 ou en l'année 1388. Dubreul dit que le pont Notre-Dame, qui tomba en l'année 1499, fut remplacé par un pont *de pierre*, ce qui implique l'existence d'un pont *de bois*, qui l'aurait précédé immédiatement. C'est aussi l'opinion de dom Lobineau et de Félibien. Gauthey, après avoir dit (pages 45 et 46, tome I) que ce pont était *de bois*, et que le premier pont *de pierre* fut bâti en 1412, répète, à la page 63, qu'il était *de pierre*. Cet auteur commet d'ailleurs une erreur en disant dans ces pages que le pont, bâti en l'année 1507 sur l'emplacement dont il s'agit, « fut le premier pont de pierre bâti à Paris, où il n'y avait eu jusque-là que des ponts *de bois* ». Nous avons montré, dans le chapitre XI, l'erreur de cette opinion qui a été exprimée avant Gauthey par Sauval et, depuis Gauthey, par Morandière.

(2) DE VERNEILH, Construction des ponts au moyen âge. (*Annales archéologiques de Didron*, tome XX, 1860.)

« furent bâtis de pierre, de nouveaux désastres arrivèrent,
« soit par suite d'affouillements à la base des piles, soit faute
« d'un débouché suffisant pour les grandes crues; ce qui est
« certain, c'est que, dans les pays où l'on bâtissait moins
« bien qu'à Paris, on a mieux résolu des problèmes plus diffi-
« ciles. »

Il y avait, dans la seconde moitié du XIV° siècle et particulièrement vers l'année 1371, un pont sur l'emplacement de celui qui fut appelé de Notre-Dame. Ce pont avait été précédé d'un autre sans doute, mais celui qui existait à la date susdite « était un pont de fust » (1), connu sous le nom des *Planches Mibray* (chapitre XI); vers le commencement du XV° siècle, on prit la résolution de le reconstruire encore en bois, soit qu'il tombât en ruines, soit qu'il eût été détruit par les crues ou par les glaces de la Seine. D'après le témoignage du Journal d'un bourgeois de Paris, « le dernier jour
« de mai 1413, fut nommé le pont de la Planche Mibray *pont
« Notre-Dame* et le nomma le roi de France Charles, et frappa
« de la trie sur le premier pieu et le duc de Guienne, son fils,
« après et les ducs de Berry et de Bourgogne et le sire de la
« Trémoïlle » (2). Dubreul rapporte que le roi fit don à la ville de Paris, par ses lettres patentes du mois de juillet de l'année 1414, des bois nécessaires à la reconstruction de l'édifice (3). Sauval a confirmé plus tard cette assertion dans les termes qui suivent : « En 1212, les religieux de Saint-
« Magloire, seigneurs et propriétaires de la place qu'occupe
« aujourd'hui le pont Notre-Dame, permirent à la ville de
« faire ce pont large de douze toises et d'élever des maisons
« dessus. Ce pont fut fait en bois et le roi fit don de quinze
« arpents de bois de ses forêts, outre le tiers des impôts
« qu'il prenoit sur la ville, qui montoient à plus de trente-
» cinq mille francs d'or. La condition fut que le prévost des
« marchands et les échevins l'entretiendraient de toutes
« sortes de réparations; qu'il n'y auroit ni changeurs ni

---

(1) RAOUL DE PRESLES, cité par les historiographes de *Paris à travers les âges*, chez Didot, 1875.
(2) *Ibid.*
(3) DUBREUL, *Les anciens ponts de Paris.*

« orfèvres ; que le roi auroit sur ce pont toute justice et
« seigneurie en sa qualité de seigneur censier et haut justi-
« cier sur le pont » (1). Au récit d'historiographes contemporains (2), le pont de Charles VI « qui estoit de bois et qui
« supportoit deux rangs de maisons s'écrasa par suite de la
« pourriture des poutres principales » (3). Cet édifice avait
duré quatre-vingt-six ans, mais vingt-sept ans seulement
après sa construction, dans l'appréhension d'une catastrophe
que des dégradations considérables faisaient craindre, il fut
question de le rebâtir. Cette résolution ayant été ajournée par
suite de diverses circonstances, le pont s'écroula tout à coup,
en l'année 1499, entraînant dans sa chute toutes les maisons
qui le bordaient de chaque côté. « Ce pont, dit un chroni-
« queur contemporain (4), contenoit dix-huit pas en largeur (5)
« et estoit soustenu par dix-sept ordres ou rangées de pilotis,
« chacune rangée ayant trente piliers ; l'espaisseur de chacun
« de ces piliers estoit un peu plus d'un pied et avoient en
« hauteur quarante-deux pieds. Ceux qui passoient par dessus
« ce pont, pour ne point voir d'un costé ny de l'autre la
« rivière, croyoient marcher sur la terre ferme et sembloient
« estre au milieu d'une rue de marchands, car il y avoit
« si grand nombre de toutes sortes de marchandises, de
« marchands et d'ouvriers sur ce pont, et, au reste, la pro-
« portion des maisons estoit tellement juste et égale en

---

(1) SAUVAL, *Antiquités de la ville de Paris.*

(2) FÉLIBIEN et DOM LOBINEAU, *Histoire de la ville de Paris.*

(3) Au récit de Gilbert de Metz, de Robert Gagnin, du registre de l'hôtel de ville, le nombre des maisons aurait varié de 64 à 82. (Dans *Paris à travers les âges.*)

(4) Robert GAGNIN, *De Gestis francorum*, 1522. — LEROUX DE LINCY, *Le pont Notre-Dame, de Paris.* (Bibliothèque de l'École des chartes, 2ᵉ série, tome II, 1845-1846.) — VIOLLET-LE-DUC, au mot Pont. (*Dict. d'architect.*, *Paris à travers les âges.*)

(5) Sauval a dit plus haut que le pont devait avoir, d'après l'acte d'autorisation des religieux de Saint-Magloire, une largeur de douze toises, soit vingt-quatre mètres environ. Gagnin porte la largeur effective à dix-huit pas ; d'où il faut conclure que le pont n'a pas eu vingt-quatre mètres de largeur, la longueur du pas étant inférieure à un mètre. Sauval aura confondu la largeur du pont détruit en 1499 avec celui qui fut bâti à sa place et auquel on donna environ vingt-quatre mètres, comme on le dira plus loin.

« beauté et excellence des ouvrages d'icelle, qu'on pouvoit
« dire avec vérité que ce pont méritoit avoir le premier lieu
« entre les plus rares ouvrages de France. » A une époque
où l'on pouvait admirer en France les magnifiques ponts
d'Orléans, de Beaugency, de Blois, d'Avignon, du Saint-
Esprit et tant d'autres qui avaient fait la réputation de leurs
auteurs connus ou inconnus, on comprend difficilement que
le chroniqueur ait eu la pensée de placer « au premier lieu
« entre les plus rares ouvrages de France » un pont de bois
dont la construction éphémère devait, après moins d'un tiers
de siècle, menacer ruine, et, après moins d'un siècle d'existence, disparaître, sans laisser d'autre trace que le souvenir
de l'effroyable catastrophe de l'année 1499 qui l'a englouti et
des procès scandaleux qui en ont été la conséquence, puisque
le prévôt des marchands et les échevins furent accusés de
négligence, d'incurie et de malversation, et, frappés de con-
damnations, moururent en prison (1). Tant il est vrai que, sous
le coup d'événements et de catastrophes imprévues, le peuple
s'inquiète bien plus des personnes que des causes réelles ;
que les accusations portées contre les magistrats aient été
fondées ou non, cet édifice de bois, soumis à l'action incessante et alternative de la sécheresse, de l'humidité, de l'immersion et de l'émersion, aux chocs des glaçons, des corps
flottants et aux ébranlements occasionnés par le passage des
véhicules, enfin chargé du poids de soixante-cinq maisons,
devait avoir un jour ou l'autre le sort auquel il était fata-
lement condamné ; au témoignage des historiographes, « il
« s'écrasa par suite de la pourriture des pilotis et des poutres
« principales ». Parmi les différentes causes de destruction
qui menaçaient cet édifice, la pourriture des poutres fut celle
qui se développa la première et qui devait en consommer la
ruine. Il n'y avait ni architectes, ni prévôt, ni échevins qui
fussent capables de prévenir cette catastrophe. Quoi qu'il en
soit, les nouveaux édiles et les bourgeois, commis à l'administration de la cité, instruits par les nombreux accidents qui
avaient renversé les ponts construits alternativement en bois et

(1) Robert GAGNIN, MALINGRE, GAUTHEY.

en pierre, décidèrent d'un commun accord que le nouvel édifice serait bâti de pierre de taille. Mais ce choix n'était encore que secondaire et la question principale, vitale, essentielle, celle des fondations, restait à étudier et à résoudre, car toutes les chutes des anciens ponts de pierre, à Paris, étaient attribuées à l'insuffisance de la résistance des piliers aux corrosions de la Seine. Une commission de contrôle des travaux fut chargée de demander l'avis des maîtres ouvriers de plusieurs bonnes villes du royaume, tant de Blois, Orléans et Tours, que d'Auvergne, et aux mariniers et maîtres de pont (1). Cette pénurie d'architectes hydrauliciens se faisait sentir depuis longtemps, et nous aurons occasion de la constater dès le commencement du XVe siècle, à propos du pont d'Orléans. A cette époque, Paris ne manquait pas seulement de constructeurs hydrauliciens, les sculpteurs même lui faisaient défaut et la métropole des arts au XIXe siècle se voyait réduite alors à emprunter à la ville de Tours un artiste en renom, Guillaume Brassefort, tailleur « d'ymaiges », pour le charger de faire les statues dont on voulait décorer le clocher de la Sainte-Chapelle de Paris, que l'on élevait en l'année 1461 (2). La commission du pont Notre-Dame fut présidée par Colin de la Chesnaye, délégué à la superintendance de l'OEuvre, auquel on adjoignit Jean de Doyac, qui l'un et l'autre portaient le bâton blanc, signe distinctif du commandement, et deux religieux, Jean d'Escullaint et Jean Joconde (3). C'est à ce dernier que, de l'aveu public, revient la plus large part de l'honneur de l'entreprise et du succès de ce grand ouvrage. Mais il fallut passer par bien des épreuves, des formalités et des lenteurs avant de mettre la main à l'œuvre.

(1) Félibien, Dom Lobineau et Leroux de Lincy, *loc. cit.*

(2) Note sur Guillaume Brassefort, sculpteur tourangeau au XVe siècle, par Grandmaison, archiviste d'Indre-et-Loire. (*Revue des Sociétés savantes*, 1868, tome VII.)

(3) Jean Joconde, cordelier de Vérone, fut docte et fort habile homme. (Dubreul, *loc. cit.*) — Au moment de la chute du pont, on appela d'Italie ce religieux qui venait de reconstruire le pont Corvo. Joconde fut chargé plus tard, après la mort de Bramante, conjointement avec Raphaël et Julien de Saint-Paul, de suivre la construction de Saint-Pierre de Rome. (Gauthey, *loc. cit.*)

Aussi regrettables que fussent, à certains égards, les péripéties qui retardèrent l'exécution, on comprend, en y réfléchissant un peu, que la catastrophe de l'ancien pont et ses terribles conséquences recommandaient une grande circonspection, qui devait se traduire dans l'esprit des édiles par des résolutions hésitantes et timides. Demeurerait-on fidèle aux enseignements et aux préceptes des anciens constructeurs, quant au système de fondations qui avait si mal réussi jusqu'alors dans les eaux de Paris, ou allait-on se décider à entrer dans une voie nouvelle? Les piliers seraient-ils établis sur des massifs de maçonnerie, ou reposeraient-ils sur des plates-formes de charpente et des pilotis? Les maçons et les charpentiers se livrèrent à des assauts d'éloquence technologique, pour faire adopter le système que chacun d'eux préconisait, en invoquant, à l'appui de ses dires, des exemples de stabilité ou de renversement d'édifices bâtis sur des fondations dont il exaltait la supériorité ou condamnait la faiblesse. Dans ce conflit d'opinions, d'affirmations et de dénégations entrecroisées, l'embarras des commissaires dut être grand. Quelques maîtres-maçons demandaient que les fouilles des piliers fussent descendues jusqu'au terrain solide, pour que la fondation pût y être assise avec sécurité. C'était remonter aux principes et à l'application de la méthode de Vitruve, mais c'était aussi se heurter, dans le cas particulier, contre un obstacle à peu près insurmontable, en l'absence de moyens et de procédés techniques capables de réaliser ce desideratum, en un lieu où les fouilles très profondes, qu'il fallait creuser dans des terrains perméables, eussent renouvelé la fable du tonneau des Danaïdes. Pourtant, à la date du 4 août de l'année 1500, l'on se décidait à adopter ce second moyen « *pour le premier pilier qui ne serait point piloté parce que le fons est bon et dur* ». C'était une satisfaction donnée aux maîtres-maçons de Paris, qui plaidaient chaudement pour leur saint. Mais elle ne dura pas longtemps, et six jours après l'on revenait sur le vote et l'on décidait : « *que l'on pilotera partout et on mettra dessus une platte forme pour tenir le pilotis plus ferme* ». Le procès était gagné : les cinq piliers, comme les culées, furent fondés sur pilotis, et c'est sans doute à cette résolution que l'édifice dut sa belle conservation pendant trois siècles et demi ; il ne devait pas succomber aux attaques combinées des eaux de la Seine et des éléments ; il fut condamné à périr de la main des hommes, en plein état d'entretien, pour donner satisfaction à des nécessités et à des besoins nouveaux d'ordre social et économique. Ses fondations avaient été si bien établies et si solidement assises sur ses pilotis, que pour le pont que les constructeurs modernes substituèrent, en l'année 1853, à l'œuvre de Joconde, ils n'ont rien trouvé de mieux à faire que de poser les piliers du nouvel édifice sur les fondations mêmes qui, en l'année 1500, avaient suscité tant de discussions, dont, en définitive, le résultat final avait été heureux, puisque presque tous les ponts de Paris ont été fondés dans ce système depuis plus de trois siècles (1). Le système des fondations ne fut pas l'unique sujet des délibérations des commissaires : la question très importante de la forme des

---

(1) Le pont Notre-Dame paraît être le premier sur lequel on ait pris de sérieuses précautions contre les effets jusque-là si destructeurs des eaux de la Seine. Frère Joconde établit ses piles sur de solides pilotis défendus par de forts enrochements, offrant à l'action des eaux une résistance telle que ces fondations sont encore celles sur lesquelles repose le pont actuel reconstruit en 1853. (Félix ROMANY, inspecteur général des Ponts et Chaussées, Notice sur les ponts de Paris, insérée aux *Annales du corps*, en 1864.)

Le Pont-au-Change, reconstruit en l'année 1641, reposait sur six piliers dans les fondations desquels il était entré environ deux mille pilots pour chacun, recouverts par un solide plancher. Ce pont fut démoli en l'année 1858, par des raisons tirées de l'ordre social et économique, étrangères à la technique. (VAUDREY, ingénieur des Ponts et Chaussées, Notice sur la démolition du Pont-au-Change, insérée aux *Annales du corps*, en 1862.)

C'est en 1857 que l'on a abandonné le système des fondations sur pilotis pour les ponts de Paris, à propos de la reconstruction du pont Saint-Michel, et l'année suivante, à propos du Pont-au-Change, qui durent être reconstruits nonobstant leur parfait état de conservation, pour la jonction des boulevards de Sébastopol et de Saint-Michel. On fit usage de massifs de béton immergés dans des caissons sans fond, procédé dont on avait déjà fait des applications. Le système des fondations sur pilotis était un progrès très sensible sur les anciens procédés, mais qui n'est pas sans danger ; il est prudent de n'y avoir recours que dans les cas exceptionnels ; l'expérience multipliée en a fait reconnaître les côtés faibles. Les méthodes modernes, telles que les bétons immergés dans des caissons sans fond, les fondations tubulaires à l'air comprimé, etc., sont préférables à la méthode des pilotis. (MORANDIÈRE, *loc cit*.)

avant-becs y fut posée, et la thèse soutenue par frère Joconde en faveur de la forme triangulaire fut résolue par cette considération « que si les piles étaient rondes, l'eau tourbillonne-
« rait autour et que les bateaux courraient plus de dangers ».
Si les commissaires et les maîtres des œuvres, éclairés par les discussions, n'ont pas appliqué la solution la plus rationnelle dont les ponts de Beaugency, de Metz et de Limoges leur offraient un spécimen, du moins ont-ils eu le sentiment de la supériorité de la forme allongée de l'avant-bec sur la forme ronde (chapitre X). Le pont fut donc construit sur des fondations pilotées, en arches « de plein cintre » variant de seize à dix-huit mètres de portée, et sur des piliers armés d'avant-becs triangulaires d'une épaisseur de quatre mètres, ce qui donne pour le rapport de l'épaisseur moyenne des piliers à l'ouverture moyenne des arches 0,23. Sa longueur fut de cent vingt-sept mètres entre le nud des deux culées, sa largeur de vingt-trois entre les têtes, et la voie charretière de six mètres et demi ; le reste de la plate-forme de la superstructure était occupé par une double file de maisons, ayant une épaisseur d'environ huit mètres et demi, qui furent démolies en l'année 1786 et sur l'assiette desquelles on élargit la voie charretière bordée de deux larges trottoirs. *La première pierre* de cet édifice fut posée le vingt-huit mars de l'année 1500, et sur cette pierre « sont
« trois armes entaillées, c'est assavoir les armes du roy
« au-dessus et au-dessous, à dextre les armes de la ville et à
« senestre les armes de M. de Clérieux, lieutenant pour le
« roy nostre sire et gouverneur de Paris (1) ». De l'avis des connaisseurs, il n'existait pas en Europe de pont plus élégant, d'un trait plus hardi et plus harmonieux. « Il a été construit,
« dit l'un des contemporains, et réédifié tout en pierre de
« taille, faisant six grandes arches esgales dont les piles sont
« fondées sur pilotis et renforcées des deux costés en triangle,
« faisant une pointe pour empêcher et rompre les glaces.
« Dessus sont édifiées par symétrie et proportion d'archi-
« tecture soixante-huit maisons, toute d'une mesure et même

(1) *Paris à travers les âges.*

« artifice, de pierre de taille et brique, chacune contenant
« cellier en cave (au-dessous du pavé de la voie), ouvroir
« (boutique), galerie derrière (sur la face opposée à celle des
« passants), cuisine (au rez-de-chaussée), deux chambres
« (premier et second étage), et grenier (dans le comble). Au
« milieu du pont, sont les images de costé et d'autre, de
« Nostre-Dame et de saint Denys avec les armes de la ville. Il
« est pavé ainsi que les rues, en sorte que les passants
« estrangers pensent estre en terre ferme. Bref, quant à la
« structure des ponts, c'est le chef-d'œuvre de toute l'Eu-
« rope (1) ». Un autre contemporain n'est pas moins enthou-
siaste : « et fut ledit pont, au jugement de ce touriste
« messin, la plus belle pièce d'eure (d'eau) que je vis
« oncques et croys qu'il n'y ait point de pareille pont à
« monde si biaulx ne sy riche ; et y a sur ledit pont l x ii j
« maixons et chacune maixon sa bouctique : lesquelles
« maixons avec les bouctiques sont faictes sy très fort sem-
« blables et pareilles, tant en grandeur comme en largeur
« qu'il n'y a rien à dire (2) ». Aussi remarquables que fussent
les maisons et les ornements, emblèmes, décors, dont elles
étaient surchargées à diverses époques, ce n'était pas assurément ce qui devait fixer l'attention des constructeurs. Cet
ensemble architectural, rehaussé par les Tourelles qui s'élevaient aux quatre angles de l'édifice, lui donnait sans doute
un cachet d'originalité pittoresque, qui ne manquait pas de
réjouir les yeux de la multitude. Mais le côté vraiment important, c'était le nouveau système de fondations sur pilotis,
inauguré avec un éclatant succès par l'humble religieux de
Vérone. Tout cet appareil de décors superficiels n'était que
l'accessoire ; la difficulté ne consistait pas à bâtir de splen-
dides maisons sur une aire aplanie et solide, car on en avait
déjà bâti à Paris et ailleurs, notamment à Angers (chap. XI).
La difficulté consistait à empêcher le pont de tomber. Et le
moine Jean Joconde eut le mérite d'y réussir ; aussi les
Parisiens reconnaissants voulurent-ils lui en témoigner leur

---

(1) Gilles CORROZET, cité dans *Paris à travers les âges*.
(2) Philippes DE VIGNEULLES, cité par LEROUX DE LINCY, *loc. cit.*

gratitude et en perpétuer le souvenir par l'inscription, qui fut gravée sous l'une des arches, du distique de Sannazar :

« *Jucundus geminum posuit tibi, Sequana, pontem :*
Jure tuum potes hunc dicere pontificem (1). »

Ce pont devint en quelque sorte la voie triomphale par laquelle les souverains faisaient leur entrée dans la cité parisienne. Cet honneur était réservé jusque-là à son voisin, le pont au Change, et ce fut en l'année 1531, à l'occasion de la réception solennelle de la reine Eléonore d'Autriche, femme de François Ier, que le pont Notre-Dame fut inauguré en sa qualité de voie triomphale, sur laquelle passèrent successivement Henri II, Charles IX, Louis XIII, Louis XIV, et qui fut décorée pour ces circonstances exceptionnelles avec tout le luxe que comportait leur gravité.

Nous retrouverons, en traitant du pont des Tourelles d'Orléans, quelques-unes des particularités que nous venons de signaler : les formalités et les consultations (2) qui ont précédé l'adoption du système de fondations, les maisons bâties sur le pont, les images des saints patrons exposées aux regards des passants, la décoration de l'édifice lors de l'entrée des souverains, particularités dont celles du pont de

---

(1) DUCANGE, *Gloss.* — SAUVAL, *loc. cit.* — LEROUX DE LINCY, *loc. cit*, *Paris à travers les âges.* — Dubreul écrit le distique ainsi qu'il suit :

« *Jucundus geminos posuit tibi, Sequana, pontes*
Hunc tu jure potes dicere pontificem. »

Sauval n'a pas retrouvé, dit-il, l'inscription qu'il aurait vainement cherchée ; c'est peut-être ce qui explique la diversité des leçons qui précèdent. Pour comprendre le sens de « *geminos pontes* », il faut admettre que Jean Joconde aurait bâti deux ponts à Paris et, de fait, on lui attribue la construction du Petit-Pont qui fut, comme celui de Notre-Dame, couvert de maisons. (FÉLINE ROMANY, *loc. cit.* — FÉLIBIEN et Dom LOBINEAU, *loc. cit.*)

(2) Un savant architecte paraît croire que l'usage, qu'il blâme, de consulter quantité de gens de métier ou d'amateurs officieux en matière de travaux publics ne daterait que du commencement du XVIe siècle. (VIOLLET-LE-DUC, *Dict.*, au mot *Pont.*) Nous aurons occasion de montrer, en traitant du pont d'Orléans, que cet usage était déjà en grande faveur au commencement du XVe siècle, ce qui prouve qu'il remontait plus haut. A côté des inconvénients signalés par l'auteur, on rencontrait quelques avantages. Ainsi, dans l'espèce

Notre-Dame de Paris n'ont été en quelque sorte qu'une imitation perfectionnée, que justifie suffisamment l'importance relative des deux cités.

Nous avons ouvert le chapitre XII par l'historique du pont d'Avignon construit dans les dernières années du XII° siècle, et nous l'avons fermé sur le pont de Montauban, qui ne fut achevé qu'au milieu du XIV°; nous n'avons pas jugé qu'il fût nécessaire de poursuivre plus loin nos recherches sur les ponts du moyen âge, dans les diverses provinces de la Gaule franque, pour y découvrir, par la comparaison de leurs formes, les analogies et corrélations qu'ils peuvent avoir avec le pont des Tourelles d'Orléans. Ces recherches n'auraient eu qu'un médiocre intérêt pour le but principal de nos études, car, sur la fin du XIV° siècle, nous entrons en pleine possession de documents authentiques conservés dans les archives municipales, hospitalières et privées, qui permettent d'entreprendre avec quelque assurance et sécurité la description de ce monument célèbre. Dans le cours des deux chapitres XII et XIII, nous avons pu rassembler des documents qui nous manquaient absolument dans ceux qui précèdent : les formes, les galbes et les dimensions des éléments constitutifs de plusieurs des ponts, c'est-à-dire de leurs voûtes et des piliers qui leur servent d'appui. Si l'obscurité règne encore sur un certain nombre de ces édifices, quant à leur nature de pierre ou de bois, nous croyons cependant que les exemples réunis dans ces deux chapitres permettent de faire ressortir, comme une vérité indiscutable, la variété des types adoptés par les constructeurs hydrauliciens des XII° XIII° et XIV° siècles, pour l'établissement des ponts de pierre dans la Gaule franque, c'est-à-dire les voûtes en arc de cercle, en plein cintre et en arc brisé, selon les temps, les lieux, l'influence des maîtres des œuvres, souvent aussi le caprice ou les préférences

du pont Notre-Dame, si les commissaires n'avaient pas adopté cette marche, les maîtres maçons de Paris auraient fait prévaloir leur avis, et le pont Notre-Dame n'aurait probablement pas vécu aussi longtemps.

basées sur telles circonstancces ou considérations dont l'appréciation nous échappe généralement, eu égard à la distance qui nous en sépare aujourd'hui et que les chroniqueurs contemporains ont oublié de nous révéler.

Dans l'ordre chronologique, nous partons du pont d'Avignon, dont les larges voûtes furent construites en arc de cercle sur la fin du XIIe siècle, et dont les vestiges sont toujours un sujet d'admiration, pour nous arrêter au pont de Montauban, dont les grandes arches en arc brisé, achevées vers l'année 1335, subsistent encore aujourd'hui. Dans cet intervalle de deux siècles et demi, et entre ces deux limites extrêmes, pendant que l'arc brisé s'imposait à peu près exclusivement aux architectes des monuments religieux, particulièrement dans l'Ile-de-France, nous voyons les architectes hydrauliciens projeter, dans les diverses régions de la Gaule franque, les voûtes des ponts, soit en arc de cercle, soit en plein cintre, soit en arc brisé, adoptant presque toujours des piliers d'une épaisseur excessive munis d'avant et d'arrière-becs de formes variées, modelant la projection horizontale des avant-becs, le plus généralement suivant le type triangulaire rectiligne, et dans quelques cas exceptionnels selon le type triangulaire mixtiligne ou en arc brisé équilatéral, supprimant quelquefois les arrière-becs ou les profilant suivant des prismes polygonaux, arasant souvent à une faible hauteur, au-dessus de la naissance des arches, les avant et les arrière-becs coupés suivant un plan légèrement incliné en guise de chaperon, et d'autres fois prolongeant le massif de ces appendices jusqu'au niveau du parapet du pont. Cette variété de types accusait la plus complète indépendance des architectes hydrauliciens, qui n'obéissaient à aucune règle absolue, ne se soumettaient à aucune formule invariable, et ne cherchaient que par les essais, les tâtonnements, l'observation, la solution des problèmes si complexes qu'offrait à leur esprit l'établissement des ponts de pierre sur les grands cours d'eau, problèmes entrevus seulement dans l'antiquité romaine, mais non résolus par les successeurs de Vitruve sur les fleuves de la Gaule.

Dans le cours des chapitres XII et XIII, nous avons rapporté plusieurs exemples de passages de rivières par les armées en campagne, et montré que les ponts fixes, soit de pierre, soit de bois, avaient été, comme les ponts de bateaux et les barques libres, les moyens employés le plus souvent pour traverser les cours d'eau, et que les passages à gué n'étaient en définitive, ainsi que dans les siècles antérieurs, des moyens exceptionnels auxquels on n'avait recours qu'en l'absence des autres, ce qui confirme l'opinion émise au cours de l'ouvrage, que depuis les temps préhistoriques, pendant les cinq siècles de la domination romaine, comme au moyen âge et aux époques de sa plus profonde décadence, les ponts étaient répandus en assez grand nombre sur les cours d'eau de la Gaule, ponts de bois et ponts de bateaux, et que les passages à gué ne furent généralement que des exceptions, et à plus forte raison dans les localités importantes, dans les cités considérables, soit par leur position stratégique, soit par leur situation politique ou commerciale, et sur des cours d'eau navigables, comme la Loire qui sillonnait une grande étendue du territoire ; d'où la conséquence rétrospective qu'Orléans devait posséder, à toute époque de son histoire, comme nous l'avons démontré d'ailleurs, un pont qui reliait les deux rives de la Loire.

Nous exposerons, dans les chapitres suivants, les moyens auxquels on a eu recours pour bâtir et entretenir les ponts sur les rivières à partir de la Renaissance de l'an mil jusqu'à la fin du XIVe siècle. La connaissance de ces moyens nous permettra de découvrir ceux qui auront été vraisemblablement mis en pratique pour la construction et l'entretien du pont des Tourelles, jusqu'à l'époque à partir de laquelle les comptes de commune font connaître le mécanisme financier de l'entretien et des restaurations de cet édifice.

CHAPITRE XIV

SUITE DE LA PÉRIODE CAPÉTIENNE ET FÉODALE

Des écoles monastiques et des écoles laïques dans lesquelles on enseignait l'art des constructions, depuis l'an mil jusqu'à la fin du XIV° siècle. — Des associations d'ouvriers laïques et des confréries d'ouvriers monastiques. — De la confrérie des Frères-Hospitaliers pontifes ou constructeurs de ponts.

C'est un fait général, dont on retrouve à chaque pas le témoignage dans les chroniques du moyen âge, que postérieurement à l'an mil, et sauf quelques rares exceptions, les noms des constructeurs des ponts, plus encore que les moyens pécuniaires auxquels on eut recours pour l'établissement de chacun de ces édifices jusqu'aux XIV° et XV° siècles, sont demeurés inconnus. Aussi grande que fût leur utilité, les ponts ne correspondaient qu'à des nécessités d'un ordre inférieur et purement matérielles, que primaient celles d'un ordre supérieur, puisant leur raison d'être dans les sentiments spiritualistes et religieux. C'est pourquoi les basiliques, les églises et les monastères eurent leurs architectes et leurs maîtres des œuvres dont on conservait les noms avec plus de soin que pour les modestes bâtisseurs de ponts, qui, sauf quelques exceptions, disions-nous plus haut, sont morts à la peine, emportant leur nom dans la tombe avec le secret des méthodes, des moyens et des procédés techniques dont ils firent usage pour la construction de ces édifices. Ce n'est pas assurément que la science et la technique modernes aient beaucoup à apprendre des architectes hydrauliciens du moyen âge ; les procédés perfectionnés et les ressources pécuniaires que met à la disposition des ingénieurs la civilisation moderne laissent bien loin derrière eux tout ce que, en remontant jusqu'aux Romains, l'étude des siècles passés pourrait offrir d'utile à notre imitation pour l'art de bâtir en général, mais surtout et en particulier pour l'architecture hydraulique appliquée à la construction des ponts. Mais les procédés de nos ancêtres dussent-ils nous paraître aujourd'hui un peu surannés et en quelque sorte démodés, que la reconnaissance et l'admiration ne leur seraient pas moins acquises, au même titre qu'elles le sont, par exemple, aux inventeurs de l'imprimerie du XVe siècle, nonobstant les progrès de la typographie moderne et les chefs-d'œuvre qu'elle produit tous les jours ; les noms des plus célèbres parmi ces maîtres de l'art contemporain n'éclipseront pas l'éclat de celui du modeste ouvrier, qui s'appelait Jean Gutenberg.

On a vu, au commencement du chapitre IX, qu'à l'aurore du XIe siècle, le mouvement intellectuel et littéraire avait pris un nouvel essor, et que parmi les écoles monastiques où l'on enseignait, entre autres connaissances, la géométrie et le calcul, la célèbre abbaye de Fleury-Saint-Benoît, dans l'Orléanais, s'était placée aux premiers rangs. Si nous en croyons les historiens de ce monastère illustre, c'était parmi les moines eux-mêmes que les abbés recrutaient non seulement les simples ouvriers et les artistes, mais encore les maîtres des œuvres ou architectes, directeurs des constructions de toute nature. C'est ainsi que Gauzlin, prince de sang royal, fils naturel du roi Hugues Capet, et frère du roi Robert, envoyait, en l'année 1008, au duc Geoffroy de Bretagne, sur sa demande, un moine appelé Félix « pour rétablir les monas-
« tères bretons tombés en ruine depuis de longues années ».
C'est ainsi encore que l'abbé de Fleury faisait construire, avant l'année 1026, une tour monumentale qui dominait toute la contrée soumise à la juridiction seigneuriale de Fleury, et devait être un lieu de refuge pour les moines contre les attaques de leurs ennemis. « Je veux, dit l'abbé, au maître des
« œuvres, que cette tour serve de modèle à toute la Gaule :

« *tale opus quod omni Galliæ sit exemplum* (1). » Et c'est ce monument, découronné au XV° siècle de son diadème de créneaux, qui est demeuré ce magnifique péristyle occidental, objet de l'admiration des connaisseurs en l'art de bâtir, depuis plus de huit siècles, et dont le chapiteau de l'une de ses cinquante colonnes romanes a conservé le nom du moine artiste « *Unbertus me fecit* ». Mais, dit un éminent archéologue, « ces travaux s'effacent devant ceux que notre abbé « entreprit après l'incendie de l'année 1026 (2) ». Tout avait disparu dans cet immense désastre, sauf la tour du péristyle, et tout fut reconstruit, restauré, embelli, par les moines eux-mêmes, aidés de quelques artistes étrangers que Gauzlin avait appelés pour les seconder. Aussi l'historien de saint Benoit a-t-il pu écrire ce qui suit (3) : « On ne peut douter « que les moines n'aient été les constructeurs et les sculp- « teurs de leurs édifices, quand l'un d'eux, André de Fleuri, « contemporain et historiographe de Gauzlin, leur applique « si positivement ces vers de Virgile (*OEneid.*, 1, 423-436) :

> *Hic portus effondiunt, hic alta domorum*
> *Fundamenta locant alii, immanes que columnas*
> *Rupibus excidunt, templis decora alta futuris.* »

Les ouvrages de natures si diverses que les moines exécutaient de leurs propres mains, sont un témoignage éloquent des ressources artistiques que l'on trouvait au sein de cette abbaye célèbre, qui fut l'un des foyers intellectuels les plus renommés en Occident. Il faudrait pourtant se garder d'en inférer que le monastère de Fleury-Saint-Benoit tînt école d'architecture et de sculpture, et formât des artistes et des ouvriers constructeurs de monuments. Ce n'était ni sa destination ni sa spécialité. Mais il est hors de doute que la maison mère possédait un personnel de maîtres d'œuvres et

---

(1) L'abbé ROCHER, *Histoire de l'abbaye royale de Saint-Benoit*. — *Vie de Gauzlin, abbé de Fleuri-Saint-Benoit*, par ANDRÉ DE FLEURI, son contemporain, écrite vers l'an 1040, dix ou douze ans après la mort de cet abbé. (Tome II des *Mémoires de la Société archéologique de l'Orléanais*.)

(2) LÉOPOLD DELISLE, *Introduction à la vie de Gauzlin*.

(3) L'abbé ROCHER, *loc. cit.*

d'ouvriers intelligents qu'elle utilisait dans toutes les abbayes secondaires, qui lui étaient affiliées et qui étaient rangées sous sa juridiction et son autorité spirituelle et temporelle. C'est ainsi que le moine Arnauld, successeur de Gauzlin, avait été chargé, par ce dernier, de diriger les travaux de construction dans les lieux qui dépendaient de l'abbaye de Fleury. C'est ainsi encore qu'un contemporain d'Arnauld, le moine Helgand, auteur d'une vie du roi Robert, chroniqueur du XI° siècle, qui occupe un rang distingué parmi nos historiens, fut également un artiste éminent, car il enrichit le monastère de plusieurs œuvres; on lui doit les portes en fer de la chapelle de la Vierge, la reconstruction de la chapelle Saint-Denis voûtée en pierre, la restauration de celle de Sainte-Scholastique, etc., etc.

Lorsque l'ancienne basilique de Sainte-Marie de Fleuri menaça ruine, l'abbé Guillaume conçut le projet de la reconstruire sur de plus vastes proportions. C'était vers l'année 1075. Ce fut un moine, du nom de Gallibert, qui devint maître de l'œuvre et en dirigea les travaux (1). Nous nous bornons à rappeler ces noms dont les annales bénédictines ont pieusement conservé le souvenir parmi une multitude d'autres qui furent des architectes habiles, des artistes distingués et des ouvriers incomparables.

Nous n'entreprenons pas ici d'écrire l'histoire des arts au moyen âge, tel n'est point notre but. Nous nous proposons simplement de rechercher d'où provenaient les hommes spéciaux qui exécutèrent les grands ponts durant les cinq siècles qui s'ouvrent avec le XI° et finissent à l'origine de la Renaissance, au commencement du XVI°. Ces hommes étaient-ils de simples laïcs, étaient-ils, au contraire, engagés plus ou moins dans les ordres monastiques? Une ombre épaisse couvre cette partie si intéressante de notre histoire nationale, et nous n'espérons d'autre succès que celui de soulever un coin du voile qui fait cette obscurité. On a beaucoup écrit sur cette question, mais à défaut des documents authentiques et contemporains qui ont péri dans les bouleversements po-

---

(1) L'abbé ROCHER, *loc. cit.*

litiques et religieux dont la France, plus que tout autre pays, a ressenti les funestes contre-coups; les écrivains modernes qui ont essayé de traiter cette matière, n'ont guère exprimé que leurs propres pensées et leurs idées personnelles, qui sont loin d'être d'accord entre elles, et qui sont même le plus souvent en contradiction. Le moyen âge eut-il des écoles, des maîtres, des élèves d'architecture civile, militaire, religieuse, dans le sens et l'acception modernes que nous attachons à ce mot? Eut-il des instituteurs laïques et monastiques pour enseigner l'art des constructions et initier les élèves à ses méthodes et à ses secrets? Les uns disent oui, les autres non. Un auteur compétent écrit que, dans le cours du IX° siècle, les Lombards envoyaient des missionnaires en Occident pour y répandre les saintes doctrines, aussi bien en matière d'art qu'en théologie, et que ces religieux ne se bornaient pas à faire des prédications, mais qu'ils donnaient leurs soins à la construction des églises dont ils traçaient les plans eux-mêmes. Un moine lombard avait été envoyé dès les premières années du XI° siècle dans la Gaule franque, en Bourgogne et en Normandie; un autre, plus éminent encore, y arrivait en l'année 1064, et commençait la construction de l'église de Saint-Étienne de Caen, comme architecte et maître des œuvres; l'un et l'autre, très versés dans l'art et la connaissance de l'architecture (1), étaient de véritables maîtres; il eût été intéressant de nous apprendre de qui ils avaient suivi les leçons. Ces personnalités isolées ne prouvent pas qu'il y eut des écoles spéciales où l'on enseignait les principes et les méthodes de l'art de bâtir. Plus tard, et au commencement du XII° siècle, selon le même auteur, « les con-
« naissances humaines *sortent des cloîtres qui les avaient*
« *abritées pendant de longs siècles de barbarie*, et l'architec-
« ture essaye timidement d'abord, et inaugure bientôt des
« formes sans précédents; mais ce n'est plus le clergé régu-
« lier qui la dirige comme par le passé : c'est aux laïques
« désormais que ce soin est dévolu. La construction d'im-
« menses cathédrales devient la grande affaire du temps. La

---

(1) Léonce REYNAUD, *Traité d'architecture.*

« seconde moitié du XII° siècle, pendant lequel l'ogive s'as-
« socie au plein cintre, est ce que l'on a appelé avec justesse
« le style de transition ; mais la période d'hésitation, de tâ-
« tonnement finit avec le XII° siècle, et dès le commence-
« ment du XIII°, le nouvel art, l'art ogival, est complètement
« constitué, et il est exclusif dans toute la portion du terri-
« toire qui reconnaît le pouvoir royal. Si, continue l'auteur,
« quelques moines tracent encore des projets d'architecture
« romane dans le fond de leurs cellules, ils sont sans action
« au dehors, et leurs regrets sont impuissants. Il n'y a plus
« trace de plein cintre ni d'ornementation byzantine à partir
« des premières années du XIII° siècle (1). » Selon le savant
auteur auquel nous empruntons ces intéressants détails, le
mouvement qui s'était produit et la propagation des nouvelles méthodes devraient être attribués à deux causes :
d'abord à l'état des esprits qui marchaient vers les améliorations, ensuite à l'organisation ou plutôt à l'extension de la
franc-maçonnerie, c'est-à-dire à la constitution des corporations d'ouvriers qui avait précédé l'inauguration de l'art
ogival. Jusque-là ces confréries d'ouvriers avaient travaillé
sous la direction du pouvoir monacal pour l'exécution des
plans qui leur étaient imposés ; « mais, dit l'auteur, les ar-
« chitectes laïques qui en sortent, probablement les éman-
« cipent, les associent à leurs efforts et y trouvent un pré-
« cieux point d'appui. Deux confréries d'artistes et d'ouvriers
« sont en présence : l'une dans les cloîtres, vigoureusement
« constituée, riche de ses traditions, et voulant les main-
« tenir ; l'autre en dehors, jeune, pénétrée de l'esprit du
« temps, ardente aux innovations, pleine de foi dans l'avenir.
« Dans celle-ci, les travaux sont incessants, on cherche tou-
« jours, il y a une émulation prodigieuse. Cette seconde
« confrérie laïque avait l'inconvénient d'entraver la liberté,
« d'imposer des formules et d'aboutir à une exagération de
« principes qui devait précipiter la décadence. » Nous
voyons bien encore, dans cette nouvelle phase de l'histoire
de l'architecture, qu'il y eut des architectes, mais nous igno-

(1) Léonce REYNAUD, *loc. cit.*

rons comment ils avaient appris les connaissances de leur art, si ce n'est qu'elles leur venaient des cloîtres et des abbayes, qui avaient été les foyers intellectuels où l'on puisait la science à tous ses degrés. Nous voyons, en outre, que la confrérie d'artistes et d'ouvriers laïques, « pénétrée de « l'esprit du temps », secoua l'autorité et s'affranchit du gouvernement moral des cloîtres où les plans étaient imposés par les moines ; mais il nous semble, d'après l'auteur, que cette nouvelle confrérie laïque agissait de même et imposait aussi ses formules, ce qui est l'équivalent. Voici maintenant le revers du tableau. Le savant auteur nous apprend que les entraves mises à la liberté, l'obéissance aux formules et l'exagération des principes qui étaient la conséquence du programme de la confrérie laïque, devaient en précipiter la décadence. Et, en effet, continue-t-il, « dès la seconde moitié « du XIII° siècle ces symptômes se manifestent, et dans le « siècle suivant le mouvement se dessine avec plus de netteté, l'esprit qui vivifiait a disparu, la sculpture n'a plus « rien de monumental, les églises ont quelque chose de froid « et d'étriqué. Au XV° siècle, la décadence est complète ; « jamais l'art n'était tombé dans de pareilles aberrations, il « n'y avait pour ainsi dire plus d'architecture (1). » Si tel fut dans l'ordre logique la conséquence de l'émancipation des confréries d'architectes et d'ouvriers laïques qui avaient secoué le joug monacal pour obéir à l'esprit du temps, il faut reconnaître que le mot « mouvement » réclamait un qualificatif ; il fallait dire, en effet, « mouvement de recul », puisqu'il aboutit « à la décadence complète ». Il n'y a donc pas lieu de se féliciter de cette émancipation, et l'on peut, à bon droit, regretter l'enseignement des cloîtres et les confréries d'artistes et d'ouvriers qui en avaient fait de si admirables applications.

Un autre écrivain, non moins compétent, rend aussi justice à l'enseignement monacal de l'architecture, tant la vérité des faits a de puissance pour faire jaillir la lumière (2). Dans

---

(1) Léonce REYNAUD, *loc. cit.*
(2) VIOLLET-LE-DUC, *Dict. d'arch.*, au mot architecture.

l'opinion de cet auteur, l'architecture, après la mort de Charlemagne, se serait fractionnée comme le pays lui-même ; le génie particulier à chaque contrée se serait réflété dans les monuments des IX°, X°, XI°, XII° siècles, et chaque province aurait formé une *école*. Le clergé régulier serait devenu « le « centre de toute influence, de tout progrès, de tout savoir, « pendant le XI° et les commencements du XII° siècle ». C'était, suivant cet auteur, dans le sein des abbayes que se formaient les maîtres qui, au XI° siècle, allaient leur donner une importance matérielle égale à leur prépondérance religieuse et morale dans la chrétienté. L'affranchissement des communes et l'organisation des corporations d'ouvriers laïques enlevèrent aux grands centres religieux le monopole qu'ils exerçaient dans le domaine des arts, et dont ils étaient en possession depuis le VIII° siècle ; car, dès cette époque, les grandes abbayes et même les prieurés avaient établi autour de leurs cloîtres et sur leurs domaines des ateliers où l'on rencontrait des ouvriers d'art de toutes professions. C'étaient des ateliers sédentaires. En changeant de centre au XI° siècle, les arts et métiers, dit l'auteur, ne changeaient pas brusquement de direction, et si des ateliers se formaient en dehors des monastères, ils étaient organisés « d'après les « mêmes principes ». Comme l'auteur cité plus haut, celui-ci nous apprend que le but de l'émancipation des artistes était « de combattre l'influence des établissements monastiques « dans les arts » ; et nous trouvons dans l'un comme dans l'autre l'aveu naïf, mais sincère, du moins, que c'est avec les armes tirées de l'arsenal de leurs adversaires que les corporations laïques en triompheraient, parce qu'elles présentaient « toutes les garanties d'ordre et de discipline que l'on « trouvait dans les monastères, avec le mobile puissant de « l'émulation et l'esprit séculier de plus ». Le premier de ces auteurs nous a dit que cet amalgame de conditions avait amené la complète décadence de l'art ; le second écrit que : « au XIII° siècle, on sent apparaître dans les bâtisses *l'esprit* « *d'entreprise,* qu'on ne retrouve plus cette sage lenteur des « *maîtres appartenant à des ordres réguliers,* qu'il semble « que les architectes laïques ont hâte d'achever leurs œuvres,

« et qu'ils soient déjà sous l'empire de cette fièvre de re-
« cherches et d'activité qui domine toute la civilisation mo-
« derne ». Nous n'essaierons pas de mettre d'accord ces
deux écrivains sur ce point capital. Nous constatons seulement l'expression d'un regret plus ou moins dissimulé sous un langage différent et l'aveu des incontestables services rendus à l'art des constructions par les institutions monastiques. Il n'est pas sans intérêt, au double point de vue de la critique historique et de la vérité, d'enregistrer de telles déclarations. Les deux savants écrivains nous apprennent chacun en un langage particulier, mais identique au fond, que lorsque les abbés de Cluny, par exemple, envoyaient leurs moines « cimenteurs » bâtir quelque prieuré, ils les expédiaient avec des programmes arrêtés, des recettes admises, dont les architectes clercs ne pouvaient et ne devaient pas s'écarter ; l'art monastique devenait nomade.

Si, pendant le cours du XI° siècle, les ordres religieux, voués au célibat, réunis sous une règle commune et attachés par des nœuds inviolables et consacrés « prenant pour base
« la charité, étaient seuls capables de sauver la civilisation » (1), ils ne bornaient pas leurs labeurs au défrichement du sol, au développement de l'agriculture et aux études de la grammaire et des sciences religieuses, car ils avaient depuis longtemps cultivé les arts et en particulier celui de bâtir. Dans le cours du XII° siècle, dit le second des auteurs que nous venons de citer, « l'ordre de Cîteaux avait organisé
« ses frères convers, qui n'étaient liés que par des vœux
« simples, en groupes de métiers divers parmi lesquels il
« y avait les ouvriers d'art proprement dits, à la tête
« desquels était placé un contremaître de chaque profes-
« sion et un moine directeur chargé de distribuer et de
« régler le travail ». Nous avons dit, à propos du monastère de Fleury-Saint-Benoit, que, dès le XI° siècle, les choses se passaient ainsi dans l'étendue de la juridiction spirituelle et temporelle de cette abbaye ; d'où il suit que ses moines cultivaient l'art de bâtir, un siècle avant que

(1) VIOLLET-LE-DUC, *loc. cit.*

l'ordre de Cîteaux n'eût organisé ses colonies de maîtres et d'ouvriers d'art.

Nous avons montré dans les lignes qui précèdent la coexistence de deux courants distincts dans l'histoire des constructions religieuses des XIe, XIIe et XIIIe siècles : ici, la théorie et la pratique, enseignées dans l'intérieur des monastères et transportées au dehors par les religieux pour être appliquées aux édifices par leurs propres élèves et par leurs propres mains ; là, les corporations laïques, marchant dans des voies parallèles et obéissant à une discipline et à des règles imitées des ordres religieux ; mais, si nous comprenons bien ce que put être l'enseignement donné dans les monastères ou à l'école monastique, nous le comprenons moins aisément au dehors, en attachant au mot école le sens et l'acception ordinaires. Si, dans l'intérieur des cloîtres, l'instruction *technique* pouvait être distribuée à des élèves, à des moines et à des frères convers, réunis et assemblés sous le même toit pour y recevoir un enseignement commun, l'on se fait difficilement à l'idée d'un enseignement laïque analogue, qui aurait été donné à des élèves absolument libres ; c'eût été une organisation prématurée qui eût devancé son siècle et qui fut certainement ignorée du moyen âge.

Nous savons qu'il y eut des corporations laïques, une franc-maçonnerie, composée de gens de professions et de métiers divers, parmi lesquels les plus habiles et les plus intelligents étaient des chefs et des maîtres des œuvres qui pouvaient enseigner les adeptes ; mais l'instruction pratique des membres de ces corporations n'était autre que ce que nous appelons dans nos usages modernes l'apprentissage. Aussi, sommes-nous disposé à penser avec un critique moderne fort érudit (1) que le mot *école* a été probablement détourné de son sens général par le savant écrivain que nous avons précédemment nommé (2), et que spécialement il n'y eut pas autant d'écoles d'architecture différentes qu'il y avait de provinces ; qu'à certaines époques, il n'a pas plus existé

---

(1) CHAMPOLLION-FIGEAC, *Droits et usages*.
(2) VIOLLET-LE-DUC, *loc. cit.*

d'écoles monastiques d'architecture du domaine royal, qu'à d'autres époques, des écoles laïques dans certaines régions de la Gaule franque, en Picardie, dans le pays chartrain, le Poitou, le Languedoc. Nous ne pensons pas que ce que l'on a appelé, dans le langage technologique moderne, le style ou l'école monastique ou laïque de tel siècle et de telle région puisse être accepté comme l'expression d'un fait réel, et nous inclinons à croire que la volonté ou le caprice, l'influence ou le goût des personnages sous l'autorité médiate ou immédiate desquels les édifices étaient conçus, projetés, commencés et exécutés, ainsi que beaucoup d'autres causes locales et variables qu'il est facile d'imaginer, ont dû avoir une très grande part dans le choix du style et des règles que l'on croyait exclusivement propres à tel monument de telle province, et auxquels on a donné le nom d'*école*. Et nous ne saurions mieux résumer notre pensée sur ce qui précède qu'en rappelant l'opinion du savant critique que nous venons de citer : « Les écoles, dit-il, en fait d'art et de construction,
« sont ordinairement le produit d'une civilisation très avancée.
« Il y eut sans doute toujours des maîtres qui façonnèrent des
« élèves par la supériorité de leur génie, mais ces élèves, in-
« dépendants autant par raison que par instinct, cherchaient
« à faire leur chef-d'œuvre à leur manière. Les constructions
« militaires, dont le sol français se couvrait au XIe et au
« XIIe siècle, n'étaient certainement pas l'œuvre des religieux
« de Cluny ou de leurs élèves, et les architectes des XIe et
« XIIe siècles étaient le plus souvent de simples maîtres des
« œuvres, c'est-à-dire de bons entrepreneurs maçons, imitant
« ce qu'ils avaient sous les yeux. Ce fut sous les auspices de
« ces maîtres, parmi lesquels il y en eut d'illustres et de leurs
« élèves appartenant à divers ordres religieux, et originaires
« des diverses provinces de France, que s'exécutèrent les
« grands travaux de constructions religieuses, civiles et
« militaires, pendant les XIe et XIIe siècles. C'est parce que
« nous pensons que le morcellement féodal était partout,
« que dans nos recherches sur les travaux d'utilité publique
« et privée en France, pendant le moyen âge, nous avons
« cru devoir nous abstenir de toute idée de *classification* de

« travaux par *Écoles* de Poitou, de Limoges, de Normandie, etc.
« Des règles générales, même dans une province, y en avait-
« il d'adoptées et de constamment suivies ? Nous ne le pen-
« sons pas (1). » Ce que nous avons dit précédemment et
ce que nous dirons plus loin montrera la justesse de ces
observations auxquelles nous nous rallions entièrement.

La transition des édifices religieux aux édifices civils hydrauliques est aussi naturelle que facile en partant du point où nous sommes arrivé des considérations qui viennent d'être exposées. Dès que l'on reconnaît l'existence de corporations de maîtres et d'ouvriers monastiques et laïques se transportant d'un lieu à un autre du territoire pour y bâtir des édifices religieux, et ce fait est hors de contestation, il n'y a que bien peu d'efforts de pensée et de logique à faire pour comprendre que l'intérêt religieux, aussi complexe qu'il fût, comme nous le dirons plus loin, et même prédominant, particulièrement dans les siècles qui suivirent l'an mil, ne faisait pas obstacle à ce que l'intérêt matériel fût appelé à recueillir une juste et légitime part des avantages que devait procurer l'établissement de travaux destinés à faciliter les communications et les échanges entre pays voisins, et particulièrement des ponts sur les cours d'eau. Les maîtres des œuvres des basiliques et leurs ouvriers avaient appris à construire des voûtes de plein cintre, en arc de cercle et en arc brisé, et rien ne dut paraître plus naturel que d'entreprendre des ouvrages analogues sur les rivières, pour remplacer les ponts de bois qui avaient été, antérieurement à l'an mil et même après, le genre de construction le plus habituel, parce qu'il était le plus expéditif et le plus simple, les forêts étant nombreuses sur le territoire de la Gaule franque, et la mise en œuvre des bois de charpente n'exigeant pas des connaissances techniques comparables à celles que réclamait l'établissement des voûtes ; l'emploi des bois était en quelque sorte familier aux populations primitives comme à celles qui le redeviennent et perdent les notions de l'art de bâtir après des siècles d'obscurcissement, pendant lesquels les trésors

---

(1) CHAMPOLLION-FIGEAC, *Droits et usages*, §§ I et XV.

d'instruction de toutes sortes, accumulés aux beaux temps de leur civilisation relative, se sont épuisés et dissipés dans les ténèbres. Ainsi fut-il de la nation gallo-franque durant l'éclipse qui sépare le règne éblouissant de Charlemagne de la Renaissance de l'an mil.

Aussi tranchée que parût être la nuance qui distinguait les tendances des constructeurs monastiques ou laïques des édifices religieux pendant les X°, XI° et XII° siècles, elle ne l'était pas autant que l'on pourrait le supposer *a priori*, c'est-à-dire à l'aspect des nombreux monuments de pierre consacrés au culte, comparativement aux rares ouvrages bâtis en pierre dans l'intérêt des communications réciproques d'un pays avec l'autre et de la circulation terrestre en général. Bien que l'idée spiritualiste fût prédominante, elle ne fut pas exclusive, car, suivant la belle expression d'un grand écrivain et d'un grand penseur (1), « la religion dominait tout, mais « n'étouffait rien » et si le premier rang lui était assigné par un accord universel dans la pensée publique, elle laissa sans opposition ni ombrage le second rang à l'idée utilitaire (pour emprunter à la langue moderne une expression qui rend bien notre pensée); procédant l'une et l'autre du sentiment chrétien, écloses toutes deux au souffle vivifiant de la foi, elles devaient se développer, grandir et mûrir ensemble comme des fruits de la charité et de la fraternité évangéliques dont elles étaient le mystérieux produit. Les églises abbatiales ainsi que les basiliques du clergé séculier étaient, dans ces temps-là, comme aujourd'hui, des sanctuaires où les fidèles se réunissaient pour prier et pour invoquer la miséricorde de Dieu en faveur des vivants et des morts, et sa grâce au profit des pécheurs, pour obtenir leur conversion et éloigner d'eux le malheur d'une mort subite ou imprévue qui pouvait les enlever dans l'état d'impénitence finale ; les pèlerins français qui allaient à Jérusalem, à Rome, à Saint-Jacques de Compostelle, et dont le nombre s'élevait à plusieurs milliers par année, avaient une large part dans ces prières. Les ponts,

---

(1) Le comte DE MONTALEMBERT, *Les moines d'Occident*, tome I, introduction, page 244.

indépendamment de leur destination habituelle, en avaient une autre toute spéciale, celle de prévenir les morts accidentelles qui, chaque année, frappaient un grand nombre de personnes obligées de traverser les rivières, à défaut de ponts, soit à gué, soit sur des bacs ; ils concouraient donc au même but, la charité et la fraternité ; le salut du corps et le salut de l'âme étaient leur commun objectif (1). Aussi voyons-nous apparaître, dans ces siècles de vertus héroïques et de dévouement chrétien, d'innombrables témoignages de l'alliance de ces deux idées, l'idée religieuse et l'idée utilitaire, émanant l'une et l'autre d'une seule et même source, la foi, et faisant jaillir des entrailles de la vieille Gaule devenue chrétienne des œuvres magnifiques, des temples incomparables et des ponts gigantesques, dont quelques-uns sont encore l'objet de notre étonnement et de notre admiration. C'est ainsi que Eudes II, comte de Touraine, de Blois et de Champagne, décrétait en l'année 1031, l'établissement d'un pont sur la Loire à Tours, « où je sais, dit la charte, « que dans le temps des inondations plusieurs personnes « ont péri victimes de l'impétuosité du fleuve. » C'est ainsi que les papes, les abbés, les évêques, ainsi que nous le verrons bientôt, eurent recours à tous les moyens dont ils disposaient pour exciter la ferveur des fidèles, qui ne leur fit pas défaut : quêtes, aumônes, donations, legs, indulgences, aussi bien pour la construction des ponts que pour celle des édifices religieux, touchante et fraternelle assimilation qui reflète admirablement l'esprit chrétien et civilisateur de cette société du moyen âge si souvent mal jugée et calomniée par ceux qui ne la connaissent pas, et de cette rude époque féodale qui, si elle ne fut pas exempte, et il s'en faut bien, de nombreux et condamnables abus, n'en demeure pas moins une école exceptionnelle d'énergie, de ressources, de volontés et de résistances individuelles, dans le souvenir de laquelle l'esprit national de la France moderne ne pourrait, on l'a dit avec raison (2), que gagner beaucoup à se retremper de temps

(1) Des monuments d'utilité publique au moyen âge, par Félix DE VERNEILH, dans le tome XVI des *Annales archéologiques*

(2) VIOLLET-LE-DUC, *Architecture militaire*, page 63.

en temps, « et où tout portait l'empreinte de la vie et de la
« lutte : d'un côté la foi, une foi sincère, naïve, simple, vigou-
« reuse, sans hypocrisie comme sans insolence, sans étroi-
« tesse comme sans servilité, donnant chaque jour l'imposant
« spectacle de la force dans l'humilité ; de l'autre, des ins-
« titutions militantes et viriles qui, à côté de mille défauts,
« avaient toutes l'admirable vertu de créer des hommes con-
« damnés à l'action, au sacrifice, à l'effort continuel » (1).
Mais pour compléter le tableau des œuvres que le moyen
âge, créait au nom de la charité et de la fraternité chrétiennes,
à l'intention du salut du corps et du salut de l'âme, il faut y
ajouter les hospices destinés au soulagement des pauvres,
des infirmes, des voyageurs et des pèlerins ; la foi réunissait
ainsi par un lien commun et identifiait en quelque sorte ces
trois grands symboles du christianisme : les édifices religieux,
les hôpitaux et les ponts ; et, de fait, les chroniqueurs du
moyen âge et les documents les plus authentiques nous
montrent les papes, les abbés, les évêques, les seigneurs
d'église et les seigneurs d'épée encourageant comme à l'envi,
et par une admirable émulation, les fidèles sans distinction de
caste, de rang, de fortune, à contribuer par tous leurs
moyens pécuniaires et par tous leurs efforts individuels à
l'établissement de ces trois sortes d'édifices et à leur propagation.

Parmi les institutions du moyen âge qui ont le plus efficacement concouru à la construction des ponts dans la Gaule
franque, il faut placer au premier rang celle des Hospitaliers
Pontifes que le nom et l'illustration de saint Bénézet ont fait
resplendir d'un éclat particulier. L'origine de cette institution
est enveloppée de ténèbres, et dans l'état présent de nos connaissances il n'est guère possible de lui assigner une date
certaine. La pensée fondamentale de l'association serait-elle
antérieure à l'an mil, ou remonterait-elle jusqu'aux temps
de la Gaule, ou bien enfin serait-elle contemporaine de l'occupation de la Provence par les premières légions romaines ?
Les conquérants n'ont-ils pas imposé dans la province les

---

(1) Le comte DE MONTALEMBERT, *loc. cit.*, page 252,

usages de la métropole et les principes mêmes de l'organisation et de la corporation si puissante des *Nautæ*, navigateurs, qui se seraient établis principalement sur le Rhône, la Saône, la Seine et la Loire *(Rhodanici, Ararici, Parisiaci. Ligerici)* et en particulier sur le premier de ces fleuves, le Rhône, et dont une colonie ou annexe se serait installée sur son affluent torrentueux, la Durance, à Cavaillon, sous le nom de *Utriculaires (Utricularii)*, qui s'appliquait plus spécialement aux bateliers, maîtres et propriétaires de barques, naviguant sur les rivières, les lacs et à l'embouchure des fleuves (1)? Il est difficile de rien affirmer d'absolu, car une obscurité épaisse couvre les origines de la corporation des Hospitaliers frères Pontifes. Descend-elle des Utriculaires ? Fut-elle une imitation ou un démembrement de cette association ? La loi de la continuité des mœurs, des usages et des besoins, suffirait à justifier cette induction, et nous croyons pouvoir faire sortir le germe de la corporation des *Hospitaliers frères Pontifes* de l'association ancienne des *Utriculaires* de la Durance et du Rhône, au même titre que la corporation des *marchands fréquentant la Loire* a pu descendre de la corporation ou du collège des *Nautæ Ligerici*, les navigateurs de la Loire. « Il y
« a de grandes raisons de penser, dit leur savant historien, que
« dans cette association de marchands, bateliers, qui possé-
« daient, sous la domination romaine, le monopole de la navi-
« gation du fleuve, se trouvent l'origine première et le ber-
« ceau de la communauté des marchands fréquentant la Loire,
« qui a exercé au moyen âge, un monopole analogue » (2).
Quoi qu'il en soit, nous savons qu'avant l'an mil la corporation des *Utriculaires*, établie à Cavaillon sur la Durance, prêtait aide et assistance aux voyageurs et aux pèlerins qui devaient traverser cette rivière torrentielle et dangereuse, en

---

(1) Grégoire, *loc. cit.* — Calvet, Murray, Mantellier, *Histoire des marchands fréquentant la rivière de Loire.* La qualification de *Utriculaires* semble se tirer du mot *uter*, outre, parce que, dans l'antiquité, l'outre était employée pour traverser les cours d'eau, comme on voit encore de nos jours les radeaux de bois flottant sur les rivières soutenus par des *tonneaux vides.*

(2) Mantellier, *loc. cit.*

allant d'Avignon à Marseille. Fut-elle distincte de celle des *frères du Pont*, dont un lexicographe fait remonter la naissance au X° siècle (1)? Nous inclinons à le penser, puisque, au témoignage de l'historien des frères Hospitaliers Pontifes (2), les associations et corporations d'Utriculaires, qui furent purement et exclusivement laïques au début, avaient fini par dégénérer en véritables bandes d'exploiteurs ; car « aucun lien religieux ne fortifiait leur union et dans le moyen « âge ces hommes, rapprochés seulement par l'intérêt per- « sonnel, n'étoient plus que des associations de brigands « qui vexoient et dévalisoient les voyageurs, et qui, suivant « l'expression d'un écrivain, sous prétexte de les faire passer « d'un bord à l'autre, les faisoient passer dans l'autre « monde » (3). Ces désordres firent bientôt naître l'idée de réunir en association des hommes religieux qui auraient pour mission d'établir des maisons de refuge, des asiles, des hospices, en même temps que des bacs sur les lieux de passage des rivières, puis d'y bâtir des ponts, d'où la dénomination de *frères Hospitaliers Pontifes* ; mais avant de devenir exclusivement religieuse, de laïque qu'elle fut d'abord, l'association n'aurait-elle pas commencé par être mixte, c'est-à-dire composée d'abbés, d'évêques, de seigneurs d'église et de seigneurs d'épée, qui, dès le X° siècle, réunissaient déjà leurs efforts pour bâtir des ponts ? et ne doit-on pas voir dans cette union, selon la remarque d'un savant critique (4) le germe de la corporation des *frères Hospitaliers Pontifes* qui auraient brillamment ouvert la carrière par la construction du pont de Maupas, ou Mauvais pas, sur la Durance, avant qu'il fût question de bâtir le fameux pont d'Avignon sur le Rhône (5)? L'origine de la confrérie des Hospitaliers

(1) DUCANGE, *Gloss.*, *verbo Pontifex*, dit que les frères du Pont furent organisés « *sub finem secundæ stirpis regum Franciæ* ».
(2) GRÉGOIRE, *loc. cit.*
(3) *Ibid.*
(4) CHAMPOLLION-FIGEAC, *loc. cit.*
(5) Grégoire, Champollion-Figeac, Viollet-le-Duc, Gauthey partagent cette opinion, ainsi que Raynaud cité par Grégoire. De Haitze, à qui on peut reprocher beaucoup d'inexactitudes, est d'un avis contraire et soutient que le pont d'Avignon a précédé celui de Maupas.

Pontifes est antérieure à la naissance de saint Bénézet, constructeur du pont d'Avignon (1), et c'est en vain que deux écrivains ont essayé de soutenir contre l'opinion de *Grégoire*, et ce qui est bien autrement difficile, contre les documents contemporains et authentiques qui fixent d'une manière certaine les dates de la naissance de saint Bénézet et de la construction du pont d'Avignon, et aussi celles de la mort du thaumaturge et de l'achèvement de l'édifice (2), ont essayé de soutenir, disons-nous, que saint Bénézet n'aurait entrepris l'œuvre du pont d'Avignon qu'après avoir terminé celui de Maupas. Ces prétentions ne sont ou ne paraissent être du moins appuyées sur aucune date précise ou sur un document qui en fasse la preuve. Nous ne pouvons donc admettre ni que saint Bénézet, qui est né vers l'année 1165, « aurait « commencé ses travaux à Maupas en 1164 (3) », ni que ce personnage « avait depuis douze ans terminé son œuvre « à Bonpas (ou Maupas) lorsqu'il voulut entreprendre celle « du pont d'Avignon (4). »

Saint Bénézet eut pour collaborateurs et disciples dans l'entreprise du grand pont d'Avignon, les frères Hospitaliers Pontifes dont l'organisation était complète avant l'année 1177, au moment où le petit berger du Vivarais « *adolescens* » entrait pour la première fois dans cette cité inconnue pour lui et venait offrir à l'évêque et au gouverneur de bâtir un pont sur le Rhône (5). En l'année 1184, à la mort de leur chef, la direction de l'ordre des Hospitaliers Pontifes passa à un frère du même nom, *Joannes Benedictus*, ainsi désigné dans un acte de l'année 1187, qui octroyait au prieur du Pont et à ses frères le droit d'établir une église et un cimetière, et d'entretenir un chapelain. La célébrité de cette utile corporation date du temps de saint Bénézet, sur la fin du XIIe siècle ;

---

(1) Valbonais, *Histoire du Dauphiné*, Genève, 1722, tome II, pages 64 et suivantes.
(2) Viollet-le-Duc, *loc. cit.* — Champollion-Figeac, *loc. cit.*
(3) Viollet-le-Duc, *loc. cit.*
(4) Champollion-Figeac, *loc. cit.*
(5) Il y a quelque incertitude sur le point de savoir si c'est en 1177 ou 1178 que Bénézet entreprit son œuvre. Cette différence est sans importance. (Grégoire, *loc. cit.* et Champollion-Figeac, *loc. cit.*)

c'est, en effet, à partir de cette époque que les faveurs spirituelles et temporelles dont elle fut enrichie contribuèrent à la populariser. Ainsi le pape Clément III déclarait, par sa bulle de l'année 1189, qu'en reconnaissance des biens multipliés qu'ils opéraient, que par égard à la charité héroïque qu'ils exerçaient envers les pauvres et les malheureux, il prenait les personnes et les propriétés, et l'ordre des frères Hospitaliers Pontifes, sous sa protection spéciale et celle du Saint-Siège, et les évêques et les abbés de la Provence et du Languedoc, imitaient l'exemple du Souverain Pontife. C'est ainsi que les comtes de Forcalquier et de Toulouse concédaient à cette admirable institution des privilèges et des droits temporels considérables. Enfin, un peu plus d'un demi siècle après la mort du thaumaturge qui avait illustré la corporation, et en l'année 1251, le pape Innocent IV ajoutait à sa couronne de gloire terrestre un fleuron bien autrement précieux : le décret qui « préconisait et authentiquait le culte de saint Bénézet (1). » Cette corporation, qui paraît avoir pris naissance dans le voisinage d'Avignon, y possédait des établissements en faveur desquels s'exerça la libéralité des évêques, des abbés, des seigneurs laïques, longtemps après la canonisation de saint Bénézet. En l'année 1270, par exemple, Alphonse, frère de saint Louis et comte de Toulouse et du Venaissin, ainsi que Jeanne sa femme, héritière de Raymond, dernier comte de Toulouse, accordaient de précieux privilèges aux frères Hospitaliers Pontifes de Bonpas (2). Le pont d'Avignon ou plutôt l'œuvre du Pont eut, à partir de l'année 1188, son institution des frères du Pont, auxquels Guillaume, comte de Forcalquier, par une charte de l'année 1202, déclare : « qu'à l'intention de l'expiation de ses « péchés et de sa dévotion envers saint Bénézet », il faisait remise de tous les droits qu'il pouvait prétendre sur le pont. Cette exemption fut confirmée par des chartes subséquentes aux millésimes de 1207 et 1257 (3). Les frères

(1) CHAMPOLLION-FIGEAC, loc. cit.
(2) GRÉGOIRE, loc. cit.
(3) GRÉGOIRE, loc. cit.

Hospitaliers Pontifes bâtirent un grand nombre de ponts, parmi lesquels nous avons cité ceux de la Guillotière et du Saint-Esprit sur le Rhône. Des colonies détachées de la maison mère furent constituées en corporations nomades qui se transportèrent en diverses régions de la Gaule franque, et particulièrement dans la Provence, le Dauphiné et la Gascogne, où elles travaillèrent longtemps (1). Les ponts qu'elles bâtirent furent toujours accompagnés de la chapelle et de l'hospice qui étaient comme le cachet particulier, le *sigillum*, et en quelque sorte ce que nous appelons dans le langage moderne la marque de fabrique de la confrérie des Hospitaliers Pontifes. Toutefois il faut se garder de croire que la réciproque fut vraie et que cette illustre congrégation exploitât un monopole ; il n'en fut rien, car une multitude de ponts à côté desquels ou sur lesquels on voyait des chapelles et des hospices, n'étaient pas l'œuvre des frères Pontifes. Les constructeurs hydrauliciens laïques, auxquels on doit la fondation d'un grand nombre de ponts bâtis tant sur les rivières des seigneurs d'église et des seigneurs d'épée, que sur celles du domaine royal, plaçaient quelquefois, à côté de ces édifices ou sur leurs dépendances, la chapelle sous le vocable d'un patron, et l'hospice où se pratiquait l'aumône des pauvres, des infirmes, des étrangers et des pèlerins, ainsi qu'on l'a déjà vu précédemment et qu'on le verra plus clairement encore à propos du pont des Tourelles d'Orléans. Le pont de Tours, comme celui de Beaugency, avait sa chapelle dédiée à saint Jacques, et sur le pont de Blois qui fut emporté par la débâcle de l'année 1716, s'élevait celle de Saint-Fiacre qui paraît avoir existé autrefois sous les vocables successifs du Prince des apôtres et de la Vierge Marie. Sur le pont des Tourelles d'Orléans, la chapelle et l'hospice étaient placés sous le vocable de saint Antoine. Aucun de ces ponts ne paraît avoir été bâti par les Hospitaliers Pontifes dont saint Bénézet fut le patron, et cela par une raison péremptoire, c'est que

---

(1) CHAMPOLLION-FIGEAC, *loc. cit.* — De Verneilh, qui rend d'ailleurs un juste hommage à cette confrérie et à ses admirables travaux, ne pense pas qu'elle se soit éloignée de la vallée du Rhône. (*Annales archéologiques*, tome XVI, page 202.) C'est une erreur.

ces édifices ont précédé dans l'ordre chronologique l'organisation régulière de cette corporation.

Nous ne pouvons toutefois passer sous silence un incident qui touche spécialement le pont de Beaugency, et qui trouve naturellement sa place ici. Voici ce que rapporte l'auteur de l'histoire de cette ville : « Il m'a été dit que la Bibliothèque « de Blois possédait autrefois un vieux livre, dont l'auteur « anonyme prétendait expliquer l'origine de la plupart des « ponts de la Loire. Ces ponts auraient été construits du « temps de Jules César, par une association d'ouvriers « venus d'Italie, portant le nom de *Pontifices* ou Pontifes, « et qui devint le germe de la Franc-maçonnerie. L'ouvrage « en question ayant disparu de la bibliothèque de Blois, je « ne puis savoir sur quels documents l'auteur appuyait son « opinion (1) ». Il y a, dans le récit tiré de l'auteur anonyme, des assertions absolument mal fondées. Il est parfaitement certain, en effet, que les ponts du moyen âge, qui furent bâtis sur la Loire, ne sont point contemporains de Jules César ; mais il ne l'est pas moins que, bien avant l'ère chrétienne, l'Italie avait ses corporations de divers métiers, *corpora opisicum*, qui se sont maintenues sous les Empereurs et qui ont pu, lorsqu'elles s'appliquaient à bâtir des ponts, s'appeler *Corpora Pontificum*, pour rappeler peut-être le souvenir des premiers Pontifes de Rome païenne, qui avaient donné leurs soins à la construction de ces édifices, par exemple, du fameux pont *Sublicius* (2). Ces corporations d'origine italienne se sont répandues dans les provinces conquises, où elles sont peut-être devenues la souche des affiliations ouvrières laïques du moyen âge, et en particulier de la franc-maçonnerie qui a pu naître aussi d'ailleurs sur le sol de la Gaule franque, sans importation étrangère (3). Quoi qu'il en soit, il resterait à résoudre la

---

(1) *Histoire de Beaugency*, par PELLIEUX et LORIN DE CHAFFIN. Le vieux livre en question n'existe plus en effet à la Bibliothèque de Blois, et le savant conservateur Dupré ne l'y a jamais vu (1866).

(2) VARRON, *De lingua latina*, l. 4, c. 15. — GRÉGOIRE, *loc. cit.* — VIOLLET-LE-DUC, *Dictionnaire*, au mot *Corporation*.

(3) Léonce RAYNAUD, *Traité d'architecture*, tome II, page 253.

question de savoir si le pont de Beaugency et les ponts voisins, tels que ceux de Tours, Blois et Orléans, sont l'œuvre de l'une de ces corporations de Pontifes ou constructeurs de ponts, au cours des XI° et XII° siècles, et qui aurait précédé dans l'ordre chronologique l'organisation des frères Hospitaliers Pontifes, dont saint Bénézet fut l'un des premiers prieurs. Nous ne nous croyons pas suffisamment pourvus de documents sérieux pour trancher une question de cette importance. Mais nous inclinons à penser que cette œuvre magistrale, le pont de Beaugency, qui fut certainement l'une des plus belles créations du moyen âge, n'a pu être entreprise et exécutée par des ouvriers isolés et sans lien d'aucune sorte, dépourvus d'instruction pratique, privés de la direction d'un ou de plusieurs maîtres, qui possédaient les secrets de l'art des constructions hydrauliques. Que ces maîtres et ces ouvriers aient puisé leur instruction technique et fait leur apprentissage dans les corporations monastiques ou laïques, il importe peu ; toutefois, n'oublions pas que, dans le cours du XI° siècle, pas plus que dans la première moitié du XII°, les associations et les corporations de métiers, composées d'éléments purement laïques, n'existaient pas encore, ou tout au moins elles étaient loin d'avoir pris un développement, qui leur permît d'entreprendre des œuvres aussi nouvelles et aussi difficiles que celles des grands ponts sur les fleuves de la Gaule franque. Nous sommes donc portés à croire que, maîtres et ouvriers obéissaient à des préceptes techniques, comme à des méthodes et à des règles purement pratiques, dont ils avaient puisé la connaissance dans l'enseignement monastique, qui avait acquis à cette époque tout son développement et atteint son apogée.

Les grands ponts de la Loire qui, dans l'ordre chronologique, ont précédé les ponts du Rhône à Avignon, à Lyon et au Saint-Esprit, n'ont rien de commun avec ces derniers quant au galbe des voûtes : dans les premiers, c'est le type de l'*arc aigu*, dans les seconds, c'est le type de l'*arc de cercle* qui les distingue, et si ce dernier type, imité probablement des monuments de l'ancienne Province Romaine, où le plein cintre régnait exclusivement, a été comme le *sigillum*, le sceau caractéristique des œuvres des Hospitaliers Pontifes de la Provence, ce serait en dehors des régions centrales et occidentales de la Gaule qu'il faudrait rechercher les ponts bâtis par cette illustre corporation, dans le cours des XIIe et XIIIe siècles et jusqu'à l'époque de la dispersion de ses membres, ou de son absorption par des ordres religieux contemporains, ainsi que nous le dirons plus loin.

On a vu, dans le chapitre VI, que le système des voûtes en arc brisé ne fut que tardivement appliqué dans la Provence, la Guyenne et la Bretagne, et que l'art roman et l'art ogival se développèrent, fleurirent et vécurent simultanément dans la Lorraine et dans le pays Messin, sur les confins de la Gaule franque et de la Germanie. On connaît des exemples de l'emploi de la voûte en arc de cercle dans les ponts de Metz, à une époque où dans d'autres régions l'arc brisé régnait déjà sans partage. L'art roman et l'emploi de la voûte en arc de cercle aux XIIe et XIIIe siècles, dans la construction des ponts sur les rivières des provinces orientales de la Gaule franque, furent-ils l'héritage naturel des générations Gallo et Germano-Romaines qui avaient occupé ces provinces avant l'an mil, ou y furent-ils importés par les corporations monastiques et des colonies détachées de la confrérie des frères Hospitaliers Pontifes de Provence qui auraient remonté les vallées du Rhône et de la Saône, pour passer de l'autre côté de la chaîne montagneuse dans les vallées de la Moselle et du Rhin, et étendre de là leurs ramifications jusque dans les extrêmes régions septentrionales de l'Europe (1)? Ce sont des problèmes qui ne sont pas dépourvus d'intérêt historique, mais qui nous éloigneraient de notre but et que nous ne poursuivrons pas davantage.

Quelle fut la fin de cette célèbre confrérie des frères Hospitaliers Pontifes de Provence? Elle est entourée de nuages comme sa naissance et comme tout ce qui est mystérieux. Nous ne connaissons aucun document authentique qui ait enregistré son acte de décès, pas plus que les circonstances

---

(1) Grégoire, *loc. cit.*

ou les événements qui l'ont précédé ou qui en ont été les causes ; aussi les plus grandes incertitudes subsistent-elles à ce sujet, et voit-on les écrivains se contredire lorsqu'ils essaient de l'approfondir. La disparition ne fut pas subite et l'agonie dura des siècles. Arrivée au sommet de la période ascendante de la gloire, des succès et de la prospérité, la corporation qui avait conquis une si grande renommée, autant par le travail intelligent et l'activité infatigable, que par l'héroïsme chrétien, descendit la pente de la décadence pour aller s'engloutir dans l'océan de l'oubli ; les immenses services qu'elle rendit à la France disparurent dans le tourbillon du bouleversement social, pour ne laisser subsister après elle que le nom de celui de ses membres qui en avait été et qui en resta la plus éclatante et la plus illustre personnification, saint Bénézet. On a dit que, sur la fin du XIII° siècle, après l'achèvement du pont du Saint-Esprit, « des signes de déca-
« dence se manifestèrent dans l'ordre des frères Hospitaliers
« Pontifes, que leurs grandes richesses excitèrent l'envie du
« peuple, que dès lors aussi le relâchement des mœurs de
« ces religieux devint plus grand, et accrédita tous les bruits
« fâcheux que l'on répandit contre eux, et qu'au XIV° siècle
« l'ordre avait cessé d'exister, malgré les immenses services
« qu'il avait rendus en France (1). » Un autre écrivain (2) qui a particulièrement consacré son érudition à l'étude critique de la célèbre confrérie, ne partage pas cette opinion. On sait qu'en effet, le pont du Saint-Esprit ne fut terminé par les frères Hospitaliers Pontifes que, dans le commencement du XIV° siècle, vers l'année 1309, et que le service de la Chapelle et de l'Hospice, qui en étaient les annexes et les dépendances complémentaires et caractéristiques, fut confié à ces religieux. Plus tard, vers l'année 1323, un pont était bâti par cette confrérie en Dauphiné (3). Au siècle suivant, à la sollicitation de Charles VII, roi de France, et de l'évêque d'Avignon, le pape Nicolas V conférait aux frères Hospitaliers Pontifes, vers l'année 1448, une bulle confirmative de

(1) Champollion-Figeac, *loc. cit.*
(2) Grégoire, *loc. cit.*
(3) Champollion-Figeac, *loc. cit.*

leurs statuts, de leurs privilèges, ainsi que de la jouissance de leurs biens (1), ce qui prouve que l'ordre subsistait toujours. Et comme si le Souverain-Pontife eût voulu accorder un nouveau témoignage de sa reconnaissance à la confrérie des Hospitaliers Pontifes de saint Bénézet, pour les éminents services qu'ils avaient rendus, en même temps qu'il confirmait les statuts et les privilèges de cet ordre, il attestait et consacrait, pour ainsi dire, leur existence et leur identité en introduisant dans leur règle l'obligation de porter désormais *l'habit blanc décoré sur la poitrine d'un écusson de drap rouge représentant une arche de pont surmontée d'une croix.* Un lexicographe éminent, qui a fait en quelques lignes l'historique de cette illustre corporation, reporte en termes explicites et concis le bénéfice de la bulle du pape Nicolas à la confrérie des frères pontifes d'Avignon, dont saint Bénézet fut le patron. A la différence près du millésime qui pourrait être, suivant les uns 1448, et suivant les autres 1471, la pensée est identique. Toutefois le millésime 1471, donné par Ducange, ne s'appliquerait pas au pape Nicolas V, qui est mort en 1455 (2). Cet écart des dates est sans intérêt pour l'objet qui nous occupe, étant la constatation de l'existence au XVe siècle de la célèbre corporation qui n'était pas encore morte au XIVe (3), et qui demeurait distincte des autres confréries hospitalières organisées sur le modèle de celle de Bénézet.

Lorsque, sur la fin du XVIe siècle, des considérations d'ordre politique et militaire firent supprimer et détruire l'hospice du pont Saint-Esprit, pour élever sur son empla-

(1) GRÉGOIRE, *loc cit.*

(2) *Fratres pontis sub finem secundæ stirpis regum Franciæ ad hoc potissimum instituti et viatoribus tutelam, hospitium, aliaque necessaria præstarent. Fratres pontifices dicti quod pontes construerent ut facilius et tutius fluvios transire possent viatores. Sic avenionensem pontem præsidente et architecto s. Benezeto exstruere ut fusius docetur in ejus sancti historia. Horum Hospitalariorum pontificum seu factorum pontium (sic aliquando vocantur) habitus erat vestis alba cum signo pontis et crucis de panno supra pectus, ut loquitur charta an. 1471 pro hospitali s. Spiritus exschedis D. Lancelot. (Gloss. Ducange.)*

(3) CHAMPOLLION-FIGEAC, *loc. cit.* — VIOLLET-LE-DUC, *Dictionnaire*, aux mots *Architecture* et *Pont*.

cement une forteresse, dont les murailles crénelées et les embrasures menaçantes vinrent se substituer aux modestes et pacifiques demeures, qui avaient, près de trois siècles durant, donné asile aux pauvres, aux infirmes, aux voyageurs et aux pèlerins, qui y recevaient l'hospitalité au nom de la charité et de la fraternité chrétiennes, les derniers frères de l'ordre de saint Bénézet furent obligés d'abandonner les lieux ; « mais ils se sécularisèrent en conservant
« la vie commune et l'habit blanc qu'ils portaient encore en
« l'année 1622 ; on les appelait alors les *Prêtres Blancs*.
« Trois ans après ils cessèrent la vie commune, que le
« Parlement de Toulouse leur enjoignait de reprendre par
« une sentence de l'année 1669 ; mais ils la quittèrent de
« nouveau en l'année 1676, échangèrent leur vêtement blanc
« contre le vêtement noir, et formèrent, sous la juridiction
« de l'évêque d'Uzès, une collégiale qui s'est éteinte avec
« toutes les corporations religieuses (1) ». Telle fut, selon un écrivain compétent, la fin de l'ordre des Hospitaliers frères Pontifes, dont saint Bénézet avait été l'un des premiers titulaires dans la cité d'Avignon.

Les frères Pontifes de Bonpas avaient été réunis à l'ordre des frères Hospitaliers de Saint-Jean-de-Jérusalem, en l'année 1277 ou 1278, sur la proposition de l'évêque de Cavaillon (2) par le pape Nicolas III. Plus tard Bonpas fut transformé en chartreuse, que le pape Jean XXII enrichissait, par une bulle de l'année 1320, de tous les biens provenant des frères Pontifes, qui avaient été transmis aux Hospitaliers de Saint-Jean-de-Jérusalem et que ceux-ci avaient remis au Souverain-Pontife (3). Mais la confrérie des Hospitaliers d'Avignon était demeurée autonome et distincte de celle de Bonpas. On aurait essayé, paraît-il, d'introduire quelques réformes dans les règles de la confrérie au cours des années 1307 ou 1311, mais sans succès, et ce serait à la suite de ces tentatives infructueuses que le pape Jean XXII aurait, en l'année 1321, réuni la chapelle du pont d'Avignon, dans

---

(1) GRÉGOIRE, *loc. cit.*
(2) GRÉGOIRE et CHAMPOLLION-FIGEAC, *loc. cit.*
(3) GRÉGOIRE, *loc. cit,*

laquelle reposaient les restes mortels de son illustre constructeur, à l'église Saint-Agricole de cette ville qu'il venait d'ériger en collégiale (1).

Quoi qu'il en soit, il semble résulter assez clairement de cet exposé, que la corporation des frères Hospitaliers Pontifes de Provence, aurait subi de nombreuses modifications depuis son origine, qu'elle aurait été divisée en succursales ou annexes, dont l'existence de chacune d'elles fut traversée par maintes péripéties, qu'enfin les dernières colonies ou ramifications seraient venues, après avoir vécu sept siècles, s'éteindre et s'engloutir dans le grand naufrage des corporations religieuses en France, sur la fin du XVIIIe.

(1) GRÉGOIRE et CHAMPOLLION-FIGEAC, *loc. cit.*

CHAPITRE XV

SUITE DE LA PÉRIODE CAPÉTIENNE ET FÉODALE

Des voies et moyens d'exécution employés depuis le IXe siècle jusqu'à l'an mil et depuis le XIe jusqu'à la fin du XIVe siècle pour l'établissement et l'entretien des ponts. — Des péages, octrois et des impositions diverses obligatoires. — Des aumônes, quêtes, donations, indulgences, amendes et autres revenus volontaires et facultatifs. — Nomenclature des ponts et énoncé des voies et moyens d'exécution ou d'entretien de ces monuments depuis le IXe siècle jusqu'à la fin du XIVe siècle. — Ponts établis du IXe au XIe siècle : sur l'Elbe, le Danube, le Rhin, la Seine, à Paris; l'Oise et la Marne. — Ponts établis de l'an mil, XIe siècle, jusqu'à la fin du XIVe : sur le Tarn, sur l'Hérault, sur la Maine, sur la Seine, à Montereau; sur la Loire, à Saumur, à Tours, à Amboise, à Blois, à Beaugency; sur la Seine, à Paris; sur la Marne, sur le Rhône, à Avignon; sur l'Aude, à Carcassonne; sur la Moselle, à Metz; sur la Loire, à Sully, à Jargeau et à Meung; sur le Gardon, à Saint-Nicolas-de-Campagnac; à Saint-Esprit, sur le Rhône; à Cahors, sur le Lot; sur le Lève ou Lez, en Languedoc; à Entraygues, sur le Lot; à Compiègne, sur l'Oise; à Melun, sur la Seine; à Romans, sur l'Isère; à Brioude, sur l'Allier; à Montauban, sur le Tarn; à Marchiennes, sur la Scarpe; sur l'Isère, près Saint-Marcelin; à Bruges, sur le canal d'Ostende; à Carbonne, sur la Garonne; à Auxerre, sur l'Yonne; à Mâcon, sur la Saône; à Paris, sur la Seine. — Des exemptions des charges publiques octroyées en faveur de certaines classes de personnes et de l'inégalité du concours pécuniaire des habitants d'un pays à l'établissement et à l'entretien des ponts affectés à l'usage public.

Avant d'aborder l'étude particulière du pont des Tourelles d'Orléans, nous allons rechercher, dans les chroniques et les documents contemporains, les indices qui s'y trouvent disséminés, des moyens pécuniaires auxquels on eut recours, pour la construction des ponts, pendant la période qui s'ouvre avec l'an mil et se prolonge jusqu'à la fin du XVe siècle, à l'avènement de l'ère de la Renaissance du XVIe.

Ainsi que nous le verrons ultérieurement, c'est dans la première moitié de cette période que le pont des Tourelles d'Orléans a été bâti, et c'est avant la fin de la seconde que nous entrons en possession des comptes authentiques, qui initient le lecteur au mécanisme des dépenses de réparations et d'entretien de cet édifice, et des taxes mises pour couvrir ces dépenses, sur les établissements civils et religieux existant dans l'enceinte de la ville aurélienne. Les exemples que nous allons rapporter des voies et moyens pratiqués durant la période cinq fois séculaire dans laquelle nous allons entrer, donneront sinon la certitude absolue, au moins la probabilité de ceux qui ont dû être employés pour la construction du pont des Tourelles dans les premières années du XII° siècle. Toutefois il ne paraîtra pas superflu de rappeler, en quelques lignes, ce que nous savons des moyens adoptés du IX° au XIV° siècles, pour assurer la construction et l'entretien de ces édifices. Cet examen rétrospectif sera comme une sorte de préambule à nos recherches sur les ponts, dont nous nous occuperons particulièrement, c'est-à-dire sur ceux dont l'établissement est notoirement postérieur à l'époque de la première Renaissance dite de l'an mil.

A l'exemple de César, son maître en expéditions aventureuses, Charlemagne fit construire, sous ses yeux, deux grands ponts de bois sur l'Elbe par ses légionnaires, aussi habiles à manier la hache d'armes que celle du charpentier. Il établit, par le même moyen sans doute, un gigantesque pont de bateaux sur le Danube et, quelques années avant sa mort, le magnifique pont de bois de Mayence sur le Rhin ; les voies et moyens pécuniaires on été probablement identiques. Après la mort du grand Empereur, nous voyons son fils, Louis le Pieux, ordonner à ses commissaires de consacrer tous leurs soins à l'examen des ponts, de les faire réparer et renouveler aux frais de ceux qui les avaient construits ; mais nous ignorons quels furent les ponts auxquels ces recommandations s'appliquaient particulièrement, ainsi que les voies et moyens que durent employer ceux qui les avaient construits ; villes, bourgs, villages, abbayes, seigneurs, ou simples bourgeois, les capitulaires étant muets sur ce point. Un peu plus tard Charles le Chauve fit don à l'évêque de Paris du grand pont de cette ville, qu'il a rebâti de ses deniers personnels pour l'utilité de l'Empire et la protection de la sainte Église de Dieu, contre les incursions et les ravages des Normands (1), et qui, voyant l'impuissance où se trouvaient les habitants des bourgs d'Anvers sur l'Oise, et de Charenton sur la Marne, de rétablir à leurs frais les ponts qu'ils avaient autrefois construits sur ces deux rivières, à cause des incursions menaçantes des Normands, les rebâtit aussi avec sa propre épargne dans un but de sécurité publique.

Si nous revoyons, en l'année 886, les Normands remonter encore la Seine et assiéger Paris au moment même où le petit pont était mis en péril par une crue subite de la rivière, nous ignorons aux frais de qui furent, par ordre de l'évêque, réparées dans le court intervalle d'une nuit, les dégradations que les eaux avaient causées à cet édifice. Mais voici que la lumière commence à émerger du sein des ténèbres aux approches de l'an mil ; c'est, en effet, dans les dernières années du Xe siècle que quelques seigneurs et évêques, unissant leurs efforts et mettant en commun leurs épargnes, forment une association volontaire pour bâtir sur la rivière du Tarn, dans la ville d'Albi, un magnifique pont de pierre, exemple qui va être bientôt suivi par les abbés d'Amane et de Saint-Guillem dans le but de construire aussi, à l'aide de ressources tirées du trésor de leurs abbayes respectives, un pont sur la rivière de l'Hérault.

D'où provenaient les ressources pécuniaires dont la collection et la réunion formaient ce que nous appelons dans le langage moderne, les fonds que l'on consacrait à l'établisse-

---

(1) Charte du 14 juillet 862. Charles le Chauve s'exprime ainsi : « *Pro totius regni nostri ac defensione sanctæ Dei ecclesiæ atque Nortmannorum infestatione..... placuit nobis extra prædictam urbem de ærarii nostri scuto supra terram monasterii sancti Germain suburbio commorantes quod a priscis temporibus antissiodorensis dicitur..... opportunum majorem facere pontem* ». Texte rapporté par BERTY dans sa notice sur le pont de Charles le Chauve. (*Revue archéologique*, 1855.) — (FÉLIBIEN et DOM LOBINEAU, *Histoire de la ville de Paris*, tome I.)

ment des ponts ? Elles avaient des origines multiples et diverses ; mais les plus importantes paraissent avoir été tirées de l'impôt assis sur les rivières navigables de la Gaule qui furent, durant l'occupation romaine, comme elles ne cessèrent pas de l'être durant la longue période du moyen âge jusqu'au XVIe siècle, et même jusqu'à l'invention moderne des chemins de fer au XIXe, les grandes artères commerciales sur lesquelles on transportait les produits naturels et artificiels du sol, les denrées et les marchandises de toute sorte, de préférence aux routes de terre qui, depuis la chute de l'empire Romain en Occident, étaient devenues de moins en moins praticables aux véhicules du commerce, soit par insuffisance d'entretien, soit par la crainte qu'inspiraient les moyens frauduleux, tortionnaires et décourageants auxquels avaient recours les fermiers des péages sur les voies d'eau, leurs associés ou complices, pour détourner les véhicules des routes de terre sur lesquelles les marchands ne s'aventuraient plus que dans les cas d'absolue nécessité. Cette sorte de monopole s'établissait donc et se consolidait autant par la force des choses que par la malice des hommes, non seulement sur les fleuves et les grandes rivières, mais encore sur ceux des cours d'eau d'un ordre inférieur, qui étaient capables de porter bateau. Le tribut prélevé sur les rivières n'était qu'une imitation ou une application du *vectigal* des Romains, impôt régulier destiné à subvenir à l'entretien des voies navigables, et moyennant le paiement duquel le commerçant achetait, en quelque sorte, une assurance et une garantie contre les risques, événements et préjudices de toute nature, qui pouvaient résulter du défaut de soin ou de vigilance de la part des agents préposés par l'autorité compétente à la surveillance, comme au bon état de la voie d'eau. Du principe que cet impôt était régalien, il résultait que chez les Romains aucun tribut ne pouvait être perçu en l'absence d'un édit souverain. Cet usage s'introduisit dans les Gaules avec les légions romaines et s'y établit, pour durer cinq siècles, sans subir de modifications importantes. Il est assurément très légitime d'inférer, en vertu de la loi de continuité qui régit les mœurs, les coutumes, les institutions d'ordre purement civil à travers les siècles, et nonobstant les révolutions qui ébranlent ou détruisent les constitutions politiques des États, que l'usage importé dans les provinces conquises y fut appliqué et respecté sous les rois francs de la première race, comme il l'avait été sous le gouvernement des empereurs au temps de la domination romaine. Mais les choses ne tardèrent pas à changer de face sous la seconde dynastie ; bientôt, en effet, l'on vit les abus se manifester, et au fur et à mesure que le réseau féodal resserrait ses mailles, que les grands fiefs se divisaient et se subdivisaient en d'innombrables seigneuries, les exactions se multiplièrent, et les taxes devinrent de plus en plus lourdes et abusives : « en fait et durant l'éclipse que subit le pouvoir « royal du IXe au XIIe siècle sous les derniers carlovingiens « et les premiers capétiens, l'usurpation fut complète (1). » L'impôt établi sur les rivières changea de nom ; le *vectigal* romain devint le *pedagium*, le *péage* gallo-franc (2). Et l'on peut se figurer assez aisément ce que devait être ce monopole fluvial exercé au profit des intéressés lorsque nous sa-

---

(1) Mantellier, *Histoire des marchands fréquentant la Loire*, tome I.

(2) On nomme *péage* le droit qu'ont quelques seigneurs d'exiger une certaine somme pour le passage des voitures, bestiaux, marchandises et autres denrées qui passent sur leurs *terres* ou sur des *ponts* et *rivières* auxquels ces droits sont attachés. Quelques coutumes donnent à ce droit le nom de barrage. Les péages sont des droits régaliens mineurs qui ne peuvent s'exiger sans titres émanant d'un souverain. Ceux qui ont le droit de percevoir les droits de péage ont la charge d'entretenir les chemins, ponts, chaussées, à cause desquels on les exige ; et les seigneurs étaient obligés de faire garder les chemins depuis le soleil levant jusqu'au soleil couchant et répondre des vols. Cette coutume existait aussi en Italie ; les propriétaires ou possesseurs des droits de péage étaient obligés de faire inscrire sur un tableau d'airain ou de fer-blanc en grosses lettres et bien lisible, le détail de ce qui doit être payé pour ces droits. Ces tableaux sont appelés tarifs ou pancartes. (Denisart, *Collection de décisions nouvelles*, 1775.)

Quoique le droit de péage soit *royal*, néanmoins dans le pays de Forez et tout le long de la rivière de la Loire, il est *seigneurial* et appartient aux seigneurs particuliers des lieux où passe la rivière. (Chopin, *Traité du domaine*, et de Ferrière, *Dictionnaire de droit*, 1769.)

Il y avait des ponts sur la Seine avant l'année 760, car déjà à cette époque Gérard, comte de Paris, y levait des péages sur les bateaux qui passaient sous ces ponts ainsi que sur les véhicules qui les traversaient. (*Historiens des Gaules*, tome V, page 703. *Diplomata Pippini regis*.)

vons, par exemple, que sur la Loire, entre Roanne et Nantes, les fermiers prélevaient des péages au nom et au profit de cent trente-trois parties prenantes, rois, ducs, comtes, vicomtes, barons, évêques, abbés, prieurs, hospices, chapitres, communautés, chatellenies et habitants des villes et bourgs de Decize, Nevers, la Charité, Jargeau, Orléans, Saumur, Angers et Nantes, indépendamment de ceux que l'on prélevait au nombre de cinquante-sept sur les rivières affluentes de la Loire, soit en totalité cent quatre-vingt-dix parties prenantes, qui alimentaient leurs cassettes au moyen de ces impôts (1) dont les uns étaient permanents, perpétuels, et à ce titre devaient pourvoir à l'entretien et à la sécurité des voies navigables, les autres simplement temporaires, et auxquels on avait recours dans des cas et des circonstances extraordinaires, tels que les guerres intérieures et extérieures, et l'établissement d'ouvrages d'utilité publique ou privée ; aussi les péages furent, pour cette raison, distingués sous une quinzaine de noms variant selon les lieux, les circonstances, le mode de perception et la nature des marchandises qu'ils frappaient. Parmi ces péages, qui furent levés jusqu'au XVIII° siècle, quelques-uns, tels que ceux de Gien, Chaumont, Amboise, Luynes, Langeais, remontaient au XI° siècle ; un autre, celui de Nantes, était en exercice dès l'an mil. Et il est certain qu'un grand nombre de péages, dont on n'a pas conservé les dates authentiques, remontaient encore plus loin. Ce qui se passait sur les cours d'eau du bassin de la Loire était de pratique usuelle sur toutes les rivières navigables de la Gaule franque, la Saône et le Rhône, la Garonne et la Somme. Dès le IX° siècle, par exemple, le fisc impérial prélevait péage dans sept ports ou passages de la Saône et du Rhône au profit de l'épargne du souverain ; au XV° c'était pour la cassette des prélats, barons, princes et autres seigneurs riverains. Au XII° siècle, la corporation des « marchands d'eau » levait des droits sur les marchandises voiturées par la Seine, exerçait la police sur le fleuve et pourvoyait sans doute à la facilité et à la sécurité de la na-

---

(1) MANTELLIER, *loc. cit.*

vigation moyennant un péage (1). Au commencement du XIVᵉ siècle (2), le prévôt des marchands de Paris, en sa qualité de chef des marchands d'eau, prélevait d'ordre royal, sur toutes les marchandises voiturées par la Seine, un lourd péage dont le produit était destiné à pourvoir aux charges de la guerre de Flandre (3).

C'était donc aux impôts assis sur la circulation par eau que l'on pouvait demander le plus fort contingent de ressources pécuniaires qu'allaient réclamer, à partir de l'an mil, l'établissement, l'entretien et la reconstruction des grands ponts durant les siècles qui ont suivi le XIᵉ.

Et comme aux temps de la domination romaine et de celles des rois francs des deux premières dynasties, le seigneur haut justicier qui jouissait du droit de prélever un péage était tenu de garantir la sûreté des voyageurs et des marchandises (4).

A ces impôts, assis sur les voies d'eau, s'ajoutaient ceux qui frappaient les marchandises voiturées sur les routes de terre et sur les ponts ; le péage devenait ainsi le principe, la raison et comme l'instrument même de la création des voies de communication, de leur entretien et de leur durée ; ce système, qui a survécu au moyen âge, est en pleine vigueur aujourd'hui, spécialement dans les concessions octroyées par

---

(1) MANTELLIER, *loc. cit.*
(2) *Ibid.*
(3) Cet impôt était appelé *aides* parce que, à l'origine, il était volontaire et ne se prélevait que pour les besoins pressants. Les aides sont devenues plus tard perpétuelles et obligatoires. Les rois n'ont commencé à lever cette sorte d'impôt que pour les besoins de la guerre.
Les *subsides* signifiaient en général toutes les impositions mises sur le peuple ou sur les marchandises au nom du Roi ou de l'État pour subvenir à ses nécessités et à ses charges. Les *subventions*, les *aides* et autres impositions *semblables* sont des subsides.
Les *octrois* étaient des impositions concédées par le prince à des villes, à des communautés ou à des personnes privilégiées. Les villes avaient deux sortes de revenus qui s'appelaient deniers communs, les uns patrimoniaux, les autres d'octroi. Ces deniers d'octroi étaient prélevés en vertu de lettres patentes pour être employés aux besoins communs, réparations, fortifications et décorations desdites villes. (DENISART et DE FERRIÈRE, *loc. cit.*)
(4) DENISART et DE FERRIÈRE, *loc. cit.* — Baron DE GIRARDOT, les ponts au XIIIᵉ siècle. (*Annales archéologiques*, tome VII.)

les gouvernements modernes pour l'établissement des ponts, des chemins de fer et de beaucoup de travaux d'utilité publique, à des associations particulières ou compagnies. Nous ne sommes donc en ceci, comme en beaucoup d'autres choses d'ailleurs, que les imitateurs de nos ancêtres du moyen âge, les copistes de leurs usages et de leurs pratiques, si démodés pourtant, et si décriés aujourd'hui par les écrivains de cette école exclusive aux yeux de laquelle la civilisation ne date que de la Révolution, qui a marqué les dernières années du XVIII° siècle !

Mais ce n'était pas tout ; l'on eut recours aussi, notamment pour la construction des ponts, à d'autres sources de produits, les aumônes, les quêtes, les donations, les indulgences, les locations de maisons et d'ateliers assis sur les ponts, les amendes, les travaux manuels spontanés et volontaires, à l'exemple de ceux que la foi seule encourageait à faire pour les édifices purement religieux ; l'histoire nous apprend, en effet, que l'église catholique accordait, avec une miséricordieuse libéralité, des jours d'indulgence pour chaque corvée à tous ceux de ses enfants qui mettaient la main à l'œuvre ou qui contribuaient de leurs deniers versés entre les mains des frères quêteurs « *qui manum adjutricem* « *porrexerint* » à la construction des édifices religieux proprement dits, mais encore à celle des *ponts qui étaient mis au rang des œuvres pies* (1). A ces moyens tout puissants venaient s'ajouter les impositions de toute nature, selon les lieux, les temps, les usages et les circonstances, ainsi que nous aurons occasion de le constater dans la suite de cet ouvrage.

Au cours du XI° siècle, les ponts d'Angers, de Montereau, de Tours, de Blois et de Beaugency, furent bâtis par les grands feudataires sur leurs domaines au moyen de ressources dont nous ignorons la provenance, mais qui avaient, sans doute, des origines multiples ainsi que les considérations précédentes autorisent à l'inférer. Nous savons toute-

---

(1) Note sur le prieuré de Saint-Nicolas-de-Campagnac, déjà citée au chap. XIII.

fois que, par exception, le comte d'Anjou Henri II rebâtissant le pont de Foulques Nerra (chapitre XI) voulut que la circulation y fût libre comme avant lui, le comte Eudes, constructeur du pont de Tours (chapitre X), avait voulu que ce pont fût absolument exempt de péage. Ce qui prouve, disons-le en passant, que cette nature d'impôt n'était pas une innovation en l'année 1037, date de la charte du comte de Blois et de Tours, et que le péage levé sur les ponts avait déjà reçu des applications avant l'an mil. Dans le siècle suivant nous apprenons, par une charte du comte de Toulouse, datée de l'année 1144, que pour assurer l'entretien et les réparations du pont, que les bourgeois de Montauriol étaient autorisés à bâtir sur le Tarn « le seigneur Comte
« s'entendra avec six prudhommes des meilleurs conseillers,
« habitants dudit lieu, sur les droits qu'ils devront y établir
« afin que ledit pont puisse être entretenu et réparé (1) ». Il n'est pas téméraire de penser que ni le comte de Blois, ni le comte de Toulouse, n'ont pas fait la première application de ce péage, de la paternité duquel il ne faut pas attribuer l'honneur à leur mémoire.

Dans le cours du XIIe siècle, le pont d'Amboise fut bâti par le seigneur châtelain de ce lieu, et le pont de bois de Saumur, qui était une propriété seigneuriale de l'abbaye de Saint-Florent, fut, en exécution d'une sentence du comte d'Anjou, reconstruit en pierre, et la dépense mise à la charge du trésor de cette célèbre abbaye. A la fin de ce siècle, Maurice de Sully, évêque de Paris, bâtissait deux ponts, l'un, sur la Seine, dans sa ville épiscopale, l'autre, sur la Marne, dont il paya les dépenses d'établissement, tant avec les épargnes qui lui étaient personnelles qu'avec celles que lui procuraient ses revenus de seigneur haut justicier, à l'époque où les *Scholarchæ*, de la montagne Sainte-Geneviève, bâtissaient eux-mêmes le petit pont, sur le bras méridional de la Seine, au moyen de ressources pécuniaires dont nous ignorons la nature et l'origine.

---

(1) *Annales archéologiques*, tome XVI. — DEVALS, Notice sur le pont de Montauban.

C'est vers ce temps que fut commencé le fameux pont d'Avignon, qui put être heureusement mené à terme, grâce aux quêtes, aumônes, donations, travaux manuels (1), et peut-être aussi à d'autres ressources que les chroniques ne nous ont pas fait expressément connaître.

Vers la même époque, en l'année 1184, la ville de Carcassonne obtenait du comte Roger l'autorisation de bâtir un pont sur l'Aude, autorisation qui fut accordée par ce seigneur sous la condition d'un droit de péage que la ville exercerait sur ce pont pour subvenir aux dépenses de son entretien (2).

Nous avons dit plus haut que les constructeurs de ponts au moyen âge eurent recours à des impôts de toute nature pour aider à l'établissement, et subvenir aux dépenses d'entretien de ces édifices, et nous citerons ici l'exemple d'un impôt singulier, tout à fait original, qui était en exercice dans la cité de Metz sur la fin du XII° siècle, et qui remontait certainement plus loin. En effet, de deux actes authentiques portant les millésimes de 1181 et 1196, il résulte que, depuis longtemps déjà, les citoyens de la ville et des faubourgs étaient tenus de léguer « à la communauté une cer« taine fraction de leur mobilier dont une partie était « consacrée aux dépenses d'entretien des murailles et des « ponts. » De là à désigner l'objet mobilier qui serait donné à la ville il n'y avait qu'un pas que les magistrats de 1222 franchirent en portant leur choix « sur le meilleur *warne-« ment de robes* que chaque personne de l'archiprêtré de « Metz aurait le jour de sa mort (3) ». Cet impôt, *sui generis*, qui fut patiemment supporté par le menu peuple, parut, au

---

(1) BOLLANDISTES, *Act. sanct. De sanct. Benedicto fundatore pontis avenionensis.* (CHAMPOLLION-FIGEAC, *loc. cit.*)

(2) CHAMPOLLION-FIGEAC, *loc. cit.*

(3) RAILLARD, *Les principaux ponts du moyen âge à Metz.* Conrad de Scharphennek, évêque de Metz et de Spire, archi-chancelier du sceau impérial, établit par le Conseil « de la Clergiet et de tout le commun de Metz que le *meilleur vêtement* de toute personne, soit clers, soit lais, soit petis, soit grans, soit hommes, soit femmes, qui viendra à mourir dans l'archiprêtré de Metz, devra être donné *az novel pont* que l'on faisoit en droit l'hospitalz en Chambres ». (Charte de 1222.)

contraire, de plus en plus lourd aux dignitaires du clergé, aux membres de l'aristocratie et aux riches bourgeois de la République Messine, à mesure que dans les siècles suivants le luxe et la somptuosité des vêtements se développaient davantage. Nonobstant sa singularité et les plaintes qu'il souleva, cet impôt fut rigoureusement maintenu et confirmé par l'autorité judiciaire dans la forme et teneur du statut de l'année 1349, qui condamnait tout récalcitrant « à une amende « et au bannissement temporaire. » Le péage, l'impôt de l'habit des morts, les rentes attachées aux ponts, dont deux au moins paraissent avoir été construits sur la fin du XIIe siècle, furent les ressources principales qui constituaient l'épargne de l'hôpital Saint-Nicolas et de celui de Saint-Ladre. Ces maisons percevaient les péages des ponts ainsi que l'impôt des habits des morts affectés à l'entretien de ces édifices ; « le second de ces impôts s'était si fortement ancré « dans les mœurs du pays messin, qu'il traversa la période « de 1789 à 1792, et ne disparut qu'en 1793, après cinq cent « soixante-et-onze ans d'existence, avec les derniers débris « des institutions du passé (1). »

A l'origine du XIIIe siècle, l'évêque d'Orléans, qui, en sa qualité de seigneur haut justicier, relevait nuement du roi, à cause du fief de la Fauconnerie, étendait son pouvoir temporel sur une grande surface du territoire dans le voisinage de son siége épiscopal ; les villes de Meung, Jargeau, Sully et Pithiviers en faisaient partie. Les châtellenies consistaient en fiefs, censives, rentes, justice, domaines, dixmes, droit de banalité de fours et de moulins (2). Moyennant les revenus considérables dont il jouissait, le prélat fit bâtir *deux ponts de pierre* sur la Loire, l'un à Meung, l'autre à Jargeau. Manassès de Seignelay eut-il recours à d'autres épargnes qu'à la sienne ? Nous l'ignorons, mais celle-ci a dû suffire à l'exécution de ces grandes œuvres, car elle était largement alimentée par le produits de ses riches domaines seigneuriaux.

Pour aider à la construction du pont de Cajarc, sur le Lot,

---

(1) RAILLARD, *loc. cit.*
(2) BIMBENET, Justice temporelle de l'évêché d'Orléans. (Tome VI des *Mémoires de la Société archéologique de l'Orléanais.*)

Pierre de Henry, évêque de Rodez, donnait, en l'année 1222, des lettres d'indulgence par lesquelles il exhortait ses diocésains à concourir à la dépense de cet important édifice (1).

Nous avons déjà eu l'occasion de parler, dans les chapitres III et XIII, du pont de Saint-Nicolas de Campagnac, qui fut commencé, entre les années 1245 et 1250, sur la rivière du Gardon, par l'évêque d'Uzès, Pons de Becmil, qui porta le surnom de *Évêque du Pont* « *Episcopus Poncius de « Ponte* ». Cet édifice fut élevé au moyen des donations volontaires, particulièrement de l'abbaye de Saint-Nicolas, du prélat créateur du pont, et des quêtes et des aumônes recueillies par une association qui avait été constituée à ces fins sous le nom de confrérie du Saint-Esprit de Blauzac. Les abbés de Saint-Nicolas furent les protecteurs nés de l'œuvre du pont.

Lorsqu'il fut question de commencer le grand édifice du pont Saint-Esprit, sur la rive gauche du Rhône, qui était une propriété seigneuriale de l'abbaye de Cluny, « *proprium allo-« dium Beati Petri Cluniacensis* », les moyens pécuniaires firent défaut, et les chroniqueurs ne nous enseignent pas si cette abbaye concourut à la dépense d'une manière efficace. Il semble, toutefois, bien difficile de penser qu'il en ait été autrement. Les habitants de Saint-Savourin-du-Port et de la banlieue poursuivaient avec ardeur l'idée de bâtir un pont, et pour le réaliser ils durent recourir aux quêtes, encouragés qu'ils étaient par le souvenir du succès de ce moyen qui avait merveilleusement réussi à Avignon, quatre-vingts ans auparavant. Après plusieurs années de voyages et de sollicitations, de fatigues et de peines, ayant réuni un pécule suffisant, ils commencèrent cet édifice monumental, qui est encore debout aujourd'hui et dont, le 12 septembre de l'année 1265, le prieur des clunistes de Saint-Savourin posait la première pierre. Mais ces ressources épuisées, l'œuvre menaçait de péricliter, et dès l'année 1281, il fallut aviser : « une confrérie « des deux sexes, analogue à celle du pont de Saint-Nicolas

---

(1) Les monuments d'utilité publique au moyen âge, par FÉLIX DE VERNEILH. (*Annales archéologiques*, tome XVI.)

« de Campagnac, s'était organisée pour accélérer l'ouvrage,
« les frères quêtoient et bâtissoient, les sœurs aidoient les
« les ouvriers par des travaux analogues à leur sexe et soi-
« gnoient les malades (1). » L'hospice, bâti à côté du pont,
comme son annexe nécessaire, augmenta rapidement d'importance ; la chapelle voisine, qui était comme *la sœur jumelle de l'hospice et du pont*, devint le but de pèlerinages célèbres, et une partie des aumônes et des donations qui y affluaient était consacrée à son entretien : « bien qu'il fût
« admis alors, dit un écrivain déjà cité, qu'il *valait mieux*
« employer les revenus de cette maison à l'entretien du pont
« qu'à celui de la chapelle (2). » Ce savant publiciste paraît oublier que les pèlerinages, excités, développés et entretenus par le sentiment religieux et la foi catholique, enrichissaient pour la plus grande part le sanctuaire du pont Saint-Esprit, et qu'il était strictement équitable que les revenus de la chapelle ne fussent pas consacrés uniquement à l'entretien du pont ; car cette attribution aurait eu pour conséquence prochaine, l'abandon de la chapelle, l'éloignement des pèlerins et la diminution des revenus.

Quoi qu'il en soit, les revenus du pont provenant entre autres sources du péage fluvial levé sur les bateaux chargés de sel (3), réunis aux produits des quêtes et donations faites au profit de l'hospice et de la chapelle, constituaient le trésor de la confrérie dont une part importante était consacrée à l'entretien du pont ; car, dans l'esprit, comme dans les usages de l'époque, cet édifice était inséparable de la chapelle et de l'hospice, trilogie symbolique que l'on désignait sous la dénomination populaire de l'*Œuvre du pont*.

Vers le milieu du XIII° siècle, l'évêque de Cahors cédant, à regret dit-on, aux sollicitations des consuls, leur accordait le droit de bâtir un pont sur la rivière du Lot, en sa qualité de seigneur haut justicier. Pour leur venir en aide, et couvrir une partie des dépenses de cette importante construction, l'évêque obtenait, du pape Alexandre VI, l'autorisation d'y

---

(1) Grégoire, *loc. cit.*
(2) Champollion-Figeac, *loc. cit.*
(3) Baron de Girardot, *loc. cit.*

consacrer une part des amendes prononcées contre les banquiers ou usuriers appelés *cahursius* (1), comme on fit payer aux juifs, qui habitaient Paris, une partie ou peut-être la totalité des dépenses de reconstruction du Petit-Pont qui avait été renversé par une des crues de la Seine du commencement du XIV° siècle (chapitre XI). Grâce à ce secours inattendu, l'œuvre fut entreprise et parvint à son terme, mais les habitants de Cahors payèrent encore assez cher, paraît-il, l'autorisation obtenue du prélat « qui ne céda à leurs ins-« tances qu'au prix des plus lourds sacrifices de ses vas-« saux (2) ».

Ce fut à cette époque, et dans le cours de l'année 1267, que le pape Clément IV faisait appel aux évêques de Nîmes, de Bourges et d'autres diocèses, dans le but de concourir à l'achèvement d'un pont sur la rivière de Lève ou du Lez, au territoire de Montpellier, et accordait quarante jours d'indulgence à toute personne qui ferait des aumônes à cette intention. Deux ans après, encouragé par le succès de ce moyen spirituel, l'archevêque de Bourges et l'évêque de Rodez adressaient à leurs diocésains la même exhortation à l'effet d'assurer la continuation et l'achèvement du pont de pierre d'Entraygues sur la rivière du Lot (3).

Au cours du XIII° siècle, la coutume de Ponthieu mettait l'entretien des ponts à la charge des communes, ainsi que leur reconstruction. L'abbé de Corneille levait, d'ordre royal, un impôt sur les bourgeois de Compiègne pour assurer l'entretien du pont de l'Oise, et d'autre part, le roi lui-même reconstruisait le pont de Melun sur la Seine avec sa propre épargne (4). Mais lorsque des communes, des corporations ou des particuliers, demandaient aux abbayes la permission de bâtir des ponts sur leurs eaux seigneuriales, le plus sou-

---

(1) BERTY, Notice sur les ponts d'Avignon et de Cahors, dans les *Monuments anciens et modernes*, de Jules GAILHABAUD, 1865. — CHAMPOLLION-FIGEAC, *loc. cit.* Il y a quelque incertitude de savoir auquel des deux ponts de Cahors les amendes furent appliquées. (Voir au chapitre XIII les observations relatives aux ponts de cette cité.)
(2) CHAMPOLLION-FIGEAC, *loc. cit.*
(3) CHAMPOLLION-FIGEAC et Félix DE VERNEILH, *loc. cit.*
(4) CHAMPOLLION-FIGEAC, *loc. cit.*

vent les abbés accordaient cette permission sous la simple stipulation d'une redevance ou de quelque réserve constatant le droit féodal et la liberté d'accorder ou de refuser l'autorisation.

Les chroniques et les documents authentiques du XIV° siècle contiennent une foule d'indications précieuses sur les diverses origines et provenances des ressources pécuniaires, qui furent consacrées à l'établissement et à l'entretien des ponts. Bien que ces édifices aient eu pour auteur, tantôt des personnes civiles, tantôt des communautés ou corporations religieuses, les moyens employés avaient toujours une grande similitude en quelques lieux que les édifices fussent bâtis.

Pendant la première moitié du XIV° siècle, certains péages furent autorisés soit à titre permanent, soit à titre temporaire, pour en consacrer le produit à l'établissement et à l'entretien des ponts. Ici des impositions étaient mises sur les habitants des villes, là des abbés s'engageaient à construire des ponts à forfait moyennant la concession d'un péage à perpétuité ; des villes sollicitaient, de certaines corporations religieuses, une contribution volontaire à ces œuvres d'utilité générale, contribution à laquelle ces corporations souscrivaient sous la condition qu'il serait constaté, par écrit, que leur concours était volontaire et non obligatoire. Les amendes étaient consacrées à l'entretien des ponts ; les rois tantôt autorisaient les habitants de certaines villes à prendre, dans les forêts domaniales, les bois nécessaires aux réparations des ponts, tantôt promettaient une subvention en numéraire payable à longs termes. Ainsi, en l'année 1300, le chapitre de l'église de Romans construisait sur l'Isère un pont moyennant l'obtention d'un péage à perpétuité. Un an après, Philippe le Bel permettait au chapitre de Brioude de lever un impôt sur les bourgeois pour la réparation de leur pont de l'Allier. En 1302, le roi mandait à son sénéchal du Périgord de faire lever des subsides, qui seraient remis aux mains des consuls de cette province, pour être employés à la réparation des ponts. En l'année 1304, dans le but d'accélérer la construction du pont de Montauban, le roi Philippe le Bel allouait aux habitants une subvention sur sa cassette particulière ; le péage, autorisé par la charte du comte de Toulouse de l'année 1144, fut maintenu en principe ; mais, à la suite de difficultés de plusieurs sortes, le roi dut ordonner, en l'année 1314, la continuation et l'achèvement *d'office aux frais de la ville* du pont du Tarn, qui ne fut terminé qu'en l'année 1335 (1).

Nous voyons, en l'année 1307, l'abbé de Marchiennes s'engager envers les bourgeois, et moyennant une somme payée d'avance, à reconstruire sur la Scarpe le pont de pierre, et à l'entretenir moyennant un péage qu'il lèverait au profit de son abbaye. En 1323, c'est un frère, Hospitalier Pontife, qui bâtit sur l'Isère, à la Sone, près Saint-Marcelin, un pont de pierre moyennant un péage dont le produit devait être consacré à l'entretien du pont, de la chapelle et de l'hospice. En 1337, le roi de France permettait aux bourgeois de Bruges de rétablir leur pont, et de l'entretenir en bon état sous la seule condition « de lui demeurer fidèles ». Trois ans après, le roi autorisait ceux de Narbonne à rétablir leur pont de la Garonne, et à maintenir le passage provisoire sur les eaux du fleuve au moyen d'un bac à péage dont le produit serait employé à la reconstruction de l'édifice. Le souverain entendait contribuer à cette œuvre d'utilité publique en livrant à la commune les bois nécessaires qu'elle irait prendre dans ses forêts, non à titre de libéralité gratuite, mais sous la condition d'en recevoir le juste prix dans un délai de dix ans.

En l'année 1356, les commissaires généraux nommés par le Roi dans les pays du Languedoc, n'y exerçaient aucune autorité sur les ponts ; c'était aux consuls qu'incombait la charge de pourvoir à leur entretien au moyen des amendes. Et les coutumes du Berry confirment cet usage que nous avons vu établi, en Périgord, par un mandement royal de l'année 1302. En 1358, la dépense d'entretien du pont de l'Yonne, à Auxerre, était couverte par le revenu des péages prélevés sur les voies de terre et d'eau ; mais les mariniers

---

(1) *Annales archéologiques*, tome XVI ; DEVALS, Notice sur le pont de Montauban.

ayant fait remontrer au Roi que l'impôt sur la batellerie était excessif, obtinrent la diminution ou la suppression de ce droit (1).

En 1367, le pont de Mâcon, sur la Saône, réclamait d'urgentes réparations auxquelles il fallait pourvoir ; voici un extrait du marché passé à cette occasion, par les échevins, avec un *maçon du pays* : « *Dictus Perretus debet dictum ar-*
« *chum pavare et intabulare bene et sufficienter, debetque et*
« *promittit ipsum chaffaudare suis sumptibus et expensis,*
« *consules promittunt Perreto reddere in locum, totam mate-*
« *riam, videlicet, lapidum, calcis, arene, et dictus Perretus*
« *promittit non facere aliquid opus lathomi,* etc... (2). »
Puisque l'entrepreneur est un maçon du pays, et que suivant ce texte les matériaux à employer semblent consister exclusivement en *pierre*, *chaux* et *sable*, et ouvrage de *pierre* ou de *maçon*, c'est qu'il s'agissait de réparer ou refaire une *arche* ou des *arches de pierre*. On voit que le maçon Perret s'engageait à *paver* l'arche ou les arches qu'il reconstruit, comme aussi à faire les échafaudages à ses frais ; mais on ne sait pas comment la dépense en a été payée. Puisque les travaux étaient ordonnés et surveillés par les consuls ou échevins, il en résulterait que la dépense fut payée par la commune, ainsi qu'il arriva sept ans auparavant pour les travaux de fortification. Une imposition avait été mise à cette époque sur les bourgeois pour payer ces derniers travaux ; mais elle fut insuffisante, et l'évêque et le chapitre de Mâcon ayant tenté de se soustraire à cette charge nouvelle, il ne fallut rien moins que l'intervention du roi Jean, qui passait dans la ville à cette époque, pour les y contraindre comme tous les bourgeois sans distinction.

Dans le cours du XIVe siècle, ce sont encore les mêmes usages, les mêmes moyens, et particulièrement une multitude

---

(1) Les documents sur les ponts du XIVe siècle sont extraits des *Droits et usages*, de CHAMPOLLION-FIGEAC.

(2) *Revue des Sociétés savantes*, tome IX, 4e série, 1er semestre de 1869, et tome I, 5e série, 1er semestre de 1870. Ce latin francisé laisse quelque doute sur la signification du verbe *intabulare* rapproché des autres mots latins rapportés ci-dessus.

de legs et donations faits et acceptés pour l'établissement et l'entretien des ponts : « Certains monastères sont obligés de « contribuer à ces dépenses, et les juifs, pour la première « fois, sont condamnés à en payer leur part ; les hauts jus- « ticiers sont imposés pour ces travaux, enfin, le Roi, « qui avait le plus grand intérêt à protéger et à surveiller « dans l'étendue de son royaume, nomme des *conser-* « *vateurs* chargés de visiter les ponts, et de les faire en- « tretenir et conserver en bon état. Ce fut à l'avènement de « Charles VI (1). »

Sur la fin du XIV° siècle, le pont Saint-Michel et le Petit-Pont de Paris étaient reconstruits avec les deniers de la ville, et le premier des deux moyennant une subvention royale (2). Et dans les premières années du XV° siècle on rebâtissait le Petit-Pont avec le concours du Roi, de la Reine, des trésoriers de France, de l'hôtel de ville, du Parlement, du Châtelet, de l'évêque de Paris et des grands du royaume (3). Six ans plus tard, en l'année 1412, le pont Notre-Dame était reconstruit en bois ; le trésor royal pourvut à une bonne partie de la dépense par la concession que fit à la ville, le roi Charles VI, de tous les bois nécessaires à prendre dans ses forêts, et l'abandon de la part qui revenait à la couronne dans les impôts urbains (4).

Les considérations dans lesquelles nous sommes entrés sur la matière si intéressante des voies et moyens auxquels on a eu recours pour l'établissement et l'entretien des ponts nous conduisent à la fin du XIV° siècle et au règne de Charles VI qui s'ouvrit en l'année 1380. C'est aux environs de cette époque que nous nous arrêterons un moment avant d'aborder l'étude spéciale du pont des Tourelles d'Orléans, dont les registres authentiques, les plus anciens que nous possédions, et qui commencent à l'année 1386, sont conservés dans les archives municipales de cette ville (5).

(1) CHAMPOLLION-FIGEAC, *loc. cit.*
(2) SAUVAL, FÉLIBIEN et DOM LOBINEAU, *Histoire de la ville de Paris.*
(3) SAUVAL, *loc. cit.*
(4) *Ibid.*
(5) Une partie de cette précieuse collection a été ou dispersée ou anéantie·

Mais avant de continuer notre projet, il nous paraît nécessaire de reporter nos regards sur le mécanisme de la levée des diverses sortes d'impôts qui concouraient dans des proportions inégales aux dépenses d'établissement de la plupart des ponts, et aux exemptions dont ils furent l'objet. Le souverain, les grands feudataires de la couronne, les seigneurs des fiefs suzerains, fiefs médiats et arrière fiefs, soit de l'ordre religieux, soit de l'ordre militaire ou laïque, tous, à peu près sans exception, à certaines phases plus ou moins anarchiques du moyen âge, tranchaient les questions fiscales avec un sans-façon et un arbitraire dont nous n'avons aucune idée au XIX° siècle. Les usages anciens et les coutumes, les chartes, les édits et les lettres patentes dont les dispositifs variaient en passant d'un pays à un autre, selon les faiblesses ou les passions, les besoins ou les nécessités permanentes ou temporaires, devaient laisser leur empreinte sur les impositions et introduire un nouvel élément arbitraire dans la tarification déjà si élastique en elle-même des matières de diverses natures, comme sur la désignation des abbayes, des communautés ou des corporations religieuses et laïques, ou des personnes civiles sur lesquelles les péages et les octrois devaient être levés, enfin sur l'indication de celles qui, de grâce souveraine ou seigneuriale, devaient en être exemptes.

« Les péages comme les autres impôts, dit avec autorité le
« savant auteur de l'*Histoire des marchands fréquentant la*
« *Loire*, n'étaient pas supportés indistinctement par tous les
« citoyens, et ne pesaient pas d'un poids égal sur toutes les
« classes de la société. Dès l'époque carlovingienne, plu-
« sieurs des grandes abbayes assises sur les rives de la
« Loire en avaient obtenu l'exemption. Ces privilèges s'é-
« taient dans la suite multipliés et généralisés ; les exemp-
« tions qui reposaient à l'origine sur des concessions parti-
« culières obtenues par telle ou telle église, tel ou tel monas-
« tère, devinrent la règle et s'étendirent à tous les biens

Le premier et le plus ancien de ces registres intitulés : *Comptes du pont* et quelquefois *Comptes du pont et de l'hospice Saint-Antoine* commence à l'année 1386. On ignore s'il en a existé antérieurement à cette époque. Le nombre de ces registres, qui s'arrêtent à l'année 1653, est de 51.

« comme à toutes les personnes ecclésiastiques. Il en fut de
« même à l'endroit des seigneurs justiciers ; l'exemption des
« péages domaniaux qu'ils obtinrent des rois ou qu'ils s'ar-
« rogèrent par usurpation, celles des péages seigneuriaux
« qu'ils s'accordèrent l'un à l'autre par tolérance réciproque,
« devinrent applicables à tous les nobles indistinctement. Aux
« exonérations individuelles que les capitulaires avaient no-
« minalement accordées, se substituèrent des privilèges de
« castes et de classes. Il fut de principe, et la rédaction des
« coutumes le consacra, que gens d'église, clercs, chevaliers,
« nobles, sergents fieffés, écoliers, n'étaient tenus à l'acquit
« des péages, et l'on vit des corporations, certaines classes
« d'artisans et d'officiers, jouir de la même immunité ou y
« prétendre, tels que certaines corporations de marchands et
« d'ouvriers, certains préposés, employés ou commerçants
« attachés à la maison du roi (1) ». Mais les édits, les traditions et les coutumes invoqués et confirmés tour à tour par
la jurisprudence, ne tardèrent pas à allonger en faveur de
certaines marchandises et de certains objets de nature et de
classification très diverses, la nomenclature déjà si étendue
des privilèges qui favorisaient des catégories de castes, de
corporations et de personnes (2). La première conséquence
qui découle de cet exposé, c'est que le dogme de l'égalité de
l'impôt, considéré dans son acception générale, était inconnu.
La seconde, c'est que les impôts, les péages et les octrois,
étant les sources les plus fécondes auxquelles on puisait
pour bâtir les ponts au moyen âge, ces édifices n'ont pas été
construits avec l'*épargne commune*, puisque les sources qui
l'alimentaient, c'est-à-dire les impôts, les péages, les octrois,
pesaient d'une manière très inégale sur tous les citoyens, car
certaines catégories étaient exemptes légalement ou s'exemp-
taient *proprio motu* de l'obligation des charges publiques.

Ducange enseigne que les ponts étant des ouvrages d'utilité publique, *personne* n'était dispensé de contribuer aux dépenses de leur établissement et de leur entretien, quoiqu'ils

---

(1) MANTELLIER, *loc. cit.*
(2) MANTELLIER, *loc. cit.* DENISART, aux mots *Péage, Octroi.*

existassent en petit nombre, et que des péages réguliers fussent prélevés pour pourvoir aux énormes dépenses de ces travaux. Cependant, dit le savant écrivain qui rapporte l'opinion de Ducange (1), « tous *les habitants d'une commune n'é-*
« *taient pas également obligés de contribuer aux frais de*
« *l'entretien des ponts, et quelques-uns même en étaient com-*
« *plètement exempts* ». Il y avait certainement, dans les exemptions qui touchaient à l'établissement et à l'entretien des ponts, tout autant d'arbitraire que dans celles qui touchaient aux impôts, péages et octrois ; il nous faut donc renoncer à éclaircir cette face obscure de la question, qui n'est pour nous que secondaire, et qui a reçu les solutions les plus diverses selon les temps, les régimes politiques et les circonstances sur lesquels nous ne nous arrêterons pas plus longtemps ici. Nous reviendrons sur cette matière en parlant du pont des Tourelles d'Orléans, et des voies et moyens qui ont été employés pour sa construction et son entretien.

(1) Champollion-Figeac, *loc. cit.*

CHAPITRE XVI

SUITE DE LA PÉRIODE CAPÉTIENNE ET FÉODALE

Du pont d'Orléans dit des Tourelles au moyen âge. — De son emplacement et de la recherche historique de l'époque de sa construction. — Du Châtelet qui lui était contigu et de son ancienneté. — De la corrélation politique et militaire qui exista entre le Châtelet et les ponts depuis les temps du royaume d'Orléans aux VIe et VIIe siècles jusqu'au XVIIIe, époque de la démolition de ces deux édifices jumeaux. — De l'existence des moulins royaux sous le pont des Tourelles dès l'année 1176, sous le règne de Louis VII et de quelques attributions du portier du Châtelet sur le passage du pont dès l'année 1178. — Des concessions accordées par la reine Isamburge, dans les premières années du XIIIe siècle et par saint Louis, en l'année 1233, pour la translation des moulins à nef sous les arches du pont. — De l'affranchissement de la route de Paris à Orléans, dans les premières années du XIIIe siècle par le roi Louis VI, qui réduit à l'obéissance les seigneurs de Corbeil, de Montlhéry, de La Ferté-Alais et du Puiset, dont les châteaux, transformés en véritables repaires de brigands, interceptaient les communications de Paris avec Orléans. — De la construction probable du pont des Tourelles vers l'année 1120, après le rétablissement de la liberté de circulation entre ces deux villes, qui fut la conséquence de l'exécution militaire, par Louis le Gros, de ses vassaux rebelles.

Nous avons réuni, dans les chapitres qui précèdent, tous les éléments que nous avons pu nous procurer pour nous aider à parvenir à la découverte des origines du pont d'Orléans, dit des Tourelles, qui semblent se perdre dans les ténèbres du moyen âge. Plusieurs causes ont contribué à faire cette obscurité, au sein de laquelle nous nous sommes efforcé d'introduire quelques rayons de lumière, sans avoir réussi, nous en réitérons l'aveu, à la dissiper entièrement.

Pendant que, sur certaines rivières de la Gaule franque, on conservait dans les documents écrits les dates de la construction des ponts, ainsi que les noms de leurs auteurs et bienfaiteurs, et que l'on enregistrait soigneusement le souvenir des moyens pécuniaires auxquels on eut recours pour en payer les dépenses, on ne conservait dans les archives locales absolument rien de semblable pour le pont d'Orléans avant la fin du XIV° siècle (1) ; et à cette époque le pont des Tourelles existait déjà depuis environ trois siècles.

Nous avons vu, dans les chapitres I et II, que l'antique Genabe, l'oppidum des Carnutes, possédait un pont sur la Loire, lorsque César vint en faire le siège, un demi-siècle avant l'ère chrétienne. La tête de ce pont de bois, qui fut conservé, restauré et plusieurs fois reconstruit durant la période cinq fois séculaire de la domination romaine, occupait l'angle occidental formé par la muraille romaine qui longe la rue des Hôtelleries-Sainte-Catherine, et dont les vestiges sont encore debout aujourd'hui sur leur face orientale, et par celle qui bordait la Loire. On a soutenu, mais sans aucunes preuves, que l'oppidum des Carnutes et la cité aurélienne avaient possédé un pont sur le prolongement de la rue de la Poterne, lequel aurait été reporté, au IX° siècle, à l'angle occidental des murailles ci-dessus désignées et que ce serait cet édifice ainsi déplacé auquel on aurait donné le nom de *Pont des Tourelles*. Le lecteur se souvient sans doute que nul vestige, nulle trace et nul indice quelconques n'ont été découverts dans le lit du fleuve, qui pussent servir non de preuve, mais simplement d'argument en faveur de cette thèse (chapitres III, IV, V, VIII), et il n'a pas oublié que nonobstant les efforts tentés par le savant ingénieur archéologue Jollois (chapitre VI), la preuve manque en faveur d'une autre thèse, celle de l'origine pseudo-romaine du pont des Tourelles. Si nous passons à la période mérovingienne, nous rappellerons qu'il a existé, à Orléans, des ponts de bois comme sur d'autres points de ce fleuve central

(1) Nous avons eu occasion de dire que les documents dans lesquels ces souvenirs avaient pu être enregistrés ont disparu avant la fin du siècle, sans que l'on sache par quelles causes.

de la Gaule franque, entre la fin du V° et le milieu du VIII° siècle, et que sur ce cours d'eau comme sur les autres les ponts de bois, les ponts de bateaux, les bacs et les gués, étaient, selon les occasions et les temps, les moyens de passage des rivières par les armées en campagne (chapitre VII). Dans les siècles postérieurs à cette période et durant l'ère carolingienne et féodale, entre le milieu du VIII° siècle et l'an mil, les ponts de bois étaient les moyens les plus habituels dont on se servait pour le passage des cours d'eau, concurremment avec les ponts de bateaux, les bacs et les gués, lorsque les circonstances le commandaient et que les temps et les lieux s'y prêtaient, à peu près comme dans la période mérovingienne, et l'on a vu aussi que la cité d'Orléans fut, dans le cours de cette période, un lieu de passage de la Loire, choisi à cause de l'existence d'un pont. Quelques auteurs ont prétendu que dans l'intervalle du VIII° au XI° siècle il aurait existé des ponts de pierre, notamment sur la Loire et sur la Seine ; nous croyons avoir démontré que pour la Loire, à Blois, c'était une thèse aventureuse et que pour la Seine à Paris et à Pont-de-l'Arche elle n'était guère plus soutenable (chapitre VIII). Si cette double négation n'est ni une preuve contraire, ni un argument décisif au sujet de l'âge de ces ponts, pas plus qu'à l'égard de certains ponts d'ordre secondaire, elle a du moins le mérite d'appeler un examen plus approfondi avant la clôture du débat. Cette négation, restreinte aux deux grands ponts dénommés, ne s'étend pas à des ponts d'ordre inférieur : c'est ainsi que nous avons rapporté, d'après une chronique contemporaine, l'existence au IX° siècle, d'un pont de pierre à Bléré sur la rivière du Cher (chapitre VIII).

A l'aurore du XI° siècle, les ponts de bois étaient donc le moyen le plus habituellement usité dans la Gaule franque et particulièrement sur le cours de la Loire et à Orléans, et ce n'est qu'après l'an mil que nous entrons dans l'ère active de la construction des ponts de pierre.

Nous n'avons pas été assez heureux pour découvrir, soit des documents contemporains tels que chartes ou chroniques, soit des monuments graphiques, tels que tableaux ou dessins quelconques, qui attestent d'une manière explicite par des termes précis ou par des caractères authentiques l'existence du pont des Tourelles avant la fin du XIV° siècle ; aucun de ceux qui ont écrit avant nous sur cet édifice national ne paraît avoir été plus heureux ou plus habile. Mais nous possédons des documents certains qui affirment implicitement cette existence dès la seconde moitié du XII°siècle. Et comme ces documents enregistrent le fait de l'existence du pont, ils démontrent par cela même que cet édifice est antérieur au témoignage dont il a précédé la manifestation écrite.

Mais de combien d'années l'édifice est-il antérieur à ce témoignage ? Ici nous entrons dans le champ de l'inconnu et, pour ne pas nous égarer, c'est à la lumière de l'induction que, à défaut de preuves, nous allons en appeler pour nous conduire vers la solution. Ce ne sera donc que par l'interprétation des chartes et des événements dont les chroniques ont conservé le souvenir, ainsi que par le rapprochement et la comparaison des divers éléments des édifices hydrauliques bâtis au cours du XI° siècle et des suivants, des formes architecturales, du galbe des voûtes, des arches, des dispositifs des piliers, des systèmes de fondations et des autres détails non techniques, tirés des chroniques qui parlent des ponts bâtis après l'an mil jusqu'à la Renaissance du XVI° siècle, enfin les représentations graphiques plus ou moins exactes de ceux de ces édifices qui ont avec le pont des Tourelles quelque analogie et ressemblance. Ce ne sera, disons-nous, qu'à la lumière de tous ces éléments réunis que l'on pourra fixer, d'une manière suffisamment approximative, l'âge de ce monument que l'on doit, à juste titre, nommer national, en considération des prodigieux événements qu'il rappelle et que nous rapporterons en leur lieu.

Mais avant d'établir ces comparaisons, il est nécessaire de bien fixer la position du pont des Tourelles et de prouver que cet édifice a occupé l'emplacement des ponts qui l'ont précédé, depuis les temps les plus reculés, dans la ville aurélienne.

Sur le prolongement Z T de la rue des Hôtelleries-Sainte-Catherine, qui occupa l'assiette des fossés de la cité gallo-romaine, à partir de l'annexion du bourg d'Avignon en l'année 1345, sous le règne de Philippe de Valois (pl. I, fig. 1) à l'angle oriental de la tête du pont, s'élevait un château fortifié appelé le *Châtelet*, qui fut démoli à peu près en même temps que le pont dont il avait été pendant de longs siècles la sentinelle vigilante. Les auteurs qui ont décrit les antiquités de la cité aurélienne sont partagés sur l'âge de ce château : les uns le font remonter aux premiers temps de la conquête romaine, les autres lui assignent une date plus récente qu'ils fixent à l'année 511, correspondante à la mort de Clovis et à l'avènement de son fils Clodomir à la couronne du royaume nouveau-né d'Orléans (1). Mais si les preuves décisives font défaut dans le sens, soit de l'une soit de l'autre de ces opinions, il est toutefois hors de doute que la ville d'Orléans, qui fut la capitale du royaume de ce nom durant un siècle, de l'année 511 à l'année 613, fut aussi une résidence royale, ce qui implique nécessairement l'existence d'un palais ou d'un château. Et Grégoire de Tours rapporte qu'en l'année 585, le roi Gontran se trouvant à Orléans le jour de la fête de saint Martin, le souverain invita les évêques qui se trouvaient réunis à venir le lendemain lui donner leur bénédiction dans son palais (2).

Le palais du souverain devait être placé auprès du pont, selon les usages romains. Il était de pratique à peu près constante parmi les architectes de cette époque, comme il le fut au moyen âge et comme il l'est encore parmi nos ingénieurs modernes, d'établir le château ou châtelet « *castrum, castel-* « *lum, castellelum* » (3), sur l'un des points du périmètre de l'enceinte fortifiée, afin de procurer aux assiégés la facilité de

---

(1) SYMPHORIEN GUYON, *Histoire d'Orléans*. — LEMAIRE, *Histoire d'Orléans*. — DE BUZONNIÈRE, *Histoire architecturale de la ville d'Orléans*. — BAUNARD, *Vie de Théodulfe, évêque d'Orléans*. — Chanoine HUBERT, *Manuscrit sur l'histoire d'Orléans*. — Chanoine DUBOIS, *Manuscrit sur l'histoire d'Orléans*. — POLLUCHE, *Essais historiques sur Orléans*.

(2) GRÉGOIRE DE TOURS, *Histoire ecclésiastique des Francs*, livre VIII. *In domo mea*. Ces mots signifient bien dans mon palais. Le mot *domus* a plusieurs significations : maison, palais, temple.

(3) *Janitor Castelleti*, le portier du Châtelet. (Charte de Louis le Jeune, de l'année 1178, citée par LEMAIRE, page 235.)

recevoir des secours ou des provisions du dehors et de faire des sorties de vive force quand ces manœuvres devenaient nécessaires (1).

Ce château ainsi disposé fut, à partir d'une époque postérieure qui nous est inconnue, protégé du côté de la campagne au delà de la Loire par des ouvrages avancés.

Le château de Gontran avait été établi sur l'un des points de l'enceinte fortifiée de la ville. Or, les murailles gallo-romaines, dont la construction est bien antérieure au règne de Gontran, joignaient le châtelet d'Orléans : sa position répondait donc aux conditions élémentaires de l'hercotectonique romaine.

Il est bien permis de croire et il n'est nullement téméraire de soutenir que dans l'intervalle des deux siècles (588-814) qui sépare le règne de Gontran de celui de l'empereur Louis le Débonnaire, le château ou palais des rois d'Orléans aura été respecté et qu'il était encore debout au commencement du IXe siècle. Ce fut donc probablement dans ce château que Louis le Débonnaire aura été sacré par le pape Etienne IV, en l'année 816, deux ans après la mort de Charlemagne (2) et ce qui donne la mesure de l'intérêt que portaient les prédécesseurs de Louis le Débonnaire et lui-même à la ville royale, c'est qu'on avait frappé, en l'honneur de ce prince et en souvenir de son sacre, une médaille à l'effigie impériale et dont le revers représentait la rivière de Loire et les deux levées qui renferment ses eaux (3).

Charles le Chauve, Eudes et Robert furent couronnés à Orléans, au cours des années 841, 890 et 990. Ces actes solennels sont autant de témoignages irrécusables de la haute considération dont les anciens rois de France ont honoré la ville aurélienne.

(1) *Architecture militaire du moyen âge*, pages 13 et 14. — *Dictionnaire de l'architecture française du XIe au XVIe siècle*, au mot *Pont*.

(2) LEMAIRE, pages 160 et suivantes, et autres auteurs.

(3) On reporte en effet à Charlemagne et à ses successeurs l'idée de l'établissement des levées de la Loire et le commencement de leur exécution. « *Capit. lib. 4. Caroli magni, de aggeribus juxta Ligerim faciendis, ut bonus missus eidem operi præponatur quatenus opus prædictum perficiatur.* » (LEMAIRE, page 43.)

Le roi Robert, qui était né à Orléans, qui y fut baptisé et couronné, visitait fréquemment sa ville natale que Raoul Glaber qualifie de *principal séjour des rois.*

Il habitait le Châtelet dans lequel le roi Philippe Ier, son petit-fils, tint son parlement en l'année 1077 (1).

Le Châtelet était encore désigné, au milieu du XVIIe siècle, par *Cour le Roy* ou *Cour du Roy*, du nom de la cour de ce palais, au témoignage des deux annalistes contemporains (2). Nous trouvons d'autre part, la désignation identique de Cours le Roy dans les comptes du Pont (3), au commencement du XVIe siècle, appliquée à l'édifice qui joignait la tête du pont du côté de la ville, c'est-à-dire au Châtelet.

Nous pouvons donc établir cette proposition incontestable : savoir, qu'un château ou palais, connu sous le nom de Châtelet, a existé d'une manière continue, au moins depuis le règne de Gontran, roi d'Orléans, c'est-à-dire depuis la fin du VIe siècle, sur le bord de la Loire, à la tête du pont, jusqu'au moment de la démolition de ces deux édifices, dans la seconde moitié du XVIIIe.

Pour établir la preuve que le Châtelet a existé depuis Gontran jusqu'à Robert, nous avons rappelé que les souverains des deux premières races possédaient un palais dans la ville d'Orléans. Cette prérogative ne tomba pas en désuétude à l'avènement des rois qui ouvrent l'ère de la dynastie capétienne et elle se prolongea sous leurs successeurs. Louis VI, surnommé le Gros, fut sacré à Orléans, en l'année 1109, et la seconde femme de Louis XII dit le Jeune, son fils, y fut couronnée l'an 1152. Et depuis le milieu du XIIe jusqu'au commencement du XVIIe siècle, les rois et reines de France et plusieurs souverains étrangers y firent de solennelles entrées.

C'est, avons-nous dit, dans le Châtelet que les rois ont tenu leurs États. C'est aussi dans ce palais que les ducs d'Orléans établirent leur résidence à partir du XVIe siècle.

---

(1) SYMPHORIEN GUYON, *loc. cit.* - LEMAIRE, *loc. cit.*

(2) SYMPHORIEN GUYON, *loc. cit.* — LEMAIRE, *loc. cit.*, page 238. Le Châtelet était appelé dans les siècles précédents : « châlet du roy, le palais du roy ».

(3) *Comptes du pont.* Registre de 1506 à 1509. Registre de 1515 à 1518.

Le roi Louis XI fit bâtir un palais à côté de la basilique de Saint-Aignan, dont il fut le restaurateur et le bienfaiteur, au cours de l'année 1466, et ce palais devint la résidence royale jusqu'en l'année 1539, époque à partir de laquelle les souverains habitèrent l'hôtel du bailli Groslot, qui est l'hôtel de la mairie de nos jours.

Nous pouvons donc, en résumé, soutenir fermement cette thèse : que les rois d'Orléans et ensuite les princes qui portèrent la couronne de France ont possédé, sans discontinuité ni lacune, dans l'enceinte de la ville aurélienne, depuis la fin du VIe jusqu'à la fin du XVe siècle, une maison, un palais, un château, connus sous le nom de Châtelet, qui touchait la tête des ponts de la Loire et en dernier lieu de celui des Tourelles, lequel fut bâti après l'an mil, sur l'emplacement même de ceux qui l'ont précédé depuis et même avant l'ère chrétienne (chapitre I).

Après avoir fixé l'emplacement qu'occupa le pont des Tourelles, nous allons entrer dans l'examen de la question non moins importante de sa construction, question qui présente bien d'autres difficultés. Au lieu d'essayer de trouver la solution directe du problème posé en ces termes généraux : quel est l'âge du pont des Tourelles ? nous procèderons par la méthode des limites, de manière à resserrer le champ des inconnues, en déterminant l'époque inférieure depuis laquelle cet édifice existait incontestablement et l'époque supérieure avant laquelle le pont n'existait pas. Ces deux limites bien établies, nous appliquerons la méthode d'interpolation, en comparant au pont des Tourelles, tel que les documents authentiques nous le représentent, à partir de la fin du XIVe siècle, ceux des éléments similaires ou analogues, tirés des ponts de pierre bâtis après la renaissance de l'an mil sur certaines rivières de la Gaule franque. A défaut de documents précis sur l'âge de cet édifice, nous ne connaissons pas de méthode plus rationnelle pour approcher autant que possible de la solution.

Nous avons dit plus haut que nous possédions des documents contemporains qui affirment d'une manière implicite l'existence du pont des Tourelles dans la seconde moitié du

XIIᵉ siècle. Le chanoine Dubois (1) rapporte qu'une charte de Louis VII dit le Jeune, au millésime de 1176, fait mention des moulins que le roi possédait, à cette époque, *sur, sous* ou *dans* le pont d'Orléans : « *in molendinis nostris in ponte.* » Le sens qu'il faut dans l'espèce attacher à la préposition *in* est indifféremment l'un ou l'autre des trois précédents, lesquels sont identiques au fond (2). Ce texte prouve bien nettement l'existence d'un pont sur la Loire à cette date. Un autre historiographe d'Orléans (3) cite une patente ou charte de Louis VII le Jeune, au millésime de 1178, donnée à Étampes pour la réformation et l'abolition de certains droits et coutumes dans la ville d'Orléans et qui enjoint au gardien ou portier du châtelet à la tête du pont « *in capite pontis janitor castelleti* » de « n'exiger et prendre sur le « pont d'Orléans son droit de foing sur les charrettes chargées « d'iceluy, sinon que le foing appartint à ceux qui l'eussent « coupé et fené ». L'existence d'un pont à Orléans étant constatée, il reste à savoir si ce pont était de bois, comme la presque totalité de ces édifices avant l'an mil, ou s'il était de pierre, c'est-à-dire si c'était bien le pont caractéristique des Tourelles. C'est encore un document contemporain qui va nous donner la réponse. La maison, l'aumône ou l'hôpital des pauvres d'Orléans « *domus pauperum aurelianensis* » possédait sur la Loire un moulin à nef dont la position gênait beaucoup les barques qui naviguaient sur le fleuve. Les plaintes arrivèrent jusqu'aux oreilles de la reine Ysamburge, qui s'empressa d'y faire droit ; mais, pour que la maison des pauvres n'eût pas à souffrir du déplacement de ce moulin, elle lui fit concession d'une arche du pont attenante aux moulins royaux : « *archiam unam in ponte proximam post molendina* « *nostra* ». Cette charte porte la date du 3 septembre de

---

(1) Manuscrits sur l'histoire d'Orléans. — DE CERTAIN, *Mémoires sur les anciens ponts d'Orléans.* (Bibliothèque de la Société archéologique de l'Orléanais. Manuscrits.)

(2) Voir au chap. XI le sens des prépositions *intra, ad*, qui établissent la corrélation des moulins et des ponts.

(3) LEMAIRE, *Histoire et antiquités de la ville d'Orléans*, rapporte cette charte *in extenso*, à laquelle il a attribué par erreur le millésime 1168. Le texte latin porte « *septuagesimo octavo* », pages 320 et 322.

l'année 1233. Nous trouvons dans des documents authentiques, aux millésimes de 1310, 1405, 1434 et des années postérieures, les mentions de l'existence de ces mêmes moulins royaux sur le pont (1). Louis IX confirma la concession temporaire de la reine Ysamburge, mais en lui donnant le caractère de perpétuité « *in perpetuum* ». Il résulte clairement de la charte précitée que les moulins royaux et le pont qui s'y trouvent mentionnés sont bien ceux dont Louis VII, beau-père de la reine Ysamburge et bisaïeul de Louis IX, avait parlé dans les patentes des années 1176 et 1178 (2). Le pont était donc de *pierre*, puisqu'il avait des *arches*, le mot « *archia* » impliquant absolument l'idée d'une *voûte de pierre* (3). Nous sommes donc déjà fixés sur une première limite chronologique inférieure qui est l'année 1176, avant laquelle l'édifice était bâti incontestablement, car la patente n'en eût pas fait mention s'il n'eût pas préexisté déjà depuis un certain nombre d'années : il est donc parfaitement légitime d'admettre que le pont des Tourelles était debout vers l'année 1150. et, si l'on admet encore qu'il ne fut terminé qu'aux environs de cette époque, il est bien permis d'ajouter

---

(1) *Comptes du pont et archives des Hospices d'Orléans*. Il y avait sous les arches du pont, indépendamment des moulins royaux, des moulins appartenant à d'autres personnes. L'hôtel-Dieu en possédait un, l'aumosne en possédait un autre. Il y avait l'aumosne Saint-Antoine-du-Pont, l'aumosne Saint-Pol, l'aumosne Saint-Pouair, etc. Ces moulins changeaient de noms assez fréquemment. Il y eut aussi les moulins du duc d'Orléans. Nous aurons occasion de revenir sur ces détails, chap XXIII.

(2) Ysamburge, mariée à Philippe-Auguste en 1193, fut répudiée immédiatement après son mariage sans qu'on en en ait su le motif ; le roi épousa Anès de Méranie trois ans après. Le pape excommunia Philippe et mit son royaume en interdit. Ce ne fut qu'en 1200 que le roi renvoya sa seconde femme, et en 1212 qu'il rendit à la première ses droits, ses honneurs, ses prérogatives et sa liberté, car elle fut prisonnière à Étampes pendant douze ans La reine mourut à Orléans en l'année 1237. Son nom est diversement écrit par les chroniqueurs et les historiens : *Indeburgis, Ingeburgis, Isemburgis* ou *Ysamburgis*. (Tome XVII des *Historiens des Gaules, à l'index onomasticus.*)

(3) *Archia, id est fornix pontis, arche : Charta s. Ludovici, Francorum regis, anno 1228, damus et concedimus abbatiæ Jornvallis, unam de archiis pontis Pontisaræ cum piscaria, illam videlicet quæ sita est inter molendinum leprosorum ad faciendum molendinum unum in eadem archia ad bladam molendum.* (DUCANGE, *Gloss*, voir aux chap. X et XI.)

une vingtaine d'années pour son exécution, ce qui reporterait son origine vers l'année 1130. Il n'y a rien d'excessif dans ces supputations hypothétiques. En effet, on a vu (chap. IX et XI) que, à peu près à cette époque, on procédait à la substitution, année par année, d'une voûte de pierre à chacune des travées du pont de bois primitif de Saumur (1). On a vu encore (chap. XIII) que le pont de la Guillotière sur le Rhône, à Lyon, n'avait été achevé qu'après plus d'un siècle et que celui du Saint-Esprit n'avait reçu sa dernière pierre qu'après trente ans de travaux continuels. Enfin, si l'on ajoute à ces longues périodes le nombre d'années qu'a réclamé le rétablissement de quelques-unes seulement des arches du pont des Tourelles au XVe siècle, ainsi qu'on le reconnaîtra plus loin, l'on nous accordera aisément que la date de 1130 est une limite inférieure parfaitement rationnelle, à défaut de preuve écrite et que le pont des Tourelles remonterait déjà au plus près jusqu'au premier tiers du XIIe siècle.

Si la limite chronologique inférieure peut s'établir avec un degré de certitude satisfaisant, en circonscrivant le raisonnement dans le domaine des faits et des conséquences naturelles qui en dérivent, il n'en est pas de même quant à la limite chronologique supérieure, au delà de laquelle il ne faut pas s'aventurer à chercher les origines ténébreuses de cet édifice. Ici, l'induction joue le rôle prédominant. Nous n'irons pas explorer les siècles qui ont précédé l'an mil ; ce que nous avons dit dans les chapitres antérieurs nous en dispense et ce n'est que pendant la durée du XIe ou pendant les premières années du XIIe siècle que nous trouvons la date la plus probable de la construction du pont des Tourelles d'Orléans. La cité aurélienne avait été une résidence royale dès les premiers temps de la monarchie (chap. VII). Sur la fin du Xe et au commencement du XIe siècle, elle avait conservé, à l'origine de la dynastie capétienne, une sorte de primauté parmi les villes du domaine royal, car elle était,

---

(1) Nous verrons par la suite que le pont des Tourelles avait au moins vingt arches.

après Paris, la ville la plus importante et la plus illustre du domaine de cette dynastie, même avant son avènement au trône. Le roi Robert lui était attaché par des liens d'affection exceptionnelle, probablement parce qu'il y était né, qu'il y avait passé son enfance, qu'il y avait été baptisé et couronné (1). C'est dans sa ville natale que ce pieux monarque avait l'habitude de se rendre pour y pratiquer ses dévotions (2), et c'est là aussi qu'il exerçait ses plus abondantes libéralités. Ce prince avait fixé sa résidence dans le Châtelet, qui était son château et son palais et d'où il datait ses actes de donation et autres (3). Il bâtit dans le voisinage immédiat et en face de son palais l'église de Saint-Hilaire pour en faire sa paroisse, et un autre sanctuaire dédié aux saints Étienne et Vincent (4). Mais, de toutes les grandes œuvres que ce monarque entreprit dans sa ville de prédilection, la reconstruction de la basilique et du monastère de Saint-Aignan, le courageux adversaire d'Attila et patron de de la cité, fut la plus importante et tient le premier rang. Il faut lire dans les historiens la description des magnificences répandues dans cet édifice, dont la consécration se fit en l'année 1029, devant une assemblée de prélats et au milieu d'un concours immense de peuple (5), un an après que Robert eut associé à la puissance royale son fils Henri qui fut couronné et régna avec lui. Durant le cours de sa vie, le zèle dont ce monarque fut animé envers sa bonne ville d'Orléans qui l'avait vu naître, ne se ralentit pas jusqu'au jour où la

---

(1) *Hunc denique locum, aurelianensem scilicet sedem specialius, semper dilexit, quia, in ea natus, adolevit, et post, regeneratus ex aqua et Spiritu Sancto, ibi assumptionis suæ in regem solemnem utique percepit benedictionem.* (*Historiens des Gaules*, tome X. — HELGALDI, *Floriac epitome vitæ Roberti regis*, pages 105 et 106.)

(2) *Ibid.*, page 114.

(3) *Actum palatio aurelianensis.* (*Historiens des Gaules*, tome X, page 595, *Roberti regis diplomata, anno 1014.*)

(4) *Historiens des Gaules*, tome X, *ex fragmento historiæ Franciæ*, page 214. — *Ibid.*, HELGALDI, page 115.

(5) *Ibid., usque ad finem perduxit.* Il y avait dix-neuf autels ; la translation des reliques de saint Aignan eut lieu à cette occasion. Le roi Robert bâtit encore d'autres églises dans la ville et fit de grandes largesses et libéralités à l'église cathédrale de Sainte-Croix. (HELGADI, pages 105 et 115.)

mort vint l'enlever, en l'année 1031, au respect, à l'amour e à la vénération de ses sujets (1). Il est permis de soutenir qu'au milieu des préoccupations incessantes qui tourmentaient l'esprit de ce bon roi et le portaient à doter de toutes sortes d'améliorations et d'embellissements sa ville natale, objet de sa constante affection, le vieux pont de bois vermoulu qui franchissait la Loire sous les fenêtres de son château ne dut pas échapper à son attention : l'art de bâtir des ponts de pierre était alors, il est vrai, dans l'enfance (chap. IX et X); mais le moment approchait où l'on allait voir ces édifices s'élever comme par enchantement et pour ainsi dire simultanément sur divers cours d'eau de la Gaule franque et il est très rationnel de penser que, si le roi Robert ne put mettre la première main à la construction du pont des Tourelles, il aura légué à ses successeurs le soin et la charge de cette entreprise nationale, complément des œuvres qu'il avait réalisées dans cette cité quasi-royale. Le grand obstacle ne procédait pas uniquement de l'inexpérience et de l'inhabileté des constructeurs, mais de la pénurie des ressources pécuniaires que les calamités publiques qui avaient précédé et suivi la mort du roi Robert (2) rendaient plus précaires encore et qui ajoutaient leur contingent aux diffi-

(1) *Historiens des Gaules*, tome X, *monitum in diplomata Roberti regis*, page 571, et préface, page 67. — HELGALDI, pages 114, 115, 116.

(2) *Historiens des Gaules*, tome X, tous les chroniqueurs de cette époque.

A propos des libéralités du roi Robert et des sommes considérables que ce prince consacra aux œuvres pieuses pendant la durée de son règne, le bénédictin qui a mis en ordre les chroniques du tome X (dom Bouquet n'a signé que les huit premiers) fait les réflexions suivantes : « Il est étonnant qu'un prince qui ne possédait en propriétés que les duchés de France et de Bourgogne ait pu trouver de quoi fournir à de telles dépenses. Il faut bien qu'au commencement de la troisième race de nos rois, leurs revenus, tels que les produits des terres domaniales, ceux de justice, dans les bailliages et prévôtés royales, la gruerie, le cens, les droits d'entrée et de sortie, la régale, la monnaie, le droit de procuration ou de giste, les taxes sur les Juifs, etc., aient été considérables ». (Extrait d'une chronique des rois de France, tome X des *Historiens des Gaules*, page 315.) Le savant bénédictin n'ignorait pas que, après l'an mil, l'exécution, la décoration et l'entretien des églises étaient l'objet des plus vives préoccupations. Il n'est pas étonnant que Robert, qui fut le plus pieux des rois, ait consacré toutes ses ressources

cultés d'une pareille œuvre. Si nous avons vu bâtir plusieurs ponts de pierre dans la première moitié du XI° siècle (chap. XI), c'est que les grands feudataires, les abbayes, les évêchés possédaient des ressources qui manquaient le plus souvent au suzerain et que la cité d'Orléans, particulièrement, en sa qualité de ville du domaine royal, n'avait pas toutes les franchises dont jouissaient déjà des villes d'ordre secondaire soumises à la juridiction des seigneurs d'église et des seigneurs d'épée. Nous croyons que le premier germe de l'émancipation communale ne pouvait croître et se développer, avant le temps surtout, au sein d'une ville du domaine royal dans laquelle la construction d'un pont sur un fleuve devait être précédée de l'autorisation souveraine qui s'exerçait aussi bien sur le sol de la ville que sur le fond et sur les eaux de ce fleuve. Aussi grandes qu'aient donc été les libéralités du roi Robert, il est permis de croire que ce n'est pas sous son règne que le pont des Tourelles aura été bâti, parce que, d'une part, les ressources pécuniaires dont il disposait recevaient de préférence une destination pieuse et, de l'autre, que les habitants n'auraient pu trouver les moyens pécuniaires que réclamait l'exécution d'un édifice aussi considérable, sans le concours du trésor royal qui ne s'ouvrait pas encore pour des œuvres de cette nature. Ce n'est probablement qu'après l'année 1057, que la cité aurélienne, qui venait d'obtenir de la libéralité du roi Henri Ier, fils de Robert, une première patente qui renfermait en quelque sorte les prémisses d'émancipation, sinon de complet affranchissement, aurait pu songer à substituer un pont de pierre à son vieux pont de bois. Ce roi, sollicité par l'évêque d'Orléans, se rendit aux prières des habitants qui réclamaient avec instance l'abrogation d'une coutume vexatoire qui consistait à tenir fermées les portes de la ville pendant le temps des vendanges, et la suppression des impôts iniques levés sur le vin du pays par les préposés royaux (1). Henri Ier

pécuniaires à ces œuvres, au préjudice de celles qui n'étaient à ses yeux que d'ordre secondaire et purement matériel. A l'aurore du XI° siècle, la conduite du roi Robert était en complète harmonie avec les idées dominantes. (Chap. IX.)

(1) *De impia exactione vini quam faciebant ibi ministri nostri,*

accueillit avec bienveillance la requête de sa bonne ville et ordonna que, désormais, les portes resteraient ouvertes pendant le temps des vendanges, que les préposés ne prendraient ni n'exigeraient d'impôt en nature sur le vin, que l'entrée et la sortie demeureront libres et que chaque citoyen ne sera soumis qu'aux obligations du droit civil et aux règles de l'équité (1). Ce serait donc dans la période qui s'étend de l'année 1060, date de la mort de Henri Ier, à l'année 1130, que se trouve la limite chronologique supérieure. Il ne faut pas oublier que le vieux pont de bois d'Orléans pouvait suffire aux besoins des habitants et aux communications d'une rive à l'autre du fleuve, dans un temps où les relations de cette ancienne capitale avec Paris étaient si difficiles et si périlleuses que ces deux villes semblaient être séparées par un intervalle infranchissable. C'est qu'en effet, s'il ne l'était pas par la nature des lieux, il l'était du fait et de la volonté des hommes, et telle était la situation réelle des choses entre la fin du XIe et les commencements du XIIe siècle, durant le triste règne du roi Philippe Ier, qui mourut en l'année 1108, laissant à son fils Louis VI dit le Gros un domaine royal uniquement composé des comtés de Paris, de Sens, de Melun, d'Étampes et d'Orléans, domaine qu'il ne pouvait, pas plus que son père, parcourir en liberté, car les seigneurs de Corbeil, de Montlhéri, de la Ferté-Alais et du Puiset lui barraient la route qui menait de sa capitale à la plus importante des villes de son domaine, Orléans. Quel commerce, quels échanges, quelles relations pouvait-on établir dans de pareilles conditions, lorsque les trafiquants, les voyageurs, les gens du roi eux-mêmes ne pouvaient s'aventurer sur ces chemins sans courir le risque d'être arrêtés, rançonnés, et souvent mis à mort par les gens d'armes des seigneurs de ces quatre forteresses redoutables (2), et les

(*Diplomata Henrici I, Francorum regis, Historiens des Gaules*, tome XI, page 595.)

(1) *Nec portæ claudantur, nec vinum cuilibet tollatur nec exigatur, sed omnibus sit liber ingressus et egressus et unicuique res sua jure civili et æquitate servatur.* (*Ibid.*)

(2) Voir au chapitre XV.

chroniqueurs contemporains racontent en termes pathétiques les vexations que se permettaient ces barons féodaux, détrousseurs blasonnés, à l'égard des passants. Cet état de choses causait : « un si grant confusion entre ces (ceux) de « Paris et ces d'Orléans que li un (aucuns) ne pooient « (pouvaient) aler en la terre de l'autre por marchandise « ne por autre chose sanz la volonté de ces traitors, se ce « (à moins) que n'estoit de grant force de gent. Tex (telles) « paroles disoit le roi Philippe à son fil et l'amonestoit de « bien garder la tor et le chastel de Montlhéry dont toz « (tout) li Paris pooit être en pais et en repos et pooient li « Parisiens et li Orlenois reperser (fréquenter) ensemble si « com il desirroient (1). » Un autre chroniqueur rapporte que les seigneurs châtelains de Montlhéry et de Corbeil exerçaient sur les voyageurs de Paris à Orléans de telles exactions, que Louis VI résolut d'y mettre un terme, car les Parisiens ne pouvaient avoir de communication avec les Orléanais que sous le bon plaisir des seigneurs féodaux, à moins d'être soutenus par une force armée (2). Un troisième annaliste confirme les déclarations précédentes en les éclairant par des explications plus catégoriques encore. Le roi Louis, dit-il, était tellement resserré et gêné dans son domaine par les seigneurs de Corbeil, de Montlhéry, de la Ferté-Alais et du Puiset, qu'il ne pouvait sortir de Melun, aller de Paris à Corbeil, ou à Étampes, et d'Étampes à Orléans, à cause des châtelains de ces contrées qui lui disputaient le passage : mais il les réduisit sous son obéissance (3).

(1) *Historiens des Gaules*, tome XII, pages 143 et 144. *Les grandes chroniques de France dites de Saint-Denis.*

(2) *Inter Parisios et Aurelianenses tantum confusionis chaos firmatum erat, ut neque hi ad illos, neque illi ad istos, absque perfidorum arbitrio, nisi in manu forti valerent transmeare.* (*Historiens des Gaules*, tome XII, *Sugerii abb. sancti Dyonisii de vita Ludovici Grossi, regis*, pages 16 et 17.)

(3) *Ludovicus Grossus regnum Franciæ strenue gubernavit aliquod tempus fuit in quo adeo arctabatur, ut nec posset exire Melodunum* (Melun) *nec ire ab urbe Parisiensi prope Corbolium* (Corbeil) *quoniam comes odo ei in omnibus adversabatur; nec a Parisiensi ad Stampas* (Étampes) *propter Montemhelricum* (Montlhéry) *castrum forte et firmitatem Balduini* (La Ferté-Alais) *quorum domini erant, ei adversantes hostiliter nec etiam a Stampis Aurelianis* (Orléans) *ire valebat propter Puteoli* (Le

Il démolit, en l'année 1104, le château de Montlhéry, à l'exception de la tour du donjon qui domine encore de nos jours les campagnes environnantes « *præter turrim dejecit* », n'ayant pu « pendre aux fourches » ses seigneurs félons (1). Deux fois, dans les années 1110 et 1112, Louis VI dut faire le siège du château du Puiset, qui était devenu une sorte de repaire où se réfugiaient, sous la loi du seigneur Hugue le Beau, tous les malfaiteurs des environs, et après s'en être emparé de vive force, le rasa et le détruisit de fond en comble (2). Et pour donner plus de stabilité au nouvel ordre de choses qu'il *organisait* et en assurer la durée, Louis VI fit munir de solides défenses le château de Toury en Beauce, qui commandait le grand chemin d'Étampes à Orléans. Ce prince ne s'était pas borné à châtier ses vassaux rebelles de Corbeil, de Montlhéry, de la Ferté-Alais et du Puiset, il avait déjà, quelques années auparavant et du vivant de son père, puni la révolte d'un certain baron Léon de Meung sur la Loire, vassal de l'évêque d'Orléans, qui s'était permis d'exercer des violences sur le domaine seigneurial du prélat (3). Ce prince était donc parvenu, au prix de quelques années de combats et de luttes, à dompter la rébellion des seigneurs félons dont les exactions et les déprédations avaient fini par mettre en interdit le chemin de Paris à Orléans. Après avoir ainsi nettoyé les repaires de ces brigands titrés, rétabli son autorité suzeraine sur son domaine insulté et donné la sécurité aux pauvres, aux voyageurs et aux trafiquants, Louis VI put se flatter d'avoir rendu à ses sujets de Paris et d'Orléans le plus important de tous les services et en même temps d'avoir reconquis en quelque sorte par la force des armes la seconde ville de ses États. A ce double bienfait le prince en avait ajouté un autre

---

Puiset) *castrum interpositum. Sed, Dei gratia succurrenti, hos omnes sub se redegit.* (*Historiens des Gaules*, tome XII, *fragmentum ex veteri membrana de Ludovici VI, Franciæ rege*, page 64.)

(1) *Historiens des Gaules*, tome XII, Suger, pages 16 et 17. — *Les grandes chroniques dites de Saint-Denis*, pages 143, 144.

(2) *Ibid., Les grandes chroniques*, pages 165 et 172.

(3) *Ibid.*, tome XII, Suger, page 15.

d'ordre politique et religieux. Après la mort de son père, Philippe, arrivée en l'année 1108, Louis VI résolut de mettre le comble à ses faveurs par le choix qu'il fit de la ville d'Orléans pour le lieu de la cérémonie de son sacre et de son couronnement, nonobstant la protestation de l'Église de Reims qui réclamait cette faveur comme un droit ou un privilège royal, dont elle faisait valoir la possession six fois séculaire ; mais la résolution du prince fut inébranlable (1). Ne semble-t-il pas que le père et le fils aient voulu confirmer en quelque sorte leur droit héréditaire et souverain sur cette riche partie de leur domaine ; le premier en exprimant, à son lit de mort, la volonté d'être inhumé dans la célèbre abbaye de Fleury-Saint-Benoît, voisine d'Orléans, où son tombeau se voit encore aujourd'hui ; le second, en accordant à la seconde ville de ses États les faveurs que nous avons rappelées plus haut ? Rien ne manquait donc aux bienfaits et à l'affection de Louis le Gros envers sa bonne ville et le pays orléanais.

Avant que tous ces événements fussent accomplis, la cité aurélienne, séparée de Paris par les obstacles que nous avons fait connaître, n'avait donc ni motif, ni intérêt présents à transformer en un pont de pierre son vieux pont de bois vermoulu : tel qu'il était depuis des siècles et moyennant de faibles dépenses consacrées à son entretien, il suffisait amplement aux besoins et aux nécessités des populations de la ville et de sa banlieue d'outre-Loire. Privés qu'ils étaient des avantages commerciaux et des bénéfices que procurent le passage des voyageurs et le trafic des marchandises qui

---

(1) *Historiens des Gaules*, tome XII, *Aurelianis sublimatus est in solio paterno.* (*Ex historiæ Franciæ fragmento*, page 7.)

Les prélats et les barons s'assemblèrent à Orléans pour couronner Louis le Gros comme roi et successeur de Philippe, ce qui fut fait malgré la protestation de l'église de Reims : « Là fut sacrez et coronez ce roi par la main de l'arcevesque de Senz, la corone li midrent en chief et lui cindrent l'espée de joutise (justice) a prendre vengeance des maufaiteurs dou règne (royaume) et dou revestement dou ceptre et des autres aornements à la défense de saincte Église, dou clergié et des povres gens par la voiz et la requeste dou clergié et dou commun pople. (*Grandes chroniques de France dites de Saint-Denis*, pages 153 et 154. — *Ex chronica regum Francorum*, page 209. — Symphorien Guyon, *Histoire d'Orléans*.)

auraient pu circuler sur la voie de terre entre Paris, Orléans et le Berry, les habitants de la cité manquaient des ressources pécuniaires qu'eût exigées la construction d'un pareil édifice. Mais, à partir du jour où le grand chemin redevint libre, entre la capitale et le midi de la Gaule franque, les Orléanais durent sentir le besoin de pourvoir au remplacement de leur vieux pont de bois dans l'intérêt et pour la facilité de la circulation des voyageurs et des marchandises. C'est aux premiers temps du XIIe siècle, à partir de l'affranchissement de la route de terre de Paris à Orléans et du couronnement de Louis le Gros, dans cette ville, c'est-à-dire aux environs de l'année 1110, que nous plaçons l'origine du pont des Tourelles.

Telle serait donc, à notre sens, en nous appuyant sur des conditions purement historiques, la limite chronologique supérieure au delà de laquelle nous ne pensons pas que doive se trouver la date de la conception du projet et de l'établissement de cet édifice, date qui serait ainsi resserrée entre les années 1110 et 1130, ce qui permet de la placer aux environs de l'année 1120. Nous essayerons d'établir la preuve rétrospective de l'exactitude au moins approximative de cette date par la comparaison des éléments techniques de ceux des ponts du moyen âge dont nous avons présenté l'analyse chronologique dans les chapitres antérieurs.

CHAPITRE XVII

SUITE DE LA PÉRIODE CAPÉTIENNE ET FÉODALE

Du pont des Tourelles d'Orléans. — De la restitution architecturale de cet édifice à l'aide des documents authentiques de la fin du XIVe et du commencement du XVe siècle et des éléments similaires des édifices contemporains antérieurs au XIVe. — De l'emplacement du pont. — Du mode de fondation de ses piliers. — Du nombre de ses arches. — De la position de ses piliers. — De la position de la tête du pont vers la ville, au Châtelet. — De la longueur du pont. — De la position de la tête du pont aux Tourelles et de la situation de cette forteresse sur la rive de la Loire opposée à la ville. — De la forme des piliers et de leurs arrière et avant-becs. — De l'axe du pont. — De la largeur de la voie charretière entre les parapets. — De la forme des arches du pont.

Nous allons, dans ce chapitre, entreprendre la restitution architecturale du pont des Tourelles à l'aide, tant des documents écrits que nous rencontrons dans les comptes originaux dits comptes du pont, comptes de forteresse et de commune, et des mandements de paiement et quittances qui s'y rattachent (1), que des figures plus ou moins correctes de cet édifice qui nous restent et dont nous rectifierons les erreurs des résultats des recherches qui ont été faites pour découvrir ses vestiges, encore subsistants de nos jours et ensevelis

---

(1) Ces documents font partie des archives municipales, départementales et hospitalières, ainsi que de la Bibliothèque de la ville d'Orléans. Les premiers comptes du pont ou, du moins, les plus anciens qui subsistent datent de l'année 1386 ; ceux de forteresse et de commune de 1391.

sous les sables du fleuve, et enfin des éléments similaires des ponts contemporains antérieurs au XIVe siècle ; moyennant la réunion et le rapprochement de ces documents nombreux que nous interrogerons dans l'ordre qui se conciliera le mieux avec la démonstration, nous espérons pouvoir reconstituer la physionomie de ce monument national qui rappelle de si chers et de si précieux souvenirs. C'est à la lumière de tous ces documents que nous entreprenons cette tâche, pleinement convaincu de l'impossibilité, sans leur secours, d'approcher du but que nous voulons atteindre en serrant, au plus près, le champ des réalités et nous tenant éloigné le plus que nous pourrons de celui des hypothèses et des fantaisies. C'est la méthode enseignée par l'un des maîtres de la critique moderne qui a écrit avec raison ce qui suit : « Pour dire qui a bâti un édifice ou une famille d'édi« fices, il faut absolument le secours d'un texte ; loin donc « que la connaissance de l'architecture puisse résulter de « l'attribution des monuments aux dates consignées dans « les textes, ces dates ne sont valables qu'autant qu'elles ont « été contrôlées par la connaissance de l'architecture ré« gnante à l'époque où les textes ont été écrits. Il y a donc de « l'inconvénient à édifier des systèmes sans avoir les textes « sans cesse présents devant les yeux (1). »

Nous avons indiqué au chapitre précédent l'emplacement que le pont des Tourelles a occupé depuis son origine jusqu'à l'époque de sa démolition au XVIIIe siècle. Le Châtelet était une de ses deux têtes fortifiées. Nous savons donc d'une manière positive le lieu où il se trouvait. Il suffit alors de porter les regards sur le travers de la Loire pour y apercevoir dans la saison des eaux basses les vestiges des piliers du pont à moitié ensevelis sous les sables du fleuve. Ce sont ces vestiges que nous allons d'abord interroger, nous renvoyons le lecteur aux figures 2, 3 de la planche II qui représentent le plan des vestiges du vieux pont tels qu'ils étaient pendant les années 1858 à 1664, époques auxquelles nous les

---

(1) QUICHERAT, *Revue des Sociétés savantes*, tome IX, pages 429 et suivantes, 1860.

avons relevés et le plan du pont au moment de sa démolition. Nous en commencerons l'examen en partant de la forteresse des Tourelles pour conserver l'ordre adopté dans les procès-verbaux de visitations périodiques dont nous nous occuperons plus loin. Le pilier n° 1 qui formait le soubassement des deux tourelles étant à moitié enfoncé sous les murs du quai, nulle recherche n'a pu être tentée dans ses fondations.

Le pilier n° 2, qui portait le front nord de la forteresse, avait pour fondation un massif de maçonnerie de mortier présentant une épaisseur de 1 mètre 27 au-dessous du niveau des plus basses eaux. Ce massif reposait sur un blocage de moellons jetés pêle-mêle sur un fond de sable à travers lesquels la sonde pénétrait sans rencontrer de traces de mortier. Le pilier n° 7 offrait un dispositif de fondation analogue avec cette variante que, sous la maçonnerie de mortier, on voyait quelques pièces de bois méplates couchées et clouées les unes sur les autres et trois petits pieux enfichés, inclinés vers l'amont.

Dans le pilier n° 10, le système est différent ; on a découvert plusieurs petits pieux plantés dans le sol et dont quelques-uns étaient couchés. La maçonnerie de mortier ne descendait pas à plus de 0 mètre 80 au-dessous du niveau des basses eaux. A cette profondeur on voyait les pieux dont les intervalles étaient remplis de moellons formant un enrochement d'un mètre d'épaisseur environ. Au-dessous de l'enrochement on rencontrait le sable. On a trouvé des pieux affûtés qui étaient couchés transversalement, dont l'aubier était pourri, mais dont le cœur était noir et très dur : les vides qui existent entre les moellons sont remplis d'une argile de couleur brune d'un grain très fin, tantôt molle, tantôt assez résistante et dont la pâte est identique. Cette argile a-t-elle été déposée par les eaux dans les cavités qu'elles occupent? Nous n'en faisons pas l'objet d'un doute (1).

(1) Nous avons constaté des effets analogues ou identiques sur un massif d'enrochement dans la Loire situé en face de Gien-le-Vieux (Loiret) et qui remonte à trois siècles. (Voir les *Mémoires de la Société archéologique de 'Orléanais*, tome IX.)

Dans le pilier n° 11, la maçonnerie de mortier descend à une profondeur de 1 mètre 50 sous le niveau des basses eaux ; en cherchant plus bas on a trouvé les enrochements, comme dans les piliers précédents.

Au pilier n° 12, ce sont des petits pieux plantés, d'autres couchés en forme de semelles ou traverses dont les intervalles sont remplis de moellons : on y voit de l'argile comme dans le pilier n° 11.

Dans le pilier n° 13, le noyau central est semblable à celui des précédents, c'est un mélange de petits pieux et d'enrochements posés sur le sable.

Au pilier n° 14, l'arrangement est identique.

Dans le pilier n° 14 *bis*, on a trouvé une construction semblable. A une profondeur de 1 mètre 24 au-dessous du niveau des plus basses eaux, la fouille a mis à découvert l'enrochement de moellons à travers lequel la sonde est descendue comme dans les piliers précédents.

Dans les piliers que nous avons examinés, les pieux qui en enveloppent la fondation dont ils dessinent le périmètre ne présentent que de très faibles longueurs (1), comme dans la plupart des ponts du moyen âge. Ce que l'on peut affirmer, c'est que ces fondations dans lesquelles on ne voit pas encore l'application de la méthode des fondations sur pilotis et plate-forme, qui ne paraît pas être antérieure à la fin du XIII° siècle, c'est-à-dire contemporaine du pont Saint-Esprit, remontent certainement au delà de l'an 1200. Ce système de fondations a la plus grande ressemblance avec celui du vieux pont de Blois, dont la construction paraît dater du XI° ou au plus tard des commencements du XII° siècle, c'est-à-dire à peu près de l'époque de l'établissement du pont des Tourelles d'Orléans, et avec celui du vieux pont de Sully-sur-Loire (chapitres X et XI).

Nous n'avons entrepris aucune recherche dans les fondations des piliers des arches comprises entre les mottes et le Châ-

---

(1) Au pont des Tourelles, les constructeurs qui le réparaient en l'année 1435 n'employaient que des pieux courts : « fourniture de pieux de neuf pieds de long ; les autres, qui étaient approvisionnés, étaient trop longs, il aurait fallu les couper ». (Comptes du pont de l'année 1435.)

telet parce que cette partie du pont a été reconstruite à peu près en entier, après la débâcle des glaces des années 1434 et 1435 dont nous aurons à parler ultérieurement (1).

Nous ne constatons, en résumé, dans les fondations des plus anciens piliers du pont des Tourelles, que l'application d'un des systèmes grossiers ou tout à fait primitifs mis en pratique dans les premiers siècles qui ont suivi l'an mil. On ne reconnaît dans ces ouvrages, à aucun degré, l'emploi des moyens recommandés par Vitruve aux architectes du siècle d'Auguste et de ses successeurs.

Aussi timides et prudents qu'aient été les Romains en matière de ponts sur les rivières à fond mobile (2), il nous répugne d'admettre que leurs architectes hydrauliciens auraient été assez oublieux des préceptes de Vitruve, pour fonder les piliers du vieux pont d'Orléans d'une manière aussi défectueuse et aussi contraire aux règles élémentaires de l'art contemporain. Nous trouvons ici une preuve rétrospective, s'il en était besoin, de la justesse de l'opinion que nous avons exprimée (chapitres VI et VIII), sur l'erreur des archéologues qui ont prétendu faire remonter la construction du pont des Tourelles aux Romains, c'est-à-dire à une époque antérieure au milieu du V° siècle (3).

Le nombre des arches du pont d'Orléans a varié à certaines époques de son existence. Il faut arriver jusqu'au

---

(1) Ainsi qu'on le verra plus loin, les deux arches de plein cintre attenantes aux Mottes ont été reconstruites une seconde fois après la restauration qui a suivi la catastrophe de l'hiver 1434 à 1435. La culée de la première touchant aux Mottes a été fondée sur pilotis et plate-forme au XVII° siècle.

(2) « Tandis qu'ils élevaient à profusion les aqueducs, arcs de triomphe, « cirques et autres monuments assis sur la terre ferme, les Romains recu- « laient évidemment devant les difficultés des fondations en rivière ; ils ne « savaient se défendre que d'une manière imparfaite contre le danger des « affouillements ; c'est ce qui causa la ruine de la plupart de leurs ponts » (*Les travaux publics de la France*, par L. REYNAUD.)

(3) Les vestiges des piliers n°ˢ 15, 16, 17, 18 étant couverts par les eaux, même dans la saison où elles s'abaissent le plus, il ne nous a pas été possible d'y faire des fouilles. Nous verrons plus loin que ces piliers sont de construction relativement moderne et postérieure à l'année 1425. Leur mode de fondation ne présente donc qu'un intérêt secondaire.

milieu du XVIᵉ siècle, pour trouver parmi les documents contemporains des indications précises sur le nombre d'arches dont cet édifice était composé (1).

Le premier procès-verbal de visitation de ce pont qui nous soit resté, ou au moins le plus ancien parmi ceux qui soient venus à notre connaissance personnelle, porte la date du 31 juillet 1527. Nous en trouvons un autre à la date du 26 septembre 1630 ; l'un et l'autre renferment l'énumération exacte des arches pour chacune de ces deux époques (2).

Les comptes du pont et hôpital Saint-Antoine nous apprennent, dans leur contexte laconique et obscur, que cet édifice a subi de graves avaries ; les plus anciens de ces comptes qui fassent mention d'arches tombées et réparées remontent aux dernières années du XIVᵉ et aux premières du XVᵉ siècle (3).

Au cours des années 1434 et 1435, une débâcle de glaces emporta la partie du pont comprise entre l'hôpital Saint-Antoine et la ville : toutes les arches, sauf celle qui portait les moulins du duc d'Orléans, furent, ou complètement ren-

---

(1) Nous ne possédons aucun document authentique sur les reconstructions des arches du pont depuis sa fondation jusqu'à la fin du XIVᵉ siècle. La première et la plus ancienne mention qui en est faite dans les Comptes du pont ne date que des années 1389 à 1392, en ces termes : « pour échaffauder les deux arches d'emprès l'arche Cotenie ». Cette arche ainsi désignée paraît avoir été la première après l'hospice Saint-Antoine, du côté des Tourelles, comme l'arche Camuse était la première en partant de la motte du côté du Châtelet. La seconde mention d'arche reconstruite remonte à l'année 1407, « arche abastue et refaicte outre Saint-Antoine ». Sans désignation plus précise. (Comptes du pont et de l'hôpital Saint-Antoine. — Archives municipales et Archives de l'hospice.) Ce n'est qu'à l'époque du siège des Anglais, en 1428 et 1429, que les documents authentiques font mention des arches reconstruites avec un peu plus d'exactitude, par exemple les comptes de 1515 à 1518. L'arche Camuse est explicitement désignée dans le devis de reconstruction, dans la requête des entrepreneurs, et les procès-verbaux des années 1628 et 1630. (Archives de l'hospice et Archives départementales du Loiret.)

(2) Il existe d'autres procès-verbaux de cette nature. Nous nous bornons à ceux des années 1527 et 1630 qui suffisent à notre but et à nos études.

(3) Comptes du pont et de l'hôpital Saint-Antoine, registres des années 1389 à 1392 et de 1404 à 1407. — Manuscrits de VANDEBERGUE DE VILLIERS, déjà cités, tome II.

versées, ou plus ou moins ébranlées (1). La première arche vers Saint-Antoine et la première vers la ville étaient détruites, ce qui fait supposer que l'arche des moulins du duc d'Orléans était située dans l'intervalle de ces deux arches extrêmes : mais il ne nous a pas été possible de déterminer le numéro d'ordre de cette arche, soit à partir de Saint-Antoine, soit à partir de la ville (pl. II, fig. 1, 2). Les lettres patentes du roi Charles VII, datées du 25 décembre de l'année 1435 (2), confirment la destruction d'une partie des arches du pont d'Orléans : « Les grandes glaces de 1434 « et 1435 qui ont abattu environ sept arches dudit pont, « lequel pont les habitants ont fait faire passant « de bois », ce qui signifie que les sept arches, comprises entre le Châtelet et l'hospice Saint-Antoine, ont été à peu près détruites ou plus ou moins ébranlées.

Ce grave événement est rapporté en termes à peu près identiques dans les comptes du pont de l'année 1435 : « Reconstruction du pont passant sur bois, c'est à savoir sur « gros chevalets de bois portants sur les piliers tombés, et « grosses et longues seulles portants de chevalet à autre, « en VII arches, depuis la ville jusqu'à Saint-Antoine (3). »

Nous ne voulons pas anticiper snr les années qui suivent l'époque du siège des Anglais : nous ne mentionnons en ce moment que les passages des documents qui nous sont nécessaires pour déterminer le nombre des arches du pont des Tourelles. Nous reviendrons dans ce chapitre sur ces détails intéressants, qui nous montrent qu'au moment de la débâcle des glaces des années 1434 et 1435, et par conséquent du siège des Anglais en 1428 et 1429, le pont des Tourelles avait sept arches entre la ville et la motte Saint-Antoine. Le compte du pont de l'année 1435 indique que le nombre d'arches fut diminué, puisque l'on détruisit les vieilles maçonneries des orgeaux qui se trouvaient « au mi- « lieu des nouvelles voies et empêchaient les bateaux d'y

---

(1) Comptes du pont, registre de l'année 1435.
(2) Comptes de forteresse, registres des années 1435 à 1437, préambule de ces comptes.
(3) Comptes du pont, registre de l'année 1435, folio 9.

« passer » (1). Ce précieux détail est confirmé dans les termes suivants par un autre document contemporain : « Les « quieulx pilliers des voutes ou la plus part d'iceulx se re- « viennent être assis et fondez en droict ou soulloient être « les voyes des arches anciennes » (2).

Si nous rapprochons ces documents des indications du dessin géométral du pont, en plan (3) et élévation (4), tel qu'il existait au moment de sa démolition, vers l'année 1760 (pl. II, fig. 3 et pl. VII, fig. 2 et 3), ainsi que du relevé graphique des vestiges exécuté entre les années 1858 et 1864 (pl. II, fig. 2), qui accusent très nettement l'existence de cinq arches seulement entre la ville et la motte Saint-Antoine, au milieu du XVIIIe siècle, nous sommes suffisamment autorisé à conclure que cette partie du pont, qui se composait de sept arches au moment du siège des Anglais et de la débâcle des glaces des années 1434 et 1435, fut reconstruite avec cinq arches seulement, d'une plus grande ouverture, à la suite de ce sinistre et que ce nombre fut maintenu jusqu'à l'époque de la démolition de ce pont, qui eut lieu vers l'année 1760.

Si nous nous reportons maintenant aux deux procès-verbaux de visitation dressés sous les dates des 31 juillet 1527 et 26 septembre 1630, nous y trouvons une nouvelle preuve de la variation du nombre des arches du pont d'Orléans durant sa longue existence.

Nous avons dit que nous possédions plusieurs documents de cette nature ; c'est ici le lieu de les examiner (pl. II, fig. 3) (5).

Le procès-verbal du 31 juillet 1527 porte ce qui suit :

---

(1) Comptes du pont pour l'année 1435.
(2) Extrait du Cartulaire et rôles y annexés du pont d'Orléans et de l'hôpital Saint-Antoine de 1344 à 1571. (Archives de l'hôpital général.)
(3) Ce plan dressé à une grande échelle est très correct ; il est l'œuvre des ingénieurs des turcies et levées. Il appartient à la Bibliothèque de la ville.
(4) Ce dessin qui, comme les précédents, a été dressé par les ingénieurs des turcies et levées, fait partie de la collection Jarry, d'Orléans.
(5) *Histoire du siège d'Orléans*, par JOLLOIS, page 33. — *Mémoire sur les antiquités du Loiret*, par JOLLOIS, page 81.

« Dépenses faites par aucuns de MM. les échevins,
« les dits procureurs, maçons, charpentiers, notaires et
« aultres gens de bien, le 17° jour du présent mois, après la
« visitation faite dudit pont, piliers et arches d'icelui... pour
« savoir quels ouvrages il était nécessaire être faits pour la
« démolition de la grant crue des eaux, intervenues en le
« présent mois de mai dernier passé...

« Premièrement à l'arche de dessoubs les Tourelles, parce
« que la première est à la charge de la ville » (1).

Le procès-verbal de la visite du 26 juin 1555 donne une indication semblable quant à l'origine du pont à son extrémité du côté de la Sologne :

« Et premièrement :

« En la première arche du dit pont dessoubs les Tou-
« relles. »

Ce procès-verbal continue son énumération, arche par arche, jusqu'à la :

« Quatorzième qui précède la motte des Chalans persez
« (motte des Poissonniers, motte Saint-Antoine). »

Au nord de cette motte, le procès-verbal constate l'existence de cinq arches pour arriver au Châtelet (2).

Ainsi, en l'année 1555, comme en l'année 1527, le pont avait 19 arches, entre et compris les Tourelles et le Châtelet, dont quatorze entre les Tourelles et la motte (3), et cinq seulement entre cette motte et la ville : nous avons vu qu'il y en avait sept entre ces deux ponts, en 1428 et 1429, à l'époque du siège des Anglais.

---

(1) On veut parler de l'arche située au midi du pont des Tourelles, lettre P de la fig. 3, de la planche II.

(2) LOTTIN, *Recherches historiques sur la ville d'Orléans*, tome I, page 400.

(3) C'est par erreur que le Compte du pont pour les années 1450 à 1452 parle de cinq piliers seulement entre l'hospital et la Croix (Belle-Croix). Une telle mention faite par des scribes ordinaires est sujette à des erreurs qu'on ne rencontre pas dans des procès-verbaux authentiques dressés avec des formalités qui excluent toute possibilité d'erreur matérielle, par le notaire royal du Châtelet, en présence de plusieurs bourgeois, marchands d'Orléans, proviseurs et administrateurs du pont et hôpital Saint-Antoine, de trois des procureurs et échevins, d'un maçon, d'un charpentier et d'un serrurier.

Le 10 juillet 1584, nouveau procès-verbal de visite des arches du pont, dans lequel nous lisons ce qui suit : « En « la seconde arche du côté des Augustins étant soubs les « Tourelles... se sont tranportés les dits proviseurs et esche- « vins en la chapelle dudit Sainct-Anthoine qu'ils ont trouvée « minée et desmolie. »

Le 26 septembre 1588, nouvelle visite des réparations à faire au pont : « Tant soubs les arches que le long de la « mothe des Chalans percés et maisons... à la première « arche rompue du côté des Augustins où est à présent le « pont de bois et le pont-levis... à la seconde étant soubs « les Tourelles. »

Le 26 septembre 1630, une autre visite est faite : « Pre- « mièrement porte le procès-verbal, à la première arche du « costé des Augustins où y a ung pont de bois et un pont- « levis, à la culée qui porte le pont des Tourelles et corps « de garde, il faut... » Puis les experts continuent leur examen, arche par arche, jusqu'à la dix-neuvième qui est la dernière sur la culée du côté de la ville.

Le procès-verbal du 26 juin 1555 atteste que l'arche qui précède les mottes est la quatorzième ; que la première au nord de ces mottes est la quinzième, et que la dernière du côté de la ville porte le numéro dix-neuf : en comparant le procès-verbal du 26 juin 1555 à celui du 26 septembre 1630, l'on reconnaît que le nombre d'arches est, en apparence, le même (dix-neuf). Mais, au fond, la constatation de l'année 1630 signale deux arches de différence, l'une en plus, l'autre en moins. Le procès-verbal de 1555 commence à l'arche sous les Tourelles : c'est la première ; celui de 1630 part de l'arche au sud des Tourelles qui est encore la première dans l'ordre numérique. Les experts ont, dans l'une et dans l'autre visite, examiné dix-neuf arches. Mais il est parfaitement évident que, puisque l'arche n° 1 de l'année 1555 est l'arche n° 2 de l'année 1630, c'est que, dans l'intervalle de ces deux années (1555 et 1630), une des arches qui existait entre les Tourelles et le Châtelet a disparu. Et comme le nombre d'arches, entre les mottes et le Châtelet, mentionné à ces deux époques, est resté égal à cinq, il en résulte que c'est entre les Tourelles et les mottes que, dans l'intervalle des années 1555 à 1630, l'une des arches a disparu.

Cette conclusion peut paraître singulière, mais l'évidence ne saurait être plus claire, à moins d'accuser les experts d'avoir commis une erreur. Cette supposition n'est point admissible : ces visites étaient faites avec trop de solennité, pour qu'une erreur matérielle, telle que celle qui aurait porté sur la désignation et sur le nombre des arches, pût être commise. Il faut donc reconnaître la parfaite authenticité de ces documents sur lesquels nous reviendrons plus loin.

Parmi les témoignages graphiques, empruntés au XVIII° siècle, nous en distinguons trois auxquels nous attachons une valeur très sérieuse et indiscutable : 1° le plan du pont des Tourelles dressé par les ingénieurs des turcies et levées à l'époque de sa démolition (pl. II, fig. 3) ; 2° l'élévation géométrale du pont, vue d'amont, dressée à la même époque par ces ingénieurs (pl. VII, fig. 3) ; 3° le dessin du peintre Desfriches (pl. IV, fig. 1) portant la date de 1745 (1). Les deux premiers font connaître le nombre des arches du pont au moment de sa démolition, vers l'année 1760 ; le troisième indique très nettement le nombre d'arches qui existait entre les mottes et le Châtelet, à la date précise de 1745.

Pour mettre plus de clarté dans la discussion sur la recherche du nombre des arches du pont, il faut d'abord distinguer celles qui se trouvaient entre les mottes et le Châtelet de celles qui existaient entre les mottes et le fort des Tourelles (pl. II, fig. 2 et 3). Le plan représenté par la fig. 3, l'élévation géométrale d'amont (pl. VII, fig. 3), le dessin de Desfriches (pl. IV, fig. 1) montrent qu'entre les mottes et le Châtelet, il existait, au XVIII° siècle, cinq

---

(1) Ce dessin très exact est accompagné d'un croquis (pl. IV, fig. 7) indiquant la coupe horizontale de la porte Sainte-Catherine, des deux premières arches du côté de la ville et des deux premiers piliers. La comparaison de ce croquis à la partie correspondante du plan de la fig. 3, pl. II, confirme l'exactitude du croquis de Desfriches, et donne au dessin de la fig. 1, pl. IV, un certificat d'authenticité. Le dessin de Desfriches fait partie de la collection Boucher de Molandon.

arches, ni plus ni moins. Le plan des ruines de l'édifice (pl. II, fig. 2) que nous avons relevé avec le plus grand soin, au cours des années 1858 à 1864, s'accorde assez avec les documents du XVIII° siècle pour compléter la démonstration,

Si nous passons à la recherche du nombre d'arches qui ont existé entre les mottes et les Tourelles, la difficulté devient plus sérieuse en apparence, parce que les documents laissent plus d'incertitude dans l'esprit. Le plan authentique de la bibliothèque de la ville et l'élévation géométrale ne permettent aucune hésitation sur le nombre treize entre les Mottes et le fort des Tourelles, et quatorze entre les mottes et la rive gauche R (pl. II, fig. 3). L'auteur d'une notice sur le fort des Tourelles (1) a soutenu l'existence de quatorze arches entre les mottes et les Tourelles, et de quinze entre les mottes et la rive gauche P du fleuve, compris la petite arche au midi de la forteresse. Jollois a compté treize arches entre les mottes et les Tourelles, et quatorze compris la petite arche au midi de ce fort (2). Ces deux écrivains sont encore ici en désaccord, comme ils le sont pour la première partie du pont entre les mottes et la ville. L'un et l'autre ont tort ou raison, selon le siècle et la date que l'on considère. En effet, si l'on veut parler du pont tel qu'il était en 1555, le procès-verbal de la visite faite au cours de cette année nous apprend que le nombre d'arches qui existaient entre les mottes et la rive gauche du fleuve P était, ainsi que nous l'avons vu, de quinze. Si l'on veut parler du pont tel qu'il a existé en l'année 1630 et jusqu'en 1760, le procès-verbal de visite de l'année 1630 indique que le nombre d'arches, qui séparaient les mottes de la rive gauche, n'était que de quatorze : l'état des lieux, quant au nombre d'arches, était, en 1760, le même qu'en 1630, d'après le plan authentique de la bibliothèque de la ville et l'élévation géométrale dressée au dix-huitième siècle. Cette démonstration ne nous semble rien laisser à désirer, à moins qu'on

---

(1) VERGNAUD, *Notice sur le fort des Tourelles*, 1832.
(2) JOLLOIS, *Histoire du siège*, 1833.

veuille contester l'authenticité de pièces qui doivent, de bonne foi, faire autorité, jusqu'à preuve contraire.

Il nous reste néanmoins à compléter ici la démonstration, et à mettre d'accord les deux procès-verbaux de visite du pont, des années 1555 et 1630, lesquels ont constaté l'état des choses et des lieux tel qu'il existait réellement à chacune de ces deux époques. Nous avons dit que dans l'intervalle de soixante-quinze années, qui sépare les deux visites du pont, une arche a dû disparaître ; nous avons ajouté que c'était l'arche adjacente aux mottes du côté du midi : nous allons essayer de le prouver. Et d'abord, le procès-verbal de l'année 1630 nous montre qu'une arche a effectivement disparu entre les mottes et le fort des Tourelles. L'on ne peut expliquer cette disparition que de deux manières : ou bien il s'agit d'une arche située dans l'intervalle qui sépare les Tourelles des mottes, ou d'une arche qui était adjacente aux mottes ; il n'y a pas de place pour une troisième hypothèse : celle qui supposerait gratuitement la translation du fort des Tourelles, car les Tourelles sont toujours restées sur le pilier qu'elles occupaient avant le XVe siècle. Si donc l'arche manquante était située dans l'intervalle séparant les Tourelles des mottes, l'on devrait certainement retrouver au fond de la Loire les fondations d'un pilier. Or le plan relevé au cours des années 1858 à 1864 (pl. II, fig. 2) fixe, avec une suffisante approximation, la place de chacun des piliers dont les vestiges ont été mis à nu, et qui coïncide à peu près avec les indications du plan déposé à la bibliothèque de la ville et celles de l'élévation géométrale du pont. L'arche manquante ne se trouvait donc pas et ne pouvait pas se trouver dans l'intervalle dont il s'agit. Elle devait être adjacente aux mottes. En effet ce que les dessins du XVIIIe siècle ne pouvaient nous apprendre, parce que ces dessins ne représentent que les choses *visibles*, qui existaient vers l'année 1760 (et c'est une nouvelle preuve de leur exactitude), les recherches entreprises par nos soins dans le lit du fleuve, au cours de l'année 1858, nous l'ont fait découvrir. L'on reconnaît, à la vue de la fig. 2 de la planche II, qu'il existait autrefois, au midi des mottes, une petite arche dont les fondations sont clairement accusées par le périmètre des pilotis, et par les vestiges des maçonneries : c'est cette arche qui portait le n° 14 dans le procès-verbal de visite du pont de l'année 1555, et dont celui de l'année 1630 ne fait plus mention, parce qu'elle a été masquée dans l'intervalle de ces deux époques par le terre-plein des mottes et de l'hopital Saint-Antoine, qui a été élargi du côté du midi ; les fondations du pilier ont été ainsi dissimulées, non seulement jusqu'au moment où le pont et ses accessoires furent démolis, vers le milieu du XVIII° siècle, mais encore jusqu'à l'année 1858, époque à laquelle nos recherches en ont amené la découverte.

Au cours de l'année 1576, la motte Saint-Antoine fut plantée d'ormes aux frais de la ville. Les procès-verbaux de visites du pont faites au cours des années 1562, 1584, 1588 (1) attestent que, pendant les guerres civiles de la seconde moitié du XVI° siècle, l'arche sous les Tourelles avait été minée par le prince de Condé et que la chapelle Saint-Antoine elle-même avait été minée et démolie. Les comptes de forteresse pour les années 1591-1592 nous apprennent encore que la motte Saint-Antoine fut exhaussée, défendue contre les eaux par des pilotis et des murailles et même transformée en une sorte de citadelle. On peut reconnaître, à l'examen du profil de la ville ducale et épiscopale de Jean Boisseau, antérieur à l'année 1633, et de la vue d'Orléans dessinée par Israël Silvestre vers le milieu du XVII° siècle (2), les murailles qui entourent la motte et les arbres de la promenade qui ornent son terre-plein. Ainsi, à la lumière des chroniques contemporaines, nous distinguons bien nettement que, dans la période qui sépare l'année 1576 de l'année 1592, des travaux considérables furent entrepris sur la motte Saint-Antoine : il ne peut donc être douteux que ce fut à cette occasion que l'arche manquante aura été englobée dans son périmètre trans-

---

(1) *Histoire du siège d'Orléans*, par JOLLOIS, 1833.
(2) Lettre de Jollois adressée à la Société des antiquaires de France, du 9 août 1833, tome XI des *Mémoires* de cette Société, accompagnée de six feuilles de dessins.

formé et agrandi pour des causes et dans un but d'ordre municipal.

Nous connaissons donc exactement le nombre d'arches dont se composa successivement le pont des Tourelles depuis la fin du XIV° siècle jusqu'à l'époque de sa démolition au XVIII°. Ce nombre a été diminué depuis le XIV° siècle pour faciliter la navigation et augmenter la superficie du terre-plein de la motte Saint-Antoine. Ce n'est pas le seul exemple que l'histoire des ponts au moyen âge, comparée à celle de ces édifices dans les temps modernes, nous présente de de l'agrandissement des arches par la diminution de leur nombre ou de la suppression de quelques-unes, dans le but d'améliorer et d'élargir les quais au préjudice de la facilité de l'écoulement des eaux des crues (1). Nous ne croyons donc pas avancer une assertion téméraire en prétendant, à défaut de preuves matérielles tirées des chroniques contemporaines, que le pont des Tourelles aura été bâti dans les premières années du XII° siècle, avec un nombre d'arches égal à celui que nous avons constaté plus haut, c'est-à-dire de sept entre le Châtelet et la motte Saint-Antoine, et de quatorze entre la motte et le fort des Tourelles, non compris les arches, travées ou ponts-levis qui auront existé entre le fort et la rive gauche du fleuve, depuis le commencement du XII° siècle jusqu'au XIV° siècle (pl. II, fig. 1, et pl. VII, fig. 1), attendu que, durant cette longue période, les besoins de la navigation de la Loire n'étaient pas assez urgents et les améliorations des quais assez appréciées par la population orléanaise pour que celle-ci sentît le besoin d'augmenter, sans raison majeure, l'ouverture des arches de son pont, dans le seul but de faciliter le passage des barques, ni d'anticiper sur le lit du fleuve pour la seule satisfaction de se

---

(1) Ponts d'Angers, sur la Maine; de Saumur, de Tours, d'Amboise, de Blois, de Beaugency, Jargeau et de Sully, sur la Loire, dont il a été question dans les chapitres précédents. Au témoignage d'un archéologue moderne, le vieux pont de la Guillotière, sur le Rhône, à Lyon, avait été raccourci d'un tiers sur la rive gauche et de plusieurs arches sur la rive droite. (BRUGNIER-ROURE, *Les constructeurs des ponts au moyen âge.*) On pourrait trouver un grand nombre d'autres exemples analogues sur tous les cours d'eau de la Gaule franque.

donner des ports et des quais spacieux, dont elle ne comprenait ou ne sentait pas encore la nécessité.

C'est ici le lieu d'établir la position exacte que devait occuper chacun des piliers du pont, mais particulièrement ceux du fort des Tourelles. Il ne suffit pas d'en savoir le nombre, il faut encore connaître l'emplacement d'au moins l'un d'eux pour que la position de l'édifice puisse être fixée d'une manière invariable. Cette question, qui peut paraître secondaire, oiseuse même *a priori*, acquiert un intérêt réel quand on se reporte aux discussions qu'elle a fait naître, il y a un demi-siècle ; voici à quel propos. Elle est née d'un désaccord survenu entre certains archéologues au sujet de la position du fort des Tourelles, à l'époque du siège mémorable des Anglais et de la victoire de Jeanne d'Arc. Les premiers ont dit que ce fort se trouvait à peu près sur l'emplacement du quai existant aujourd'hui rive gauche, en amont du pont moderne (pl. II, fig. 2, au point T). Les seconds, qu'il était plus au nord dans le lit de la Loire, sans en déterminer la position. Enfin les derniers ont prétendu qu'il devait être reporté au midi du mur du quai des Augustins et jusque sur des substructions R. découvertes au cours de l'année 1831 et servant de cave à une maison de la rue Croix-de-la-Pucelle. Ils ont motivé leur opinion sur l'inexactitude des innombrables dessins pittoresques que l'on possède du pont des Tourelles et qui ne sont que fantaisies d'artistes (1). Ces compositions manquent en effet d'exactitude et de précision ; mais ils dépassent le but en alléguant que les plans et les élévations graphiques dressés par les ingénieurs des turcies et levées (pl. II, fig. 3) n'ont été composés qu'après la démolition du pont. Il n'y a pas lieu d'y ajouter confiance. Nous acceptons la critique fondée qu'ils adressent aux dessins de fantaisie, mais ce serait aller trop loin que de traiter avec un

---

(1) Il est certain que toutes ces productions manquent absolument d'exactitude ; mais ce n'est pas un fait particulier au pont d'Orléans ; l'on peut en dire autant des représentations de tous les anciens ponts, dont il suffit de voir les *imaiges* et *pourtraicts* pour en juger la valeur à ce point de vue. La collection des estampes de la Bibliothèque nationale et les collections privées fourmillent de ces vues de fantaisie dont les lecteurs sérieux ne peuvent retirer aucune utilité.

pareil sans-façon les dessins géométraux des hommes de l'art du XVIII° siècle, surtout lorsque leurs œuvres sont contrôlées par les constatations matérielles faites entre les années 1858 à 1864, qui en confirment suffisamment l'exactitude. Néanmoins, la question vaut la peine d'être examinée et résolue définitivement, afin de ne plus laisser planer d'obscurité sur la position véritable de la forteresse des Tourelles dont le glorieux souvenir assure au pont d'Orléans une impérissable célébrité.

Au cours des années 1428 et 1429, époque du siège d'Orléans par les Anglais, comme en l'année 1555, date d'une visite officielle du pont, la motte Saint-Antoine occupait la place où nous la voyons indiquée sur les plans. Cela est hors de discussion. D'un autre côté, aucune contestation sérieuse ne peut s'élever au sujet du nombre d'arches que possédait le pont en l'année 1555, entre le Châtelet et les mottes. Si celles-ci n'eussent plus existé à cette dernière époque et si, au cours des années 1760 et 1858 à 1864, aucun vestige de l'ancien pont n'eût été apparent, on éprouverait un embarras très sérieux pour répondre aux objections, mais heureusement il en existe de nombreux vestiges et la présence de ces témoins matériels peut nous conduire à la solution de la première partie de la question. Nous savons, en effet, que l'arche sise au nord des mottes portait le n° 5 à partir du Châtelet; il suffit d'intercaler les cinq arches dans cet intervalle, et comme les dimensions prises sur le plan et sur l'élévation géométriques (pl. II, fig. 3) concordent à un degré suffisant avec celles qui ont été relevées sur les ruines du pont, la démonstration est complète, c'est-à-dire que la position de la motte Saint-Antoine et celle de la première arche contiguë au Châtelet, qui n'existent plus aujourd'hui, sont fixées définitivement. La naissance de la première arche, dite du Châtelet, se trouvait au point F, sur l'emplacement du mur de quai. Ces conclusions sont confirmées en outre par les indications des plans dressés au cours des années 1796 et 1799, sur lesquels on a représenté l'ancienne porte Sainte-Catherine et la grosse tour du Châtelet à l'orient de cette porte, figurées avec quelques autres parties de l'édifice par un pointillé sur la fig. 2 de la pl. II, ainsi que le mur de quai X Y, qui avait été construit en l'année 1786 à une distance de $3^m 60$ en avant de la tour poivrière dont on aperçoit la toiture (fig. 1 de la pl. IV) et parallèlement à la façade du Châtelet sur la Loire (1). La culée de rive droite étant bien fixée, il suffirait de connaître la longueur totale du pont, depuis le Châtelet jusqu'aux Tourelles, pour déterminer, sans hésitation et avec exactitude, l'emplacement de la forteresse de ce nom. Mais, en portant sur l'axe du pont, à partir du Châtelet F, les largeurs des arches et les épaisseurs des piliers et du terre-plein des mottes, il faut maintenir la distinction déjà faite, quant au nombre des arches qui était de dix-neuf, entre les années 1435 et 1555, depuis le Châtelet jusqu'au fort des Tourelles et qui fut et demeura réduit à dix-huit, à partir de l'année 1630 jusqu'au milieu du XVIIIe siècle. Or, le Châtelet et la culée contiguë, ainsi que le pilier qui formait le soubassement des Tourelles, n'ont pas changé de place et sont demeurés fixes entre les années 1435 et 1760, d'où il suit que si le nombre d'arches intermédiaires a pu varier, l'on peut affirmer que la distance entre les points F M est demeurée invariable (pl. II, fig. 2).

Si nous jetons les yeux sur les dessins plus ou moins pittoresques qui représentent l'image du pont et de la ville à différentes époques (2), nous voyons que leurs auteurs donnent à cet édifice une longueur totale de 170 toises (écrite en chiffres), longueur qui, assurément, ne concorde pas avec ces images et qui n'a pu être tirée que de documents authentiques. Sur un plan d'Iusclin, dédié au cardinal de Coislin, qui fut évêque d'Orléans postérieurement à l'année 1666, on lit : ce pont a 170 toises ; mais rien n'indique les véritables extrémités du pont. Sur un second plan du même auteur, dédié au duc d'Orléans, à la date de 1713, on voit une mention identique. Le dessin de Pierre Corbière de

(1) Ce plan, qui porte la signature de Bouchet, ingénieur en chef du département du Loiret, est déposé aux archives de ce département.
(2) Ces dessins se trouvent particulièrement à la Bibliothèque de la ville, et dans plusieurs collections privées. Nous n'en avons donné aucun spécimen dans l'atlas joint à notre ouvrage parce que ce sont de purs dessins de fantaisie.

l'année 1661 porte l'inscription suivante : ce pont a 170 toises en tout. Le plan de Defer, au millésime de 1704, est accompagné d'une légende portant que le pont a 170 toises. Enfin le célèbre ingénieur Perronet adopte cette longueur que Vergnaud et Jollois ont admise sans observation. Aucun des quatre plans précités ne fixe les extrémités, dont la distance de 170 toises est acceptée, dit Jollois, par tout le monde. Et la discussion qui a surgi est née en grande partie de cette indétermination. Vergnaud a soutenu que le pont avait cent soixante-dix toises de longueur et dix-neuf arches, sans comprendre la petite au midi P R (pl. II, fig. 3). Jollois a démontré que le pont n'avait que dix-huit arches, déduction faite de cette petite arche, et la même longueur de cent soixante-dix toises. Vergnaud contestait avec raison l'exactitude du point de départ des 170 toises, que Jollois plaçait au milieu du quai de la rive droite, de telle manière que le parement de la culée se trouvait sur l'alignement de la façade dc du Châtelet, au lieu d'être sur la rive même du quai (pl. II, fig. 2) et dont l'alignement X Y ne lui était pas parallèle (1).

Le plan original du pont, qui est à la bibliothèque de la ville, a été dessiné correctement à une très grande échelle. Le plan n° 3 de la planche II en est une réduction. En mesurant sur l'original la distance qui sépare le point Q, naissance de l'arche du Châtelet, du point R, naissance de la petite arche qui sépare le fort des Tourelles de la rive gauche de la Loire, on trouve exactement cent soixante-dix toises (2), soit $331^m 33$. Un plan contemporain, qui représente l'assiette du fort des Tourelles avec le mur de quai construit après sa démolition, place le pilier de soubassement des Tourelles et le mur de quai dans la position respective indiquée sur la figure 2 de la planche II, position que nous avons établie directement par le relevé des ruines et par les considérations précédemment développées (3). Il reste maintenant à mettre en comparaison les plans qui

---

(1) Lettre de Jollois à la Société des antiquaires de France, *loc. cit.*
(2) Le plan n° 3 de la planche II donne la même longueur à 1/300° près.
(3) Ce plan contemporain a été dressé par Dubois, voyer de la ville à

représentent l'emplacement de la forteresse, et à expliquer les écarts qu'on y remarque. Nous avons vu que sur le plan de la bibliothèque de la ville (fig. 3, pl. II), la distance entre la culée du Châtelet et la naissance R de la petite arche au midi des Tourelles était de 331^{m}33. Sur le plan des ruines (fig. 2 de la même planche), cette distance, composée des longueurs partielles, est de 338^{m}23 (1), et sur l'élévation géométrale (pl. VII, fig. 3), la distance dont il s'agit est de 343^{m}99 (2). L'assiette du Châtelet et celle des Tourelles étant parfaitement établie d'après les explications qui précèdent, les écarts signalés dans les dessins de détail, qui ne doivent être attribués qu'au fractionnement des longueurs totales en distances partielles, n'altèrent en rien la rigueur de la démonstration, qui se traduit dans les termes suivants :

1° La naissance de la première arche du pont des Tourelles, du côté du Châtelet, était, à peu près, au pied du mur du quai X Y, en face de la rue des Hôtelleries-Sainte-Catherine (pl. II, fig. 2 et 3).

2° Le front méridional de la forteresse des Tourelles M ou R était situé à 331^{m}33 de la naissance de l'arche du Châtelet. Le pont était rattaché à la rive gauche par une arche M N ou P R, à l'époque de sa démolition au XVIIIe siècle.

3° Le pilier, qui formait le soubassement des deux Tourelles, est actuellement divisé, dans sa longueur, en deux parties inégales par le mur de quai des Augustins, dont l'alignement passe par la pointe de l'avant-bec, la plus grande partie du pilier se trouvant sous le massif de ce quai.

4° Le pont des Tourelles se composait, au XVIIIe siècle,

l'époque de l'établissement du quai de la rive gauche. Nous en avons un calque fait sur l'original qui appartenait à Vergnaud. Ce plan, dont l'authenticité est certaine, tranche la difficulté et résout nettement la question de la position de la forteresse des Tourelles.

(1) La difficulté de reconnaître la largeur exacte des piliers et les naissances des voûtes sur des piliers démolis et enfouis sous les eaux et les sables explique les différences entre les cotes. Nous avons conservé les cotes du plan de la fig. 1, telles qu'elles ont pu être relevées au milieu des difficultés signalées et que les gens de métier comprendront.

(2) La longueur totale comprenant la petite arche au sud des Tourelles est de 351^{m}79. Cette petite arche a 7^{m}80 d'ouverture, ce qui réduit la distance cherchée à 343^{m}99.

de dix-huit arches, dont treize. entre les Tourelles, compris l'arche qui les supportait, et la motte Saint-Antoine et de cinq entre la motte et le Châtelet. Cet état de choses a duré depuis une époque comprise entre les années 1630 et 1555, jusqu'au milieu du XVIIIe siècle.

5° Le pont des Tourelles présentait dix-neuf arches, dont quatorze entre les Tourelles, compris celle qui les supportait, et la motte Saint-Antoine, cinq entre la motte et le Châtelet, depuis les années 1434 et 1435, jusqu'à une époque comprise entre les années 1630 et 1555.

6° Ce pont se composait de vingt-une arches, dont quatorze entre les Tourelles, compris celle qui leur servait de soubassement, et la motte Saint-Antoine, et de sept entre la motte et le Châtelet. Cette constitution a existé, selon toute probabilité, depuis le commencement du XIIe siècle jusqu'aux années 1434 et 1435, dont la débâcle de glaces renversa ou ébranla plus ou moins les sept arches situées entre les mottes et le Châtelet, auxquelles on en substitua quatre d'une plus grande portée, en conservant la seconde à partir du Châtelet, dont les deux piliers paraissent avoir résisté à la débâcle (1). Le pont des Tourelles comprenait donc vingt-une arches au moment du siège des Anglais, en 1428 et 1429.

Dans les énumérations qui précèdent des arches existantes à diverses époques, nous avons laissé en dehors l'arche ou les arches P R, ponts de bois dormants et pont-levis, dont le nombre, la forme et les dispositifs ont varié à l'infini dans la suite des siècles (pl. IV, fig. 3, 4, et pl. V), et dont il était inutile de s'occuper ici, le pont des Tourelles proprement dit se terminant à la forteresse qui lui a donné son nom.

Les piliers du pont des Tourelles ont présenté des formes diverses suivant les époques auxquelles ils ont été construits ou rétablis. Ce qui frappe l'esprit à l'aspect de ces piliers, c'est d'abord l'absence systématique d'arrière-becs triangulaires (pl. II, fig. 2, 3). Cet appendice manque sur le plan du

---

(1) On peut voir, à l'appui de cette opinion, sur laquelle nous reviendrons en temps utile, que l'arche n° 2 est cotée 9^m 75 sur le plan des ruines (pl. II, fig. 2), et 9^m 60 en note V. Cette arche est notablement plus étroite que les quatre autres et a été construite avant elles.

— 421 —

pont à l'époque de sa démolition au XVIII⁰ siècle, comme sur le plan de ses ruines. A peine voit-on ce type se dessiner sur l'arrière-bec du pilier des Tourelles, et encore sous une forme tellement indécise qu'il est inutile de s'y arrêter. On distingue quatre arrière-becs polygonaux, dont deux sur la partie du pont comprise entre les mottes et le Châtelet reconstruite dans la première moitié du XV⁰ siècle ; la ressemblance des arrière-becs des deux autres piliers nᵒˢ 4 et 6, en partant des Tourelles, est un témoignage suffisant de la contemporanéité des quatre piliers ; d'ailleurs, le lecteur verra plus loin que les deux arches qui s'appuyaient sur les piliers 3, 4, 5 ont été coupées pendant le siège de 1428 à 1429, et qu'il est permis de supposer que les arrière-becs auront été rétablis à la même époque que ceux des piliers 15 et 18, c'est-à-dire postérieurement aux années 1434 et 1435.

Quant à tous les autres piliers du pont, leur extrémité d'aval est terminée carrément avec ou sans saillie sur l'alignement du pont. Nous avons vu aux chapitres X et XI que l'absence de l'arrière-bec était en général un témoignage d'ancienneté du pilier, d'où nous inférons que les piliers coupés carrément en aval sur la partie du pont comprise entre les mottes et les Tourelles datent du commencement du XII⁰ siècle, et que ceux qui ont été reconstruits postérieurement à cette époque, sauf les types polygonaux, n'en sont certainement qu'une imitation perfectionnée,

La forme des avant-becs mérite un examen particulier. Le triangle en est le type général (pl. II, fig. 3), et si l'on remarquait sur deux d'entre eux, les nᵒˢ 7 et 11, en partant des Tourelles, à l'époque de la démolition du pont au XVIII⁰ siècle, une exception, elle n'infirme pas la règle, car l'avant-bec circulaire, quoique remontant aux siècles de la grande architecture romaine (1), n'est dans l'espèce qu'une conception relativement moderne qui a été réalisée en dehors des arches contiguës dont l'avant-bec est indépendant. Nous n'insisterons donc pas sur ces deux exceptions dont nous n'entendons

---

(1) Les avant-becs des piliers des ponts romains étaient le plus souvent triangulaires, mais, quelquefois, demi-circulaires. (Léonce REYNAUD, *Les travaux publics en France*.)

pas contester l'authenticité, mais qui pourraient bien être aussi attribuées aux dessinateurs qui nous ont transmis les représentations géométrales ou pittoresques du monument. Cette réserve est justifiée par des exemples. Ainsi, sur la figure 3 de la planche II, l'avant-bec du pilier n° 2 des Tourelles du côté de la ville est demi-rond, comme sur les figures 3 et 4 de la planche IV (où Israël Sylvestre et Jean Boisseau, artistes du XVII° siècle, ont dessiné des voûtes de plein cintre au lieu de voûtes en arc brisé), tandis qu'il est du type triangulaire sur la figure 2 de la planche II et sur la figure 5 de la planche IV qui est la reproduction, à une plus grande échelle, de la forteresse représentée sur l'élévation géométrale d'amont du pont des Tourelles au moment de sa démolition (pl. VII, fig. 3). Nous n'attachons donc aucune importance à ces divergences qui n'altèrent pas l'uniformité du type triangulaire dans les avant-becs des piliers tels qu'ils existaient au XVIII° siècle, et depuis un nombre d'années que nous allons essayer de fixer ; car le type triangulaire n'a pas été employé sur tous les piliers du pont durant les six siècles et demi de l'existence de cet édifice ; c'est ce qui ressort de l'examen du plan des ruines (pl. II, fig. 2), sur lequel nous appelons l'attention du lecteur. Pour relever ce plan, on a mis à nu non seulement les maçonneries des piliers et les lambeaux des voûtes que l'on rencontrait, mais le périmètre de ces piliers avec tous les pieux existants et qui étaient encore visibles à l'époque de l'opération. Les lignes périmétriques des pilotis ont été rapportées, avec la précision nécessaire, sur le plan où l'on voit se dessiner nettement la forme ogivale ou de l'arc brisé parfaitement accusée des avant-becs des piliers numérotés 9, 10, 11, 12, 13, 14, et même de l'avant-bec du demi-terre-plein 14 bis de la motte Saint-Antoine ; plusieurs lignes de pilotis concentriques, délimitant l'enceinte de la fondation de ces avant-becs, ne laissent pas l'ombre d'un doute sur l'adoption systématique de ce type que l'ont peut voir réalisé dans son intégrité sur l'avant-bec du pilier n° 17, dont la première assise de maçonnerie avait été établie suivant un arc brisé absolument semblable à celui des avant-becs du pont royal construit en l'année 1760, à une centaine de mètres en aval et parallèlement à celui des Tourelles (1). Une particularité très digne de remarque, c'est que ni le plan ni l'élévation géométriques du pont (pl. II, fig. 3, et pl. VII, fig. 3), qui ont été relevés et dessinés vers l'époque de la démolition de ce monument, ne font mention de ce type ogival des avant-becs, ce qui prouve d'abord qu'il n'en restait plus de traces visibles, et que probablement même l'arc brisé de l'avant-bec du pilier n° 17 de la figure 2 de la planche II n'existait plus (2), ou que cette forme n'appartenait plus à l'avant-bec proprement dit, qui aura été refait sur un nouveau galbe à l'époque de l'établissement du monument de la Pucelle, c'est-à-dire postérieurement aux années 1434 et 1435. Ce qui est manifeste, c'est que le plan de l'avant-bec de ce pilier, représenté sur la figure 3 de la planche II, était franchement triangulaire rectiligne, sans aucune apparence de courbure au moment de la démolition du pont. Nous inférons de ces remarques que le type triangulaire rectiligne s'était substitué au type ogival sur les piliers 9, 10, 12 et 17, et le type demi-circulaire à ce même type ogival sur les piliers 11 et 13, antérieurement au XVIII° siècle, d'où la conséquence que le type ogival a précédé le type triangulaire, qui l'avait précédé lui-même dans les premiers temps de la construction de l'édifice, c'est-à-dire au cours du XII° siècle. Une autre particularité non moins digne de remarque, c'est que les constructeurs ou restaura-

(1) A l'époque où nous avons relevé le plan des ruines, entre les années 1858 à 1864, tous les pilotis représentés sur le plan existaient. Désirant revoir ces formes intéressantes en 1877, notre curiosité n'a pu être satisfaite parce que, depuis l'année 1864, les gens de rivière se sont mis à arracher les pilotis, à extraire la pierre de taille et les moellons pour en tirer parti. D'autres se sont avisés de draguer les sables aux abords des piliers pour y rechercher des monnaies antiques qu'ils y ont trouvées en grand nombre, ainsi que des débris informes. Les piliers 15, 16, 17, 18 sont seuls demeurés ce qu'ils étaient en 1864, parce qu'ils sont constamment immergés, même dans la saison des plus basses eaux ; mais ce sont les moins intéressants parce qu'ils sont les moins anciens.

(2) On a pu remarquer plus haut un fait analogue au sujet de l'avant-bec demi-circulaire du pilier n° 2, sur la fig. 3 de la pl. II, bien que sur le plan des ruines ce même avant-bec soit figuré avec une amorce rectiligne, ce qu prouve que la forme demi-ronde n'a été substituée à la forme triangulaire qu'à une époque postérieure, mais indéterminée.

teurs des arches du pont, entre les mottes et le Châtelet, postérieurement aux années 1434 et 1435, ont introduit dans la forme des avant-becs un dispositif intermédiaire entre le type triangulaire et le type ogival que l'on voit très distinctement représenté sur le dessin original dont la figure 3, planche II, est la réduction. C'est la forme triangulaire dont la pointe est émoussée et arrondie par un arc de cercle de très petit rayon tangent aux deux faces latérales de l'avant-bec, et dont le dessin original à grande échelle, d'où est tiré le plan réduit de la figure 3 de la planche II, ne laisse pas soupçonner l'existence. Ce type, qui est contemporain de la reconstruction des piliers et des arches de cette partie du pont après les années 1434 et 1435, a précédé de plus de deux siècles l'emploi qui en a été fait vers l'année 1683, dans les avant-becs du pont de Maëstricht, sur la Meuse, bâti par le frère Romain, de l'ordre des Dominicains, qui fut chargé, quelques années plus tard, de construire le pont des Tuileries à Paris, sur les dessins du neveu de Mansard.

Le type d'avant-bec curviligne en arc brisé n'est pas une nouveauté pour le lecteur, puisque, en traitant du pont de Beaugency et de ceux de Metz et de Limoges, chapitres X, XII et XIII, dont la construction remonte aux XIe, XIIe et XIIIe siècles, nous avons eu l'occasion de parler de ces appendices aux galbes curvilignes.

Les observations que nous avons présentées plus haut sur les modifications subies par les avant-becs du pont des Tourelles sont assez catégoriques pour permettre de faire remonter, même en l'absence d'autres preuves, le vieux pont d'Orléans, sinon à l'époque de la construction de celui de Beaugency, tout au moins, comme nous l'avons démontré précédemment, aux premières années du XIIe siècle. Les types des avant-becs curvilignes de cet édifice que nous avons exhumés sont venus confirmer les autres témoignages précédemment invoqués pour fixer l'époque de sa construction.

Mais la section horizontale des avant et des arrière-becs des piliers n'est pas le seul élément caractéristique qui doit frapper l'attention du lecteur ; la hauteur de ces appendices au-dessus du niveau des basses-eaux et le dispositif qui les couronne sont deux autres éléments qu'il importe d'étudier ; bien que les types en aient varié pour ainsi dire à l'infini, sans que l'on puisse en découvrir un qui soit spécial à telle ou telle époque de l'art hydraulique du moyen âge, cependant leur examen comparé permet d'établir des degrés, sinon d'ancienneté absolue, tout au moins relative de ces appendices. Au pont des Tourelles, tel que nous le représentent la figure 3 de la planche II et la figure 3 de la planche VII, les avant-becs s'élevaient à des hauteurs différentes à l'époque de sa démolition ; cinq étaient couronnés de maisons, les deux premiers, en partant de la rive gauche, formaient corps avec la courtine d'amont des Tourelles, dont ils étaient comme les bastions ; le huitième avant-bec, à partir de la rive gauche, était surmonté du calvaire de la Belle-Croix, et le second, à partir du Châtelet, servait de soubassement à celui de la Pucelle ; mais ces deux monuments, ainsi qu'on le verra en leur lieu, étant postérieurs à la construction du pont, il convient de faire abstraction des avant-becs qui les supportaient. Tous les autres avant-becs qui s'élevaient à des hauteurs arbitraires au gré du maître des œuvres, constructeur du pont, étaient couronnés par des chaperons pyramidaux, triangulaires ou polygonaux, dont les types ne sont certainement pas contemporains de la fondation de l'édifice. A l'origine, ces avant-becs ont été terminés dans leur partie supérieure par un simple plan incliné dont nous voyons des spécimens sur les figures représentatives des ponts de Jargeau, Beaugency, Blois et Tours (figures 1, 2, 3 et 4 de la planche VI) (1). Ce rampant ou glacis était quelquefois rem-

(1) On retrouve ce dispositif sur le vieux pont des Treilles, à Angers, et sur plusieurs des piliers des vieux ponts de Cé. Il est reproduit à profusion sur ceux des arches construites sur le Cher et sous les chaussées qui rattachaient la ville de Tours au coteau méridional, notamment au pont Dion dans l'avenue de Tours à Saint-Avertin. (Atlas des dessins des ponts de la Loire dédié à Colbert.) On voyait au vieux pont de l'Arche, sur la Seine, ce dispositif reproduit sur trois de ses piliers, le premier du côté de la ville, et les deux autres à l'extrémité opposée, ainsi qu'au vieux pont de Vienne, sur le Rhône. (BRUGNIER-ROURE, *Les constructeurs de ponts au moyen âge.*) Ce dispositif ne fut pas abandonné après la Renaissance du XVIe siècle, car le pont Notre-Dame et le pont au Change, à Paris, reconstruits aux XVIe et XVIIe siècles, en offraient deux exemples particulièrement connus.

placé par une plate-forme horizontale établie entre la base du pilier et le parapet, comme aux ponts d'Albi, d'Avignon, du Saint-Esprit, de Montauban, de Vernon, etc. et imitée des Romains (1). Enfin, dans un grand nombre de ponts, on a élevé l'avant-bec tout d'un jet depuis sa base jusqu'au niveau de la chaussée. Ces dispositifs variés sont des reproductions plus ou moins exactes de ceux que les Romains avaient employés, sauf peut-être le dernier, qui fut d'un fréquent usage au moyen âge, dans le but, soit d'y asseoir des maisons, soit d'y ménager des gares pour faciliter le croisement des véhicules sur les ponts très étroits. Les élévations géométrales des ponts de Beaugency, Blois, Tours montrent des exemples de l'établissement de maisons sur les avant-becs. Les dessins d'un grand nombre de ponts construits au moyen âge dans la Gaule présentent le dispositif des gares ménagées sur le sommet des avant-becs exhaussés au niveau de la chaussée de ces ponts pour le croisement des véhicules, soit pendant, soit après l'établissement de ces édifices : nous citerons le pont d'Albi comme l'un des plus curieux spécimens de ponts étroits, et celui de Tours (pl. VI, fig. 4), quoique la largeur de ce dernier soit relativement considérable ; mais, sur ce pont, le dispositif des piliers surhaussés est contemporain de la reconstruction de certaines arches détruites, et de l'agrandissement de l'ouverture de plusieurs autres (2). On trouvait aussi ces gares sur les arrières-becs, lorsque leur corps était en saillie sur l'épaisseur du pont.

Les piliers du pont des Tourelles d'Orléans, dont les avant-

---

(1) Ce dispositif est représenté sur les ponts de Sommière et de Boisseron, en Languedoc, auxquels on attribue une origine romaine. (GAUTHEY, *Traité de la construction des ponts* et Léonce REYNAUD, *Les travaux publics en France*.)

(2) Ce dispositif est représenté sur tous les piliers des arches des ponts de Saumur, entre le faubourg des Ponts et celui de la Croix-Verte, ainsi que sur plusieurs des piliers des arches situées entre la ville de Tours et le coteau méridional du Cher. (Extrait de l'atlas des dessins des ponts de la Loire dédié à Colbert.) On peut le voir également sur les ponts de Confolens, Chabannais, Cognac, Cahors, etc. (Archives des ingénieurs des départements de la Charente et du Lot.)

becs n'étaient pas surmontés d'édifices, portaient des chaperons pyramidaux à l'époque de sa démolition, au milieu du XVIII° siècle. Ainsi que nous l'avons dit en traitant du pont de Beaugency (chapitre X), ces chaperons en larmier, pyramidaux, polygonaux, coniques ou curvilignes, plus ou moins surhaussés et ornementés, formant une légère saillie sur les faces de l'avant et de l'arrière-bec des piliers, sont des additions relativement modernes, imitées de l'art romain qui avait introduit ce dispositif dans les ponts d'Italie et l'avait ensuite transporté dans ceux de la Gaule, où il fut longtemps délaissé au moyen âge, mais auquel on est revenu successivement jusqu'au jour où l'usage a prévalu de l'avant-bec à base demi-circulaire, dont le chaperon suivit naturellement la transformation. Au moyen âge, les avant-becs des piliers du pont des Tourelles ont dû revêtir les formes les plus habituelles que nous avons vues reproduites sur les ponts de Jargeau, Beaugency, Blois et Tours, voisins et quasi-contemporains de celui d'Orléans, et dont les avant-becs furent à l'origine dépourvus du chaperon pyramidal, polygonal, conique ou curviligne fortement accusé, ainsi qu'on les remarque sur les piliers d'autres ponts du XII° siècle construits dans des régions éloignées de la Loire, Albi, Avignon, Saint-Esprit, etc...

Les arrière-becs, plus ou moins saillants, ont été couronnés de maçonneries rampantes ou horizontales raccordées avec le corps des piliers et les tympans des arches, suivant le plus ou moins de relief de ces appendices. Mais, pas plus que sur les avant-becs, on n'y mit de chaperon proprement dit, si ce n'est dans les siècles qui ont succédé au moyen âge et dont la figure 2 de la planche VII montre diverses variétés ; sans doute, il y eut des exceptions à cet usage, mais elles ne sont que la confirmation de ce qui fut et devint, après le XV° siècle, la règle générale (1). Ce qui, indépendamment des exemples

---

(1) Parmi les ponts les plus importants, nous pouvons citer celui de la Guillotière, à Lyon, dont les avant-becs triangulaires sont couronnés de chaperons pyramidaux sur le dessin de Gauthey ; mais il resterait à savoir si, comme nous avons prouvé la négative pour Beaugency par la comparaison de deux plans contradictoires (chap. x), ces chaperons sont contemporains des avant-becs, ce que nous ne pensons pas.

précités, donne à cette opinion, en ce qui touche particulièrement le pont d'Orléans, un suffisant degré de certitude, c'est que les comptes du pont, les mandements de paiement, les procès-verbaux de visites périodiques de l'édifice font mention des pilotis, des orgeaux, des piliers et de leurs angles saillants, que l'on désigne par le mot de *pointeau*, des parapets et des pavages, ne contiennent rien qui ait trait au chaperon proprement dit, d'où la conséquence qu'il n'y en avait pas et que l'avant-bec était couronné d'une plate-forme sans relief accentué, comme l'arrière-bec, lorsque le pilier était accompagné de cet appendice.

Comme on le remarque dans plusieurs des grands ponts du moyen âge, l'axe du pont des Tourelles n'était pas rectiligne : il se composait de deux parties principales à peu près droites qui se rencontraient aux abords de la motte Saint-Antoine sous un angle de trois degrés, le sommet tourné vers l'aval (figure 3 de la planche II) (1). Cette irrégularité, peu apparente d'ailleurs, fut-elle le résultat d'une délibération prise par les constructeurs? Fut-elle volontaire et systématique? Fut-elle occasionnée par la présence de l'îlot Saint-Antoine, sur lequel ils auront voulu appuyer l'édifice? Fut-

---

(1) Quelques auteurs ont pensé que la désignation de pont des Tourelles est vicieuse, et que le mot Tournelles est le seul que l'on doive employer. LEBRUN DE CHARMETTE, *Histoire de Jeanne d'Arc*, tome I, page 120, prétend que l'ancien pont s'étendait en ligne droite depuis le Châtelet ou la porte du pont jusqu'aux trois quarts et demi de la largeur du fleuve ; que là, il formait un coude et ne venait aboutir à la rive du sud qu'en biaisant un peu à l'est. « Le fort des Tournelles, dit ce consciencieux écrivain, était placé sur le pont, à l'endroit du coude dont il vient de parler et avait probablement tiré son nom de l'obligation où l'on était de tourner en cet endroit pour arriver de la ville au village opposé. » Cette description est inexacte puisque l'axe du pont était presque rectiligne et que la brisure des deux parties existait aux abords de la motte Saint-Antoine. D'autre part, la forteresse des Tourelles est désignée par: Tours du Portereau, Torelles, Thorelles, Thourelles, Tourrelles et Tourelles dans les Comptes de forteresse et de commune, dans les Comptes du pont et dans les mandements de paiement des dépenses, dès la fin du XIVᵉ siècle. Guillaume Girault, notaire au Châtelet d'Orléans en 1428, écrivait Thorelles. (*Mémoires de la Société archéologique*, tome IV.) On a écrit Torelles, Thourelles, etc., jusqu'à la fin du XVIᵉ siècle. La véritable étymologie est *turricula*, petite tour, diminutif de *turris*. Le mot Tournelle appliqué au pont d'Orléans est donc inadmissible.

elle simplement le résultat d'erreurs commises dans la construction primitive ou dans les reconstructions partielles des piliers et des voûtes renversés à diverses époques par les crues, les glaces ou d'autres causes? Personne ne le sait. Quelle que puisse être l'importance que l'on pourrait attacher, au point de vue technique, à la connaissance de cette particularité, nous renonçons à en éclairer l'obscurité et nous nous bornerons à constater que, considéré dans ses détails au XVIII° siècle, cet axe passant sur chaque pilier au milieu de l'intervalle qui séparait les deux lignes de parapets formait un véritable polygone entre les Tourelles et le Châtelet. L'axe relevé sur le plan des ruines (pl. II, fig. 2), coïncide à très peu près avec celui de la fig. 3.

La voie du pont entre les parapets a dû varier de largeur aux diverses phases de l'existence du monument. Cependant, nous ne pensons pas qu'elle ait été sensiblement moindre à l'époque de sa construction que celle qu'il avait au moment de sa démolition, au XVIII° siècle. Sur plusieurs des grandes rivières de la Gaule franque, et notamment sur celles du Midi, les architectes hydrauliciens du moyen âge donnaient aux ponts de médiocres largeurs entre les parapets ; soit que cet usage fût commandé par des considérations de dépense, soit qu'il fût plus conforme aux convenances de la circulation locale où les ponts n'étaient pas destinés au passage des véhicules, mais seulement des personnes et des bêtes de somme. Parmi les ponts les plus anciens, ceux d'Albi, d'Angoulême, d'Avignon, du Saint-Esprit, de Limoges, n'avaient pas plus de quatre à cinq mètres de largeur entre les parapets. On pourrait citer un grand nombre de ces ponts construits au moyen âge, même sur des cours d'eau importants, où la largeur de la voie est réduite au-dessous des limites inférieures que nous venons d'indiquer (1). Mais on rencontre aussi, parmi ces constructions, des ponts dont les largeurs de voie étaient beaucoup plus considérables, sans parler de ceux qui, comme à Angers et à Paris, étaient

(1) GAUTHEY, *Traité de la construction des ponts*, tome I, tableaux à la suite de la page 119.

couronnés d'un double rang de maisons, s'étendant, sans interruption, d'un bout du pont à l'autre. Les variations de largeur de la voie que l'on observe dans les diverses régions de la Gaule franque ne peuvent donc être invoquées comme une preuve de l'ancienneté de ces édifices. Les architectes hydrauliciens projetaient les ponts de manière à satisfaire aux nécessités comme aux usages des localités où ils devaient être établis. Le pont d'Orléans fut un de ceux où l'on ménagea à la voie charretière la plus grande parmi les largeurs adoptées au moyen âge. Nous la connaissons d'après le plan de l'édifice tel qu'il était à l'époque de sa démolition (figure 3 de la planche II) et particulièrement d'après les vestiges qui sont demeurés au fond de la Loire (figure 2, planche II). Indépendamment des ruines des piliers, ce plan montre, en outre, quatre lambeaux des voûtes, dont trois entiers et intacts auxquels les têtes de pierre de taille sont restées adhérentes sans s'en détacher dans leur chute. Ces précieux témoins nous permettent de constater la largeur de la voie du pont, au moment de sa ruine au XVIIIe siècle, et attendu que ces lambeaux de voûte correspondent exactement aux longueurs des piliers primitifs, sans même parler de ceux de la partie du pont reconstruite au XVe siècle entre les mottes et le Châtelet, qui ont d'ailleurs les mêmes dimensions, l'on peut connaître la largeur vraie de la voie charretière. D'après le plan (fig. 3 de la pl. II), le pont présentait des largeurs qui variaient de 9 mètres 75 à 10 mètres 40, compris les parapets. Sur le profil transversal qui accompagne l'élévation géométrale du pont, la largeur est de 9 mètres 09 la moyenne de ces trois mesures est 9 mètres 75. Les largeurs des lambeaux des voûtes représentés sur la figure 2 de la planche II accusent à très peu près 10 mètres. Si, donc, on retranche 80 centimètres pour l'épaisseur des deux parapets, il reste 9 mètres 20 pour la largeur de la voie charretière du pont d'Orléans, depuis son origine, au XIIe siècle, jusqu'au XVIIIe, époque de sa démolition (1).

Au moment où le vieux pont des Tourelles allait dispa-

---

(1) Nous donnons dans le tableau suivant les largeurs de la voie charre-

raître, les ingénieurs des turcies de la Loire en ont relevé le plan et dressé l'élévation géométrale dont nous avons eu déjà plusieurs occasions de parler. L'élévation vue d'amont (fig. 3, pl. VII), réduite du plan original, accuse distinctement et sans qu'il y ait la moindre équivoque dix-huit arches, dont trois de plein cintre ont une origine moderne qui n'est pas antérieure au XVII° siècle, ainsi qu'on le verra en leur lieu : les trois arches en arc brisé sises entre le Châtelet et les mottes datent du commencement du XV° siècle et ont été reconstruites en même temps que les trois arches sises entre la Belle-Croix et la forteresse des Tourelles, qui avaient été minées et rompues au moment du siège des Anglais, en 1428 et 1429. C'est aussi ce que nous indiquera l'étude chronologique du monument. Quelques autres arches remontent au XIV° siècle et la plupart, certainement, jusqu'au commencement du XII°, date de l'établissement du pont. Il est donc permis d'affirmer que, depuis son origine jusqu'à sa démolition, le pont des Tourelles n'a présenté que des voûtes en

tière de quelques-uns des ponts dont il est fait mention dans les chapitres précédents :

Pont des Treilles à Angers, sur la Maine	3m 00
— d'Angoulême, sur la Charente	3, 60
— d'Albi, sur le Tarn	4, 00
— de Chabannais, sur la Vienne	4, 00
— de Confolens, —	4, 00
— de Limoges, — (Saint-Étienne)	4, 10
— de Cognac, sur la Charente	4, 20
— d'Avignon, sur le Rhône	4, 26
— de Cahors, sur le Lot (Valentré)	4, 40
— du Saint-Esprit, sur le Rhône	4, 55
— d'Angers, sur la Maine (Grand-Pont)	5, 00
— de Carcassonne, sur l'Aude	5, 00
— de Béziers, sur l'Orb	5, 60
— de l'Arche, sur la Seine	6, 82
— de Cé, sur la Loire (pont Saint-Aubin devant le château)	7, 00
— de Blois, sur la Loire	7, 00
— de Jargeau, sur la Loire	7, 00
— de Tours, sur la Loire	7, 50
— de Metz, sur la Moselle	8 à 9, 00
— de Saumur, sur la Loire	9, 00
— de Beaugency, sur la Loire	9 à 10, 00
— d'Orléans, sur la Loire	9, 20

arc brisé, sauf les trois de plein cintre qui sont relativement modernes. Cet édifice ne paraît pas avoir subi des vicissitudes aussi nombreuses que celles qui ont laissé leur empreinte sur les ponts de Tours, de Blois, de Beaugency, de Jargeau. Sauf la catastrophe qui a signalé l'hiver de 1434 à 1435 par le renversement des arches d'entre le Châtelet et les mottes, que l'on remplaça par cinq autres, dont quatre de plus grande portée, en arc brisé, attenantes aux mottes, l'ensemble des arches du pont des Tourelles se présentait, au moment de sa démolition, vers le milieu du XVIII° siècle, à peu près sous la forme originaire que lui avaient donnée les architectes hydrauliciens et les maîtres des œuvres du commencement du XII° siècle. Nous disons que toutes les voûtes étaient établies sur le type de l'arc brisé, parce que, à cette époque, ce type était depuis plus d'un siècle entré dans la pratique courante de la construction des voûtes des basiliques et des monuments religieux (chapitres IX et X), et que plusieurs édifices hydrauliques, tels que les ponts d'Albi, d'Angoulême, de Tours, de Blois, de Beaugency, pour ne citer que ceux-là, portaient déjà le *sigillum* caractéristique de la nouvelle méthode, c'est-à-dire du type en arc brisé qui était devenu le sujet dominant des préoccupations, des études et des essais des architectes du XI° siècle. Si, ce qui n'est pas contestable et ce que confirme d'ailleurs l'histoire du monument postérieure au XIV° siècle, plusieurs piliers et leurs voûtes furent renversés par les eaux et les glaces, dans l'intervalle trois fois séculaire qui sépare l'époque de sa construction de celle à laquelle apparaissent les premiers documents authentiques consignés dans les comptes du pont, de forteresse et de commune, qui sont comme les annales de ce monument national, il n'est pas probable que les architectes hydrauliciens se soient écartés des formes antérieures et qu'ils se seront, au contraire, appliqués à reproduire à peu près fidèlement ; car il faut arriver jusqu'au XVII° siècle, à l'année 1628, pour y trouver la première substitution de l'arc en plein cintre à l'arc brisé, dans les voûtes du vieux pont d'Orléans. L'extrême rareté d'hommes de l'art simplement capables de réparer un accident et de reconstruire quelques piliers renversés, au commencement du XVe siècle, ainsi que nous le verrons plus loin, exclut d'ailleurs l'idée qu'ils aient cherché, avant le XIVe, à rien innover en matière de voûtes, surtout dans une période où l'arc brisé régnait à peu près exclusivement dans les régions voisines de l'Orléanais et produisait des merveilles sous la forme des magnifiques basiliques de l'Ile-de-France, dont les voûtes en arc brisé surpassent tout ce que l'art du moyen âge a créé de plus hardi et de plus admirable au double point de vue de l'élégance et de la stabilité.

CHAPITRE XVIII

SUITE DE LA PÉRIODE CAPÉTIENNE ET FÉODALE

Suite du pont des Tourelles d'Orléans à la fin du XIVe et au commencement du XVe siècle. — Des moulins annexés au pont. — Des mottes Saint-Antoine et des Poissonniers. — Description de l'hospice Saint-Antoine et de la Chapelle-du-Pont, et dispositions militaires de ces deux édifices — Description du palais ducal du Châtelet. — Description de la forteresse des Tourelles. — De la corrélation militaire du Châtelet et des Tourelles avec le pont et le système des défenses de la ville à la fin du XIVe et au commencement du XVe siècle.

Comme la plupart des grands ponts du moyen âge, celui d'Orléans fut accompagné de moulins de deux espèces, que l'on distinguait sur la Loire par les noms de moulins *pendus* (1) et moulins à *baich* (2) ; les premiers étaient installés dans des cages fixes ; les seconds, montés sur bateaux simples ou doubles (3), étaient aussi appelés moulins à nef ou sur bateaux. Les moulins pendus se subdivisaient

---

(1) Le pont de bois (provisoire) rompit depuis la ville jusqu'aux *molins penduz*. (Comptes du pont, Archives municipales, année 1435.)

(2) Les Anglais coulèrent à fond douze moulins à nef qui étaient en amont de la tour neuve, vers le 15 octobre 1428, à coups de canon et de bombarbes mis en batterie sur la turcie de Saint-Jehan-le-Blanc. (*Journal du siège d'Orléans*)

On conduit les *molins à baich* vers la ville de dessoubz le pont où ils estoient. (Comptes du pont, années 1477 à 1479.)

(3) Le moulin du Mardereau était monté sur deux chalans. (Chanoine Dubois, *Manuscrits sur l'histoire d'Orléans*, tome III.)

en deux types : ceux dont la cage faisait corps en quelque sorte avec le pont, et ceux dont la cage n'était simplement qu'adossée contre la face d'aval. L'arche Camuse attenante à la motte Saint-Antoine (figure 3 de la planche II), présente le dispositif de ce premier type : plusieurs moulins pendus étaient installés à la suite les uns des autres sur cette arche, tant en amont qu'en aval du pont (1). Dans le second type, les bâtiments des moulins ne faisaient pas corps avec les maçonneries des ponts. Nous n'avons pu découvrir de vestiges de ce second type sur le pont d'Orléans (2) et nous ignorons si des moulins de cette espèce y ont été installés.

Les moulins à nef étaient placés, les uns sous les arches, les autres à la suite et en aval et amarrés aux piliers avec des chaînes (3). En l'année 1388, on avait dû faire retirer les moulins à nef qui stationnaient sous les arches. L'un d'eux, appartenant à la Maison-Dieu d'Orléans, dut être déplacé en 1405, à cause des dégradations qu'il causait aux fondations des piliers, dégradations que l'on fit constater par un plongeur (4). Enfin, il est certain qu'au commencement du XVe siècle, les moulins appelés de l'Aumosne et du Mardereau stationnaient sous le pont, puisqu'il a fallu réparer les orgeaux des deux piliers entre lesquels ils étaient installés (5).

Nous avons vu, chapitre XVI, que la charte de Louis VII, de l'année 1176, mentionnait l'existence des moulins royaux sur le pont d'Orléans, *in molendinis nostris in ponte*, moulins dont les patentes de la reine Ysamburge et de saint Louis

---

(1) Nous avons signalé, dans les chap. X et XI, des dispositions analogues pour les moulins des ponts de Tours, de Saumur, des Treilles, à Angers, dont les cages étaient soutenues par des murailles faisant corps avec ces ponts.

(2) Le vieux pont de Blois (fig. 3, pl. VI, chap. X), les ponts de Cé (chap. XI), les ponts de l'Arche et de Vernon, présentaient des exemples bien caractérisés de ce second type. On accédait à ces moulins par la voie charretière des ponts.

(3) Les moulins de l'Hôtel-Dieu étaient attachés au pont avec des chaînes. (Comptes du pont, années 1404 à 1407.)

(4) Comptes du pont et de l'hôpital Saint-Antoine. — VANDEBERGUE DE VILLIERS, tome II.

(5) Comptes du pont, années 1419, 1422, 1425.

de l'année 1233 ont confirmé l'identité dans les mêmes termes : *post molendina nostra in ponte*. En l'année 1310, on dut faire des réparations importantes aux moulins pendus appartenant aux rois de France (1), c'est-à-dire à ceux que les chartes des XII⁰ et XIII⁰ siècles ont signalés et que la débâcle des glaces de l'hiver de 1434 à 1435 entraîna, au nombre de trois, avec six arches du pont entre le Châtelet et la motte Saint-Antoine : la septième arche, qui fut à peu près épargnée dans ce cataclysme, était occupée par le moulin du duc d'Orléans (2).

Aucun des documents contemporains que nous avons pu consulter ne nous a permis de découvrir les emplacements qu'occupaient les moulins sous les arches du pont qui furent successivement la propriété du roi, de la Maison-Dieu, Hôtel-Dieu ou maison des pauvres, et des ducs apanagistes (3). La charte de l'année 1233 dit que le moulin à nef de l'hôpital des pauvres sera installé sous le pont à la suite des moulins royaux. Mais où étaient ces derniers? L'arche qui fut épargnée dans le cataclysme de 1434 à 1435 était occupée par les moulins du duc ; cette arche, qui était la seconde à partir du Châtelet (figures 2, 3, planche II) (4), fixe bien la situation de ce moulin, mais quant aux autres, les documents contemporains nous laissent dans une complète incertitude. Nous inclinons à croire que c'était principalement dans le bras du fleuve situé entre le Châtelet et la motte Saint-Antoine, que devaient se trouver tous les moulins, moulins à cage fixe et moulins à nef; les uns sous les arches, excepté celle du pont-levis du Châtelet et la mestre arche navigable ; les autres, soit sous les arches, à la suite les uns des autres, soit en aval, amarrés aux piliers du pont. Une

---

(1) VANDEBERGUE DE VILLIERS, Extraits des archives des Hospices d'Orléans.

(2) Chanoine DUBOIS, *Manuscrits sur l'histoire d'Orléans*, rapporte que le moulin de l'aumosne « estait soubz le pont » et que pendant le siège des Anglais les bateaux amenaient du blé que l'on montait par la trappe de ce moulin. L'Hôtel-Dieu et l'hospice Saint-Antoine possédaient aussi des moulins « soubz le pont ». (Tomes II et III, Bibliothèque de la Ville.)

(3) Chartes de 1176 et 1233. — Comptes du pont, 1419-1422, 1435.

(4) Comptes du pont, registres des années 1450 à 1452.

considération hydrographique locale semble devoir confirmer cette opinion, car les amorces des duits barrant plus ou moins le courant des grands bras entre la motte Saint-Antoine et la rive gauche de temps immémorial (chap. IV, V et pl. III), ces moulins y auraient été exposés à de fréquents chômages; d'où il suit, qu'à défaut de témoignages décisifs, le simple raisonnement, appuyé sur le plan des lieux, donnerait à cette opinion un degré de probabilité équivalent presque à une certitude (1). Nous renvoyons le lecteur aux chapitres XI et XVI, où il trouvera le complément des explications qui précèdent. Ajoutons seulement que l'incendie détruisait assez fréquem- ment les moulins du pont et notamment ceux qui étaient installés sous les arches voisines de l'hôpital et que les usines de bois occasionnaient sans doute ces sinistres aussi souvent que les immondices qui étaient accumulés sous ces arches (2).

Le pont des Tourelles était divisé, avons-nous dit, dans sa longueur par un îlot qui reçut de main d'homme des accroissements successifs.

Au XIVᵉ siècle, on le considérait comme une alluvion qui s'était agrandie, lentement et progressivement, dans l'intervalle des années 1329 à 1386 (3) ; mais au commencement du XVIᵉ siècle, on soutenait que les deux mottes dites de Saint-Antoine, en amont du pont et des Chalands-Percés ou des Poissonnières, en aval, et l'îlot formé par leur juxtaposition étaient un ouvrage de main d'homme (4). « La place,

---

(1) Vergnaud a figuré sur un plan du pont des moulins entre la motte Saint-Antoine et les Tourelles. (*Histoire d'Orléans*, tome II, page 436.) Nous ne sommes pas en mesure de contester le fait matériel, qui n'est appuyé sur aucun document justificatif. Il ne serait pas impossible qu'à de certaines époques, relativement modernes, en considération de l'augmentation de la population et de l'insuffisance des emplacements situés entre la motte Saint-Antoine et le Châtelet, on eût installé, sur l'autre bras, des moulins dont la marche aurait été souvent interrompue par la raison que nous venons de faire connaître.

(2) Comptes du pont et de l'hôpital Saint-Antoine, années 1380, 1390, 1392 et 1405. (Archives des Hospices.)

(3) Archives des Hospices d'Orléans.

(4) Extrait du Cartulaire et rôles y annexés du pont d'Orléans et de l'hôpital Saint-Antoine, 1344 à 1571. (Archives des Hospices d'Orléans.)

« disait-on en 1502, située le long de la motte des Chalands
« percés, où fut establi le marché au pain n'estoit ysle,
« ains une gectée de terreaulx et immondices faictes de
« main d'omme et depuis trente ans en ça, audevant duquel
« temps ne y avoit que l'eaue de la rivière de Loire et ung
« degré (1) pour descendre aux dictz chalans persez et par
« ce ne devoit être repputée ysle ne escreue comme née en
« la dicte rivière ou par alluvion augmentée (2). » A notre
avis, d'après l'examen et la connaissance des lieux, ainsi que
l'étude des documents contemporains, l'îlot existait avant
l'établissement du pont et son périmètre délimité par les
pilotis 14 bis, figurés sur la fig. 2 de la planche II, sont
venus rétrospectivement confirmer cette opinion. l'îlot primitif a été formé insensiblement par la Loire et agrandi
successivement de main d'homme, jusqu'à devenir tel que le
plan du XVIIIe siècle nous le montre à son dernier état
(fig. 3, de la pl. II), avant qu'il ait été détruit lui-même avec
le pont, ainsi qu'on le verra ultérieurement.

Dès le XIVe siècle, on apercevait déjà sur la motte des
Poissonnières quelques maisonnettes de pêcheurs peu élevées au-dessus de la Loire, et qui étaient submergées
souvent par ses crues. Au commencement du XVe siècle, les
chalans percés ou boutiques à poisson, qui stationnaient le
long des murailles de la ville, et faisaient obstacle au libre
passage des eaux, furent conduits à la rive de la motte, en
aval du pont, pour y être attachés à demeure. Avec le
concours de la ville, les poissonniers rétablirent l'escalier de
pierre qui était contigu aux bâtiments de l'hospice, pour
faciliter la descente du pont sur la motte aux points précités *l*, *m*, de la figure 3 de la planche II (3). Mais on ne
se borna pas à reconstruire l'escalier de pierre, et l'on songea

---

(1) Ce degré ou plutôt ces degrés existaient entre les points *t* et *m* de la fig. 3, pl. II.

(2) Au sujet d'un procès engagé entre les proviseurs du pont et l'un des fermiers des maisons sises sur la motte des Poissonnières, on présentait en 1574 la même observation. (VANDEBERGUE DE VILLIERS, *Manuscrits sur la ville d'Orléans*, loc. cit., tome II.)

(3) Comptes de commune et de forteresse, années 1415 à 1416. (VANDE-BERGUE DE VILLIERS, loc. cit , tome I, Archives des Hospices, 1386.)

pour la première fois à l'éventualité d'une attaque du pont par ce côté : on se proposa donc de présenter un sérieux obstacle à un ennemi qui, venant de la Sologne et tournant la forteresse des Tourelles, aurait, à la faveur des eaux basses ou d'embarcations, traversé le fleuve et, prenant pied sur la motte, aurait pu arriver sur le pont et pénétrer dans la ville par un coup de main hardi. Le Gouverneur fit donc établir à l'entrée de la motte, dans l'intervalle *t*, *m* qui séparait les murs de l'hospice du bâtiment *f*, un pont-levis avec un fossé muraillé, dont la fig. 12 de la planche I représente le dispositif et que les comptes de forteresse et de commune, ainsi que les comptes du pont, désignent expressément par le nom de *pont-levis des Poissonniers* (1).

A l'orient de la voie charretière du pont, se trouvait l'autre motte dite de Saint-Antoine (2), ainsi désignée de la chapelle qui y était érigée sous ce vocable. La chapelle et l'hôpital avaient été bâtis en regard l'un de l'autre (fig. 3, pl. II, et fig. 11, pl. I) (3). La chapelle avait son chevet tourné vers l'orient et l'hôpital touchait à la Loire, par le côté qui regardait la Sologne, vers la première arche du pont en partant de la motte. A l'origine des choses, la chapelle fut la seule construction sur l'îlot de Saint-Antoine, à l'orient du pont, et ce n'est, avons-nous dit, que vers le XIVe siècle que l'on vit des habitations de pêcheurs s'élever sur l'autre motte, celle des *Poissonniers*. Dans les documents du XIVe siècle, l'hôpital est désigné par les noms de Saint-Antoine, *sur* ou *sous* le pont et de l'hospice dans la rivière (4). Ces désignations

(1) Comptes de commune et de forteresse, années 1417 à 1418. — Comptes du pont, années 1435, et 1438 à 1440.

(2) Cette partie de l'Ile fut appelée dans les siècles suivants, par exemple en 1501, du nom de l'Ile des Cordiers, parce que ces artisans y exerçaient leur état. (VANDEBERGUE DE VILLIERS, tome I.)

(3) Polluche dit que la chapelle était « tout devant » l'hôpital Saint-Antoine. (*Essais historiques sur Orléans*.)

(4) Sur la fin du XIVe siècle, la gouvernante de l'asile des pauvres étai Marguerite de la Chaumette, qualifiée maîtresse de l'Hôtel-Dieu, qui est dans la rivière vis-à-vis la ville et sous le pont. La règle portait que la maîtresse de l'hospice recevait pour sa rétribution annuelle cent sols parisis. Au milieu du XVe siècle, en 1452, la titulaire était Guillemette Desforges. Au commencement du XVIe, en l'année 1527, la garde de l'hospice était confiée à un

sont d'une rigoureuse précision : le corps de l'hospice, en effet, était assis à la fois sur et sous le pont, puisqu'on y arrivait par la voie charretière et qu'il se trouvait en aval, c'est-à-dire au-dessous du pont ; il était donc dans la rivière puisqu'il reposait sur un îlot, et que la partie des habitacles située au niveau de l'île des *Poissonniers* se trouvait, à vrai dire, dans la rivière, car les eaux, pendant les crues de la Loire, envahissaient les locaux occupés par les malades, les pauvres et les voyageurs qu'elles en chassaient, non sans y laisser de leur passage des traces insalubres et causer de sérieux dommages. Cette position défectueuse des locaux inférieurs, représentée par la fig. 11 de la planche I, a été conservée jusqu'à la fin du moyen âge, et peut-être aussi, comme l'institution elle-même, jusqu'à l'époque de la démolition du pont ; car la crue de la Loire, survenue en l'année 1527, pénétrait dans cette partie des bâtiments qu'il fallut nettoyer à grands frais ; pareil inconvénient se reproduisait à chaque crue qui atteignait ou dépassait le niveau de celle de 1527. Le corps de l'hospice Saint-Antoine qui, à l'origine, consistait en un modeste asile, que la ville d'Orléans s'était engagée à bâtir pour y recevoir les pauvres pèlerins et autres passants et leur donner le gîte et le couvert pour une nuit seulement, en échange du terrain des mottes que leurs propriétaires avaient abandonné gratuitement à cette intention, ce modeste asile, disons-nous, s'agrandit dans la suite des siècles (chapitre XXIII) par les reconstructions sucessives et par l'annexion des bâtiments voisins, et il fut entouré d'une cour, d'un préau et d'un jardin (1). Quant à la chapelle, elle avait été, dès le com-

---

homme qualifié gouverneur de l'Ostel Dieu Sainct Anthoine estant sur le pont. En 1702, la titulaire était sœur Françoise, qualifiée sœur des passants. (Archives des Hospices d'Orléans.)

(1) Les chapelles sur les ponts étaient placées sous différents vocables : saint Jacques, à Beaugency ; saint Pierre, sainte Marie et saint Fiacre, à Blois ; saint Jacques, à Tours ; le Saint-Sacrement, à Saumur ; saint Nicolas, aux Ponts-de-Cé ; saint Martin, à Rouen ; saint Nicolas, aux ponts d'Avignon et du Saint-Esprit ; sainte Catherine, à Montauban ; Notre-Dame, à Bergerac. Saint Jacques était le patron des pèlerins ; saint Nicolas, celui des mariniers. A Orléans, la chapelle et l'hospice du pont étaient placés sous le vocable de

mencement du XVe siècle, qualifiée église dans le testament de l'un des bienfaiteurs de l'œuvre (1).

La chapelle et l'hospice Saint-Antoine du pont ont été fondés par une inspiration chrétienne, qui honore particulièrement les siècles de foi héroïque, l'amour du prochain, matérialisé en quelque sorte sous la forme de l'assistance donnée aux voyageurs, aux malades et aux indigents au prix des plus grands sacrifices et quelquefois de la vie : ces deux édifices jumeaux étaient comme le sigillum et la marque de fabrique auquel on reconnaissait, non seulement les œuvres des Frères hospitaliers pontifes de la Provence, dont saint Bénézet fut la plus haute et la plus vénérable personnification, mais aussi des œuvres similaires que l'esprit de charité et de fraternité chrétiennes avait fait éclore sur un grand nombre de points du sol de la Gaule franque, en Italie, en Espagne, en Angleterre, jusque dans les pays septentrionaux (2) les plus reculés, avant comme après les merveilles accomplies par l'architecte thaumaturge du Vivarais.

---

saint Antoine, grand patriarche de la Thébaïde, qui fut, au moyen âge, « le titulaire d'un des premiers ordres hospitaliers, les Antonins, la plus ancienne institution des corps hospitaliers. Le blason des hôpitaux était une béquille ou potence représentée par la robe de saint Antoine comme le signe de leur destination qui était de donner leurs soins aux malades et aux impotents. » (Le père CAHIER, *Caractéristique des Saints*.) — Les hospices placés sous le vocable de saint Antoine jouissaient du privilège de laisser les pourceaux qui leur appartenaient vaguer à l'abandon dans les rues des villes, sous la condition de leur attacher une sonnette au cou. La liberté dont jouissaient les habitants de laisser les animaux parcourir les rues fut restreinte en faveur des pourceaux des hospices de Saint-Antoine destinés à l'alimentation des pauvres recueillis dans ces asiles, à la suite sans doute de la mort accidentelle du fils de Louis le Gros occasionnée par une chute que fit ce jeune prince dans les rues de Paris, en 1129 : un pourceau s'était jeté dans les jambes du cheval qu'il montait. Les règlements de police subséquents portèrent interdiction de laisser vaguer les animaux à l'abandon, excepté les pourceaux des hospices de Saint-Antoine. (Le père CAHIER, *loc. cit.* — *Historiens des Gaules*, tome XII, page 219. — VERGNAUD, *Histoire d'Orléans*, page 343.)

(1) Testament de Jehan Dubuisson, du 4 décembre 1404, dont il sera parlé ultérieurement. Polluche enseigne que cette chapelle n'a pas été un bénéfice et qu'elle a toujours été annexée à l'hôpital Saint-Antoine, et qu'elle a été longtemps desservie par des religieux augustins.

(2) GRÉGOIRE, *Recherches historiques*, loc. cit. — CANRON, *Vie de saint Bénézet*. — BRUGNIER-ROURE, *Les constructeurs des ponts au moyen âge*.

Le pont d'Orléans fut donc, depuis son origine, à l'exemple de la plupart des grands ponts du moyen âge, flanqué en quelque sorte de la chapelle et de l'hospice, qui demeureront ses deux satellites fidèles et pacifiques, entre lesquels le voyageur passait avant de pénétrer dans l'enceinte de la ville aurélienne, jusqu'au jour où le pont, la chapelle et l'hospice disparurent dans un commun cataclysme, vers le milieu du XVIII° siècle.

L'hôpital et la chapelle, placés originairement sous le vocable de saint Antoine, furent désignés, durant le cours de leur coexistence, par le même nom, les chartes, les chroniques et les comptes municipaux ne leur en donnant pas d'autre. Mais l'hôpital, ou l'aumosne Saint-Antoine du pont, ne fut pas la première institution hospitalière créée dans la ville aurélienne : dès le IX° siècle, le grand évêque Théodulfe, l'ami et le conseiller de Charlemagne, y avait établi, à l'intention des pauvres et des passants étrangers, un hospice dont ses poésies nous ont conservé la touchante description : « Que le pauvre affamé, dit-il, y trouve à man-
« ger ; le pauvre altéré, à boire ; le pauvre dépouillé, des
« vêtements ; le voyageur fatigué, le repos ; le malade, un
« remède ; le malheureux, la joie : que ce lieu devienne un
« asile pour tous les besoins, et que, sous les auspices du
« Père qui est aux cieux, ses portes s'ouvrent à tous, ci-
« toyens et étrangers ! O voyageur, qui entres sous ce toit,
« n'oublie pas Théodulfe, qui avec l'aide de Dieu a bâti cet
« hospice (1). » Ces prescriptions étaient, comme celles du concile d'Aix-la-Chapelle de l'année 816, renouvelées des antiques usages de la primitive Église. A partir de la renaissance de l'an mil, les institutions hospitalières prirent dans la Gaule franque un rapide développement, et c'est à l'origine du XII° siècle, époque de la construction du pont d'Orléans, que se place naturellement la création simultanée de l'hospice Saint-Antoine et de sa chapelle (2). Si les

(1) *Theod. appendix, carm. X, in Xenodochio*. — L'abbé BAUNARD, *Vie de Théodulfe, évêque d'Orléans*, 1860.

(2) Le chanoine Dubois croit que l'hôpital Saint-Antoine existait sur l'île de ce nom avant la construction du pont des Tourelles ; le pont de la Loire,

annales contemporaines n'ont laissé aucun indice, ni sur le lieu, ni sur les aménagements de l'hospice de Théodulfe, l'on peut affirmer que son institution subsista après lui, sous une forme ou sous une autre, et que l'œuvre ne disparut pas avec son créateur. Au XIIe siècle, un doyen du Chapitre de Sainte-Croix, du nom d'Étienne de Garlande, possédait une maison contiguë à l'église cathédrale, aux murailles de l'ancienne cité et à la porte Parisie (fig. 1, pl. I); il en fit abandon, sous la condition que l'on y établirait, pour y recevoir les malades, un asile auquel on donna le nom d'Infirmerie des Chanoines, et qui devint plus tard l'Hôtel-Dieu d'Orléans (1). Les rois et les évêques, les chanoines et les chapitres, les seigneurs et les bourgeois firent de grandes largesses au profit de l'Hôtel-Dieu. Dès l'année 1112, par exemple, grâce à la munificence du roi Louis le Gros, une *léproserie* était établie au nord de l'église Saint-Paterne et aux environs de laquelle on voyait s'élever un asile, connu sous le nom d'*aumosne* des garçons, pour recevoir les hommes et les enfants mâles. Les femmes et les filles trouvaient un refuge à l'*aumosne* ou *hôpital Saint-Paul*. Enfin, les pauvres passants et les pèlerins avaient un asile toujours ouvert dans l'*aumosne des étrangers dite de Saint-Antoine du pont*. C'est ainsi que, dans la vieille cité aurélienne, les malades et les infirmes, les indigents et les voyageurs nécessiteux étaient recueillis. Quelles que soient donc les dates précises de la fondation de ces refuges, l'on ne saurait en contester l'ancienneté : les choses durèrent en cet état sans de grands changements jusqu'au règne de Henri II. Au cours de l'année 1556, les bourgeois d'Orléans, réunis en assemblée générale, décidèrent que, désormais, il y aurait trois asiles ou hôpitaux distincts, savoir: *l'hôpital Saint-Antoine* sur le pont,

selon cet annaliste, n'ayant pas toujours occupé l'emplacement que nous lui connaissons (chap. IV, V, VIII), un hôpital destiné aux voyageurs, aux pèlerins et aux pauvres passants aurait été singulièrement placé sur une île à laquelle on n'aurait abordé qu'en barque ou au moyen d'un pont particulier placé à côté de celui qui aurait traversé la Loire dans le prolongement de la rue de la Poterne. Cette hypothèse ne se soutient pas. (*Manuscrits sur l'histoire d'Orléans*, tome V.)

(1) VERGNAUD, *Histoire d'Orléans*.

destiné aux mendiants valides, étrangers, passants, lesquels seraient tenus de déguerpir après un jour, sous peine de la hart ou de la corde (1), à moins qu'ils fussent malades, auquel cas ils devaient être transportés au grand Hôtel-Dieu près la cathédrale ; *l'hôpital Saint-Paterne* et *l'hôpital Saint-Paul*. Les lettres patentes confirmatives de cette délibération réglementèrent l'administration de ces asiles qui fut déléguée à une commission composée de dix-sept membres, appelés commis de l'aumosne, savoir : trois députés du corps de justice, trois du clergé, un docteur de l'Université, deux échevins et huit bourgeois ; une taille fut levée pour subvenir aux dépenses de ces établissements. Après les troubles religieux du XVIe siècle, Charles IX, répondant aux sollicitations des administrateurs et commis de l'aumosne, leur délivrait des lettres patentes, qui rétablissaient même par voie de justice la taille des pauvres, tombée en désuétude durant les troubles. Mais ces essais de reconstruction manquèrent d'efficacité et, dès l'année 1625, on dut ouvrir une vaste enquête pour réformer en l'améliorant le régime en vigueur. Louis-Philippe II d'Orléans prépara le règlement organique de l'hôpital général, à l'usage des pauvres de l'un et de l'autre sexe. Tous les biens et revenus des hôpitaux particuliers devaient être désormais réunis et confondus. Les lettres patentes de Louis XIV, données au cours de l'année 1672, approuvaient le règlement ducal et l'abolition de la taille décrétée par Henri II ; les bâtiments de cet hôpital général furent construits sur les terrains de l'arsenal, où nous les voyons aujourd'hui (fig. 1, pl. I).

Nous avons dit que l'hôpital et la chapelle furent, durant leur longue existence, désignés en quelque sorte par le même nom. Si nous ne possédons pas de titres qui justifient cette communauté depuis l'origine du pont, du moins en

---

(1) Cette prescription paraît être fort ancienne, car Louis XII l'avait déjà renouvelée dans un édit de l'année 1501. Singulier mélange de charité et de rigueur impitoyable auquel le bon évêque Théodulfe n'avait certes pas songé en instituant son hospice, sept siècles auparavant ! Cette disparate fait naître de tristes réflexions sur l'état moral comparé de la nation à ces deux époques.

existe-t-il qui remontent à la première moitié du XIV⁰ siècle. Ainsi dans les plus anciens titres portant les millésimes de 1360, 1364, 1370 et 1389 (1), on lit que la gestion des biens de l'hôpital Saint-Antoine et du pont est confiée à des maîtres, proviseurs, gouverneurs, qui sont ainsi qualifiés, soit ensemble, soit séparément, et au premier feuillet d'un manuscrit contenant l'indication des titres, des biens et des recettes de l'hôpital Saint-Antoine et du pont, composé entre les années 1446 et 1571 (2), on trouve une feuille veloutée en parchemin d'environ « deux aulnes de longueur et « dix pouces de largeur », qui est l'inventaire détaillé des mêmes titres à la date de la fête de la Toussaint de l'année 1344 (3). Il n'est pas téméraire de soutenir que l'indivision et la communauté des biens de l'hospice et du pont remonte à l'origine du pont lui-même, puisque les revenus propres à ces deux établissements furent constitués, ainsi que nous le verrons successivement, par la confusion des biens meubles et immeubles affectés à l'entretien et aux réparations de l'hôpital Saint-Antoine et du pont, conformément à la volonté expresse des bienfaiteurs de ces institutions, lesquelles ont dû naître vers la même époque, et ont vécu inséparables jusqu'au milieu du XVIII⁰ siècle, qui les vit disparaître en même temps.

De même que l'existence morale du pont fut liée à celle de l'hospice Saint-Antoine, de même aussi celle de la chapelle, érigée sous le vocable du même patron, fut inséparable de celle de l'hospice, de sorte que ces trois édifices, le pont, l'hospice et la chapelle, constituaient une sorte d'unité morale et de corps indivisibles. Durant de longs siècles il fut pourvu à l'entretien et aux réparations matérielles de ces trois édifices par les mêmes administrateurs, qui payaient toutes les dépenses à l'aide des mêmes revenus dont nous ferons

---

(1) Comptes de l'hôpital Saint-Antoine et du pont ; manuscrits de VANDE-BERGUE DE VILLIERS, tome II. (Archives des Hospices d'Orléans.)

(2) *Livre martyrologe ou marteloge du Cartulaire fait du pont d'Orléans et de l'hôpital d'y cellui et de la chapelle Sainct Anthoyne*, volume de 300 feuillets en parchemin. (Archives des Hospices.)

(3) Manuscrits des XV⁰ et XVI⁰ siècles. (Archives des Hospices.)

connaître en leur lieu la provenance, les sources et la nature.

Si la comparaison des ponts contemporains de celui des Tourelles d'Orléans permet de reconstituer, approximativement au moins, la structure de cet édifice national aux diverses phases de son existence, postérieurement aux premières années du XV° siècle, les mêmes moyens nous font défaut pour rendre aux bâtiments de l'hospice et à la chapelle leur physionomie architecturale caractéristique. Nous ne l'essaierons donc pas et nous nous sommes borné à représenter les lignes et les dispositions principales que pouvaient comporter ces deux édifices vers le commencement du XV° siècle, à l'âge héroïque du pont des Tourelles, sauf à faire connaître ensuite, dans leur ordre chronologique, les modifications qu'ils ont subies depuis cette époque jusqu'à la fin du XVIII° siècle. On peut voir, sur les figures 2 et 3 de la planche II, l'assiette de l'hospice et de la chapelle. Sur la figure 11 de la planche I, un profil pris en travers de la voie charretière du pont représente l'intérieur du bâtiment principal de l'hospice avec ses aménagements par étage, sa descente du rez-de-chaussée sur la motte des Poissonnières, son accès sur la voie du pont, enfin sa galerie couverte qui, passant par-dessus cette voie, établissait une communication (1) entre les bâtiments de l'hospice et la chapelle elle-même, dont la voûte supportée par des colonnes était couronnée d'un campanile en pierre. C'est probablement l'importance et l'élégance de la construction de cet édifice religieux qui lui firent donner, par l'un des bienfaiteurs de l'œuvre du pont, le nom d'église, au portail de laquelle on voyait, au commencement du XV° siècle, une statue de la sainte Vierge surmontant un tronc destiné à recevoir les aumônes faites à l'inten-

---

(1) Cette galerie couverte pouvait avoir dix mètres de longueur. Elle est mentionnée dans les Comptes du pont des années 1438 à 1440, époque à laquelle elle était couverte en ardoise. On pourrait inférer de certains passages assez obscurs des Comptes du pont des années 1425 à 1428 qu'il a existé une communication sous la voie du pont, entre les bâtiments à l'orient et ceux de l'aumosne à l'occident.

tion de cette œuvre, sur laquelle nous reviendrons plus loin (1).

Après la funeste bataille d'Azincourt, les Anglais, partout victorieux sous la bannière de Henri V, et maîtres de la Normandie, du Poitou, de la Guyenne, de la Picardie, de la Champagne, alliés aux ducs de Bourgogne et de Bretagne, menaçaient Paris et les provinces centrales ; c'est alors, sans doute, que les Orléanais se hâtèrent de mettre leur ville en meilleur état de défense. Il n'y avait eu, paraît-il, jusque-là, que de simples barrières en avant des cinq portes de la ville. Les bourgeois prirent la résolution d'établir des boulevards et, dès l'année 1417, deux ans après le désastre d'Azincourt, ils se mirent à l'œuvre ; Étienne Gaudin et Étienne Paré, « maistres des œuvres du duc d'Orléans » (2), dressèrent les plans de ces boulevards et de la grande bastille, construite presque toute en bois sur la motte Saint-Antoine (3). Cette bastille, dont il ne nous est resté aucune description, prenait un point d'appui, à l'occident du pont, sur les bâtiments de l'hôpital et, à l'orient, sur la chapelle Saint-Antoine (figure 1, planche II et figure 1, planche VII). Nous reviendrons sur la position et la constitution de cette bastille au chapitre XXIII, en parlant de celle du boulevard de Saint-Antoine, qui en était fort rapprochée. Les basses fenêtres de l'hôpital et celles de la chapelle furent, sans doute, vers l'année 1417 ou 1418, munies de grillages de fer et mises à l'abri d'une escalade. Le pont était fermé du côté des Tourelles par une porte munie d'un guichet et consolidée par des barres de fer. Deux ans plus tard, les procureurs de ville firent élever un campanile (campanier) en maçonnerie de pierre de taille, près l'hospice, pour « asseoir une des cloches des sentinelles » (4).

(1) Trouvé au tronc qui est soubz l'ymaige Nostre Dame devant la chapelle du pont, VIII livres XII sols, année 1419. (Archives des Hospices d'Orléans.)
(2) Comptes de forteresse et de commune, années 1417-1418, et chanoine Dubois, tome V. Les cinq portes militaires de la ville étaient celles de Saint-Aignan ou de Bourgogne, à l'orient; Bernier ou Bannier, au nord ; Renart, à l'occident ; du Châtelet et des Tourelles, au midi de la cité.
(3) Cette bastille est masquée, sur la fig. 1 de la planche VII, par le massif des bâtiments de l'hospice Saint-Antoine.
(4) On ignore s'il s'agit du campanile ou clocher élevé sur la chapelle,

Les murs d'enceinte des bâtiments de l'hôpital, au midi, au nord, au couchant, furent percés de meurtrières pour le tir des arcs et des arbalètes et de cannonières, du côté des Tourelles, lors du siège des Anglais, ainsi que nous le verrons au chapitre XXIII. L'escalier de bois ou degré, d'après les documents contemporains (1), qui conduisait de la chausée ou voie du pont sur la motte des Poissonniers et qui avait été construit en 1415, fut défendu par un pont-levis et un fossé muraillé en forme de saut de loup. La porte latérale à la chapelle, qui permettait de descendre de la voie du pont sur le duit, à l'orient, fut remplacée par un simple guichet et la porte de ce même duit masquée par de la maçonnerie. Pour complément de sûreté les clefs des portes furent remises à des bourgeois, afin d'éviter les trahisons ou les surprises (2). Moyennant ces mesures de précaution, la motte à l'orient du pont, entourée de murs, de quai, fut rendue inaccessible à des ennemis extérieurs ; la voie du pont, dans la traversée des mottes, enveloppée de murailles, de pont-levis et de défenses respectables, devenait une sorte d'enceinte fortifiée que nul ne pouvait plus espérer de forcer par un coup de main, pour pénétrer dans la ville. Cet état de choses paraît avoir duré jusqu'après le siège des Anglais en 1428 et 1429 (3).

La figure 1 de la planche VII donne, pour le commencement du XVe siècle, qui fut l'époque héroïque du pont d'Orléans, une représentation graphique assez vraisemblable de l'aspect extérieur des bâtiments de l'hôpital, du côté de la motte des Poissonniers, sauf du pont-levis dont nous n'avons indiqué que l'emplacement avec ses degrés entre les bâtiments et la première maison établie sur l'arche du pont du

près l'hospice, ou d'un autre campanile spécialement destiné à recevoir la cloche des sentinelles et dont la position est inconnue.

(1) Comptes de forteresse et de commune, 9e registre, pour les années 1417 et 1418, et mandements de paiement pour l'année 1415-1416, 1429. (Archives communales et archives de l'hôpital. — VANDEBERGUE DE VILLIERS, année 1415, tome I.)

(2) Chanoine DUBOIS, tomes III et V.

(3) Le pont-levis des poissonniers fut remplacé par un pont dormant après le siège, d'après le témoignage du chanoine Dubois.

côté de la ville ; les figures 2 et 3 de la planche VII reproduisent la disposition du groupe de l'hospice et de la chapelle, vers l'année 1760. Les chapitres suivants nous apprendront les modifications qui furent apportées à tous ces édifices, dans les années qui séparent le siège des Anglais de leur démolition définitive au XVIIIe siècle.

CHAPITRE XIX

SUITE DE LA PÉRIODE CAPÉTIENNE ET FÉODALE

Suite du pont des Tourelles d'Orléans. — Des fondateurs et constructeurs du pont. — Les rois Louis VI et Louis VII et les ducs apanagistes. — La communauté des habitants d'Orléans et des privilèges accordés par les souverains. — Les officiers royaux, le bailli, le prévôt. — Les prud'hommes. — Les procureurs de ville. — Les échevins. — L'évêque d'Orléans. Le clergé séculier et régulier. — Les corporations laïques. — Les aumônes, quêtes et indulgences en faveur de l'Œuvre de l'hôpital Saint-Antoine et du Pont. — Les donations, testaments, legs en faveur de cette Œuvre. — Les proviseurs, maîtres et gouverneurs de l'Œuvre. — Les armoiries de l'Œuvre. — De l'investiture des proviseurs, maîtres et gouverneurs de l'Œuvre. — Des propriétés et des revenus de l'Œuvre.

Nous nous proposons de rechercher dans ce chapitre quels furent les fondateurs et constructeurs du pont des Tourelles d'Orléans, c'est-à-dire, s'il se peut, les noms ou qualités des personnes, corporations et communautés laïques ou religieuses qui ont préparé et réalisé les ressources pécuniaires d'exécution de ce pont, qui est devenu un monument national, par les grands souvenirs qu'il rappelle. Nous allons examiner quelle part auront pu prendre à cette œuvre les rois, la commune, l'évêque, le clergé, et les chapitres institués d'ancienneté dans la ville d'Orléans. Nous ne parlerons que pour mémoire des ducs apanagistes, attendu que ce n'est que deux siècles après la construction du pont et en l'année 1344, que le duché et la ville d'Orléans furent attribués en apanage au fils puîné du roi Philippe de Valois. Par ses lettres patentes, le roi cédait au duc apanagiste et à ses successeurs le droit de nommer le bailli, puis le gouverneur et le prévôt d'Orléans. Charles VI conférait au duc, par ses patentes de l'année 1392, tous les droits et privilèges régaliens, entre autres celui de frapper la monnaie, mais il se réservait expressément tous ceux qui s'étendent sur les églises, cathédrales et autres de fondation royale (1). La construction du pont ne fut donc pas une entreprise ducale ; mais nous verrons que les ducs apanagistes sont intervenus, sous une forme ou sous une autre, dans le règlement des dépenses d'entretien et celles de réparations de cet édifice.

Faut-il reporter aux rois Louis VI ou Louis VII l'honneur et le mérite de cette construction ? La cité aurélienne avait été pendant plusieurs siècles, depuis les premiers âges de la dynastie mérovingienne jusqu'à l'avènement de la troisième race, du VIe au Xe siècle, une ville rivalisant d'importance avec l'antique Lutèce et qui était, après elle, la plus considérable du domaine des Capétiens. Les souverains, qui avaient conservé sur elle toutes leurs prérogatives, n'avaient ni aliéné, ni laissé tomber en désuétude aucuns de leurs droits régaliens. A l'avènement de Hugues le Grand, fondateur de la troisième dynastie, ce prince, en sa qualité de comte d'Orléans, était seigneur utile de cette ville, comme il l'était de Paris et de Laon. Il transmit la couronne de France avec l'intégrité de ses droits sur la ville d'Orléans, à son fils Robert qui y fut couronné et sacré. Devenu roi, Hugues Capet laissa aux seigneurs qui les détenaient les duchés, comtés et châtellenies, à la seule charge d'hommage au souverain et d'assistance à ce dernier en temps de guerre. Les autres provinces eurent leurs ducs et les villes leurs comtes ; mais

---

(1) Symphorien GUYON, pages 115 et suivantes. — LEMAIRE, pages 85 et suivantes. Les prédécesseurs de Charles VI avaient exercé ces droits en maintes occasions ; Louis VII concéda en l'année 1152 à la Congrégation de Notre-Dame-de-Sion l'église de Saint-Samson, bâtie sur les dépendances intérieures des murailles gallo-romaines. En l'année 1100, Philippe-Auguste concéda aux frères de l'hôpital de Saint-Jean-de-Jérusalem l'église de Saint-Sauveur. (BIMBENET, Justices temporelles de Saint-Samson et de Saint-Sauveur, Mémoires de la Société archéologique de l'Orléanais, tome VI, pages 249 et 331.)

celle d'Orléans n'eut ni ducs ni comtes ; elle n'eut que des seigneurs châtelains, comme le furent les évêques, à cause du fief de la tour de la Fauconnerie (1). Les souverains conservèrent donc leur pleine et entière autorité sur la ville et sur les dépendances, qui étaient le domaine royal. Nous avons cité quelques exemples de cette autorité sur des édifices consacrés au culte et bâtis sur les murailles de la ville. Elle s'étendait non seulement sur les édifices religieux, considérés en eux-mêmes quant à leur destination spéciale, mais aussi sur les fortifications dont ils disposaient à leur gré, ainsi que l'histoire nous l'enseigne, de même que sur les ponts qui, comme celui d'Orléans, formaient une des pièces les plus importantes des défenses de la cité (2). Cet édifice se rattachait, en effet, à la muraille de l'enceinte romaine et au palais du Châtelet, domaine royal, qui en était la tête du côté de la ville. Ce pont, muni de portes fortifiées, était défendu du côté opposé par une citadelle connue sous le nom des Tourelles, et il traversait la Loire, qui était aussi de domaine royal non inféodé. Le souverain avait en outre des moulins sur le pont, et les comptes du pont et de l'hôpital Saint-Antoine nous apprennent que ce droit de propriété royale fut maintenu intact jusqu'à la fin du XIV° siècle, époque à laquelle le roi Charles VI transmit au duc apanagiste ses droits régaliens et notamment ceux qu'il exerçait sur les moulins,

---

(1) BIMBENET, *Justice temporelle de l'évêché d'Orléans à cause de la tour de la Fauconnerie*, *Mémoires de la Société archéologique de l'Orléanais* tome VI.

(2) Merlin explique ainsi le sens du mot clôture (enceinte) : « du principe des lois romaines, dit-il, que les clôtures de ville sont une chose sacrée et publique, on a tiré la conséquence qu'elles appartiennent au roi, même dans les lieux où il n'est pas haut justicier », et, *a fortiori*, disons-nous dans les lieux où il l'est. On a vu plus haut Louis VII disposer d'une église et des fortifications ; ce même souverain concédait, en 1164 et 1170, à deux bourgeois d'Orléans, une partie du mur de ville pour y bâtir une maison. (BIMBENET, Justice de Saint-Sauveur, *loc. cit.*, et Compte du pont et hôpital Saint-Antoine.) — En 1205, Philippe-Auguste concédait à l'Hôtel-Dieu d'Orléans la porte Parisie à la condition de l'entretenir. (Compte du pont, *loc. cit.*) Plus tard, Charles V et Charles IX firent acte d'autorité et de propriété sur toutes les fortifications de l'intérieur du royaume et en particulier sur celles d'Orléans. (CHAMPOLLION-FIGEAC. *Droits et usages*. — VANDEBERGUE DE VILLIERS, Archives de l'hôpital d'Orléans. — Chanoine DUBOIS.)

qui devinrent des propriétés ducales. De cette dissertation, il résulte d'abord que le projet de la reconstruction du pont des Tourelles n'a pu être ni conçu, ni entrepris sans le consentement préalable et l'autorisation expresse du souverain, au commencement du XII° siècle.

Quelle a pu être sa participation pécuniaire à la dépense de cette œuvre considérable ? Le roi régnant a-t-il intégralement pourvu des deniers de son épargne aux frais de construction du pont des Tourelles, comme Charles le Chauve avait payé sur ses propres ressources la dépense du Pont-au-Change ou Grand-Pont de Paris, au milieu du IX° siècle? A-t-il, au contraire, appliqué à la ville aurélienne le principe général de l'obligation imposée aux villes et bourgs de construire les ponts, comme aussi de pourvoir à leur entretien et à leurs réparations ? Louis le Pieux rappelait cette obligation dans ses capitulaires à ses *missi dominici* et son fils Charles le Chauve enjoignait expressément aux habitants des bourgs d'Anvers et de Charenton de s'y soumettre, pour rétablir leurs ponts de l'Oise et de la Marne qui avaient été détruits, obligation à laquelle ils étaient dans l'impuissance de se conformer par la crainte incessante des invasions des Normands, ce qui engagea l'empereur Charles le Chauve à rétablir, de ses propres deniers, ces deux ponts dans un intérêt de sécurité publique (chapitres VIII et XV). Enfin, le souverain s'est-il borné à une subvention, comme le fit deux siècles plus tard Philippe le Bel, pour le pont de Montauban, à la construction duquel il concourut par une large subvention prélevée sur sa cassette royale, exemple suivi par les successeurs de ce monarque pour la construction de quelques-uns des ponts de Paris aux XIV° et XV° siècles (chapitres XIII et XV), par le roi Louis XII au commencement du XVI° siècle, ainsi que nous le verrons en son lieu, pour la réédification de la chapelle et de l'hospice Saint-Antoine du pont, qui avaient été ruinés par les canons anglais au siège de 1428 et 1429 (1). Ce sont autant de questions que nous nous nous sommes posées sans pouvoir les résoudre, en l'absence de documents

---

(1) Archives de l'hôpital d'Orléans, année 1501.

authentiques qui permettent d'y répondre. Nous inclinons seulement à croire que le roi régnant n'a pas dû faire une exception à la règle générale en faveur du pont des Tourelles, et à conjecturer que son concours dans l'exécution de cette œuvre quasi-royale dut se traduire par une subvention prélevée sur son épargne, ainsi que le fit, par exemple, le roi Charles VI, pour subvenir aux frais d'entretien du pont et de l'hôpital (1).

Quelle fut l'intervention de la communauté des habitants de la ville dans les dépenses de construction du pont des Tourelles? Nous disons d'abord communauté et non commune dans le sens et l'acception habituels du mot, car la commune n'était pas encore née à Orléans et encore moins constituée légalement à l'époque de l'établissement du pont, sur la fin du règne de Louis VI et au commencement de celui de Louis VII. A la mort du premier de ces deux princes, qui arriva en l'année 1137, les Orléanais conçurent le projet de s'ériger en commune, à l'exemple d'autres villes qui avaient déjà obtenu ce privilège. Mais cette velléité d'indépendance ne fut pas du goût de Louis VII, qui s'empressa de la calmer. Autant les rois se sentaient encouragés à prêter aide et assistance aux habitants des villes et bourgs non soumis à la juridiction de la couronne, afin d'amoindrir l'autorité des seigneurs féodaux, autant ils s'appliquaient à étouffer ces tentatives d'indépendance dans les villes ou bourgs compris dans la zone du domaine royal. Ils voulaient bien favoriser l'émancipation des habitants soumis à la juridiction seigneuriale, mais ils n'entendaient point tolérer de pareilles nouveautés sur leurs propres territoires. Aussi la proclamation éphémère de la commune d'Orléans fut-elle suivie d'une répression aussi prompte que sévère. Mais le prince ne tint point rigueur à ses enfants égarés et repentants, et aussi satisfait de l'exemple qu'il venait de donner que de la soumission sincère des Orléanais, il voulut aussitôt leur témoigner ses bonnes grâces par l'octroi de certains privilèges, qui

---

(1) Reçu de l'aumosnier du roi nostre sire, pour don par lui faict à l'hospital Sainct Anthoine, le XXVIII avril 1388, IV livrez. (Archives de l'hôpital.)

rétablirent promptement l'harmonie momentanément troublée entre le souverain et ses sujets. Déjà, l'un de ses prédécesseurs, Henri Ier, avait accordé quelques franchises aux Orléanais par lettres patentes de l'année 1657, et réprimé les exactions commises sur les bourgeois par les sergents royaux (chapitre XVI). Louis VII s'appliqua de bonne heure à mettre un frein aux mêmes abus, par ses lettres patentes de l'année 1137, dans lesquelles il disait : « Car nos sergiens
« grevoient les bourgeois et les ranssonnoient en leur imposant
« qu'à la mort de nostre père, ils avoient ensemblement juré
« communauté. Mais yceulx bourgois nous ont juré qu'ils ne
« l'ont point faict: pour ce de tout en tout y celle octasion
« avons délaysée que nous ne noz sergiens pour cest octasion
« ne leur requarront ne demanderont plus aulcune chose (1). »
Cette charte ne fut pas la seule que Louis VII octroya aux Orléanais ; il en délivra d'autres au cours des années 1147, 1168, 1178, 1180 et Philippe-Auguste, en 1183 et 1190, ajouta de nouveaux privilèges à ceux de ses prédécesseurs (2). Mais ce n'étaient là que de pures concessions ou confirmations de faveurs particulières achetées, le plus souvent, moyennant finances ou au prix de l'établissement d'une taille ; elles contribuèrent, sans doute, à développer le commerce et à poser les bases d'une bonne législation ultérieure, mais ce ne furent pas des chartes d'affranchissement, car l'on n'y voit pas qu'elles aient reconnu ou donné à la cité une vie propre ou indépendante. Ce ne fut que vers la fin du XIIe siècle, et à la veille de son départ pour la Croisade, que Philippe-Auguste établit dans chacune des villes de domaine royal, sous l'autorité de son bailli préposé à l'administration de la justice, un conseil de quatre prud'hommes chargé de

(1) C'est une traduction en langage du XVe siècle de l'original ci-après :
« *Quia servientes nostri burgenses, gravabant et redimebant, imponentes*
« *cis quod in morte patris nostri communiam conjurassent: ipsi burgenses*
« *se hoc non fecisse nobis juraverunt et nos octasionem illam penitus*
« *dimisimus, ut neque nos, neque servientes nostri amplius aliquid ab eis*
« *pro hoc octasione requirant* ». (Bibliothèque nationale, fonds français, n° 11988, Cartulaire de la ville d'Orléans. Communication de l'archiviste départemental MAUPRÉ à l'archiviste communal BONNARDOT.)
(2) GUIZOT, *Histoire de la civilisation en France*, tome IV.

veiller aux intérêts de la communauté et de gérer les affaires municipales. Ici encore, ces octrois n'étaient accordés que moyennant une redevance perçue au profit du trésor royal par les sergents de sa maison qui, avec le concours de ceux de la ville et de dix bourgeois notables « *legitimi* », élus par leurs concitoyens « *communiter* », devaient fixer pour chaque tête d'habitant la quotité de la redevance royale. L'institution des prud'hommes, créée par l'édit de l'année 1190, fut maintenue jusqu'à la fin du XIVe siècle, époque à laquelle Charles VI transmit le duché d'Orléans à son fils et autorisa par lettres patentes de l'année 1383 ou 1384 et moyennant cinq cents livres d'or, les bourgeois, manants et habitants d'Orléans à élire douze notables pour administrer les affaires temporelles de la commune, sous le nom de procureurs de ville, dont l'un fut le receveur des deniers communs et dut rendre compte de sa gestion au bailli, qui fut remplacé par un gouverneur à partir de l'année 1383 et au prévôt (1) chargé de la police de la cité. La justice, au civil et au criminel, était exercée par le bailli et le prévôt. On ignore ce que fut l'administration purement civile et financière de la ville d'Orléans, antérieurement à la répression de la tentative d'affranchissement de l'année 1157. Les historiens ne sont pas d'accord sur ce point : les habitants avaient-ils pleine liberté en matière de finances, par exemple, ou étaient-ils soumis à l'ingérence des officiers du roi ? C'est durant cette période d'obscurité que se pose la question financière de l'établissement du pont, qui demeure enveloppée de ténèbres et dont on ne peut demander la solution qu'à des inductions et à des analogies tirées soit de cas similaires, soit des usages ayant cours, soit enfin d'exemples pris dans l'histoire du pont des Tourelles, à des époques postérieures à celle de sa construction. Quoi qu'il en soit, c'est à l'année 1383 qu'il nous semble rationnel de faire remonter l'origine de la comptabilité communale, sous le nom de comptes de commune et de comptes de forteresses,

---

(1) Le bailli, le sergent et le prévôt étaient des officiers royaux. (GUIZOT, *loc. cit.* — Augustin THIERRY, *Récits des temps mérovingiens*.) Le premier bailli paraît avoir été institué par le roi Robert au commencement du XIe siècle.

parce que cette date coïncide avec celle de la création des charges des procureurs de ville et du receveur des deniers communs, qui fut le chef de l'administration des affaires communales, par l'édit précité du roi Charles VI. Les plus anciens registres ne remontent pas, en effet, au delà de l'année 1391 ; ceux que nous possédons, du moins dans les archives locales et les comptes du pont, au delà de l'année 1386. S'il en a existé d'antérieurs, on ne les y trouve plus (1). Les fonctions des procureurs de ville furent maintenues jusqu'à l'année 1504 et remplacées, conformément aux lettres patentes de Louis XII, par celles d'échevins (2), dont l'un d'eux fut qualifié maire en vertu d'un édit de Charles IX de l'année 1568, qui créa le nouvel office (3). Toutefois, dans la pratique administrative, on conserva le nom de procureurs concurremment avec celui d'échevins jusqu'au XVII° siècle, et l'un de ces derniers était élu par ses collègues au titre de receveur des deniers communs, selon la coutume créée par les patentes de Charles VI. Ces fonctions n'étaient point purement honorifiques ; elles étaient imposées par l'élection non comme un droit, mais comme un devoir : « Les procureurs et
« les échevins étaient soumis à une grave responsabilité ;
« ils n'étaient point libres de se soustraire au périlleux
« honneur de l'échevinage et le refus n'était que très rare-
« ment et très exceptionnellement accueilli ; la prestation de
« serment était imposée sous peine d'amende (4). Parmi les

---

(1) Archives municipales d'Orléans. - Symphorien GUYON, LEMAIRE, *Histoire d'Orléans*. La comptabilité communale présentait de très grandes irrégularités aux XV° et XVI° siècles. Une même dépense est portée indifféremment aux Comptes de commune ou de forteresse, quelquefois même partie sur l'un, partie sur l'autre. (Rapport manuscrit, par DUMURAND, archiviste municipal en 1865.) La même confusion existait pour les Comptes du pont. Ce n'est qu'à partir de l'année 1590 que les Comptes de commune et de forteresse furent réunis en un seul registre.

(2) Cette fonction paraît avoir été en usage bien avant l'année 1504, car une charte de l'année 1175, donnée par Henri, comte de Troyes, accorde à ses vassaux de Pont-sur-Seine six échevins pour administrer les affaires communes. (CHARTON et BORDIER, *Histoire de France*, tome I, page 277.)

(3) Le premier maire d'Orléans, Jean Brachet, et les onze échevins furent nommés le 8 mars 1569.

(4) Rapport manuscrit par BONNARDOT, archiviste municipal, 1868.

« attributions des échevins figure celle qui leur confère le
« droit d'élection ou de ratification d'élection aux charges de
« proviseurs des ponts d'Orléans et de l'hôpital Saint-Antoine,
« d'inspecteurs des pavés et chaussées et d'inspecteurs des
« fortifications, auxquels étaient adjoints trois commis ou
« délégués du clergé ou gens d'église » (1). La ville d'Orléans
possédait certaines administrations ou institutions particulières rattachées à l'organisation civile de la cité par des rapports intimes et fréquents et auxquelles était confiée la gestion de leur patrimoine. Telle était l'œuvre dite des biens et revenus du pont d'Orléans et de l'hôpital Saint-Antoine, qui était gérée, comme on vient de le voir, par des proviseurs, dont l'élection constituait une des plus importantes prérogatives des administrateurs de la cité. Mais la connaissance que nous avons de ces attributions et de ces juridictions diverses ne nous apprend rien, ni sur la forme, ni sur la quotité du concours que les habitants de la ville d'Orléans ont apporté à la dépense de construction de leur pont. Ce monument a été légué par le XIIe siècle aux âges subséquents sans que les chroniques contemporaines nous aient initié aux mystères financiers de sa naissance. Quel qu'ait été le concours de la ville et sa forme, contribution volontaire ou forcée, tailles, impôts, travaux manuels ou autres, il est hors de doute que la communauté des habitants d'Orléans aura contribué, dans la plus large part, à la dépense d'exécution de cet édifice. Les actes postérieurs au XIVe siècle, qui témoignent de l'importance de ce concours, permettent d'inférer, sinon d'affirmer absolument qu'elle ne dut pas être moindre dans les deux siècles antérieurs jusqu'à l'origine du XIIe, époque de la construction du pont. Ce que nous dirons plus loin complètera cet intéressant sujet.

Les institutions ecclésiastiques de la ville d'Orléans ne furent certainement pas étrangères à la dépense de construction de cet édifice, qui devait faire l'ornement et la gloire de la cité. Il était d'usage et d'obligation étroite, au XIIe siècle, que les évêques, les abbés, les communautés religieuses

---

(1) Il n'est plus fait mention de ces délégués après l'année 1637.

contribuassent par tous les moyens en leur pouvoir à la construction des ponts. L'Évêque d'Orléans, les abbés et les chapitres de cette ville ont donc apporté leur concours à cette œuvre. Nous allons essayer de le démontrer.

Et d'abord l'Évêque d'Orléans jouissait de revenus considérables en sa qualité de seigneur du fief de la Fauconnerie « qui était le principal domaine de l'Évêque » (1) sur lequel, depuis l'établissement de la monarchie française, il exerçait les droits de haute, moyenne et basse justice et tous les droits régaliens, parce qu'il relevait nuement et directement du roi. Ce fief comprenait une partie de la ville d'Orléans et, en dehors, les châtellenies de Jargeau, de Meung, de Pithiviers et plus de cinquante paroisses (2). En sa qualité de suzerain, le prélat exerçait les droits royaux sur son fief, tels que ceux de la pêche, de la navigation, des moulins à eau, de la circulation sur les routes et prélevait, de ces divers chefs, des péages à son profit. Si le territoire du fief de la Fauconnerie eût été riverain de la Loire, dans la zone correspondante à l'assiette du pont, l'Évêque aurait eu le droit soit d'y établir un pont, au même titre qu'il le fit à Meung, à Jargeau et à Sully, car nous savons qu'en sa qualité de seigneur de ces châtellenies, l'Évêque y a bâti des ponts (chapitre XIII) ; soit de s'opposer à ce qu'il en fût bâti un sans son autorisation préalable, ainsi que nous en avons vu des exemples (3).

(1) Chanoine HUBERT, *Histoire du pays orléanais*, Bibliothèque de la ville.

(2) Symphorien GUYON, *Histoire d'Orléans*. — BIMBENET, Justice temporelle de l'évêché d'Orléans, *loc. cit.* Le bourg d'Avignon annexé à la ville, et les territoires des abbayes de Saint-Aignan et de Saint-Euverte, ainsi que celui du prieuré de Notre-Dame-les-Forges, compris dans l'agglomération urbaine, étaient soustraits à la justice seigneuriale du fief de la Fauconnerie.

Selon Symphorien Guyon, de toute antiquité l'évêque d'Orléans était seigneur spirituel et temporel de Jargeau. Les seigneurs de Meung et de Pithiviers avaient été dépossédés de leurs fiefs pour cause de félonie, en 1026, 1030, 1058, par les rois régnants et leurs domaines réunis à ceux de l'évêque. (BIMBENET, *loc. cit.*)

(3) Les historiens de Paris citent des cas analogues. (FÉLIBIEN et Dom LOBINEAU, tome I, page 91, pont de Charles-le-Chauve, en 861, et pont Saint-Michel, bâti en 1398. — SAUVAL, tome I, page 228, pont Notre-Dame, rebâti en 1412.)

Mais le lieu où fut construit le pont des Tourelles, à Orléans, ne relevant pas du fief de la Fauconnerie, l'Évêque n'a pas dû y faire acte d'autorité seigneuriale et bâtir cet édifice *pleno jure*, puisqu'il aurait entrepris sur les droits du souverain ; mais si l'Évêque n'a pas construit le pont de ses deniers, bien que ses revenus considérables lui eussent aisément permis de le faire, comme on a vu des exemples analogues un siècle plus tard, à Meung et à Jargeau, il est permis de conjecturer, avec la plus grande probabilité, que l'épargne épiscopale aura contribué largement à payer la dépense, car ce concours était dans les mœurs, les usages et l'esprit du temps et tout porte à penser que l'Évêque d'Orléans n'aura pas fait exception à la règle, surtout dans une ville du domaine royal, ainsi que nous en avons cité des exemples pour Paris.

Le chapitre de l'église cathédrale, ceux des abbayes de Saint-Aignan, de Saint-Euverte, de Saint-Pierre-Empont et des autres communautés religieuses ne pouvaient sans doute faire un emploi ni plus utile, ni plus conforme à l'esprit de leur institution et aux mœurs et aux usages contemporains de la partie de leurs revenus, qui n'était pas exclusivement consacrée au soulagement des pauvres et à celui des œuvres évangéliques. Si les témoignages à l'appui de cette opinion nous font défaut pour les siècles antérieurs au XIV°, du moins trouvons-nous, dans les siècles postérieurs, des preuves authentiques de l'intervention des délégués du clergé et des commis de l'Église, à titre de personne civile, dans le règlement des comptes de dépenses des fortifications et du pont (1), d'où cette induction parfaitement légitime de l'intervention du clergé dans les dépenses de construction du pont, aux mêmes titres et pour les mêmes motifs que dans celles des restaurations, réparations et de l'entretien de l'édifice aux siècles qui ont suivi le XIV°.

Quant aux corporations laïques, aucune de celles qui tenaient au sol même de la cité ne possédait, au XII° siècle,

---

(1) Comptes de forteresse, de commune et du pont. On a vu plus haut que cette intervention n'a pris fin qu'à partir de l'année 1637, et on verra, à la fin de ce chapitre, cette intervention se traduire par des termes précis.

ni la puissance, ni les ressources nécessaires pour bâtir un pareil édifice. Elles n'auront contribué à cette œuvre qu'au même titre que tous les autres habitants.

C'est donc, en résumé, au concours simultané du souverain, de la communauté des habitants, de l'Évêque et du clergé orléanais, accru des ressources éventuelles tirées des aumônes des quêtes, indulgences, donations, que l'histoire doit reporter le mérite de l'exécution du pont des Tourelles d'Orléans, comme ce fut le même concours qui assura, dans les siècles postérieurs au XIIe et jusqu'à la démolition de cet édifice au XVIIIe, ses restaurations et réparations périodiques et son entretien permanent, ainsi que nous le verrons plus loin.

Les aumônes, quêtes et indulgences furent, ainsi que le lecteur a pu le reconnaître au chapitre XV, sur les exemples qui y sont consignés, un levier très puissant qui permit d'entreprendre et d'achever une foule d'œuvres monumentales, dont on aurait à peine osé concevoir la pensée, sans le secours de cet auxiliaire divin, qui réalisa au moyen âge tant de merveilles. Au XIIe siècle, l'usage de ces pieux auxiliaires était dans la plénitude de son épanouissement et les siècles suivants nous en fournissent encore d'innombrables applications. Voici, par exemple, le premier et le plus ancien témoignage que nous connaissions de l'emploi de ces ressources spirituelles, pour les travaux de réparation et d'entretien du pont d'Orléans. C'est une lettre pastorale délivrée sous le millésime de 1387 ou 1389 avec l'intitulé qui suit : « Lettre impétrée de Monseigneur l'Évêque d'Orléans, « pour avoir pardon à ceux qui font et feront bien aux pont et « hôpital Sainct-Antoine, laquelle lettre fust baillée à celuy « qui avait pris à ferme la queste dudict pont » (1). Ce document précieux met plusieurs points en lumière ; c'est d'abord la confirmation de l'universalité des quêtes publiques et des indulgences pour les œuvres d'utilité générale et de charité dans ces siècles de foi ; c'est ensuite leur application au pont

---

(1) VANDEBERGUE DE VILLIERS, Comptes des pont et hospital Sainct-Anthoine, tome II. (Archives des Hospices d'Orléans.)

d'Orléans ; c'est enfin la preuve de l'importance de ces aumônes et de ces quêtes, puisqu'elles avaient nécessité la création d'un mode de fermage particulier nommé « queste du pont », qui remontait, sans aucun doute, à l'origine même de l'édifice. Si cette lettre pastorale était datée du commencement du XII° siècle, elle serait, en quelque sorte, la charte et le titre de fondation du pont des Tourelles. Toutefois, la plus légitime induction nous autorise à poser comme un point inattaquable l'intervention de l'autorité ecclésiastique à la naissance du pont, pour attirer les aumônes par le stimulant des indulgences, ainsi qu'il était de pratique générale pour des œuvres de cette nature (chapitre XV).

Aux aumônes et aux quêtes s'ajoutaient les donations, et, si les documents contemporains de la fondation du pont des Tourelles nous font défaut, du moins pouvons-nous y suppléer par des titres d'un âge suffisamment respectable. C'est ainsi que maître Jehan Dubuisson, en son vivant chanoine de l'église d'Orléans, instituait, par son testament sous la date du quatrième jour de décembre de l'année 1404 (1), l'hôpital Saint-Antoine des ponts légataire d'une partie de ses biens meubles et immeubles, à charge par ledit hôpital de faire célébrer chaque jour une messe à son intention. Ce legs comprend trois maisons sises à Orléans, une rente prélevée sur une autre maison de la ville, des terrains ruraux, un moulin et un grand nombre d'ornements destinés à la chapelle Saint-Antoine du pont. Les testaments, legs et donations en faveur de l'œuvre collective de l'hôpital et du pont, les uns à titre onéreux, les autres à titre gratuit, sont très nombreux (2). Ces libéralités, qui s'exercèrent ainsi en faveur

---

(1) « Testament et ordonnance de dernière voulenté de feux honnorable homme et discret maistre Jehan Dubuisson, jadis chanoine de l'église d'Orliens, en faveur du pont d'Orliens, des héritaiges, rentes et possessions qui en suivent pour avoir et estre chacun jour chanter et célébrer à heure de soulait (soleil) levant perpétuellement et à toujours mez, une messe en l'église et chapelle de Sainct-Anthoine sur le dict pont d'Orliens pour le salut et sauvement de son âme. » (Archives des Hospices d'Orléans.)

(2) Testament de Bernard Ducreux, de l'année 1420 ; testament de Charles-Roger Foullon, etc., de l'année 1493. Les archives des Hospices renferment plusieurs actes de cette nature.

de l'œuvre commune jusque vers l'époque de la réunion de l'asile Saint-Antoine à l'hôpital général (chap. XVIII), furent toujours soumises à l'agrément du souverain avant la constitution du duché d'Orléans, et à la sanction de la municipalité sous la présidence des délégués des ducs, postérieurement à l'année 1345, ce qui reporte, comme on le voit, l'usage des legs en faveur du pont et de l'hôpital Saint-Antoine certainement au delà du XIIIe siècle, et par la plus naturelle induction jusqu'à la fondation du pont lui-même, au XIIe. Un des actes d'acceptation de ces testaments, sous la date du 16 mai de l'année 1406, fait connaître les formalités auxquelles ils étaient soumis, et les droits et les prérogatives de la commune sur le pont d'Orléans. Il est donc parfaitement logique d'inférer de l'ensemble des faits enregistrés postérieurement au XIVe siècle, que les dépenses de construction du pont ont été en partie couvertes par des testaments, legs et donations, dont ceux que nous venons de rappeler ne sont, selon toute probabilité, que des imitations consécutives et lointaines.

Les produits de toute nature provenant des libéralités exercées en faveur de l'œuvre du pont et de l'hôpital Saint-Antoine étaient, à l'origine, comme ils le furent à partir du XIVe siècle, confiés à la garde de certains préposés ou officiers spéciaux, qui étaient diversement qualifiés, mais qui s'intitulaient déjà proviseurs, maîtres ou gouverneurs du pont et de l'hôpital Saint-Antoine, dès l'année 1344 (1), et il

---

(1) Instruction aux proviseurs de l'hospice Saint-Antoine, 1344. (VANDEBERGUE DE VILLIERS, Archives des Hospices d'Orléans.) Dès la fin du XIIe siècle, l'œuvre ou fabrique du pont d'Avignon avait son prieur ou procureur. Ce personnage fut successivement appelé recteur et marchand au XVe siècle. (GRÉGOIRE, *Recherches sur les congrégations des Frères Pontifes*.)

Les prieurs de l'abbaye de Saint-Nicolas-de-Campagnac étaient, au XIIIe siècle, les protecteurs « *conservatores* » de l'œuvre ou fabrique du pont ; ils étaient aussi qualifiés « *procuratores* ». (Note sur le prieuré de Saint-Nicolas, déjà citée au chap. XIII.) L'œuvre des église, maison, pont et hôpitaux du Saint-Esprit avait ses recteurs dans la seconde moitié du XIIIe siècle. (BRUGNIER-ROURE, *Les constructeurs de ponts au moyen âge*. Voir le chap. XIII, dans lequel nous avons examiné la construction du pont Saint-Esprit.)

n'est pas téméraire de penser que cette qualification remonte au moins au XIII⁰ siècle, et que l'institution de l'œuvre aura pu précéder celle du pont d'Avignon, puisque celui d'Orléans fut construit plus d'un demi-siècle avant lui. La charge de proviseur, maître ou gouverneur du pont d'Orléans fut-elle toujours gratuite ou toujours rémunérée ? Ce que nous savons, c'est qu'au XV⁰ siècle, ces officiers étaient salariés et il est permis de croire qu'il en a été toujours ainsi (1).

L'intervention de la communauté des habitants de la ville dans l'acceptation des libéralités exercées par des tiers en faveur de l'œuvre collective de l'hôpital Saint-Antoine et du pont, n'impliquait ni en principe ni en droit sa participation dans les dépenses particulières de l'hôpital et du pont. Ces dépenses obligatoires ne semblent pas avoir été soumises à des règles de comptabilité uniforme, car nous rencontrons parmi les documents du moyen âge des dispositions contradictoires. Dans certaines circonstances, la communauté des habitants supportait la totalité des dépenses de réparation des grosses dégradations du pont, par exemple celles qui furent occasionnées par le siège de 1428-1429 et par les glaces de l'hiver de 1434 et 1435, dépenses auxquelles le roi Charles VIII permettait aux habitants de pourvoir tant au moyen d'aides, octrois, subsides et impôts à lever sur les marchandises passant à Orléans, soit sur, soit sous le pont de cette ville, qu'à la faveur de l'exemption et affranchissement « de toutes tailles, imposicions, quatriesmes aides, « subsides, fouages, ou aultres subvencions quelzconques, « ottroiez ou à ottroier, imposez ou à imposer ès dite ville « et forsbours pour le service du roi et sa vie durant ». Et afin d'assurer d'une manière plus efficace le bénéfice de ces privilèges royaux et l'emploi intégral des ressources créées par ces dispositions, sans aucun détournement de leur destination spéciale, la ville fut autorisée à introduire dans son organisation municipale une modification considérable ; les habitants « ostèrent des mains des douze prcureurs et rece-

---

(1) Comptes de l'hôpital Saint-Antoine et du pont pour l'année 1485. (Archives de l'hôpital d'Orléans.)

« veur des deniers d'icelle ville, et les misdrent et baillèrent
« ès mains d'aultres gens notables qui ont été chargiez et
« qui les ont emploiez et employent au fait dudit pont. »
Mais des conflits s'élevèrent néanmoins, quant à l'exécution des lettres patentes de Charles VII, entre l'administration municipale, les proviseurs de l'hôpital Saint-Antoine et du pont, et les maîtres des chaussées, au sujet du partage des dépenses de réparation de ces édifices occasionnées par les faits de guerre. Les proviseurs du pont soutenaient cette doctrine, que le pont étant une partie importante des fortifications de la ville, c'était à celle-ci qu'il appartenait de pourvoir à toutes les dépenses de ce chef sans exception. Les procureurs de la ville prétendaient en 1435 :
« que les maistres des chaussées devoient payer la dépense
« du pavé des deux arches rompues par les Angloys en 1428 ;
« lesdits maistres disoient qu'ilz ne devoient que soustenir
« et que c'estoit fortune de guerre ; du commandement de
« Monseigneur le Gouverneur d'Orléans, les procureurs de la
« ville payèrent le prix du pavé des deux arches rompues
« par les Angloys (1). » Plus tard et en l'année 1450, on soulevait de nouvelles prétentions et l'on entendait faire supporter par l'œuvre du pont des dépenses de fortifications considérables. Ici, la commune fut encore tenue d'y pourvoir par ordre du Gouverneur d'Orléans, qui repoussa la demande du procureur du duc d'Orléans, en faisant observer que la doctrine des proviseurs du pont était fondée, et que le pont étant une des principales fortifications de la ville, les réparations occasionnées par la guerre devaient être payées par la commune (2).

Les considérations et les développements dans lesquels nous sommes entré renferment certainement la solution de la question posée, de savoir quels ont été les fondateurs du pont, et les moyens pécuniaires ou autres qui ont été em-

---

(1) VANDEBERGUE DE VILLIERS, Compte de réédifiement du pont en 1435, tome II. (Archives de l'hôpital d'Orléans.)

(2) Lettre d'Hervé Lorens, lieutenant général du sire de Gaucourt, gouverneur d'Orléans, scellée du scel de Hervé sur queue de parchemin, 1450. (VANDEBERGUE DE VILLIERS, tome II, Archives de l'hôpital d'Orléans.)

ployés pour en couvrir la dépense. En les rapprochant de ceux qui ont été exposés dans le chapitre XV, il est facile d'en constater la similitude et, l'on peut dire, l'identité.

Si, dans les pages qui précèdent, nous avons été amené à parler sommairement de l'œuvre ou fabrique de l'hôpital Saint-Antoine et du pont, il reste maintenant à compléter cette partie du présent chapitre en faisant connaître le mécanisme de cette œuvre, moitié laïque, moitié ecclésiastique, à laquelle était confiée la gestion de ses intérêts.

Les proviseurs, maîtres ou gouverneurs paraissent avoir été de tout temps désignés par les administrateurs élus de la cité, échevins, procureurs de ville et prud'hommes ; mais en remontant de l'an 1190 à l'an 1120, leur nomination fut-elle à la disposition des officiers royaux, le bailli ou le prévot, ou d'administrateurs civils commissionnés par le roi et préposés à la gestion des intérêts municipaux? Nous sommes absolument ignorant de ce qui existait dans cette première période du pont et de l'hospice Saint-Antoine. Mais, ainsi que nous l'avons dit précédemment, il est légitime de faire remonter au delà du XIII° siècle l'origine de cette institution des gérants de l'œuvre qualifiés, suivant les époques, proviseurs, maîtres ou gouverneurs (1), et qui ne prit fin qu'à l'époque de la réunion de l'asile Saint-Antoine à l'hôpital général, en vertu des lettres patentes de Louis XIV, c'est-à-dire à l'année 1672, à partir de laquelle cette administration fut confiée au bureau de l'hôpital général, qui l'absorba dans ses attributions jusqu'au jour où le pont, l'hôpital Saint-Antoine et la chapelle furent démolis, vers le milieu du XVIII° siècle (chapitre XVIII).

La communauté de l'hospice et du pont était reconnue avec ses droits, immunités et privilèges à l'égal des institutions les mieux fondées depuis les temps les plus reculés. Elle jouissait des faveurs royales les plus étendues ; nous avons déjà vu que Charles VII exemptait la ville d'Orléans,

---

(1) Ces qualifications étaient prises isolément ou ensemble : on disait proviseurs ou maîtres gouverneurs. En 1389, on réunissait quelquefois les trois qualifications, maîtres gouverneurs proviseurs. (VANDEBERGUE DE VILLIERS, *loc. cit.*)

à l'occasion des grandes réparations à faire au pont, à l'hospice et à la chapelle Saint-Antoine, après le siège de 1428 et 1429 et le renversement de plusieurs arches du pont par les glaces de l'hiver 1434 et 1435, « de toutes tailles et impôts « pour le service royal », par ses lettres patentes de 1438. Trente-deux ans après l'octroi de cette libéralité en faveur de l'œuvre du pont et de l'hospice, Louis XI affranchissait, par un édit du 23 mars 1470, tous les biens dépendants de l'hospice Saint-Antoine (et du pont) de tous droits féodaux et autres qui pouvaient appartenir à Sa Majesté (1).

L'œuvre de l'hôpital et du pont eut aussi ses armoiries : les maîtres et proviseurs faisaient graver, dès l'année 1405, un sceau « en argent aux armes du pont » (2). Il ne nous est resté aucun indice de la composition emblématique de ce sceau, dont l'existence, au commencement du XVe siècle, en supposant que le premier sceau ne remonte pas plus haut, est un témoignage de la grande situation que cette communauté (3) s'était acquise au sein de la cité aurélienne (4), car

(1) Martyrologe du pont, Archives de l'hôpital général, au registre des tiltres des maisons, etc., 1672.

(2) « Payé par les proviseurs à Gilet le Chapelier, orfebvre, pour deux onces d'argent à faire un sceel pour le pont xxxvi sols viii deniers ; pour la fasson et gravure du dit sceel, xxxii sols. » (Comptes du pont et de l'hôpital Saint-Antoine pour l'année 1405. — VANDEBERGUE DE VILLIERS, tome II, Archives de l'hôpital général.)

(3) La collection des sceaux aux Archives nationales (paragraphe hôpitaux) est muette sur les armoiries dont il s'agit. Dans l'Armorial de D'HOZIER, au paragraphe *Provinces de l'Orléanais*, l'état des armoiries des personnes et communautés, dressé en exécution de l'édit royal du mois de novembre 1696, est également muet sur les armoiries de l'hôpital Saint-Antoine et du pont d'Orléans. L'hospice Saint-Antoine ayant été réuni à l'hôpital général d'Orléans à peu près à l'époque où les armoiries ont été revisées, il aura paru inutile de renouveler celles de l'œuvre collective de l'hôpital Saint-Antoine et du pont.

(4) Les qualifications données aux gérants de l'œuvre collective de l'hôpital Saint-Antoine, de la chapelle et du pont, leur appartenaient exclusivement ; c'est par un abus de langage qu'on a donné, par exemple, en 1527, la qualification de gouverneur à un habitant de la ville, Claude Bourgeois, « gouverneur de l'Ostel-Dieu-Saint-Antoine estant sur le pont d'Orléans, qui confesse avoir reçu de l'un des proviseurs du pont la somme de huit livres tournois pour ses gage et pension d'avoir par luy gouverné les pauvres au dist Ostel-

les sceaux n'étaient pas encore tombés dans le domaine public (1). Au XVIe siècle, les comptes et cartulaires font mention, sans les définir, des armes du pont et de la devise du pont (2).

Si les libéralités accordées par les bienfaiteurs de l'œuvre du pont et de l'hôpital devaient être soumises, ainsi que nous l'avons dit précédemment, à l'approbation de la communauté des habitants, sous la haute surveillance des ducs depuis le milieu du XIVe siècle, nous savons, d'autre part, que les officiers préposés à la gestion des biens de l'hôpital et du pont relevaient de l'autorité de ces ducs eux-mêmes. Nous avons vu que des documents authentiques faisaient déjà mention de ces officiers dès l'année 1344. Au commencement du XVe siècle, leurs fonctions duraient trois années et ils étaient à la présentation et nomination des procureurs de la ville, bourgeois et habitants d'Orléans, mais ils recevaient leurs commission et investiture du gouverneur du duché. Cette présentation accuse ici encore l'ingérence manifeste de la ville dans toutes les questions qui se rattachaient au pont des Tourelles. Il n'est pas sans intérêt de connaître les formalités inhérentes à l'investiture de cette sorte de magistrature locale. En voici un exemple :

« A tous ceux qui ces présentes lettres verront, Pierre de
« Saint-Mesmin, lieutenant général de noble homme mes-
« sire Pierre de Mornay, seigneur de la Ferté-Norbert,
« chambellan du roy nostre sire et de monseigneur le duc
« d'Orléans et gouverneur de ce duché, salut : savoir faisons

---

Dieu en la manière accoustumée durant une année ». (VANDEBERGUE DE VILLIERS, tome II, *loc. cit.*) Ce Claude Bourgeois était un surveillant des pauvres et non un gouverneur ou proviseur du pont. Nous avons donné quelques détails sur ces fonctions de surveillant de l'hospice au commencement du chapitre XVIII.

(1) Eléments de sigillographie, tirés de la collection des sceaux des Archives de l'Empire, tome I, 1863.

(2) VANDEBERGUE DE VILLIERS, tome II, années 1516 et 1530. « Avoir brodé la devise du pont sur la manche de la robe du serviteur dudit pont pour le jour de la feste de la ville ; fourni deux escussons sur verre aux armes du pont. »

« que à la présentacion, nominacion et requeste des procu-
« reurs, bourgeois et habitants de la ville d'Orliens nous
« avons commis, ordonné et establi, et par ces présentes,
« ordonnons, commettons et establissons Guillaume Baudry,
« Girard Gossart, et Huguet Molinet, bourgeois d'Orliens
« et chascun d'eulx, *maistres, gouverneurs et proviseurs* du
« pont d'Orliens pour trois ans, commençant le jour de
« la sainct André darrenier passé et aux dicts Guillaume
« Girard et Huguet, et à chascun d'eulx avons donné et
« donnons pouvoir et autorité de par monseigneur le duc
« d'Orliens dudict office faire et exercer et de pourchacer,
« soutenir et deffendre partout où il appartiendra, les droictz,
« causes, querelles et besoignes appartenant audict pont,
« de recevoir les rentes et revenus, etc. Ilz seraient tenuz
« rendre compte en la fin dudict temps quant et là où il ap-
« partiendra et sur ce avons reçu d'eulx le serment, etc....
« Donné sous nostre sceel ès assizes d'Orliens, tenues par
« nous le jeudi IV° jour de décembre l'an mil quatre cent
« et quatre (1). »

C'est ici le lieu de faire connaître, à l'une des époques de l'existence de l'œuvre commune de l'hospice Saint-Antoine et du pont, les sources de ses revenus ; nous choisirons l'année 1446, étant proviseurs Jehan Moureau, Jehan Parent et Arnout Serre. En voici la nomenclature :

1° Héritages et maisons sur le pont d'Orléans (2) et sur la motte des Poissonniers.

2° Dîmes sur plusieurs héritages ruraux (3).

3° Recettes des testaments, quêtes et dons faits au pont.

4° Loyers, cens, rentes.

5° Pontonnage (4) comprenant : 1° l'étalage et la vente du

---

(1) Archives de l'hôpital général.
(2) Le pont possédait, en vertu de donations, libéralités, échanges et acquisitions, des maisons sur le pont, dans la ville, et des maisons rurales dont on trouve les détails à diverses époques sur les registres des titres et sur le Cartulaire des biens de l'hôpital Saint-Antoine. (Archives de l'hôpital général, Cartulaire et chanoine Dubois, tome II.)
(3) Même observation qu'au sujet des maisons sur le pont et dans la ville.
(4) Pontonnage ou pontonaige ; c'était un droit appartenant de toute ancienneté au pont et à l'hôpital, qui frappait d'une taxe chaque charretée de

pain sur le pont et le passage de chaque bête de somme portant diverses marchandises.

6° Lançage et neufvage (1).
7° Tronc de l'hospice (2).
8° Quêtes (3).
9° Revenus divers (4).

pain, foin, paille et autres denrées, vendues ou non, entrant par le pon chaque samedi de l'année. Ce droit a été perçu jusqu'au XVIII° siècle et donné à bail à la diligence des proviseurs du pont.

La vente du pain sur le pont d'Orléans a été soumise à diverses prescriptions ; il en sera question ultérieurement au sujet de la halle au pain bâtie sur la motte des Poissonniers. Un droit était payé chaque samedi.

Le passage sur le pont de chaque bête de somme portant certaines marchandises à vendre sur le pont était soumis à un droit chaque samedi.

(1) Lançage, lansage, lansaige : c'était un droit dû pour chaque bateau qui passe sous le pont (pour sa nouvelleté) ; il était payé une fois pour toutes sur chaque bateau neuf. Ce droit était donné à bail.

On désignait sous les noms de lançage et de neufvage le droit qui était dû « par chacun nouvel marchand qui passe ou fait passer par dessoubz le dict pont pour sa nouvelleté cinq sols parisis une fois payés et par chascun challand neuf qui oncques ne fut mis sur rivière doibt pour la première fois seulement cincq solz parisis ». Ce droit a été perçu jusqu'au XVIII° siècle.

(2) Les produits du tronc posé sous l'image de Notre-Dame à la porte de la chapelle Saint-Antoine, dont il a été déjà fait mention au chapitre XVIII, étaient recueillis par les soins des proviseurs de l'hôpital et du pont : « Les proviseurs avaient fait faire huict crampons pour estacher (fixer) contre le mur de la chapelle ung épitaphe de cuyvre où estoit contenu certains escriptures pour mouveoir les créatures à donner à la dicte aumosne, lequel espitaphe ne fust point estaché parce qu'on ne l'eust peu lire ». (Archives de l'hôpital pour les années de 1390 à 1464.) Indépendamment de ce tronc, il y en avait un autre à la Belle-Croix sur le pont et dont les produits avaient la même destination pieuse ainsi qu'on le verra plus loin.

(3) Nous avons dit que la quête était mise en ferme et qu'elle était en exercice antérieurement à l'année 1387. Voici en quoi elle consistait : « Les dicts pont et hospital souloient (avaient coutume) d'avoir la queste de laines, chanvres, grains et toutes aultres choses que l'on pouvait quester pour Sainct Anthoine en la Beausse, en la Sologne, et en tout l'évesché d'Orléans, et le souloit vendre de trois en trois ans ». (Archives de l'Hôpital général d'Orléans.)

(4) Les revenus divers provenaient de plusieurs sources ; par exemple, la coupe des saules qui poussaient en aval des piliers du pont, entre l'île Saint-Antoine et les Tourelles. (Comptes du pont et hôpital Saint-Antoine pour les années 1380, 1390, 1392, 1395, 1398, 1401, etc. La vente des pourceaux donnés à l'hôpital, année 1426, mêmes comptes. Voir au chap. XVIII ce qui a été dit sur ces animaux.) Nous n'indiquons ici que ces deux sortes de revenus divers.

On retrouve dans les comptes de revenus, établis à d'autres époques, des indications analogues : les archives des hospices d'Orléans, nonobstant de nombreuses et regrettables lacunes, possèdent encore les titres des donations dont la plupart ont fait retour à l'hôpital général après la réunion des divers hospices, en l'année 1672.

Les dépenses relatives au pont d'Orléans ont toujours été, nonobstant plusieurs confusions inévitables, séparées de celles de la commune et des fortifications de la ville. Nous avons déjà parlé des *Comptes de pont* et des *Comptes de commune et forteresse.*

Un arrêt du parlement de Paris, en date du 29 janvier de l'année 1389, porte que les dépenses relatives aux fortifications de la ville seront réparties entre le clergé, d'une part, et la commune, de l'autre, de telle sorte que les gens d'église paieront le quart desdites dépenses. Mais on dut établir la répartition de ce quart entre les églises, communautés, abbayes situées *intra-muros* et celles qui étaient *extra-muros* (1); les premières furent taxées aux trois quarts et les secondes au quart seulement des dépenses, et c'était équitable. En vertu de cet arrêt, les gens d'église déléguaient trois députés ou commis pour, à l'avenir, examiner les comptes de forteresse, ainsi que nous avons déjà eu occasion de le faire remarquer.

Quant aux comptes de commune proprement dits, les procureurs de ville avaient seuls mission et qualité pour les régler.

Nous nous arrêterons ici dans la recherche que nous avons entreprise et la démonstration que nous nous sommes proposée, quant aux fondateurs et constructeurs du pont des Tourelles et aux voies et moyens qui ont dû être employés pour la construction de cet édifice. Nous allons continuer, dans les chapitres suivants, la description du pont dans ses rapports avec le système défensif de la ville, et celle de ses accessoires à partir de la fin du XIVᵉ et du commencement du XVᵉ siècle.

---

(1) POLLUCHE, l'abbé DUBOIS, tome III, déjà cités. Les églises situées *extra-muros* étaient au nombre de seize.

CHAPITRE XX

SUITE DE LA PÉRIODE CAPÉTIENNE ET FÉODALE

Des accessoires du pont d'Orléans à partir de la fin du XIVᵉ et du commencement du XVᵉ siècle. — De la Belle-Croix. — Des maisons et hostels sur le pont. — Des maisons et hostels sur la motte des Poissonniers. — De la maison ou hostel de l'engin du pont. — De la halle au pain sur le pont et des Talmelliers. — Des dispositions prises pour assurer le nettoyage et la propreté de la chaussée du pont.

Nous allons, dans ce chapitre, entretenir le lecteur de ceux des accessoires du pont d'Orléans qui ne remontent pas à son origine, et qui n'apparaissent dans les documents contemporains qu'à partir de la fin du XIVᵉ et le commencement du XVᵉ siècle. On ne pourrait retrancher ces accessoires, qui ne font pas partie essentielle du pont, sans altérer profondément sa physionomie pittoresque et originale.

En allant du Châtelet vers la rive gauche du fleuve, le voyageur rencontrait, sur le huitième pilier avant d'atteindre la forteresse des Tourelles, un calvaire (1) surmontant l'avant-bec et le parapet : c'était le calvaire de la Belle-Croix. Au moyen âge, dans ces siècles de foi et de croyances solides, les signes extérieurs de la religion du Christ, tels que la croix du calvaire et les images des personnages composant

---

(1) Ce mot, calvaire, est appliqué à un édicule de la même nature remontant au XVᵉ siècle, que l'on voyait déjà sur le parapet oriental du vieux pont de l'Arche au-dessus de l'arche marinière. (*Bulletin monumental*, tome XXI.)

la hiérarchie céleste, étaient exposés aux regards des fidèles sur les chemins, sur les carrefours, sur tous les ponts. Ces symboles vénérés se rencontraient aussi aux angles des rues des villes comme des plus modestes hameaux ; en particulier, chaque pont jeté sur les grands fleuves de même que sur les humbles ruisseaux avait pour couronnement l'emblème caractéristique du catholicisme, la croix du Rédempteur. Et il n'était pas rare de voir ce signe vénéré reproduit deux ou trois fois sur le même édifice. Le pont des Tourelles devait donc avoir depuis son origine, et il a eu certainement sa croix, dont nous ne trouvons la première mention dans les comptes du pont et de l'hospice Saint-Antoine qu'entre les années 1387 et 1389, à l'article des « questes des ditz pontz « et hospital » inscrite avec le titre de « lez fait par « Colin Le Pelletier pour aider à faire la croix de dessus « le pont, xxxii sols parisis (1) ». C'est cette croix qui fut érigée dans les premières années du XVe siècle, en remplacement, sans doute, d'une autre plus modeste, puisqu'elle fut appelée la Belle-Croix, qualification impliquant l'idée d'une comparaison en même temps que d'une nouveauté, et d'une supériorité matérielle de l'œuvre que la piété des Orléanais substituait à celle qui existait précédemment. En l'année 1408, les proviseurs du pont achetaient xxviii blocs de pierre d'Apremont « pour une croix qui a été encommencée à faire (2) », ce qui semble indiquer que le travail avait été commencé antérieurement, et remontait peut-être à l'année 1403 (3). Quoi qu'il en soit, c'est aux premières années du XVe siècle qu'il faut placer l'érection de la Belle-Croix faite de bronze doré (4), dont le soubassement reposant sur l'avant-bec du

(1) Comptes du pont et de l'hôpital Saint-Antoine. (Archives des Hospices d'Orléans.)

(2) *Ibid.*, année 1408.

(3) L'année 1403 est indiquée dans l'*Histoire du siège*, par MANTELLIER : peut-être a-t-on confondu le chiffre 3 avec le chiffre 8. Ce monument a pu être commencé dès l'année 1403 par Pierre de Saint-Mesmin, lieutenant général au bailliage et gouvernement d'Orléans, qui était, en 1407, proviseur du pont avec Estienne de Bourges et Jaquet Cristophle. (VANDEBERGUE DE VILLIERS, tome II, Archives des Hospices, Cartulaire d'Orléans.)

(4) La Belle-Croix était en bronze, car elle fut fondue après avoir été abattue

pilier, et en retraite sur la partie angulaire saillante, suivant une forme cylindrique, s'élevait « pour le fondement de la- « dite croix jusques au rez dudit pont (1) ». C'est là que fut érigée la nouvelle croix au pied de laquelle on plaça trois grandes statues sculptées et peintes, savoir : celles de Notre-Dame, l'étoile de la mer et la patronne des mariniers, qui l'invoquent dans leur détresse ; de saint Jehan-Baptiste, le précurseur, et de saint Jacques, le protecteur des pèlerins et des voyageurs, dont la chapelle était contiguë aux murailles du Châtelet, sur la rue des Hôtelleries (2). Un treillis de fil de fer entourait ce monument, non pour le soustraire aux dégradations, et encore moins aux insultes dont la piété publique les garantissait absolument, mais aux contacts indiscrets qui auraient pu en compromettre la délicatesse et la fragilité, ou en altérer la fraîcheur (3). Sur le socle on avait gravé des inscriptions dont les chroniqueurs ne nous ont pas conservé le sens. Enfin, un tronc suspendu à la croix recevait les aumônes que les passants y déposaient à l'intention de l'œuvre de l'hôpital Saint-Antoine et du pont (4). Des comptes authentiques du pont et de l'hôpital pour l'année 1407, il résulte que des dons particuliers (5) étaient faits pour contribuer à l'érection de cette croix dont le projet a peut-être réclamé plusieurs années pour son exécution. La Belle-Croix, qui s'élevait sur les eaux du fleuve comme un

par les protestants, ainsi que le lecteur le verra en son lieu. (Registre des Comptes du pont de 1567 à 1569, Archives municipales.)

(1) « La maçonnerie fut faite par maître Bernard Vincent « mascon » « d'Orléans en forme d'un « pilier ront ».

(2) « Payé à un tailleur d'ymaiges appelé Gaut, demeurant à Paris, « pour avoir fait et baillé trois grans ymaiges pour la dicte croix ; c'est « assavoir de *Nostre-Dame, saint Jehan-Baptiste* et *saint Jacques*, qui de « présent sont assis en icelle croix. » (Comptes de l'hôpital Saint-Antoine et du pont, Archives des Hospices.)

(3) « Payé à Estienne Lenormant, peintre, demourantz à Orléans, pour sa « paine et sallaire d'avoir paint les trois ymaiges ci-dessus. » (Archives des Hospices). « Le tout estait entouré d'un treillis de fil de fer. » (*Ibid.*)

(4) « Recepte trouvé au tronc de Sainct-Anthoine et en la boiste pendante « à la croix dudict pont. » (*Ibid.*, pour l'année 1428.)

(5) Compte de receptes de Pierre des Essoyes, procureur et receveur des manans et habitants de la ville d'Orléans. Comptes de la ville de l'année 1389 à l'année 1510. (Archives des Hospices, tome I de Vandebergue de Villiers.)

phare pour guider les bateliers, et que le peuple aimait à saluer en passant, fut exposée dans la suite des temps à bien des vicissitudes (1) ; mais elle est demeurée jusqu'au milieu du XVIII° siècle, c'est-à-dire jusqu'à la démolition du pont, l'un des ornements de cet édifice, qui fut un juste sujet d'orgueil pour les Orléanais et d'admiration pour les étrangers, ainsi que nous aurons occasion de le rappeler ultérieurement. Nous avons représenté sur la figure 5 de la planche I. la composition de la Belle-Croix à l'époque où elle fut posée, dans les premières années du XV° siècle. Les trois personnages y sont figurés à peu près de grandeur naturelle, laquelle traduit assez bien la définition contemporaine « trois « grans ymaiges » : la Vierge couronnée portant l'Enfant Jésus ; saint Jean, reconnaissable à son vêtement grossier ; saint Jacques, caractérisé par les attributs qui lui étaient particuliers à cette époque, savoir : le bourdon dans une main, l'évangile dans l'autre et l'aumônière suspendue à une courroie passant autour du cou, d'après le sceau de la confrérie des pèlerins de Saint-Jacques (2).

On ignore l'époque à laquelle il faut faire remonter la construction des maisons et hôtel (3) sur le pont des Tourelles. Nous inclinons à croire qu'il en a existé depuis l'époque de la fondation de cet édifice. L'absence de documents authentiques antérieurs à la fin du XIV° siècle fait obstacle à toute

(1) Quelques écrivains orléanais ont avancé que le piédestal de la Belle-Croix était orné de quatre bas-reliefs en bronze représentant : la *Sainte-Vierge, saint Pierre* et *saint Paul, saint Jacques* et *saint Estienne, saint Euverte* et *saint Aignan.* (JOLLOIS, *Histoire du siège.* — LOTTIN, *Recherches historiques.* — DE BUZONNIÈRE, *Histoire architecturale.*) Aucun des documents contemporains que nous avons eus sous les yeux ne nous a fait connaître ce détail qui se rapporterait, s'il est authentique, à une autre époque.

(2) *Société de sphragistique de Paris*, tome II. La charmante chapelle de Saint-Jacques vers la tête du pont, qui est aujourd'hui en ruine, était ornée de plusieurs images de ce saint. (*Monuments d'Orléans*, par Charles PENSÉE.)

(3) Au moyen âge, le mot *hôtel, hostel*, était pris pour maison, ainsi qu'on le constate dans les Comptes du pont et de l'hôpital Saint-Antoine, par exemple dans celui des années 1425 à 1428, où sont mentionnés des louages d'hostels sur le pont et dans celui de l'année 1429, où figure une dépense pour réfection des planchers des *hôtels dessus le pont*. (VANDEBERGUE DE VILLIERS, tome II, et Comptes des archives municipales.)

affirmation absolue ; mais, si nous rappelons que le pont d'Angers, celui de Blois, et les ponts de Paris et de Metz étaient couronnés de bâtiments au cours du XII° siècle, et que cet usage semble même être antérieur au XI° (chap. XI), il sera permis d'inférer que le pont d'Orléans, qui portait des maisons au XIV° siècle, a bien pu en avoir dès le XII°, à l'exemple de ses contemporains. L'installation de moulins sous les arches de ce pont, vers le milieu du XII° siècle, implique d'ailleurs la connexité de bâtiments appropriés au service de ces usines. De là à élever sur les avant et les arrière-becs, et même sur les arches, au moyen d'encorbellements, des bâtiments et des boutiques que les manuscrits orléanais des XIV° et XV° siècles appellent estassons ou estaçons (1), il n'y avait qu'un pas, et nous inclinons à penser que l'établissement des cages des moulins pendus sur les ponts du moyen âge a dû précéder celui des maisons, hôtels et ateliers quelconques, dont les annales du moyen âge font mention aux chapitres X et XI. Il y eut des bâtiments sur le pont des Tourelles pendant tout le cours de sa longue existence : les documents écrits, comme les images et les représentations figurées les plus anciennes de ce monument en sont les témoignages. Tous les vieux dessins que nous avons cités au chapitre XVIII montrent le pont plus ou moins orné de maisons suivant les temps, et aussi selon les caprices et les fantaisies des artistes. Nous avons essayé de représenter sur la figure 1 de la planche VII les bâtiments avec le degré de précision que permettent les documents écrits du XV° siècle à l'époque mémorable du siège des Anglais (2).

Les archives de l'hôpital donnent pour la première moitié du XVIII° siècle des renseignements plus précis, d'où l'on peut induire avec quelque certitude la disposition respective des maisons sur le pont à cette époque, disposition représentée sur la figure 2 de la planche VII, qui est la vue d'aval du pont. D'un autre côté, l'élévation de la face d'amont de

---

(1) Chanoine Dubois, tomes II et III.

(2) Il y en avait cinq entre le Châtelet et la motte Saint-Antoine et plusieurs autres entre cette motte et les Tourelles. (Comptes du pont, années 1425, 1428, 1485 et 1488.)

l'édifice, dressée par les ingénieurs du XVIIIe siècle (fig. 3 de la pl. VII), nous montre les derniers bâtiments qui étaient encore debout au moment où ce dessin a été géométriquement dressé. Plusieurs maisons ayant été détruites dans l'intervalle, les deux dessins qui précèdent ne peuvent comporter rigoureusement les mêmes indications (1). Contrairement à ce qui s'est fait sur d'autres ponts, il ne paraît pas que celui d'Orléans ait été couvert d'une double rangée de maisons juxtaposées sans discontinuité, comme nous l'avons vu aux ponts d'Angers, de Blois et de Paris ; elles n'eurent en aucun temps le caractère monumental des maisons bâties sur les ponts de ces villes ; leur but fut plutôt utilitaire que décoratif, à en juger par les descriptions qui nous en sont restées, ce qui n'excluait pourtant ni le côté original ni l'aspect pittoresque de ces bâtiments qui se trouvaient comme encadrés entre les trois groupes de constructions militaires, civiles et religieuses des Tourelles, du Châtelet, de l'hospice et de la chapelle Saint-Antoine.

Quelques-unes des maisons et boutiques appartenaient à la ville, mais le plus grand nombre fut toujours la propriété de l'œuvre de l'hospice Saint-Antoine et du pont (2). Ces maisons étaient généralement bâties en pierre et bois, la plupart en encorbellement et accompagnées à certaines époques de galeries du côté de la rivière (3) ; des caves étaient pratiquées dans le sous-sol du pont pour le service de la plupart d'entre elles (4). Si la première de ces dispositions donnait aux maisons un cachet pittoresque, ce devait être, à un moindre degré que la seconde, au préjudice de la

(1) Les dessins de Desfriches, exécutés en 1745 (fig. 1, 2, pl. IV), représentent des maisons sur les arrière becs des piliers 2 et 3 à partir du Châtelet et sur celui de la Belle-Croix, qui ne se retrouvent pas sur le dessin géométral (fig. 3, pl. VII), mais qui sont marquées sur la fig. 2, pl. VII. Desfriches joignait à un très réel talent de dessinateur une exactitude qu'on ne rencontre pas chez tous les artistes. Il est donc permis de croire qu'il a représenté les choses qu'il voyait en 1745.

(2) Comptes du pont et de l'hôpital.

(3) Comptes de l'hôpital. Sentence du 27 septembre 1544, rendue par le prévost d'Orléans.

(4) Registres des Comptes du pont : 40e registre, de 1539 à 1542, et 44e, de 1593 à 1596.

solidité du pont ; les documents contemporains rapportent, en effet, dans maints passages, la chute de ces bâtisses, indépendamment des grandes catastrophes qui détruisaient les arches et les piliers, et par conséquent les maisons qui leur étaient superposées (1).

Indépendamment des maisons, boutiques et ateliers que l'on voyait sur le pont d'Orléans, il en existait aussi sur la motte Saint-Antoine et sur celle des Poissonniers, mais particulièrement sur cette dernière (2). La figure 3 de la planche II indique la disposition à peu près exacte du massif des bâtiments qui se trouvaient immédiatement au-dessus et au-dessous du pont, vers le milieu du XVIII⁰ siècle. A l'époque de sa démolition, le nombre des maisons appartenant à l'œuvre du pont, et situées tant sur le pont lui-même que sur les deux mottes, s'élevait à trente-six (3). En 1650, la motte des Chalans-Percés était couverte de maisons habitées par des marchands, poissonniers et mariniers, c'était un quartier de la ville (4).

Parmi les bâtiments qui ont existé sur la motte des Poissonniers, il y en eut deux sur lesquels nous devons nous arrêter, parce que leur existence est intimement liée à celle du Pont, nous voulons parler de la maison dite de l'*Engin-du-Pont* et de celle dite *Halle-au-Pain*. Au moyen âge, comme dans les temps modernes, on donnait le nom d'engin à toute machine destinée à produire un travail matériel par l'intermédiaire de la volonté et de la force de l'homme. On disait, par exemple, à Orléans, l'engin de Saint-Pol, de la porte

---

(1) Les maisons ainsi que l'hôpital Saint-Antoine furent évacués pendant le siège des Anglais : « ne trouvèrent personne demourant ou dit hôtel par le « fait du siège des Anglais, sinon Berthier qui occupait le second et y « demoura tout le siège. » (VANDEBERGUE DE VILLIERS, tome II). Le service divin ne fut pas interrompu dans la chapelle Saint-Antoine durant le siège, bien que l'hôpital fût désert. (*Ibid.*, années 1428 et 1429.)

(2) Procès pendant entre l'œuvre du pont et de l'hôpital et un fermier, au sujet des maisons de la motte des Chalans-Percés ou des Poissonniers, année 1574. (VANDEBERGUE DE VILLIERS, tome II.)

(3) Mémoires des directeurs et administrateurs de l'Hôpital général du 24 mars 1775. (Archives de l'hôpital.)

(4) Registre des titres et revenus de la chapelle Saint-Antoine en 1650. (Archives de l'hôpital.)

Renart, de la porte du Portereau, pour désigner les balistes installées sur ces points divers des fortifications de la cité aurélienne, et qui lançaient des projectiles contre les assiégeants ; on disait aussi l'engin de la herse, l'engin du pont-levis, pour désigner le mécanisme servant à mouvoir la herse et le pont-levis ; enfin, on disait l'engin du pont, pour le matériel nécessaire à l'entretien et aux réparations de l'édifice (1). Nous avons des notions assez précises sur le lieu qu'occupait la maison de l'engin, dont il est fait mention dans les documents contemporains dès les premières années du XVIe siècle, ce qui reporte son existence, pour le moins, au XVe. Ainsi, en l'année 1502, les proviseurs du pont voulant améliorer le régime de la vente du pain, dont nous parlerons plus loin, proposaient aux édiles d'établir une halle sur la motte des Poissonniers, derrière l'hôpital Saint-Antoine, au long des chalans percés, et joignant (2) « la grange « et maison appartenant à l'œuvre du pont où on a accous- « tumé loger et mettre en seureté les engins, cordages et « ustencilles servant aux ouvrages et entretenement du dit « pont ». Les bâtiments de l'hôpital occupaient, avons-nous dit, en aval du pont, un emplacement riverain de la voie publique et joignant la Loire par la rive gauche de l'île. Les chalans percés stationnaient au long de la rive droite C D (pl. II, fig. 1 et 3). Il est donc probable que la maison de l'engin devait se trouver aux environs du point X. Nous voyons figurer dans la nomenclature des maisons appartenant à l'œuvre du pont et de l'hôpital, sous la date de 1564, « une loge pour retirer et mettre en sauf les houstils de « l'engin servant à battre les paux (pieux) ». Un acte notarié de l'année 1581, passé entre le concierge de l'hôpital Saint-Antoine, qui était en même temps garde de l'engin du pont, nous apprend que lorsque les proviseurs de l'œuvre se réunissaient dans la maison occupée par ce serviteur pour y délibérer sur les affaires de leur office, le concierge était tenu de leur fournir le bois et le linge de table en échange de la

(1) Comptes de commune et de forteresse, années 1411 à 1412 et 1419 à 1420.
(2) Chanoine Dubois, tome II.

gratuité de son logement (1). Il est permis d'admettre que cet établissement, dont l'origine ne nous est pas connue antérieurement au XV° siècle, aura été conservé jusqu'à l'époque de la démolition du pont, au XVIII°.

Il était d'usage, dans les villes du moyen âge, d'acheter une partie du pain nécessaire à la consommation de ses habitants aux paysans du voisinage qui venaient à certains jours le leur vendre. Ce commerce, qui s'exerçait en un lieu désigné et approprié à cette destination, était régi par des ordonnances particulières. Dans l'antiquité romaine, les boulangers et les meuniers, *pistores*, formaient une corporation particulière, qui, à Rome et à Constantinople, était d'ordre public et placée sous l'autorité du préfet de la ville (2). Cette institution, qui s'est transmise à travers les siècles, était en vigueur au moyen âge, non seulement dans la cité aurélienne, mais dans d'autres villes, avec des variantes attribuées aux usages et aux nécessités des temps. Cette industrie fut donc tantôt libre, tantôt restreinte, et l'alimentation des habitants fut assurée par la concurrence « des boulangiers et talmelliers (3) » de la ville et du dehors. Le premier et le plus ancien document que nous connaissions pour la ville d'Orléans remonte à la fin du XIV° siècle : ce sont les lettres octroyées par le duc d'Orléans pour réglementer la vente du pain qui se faisait par les marchands étrangers aux habitants sur le pont d'Orléans. Cette coutume, avons-nous dit, était ancienne et le document qui suit en renferme la déclaration explicite :
« Louis filz de roy de France, duc d'Orliens... par la denon-
« siassion et supplication de noz bien amés les docteurs,
« recteurs, bacheliers et estudiens en l'estude et université,
« le clergier et les procureurs des manens et habitans de
« nostre bonne ville d'Orliens que d'ancienneté et pour le

---

(1) VANDEBERGUE DE VILLIERS, tome II. (Anciens comptes de ville et Cartulaire d'Orléans, Archives de l'hôpital.)

(2) PLINE, *Hist*, XVIII, 28, et *Cod. Theod*, lib. I et seq *de pistoribus*, cités par PERRET DE LA MENNE, dans une notice sur les moulins à blé. (*Mémoires de la Société littéraire de Lyon*, 1867, 1868.)

(3) On écrivait *tallemellier*, *tamellier*, pâtissier ; les industries du boulanger et du pâtissier étaient réunies à ces époques, comme elles le sont encore de nos jours.

« bien publique et commung, touz foreins et extrangiers
« boulangiers et tallemelliers pouvoient s'ilz le vouloient faire
« pain de tel pris, pois, et de telle grandeur comme bon
« leur sembloit et icelluy vendre au sabmedy sur le pont
« d'Orliens sans ce qu'ilz feussent repris ni visités par les
« maistres visiteurs boulangiers pour faire trop petit ou trop
« grand pain s'il n'y avait aultre malfasson ; savoir faisons
« que dès ores en avant tous tamelliers et boulangiers fo-
« reins et extrangiers puissent faire pain de blé sans mistion
« d'aveine, de fèves et aultres mistions mauvaises, faire
« apporter sur le pont d'Orliens touz les sabmedys de l'an,
« sans visitation des maîtres boulangiers d'Orliens pourvu
« que sy mauvaiscté estoit trouvée au dict pain par le pré-
« vost ou aultres noz officiers d'Orliens, le pain seroit con-
« fisqué et acquis à nous et en sera le vendeur pugny de
« telle pugnytion que en sera exemple aux aultres d'eulx en
« abstenir. Donné à nos grans jours d'Orliens le xxiii sep-
« tembre de l'an mcccxcv (1). » Six ans après sa promul-
gation, ce règlement fut, à la requête ou à la sollicitation
d'intéressés, modifié de telle sorte que les pains fabriqués
par les boulangers de la ville et par ceux du dehors ne devaient plus avoir le même poids, ni se vendre au même prix,
pour qu'il fût toujours facile d'en contrôler la provenance.
Le maître talmellier fut chargé d'opérer la saisie des pains
suspects ou frauduleux et de requérir la condamnation du
délinquant à l'amende (2). L'étalage du pain sur le pont, qui
donnait droit à une redevance ou impôt de place levé à la
diligence des proviseurs et au profit de l'œuvre du pont
(chap. XIX), joint à l'exercice de la surveillance des pains par
le maître talmellier, devait contribuer à augmenter encore les
embarras sur cette voie publique. Et, à certains jours, en
effet, l'affluence des marchands étrangers et des acheteurs de
la ville, celle des charrettes et des chevaux était si considérable et y produisait un tel encombrement que la circulation
devenait quelquefois impossible, mais le plus souvent diffi-

---

(1) VANDEBERGUE DE VILLIERS, *loc. cit.*, tome III.
(2) Chanoine DUBOIS, *loc. cit.*, tome II.

cile et même dangereuse. Et ce qui est à peine croyable, c'est qu'un état de choses aussi défectueux ait pu durer tout un siècle, de l'année 1401 à l'année 1502. L'étalage du pain se faisait soit sur les charrettes, soit simplement à terre, et par exception dans des boutiques établies sur le pont. Ainsi l'on voit dans les comptes communaux du XVe siècle, qu'en 1429 et 1430, un « estail avait été loué par les proviseurs du « pont, pour vendre pain, à la porte au pain d'Orléans, sur le « pont, à charge de deux messes par an » (1). Sous Louis XII, on s'occupa de régulariser une situation devenue intolérable et les proviseurs du pont prirent l'iniative de cette amélioration depuis si longtemps attendue. Sur la fin de l'année 1501, ces officiers représentaient à l'édilité orléanaise : « qu'en « considération du grand nombre de personnes qui se pré- « sente sur le pont, le mercredi et le samedi, pour vendre et « acheter du pain que les voitures qui viennent de la Sologne, « du Berry et de la Touraine ne peuvent passer et que plusieurs « personnes ont été dangereusement blessées, ils demandent « qu'il leur soit assigné lieu joignant et derrière l'hospital « Saint-Antoine étant sur icelui pont sur une place qui est « le long des chalans percés et voulentiers ilz feroient aux « despens du dict pont couvrir la dicte place, laquelle est « toute pleine d'immondices et feront oultre joignant de la « grange et maison appartenant audict pont ou on a accous- « tumé losger et metre en seureté les engins, cordages et « ustensilles servant aux ouvrages et entretenement dudict « pont, quelque couverture ou se pourroient retirer et mectre « à couvert ceux qui vendent le dict pain pour leur aisance « et aussi des habitants d'icelle ville. »

Et le 4 janvier de l'année 1502, les bourgeois réunis donnèrent aux proviseurs du pont l'autorisation d'établir cette

---

(1) Vandebergue de Villiers, *loc. cit.*, tome II. Cet usage de vendre du pain aux habitants des villes était général et spécialement, la *porte au pain* se retrouve dans les documents du moyen âge. Ainsi, à Langres, un chapelain donnait deux stalles pour la vente du pain, le 22 février 1341 : « *Duo stalla « ad vendendum panem sita sunt Lingonis ad portam ubi vendi com- « muniter consueverunt* ». (*Mémoires de la Société archéologique de Langres*, 1872.)

Cette porte est encore ainsi désignée au XIXe siècle.

halle au pain qui devint, à partir de cette époque, une annexe et dépendance du pont d'Orléans (1). Ainsi que nous l'avons vu plus haut, et que la requête des proviseurs du pont le déclare, la halle au pain fut installée à proximité de la maison de l'engin du pont, c'est-à-dire dans les environs du point X (fig. 1 de la pl. II.) Mais pour pourvoir aux frais de construction et d'entretien de cette halle les proviseurs du pont furent autorisés à lever un droit de place de deux deniers sur chaque charrette de pain et de un denier sur chaque bête de somme portant une douzaine de pains (2). Plus tard, en l'année 1520, on améliora la halle au pain ; on y établit un pavage et une rampe douce pour permettre aux charrettes d'y accéder de la voie du pont. La concurrence des boulangers du dehors paraît avoir été préjudiciable à ceux de la ville, car ceux-ci finirent par étaler leur marchandise à la porte au pain, sur le pont lui-même, en contravention aux règlements antérieurs. Le prévôt de la ville dut rendre, en l'année 1558, une ordonnance enjoignant aux boulangers de la ville de cesser de vendre du pain sur le pont, dont ils encombraient les abords, et de transporter leur marchandise sous la halle voisine des chalands percés. Les boulangers étrangers ne tardèrent pas à éluder aussi l'obligation d'exposer leurs pains sous la halle de la motte des Poisonniers, car, à la diligence des proviseurs du pont, une ordonnance fut rendue en l'année 1570, pour défendre aux marchands des villages d'Olivet et de Saint-Mesmin d'Orléans de vendre du pain sur le pont, même les jours de marché (3). La halle au pain de la motte des Poisonniers demeura le lieu habituel de ce commerce et une annexe

---

(1) Dans l'enquête ouverte au sujet de la halle au pain, on désigne la place qu'elle occupe par ces mots : « Terrault estant au-dessoubz du pont et hospital et descendant aux chalans percés ». (Extrait du Cartulaire du pont d'Orléans et de l'hôpital Saint-Antoine, de 1344 à 1571, Archives des hospices d'Orléans.)

(2) Ces droits furent probablement substitués à ceux que les proviseurs prélevaient pour le simple étalage sur le pont avant l'établissement de la halle au pain sur l'île des Poisonniers.

(3) Extraits des Archives des hospices d'Orléans. (VANDEBERGUE DE VILLIERS, *loc. cit.*)

de l'œuvre de l'hôpital Saint-Antoine et du pont jusqu'à une date ultérieure que nous n'avons pu découvrir.

De temps immémorial, les Orléanais ont eu pour leur pont une sorte de culte qu'ils n'ont pas cessé de pratiquer jusqu'à la fin. Les donations et les libéralités de toute nature qu'ils firent à son intention en étaient le témoignage. Quelques-uns exprimaient en termes naïfs le sentiment de leurs auteurs ; en voici, entre plusieurs, un exemple : « donation « d'une personne qui avait grant amour et affection au pont « et au rediffiement d'icelluy (1). »

Comme cet édifice était, aux yeux des Orléanais, l'un des plus beaux joyaux de leur ville (2), il était naturel qu'ils fissent tous leurs efforts pour lui conserver cette réputation. Dès l'année 1370, les comptes de l'hôpital Saint-Antoine mentionnent une donation à l'effet de « netoyer le pont et le « tenir net à la diligence des proviseurs » (3). Et il n'est pas téméraire de penser que cette donation fut précédée de plusieurs autres depuis la fondation du pont, car autrement le dépôt d'mmondices de toute nature que cette voie si fréquentée devait nécéssairement provoquer l'aurait rendue bientôt inabordable ; mais il ne semble pas que les intentions du donateur Jehan de Bellenoys aient été scrupuleusement remplies puisque, à l'époque de l'une des entrées du duc d'Orléans, en l'année 1402, les proviseurs qui remplissaient ici les fonctions des *curatores viarum et cloacarum* de l'empire romain et des *missi dominici* de Charlemagne durent faire réparer la maçonnerie du pont derrière l'hôpital Saint-Antoine, qui était devenu un réceptacle d'ordures (4), nettoyer la voie du pont transformée en cloaque immonde « et laver à grande eau l'entrée dudit pont qui fleurait « quand Monseigneur d'Orliens vinst de nouvelle en la

---

(1) Donation faite à l'occasion de la reconstruction du pont entre le Châtelet et la motte Saint-Antoine, en l'année 1435 et 1436. (VANDEBERGUE DE VILLIERS, tome II.)

(2) Lettres patentes de Charles VII.

(3) VANDEBERGUE DE VILLIERS, *loc. cit.*, tome II.

(4) *Ibid.* « Fourniture de chaux et sablon pour réparer l'entrée du pont « derrière Saint-Anthoine, parce que il sentoit mal et que les gens y faisoient « leur aisement. »

« ville » (1). Plus tard, en l'année 1420, Bernard Ducreux, gouverneur du pont, faisait un testament par lequel il léguait divers objets à l'œuvre du pont et de l'hopital et entr'autres « vingt-quatre sols parisis de rente annuelle et
« perpétuelle pour faire balayer et nettoyer le dit pont
« bien duement et convenablement, mais seulement par
« les quatre festes de l'an » (2). C'était un supplément aux dispositions plus générales du testament de Jehan de Bellenoys. Au cours du XVIᵉ siècle, un procès fut porté « devant
« François de Saint-Mesmin, escuyer, licencié en loys, sei-
« gneur de la Cloye, conseiller ordinaire du Roy en son grand
« Conseil, garde de la Prévosté d'Orléans », par les proviseurs du pont et hôpital Saint-Antoine au sujet du « bally-
« mant et netoyement du pont », stipulés dans le testament de l'année 1370, lequel avait été, jusqu'à l'année 1538, exécuté avec plus ou moins de régularité. A cette dernière époque, la charge du nettoyage incombait, par suite de mutations et transmission d'obligations héréditaires et autres, à une veuve Macé Mestayer qui refusait de remplir les obligations dérivant du testament de l'année 1360. La sentence rendue constitue donc un document intéressant non seulement au point de vue du pont d'Orléans, mais à celui d'autres ponts du moyen âge en faveur desquels il a existé des dispositions analogues. Nous retrancherons de cette sentence les passages de pure forme qui n'apprendraient au lecteur rien de particulier (3).

« A tous ceulx qui ces présentes lettres verront, François
« de Saint-Mesmin, etc... Sur ce que les demandeurz pro-
« viseurs du pont disoient que deffunct Jehan de Bellenoys,
« par son ordonnance de dernière voulenté avait donné et
« laissé de piéça audict pont d'Orléanz et proviseurs d'ice-
« luy cent florins d'or de Florence pour achapter et acquérir
« rente annuelle et perpétuelle pour nettoyer et tenir nect
« des lors en avant et tousjours mez le dict pont et payer
« les gens et personnez qui le dict pont nectoyeraient

---

(1) VANDEBERGUE DE VILLIERS, *loc. cit.*
(2) VANDEBERGUE DE VILLIERS, Archives des hospices d'Orléans.
(3) *Ibid.*, Archives des hospices d'Orléans.

« par chascun an des lors en avant et par tant de fois
« comme mestier et néccssité sera. Par ainsi que icelle
« rente ainsi achaptée et acquise seroit par ses exécuteurs,
« par ses amis charnels ou par ses sucesseurz gens de bonne
« renommée distribuée et despensée au dict usaige et non
« ailleurs et quelque temps après seroit le dict Jehan de Bel-
« lenoys décédé, délaissé à André de Bellenoys son frère hé-
« ritier et exécuteur de son dict testament et auquel André
« se serait chargé d'accomplir le dict don et legs, achapter
« et assigner rente pour convertir aux dicts fait et usaige,
« lequel André de Bellenoys dès l'an mil trois cent soizante-
« dix, présent notaire du Chastellet d'Orléanz auroit promis
« et se seroit obligé lui et ses sucesseurs de nectoyer ou
« faire nectoyer à ses propres cousts et toutes les fois et
« par tant de fois que mestier seroit des lors en avant et
« tousjours mez le dict pont jusqu'à ce qu'il eut achapté et
« assigné rente perpétuelle au dict pont pour iceluy faire
« nectoyer ou tenir nect et afin que la dicte rente peust tost
« et plus diligemment estre achaptée au dict pont pour la dicte
« somme de cent florins d'or de Florence et que le dict pont
« feust et peust estre myeulx et plus diligemment nectoyé et
« tenu nect; iceluy de Bellenoys dès le dict temps de l'an mil
« trois cent soixante-dix aurait baillé et assigné au dict pont
« et aux proviseurz d'iceluy les cent florins d'or et sur une
« maison située en la ville d'Orléanz, devant et à l'opposé du
« pillory de cette ville... et sur les appartenances d'icelle mai-
« son. Depuis longtemps les seigneurs et détenteurz de la
« dicte maison auroient nectoyé ou fait nectoyer le dict pont...

« La dicte vefve Macé Mestayer dettenteresse de la dicte
« maison auroit refusé ce faire et denié les dicts droitz
« au moyen de quoy Jacques Touchet, Jacques Saintonge et
« Girard Dallier à présent proviseurs du dict pont et hospital
« auroient mis en procès devant nous la dicte veufve Mes-
« tayer contre laquelle ils eussent conclu à ce que la dicte
« maison feust déclarée chargée, affectée, obligée et ypo-
« théquée a tousjours mez de nectoyer le dict pont par tant
« de fois, etc.... Icelle deffenderesse comme dettenteresse
« d'icelle maison et appartenancez condampnée à ce faire et

« entretenir tant qu'elle en sera dettenteresse ou départie
« d'icelle, laquelle deffenderesse, après avoir veu les lectres
« et tiltres exibés par les dicts demandeurs de ce faisant
« mention, a déclaré que la dicte maison lui appartient et a
« esté acquise dès le XXVe jour de novembre l'an MCCCCLIV
« en la présence de Jehan de Recouin jadis notaire du Châ-
« telet d'Orléanz à la charge de curer et nectoyer le dict pont
« d'Orléanz... Scavoir faisons que aujourd'hui les dictes par-
« tiez comparant en jugement par devant nouz, c'est assavoir
« les dicts demandeurz par maistre Jacques Mignot leur procu-
« reur d'une part et la dicte deffenderesse en personne garnye
« de maistre Pierre Marguery son conseiller d'autre part. Vu
« la demande des dicts demandeurz, lectres et tiltrez par eux
« exhibés, ensemble la dicte déclaration de la dicte deffende-
« resse nous avons la dicte maison cy dessus désignée déclaré
« et la déclaronz chargée, affectée, obligée et ypothéquée
« envers les dicts demandeurz aux dicts nomz et leurs suc-
« cesseurs a tousjours mez de nectoyer ou faire nectoyer le
« dict pont d'Orléanz tout et tant de fois que mestier sera et
« la dicte deffenderesse comme dettenteresse d'icelle maison
« et appartenancez condampnée à ce faire et faire faire, ou
« à délaisser la dicte maison en justice pour être subsassée à
« la charge du dict droict de nectoyer et faire nectoyer le dict
« pont suivant les dictes conclusionz, laquelle veufve a pré-
« sentement déclaré qu'elle veut et entend nectoyer et faire
« nectoyer le dict pont tant qu'elle sera dettenteresse d'icelle
« maison et appartenancez ou partage d'icelle. Et partant
« nous l'avons condampnée et condampnons à ce faire et
« sans despens.

« Si mandons au premier sergent royal en la dicte prévosté
« et ressort sur ce requis que ces présentez il mecte à exécu-
« tion selon leur forme et teneur, de ce faire lui donnonz
« pouvoir et autorité de par le Roy nostre sire et mandons à
« touz à lui en ce faisant estre obéi.

« Donné soubz le sccel aux causez de la dicte prévosté le
« IXe jour d'aoust de l'an mil cinq cent trente huit (1).

(1) Archives des hospices d'Orléans.

Du procès vidé devant la juridiction du garde de la Prévôté d'Orléans vers le milieu du XVI° siècle, il résulte que le nettoyage de la voie du pont a été assuré depuis le XIV°; les comptes de l'hôpital Saint-Antoine dressés en l'année 1678 montrent que cette opération se faisait encore à la fin du XVII° siècle au moyen d'une rente assise sur une maison dont les locataires étaient « tenus et chargés de par chascun sabmedy de la sepmaine de faire nectoyer a tousjours mez le pont d'Orléans (1) ». D'où il suit que jusqu'au XVIII° siècle, c'est-à-dire tant que le pont d'Orléans a subsisté, le nettoyage de sa voie charretière fut assuré à l'aide de libéralités particulières. C'est un des nombreux détails caractéristiques des usages du moyen âge, de l'esprit du temps et des idées qui régnaient parmi les populations aux yeux desquels les ponts étaient des œuvres pies : car « les « legs qui se faisoient pour l'entretien des ponts estoient par « les anciens jurisconsultes estimez être de la nature de ceux « qui estoient faits *ad pias causas* » (2).

(1) Extrait de l'estat des loyers et fermes de maisons estant sur le pont d'Orléans en l'année 1678. La mention concernant les locataires s'applique à une maison sise au « *puylory*, paroisse de Saint-Hilaire ». La sentence du 9 août 1538 porte que la maison affectée à l'opération du nettoyage du pont est « à l'opposé du *pillory* » qui était sur la place Saint-Hilaire ; c'est donc la même maison. (VERGNAUD, *Histoire d'Orléans*.)

(2) BERGIER, *Histoire des grands chemins de l'empire romain*, tome II.

CHAPITRE XXI

SUITE DE LA PÉRIODE CAPÉTIENNE

Le pont des Tourelles à partir de la levée du siège des Anglais (1429) jusqu'à la fin du XVI⁰ siècle. — Restauration du pont, du fort et du boulevart des Tourelles, reconstruction d'une partie du pont. — Modifications introduites dans les diverses parties de l'édifice depuis le siège des Anglais jusqu'à la fin du XVI⁰ siècle. — Siège d'Orléans et prise des Tourelles du pont, par le duc de Guise, le 9 février de l'année 1563.

Après les rudes épreuves auxquelles il avait été soumis pendant le siège des années 1428 et 1429 et le double assaut du boulevart des Tourelles, le pont de Jeanne d'Arc avait grand besoin de réparations. Quatre arches avaient été rompues à cette époque mémorable; les murailles du boulevart et celles des Tourelles, profondément dégradées, menaçaient ruines : il était urgent de pourvoir à une situation doublement précaire, au point de vue de la défense militaire dans le cas d'un retour offensif des Anglais et à celui des communications soit par terre, soit par eau, dans l'intérêt du commerce et des relations sociales. Les bourgeois comprirent l'importance d'une prompte restauration de leurs forteresses et du pont; mais il ne suffisait pas de reconnaître la gravité de la situation, il fallait aussi trouver des ressources suffisantes pour y faire face ou en créer au besoin. Les revenus propres du pont avaient sensiblement diminué; les maisons et les hôtels situés entre le Châtelet et les Tourelles avaient été désertés par leurs habitants au moment du siège; ces locaux avaient d'ailleurs subi de graves avaries auxquelles il était urgent de pourvoir; les toitures avaient été brisées, les planchers effondrés, et les murs transpercés par les projectiles; ainsi diminution des revenus d'un côté et dépenses de l'autre, tel se présentait le bilan d'une situation difficile et fort embarrassante pour les administrateurs et proviseurs de l'œuvre de l'hôpital Saint-Antoine et du pont.

A peine les Anglais avaient-ils levé le siège que les Orléanais rétablirent la circulation sur leur pont au moyen de planchers de bois jetés provisoirement sur les piliers des arches rompues. Comptant avec raison sur la reconnaissance du roi Charles VII, les bourgeois de la cité exposèrent au souverain la nécessité impérieuse de réparer dans un bref délai le pont et ses fortifications ruinés par la guerre. Et par lettres patentes données à Mehun-sur-Yèvre le 16 janvier 1429 (1430 avant Pâques), Charles VII accordait aux bourgeois, manans et habitans de sa ville loyale le droit de lever pendant six années un impôt sur certaines marchandises (au nombre de dix-huit passant sous le pont) (1). Cet octroi, désigné sous le nom de *novelletés* (2), avait exclusivement pour objet de pourvoir à toutes les dépenses déjà faites et à celles qui restaient à faire pour la restauration du pont et de ses fortifications, ainsi que pour l'acquit des dettes contractées et la réparation de tous les dommages que la ville avait soufferts pendant la durée du siège des Anglais.

La libéralité du roi Charles VII ne s'arrêta pas là. De nouvelles lettres patentes, données à Jargeau le 9 février 1429 (1430 avant Pâques), accordèrent un autre droit ou aide, portant sur certaines marchandises (au nombre de trente-sept, traversant la ville par terre ou par eau, afin de permettre aux bourgeois d'Orléans de faire mieux et plus vite les réparations très considérales et très dispendieuses qui ne compor-

---

(1) Lettres patentes de Charles VII (note M). (Archives des hospices d'Orléans.)

(2) Extrait du Cartulaire et rôles y annexés du pont d'Orléans et de l'hôpital Saint-Antoine, de l'année 1344 à l'année 1571. (Archives des hospices d'Orléans.)

taient plus d'ajournements. Néanmoins les arches détruites demeurèrent quelques années en cet état et, comme nous l'avons dit plus haut, l'on dut rétablir les communications entre la ville et la campagne d'outre-Loire au moyen de passerelles en bois posées sur les piliers des arches rompues.

Les registres des comptes de forteresse laissent aujourd'hui une lacune très regrettable entre les années 1430 et 1435. Il en est de même des comptes du pont. Nous ignorons donc ce qu'il a pu survenir de particulièrement intéressant dans cet intervalle. Nous avons toutefois constaté dans les manuscrits du chanoine Dubois qu'au cours de l'année 1431 l'on fit d'importantes réparations au boulevart des Tourelles qui avait été fort endommagé et à peu près détruit par les eaux d'une crue qui s'écoulèrent dans le fossé (1).

Le 27 février 1434 (avant Pâques) une nouvelle catastrophe vint aggraver une situation déjà si onéreuse, les glaces charriées par le fleuve emportèrent le pont situé entre le Châtelet et l'hôpital Saint-Antoine; toutes les arches furent détruites, sauf celle à laquelle étaient amarrés les moulins du duc d'Orléans. Cinq maisons furent englouties dans la Loire et quatre moulins entraînés ou submergés et la voie des bateaux demeura interceptée. Ce fut une sorte de calamité publique. Il fallut donc établir un pont tout en bois, composé de chevalets qui prenaient leurs points d'appui sur les piliers renversés et de longues poutres allant d'un pilier à l'autre, et formant *sept arches* entre la ville et l'aumosne Saint-Antoine; ce pont de bois fut muni de garde-corps pour assurer la sécurité des passants. Les comptes du pont (2) qui ont conservé le souvenir de cette construction provisoire ont en même temps présenté l'incontestable témoignage de l'existence de sept arches entre la ville et l'hôpital Saint-Antoine, dans les termes suivants que nous extrayons textuellement :

« Construction d'un pont passant sur bois : c'est assavoir
« sur grox chevalez de bois portans sur les pilliers tombez

---

(1) Manuscrits, tome V.
(2) Comptes du pont, registre de l'année 1435, folio 9.

« et grosses et longues seulles portans de chevalet à autre
« en VII arches depuis la ville jusque à Saint-Anthoyne. »

Toutes les incertitudes qui existaient sur le nombre des arches du pont entre le Châtelet et l'hôpital Saint-Antoine au moment du siège des Anglais et qui ont été le sujet de nombreuses controverses entre les écrivains modernes sont levées désormais par ce témoignage.

On peut aisément se représenter par la pensée le coup d'œil pittoresque que devait offrir le pont des Tourelles à la date de l'année 1435, lorsqu'environ la moitié de ses arches était détruites et que des passerelles en bois de dimensions et de formes assurément très variables, suivant la disposition des vestiges des piliers, remplaçaient les voutes abattues pour le passage des charrettes et des piétons.

En même temps que les Orléanais rétablissaient les communications de la voie du pont, ils pourvoyaient aussi très diligemment au rétablissent de la voie d'eau des bateaux de navigation, ce qui était pour la ville, pour les marchands fréquentant la Loire et un grand nombre de provinces d'une urgence manifeste.

Nous trouvons, en effet, dans des documents authentiques du moyen âge, postérieurs à la dissolution de la corporation des Hospitaliers Pontifes, que le pont d'Orléans avait perdu plusieurs de ses arches qu'avait entraînées la débâcle des glaces de l'hiver de l'année 1434 à 1435. On se mit à l'œuvre pour réparer l'accident. Grand fut aussitôt l'embarras. Si l'argent était rare en ces temps calamiteux, la capacité des constructeurs l'était encore bien davantage. Au cours de l'année 1436, par exemple, on fit don de deux quartes de vin à un marchand du pays de Fougères, qui avait quelque connaissance en maçonnerie, pour le payer de ses honoraires (1). Au même moment, et nonobstant la consultation donnée par le marchand de Fougères et qui fut trouvée bonne, on

---

(1) « A un marchand de Fougières qui avait connaissance en fait de
« maçonnerie après qu'il eust dit son avis et ce qu'il luy semblait du fait de
« l'arche qui se faisait alors et fust trouvée son opinion bonne. » (Comptes du réédifficment du pont en l'année 1435, manuscrits de VANDEBERGUE DE VILLIERS, tome II. Archives de l'hôpital d'Orléans.)

envoyait au pays de Bourbonnais, un commissaire pour demander l'avis du *maître des œuvres de Moulins*, au sujet de cette reconstruction (1). Cette humiliante détresse de la ville d'Orléans montre à quel point étaient devenus rares au XVe siècle les architectes constructeurs de ponts, puisque l'on ne rencontrait ni dans la ville, ni dans les environs, un homme capable de donner un avis et de prendre la direction de simples travaux de reconstruction de quelques arches ! Mais si, au moment où ce grand édifice a été conçu et exécuté, trois ou quatre siècles auparavant, on n'eût pas trouvé d'architecte capable de l'entreprendre, le pont n'aurait pas été construit.

La ville d'Orléans réduite à cette impuissance, qui est un des caractères du temps, eut recours à un autre moyen trop singulier pour ne pas être rappelé ici, car outre que ce détail est un précieux épisode de l'histoire de l'art au XVe siècle, il devient un argument décisif en faveur de notre thèse. Le voici : « En l'année 1436, invitation fut faite aux plus
« notables hommes de la ville par le commandement de mon-
« sieur le lieutenant du gouverneur pour estre et comparoir
« par devant mon dit sieur le lieutenant, à deux heures après
« midy, sur le pont d'Orléans, pour *veoir et visiter les fonde-*
« *ments du dit pont endroit les pilliers de l'arche qui se faisait*
« *lors et pour conseiller le bien de la chose*, présents, mon-
« sieur le prévost et les procureurs de ville. En présence
« des charpentiers et maçons, les *fondements ont été trouvés*
« *bons et on a décidé que l'on pouvait fonder sûrement sur*
« *yceulx*, de tout quoi le notaire a dressé acte...

« Et la première pierre assise et mise par le procureur de
« Monseigneur le duc d'Orléans, par l'un des procureurs de la
« ville et le commis à la visitation de la ditte besoigne (2). »

---

(1) Porté de la part de la ville à Molins en Bourbonnois lettre à ung maître de maçonnerie nommé maître Maignon, maître des œuvres du dit païs, pour l'engager à venir veoir la besoigne du pont et y donner son conseil, et prendre le marché s'il y veoit à gagner. (Comptes de réédiffiement du pont en l'année 1435.)

(2) Comptes du réédiffiement du pont, 1435 ; manuscrits déjà cités. — Comptes du pont, 1436.

Il paraît que l'on ne se trouvait pas trop mal de cette manière de faire, car nous allons voir que l'on y persista, sans doute faute de mieux. « En l'année 1439, on convoqua plu-
« sieurs bourgeois de la ville pour *visiter ensemblement les*
« *fondements du pont*, lesquels fondements les ouvriers di-
« soient être prêt à maçonner et demandoient congiez (per-
« mission) de massonner après tout visité et conseillé par les
« gens de justice, gens d'église, procureurs de ville et bour-
« geois illec assemblez feust dict aux dicts ouvriers *qu'ils*
« *bessoignassent et massonnassent quand ils voudroient* » (1).

Ainsi il est bien avéré qu'au commencement du XV° siècle, lorsqu'il s'est agi de relever cinq arches du pont d'Orléans, la ville se trouva dans un si grand embarras par suite, soit de l'absence, soit de la complète ignorance de ses constructeurs, qu'elle en fut réduite à consulter d'abord *un marchand* du pays de Fougères, puis le *maître des œuvres* du pays de Moulins et, en désespoir de cause, à faire un appel aux habitants, notables, gens de justice, gens d'église et procureurs pour donner des instructions aux ouvriers et juger des questions techniques auxquelles toutes ces personnes honorables étaient, comme elles le seraient de nos jours, absolument étrangères.

Toutes les parties accessoires du pont avaient été plus ou moins endommagées pendant le siège des Anglais et il fallait poursuivre toutes les réparations à la fois. Ainsi, à la même époque, on rétablissait la muraille de Saint-Antoine, dont l'arche était tombée en entraînant le reste de l'édifice superposé qui faisait corps avec elle.

Les comptes du pont nous apprennent que les fondations des piliers furent établies au moyen de bâtardeaux, dans l'enceinte desquels on épuisait l'eau avec des pompes. On faisait en même temps des réparations au pilier soutenant le pont dormant des Tourelles, dans lesquelles on n'employait que des pieux très courts, de trois mètres seulement de longueur.

---

(1) Comptes du réédifficment du pont, 1435.
Compte de Michelet Filleul, recepveur, 1430, manuscrits déjà cités.

Au mois de décembre de l'année 1435, nouvelle catastrophe : le pont de bois s'écrasait entre le Châtelet et les moulins pendus, et le gros pilier voisin de Saint-Antoine s'enfonçait dans la Loire (1).

Le rétablissement des voûtes ne pouvait avancer qu'avec une extrême lenteur, motivée surtout par l'absence de ressources pécuniaires, par les difficultés des temps et aussi par l'ignorance de procédés techniques appropriés aux obstacles que présente l'exécution de ces travaux sur une rivière aussi dangereuse que la Loire. On se décida, au cours de l'année 1436, à faire le devis de la reconstruction des arches du pont sises entre les moulins et l'hôpital Saint-Antoine. Les comptes des années 1436 et 1437 contiennent des détails circonstanciés et techniques sur le genre de travaux que nécessita le rétablissement des arches neuves. On y voit aussi avec quelle libéralité la population orléanaise s'empressait de contribuer à la restauration de ce pont qui était en quelque sorte l'objet de son culte. C'est ainsi qu'un bourgeois de la cité fait une donation en ces termes naïfs : « donation d'une personne qui avait grand amour et affec-« tion au pont et au rediffiment d'iceluy » (2).

La ville d'Orléans n'ayant aucun architecte capable de conduire les importants travaux qu'il s'agissait d'entreprendre, elle dut faire appel à des maîtres ouvriers des provinces voisines. On en alla quérir à Fougères et à Moulins pour leur demander leurs avis et les engager à prendre à leurs risques et périls l'entreprise des ouvrages de reconstruction, s'ils y trouvent leur bénéfice. Sur leur refus, il fallut avoir recours à deux maçons et charpentiers du pays qui proposèrent les rabais les plus avantageux ; les comptes du pont en ont conservé les noms. La méthode de l'adjudication publique avec affiches en placard, caution et rabais, était déjà pratiquée à cette époque (3). Lorsque les préparatifs furent achevés, le gouverneur d'Orléans fit faire invi-

---

(1) Comptes du pont des années 1435 et 1436.
(2) Comptes du pont de l'année 1436.
(3) Aultre dépense faite d'une arche faicte neufve entre les molins de Monseigneur le duc d'Orléans et la ville ; laquelle a été baillée à faire au

tation aux plus notables hommes de la ville de comparaître à deux heures après-midi sur le pont, en présence de son lieutenant, du prévost et des procureurs de ville, des charpentiers et maçons et du notaire, pour donner leur avis sur l'état des lieux avant de commencer la fondation. Leur avis ayant été favorable, le notaire en dressa l'acte en ces termes : « les fondements ont été trouvés bons et l'on peut « fonder sûrement sur yceux ». Le troisième jour du mois d'aoust 1436, l'on put enfin commencer la maçonnerie et l'on procéda, ce même jour, à la cérémonie de la pose de la première pierre de la voûte du pont-levis attenante au portail du pont du Châtelet, en présence du procureur du duc d'Orléans, du procureur de ville et du commis à la visitation de ladite besogne. Les ouvriers et compagnons furent, à cette occasion, régalés par la ville, conformément à un usage qui s'est perpétué jusqu'à nos jours dans un grand nombre de localités. Les constructeurs mirent un grand soin dans l'agencement des blocs de pierre ou libages des fondations qu'ils relièrent les uns aux autres avec des crampons de fer scellés au plomb. Ils consolidèrent aussi les pierres des parapets avec des liens en fer. Ces travaux ne paraissent pas avoir été rémunérateurs, puisque les entrepreneurs reçurent une indemnité en raison des pertes qu'ils avaient éprouvées (1).

Le nombre des arches fut diminué entre le Châtelet et l'hôpital Saint-Antoine dans le but d'en agrandir quelques-unes pour faciliter la circulation des bateaux et l'écoulement des crues et des glaces. Le compte du pont rappelle que l'on dut arracher les anciens pieux qui entouraient le pilier d'une arche obstruant le milieu de la voie nouvelle. A l'époque de

rabès à Chantelou, charpentier, lequel a pris à faire la ditte arche auquel le marché demoura comme dernier rabatteur (qui a fait le plus fort rabais).

Aultre marchié fait à Colin Galier, caution de Chantelon, pour haulser le pilier envoyé hors la ville comme à Sully et ailleurs pour notifier aux maîtres maçons l'œuvre à bailler selon le dit devis afficher aux carrefours de la ville.

Comptes du pont, années 1436 et 1437. (Extrait des archives des hospices d'Orléans.)

(1) Comptes du pont des années 1436 et 1437.

la démolition de cet édifice, vers l'année 1760, le pont ne comportait plus que cinq arches qui occupaient tout l'intervalle s'étendant du Châtelet à la motte Saint-Antoine (pl. II, fig. 3).

Les comptes de l'année 1437 nous apprennent que les travaux de reconstruction entre les moulins du duc d'Orléans et l'hospice Saint-Antoine furent exécutés au rabais, comme l'avaient été ceux de l'arche voisine du Châtelet, au cours de l'année précédente.

Ce fut pendant l'année 1437 que l'on mit la main à l'œuvre pour le rétablissement de l'arche qui était voisine de l'hôpital Saint-Antoine, du côté des Tourelles, et qui avait été coupée au moment du siège de 1428. On entreprit en même temps le relèvement des arches de la Belle-Croix, du côté des Tourelles, et celui des deux arches voisines de la forteresse situées du côté de la ville ; ces trois arches avaient été aussi, comme nous l'avons précédemment dit, rompues au moment du siège ; les travaux comprennent la réfection des voûtes, des parapets et du pavage tels qu'ils existaient avant l'année 1428 ; toutes les pierres du parapet furent solidement reliées entre elles par des crampons de fer ainsi qu'on l'avait fait pour les parapets du pont entre le Châtelet et l'hôpital (1). Il s'éleva au sujet des réparations des arches rompues une contestation entre les procureurs de ville et les maîtres des chaussées : les premiers prétendaient que la dépense de réfection du pavé des arches devait incomber aux maîtres des chaussées et ceux-ci répondaient qu'ils ne devaient que l'entretien et qu'il s'agissait ici d'un cas majeur, fortune de guerre. Le gouverneur d'Orléans trancha le différend et chargea les procureurs de ville de payer les dépenses des nouveaux pavages.

Les maisons (hostels) qui existaient sur le pont et qui avaient été détruites avec lui par les glaces de l'année 1434 (avant Pâques) furent reconstruites dans le cours de l'année 1437. Ce fut également à cette dernière époque qu'il a été pourvu à la consolidation du boulevart du Portereau,

---

(1) Comptes du pont de l'année 1437.

appelé aussi boulevart du pont, à la réparation du pont-levis des Tourelles et de la barrière volante du Portereau (1).

Pendant les années 1439 et 1440, les travaux restés inachevés du *pont neuf* situé entre le Châtelet et la motte Saint-Antoine furent continués avec activité. On reconstruisit le pont-levis dit des Chalands ou des Poissonniers (2), et on répara la galerie couverte en ardoises qui établissait une communication entre les bâtiments de l'hôpital et la chapelle Saint-Antoine, séparés par la voie du pont (3). Avant de mettre la main aux maçonneries des fondations des piliers qui restaient à faire entre la motte Saint-Antoine et le Châtelet, on suivit la marche précédemment adoptée : « On « convoqua plusieurs bourgeois de la ville pour visiter en- « semblement les fondements du pont ; lesquelz fondements « les ouvriers disaient être prêts à maçonner et demandaient « congiez (permission) de massonner. Après tout visité et « conseillé par les gens de justice, gens d'église, procu- « reurs de la ville et bourgeois illec assemblez, fust dict « aux dicts ouvriers qu'ilz bessoignassent et massonnassent « quand ilz voudroient » (4).

Les arches neuves n'étaient pas encore achevées que de nouveaux sinistres vinrent en suspendre les travaux ; une crue de l'année 1442 disloqua et entraîna les ponts de bois provisoires, dont on alla repêcher les pièces que les grandes eaux avaient éparpillées sur les chantiers et les îles, jusques aux environs de Meung. Il fallut donc rétablir à grands frais ces ponts provisoires, en attendant que l'on pût y substituer des arches en maçonnerie. Et pendant que les voûtes en construction reposaient encore sur leurs cintres, on prit la résolution, par mesure de prudence, à l'approche de l'hiver, de supprimer les montants de bois qui soutenaient une partie de ces cintres en s'appuyant sur le lit même du fleuve, de peur qu'ils ne fussent entraînés par les glaces, ce qui aurait

---

(1) Comptes de forteresse, années 1435 à 1437.
(2) Ce pont réunissait la voie du Grand-Pont à la motte des Poissonniers.
(3) Galerie supérieure, Comptes du pont, années 1438 à 1440.
(4) Comptes du pont, 1439, Michelet Filleul, recepveur.

occasionné de nouveaux sinistres (1). En 1441, la grande arche voisine de l'hospice Saint-Antoine donnait aussi beaucoup d'inquiétudes. Il fallut, sur l'avis du maître des œuvres du duc d'Orléans, et du maître des ouvrages de Saint-Aignan, tous deux maîtres maçons, fortifier le pilier de cette arche au moyen de pieux disposés de la manière la plus convenable.

Au cours des années 1441, 1442 et 1443, l'on fit au boulevart et au fort des Tourelles plusieurs travaux de reconstruction qui consistaient principalement en faux ponts, chevalets, ponts-levis et barrières (2).

Dans la période suivante, entre les années 1443 et 1449, l'on s'occupa de consolider et d'entretenir les ponts provisoires en attendant la reconstruction des voûtes, principalement au moyen d'étais verticaux en bois, ce qui prouve avec quelle lenteur on exécutait les œuvres les plus urgentes. L'on fit aussi d'importantes réparations au fort et au boulevart des Tourelles, et notamment à l'escarpe de ce boulevart un pan de bois pour y fermer une brèche, démonstration rétrospective de la nature de cette escarpe. Enfin l'on dut restaurer les ponts dormants, les ponts-levis, les chaînes, les barrières et les herses (3).

La voie d'eau des bateaux sous l'arche maîtresse (4) du pont neuf, vers la motte Saint-Antoine, était obstruée par les débris d'une arche tombée qui surmontaient le niveau de l'eau et que l'on enleva sur une profondeur de plus de trois pieds. Déjà des ouvrages de cette nature avaient été faits pendant l'année 1436. Les arches marinières avaient été encombrées par les débris des voûtes et des piliers renversés ; ainsi, au dire des comptes du pont : « plusieurs *sentines* « (barques) estoient périllées parce que la rivière estoit trop « petite ». L'on reconstruisit, au cours de l'année 1447, le grand pilier de l'arche de Saint-Antoine, ainsi que ses

(1) Comptes du pont des années 1442 et 1443 ; les montants ou supports de bois verticaux sont désignés par le nom de : *estappes*, soit pour les cintres des voûtes, soit pour les ponts provisoires.
(2) Comptes de forteresse des années 1441 et 1443.
(3) Comptes de forteresse des années 1443 à 1449.
(4) *Maistre arche d'emprès Saint-Antoine*. (Comptes de forteresse des années 1447 à 1449.)

orgeaux, ce qui fut la cause de grosses dépenses consistant particulièrement en plantation de pieux enfoncés au mouton de bois. A cette époque, le pilier de l'arche voisine de la Belle-Croix, de même que celui de l'arche des Tourelles, furent consolidés au moyen de forts enrochements.

Ce dut être aux environs de l'année 1448 que l'on fit une restauration capitale à la forteresse des Tourelles, si ce ne fut pas même une reconstruction entière au-dessus du niveau du pavé du pont. Les comptes de forteresse contiennent des renseignements qui sont de nature à appuyer cette opinion. Ainsi, on y lit, par exemple, ce qui suit : « Réparation des « Thorelles du bout du pont qui estoient en ruyne et près à « cheoir (1). » Et nous trouvons dans un autre document, sous le millésime de 1448, la description suivante du fort des Tourelles (2) :

« Les Thourelles étaient composées de deux tours rustiques
« faictes en pierres de taille à pointes, l'une à faiste, l'autre
« à demy faiste avec porte au milieu, deux porteaux, un guichet
« de vedette, deux herses et d'un pont-levis, une barrière
« volante avec chaînes, en avant au sud elles avaient de plus
« un pont de bois sur chevalet, qui fut remplacé *par une*
« *arche en pierrez*. Ces Thourelles avaient trois étages voûtés,
« crénelés, avec meurtrièrez pour fauconneaux, vengliairez,
« bombardes et aultres artilleriez faictes et pratiquées depuis
« *quelques cents ans*; elles étaient en outre entourées par un
« boulevart qui estoit fait de fagots et de terre. » Il pourrait être permis, en rapprochant ces deux documents, d'inférer : ou que la définition précédente des Tourelles et de leur boulevart est celle de la forteresse telle qu'elle avait existé au moment du siège de 1428-1429 et qu'elle existait encore en 1448; ou que cette définition serait une sorte de devis descriptif du projet de reconstruction de ces Tourelles, qui étaient en ruines et menaçaient de s'écrouler. Le compte de forteresse contemporain de 1448 ne porte que la mention trop som-

---

(1) Comptes de forteresses, registres des années 1447 à 1449, folio 59, verso.

(2) Archives des hospices de 1310 à 1812; hospice Saint-Antoine; ponts de la ville d'Orléans.

maire que nous avons rapportée plus haut. Quant à la description des Tourelles donnée par le compte de l'hospice Saint-Antoine et du pont, nous n'en avons pas vu l'original et nous ne pouvons, en conséquence, certifier ni sa sincérité, ni son authenticité. Mais, cette réserve faite, nous allons plus loin et nous n'hésitons pas à penser que cette description ne représente ni les Tourelles du siège de 1428-1429, ni les Tourelles de l'année 1448, et c'est au texte même que nous empruntons la justification de notre opinion. *En avant au sud*, selon ce texte, *les Tourelles avaient de plus un pont de bois sur chevalet qui fut remplacé par une arche en pierre* ; cette assertion est exacte : le pont sur chevalet ou le pont-levis qui séparait les Tourelles de leur boulevart et le pont jeté sur le fossé entre ce boulevart et la campagne furent remplacés par une arche en pierre ; mais ces substitutions ne furent réalisées que beaucoup plus tard. Il est hors de discussion que les Tourelles étaient, au moment du siège, séparées du boulevart par un pont-levis suivi d'un pont sur chevalet ou d'un pont sur pilier, et que le boulevart pouvait être également séparé de la plaine par un pont-levis accompagné probablement aussi d'un pont sur chevalet (ou sur pilier). Mais, si la description qui précède était contemporaine, soit du siège de 1428-1429, soit de l'année 1448, durant laquelle on a fait de très grandes réparations à la forteresse des Tourelles, si même on ne l'a pas reconstruite au-dessus du pavé du pont, le texte précité n'aurait pu dire que le pont sur chevalet a été remplacé par une arche en pierre qui fût postérieure à ces dates. Ce même texte comporterait d'ailleurs une inexactitude grossière quant aux meurtrières pratiquées pour l'usage de l'artillerie à feu qu'il annonce avoir été faites depuis quelques cents ans ; car l'appropriation à l'usage de l'artillerie à feu des anciennes meurtrières des fortifications d'Orléans que l'on utilisait pour lancer des flèches et des traits, et auxquelles on avait donné les noms d'archières et d'arbalétrières, ne remontait à peine qu'aux premières années du XVe siècle, c'est-à-dire à quinze ou vingt années avant le siège des Anglais, bien que l'invention de ce genre d'artillerie remontât à la première moitié du XIVe. Enfin, nous éprouvons un dernier scrupule, quant à la nature et au dispositif du boulevart qui protégeait la forteresse du côté du midi et que ce texte assure avoir été fait de *fagots* et de *terre*. Nous avons démontré, dans le chapitre VII, que le boulevart de 1428 et 1429 devait être enveloppé d'une muraille à créneaux et machicoulis, d'un fossé profond et probablement aussi d'une contrescarpe de maçonnerie ; d'où nous inférons que la description précédente de la forteresse ne pourrait être rattachée, sans anachronisme, à une époque comprise entre les années 1429 et 1448, et qu'elle aura été faite beaucoup plus tard par des compilateurs qui auront juxtaposé des éléments de construction d'un certain âge à des éléments d'un autre, pour en composer un ensemble tel quel ; nous ajoutons d'ailleurs que le texte descriptif des portes, porteaux et guichets ne nous semble guère d'accord avec les détails tirés des comptes de forteresse des années qui ont immédiatement précédé et suivi le siège des Anglais et desquels nous avons déduit les éléments constitutifs qui nous ont permis de restituer, à peu près dans son intégrité, l'aspect extérieur et intérieur de la forteresse au moment où elle fut attaquée et prise par les Anglais, au mois d'octobre 1428, et enlevée d'assaut par Jeanne d'Arc, à la date mémorable du 7 mai 1429.

Dans la période qui comprend les années 1449 à 1452, les registres des comptes renferment l'indication sommaire des ouvrages de restauration des ponts-levis et de leur boulevart, de même que du pont de bois contigu à la porte du Châtelet. On remarque, dans le texte de ces registres, une distinction bien établie entre le *pont vieille*, partie du pont de la Loire comprise entre l'aumosne Saint-Antoine et les Tourelles, et le *pont neuf*, entre l'aumosne et le Châtelet. On dut exécuter des ouvrages très importants aux piliers de ces deux ponts, qu'il fallut consolider par des pieux qui auraient été enfoncés *au motton de cuyvre* par opposition *au motton de bois*, dont l'usage avait été jusqu'à cette époque le plus habituel, ainsi que nous avons eu déjà l'occasion de le dire à propos de la réfection, en l'année 1447, du pilier de Saint-Antoine ; le compte du pont des années 1450 à 1452 contient un certain nombre de paragraphes consacrés uniquement à la consolidation des piliers et des arches du *pont vieille* et du *pont neuf*, et à une série de travaux de moindre importance.

C'est au cours de l'année 1452 qu'un pieux bourgeois orléanais, dont le nom est consigné dans les manuscrits de l'époque, Arnould Serre, l'un des proviseurs du pont, consacra à l'ornement du pont des Tourelles *trois petites ymaiges*, représentant *une Notre-Dame, saint Nicholas et saint Anthoine*, qui reposaient sur *ung petit siège de bois où sont assis les trois petis ymaiges*. On fit peindre ces trois figures ainsi que le socle qui les supportait (1). Ce témoignage entre plusieurs de la piété, et en même temps de l'affection publique au pont de Jeanne d'Arc, mérite d'être particulièrement signalé. Rien n'indique, dans les manuscrits que nous avons feuilletés, en quel lieu fut placé ce modeste monument dont nous n'avons plus rencontré de traces dans les phases ultérieures que le pont des Tourelles a traversées jusqu'à l'époque de sa démolition, au XVIII° siècle, si ce n'est peut-être en 1516 : pendant l'hiver de cette année, on dut faire briser les glaces, pour prévenir des sinistres, sur toute la largeur du bras de la Loire entre le Châtelet et Saint-Antoine et sous les arches jusqu'à l'endroit *des ymages saint Clément et saint Nycollas*. S'agit-il ici du monument de 1452 dans lequel il y aurait eu confusion de nom de l'un des saints dont l'image y était représentée, ou substitution d'un vocable à un autre? Nous n'avons pu éclairer ce point obscur entre plusieurs (2).

Dans la longue période des années 1453 à 1509, nous ne trouvons dans les comptes du pont, de forteresse et de commune que des détails analogues à ceux que nous y avons rencontrés précédemment et qui intéressent la consolidation des piliers des arches du pont, des orgeaux, des ponts-levis, ponts dormants, barrières et guichets, ou la substitution de voûtes en pierre aux travées dormantes des ponts-levis. Des dépenses furent consacrées à la reconstruction sur pilotis des piliers des ponts-levis des Tourelles et des murs

---

(1) Comptes du pont de l'année 1452; 2° volume des manuscrits de VANDEBERGUE DE VILLIERS. (Archives de l'hôpital.)
(2) Comptes du pont de l'année 1516 ; 2° volume des manuscrits de VANDEBERGUE DE VILLIERS. (Archives de l'hôpital.)

extérieurs du boulevart de ce nom, ainsi qu'à des réparations assez importantes que réclamaient les ponts-levis du Châtelet et des Chalands-Percés, et la grande arche du côté de la ville ; on établit des garde-foulz, *entour des foussés du boulouart des Torelles*, et des chaînes sur les ponts-levis pour servir de garde-corps. Aux degrés qui permettaient de descendre de la chaussée du pont sur la motte des Poissonniers ou chalands, on substitua, pour l'usage des cavaliers et des charettes, un glacis en pente soutenu par une muraille : le pont-levis et le pont dormant qui interceptaient cette voie de communication avec le grand pont subsistaient encore en 1599 (1). Dans cette période de 1453 à 1509, nous trouvons la répétition d'ouvrages analogues ou identiques, dont la nomenclature n'offre rien de bien intéressant : l'usage des locutions locales, du jargon et du patois des ouvriers, la confusion des termes, le laconisme et surtout les lacunes des manuscrits, enfin, les modifications que le temps introduit même dans le langage des personnes lettrées préposées à la tenue des comptes font obstacle à la complète intelligence de toutes les opérations et de toutes les œuvres techniques entreprises soit pour la réédification des arches neuves, soit pour le simple entretien des diverses parties constitutives du pont et de ses dépendances, si variées et en même temps si importantes.

Arrêtons-nous, cependant, sur quelques faits caractéristiques qui rentrent plus particulièrement dans la période semi-séculaire de l'année 1453 à l'année 1509.

La foi était vive en ce temps-là, et ainsi que nous avons eu déjà occasion de le rappeler, les libéralités privées constituaient la principale des ressources pécuniaires qui permettaient d'entreprendre et de mener à bonne fin les édifices les plus considérables et de pourvoir à leurs réparations et à leur entretien.

A l'exemple de leurs prédécesseurs de l'année 1390, les proviseurs du pont, voulant adresser un nouveau et pressant

---

(1) Comptes de forteresse, registres des années 1453 à 1499, de 1555 à 1557 et de 1597 à 1599.

appel à la générosité de leurs concitoyens et des passants étrangers dans l'intérêt de l'œuvre de l'hospice Saint-Antoine et du pont, firent graver, en l'année 1464, une inscription qu'ils se proposaient de fixer au mur de la chapelle confinant à la voie publique ; le compte du pont porte ce qui suit :

« Payé aux proviseurs du pont pour faire estacher (attacher)
« contre le mur de la chapelle Saint-Anthoyne ung épitaphe
« de cuyvre fait faire par les proviseurs du dict pont où estoient
« contenues certaines escriptures pour mouveoir les créatures
« à donner à la dicte aumosne, lequel épitaphe ne fust point
« estaché pour ce qu'on ne l'eust peu lire (1). » Bien qu'il semble que cette inscription n'ait pas reçu sa destination, les dons et les libéralités en faveur de l'œuvre ne continuèrent pas moins d'affluer, sous les formes les plus variées et aussi les plus touchantes, dans l'escarcelle des proviseurs du pont, ainsi que le lecteur l'aura déjà remarqué.

L'esprit des Orléanais était perpétuellement et non sans cause tourmenté par le souvenir des sinistres qui s'étaient à diverses époques abattus sur leur pont, par la grandeur des dépenses qu'ils avaient dû faire pour reconstruire, non seulement les quatre arches dont les opérations du siège avaient commandé la rupture, mais aussi pour rétablir en entier le pont situé entre l'aumosne Saint-Antoine et le Châtelet que la Loire avait renversé cinq années après le siège. Nonobstant tous les travaux de conservation qu'ils avaient été obligés d'exécuter et les soins assidus dont cet édifice si cher à leur cœur était l'objet, la perspective et l'attente des crues et des glaces du fleuve entretenaient au sein de la population des inquiétudes et des perplexités sans cesse renaissantes. Les proviseurs en vinrent même jusqu'à redouter les effets destructeurs du passage des véhicules trop lourds, et à contraindre, sous des peines fort sévères, les conducteurs des charrettes à en limiter le chargement non par la fixation du poids, mais

---

(1) Comptes du pont de l'année 1464 ; 2ᵉ volume des manuscrits de VAN-DEBERGUE DE VILLIERS. (Archives de l'hôpital.)

Le graveur n'aura pas sans doute proportionné la dimension des lettres de l'épitaphe à la hauteur à laquelle elle devait être fixée pour être lue par les passants.

par celle du nombre des chevaux et autres bêtes de trait attelés à ces véhicules. Un règlement, édicté à la date du 4 janvier de l'année 1470, par le lieutenant général du gouverneur du duché d'Orléans, conservateur des privilèges royaux, de l'Étude et de l'Université d'Orléans et commissaire du roi en cette partie (1), rappelle que les charrettes des meuniers, qui transportent des blés et farines, sont attelées de trois et de quatre chevaux et mulets et que : « au moyen desquelles charges et voitures qui, continuelle-
« ment et par chacun jour, vont et viennent en la ville
« d'Orléans par dessus les ponts, la chose publique est fort
« endommagée par *l'estonnement* que font les dites char-
« rettes ainsy excessivement chargéez ès voultes et aultres
« édificez des dits ponts. Ordonnons, porte cet édit, et
« appointonz par ces présentez et par statuz exprès que les
« dits musnierz ne aultres ayant et tenant moulin sur la
« dicte rivière du Loiret ne puissent, dores et en avant,
« mener ou faire mener aulcunz blez ou farinez parmi la dicte
« ville d'Orléans ne par dessus les ponts à charrettez qui
« soyent atteléez de plus de deux chevaux, mulets ou aultres
« bêtez sur peine de confiscation des chevaux et aultres
« bêstez qui seront trouvées attelées en plus grand nombre
« que de deux et amende arbitraire. »

Les années 1498 et 1499 sont particulièrement mentionnées dans les annales des ponts d'Orléans par le passage successif du roi Louis XII et de la reine Anne de Bretagne, qui firent leur entrée dans la ville par la porte des Tourelles. Les Orléanais déployèrent dans ces deux circonstances tout le luxe imaginable. Les échevins, revêtus de magnifiques robes d'écarlate doublées de velours, portèrent le dais de drap d'or sous lequel le souverain, après avoir franchi la porte des Tourelles, traversa les ponts. Les historiens d'Orléans donnent la description de ces deux entrées solennelles, dont le cérémonial était observé dans toutes les réceptions analogues, mais avec les variations commandées par les circonstances (2).

(1) Comptes du pont (archives de l'hospice), année 1470.
(2) LEMAIRE, *Histoire d'Orléans*. — Symphorien GUYON, *Histoire d'Orléans*.

C'est pendant le séjour de Louis XII dans la cité de Jeanne d'Arc que ce souverain, dont les yeux avaient été frappés par des traces non encore effacées du siège des Anglais, ordonna que la chapelle de l'hospice de Saint-Antoine des ponts serait l'objet d'une restauration dont le besoin était urgent, car cette chapelle et l'hospice avaient été à peu près détruits en 1428 et 1429. Au cours de l'année 1501, l'on put donc mettre la main à l'œuvre et c'est à cette occasion que le monarque renouvela les règlements qui portaient que les voyageurs indigents seraient logés gratis dans l'hospice pendant vingt-quatre heures seulement, mais qu'après ce délai ils seraient obligés de déguerpir sous peine de la hart. Singulier mélange de charité chrétienne et de barbarie !

Vers cette époque et au cours de l'année 1502 notamment, les proviseurs du pont remarquaient avec inquiétude, à certains jours de la semaine, particulièrement les mercredis et samedis, l'affluence énorme de personnes qui se portaient sur les ponts, soit pour y vendre, soit pour y acheter du pain ; c'était en ce lieu, avons-nous dit, que se tenait depuis longtemps ce marché sous le nom de halle au pain. Les encombrements formés tant par les charrettes et bêtes de somme que par les bourgeois et manants de la ville et des lieux circonvoisins avaient occasionné déjà plusieurs accidents graves et il fut résolu que l'on établirait sur la motte des Poissonniers, en arrière de l'hôpital Saint-Antoine et à côté des chalans percés une halle couverte pour le commerce du pain. Les Proviseurs exposent que : « voulentiers ilz feraient aux
« despens du dict pont couvrir la dicte place laquelle est
« toute pleine d'immondices et feront oultre joignant de
« la grange et maison appartenant au dict pont où on a
« accoustumé loger et mettre en seureté les engins, cordages
« et ustencilles servant aux ouvrages et entretenement du
« dict pont, quelque couverture où se pourraient reterer et
« mettre à couvert ceux qui vendent le dict pain pour leur
« aisance et aussi des habitants d'icelle ville » Et afin d'assurer le remboursement des frais de construction et de ceux l'entretien de la halle, on établit un droit de deux deniers sur chaque charrette de pain et de un denier par chaque bête de somme

portant douze pains. Cette résolution fut mise à exécution sans trop de difficultés; mais les proviseurs du pont ne purent aisément parvenir à déraciner l'usage ancien de vendre le pain sur la voie charretière, et au cours de l'année 1558 il fallut que le prévost d'Orléans rendît une ordonnance qui enjoignait aux boulangers de la ville de ne vendre désormais le pain que sur la motte des Chalans-Percés et sous la halle que l'on avait affectée à cette destination en l'année 1502 (1).

(1) Comptes du pont des années 1502 et 1558; hospice Saint-Antoine. (Archives de l'hôpital.)

CHAPITRE XXII

LE MONUMENT DE JEANNE D'ARC ÉRIGÉ SUR LE PONT D'ORLÉANS

Monument de Jeanne d'Arc sur le pont. — Son emplacement. — Sa description. — Date inconnue de son érection. — Opinion de l'historien François Lemaire. — Obscurité et incertitude à cet égard. — Récit de Pontus Heuterus. — Opinion de M. Quicherat. — Passage de Paulus Œmilius. — Recherches sur la date vieille du monument. — Opinion de Vallet de Viriville sur l'érection du premier monument. — Opinions de Charles du Lys, de Symphorien Guyon. — Croix en pierres, en l'honneur de la Pucelle, mentionnée en 1467, dans les comptes du pont. — Le monument en bronze, date de son érection ; examen et discussion. — Motifs d'attribuer la dépense et les frais de ce monument aux habitants d'Orléans.

C'est ici le lieu d'examiner l'un des points les plus controversés de l'histoire du pont des Tourelles en ce qui touche essentiellement au souvenir de l'héroïne d'Orléans.

Après le meurtre juridique de Jeanne d'Arc, qui fut brûlée à Rouen par la plus abominable des sentences, le trentième jour du mois de mai de l'année 1431, les Orléanais devaient par un sentiment bien légitime de reconnaissance, témoigner leur amour à celle qui fut leur libératrice et donner à ce sentiment une expression matérielle consacrée par un signe quelconque ou par un monument. Que l'expression de ce sentiment se soit fait attendre pendant vingt-sept ans, selon quelques auteurs, ou pendant soixante-dix ou soixante-quinze, selon quelques-autres, d'après les inductions que l'on peut tirer de certaines particularités plus ou moins confirmatives de ces hypothèses, il y a là certainement quelque chose de surprenant qui veut qu'on y regarde de près, car ce silence prolongé et cette sorte d'oubli du plus grand des services couvrent une énigme historique dont la solution intéresse tout à la fois l'honneur de la ville d'Orléans, la gloire de Jeanne d'Arc, non moins que la dignité du roi Charles VII et de ses successeurs immédiats.

Sur l'avant-bec amont du second pilier du pont, à partir du Châtelet (pl. II, VII) les contemporains ont vu un monument commémoratif de la délivrance d'Orléans, dont l'ensemble comprenait un piédestal orné de quatre pilastres dominant le parapet et surmonté d'un Christ en croix et de la Sainte Vierge debout, ou, selon d'autres versions, un Christ descendu de la croix et étendu sur les genoux de sa sainte Mère, ainsi que nous aurons occasion de le dire plus tard ; c'était un calvaire où étaient agenouillés deux personnages, tête nue, et armés de toutes pièces ; à la droite du Christ, Charles VII, et à la gauche Jeanne d'Arc ; ces figures étaient de bronze. Il n'est resté dans les manuscrits contemporains, ceux du moins que nous avons pu consulter, aucune indication ou description détaillée de ce calvaire (1) et de la date précise de son érection ; on n'y trouve ni le nom des sculpteurs, fondeurs et artistes à qui l'on doit la composition de ce monument précieux, ni le souvenir des inscriptions gravées sur ses parois et qui devaient certainement rappeler par qui et en l'honneur de qui il avait été érigé.

Un historien orléanais, Lemaire, rapporte que ce monument aurait été élevé par le roi Charles VII, en l'année 1458 sur les ponts d'Orléans, et il ajoute à la suite de cette assertion sans preuve une inscription en vers latins dont l'épigraphe est : *in mysterium simulachri aureliæ ponti super impositi*, mais sans dire ni implicitement ni explicitement si cette inscription avait été gravée sur le monument. Nous ne le croyons pas ; il y avait, sans aucun doute, une inscription,

---

(1) Vergnaud, dans son *Archéologie du Loiret*, tome II, prétend qu'il existe des dessins fidèles du monument primitif en tout semblables aux dessins plus récents en ce qui touche la statue de Jeanne d'Arc. Nous n'en avons absolument aucune connaissance.

comme nous allons le voir par la déclaration d'un chroniqueur contemporain, mais aucun témoignage sérieux n'est venu prouver jusqu'ici que ce fût celle qui est rapportée par l'historien orléanais.

Un chroniqueur du XVIᵉ siècle, Pontus Heuterus (1) raconte que pendant le voyage qu'il fit en France, au cours de l'année 1560, sous le règne de François II, il a remarqué le monument qui avait été élevé en l'honneur de Jeanne d'Arc sur le pont d'Orléans : « J'ai vu moi-même, dit-il, de « mes propres yeux, sur le pont d'Orléans qui traverse la « Loire, la statue (ou l'image) en bronze de la Pucelle, les « cheveux flottants sur les épaules, prosternée à deux « genoux devant la représentation du Christ crucifié, égale- « ment en bronze, avec une inscription placée vers cette « époque et qui rappelle que ce monument a été érigé par « les soins et aux frais des dames et jeunes filles orléanaises « en souvenir de la levée du siège des Anglais et de la déli- « vrance de leur ville par l'intervention de la « Pucelle » (2).

La narration du chroniqueur est assurément des plus intéressantes : elle est muette sur la date réelle du monument qu'elle semble faire remonter à un certain nombre d'années, sinon jusqu'à l'époque même à laquelle s'était accompli le grand événement dont elle consacre le souvenir ; mais elle ne nous donne aucun éclaircissement sur le sens de

(1) Pontus Heuterus, historien hollandais, né en 1535 ; il était du parti bourguignon : sa chronique est intitulée : *Rerum Burgundicarum, libri VI*, 1639. Quicherat et Vallet de Viriville ne sont pas d'accord avec Lottin. Celui-ci, d'après des manuscrits existants à Orléans, fixe à l'année 1565 la date du passage de Pontus Heuterus dans cette ville. Que le voyageur hollandais ait vu le monument en 1560 ou en 1555, peu importe, il ne s'agit que du monument primitif, puisque ce monument n'a été rétabli, après sa destruction, qu'en 1571, comme on le verra plus loin.

(2) Voici le texte latin de Pontus Heuterus : *Vidi ego meis oculis in ponte aureliano trans Ligerim ædificato, erectam hujus Puellæ æneam imaginem coma decore per dorsum fluente, utroque genu coram æneo crucifixi Christi simulachro nixam, cum inscriptione positam fuisse hoc tempore opera sumptu qui virginum ac matronarum aurelianensium in memoriam liberatæ ab ea urbis Anglorum obsidione.* (Livre IV, page 253, et QUICHERAT, volume IV, page 448.)

Langlet Dufresnoy a donné une traduction de ce passage dans la 3ᵉ partie son *Histoire de Jeanne d'Arc*, page 73, édition de 1759.

l'inscription et ne fait mention ni de l'image de la Vierge mère (debout ou assise) au pied de la croix, ni du personnage agenouillé à la droite du Christ et faisant face à la Pucelle. On devine, à la forme concise de la narration « *vidi ego meis occulis* » j'ai vu moi-même de mes yeux « *imaginem hujus puellæ* » l'image de cette jeune fille, que Pontus Heuterus quoique partageant les idées de la faction qui fut l'ennemie de Jeanne, était dominé et comme ébloui par le prestige irrésistible de la Vierge guerrière qui puisa dans la pureté de sa foi religieuse l'ardeur d'un patriotisme qu'elle poussa jusqu'à l'immolation. La Pucelle agenouillée aux pieds du Christ, voilà tout ce que le chroniqueur a vu; le reste n'est pour lui que secondaire et il le passe sous silence. Nous ne lui devons donc qu'un témoignage de reconnaissance sans aller au delà et nous nous empressons de le consigner ici.

Un savant critique (1) n'a pas admis la date de 1458 qui fut inscrite sur le monument à l'époque de sa restauration en 1771. Il incline à la révoquer en doute par cette cause, d'abord, que le sculpteur des figures qui ornent le calvaire primitif avait donné à la Pucelle de longs cheveux et ensuite par cette autre que ce fut seulement vers la fin du règne de Louis XI, mort en l'année 1483, que l'art de fondre des statues levées aurait été pratiqué en France; enfin la forme de l'armure conservée dans la restauration du monument ferait naître des doutes sérieux sur la date de 1458 : il croit qu'il serait plus sage de reporter au règne de Louis XII l'exécution du bronze dont il s'agit et de ne pas se prononcer d'une manière aussi absolue sur l'origine du monument qui lui semble devoir être un peu antérieur à la fin du XVe siècle. Ce savant rappelle un passage d'un chroniqueur contemporain de Louis XII, qui atteste que les Orléanais érigèrent une statue à l'héroïne : « *Aurelianenses Puellæ statuam posuere* » (2). Mais si ce texte trop laconique nous apprend

---

(1) QUICHERAT, *Procès de Jeanne d'Arc*, tomes IV et V.

(2) *Paulii Emilii de rebus gestis Francorum*, lib. X, sans indication de date : c'est le texte le plus ancien qu'on ait sur ce sujet, d'après QUICHERAT. Louis XII est mort en 1515.

l'existence, avant l'année 1515, d'une statue de Jeanne d'Arc, les quatre mots latins dont il se compose ne mentionnent aucune date et ne disent pas si ce sont les citoyens ou les jeunes filles d'Orléans qui firent élever ce monument, dont Paul Emile se borne à attester l'existence sans rien ajouter ni sur l'époque, ni sur les personnes à l'initiative desquelles on en fut redevable.

Pourquoi, demandera-t-on peut-être, de si longues années s'étaient-elles écoulées avant qu'Orléans élevât un pareil monument à sa libératrice ; soit que celui qui nous occupe remonte à l'année 1458, soit que sa date soit plus récente et ne doive être fixée qu'aux dernières années du XIV° ou même aux premières années du XVI° siècle ? Il en faut attribuer, dans notre opinion, indépendamment des causes politiques et religieuses qui ont eu leur part dans les retards que l'on signale, la principale cause aux rigueurs des temps, à la pénurie des ressources pécuniaires et à la gêne qui suivirent la levée du siège des Anglais et qui se prolongèrent bien longtemps après cette époque néfaste. Nous avons vu que les fortifications et le pont des Tourelles avaient été fort endommagés et que des sinistres d'une gravité exceptionnelle, survenus à ce dernier édifice, avaient réduit les Orléanais à s'imposer de ruineux sacrifices pour faire face à tous les besoins les plus urgents. D'autre part, le pont, témoin des hauts faits de Jeanne d'Arc, avait été, dans les années qui suivirent le siège, détruit entièrement entre la ville et l'hôpital Saint-Antoine ; il avait, en outre, subi dans l'autre partie de profondes avaries ; la reconstruction du pont neuf et les réparations du pont vieil ont duré plusieurs années pendant lesquelles on ne pouvait songer à élever, sur ses piliers ébranlés, sur ses arches chancelantes ou renversées, un monument qui n'aurait eu aucune chance de durée. On comprend donc sans aucun effort d'imagination pourquoi les Orléanais ont dû ajourner pendant de longues années l'érection d'un véritable monument à leur libératrice, comme un souvenir de l'amour et de la vénération qu'ils avaient pour elle et un témoignage vivant et durable de leur reconnaissance. Toutefois, nous croyons que dès que

les arches du pont neuf furent rétablies entre le Châtelet et l'hôpital Saint-Antoine, le premier soin des Orléanais fut de poser une croix sur le pilier qui servit plus tard de base au monument commémoratif et que cette érection a dû coïncider à peu près avec la sentence de réhabilitation de l'héroïque et sainte victime, qui fut prononcée à Rouen le septième jour du mois de juillet 1456, vingt-cinq ans après sa mort. Cette sentence porte : « Que demain sur le Vieux-
« Marché, au lieu même ou Jeanne a été suffoquée par une
« flamme cruelle et horrible (1) avec aussi une prédication
« générale et une apposition de croix honnête pour la per-
« pétuelle mémoire de la défunte et le salut d'elle et des
« autres défunts, déclarons nous réserver de faire ultérieu-
« rement exécuter, publier et pour l'honneur de sa mémoire
« signifier avec éclat notre dite sentence dans les cités et
« autres lieux insignes du royaume partout où nous le
« trouverons bon. » Certes, s'il est un lieu, parmi ceux que le pied de Jeanne d'Arc a foulés durant sa vie si courte et si pure, où un monument expiatoire et commémoratif dût être érigé en l'honneur de la Vierge martyre, c'est bien à Rouen où elle fut immolée! Et pourtant, c'est une simple croix qui fut élevée sur ce nouveau calvaire ! A la vérité, les chroniques ne nous apprennent pas quelle importance avait ce monument, mais tout fait supposer qu'il devait être très modeste et ce n'est que dans les premières années du XVI° siècle qu'un véritable monument expiatoire digne de ce nom a pu être érigé sur le lieu même où l'héroïque victime fut immolée (2).

Il existe, à notre sentiment, entre les époques de l'érection à Orléans et à Rouen des premiers signes ou témoignages commémoratifs, une corrélation et une simultanéité qui sont de nature à rassembler les idées sur la date sinon précise, du moins approximative de celui qui aura été élevé à Orléans en l'honneur de la Pucelle. Une croix, avons-nous dit, a dû

(1) *In loco ubi Johanna crudeli et horrenda crematione suffocata est.*
(2) O'REILLY, tome I. Ce monument, érigé au commencement du XVI° siècle, fut remplacé par un autre beaucoup moins digne au milieu du XVIII° siècle, que l'on voit aujourd'hui à Rouen.

y être érigée, quelques années après le siège des Anglais, dès que les travaux de reconstruction des arches du pont furent terminés et au plus tard, probablement, vers l'époque de la réhabilitation juridique de la mémoire de Jeanne : nous allons appuyer tout à l'heure par des faits authentiques cette opinion qui a déjà été émise par un écrivain distingué (1). Mais la croix d'Orléans fut-elle l'expression et le résultat d'un vœu spontané des Orléanais, ou seulement la conséquence de l'exécution de la sentence de Rouen? Jusqu'ici, personne, que nous sachions, n'a pu répondre à cette question sur laquelle il existe autant d'incertitude que sur les points de savoir à quelle époque le premier monument fut érigé, de quelle nature, de quelle matière et de quelle importance il était, enfin par qui la dépense en fut supportée.

Charles du Lys, descendant collatéral de Jeanne d'Arc, qui a recueilli les diverses inscriptions proposées pour le monument commémoratif (2) élevé en souvenir de la Pucelle et qu'il a publiées dans les années 1613 et 1628, établit, comme un fait acquis, que le monument composé des quatre images de bronze aurait été érigé sur le pont d'Orléans en l'année 1458 par le roi Charles VII ; mais ce qui laisse planer une grande incertitude sur la portée de cette assertion, c'est que l'auteur énonce, dans la préface au lecteur de son premier recueil de l'année 1613, que ce fut environ l'an 1458, tandis que, dans le second recueil de l'année 1628, il a supprimé l'adverbe environ, pour affirmer positivement la date de 1458, d'où nous inférons d'abord qu'il a pu fixer cette date sans y

---

(1) VALLET DE VIRIVILLE, observations sur l'ancien monument érigé à Orléans en mémoire de la Pucelle, tome XXIV des *Mémoires de la Société des antiquaires de France*. Ce savant archéologue partage l'opinion de Quicherat sur l'âge du monument et adopte les mêmes motifs.

(2) Voici le titre du Recueil de l'année 1628 : Recueil de plusieurs inscriptions proposées pour remplir les tables d'attente estant sous les statues du roy Charles VII et de la Pucelle d'Orléans, qui sont élevées également armées et à genoux, aux deux costez d'une croix et de l'image de la Vierge Marie estant au pied d'icelle sur le pont de la ville d'Orléans, dès l'an 1458. Paris 1628.

Le premier Recueil publié en 1613 a été complété par celui de 1628.

être autorisé par un document contemporain, et que, d'autre part, Charles du Lys, qui était conseiller du roi en ses Conseils d'État et privé, son premier avocat général en sa cour des Aydes à Paris, a pu être entraîné, et sans en avoir conscience peut-être, à attribuer l'érection du monument à l'initiative et à la libéralité du roi Charles VII par un sentiment de reconnaissance fort naturelle tant envers ce souverain, qu'envers ceux qui lui ont succédé jusqu'au roi Louis XIII auquel il adresse un long dithyrambe sous le titre de : « Vœu de celui qui a faict le recueil de ces inscriptions « et poésies, descendu d'un des frères de la Pucelle, au roy « Louis XIII et à la mémoire du deffunct roy Henry le Grand « son bienfaiteur. » Nous ne croyons pas que Charles du Lys se trouvât en situation assez indépendante pour donner une vraie solution à cette double question : quel est l'auteur du monument ? qui en a supporté les frais ? Nous nous permettons donc de ne pas ajouter une foi absolue, au moins jusqu'à nouvelle preuve, au témoignage un peu suspect de partialité de Charles du Lys.

Dans l'ordre chronologique, vient ensuite Symphorien Guyon, qui publia son *Histoire d'Orléans* en l'année 1647 (1). Sans préciser la date de l'érection du monument, cet auteur la reporte à quelques années après la sentence de réhabilitation de la Pucelle, mais, contrairement à l'assertion de Charles du Lys, et d'accord sur ce point avec Paul Émile, Pontus Heuterus, de la Saussaye, Duhaillan, et d'autres écrivains plus modernes (2), l'historien du XVII° siècle reporte l'honneur de l'initiative aux Orléanais qui en avaient payé la dépense. Lemaire, son contemporain, s'est borné à dire que le monument commémoratif détruit par les calvinistes avait

---

(1) Symphorien GUYON, *Histoire d'Orléans*, 1647, 2° partie, page 255.
(2) VALLET DE VIRIVILLE, AUFRÈRE-DUVERNAY et QUICHERAT.
Vergnaud a soutenu que le monument fut payé par les Orléanais, attendu, dit-il, que les Comptes de ville, dépouillés par le chanoine Dubois et par lui-même, et que les registres de la Chambre des Comptes des rois Charles VII, Louis XI, Charles VIII et Louis XII ne font aucune mention de cette dépense. (Extrait des *Annales de la Société d'émulation des Vosges*, 1861.)
Vallet de Viriville a soutenu la même thèse quant aux comptes d'argenterie du roi Charles VII.

été érigé sous le règne de Charles VII, mais sans rappeler à l'initiative et aux frais de qui l'on en était redevable (1). Un écrivain orléanais du XIX° siècle, Vergnaud, a soutenu, à l'exemple de ses deux compatriotes, Symphorien Guyon et Lemaire, la thèse que le monument détruit par les calvinistes aurait été érigé en l'année 1458 et aux frais des habitants (2). Il a appuyé cette opinion sur une particularité qui ne manque pas d'importance; dans un procès-verbal de visitation du pont, dressé en l'année 1462, il serait fait mention de l'arche dite de la Pucelle. Nous n'entendons ni contester, ni accueillir *à priori* le fait de l'existence de ce document, dont nous nous bornons à dire que nous n'avons trouvé le libellé nulle part dans les nombreux manuscrits qui sont passés par nos mains. A la vérité, les comptes du pont, de forteresse et de commune renferment aujourd'hui de telles lacunes, que l'auteur a bien pu rencontrer ailleurs ce document qui nous aurait échappé (3). Mais, en acceptant comme authentique, la désignation d'arche de la Pucelle, nous devons faire observer que cette désignation serait inexacte, car le monument de bronze détruit par les calvinistes était établi non sur une arche, mais sur le pilier commun à deux arches, d'où il suit que, rigoureusement parlant, il y aurait eu, non pas une, mais deux arches de la Pucelle. Quoi qu'il en soit, cette désignation n'impliquerait pas plus l'existence du calvaire qui fut renversé dans les troubles religieux du XVI° siècle, que celle de tout autre signe commémoratif et particulièrement d'une simple croix qui aurait existé à l'époque de la visite du pont ou qui l'aurait précédé de quelques années. Nous avons dit, en effet, qu'il a dû exister sur le pont d'Orléans, vers le milieu du XV° siècle, c'est-à-dire aux environs de la fin du règne de Charles VII, une croix commémorative des hauts faits de la

---

(1) LEMAIRE, *Histoire d'Orléans*, 1648, 2º partie, page 273.

(2) VERGNAUD, *Annales de la Société d'émulation des Vosges*. Monument de la Pucelle sur le vieux pont d'Orléans, 1861.

(3) Le Compte du pont de l'année 1462 manquait à la série chronologique des archives municipales, en l'année 1867. Le Compte de forteresse et de commune de l'année 1462 existe, mais il n'y est pas fait mention du procès-verbal de visitation dont il s'agit.

Pucelle, sans qu'il soit nécessaire, comme le pense un savant critique (1) sur la foi d'assertions qui n'offrent pourtant rien que de logique, d'admettre que cette croix fut plantée à la requête de deux des juges de Rouen, Richard, évêque de Coutances, et Jean Bréhal, inquisiteur de la foi, spécialement députés à Orléans, le 21 juillet de l'année 1456, pour présider à cette cérémonie qui fut précédée d'une procession générale. La qualification d'expiatoire ajoutée au mot croix nous semble assez obscure. Orléans n'avait à offrir à la vierge de Domremy que des témoignages de reconnaissance et d'amour. Ce n'est pas Orléans qui a brûlé Jeanne d'Arc! Mais Rouen devait à la noble et sainte victime une croix ou un monument expiatoire. Quoi qu'il en soit, nous lisons dans les comptes du pont, sous le millésime de 1467, ce qui suit (2) :
« Payé à Jacquet Augier, tailleur d'ymaiges, x sols parisis,
« pour son sallaire d'avoir faict par ordonnance du Conseil
« et dez proviseurs (du pont) un patron (modèle) tiré en
« parchemin de la forme d'une croix de taille que l'on espère
« faire au lieu où elle a esté autrefois faicte, laquelle demeura
« à faire, parce que la chose sembla estre trop somptueuse. »
Ce texte fait allusion à une ancienne croix commémorative qui existait avant l'année 1467; ce n'est pas de la Belle-Croix qu'il s'agit, car elle était de bronze. On est donc autorisé à penser qu'il n'est question que de la croix de la Pucelle, que l'on se proposait de remplacer en l'année 1467, car on n'a jamais connu sur les ponts d'Orléans que deux croix monumentales : la Belle-Croix et celle de Jeanne d'Arc. Et si, comme il n'est guère permis d'en douter, le premier témoignage religieux des Orléanais accordé à leur libératrice fut le signe caractéristique du sacrifice et de la rédemption, la croix primitive n'avait dû être que provisoire, en attendant que les circonstances devenues plus favorables permissent de satis-

---

(1) VALLET DE VIRIVILLE, observations sur l'ancien monument. — Aufrère-Duvernay cite, à l'appui de cette opinion, le Compte de ville de l'année 1456, qui n'est pas suffisamment probant. (Notice sur les monuments érigés en l'honneur de Jeanne d'Arc, 1855.)

(2) Comptes du pont et de l'hospice Saint-Antoine de l'année 1310 à l'année 1812. (Extraits des archives des hospices d'Orléans.)

faire aux désirs des Orléanais et de substituer à une simple croix de bois une croix plus digne et plus durable; c'est peut-être celle dont le projet fut dressé en l'année 1467, et dont l'exécution fut ajournée à des temps meilleurs.

Quarante ans plus tard et dans l'intervalle des années 1506 à 1509, les comptes du pont mentionnaient les faits significatifs dont voici le libellé : « Maçonné sur le premier « pilier du dict pont devers la ville du côté du soleil levant « entre la croix qu'on fait de présent et le cour le Roy. » Et plus loin : « nouvelle croix » entre la ville et Sainct-Anthoine (1).

On employa pour le pilier et le socle du monument dix toises de pierre de taille. Il en fallait beaucoup moins pour une simple croix. Il n'y a plus ici d'incertitude, c'est bien de la croix de la Pucelle qu'il s'agit; la désignation très précise et explicite du lieu qu'a occupé le monument commémoratif de la délivrance d'Orléans, le remplacement d'une croix ancienne qui existait sur le pont par une croix nouvelle et la concordance de ce texte avec celui qui précède, sous le millésime de 1457, sont de nature, ce nous semble, à faire cesser toutes les hésitations et à fermer l'ère des discussions sur ce point essentiel.

L'opinion des deux savants (2) que nous avons cités recevrait ici une confirmation à peu près complète. S'ils ont discuté la date de 1458, en s'appuyant sur la nouveauté de l'art du fondeur de statues levées qui n'aurait commencé à se vulgariser que vers la fin du règne de Louis XI, aux environs de l'année 1483, sur la forme des cheveux flottants de la statue de Jeanne (3) et sur celle de l'armure; s'ils ont fixé

---

(1) Comptes du pont. Registres des années 1506 à 1509, folio 42, verso, et folio 47.
Et archives de l'hôpital, tome II des manuscrits de VANDEBERGUE DE VILLIERS.

(2) QUICHERAT, VALLET DE VIRIVILLE.

(3) L'objection des cheveux flottants n'est peut-être pas sérieuse. Dans la description donnée par Jacques de Bie (*France métallique*, 1636) d'une médaille commémorative de Charles VII, on dit que les longs cheveux sont figurés pour faire « recognoistre » la Pucelle. Ce signe étant caractéristique du sexe, qui disparaît sous l'armure des chevaliers du moyen âge. Les statues

l'âge du monument de bronze entre les années 1483 et 1500, l'écart, en définitive, ne serait que de faible importance.

Il semblerait donc démontré, par l'authenticité des comptes précités, que le monument commémoratif de la délivrance d'Orleans, tel que nous l'avons sommairement décrit, n'ayant pu le faire plus explicitement en l'absence de documents contemporains, fut une œuvre du commencement de la Renaissance. Son âge correspondrait au règne de Louis XII et aux années de 1505 à 1509, ce souverain étant mort le 1er janvier de l'année 1515. Cette époque ne serait en contradiction ni avec la narration de Paul Emile, contemporain de Louis XII, ni avec celle de Pontus Heuterus, contemporain de François II, ni enfin avec l'inscription du monument restauré en l'année 1771, puisque la croix qui a été érigée sur le pont bien avant que le calvaire de Louis XII vînt l'y remplacer, a dû être effectivement posée sous le règne du roi Charles VII ; mais ce qui ne semble plus laisser place au doute, c'est que les divers monuments commémoratifs de la délivrance d'Orléans par la vierge de de Domremy, érigés dans cette ville avant la fin du règne de Louis XII, le furent aux frais et par les soins des bourgeois de la vaillante cité, puisque rien, jusqu'ici, n'a donné lieu de supposer que le Trésor royal avait contribué à leur dépense, aucune trace d'un concours pécuniaire pour cette œuvre de reconnaissance envers la libératrice d'Orléans n'ayant été découverte dans les comptes d'argenterie des divers souverains, Charles VII, Louis XI, Charles VIII et Louis XII, qui ont vécu dans la période de 1456 à 1509.

équestres de Jeanne d'Arc que l'on voit sur la place du Martroi, à Orléans, et sur la place des Pyramides, à Paris, portent de longs cheveux. Vallet de Viriville, tout en insistant sur ce détail que Jeanne avait les cheveux courts selon l'usage des hommes, accorde cependant que, dès les années 1429 et 1451, l'héroïne avait été représentée avec des cheveux longs. Il y a, au musée d'Orléans, des jetons d'échevinage aux millésimes de 1578, 1605, 1608, 1629, qui représentent la Pucelle avec les cheveux flottants, agenouillée devant le Christ.

CHAPITRE XXIII

LE PONT DE JEANNE D'ARC AU XVIe SIÈCLE

En 1539, Charles-Quint fait son entrée solennelle par le pont, la ville lui fait un don magnifique. — La ville fournit aux proviseurs du pont leur costume officiel. — En 1545, un corps de troupe, venant des provinces méridionales, demande à traverser Orléans, pour s'opposer aux armes d'Henri VIII. — Les Orléanais refusent, et construisent un pont provisoire qui le force de contourner les murailles au dehors. — En août 1551, Henri II et Catherine de Médicis font, par le pont, une entrée solennelle; Diane de Poitiers les accompagne. — Les vingt-deux corps de métiers sont rangés sur le pont avec leurs insignes. — Les échevins sont habillés de neuf. — Grandes réjouissances à cette occasion. — Le 26 juin 1555, visite officielle du pont par les trois proviseurs, trois échevins de la ville et des ouvriers d'art pour constater les réparations à faire à chaque arche. — Assemblée générale des habitants pour statuer sur l'appropriation des trois hôpitaux : Saint-Antoine, Saint-Paterne et Saint-Paul. — Les règlements confirmés par lettres-patentes de 1555. — En 1557, les échevins ordonnent que le pont sera éclairé la nuit. — En 1559, grande réparation à la chapelle Saint-Antoine. — Les comptes du pont de l'année 1563. — La crue de 1651 détruit les cinq maisons établies sur le pont entre la motte Saint-Antoine et le Châtelet. — Nombreuses lacunes dans les comptes de forteresse jusqu'à l'année 1591. — Travaux exécutés au pont-levis, aux murailles du boulvart des Tourelles, au pont dormant, etc. — Aperçu des revenus et des charges de l'Œuvre du pont et de l'hôpital Saint-Antoine ; document à l'appui.

Les comptes de commune et de forteresse de la première moitié du XVIe siècle sont remplis de détails, de travaux et de dépenses qui intéressent le pont des Tourelles et ses accessoires, mais c'est plus particulièrement le fort et le boulvart de ce nom qui sont l'objet des sollicitudes des bourgeois de la cité. On y rencontre d'année en année des dépenses faites pour la réparation des ponts-levis des Tourelles, des barrières volantes et des garde-corps, ainsi que des ponts dormants du boulevart et de la forteresse ; l'on y trouve, à chaque page, l'indication des travaux de construction de murailles contiguës aux ponts-levis pour soutenir les terres ; l'on y voit que le pont-levis, dit pont Jaquin, touchant à la porte du Châtelet, a été remplacé par une voûte « affin de le rendre plus ferme et éviter aux frais qu'il y « conviendrait faire pour l'entretenir lorsqu'il estoit de « boys ». L'on n'est pas absolument d'accord sur les dimensions et le dispositif adoptés par les constructeurs. S'agit-il d'une arche complète en maçonnerie ? S'agit-il d'une arche évidée dans son milieu pour y loger un pont-levis, ainsi qu'on le faisait à cette époque et dont on voit des exemples encore existants et spécialement dans le vieux pont de Beaugency ? Les manuscrits que nous avons compulsés nous laissent un peu d'incertitude. Il semblerait, d'après le libellé des comptes de forteresse de 1549 à 1551, que l'on se proposait non seulement de substituer à la mobilité du pont-levis la stabilité d'une arche de pierre, mais aussi de réaliser une économie dans les dépenses d'entretien. Ce double but devait être entièrement atteint par la substitution d'une arche complète au pont-levis, mais partiellement seulement par celle d'une arche évidée. Un chroniqueur orléanais a donné les dimensions de la baie qui aurait été ménagée dans la voûte, et a affirmé que cette baie était couverte par un pont-levis (1). Nous inclinons à penser que les choses étaient disposées de cette manière (2). Nous aurons occasion de revenir sur ce point.

Le pont dormant de l'île Saint-Antoine qui avait été emporté par les glaces fut aussi l'objet de travaux importants. La Loire menaçait de détruire cette île du côté du levant et compromettait ainsi l'existence de la chapelle et du pont lui-même. L'on dut faire, au cours de l'année 1516, des ouvrages de terrassement et de fascinages considérables joignant le duit qui avait été précédemment exécuté sur ce point, afin de protéger la motte Saint-Antoine et les édifices

---

(1) Manuscrits du chanoine Dubois. (Bibliothèque de la ville d'Orléans.)
(2) Pièces justificatives des Comptes de forteresse, 1564. (Archives municipales.)

qui s'y trouvaient contre la violence des eaux du fleuve et les débâcles des glaces.

Au mois de mai de l'année 1527, une très grande crue du fleuve rompit ses digues et occasionna de graves avaries. Plusieurs piliers, arches et orgeaux eurent beaucoup à souffrir de ce sinistre. Les eaux débordées envahirent violemment les locaux occupés par les malades et les pauvres dans l'Hôtel-Dieu Saint-Antoine. Après le retrait des eaux, il fut procédé à une visite générale du pont et de ses accessoires, à la suite de laquelle furent ordonnés des travaux de réparation de toute nature dont l'exécution ne comportait pas d'ajournement.

Ce fut vers cette époque, et en l'année 1528, que les proviseurs du pont firent dorer à neuf la Belle-Croix et repeindre les images qui l'entouraient. Deux ans après, en 1530, la reine Eléonore, femme de François 1er, et sœur de Charles Quint, faisait une entrée solennelle dans Orléans par la porte du pont et admirait cette magnifique croix de bronze qui venait d'être restaurée et qui était l'un des ornements de la cité. La croix en bronze du monument de la Pucelle avait déjà besoin de quelques réparations, que l'on fit aussi au cours de la même année, bien que sa construction fût encore récente (1).

Les proviseurs du pont, chargés de veiller à la conservation et au bon état de cet édifice, non moins qu'à sa propreté, devaient quelquefois recourir à des mesures de rigueur pour assurer l'exécution de certaines obligations résultant d'actes de libéralités en faveur de l'œuvre du pont. Ainsi, au cours de l'année 1538, et sous la date du 9 août, une sentence fut rendue par François de Saint-Mesmin, escuyer, licencié en loys, seigneur de la Cloye, conseiller ordinaire du roy en son grand Conseil et garde de la prévosté d'Orléans, qui condamne le détenteur d'une maison à exécuter désormais, sous peine de la délaisser, le nettoyage du pont toutes les fois que ledit détenteur en sera requis ; cette maison avait

(1) Racloué et mis deux pièces de cuyvre à la croix de cuyvre estant dessus les ponts d'Orléanz près le court le Roy. (Archives des hospices d'Orléans. Comptes du pont et de l'hospice Saint-Antoine, de l'année 1310 à 1812.)

été grevée depuis l'année 1370, par suite d'un legs fait avant cette époque, par Jehan de Bellenoys, de la charge du nettoyage de la chaussée du pont (1). L'on voit de quels soins minutieux était l'objet, de la part de la population et des bourgeois préposés à sa garde, cet édifice dont la cité était si fière.

Dans les circonstances extraordinaires comme dans les cérémonies publiques, les proviseurs du pont et de l'hospice étaient tenus à une certaine représentation, mais particulièrement lors de l'entrée par le pont de personnages considérables. On observait un cérémonial dont nous avons dit précédemment la splendeur, laquelle était toujours proportionnée à l'importance de ces personnages. C'est ainsi qu'à la date du 20 décembre de l'année 1539, l'empereur Charles-Quint, ayant obtenu du roi l'autorisation de traverser la France pour se rendre dans les Pays-Bas, fit son entrée solennelle dans la ville ducale par les ponts de la Loire, accompagné de François Ier et de sa cour ; dans le cortège figuraient messieurs de l'Université d'Orléans à cheval, les docteurs, les bedeaux à masse et verge et les autres officiers. A cette occasion, messieurs les gens du roi et eschevins d'Orléans avaient ordonné de prélever sur les deniers de l'œuvre du pont et de l'hospice Saint-Antoine une certaine somme destinée à payer une partie de la dépense de l'habillement d'apparat des trois proviseurs, et qui se composait d'une robe de damas doublé de velours noir et d'un pourpoint de satin cramoisi (2). La ville d'Orléans fit présent à l'empereur Charles-Quint d'un magnifique buffet d'argent et de vermeil, dans l'espoir sans doute de concilier à la France les bonnes grâces de ce redoutable adversaire, qui promit

---

(1) « Tiltre pour les ballymant et nétoyement du pont d'Orléans tous les mardys. »
Hospice Saint-Antoine et ponts d'Orléans. (Archives des hospices de l'année 1310 à 1812.)

(2) Hospice Saint-Antoine et pont d'Orléans. (Extrait des archives des hospices de 1310 à 1812.) Ce manuscrit renferme la description du cortège et des fêtes qui furent données à cette occasion à l'empereur Charles-Quint, description que l'on trouve aussi dans Symphorien GUYON et LEMAIRE, *Histoires d'Orléans*.

au bailli Jacques Groslot que, de son vivant et du vivant de ses enfants, la paix régnerait entre les deux souverains (1). L'histoire nous apprend que ce furent de l'argent et de la peine absolument perdus. Les bourgeois d'Orléans paraissent avoir gardé rancune au roi François Ier, qui les avait inutilement entraînés dans des dépenses somptuaires dont le pays était si mal récompensé, puisque la guerre, provoquée il est vrai par l'astuce de Charles-Quint, recommençait de plus belle, un an après la magnifique réception d'Orléans. Henry VIII, roi d'Angleterre, allié de Charles-Quint, entrait aussi en campagne et portait la terreur et la ruine sur les côtes de la Manche. François Ier dut appeler des provinces du midi quelques renforts destinés à la défense de ces côtes, et l'on vit, en l'année 1545, un corps de neuf mille hommes qui se rendaient en Normandie se présenter devant les Tourelles pour traverser la ville en passant sur le pont. Les bourgeois de la ville s'émurent à cette apparition et se prévalant du privilège qui les exemptait de donner le logement aux gens de guerre, privilège qui fut renouvelé par des lettres patentes de Henri III en l'année 1576, ayant sans doute encore présents à la mémoire le compte des énormes dépenses qu'ils se crurent ou furent obligés de faire pour recevoir dignement le roi de France et l'empereur Charles-Quint, son beau-frère et son ennemi intime, les bourgeois, disons-nous, refusèrent tout net de laisser entrer les gens de guerre dans leurs murs ; mais voulant concilier leur patriotisme avec l'intégrité de leurs franchises et privilèges, ils firent établir à leurs frais un pont de bois qui communiquait de la première arche touchant au Châtelet avec le bas-port de la Loire, pour y faire passer les troupes : celles-ci, en effet, contournèrent les remparts qui bordaient la Loire et la ville à l'occident, pour gagner la route de Paris au nord de la place sans pénétrer dans l'intérieur. Les bourgeois firent donc ce sacrifice qui exigea la démolition de l'une des maisons bâties sur le pont à côté de l'arche Jacquin, plutôt que de laisser entrer dans la ville une armée de neuf mille

(1) Discours de Charles-Quint. (Symphorien GUYON.)

hommes, qui y auraient probablement occasionné quelque tumulte et des désordres. Cette manière de réception, qui contrastait si visiblement avec celle qu'ils avaient faite naguère aux deux souverains, n'aurait-elle pas été du goût des Basques et des Gascons du capitaine Villaynes, qui composaient cette armée que les Orléanais traitaient presque en ennemie, et des symptômes de mécontentement et peut-être de menaces n'avaient-ils pas engagé les bourgeois à se tenir sinon sur la défensive, tout au moins sur une réserve prudente? Les comptes du pont nous apprennent en effet que non seulement les portes de la ville furent fermées, mais que les chaînes furent tendues en travers des places et rues principales, comme en temps de siège et que l'artillerie des remparts et des forts fut abritée et masquée par des tonneaux remplis de terre. Mais, hâtons-nous de le dire, si la prudence est mère de la sûreté, elle se concilie parfaitement aussi avec l'amour de la patrie, la loyauté envers le souverain et la charité chrétienne; aussi, tout en se disposant éventuellement à résister à des actes d'indiscipline de la part de ces gens de guerre, qui étaient des Français, les hôteliers et cabaretiers étaient expressément invités par les échevins à leur vendre tous les objets dont ils pourraient avoir besoin pour leur usage et leur consommation (1).

Quelques années après cette alerte, au mois d'août de l'année 1551, les bourgeois d'Orléans furent réjouis par la présence du roy Henry II qui vint visiter sa bonne ville dans laquelle il fit son entrée par le pont des Tourelles, sous un magnifique arc de triomphe élevé au delà et à proximité du boulevart du Portereau, où les échevins souhaitèrent la bienvenue à leur gracieux monarque en lui offrant, selon l'usage du temps, des boîtes de dragées et d'autres présents appropriés à la circonstance; mais il ne paraît pas qu'ils aient renouvelé l'hommage somptueux qu'ils avaient fait à l'empereur Charles-Quint. Le roi de France était accompagné de la reine Catherine de Médicis et de toute la cour, y com-

---

(1) Comptes du pont et de l'hospice Saint-Antoine. (Archives de l'hôpital d'Orléans.)

pris dit-on, la belle Diane de Poitiers qui eut sa part dans les fêtes données par la ville. Les historiens semblent dire que la splendeur de cette réception aurait été fort au-dessous de celle qui marqua l'entrée de Charles-Quint et de François Ier. Tous les corps de métiers, au nombre de vingt-deux, distingués chacun par leur étendard particulier tout fraîchement peint à leur livrée et portant les images vénérées des saints patrons de leur confrérie, furent disposés sur le pont en double haie, au milieu de laquelle le cortège royal défila en grande pompe. Les échevins furent, à cette occasion, habillés de neuf, les joueurs de hautbois donnèrent des récréations aux bourgeois, manants et habitants ; et, pour la première fois, dit le chroniqueur, on fit jouer les boîtes (mortiers de bronze) en signe de réjouissance. Enfin, ce qui était un témoignage de bienveillance exceptionnelle, « plusieurs « sculpteurs furent autorisés à mouler les portraits du roi et « de la reine » ; mais on ne dit pas si les Orléanais firent la même gracieuseté à Diane de Poiters. Quoi qu'il en soit, ils payèrent au prix de quatre mille écus d'or les plaisirs qu'ils procurèrent au roi, à sa cour et à eux-mêmes et tout le monde parut satisfait (1).

Le vingt-sixième jour du mois de juin 1555, il fut procédé à une visite du pont, selon l'usage ancien, en présence du notaire royal au Châtelet d'Orléans, requis et appelé par les trois administrateurs et proviseurs de l'œuvre du pont et hôpital Saint-Antoine, et aussi en présence de trois échevins de la ville et d'ouvriers d'art, maçons, charpentiers et serruriers. Le procès verbal constate, arche par arche, la situation des choses et indique la nature des ouvrages qu'il paraît urgent d'exécuter pour la conservation et l'entretien du pont et de ses accessoires (2).

Dans le courant de la même année, à la requête des échevins, une assemblée générale des bourgeois, manants et habitants

---

(1) Hospice Saint-Antoine et ponts d'Orléans, de 1310 à 1812. (Extrait des archives des hospices d'Orléans.)

(2) Ce procès-verbal accuse 19 arches, dont 14 entre les Tourelles et la motte Saint-Antoine (pont vieil) et 5 entre la motte et le Châtelet (pont neuf.)

fut convoquée à l'effet de prendre une mesure de police administrative touchant à l'hôpital du pont. Voici l'objet de sa délibération : « Considérant le grand nombre de mendiants et
« caymans (1) valides et invalides, originaires et estrangers
« qui affluent en cette ville, vaguant et courant les églises et
« par les rues, de sorte qu'on ne pouvait donner ordre à leurs
« nourritures et aliments; arrêtent qu'ils y aura trois hôpi-
« taux : *Sainct-Anthoine*, Saint-Paterne et Saint-Paul pour
« le logement des pauvres qui seront accomodés et em-
« meublés selon leur usage. Que spécialement celui de *Sainct*
« *Anthoine* sur le pont, servira pour le logement des mendiants
« estrangers passants, lesquels à *peine de la hart* seront
« tenus de vider la ville sans qu'ils y puissent séjourner plus
« d'*un jour*, sinon qu'ils devinssent malades, auquel cas
« seront envoyez au grand hospital-Dieu. » Ces prescriptions rigoureuses quant au séjour des pauvres passants étrangers auxquels l'œuvre du pont donnait asile étaient renouvelées des anciens règlements, comme nous l'avons vu particulièrement sous le règne de Louis XII; elles furent confirmées par lettres patentes du roi Henri II données le 16 février 1555. Les considérants de la sentence qui répartit dans la cité d'Orléans les malades et les indigents entre trois hôpitaux jettent une vive lumière sur certains dangers que les échevins avaient à cœur de prévenir, résultant de l'affluence d'une multitude de vagabonds et de gens sans aveu qu'il était malaisé d'héberger et de nourrir; et en même que ces magistrats assignaient un hôpital particulier aux diverses catégories de malheureux pour leur procurer les choses nécessaires à la vie, ils assuraient une plus grande quiétude aux habitants qui étaient trop souvent victimes des entreprises des malfaiteurs. C'est dans le but de compléter ces mesures de sécurité que, dès l'année 1557, les échevins ordonnèrent que la voie publique qui passait sous les Tourelles serait éclairée pendant la nuit. Les comptes de forteresse de cette année nous apprennent en effet: « que les
« eschevins avaient fait placer une lanterne soubs la porte des

---

(1) Cayman, quémand : homme quérant et demandant l'aumône.

« Tourelles pour allumer la nuict aux y passantz, à ce que
« soubs ycelle où l'on veoit goutte on peut nuir ne faire
« audits passantz aulcun larcin, pilleries et tueries (1). »

La chapelle Saint-Antoine réclamait, en l'année 1558, de pressantes réparations : sa façade donnant sur la voie publique était fort endommagée et la muraille disloquée menaçait même la sécurité des passants ; la charpente du comble était d'ailleurs gravement compromise. Les administrateurs durent pourvoir d'urgence à cette réparation majeure et remettre les choses en état convenable.

La plupart des documents qui précèdent sont extraits des manuscrits originaires des comptes de pont, de commune et de forteresse; mais, à partir de l'année 1557, nous n'avons plus rien rencontré d'intéressant pour le sujet que nous traitons et pour l'édifice dont nous nous sommes proposé de rappeler et de conserver le souvenir. Les comptes de pont ont été continués jusqu'en l'année 1658, qui paraît être celle du dernier registre, du moins de ceux que possèdent les archives municipales et dans lequel nous relevons cet épisode intéressant, que la crue de la Loire, en 1651, a détruit les cinq maisons qui étaient établies sur le pont des Tourelles entre la motte Saint-Antoine et le Châtelet.

Quant aux comptes de forteresse, ils n'existaient plus en originaux dans les archives municipales, au moment où nous avons écrit ces lignes et nous n'en voyons reparaître la suite qu'à l'année 1591. Durant cette période de 1555 à 1557, des ouvrages très importants furent exécutés, notamment au pont-levis et aux murailles du boulevart des Tourelles, au pont-levis, au pont dormant et au portail de Saint-Antoine.

A quelle cause faut-il attribuer ces regrettables lacunes ? Est-ce aux troubles religieux dont la cité d'Orléans fut le sanglant théâtre jusqu'à l'avènement de Henri IV? On ne peut admettre que ces registres n'ont jamais existé ; ils n'ont pu disparaître que durant la période de ces guerres civiles, à moins cependant qu'ils aient été dispersés, soustraits ou

---

(1) Comptes de forteresse de l'année 1557, 1er volume des manuscrits de VANDEBERGUE DE VILLIERS. (Hospices d'Orléans.)

détruits à des époques ultérieures, ce que nous admettons aisément. C'est donc à d'autres sources que nous irons demander la lumière pour nous éclairer dans la suite de nos études sur le pont des Tourelles. Mais avant d'aller plus loin, et d'entrer dans la période de troubles civils qui ont occasionné de si grands dommages au pont et à ses dépendances, il n'est pas sans intérêt de donner ici un aperçu des revenus et des charges de l'œuvre du pont et de l'hôpital Saint-Antoine qui en était une annexe considérable. Il existe dans les archives de l'hôpital un document qui renferme en quelques lignes ce que nous appelons, dans le langage moderne, le budget des recettes et celui des dépenses annuelles dont nous rapportons ci-dessous le texte :

« Etat du revenu des ponts en 1557 et devis des répara-
« tions à y faire. Autorisation par lettres patentes aux esche-
« vins d'employer par an 500 livres des deniers d'octroy,
« outre le revenu des ponts.

« Etat du revenu annuel appartenant au pont d'Orléans et
« à l'hôpital Saint-Anthoine étant sur icelui.

« Les revenus dus à Noël et à Saint-Jehan-Baptiste sur
« héritages et maisons de la ville, forsbourgs et environs se
« montent à 329 livres 16 sols 8 deniers.

« Les rentes, en terme de Toussaintz, assis aux vignobles
« d'Orléans et environs, se montent à environ 100 livres
« tournois.

« Les loyers de maisons et estassons étant sur le pont et
« sur la motte des chalans persez peuvent valloir, compris
« les maisons neuves naguères édiffiées, 469 livres 6 sols
« 3 deniers.

« La ferme du pontonnage peut valoir, bon an mal an,
« environ la somme de 36 livres.

« La ferme du lansage vault chacun an, l'une année por-
« tant l'autre, à environ la somme de 10 livres tournois.

« Etat des charges que les proviseurs du pont payent
« chaque an.

« Pour les cens et rentes que le dit pont doit chacun an,
« la somme de 13 sols 9 deniers.

« Pour les messes et services qui se chantent chacun

« jour en la chappelle Saint-Anthoine, pour fondation faicte
« par aucuns qui ont donné divers héritages au dict pont et
« hospital, 77 livres 15 sols tournois.

« En luminaire, pour servir à dire les dicts services et messes, par an, environ la somme de 9 livres tournois.

« Au gardien dudict hospital, chacun an, pour gaiges, la
« somme de 7 livres tournois.

« A luy pour faire la lessive du dict hospital et en bois
« pour la chauffer, 55 sols.

« Au gouverneur de l'engin du pont pour son habillement
« et fournir de mays le jour de la feste de la ville, 13 livres
« 10 sols tournois (1).

« En despence du jour de la feste de la ville, environ la
« somme de 27 livres tournois.

« Pour les gaiges des conseillers et pensionnaires du dict
« pont, chacun an, la somme de 115 sols tournois.

« Plus fault annuellement employer grand somme de
« deniers à entretenir le dict hospital Saint-Anthoyne, qui est
« antique et fort ruyneux et aussi à entretenir et repparer
« les maisons du dict pont, 40 livres tournois.

« Fault aussy desbourser grand somme de deniers en la
« poursuite de vingt procès et plus, qui sont aujourd'hui
« pendans et indécis, tant en la court du Parlement à
« Paris, que par devant les bailly et prévost d'Orléans, pour
« raison des héritages et revenus du dict pont qui coûtent
« annuellement 60 livres.

« Et est à notter que au lieu de trois maisons qui souloient
« estre sur le dict pont, et qui par fouldre y descendue furent
« bruslées quatre ans ou environ, ont esté édiffiées de neuf,
« et de naguère trois aultres maisons de pierre pour les-
« quelles faire édiffier à cause que les dicts proviseurs
« n'avoient deniers en leurs mains des dis pont et hospital, a
« convenu prendre argent pour rente constituée, ce qu'ilz
« ont fait et pour ce soubz la faculté de perpétuel rachapt à

---

(1) « Loge pour retirer et mettre en sauf les houstils de l'engin servant à battre les paulx. »

Comptes du pont, tome II des manuscrits de VANDEBERGUE DE VILLIERS. (Archives de l'hôpital.)

« plusieurs particuliers la somme de six cens cinquante-
« huit livres six sols huit deniers tournois de rente chacun
« an à prendre sur les biens du dict pont, et ce suyvant les
« advis et délibérations des eschevins et habitants de la dicte
« ville.

« Pour les escriptures des comptes d'une année environ la
« somme de 20 livres.

« Et oultre, est très nécessaire de faire en brief plusieurs
« grandes réparations aux arches, piliers, plateformes,
« orgeaulx et aultres endroicts du dict pont qui cousteront
« grande somme de deniers comme est dict ès rapports du
« maçon et du charpentier qui ont plusieurs fois vu et visité
« le dict pont.

« Faict devant le notaire royal au Chastellet d'Orléans, le
« 10 août 1557. Signé : Provenchère.

On retrouve, durant le cours de l'existence du pont des Tourelles, plusieurs documents de cette nature qui font connaître le mécanisme administratif des recettes et des dépenses de l'œuvre du pont et de l'hôpital Saint-Antoine. Dans le budget de l'année 1557, les proviseurs du pont prévoyaient pour un avenir très prochain de grandes réparations au pont et à ses dépendances. Mais les guerres religieuses des années qui suivent devaient grever le budget de dépenses bien plus considérables que les administrateurs ne le supposaient.

Le pont d'Orléans, le fort et le boulevart des Tourelles, qui avaient été le théâtre des hauts faits de la Pucelle, ont été, pendant la période lamentable de nos discordes religieuses, le but des attaques successives des catholiques et des calvinistes. Des opérations militaires d'une grande importance et des ouvrages défensifs et offensifs considérables y furent exécutés ; des sièges réguliers y furent établis et des combats sanglants y furent donnés, dans lesquels catholiques et huguenots changeaient de rôle, devenant alternativement assiégeants ou assiégés. Nous nous bornerons dans ce qui va suivre à rappeler les épisodes de ces luttes qui ont eu exclusivement pour théâtre le pont, le fort et le boulevart des Tourelles.

CHAPITRE XXIV

LE PONT ET LE FORT DES TOURELLES DURANT LES GUERRES DE RELIGION

Violences des calvinistes contre la chapelle Saint-Antoine-du-Pont. — Le pont et ses annexes pris et repris par les catholiques et les protestants. — Ravelins, forts, bastions élevés tant au-dessus qu'au-dessous du pont. — Plate-forme sur le Châtelet pour y installer des canons. — Chaînes tendues en travers de la rivière, arrêtant toutes les relations commerciales. — Le duc de Guise vient camper, à la tête de vingt mille hommes, et se prépare à mettre le siège devant les Tourelles. — Dandelot, chef calviniste, fait lever les ponts-levis et fermer les portes. — Le duc de Guise établit ses batteries sur la rive gauche et bombarde la ville. — Les calvinistes refoulés, Dandelot fait rompre une arche du pont. — Assassinat du duc de Guise et continuation du siège. — Établissement de ponts de bois sur les trois arches rompues. — Charles IX accorde à la ville « deux sols six deniers » sur chaque minot de sel vendu dans les greniers de la ville pour subvenir aux réparations du pont et à la reconstruction de l'hôpital Saint-Antoine, complètement détruit. — En 1567, la ville retombe au pouvoir des calvinistes : nouveaux désastres, le monument de Jeanne d'Arc, sur le pont, est mutilé, ainsi que la Belle-Croix. — En 1572, reconstruction des arches rompues sous la direction du *maître des Œuvres de maçonnerie pour le Roy à Orléans*. — Restauration du monument de Jeanne d'Arc. — Modifications apportées dans les détails du monument dans le marché fait avec Lescot, fondeur orléanais, les 9 et 14 octobre 1570 ; texte de ce marché. — Travaux importants faits au pont ; la motte Saint-Antoine est entourée de murs, plus tard plantée d'arbres. — Le duit consolidé. — En 1580, l'arche Camuse s'écroule. — Henri III fait son entrée à Orléans en passant par le pont au retour des pèlerinages de Chartres et de Cléry. — Banquet à cette occasion. — En 1588, arrivée au pont des Tourelles des corps du jeune duc de Joyeuse, beau-frère de Henri III, et de son frère tués à Coutras.

L'année 1562 fut marquée dans la cité de Jeanne d'Arc par d'épouvantables excès. Les calvinistes s'y rendirent coupables de violences inouïes, sur les personnes, les propriétés, mais particulièrement sur les monuments affectés au culte catholique : la plupart des églises furent pillées, ruinées et démolies ; et les croix, les images et les statues de la

Sainte-Vierge et des saints, qui étaient exposées aux angles des rues et aux portiques des églises, furent renversées, brisées, foulées aux pieds. Parmi les églises et les chapelles démolies, nous devons mentionner celle de Saint-Antoine, sur le pont (1).

La cité d'Orléans était tombée au pouvoir des calvinistes, commandés par le prince de Condé et l'amiral de Coligny ; les rebelles se disposèrent à en faire leur principale place d'armes. Pour résister à une attaque de l'armée catholique, on coupa la grande arche du pont, voisine de la Belle-Croix, on creusa des mines sous le pilier des Tourelles et on établit des ravelins, des forts et des bastions sur la motte Saint-Antoine, au-dessus et au-dessous du pont, en terre et en fascines. On construisit des fortifications sur cet édifice, tant en maçonnerie qu'en bois, sous forme de palissades munies de planchers pour le service de l'artillerie (2). La toiture des Tourelles fut enlevée et remplacée par des défenses en bois appropriées au tir de l'arquebuse : le Châtelet fut muni d'une plate-forme pour y loger du canon, ce qui nécessita l'enlèvement d'une partie du comble de la grande salle. Il ressort de quelques manuscrits contemporains, qu'indépendamment de la grande arche voisine de la Belle-Croix qui avait été rompue, celle dite du pont Jacquin attenante au Châtelet aurait été également rompue ; mais le laconisme et l'obscurité des textes ne nous ont pas permis de distinguer si c'était l'arche attenante au Châtelet ou l'une des arches situées à l'autre bout du pont qui avait été coupée. Il paraît hors de doute, toutefois, qu'il y eut au moins deux arches rompues, avant l'arrivée de l'armée catholique devant la tête du pont, mais le compte de dépenses pour le rétablissement de ces deux arches, au cours des années 1572 et 1573, indique bien

(1) Hospice Saint-Antoine et pont d'Orléans. (Extraits des archives de l'hôpital de l'année 1310 à 1812.)

(2) Une particularité digne de remarque, c'est que les maçons furent mis à l'abri sous des tentes pour que leur travail ne fût pas interrompu. On a désigné indistinctement par les noms de ravelins, forts, bastions, fortifications, les ouvrages militaires établis sur le pont et sur la motte Saint-Antoine.

Pièces justificatives des Comptes de forteresse à partir de l'année 1562. (Archives municipales.)

nettement qu'une arche du pont neuf a été rompue, c'est-à-dire entre la motte et le Châtelet (1). Des passerelles de bois furent jetées sur les arches coupées pour l'usage des charrettes et des piétons. Des chaînes doubles furent tendues en travers de la Loire pour arrêter la marche des bateaux ; toutes les relations commerciales, par terre et par eau, dont Orléans était le centre, furent ainsi suspendues. La mort succédait au mouvement et à l'activité.

Les choses étaient en cet état lorsque, au mois de février de l'année 1563, le duc de Guise, chef de l'armée catholique, forte de vingt mille hommes, vint camper dans le bourg d'Olivet, à quatre kilomètres au sud d'Orléans, pour mettre le siège devant le boulevart et les Tourelles du pont.

A l'attaque des fortifications qui en défendaient les approches, les assiégés furent refoulés avec une telle vigueur, catholiques et protestants se précipitèrent en un tel désordre, aux portes des Tourelles, que les ponts-levis et les herses demeurèrent immobiles et qu'un grand nombre de calvinistes tombèrent ou furent jetés dans la Loire. Ce fut un sauve-qui-peut général auquel un brave chevalier calviniste, Dandelot, frère de l'amiral de Coligny, vint, résolument, tenir tête en faisant lever les ponts-levis, fermer les portes et baisser les herses. Dès le lendemain, huitième jour de février, le duc de Guise établissait ses batteries de canons au Portereau, sur le bord même de la Loire, et commençait à envoyer des projectiles sur la ville, mais principalement contre les ouvrages de la tête du pont. Les Tourelles avaient été déjà fort endommagées par l'artillerie qui avait brisé l'une des fenêtres, lorsque, pendant la nuit, on en tenta l'escalade par surprise au moyen d'échelles de quarante pieds de longueur qui s'appuyaient dans le lit de la Loire. L'opération réussit et les calvinistes, expulsés de la forteresse, se retirèrent en désordre vers la ville. Dandelot fit aussitôt rompre l'arche voisine pour arrêter la marche des catholiques (2).

(1) Extrait des Pouillés, Cartulaires, etc. (Manuscrits de VANDEBERGUE DE VILLIERS, tome III, bibliothèque de la ville.)
(2) Symphorien GUYON, *Histoire de l'Église d'Orléans*, 1647. — LOTTIN, *Recherches historiques sur la ville d'Orléans*.

Avant l'attaque du duc de Guise, deux arches du pont avaient été rompues par les calvinistes ; c'est donc à trois, au moins, qu'il faut fixer le nombre de celles qui furent coupées dans l'intérêt de la défense de la ville. Le dix-huitième jour du mois de février, le duc de Guise ayant été assassiné par le calviniste Poltrot de Méré, le siège fut continué avec plus d'ardeur. Toutefois, après un mois de combats, un traité de paix fut signé le douzième jour du mois de mars de l'année 1563, entre les catholiques et les protestants, à la sollicitation de la Reine mère, Catherine de Médicis.

Depuis un an, le pont et les édifices accessoires, les Tourelles, les mottes, la chapelle, l'hospice Saint-Antoine et le Châtelet avaient éprouvé toutes sortes de bouleversements. Aux arches rompues on avait substitué de simples ponts de bois et c'est sur ces frêles échafaudages que la circulation avait lieu. On dut songer, cependant, à pourvoir à tous les frais occasionnés par cette affreuse guerre civile, et, après avoir démoli et détruit les édifices, il fallait bien se mettre à l'œuvre pour les relever. On commença donc, en l'année 1563, à consolider les ponts provisoires et à faire disparaître tous les ouvrages militaires que les calvinistes avaient accumulés sur le pont et aux abords, pour la défense de la ville, et toutes les terres provenant des ravelins de la motte furent transportées sur le duit en amont de Saint-Antoine. Désirant venir au secours des Orléanais, qui avaient sollicité de sa bienveillance diverses libéralités, notamment les matériaux provenant des tours et des forteresses de la ville dont il avait ordonné la démolition (1), le roi Charles IX leur accorda, par lettres patentes données à Troyes, le 10 avril de l'année 1564, deux sols six deniers sur chaque minot

---

(1) Des lettres patentes, du 28 octobre 1563, avaient ordonné la démolition des fortifications, remparts, emparements, forteresses, qui ont été faits durant les troubles derniers dans les villes éloignées des frontières. Ces villes ne devaient conserver de clôtures et murailles que pour se défendre contre les voleurs ou partisans qui voudraient y pénétrer. Cet édit avait aussi pour but d'alléger les charges des villes qui étaient tenues d'entretenir ces fortifications et de rendre la liberté aux commerçants et traficants. (Manuscrits du chanoine Dubois, volume III, bibliothèque d'Orléans. — Ancien registre des échevins de Chartres, volume Ier, page 577.)

vendu dans les greniers de la ville, pour aider au rétablissement de divers édifices et notamment de l'une des arches rompues pendant les troubles religieux et à la reconstruction de l'hôpital Saint-Antoine du pont, qui avait été complètement détruit (1). Les calvinistes avaient démoli cet édifice qui, d'ailleurs, en raison du voisinage des bastions, forts et ravelins établis sur la motte avant le siège pour loger leurs canons, était plus particulièrement exposé au feu des batteries des assiégeants. Des libéralités importantes furent faites par un certain nombre d'habitants d'Orléans, à l'intention de la reconstruction de l'hôpital du pont, qui fut entièrement rebâti à neuf aux termes d'un marché passé au cours de l'année 1565 (2).

Mais il n'était guère permis de compter sur une longue période de paix dans ces temps si troublés. Quelques années s'étaient à peine écoulées que la cité de Jeanne d'Arc retombait de nouveau sous le joug des calvinistes, que le service divin y était encore une fois interrompu, et que les églises, les chapelles et les monuments qui avaient échappé aux violences de ces iconoclastes en l'année 1562 étaient pillés, renversés et détruits. Est-ce à cette année néfaste de 1567 qu'il faut reporter la destruction du monument commémoratif élevé sur le pont, en mémoire de la Pucelle, par la piété des Orléanais et celle de la Belle-Croix qui a subi le même sort que le calvaire de la Pucelle, ou doit-on faire remonter ce double sacrilège à l'année 1562 ? Ce qui reste aujourd'hui des comptes du pont et des comptes de forteresse et de commune dans les archives municipales, les manuscrits appartenant aux hospices dont nous avons pu faire le dépouillement et les historiens qui ont raconté les épisodes de ces guerres

---

(1) « Lettres patentes accordant deux sols six deniers sur chascun mynot
« de sel pour façon et continuation du cail, motte et duict en la dicte rivière
« de Loyre ou souloit estre la halle au pain au-dessoubs des ponts, basty-
« ments du pilory, voulter l'une des arches du pont rompue durant les
« troubles, ensemble refaire et rebastir l'hôpital Sainct-Anthoine estant sur
« les dicts ponts aussi naguères desmolys. »
Comptes de la ville d'Orléans et cartulaires. (Extraits des manuscrits de VANDEBERGUE DE VILLIERS, archives de l'hôpital.)

(2) Archives de l'hôpital.

religieuses nous ont laissé des doutes quant à celle des deux époques 1562 et 1567, à laquelle est attaché le lamentable souvenir de cet attentat doublement sacrilège (1).

Ni à l'une ni à l'autre de ces deux époques lugubres, qui resteront éternellement écrites dans les annales d'Orléans en lettres de sang, le calvaire de la Pucelle et celui de la Belle-Croix ne pouvaient échapper aux violences des iconoclastes. Que ce soit donc en l'année 1562 ou en l'année 1567 que les deux calvaires furent détruits, le fait matériel est demeuré certain ; à l'un et à l'autre de ces deux monuments la croix fut arrachée, le Christ abattu et mutilé, les trois statues groupées autour du divin crucifié subirent toutes sortes d'outrages, elles furent brisées et leurs débris dispersés. Les iconoclastes firent litière du Christ, de la Sainte-Vierge, de saint Jean, de saint Jacques, de Jeanne d'Arc et du roi Charles VII. Qui aurait pensé qu'il se rencontrerait jamais dans notre France chrétienne des mains assez flétries pour commettre ce double attentat à Dieu et à la patrie, la mutilation d'un monument élevé sous les auspices de la religion à la vierge guerrière qui avait eu l'incomparable honneur de délivrer son pays du joug de l'étranger !

Si les historiens que nous avons cités plus haut se sont trouvés en désaccord sur l'année qui a vu s'accomplir ces actes sacrilèges, ils le sont également sur la manière dont

---

(1) Symphorien Guyon reporte la destruction des deux calvaires à l'année 1562. (*Histoire d'Orléans*, 1647, pages 420 et 429.) — Lemaire affirme que c'est aux seconds troubles de 1567 que le monument de la Pucelle fut détruit, mais que la Belle-Croix fut renversée aux premiers troubles de 1562 (*Histoire d'Orléans*, 1648.) — Polluche fixe à la date de 1567 la destruction des deux calvaires. (*Essais historiques sur Orléans*, 1778.) — Le chanoine Dubois reporte à l'année 1562 la destruction du monument de la Pucelle. (*Manuscrits sur Orléans*, tome III, bibliothèque de la ville.) — Vergnaud et Lottin indiquent l'année 1567 pour celle où le monument de la Pucelle a été renversé. (*Archéologie du Loiret*, tome II. — *Recherches historiques sur Orléans*, tome Ier.) Il résulte de ces citations que l'époque de la destruction est incertaine : la seconde date, 1567, indiquée par les deux derniers historiens, serait d'accord avec celle du passage, à Orléans, de Pontus Heuterus fixée à l'année 1565 par Lottin, ainsi que nous l'avons dit précédemment. Dans tous les cas, Pontus Heuterus a vu, de ses yeux, le monument primitif dont il a parlé.

ces actes furent accomplis. Les croix et les statues furent-elles arrachées et jetées bas, puis mutilées? Ou bien leur renversement et leur mutilation ne furent-ils que des accidents ou de simples faits de guerre? On a soutenu l'une et l'autre version. Les uns ont dit que les projectiles des deux artilleries opposées avaient fait tout le mal (1). Les autres, que la destruction et la mutilation avaient été volontaires et parfaitement délibérées (2) ; les premiers ont rapporté que la statue du roi Charles VII avait été respectée par les huguenots ; les seconds qu'elle avait été mutilée par des coups d'arquebuse (3). Il n'est pas possible de soutenir victorieusement l'une des thèses contre l'autre à l'aide des seuls documents contradictoires ou insuffisants qui nous restent. Tout ce qu'il est permis d'inférer quant à la destruction et à la mutilation des statues, c'est que, sans aucun doute, elles ont pu être un simple fait de guerre, attendu que, placés sur le pont et formant un relief saillant au-dessus du parapet, ces deux monuments étaient exposés en plein au tir des projectiles des deux armées dont chacune occupait l'une des extrémités de ce pont. Mais ce qu'il est permis d'inférer aussi avec tout autant de probabilité, c'est que les calvinistes qui avaient démoli les églises de la ville et la chapelle Saint-Antoine du pont, brisé les croix et les statues des saints et tout particulièrement mutilé celle de Louis XI dans la basi-

(1) Du Haillan, Vergnaud, Vallet de Viriville. Aufrère-Duvernay, auteur d'une brochure publiée en 1855, invoque l'autorité d'un écrivain protestant qui se serait exprimé ainsi : « C'est pour envie et tort qu'on nous veut faire « qu'aucuns ont dit que les nostres et reistres ont tiré de leurs canons sur la « Pucelle et la Vierge qu'ont fait faire sur le pont les habitants des joyaux de « leurs femmes et filles pour les jeter en bas. »
(Notice sur les monuments érigés en l'honneur de Jeanne d'Arc, 1855.)
L'auteur n'a pas fait la justification de l'authenticité de cette opinion protestante, qui, fût-elle incontestable, ne prévaudrait pas contre les faits qui lui sont contraires.
(2) Symphorien Guyon dit : que les effigies avaient été ostées, en 1562, par les huguenots ennemis des images. (Page 421, 2ᵉ partie.)
Lemaire dit que ces effigies avaient été abattues et rompues par les huguenots en 1562. (Page 273, 1ʳᵉ partie.)
(3) Lemaire, Vallet de Viriville, marché passé pour la reconstruction du monument. (Archives de l'hôpital, volume III des manuscrits de VANDEBERGUE DE VILLIERS.)

lique de Cléry, et brûlé le cœur du roi François II qui était conservé dans celle de Sainte-Croix, en l'année 1562 (1), ne durent pas montrer plus de respect, en l'année 1567, pour les croix et les statues des saints et pour celle du roi Charles VII, qui ornaient le pont d'Orléans, que pour celles de ses successeurs sur le trône de France ; c'était logique. Tirons donc un voile sur ces tableaux honteux et détournons nos souvenirs de ces scènes lugubres pour continuer notre récit.

Les arches rompues ne semblent avoir été rétablies que plusieurs années après les troubles de 1562 et 1567, car les mandements pour le paiement de ces dépenses portent les dates des années 1570 et 1573. Le roi Charles IX envoyait à Orléans, dans l'année 1568, un homme de l'art pour préparer un projet de restauration et de fortification des Tourelles (2), en même temps que l'on s'occupait de reconstruire les arches rompues et de rétablir le monument de la Pucelle.

Les comptes du pont et de l'hôpital Saint-Antoine, pour les années 1572 et 1573, nous ont laissé quelques détails techniques sur le fait de la reconstruction des deux arches rompues par les calvinistes, l'une sur le pont neuf, entre le Châtelet et la motte Saint-Antoine, et l'autre dite la grande arche, voisine de la Belle-Croix, entre la motte et le fort des Tourelles. L'on enleva les débris de ces deux arches qui étaient recouverts par les sables et par les eaux et l'on dut même avoir recours à la mine pour briser les blocs de vieille maçonnerie gisant sous l'eau (3). Les fondations nouvelles furent préparées au milieu des plus grandes difficultés ; l'on dut épuiser l'eau qui envahissait les fouilles et faire emploi de chaux et de ciment pour étouffer les sources ; ces travaux n'étaient interrompus ni le jour ni la nuit. Il fallut

---

(1) Symphorien GUYON, *Histoire d'Orléans*, 2ᵉ partie, pages 394 et 399.

(2) « Payé pour ung ingényeur envoyé par le Roy pour des pourtraicts, pour fortifier les Thourelles » (Comptes du pont de l'année 1568, Archives de l'hôpital.)

(3) C'est la première mention que nous trouvons dans les travaux du pont ou du fort des Tourelles, du tirage à la poudre pour les explosions des mines. 1572-1573.

aussi faire appel à des hommes de l'art : *le maître des œuvres de massonnerie pour le Roy à Orléans* fut invité à donner son avis et chargé de diriger et de conduire les travaux de reconstruction des deux arches.

A la même époque et sous la date du 26 juillet 1572, il était procédé solennellement à la visite du pont, ainsi qu'on le faisait ordinairement, en présence du contrôleur des deniers communs, du maçon, du charpentier, des échevins, des proviseurs du pont et du notaire. Toutes les arches furent examinées les unes après les autres. La visite a présenté cette particularité que l'on y invita le général superintendant des turcies et levées pour avoir son avis sur les travaux qui s'exécutaient alors et qu'on lui offrit même *du beau codignac*, à titre de présent, pour le remercier de cette visite (1).

C'est au moment où l'on rétablissait les arches rompues du pont des Tourelles que la population catholique poursuivait avec ardeur la restauration des monuments religieux détruits pendant les troubles qui avaient ensanglanté la ville.

Au cours de l'année 1570, les catholiques se cotisèrent pour couvrir les frais du rétablissement sur son piédestal du calvaire de Jeanne d'Arc, suivant en cela l'exemple touchant de piété, de fidélité et de reconnaissance qu'ils avaient reçu de leurs ancêtres. On se décida toutefois, par des motifs qui sont demeurés inconnus, à introduire dans l'ensemble de ce monument certaines modifications. Ainsi le Christ ne serait plus sur la croix, mais étendu sur les genoux de sa sainte mère assise et adossée à l'arbre du supplice, au sommet duquel on placerait le signe symbolique du pélican ; la lance et l'éponge seraient appuyées aux bras de la croix et Charles VII et Jeanne d'Arc reprendraient les attitudes que l'artiste leur avait données dans le calvaire primitif. C'est dans cet esprit, paraît-il, que l'on confia à un

---

(1) Extrait des Pouillés, Cartulaires, Comptes, etc. (Manuscrits de Vandebergue de Villiers, tome III, bibliothèque de la ville.)

Le codignac ou cotignac est une pâte de coing fabriquée à Orléans, que l'on offrait en cadeau aux personnages importants.

fondeur orléanais la charge de rétablir le monument, conformément à un marché passé devant le notaire, aux dates des 9 et 14 octobre de l'année 1570, entre le maire et les eschevins d'une part, et le maître fondeur de l'autre. Ce marché, qui contient de précieux détails, mérite d'être rapporté *in extenso*, car c'est à l'aide de cette sorte de devis descriptif que nous avons pu reproduire la forme et l'aspect du monument mutilé pendant les guerres de religion et le restituer à peu près dans son intégrité. Les deux calvaires, l'ancien et le nouveau, recomposés par cette opération synthétique, reproduisent à peu près les deux types qui ont été conservés : le premier par une vieille gravure sur bois que possède le musée d'Orléans, le second par la gravure de Léonard Gauthier ; ces documents rapprochés les uns des autres et de ceux qui ont été rappelés plus haut se complètent et se confirment mutuellement.

Voici le texte du marché fait pour la restauration du calvaire : « Par devant Girard Dubois, notaire, est comparu
« Hector Lescot, fondeur, demourant à Orléans, dist Jaque-
« minot, lequel a confessé qu'il avoit entreprist et entreprent
« des maire et eschevins qui lui ont baillé et baillent à faire
« ce qui s'en suist, en ce qui convient refondre et ressoulder
« les effigyes de Notre-Dame de Pitié et la Pucelle qui
« soulloient estre d'ancienneté sur les ponts de ceste ville.
« Premièrement fault ressoulder tout le corps de la dicte
« Pucelle, réservé (sauf) les jambes, brats et mains, plus
« ressoulder de neuf une lance avec le guidon tournant
« au bout de la dicte lance, son armet (1) avec un panache,
« une espée et des esperonz, une croix, ung pellican, troix
« cloux, ung chappeault, (couronne) d'espines au-dessus de
« la croix, une aultre lance de l'aultre cousté de la croix et
« une esponge ; plus, ressouldre ung brats au crucifix et
« mectre une grande pièce à l'estoumact, faire une encolle-
« ture au col, et plusieurs aultres piècez qu'il convient faire
« et ressouldre ; et encores réparer plusieurs coups de har-

(1) Ce que l'on appelait heaume avant François Ier, et ce que l'on nomma plus tard habillement de teste. Pasquier.

« quebuzes au corps et à la teste du roy et lui refaire une
« couronne qui se mist sur ses armoyryes et généralement
« de faire tout ce quy conviendra de faire, et accomoder et
« asseoir la dicte Pucelle et en pareille façon qu'elle soulloit
« estre. Pourquoy faire les dicts maire et eschevins four-
« niront de cuyvre et potin de plomb et aultres macttières
« ad ce nécessaires ; et quant aulx moullez (moules) le dict
« preneur les fera faire à ses cousts et dépens ; et la dicte
« Pucelle et tout le contenu cy-dessus, y celluy preneur
« rendra reparré, faict et parfaict, assi sur les ponts où
« ycelle a accoustumé d'estre assise, le tout bien duement,
« comme il appartient, dedans le sixiesme jour de janvier
« prochain, moyennant la somme de six vingt dix livres
« tournoys, etc... Présents Robert Charpentier et Joseph
« Cornu tesmoyns, le IX octobre MDLXX et le XIII du
« dict moys, le dict Lescot confesse avoir reçu de Jacques
« Alleaume, recepveur de la ville d'Orléans, la somme de
« cinquante livres tournoys d'avance sur ses œuvrez dont et
« quittance ès présence de Joseph Moithyron et Jacques
« Sayntonge, les deux tesmoyns (1). »

Le quinzième jour du mois de mars de l'année 1571, le calvaire fut rétabli sur l'emplacement qu'il occupait avant les troubles religieux. Mais de grandes incertitudes subsistent sur la question de savoir si les quatre figures qui accompagnaient le calvaire primitif ont été conservées exactement avec leurs attitudes originales dans le monument restauré. On ne peut guère, quant à présent, et jusqu'à la découverte ultérieure de documents contemporains, tirer d'autre lumière que du marché authentique souscrit par le fondeur qui avait entrepris la restauration du calvaire, et cette lumière n'est en réalité qu'une sorte de demi-jour qui ne permet de distinguer nettement ni l'état des objets, ni leurs formes, ni leurs positions respectives. On y lit bien distinctement que le monument primitif se composait d'une croix

---

(1) Extrait des archives des hospices d'Orléans, de l'année 1310 à l'année 1812. Hospice Saint-Antoine, ponts de la ville d'Orléans. (Tome III des manuscrits de VANDEBERGUE DE VILLIERS, intitulés : Pouillés, Cartulaires, anciens Comptes. Bibliothèque de la ville d'Orléans.)

du Christ, de la statue de la Sainte-Vierge et de celles
de Charles VII et de Jeanne d'Arc, et on y voit que la croix
a été réparée ou refaite à neuf, que l'on a ressoudé ou
refondu un bras du crucifix et que l'on a réparé la déchirure
de l'estomac et du col ; si toute la réparation de l'image du
Sauveur se réduisait à cela, il serait permis d'affirmer que
le Christ primitif n'était pas suspendu à la croix, car l'attitude du corps inanimé reposant sur les genoux de la Sainte-
Vierge, telle que le monument restauré nous la montre, n'était
plus compatible avec celle du Christ en croix ; si donc l'artiste n'avait dû ressouder qu'un bras, il demeurerait démontré, sauf aller plus loin, que le Christ du premier monument
a été replacé dans le second sans modification, c'est-à-dire
sur les genoux de la Sainte-Vierge ; mais le marché ajoute
qu'il convient de faire et ressouder plusieurs autres pièces
de l'effigie du Christ : ici commence l'obscurité. Qu'a voulu
dire le marché ? S'agit-il seulement de l'autre bras ? Le texte
n'aurait-il pu parler tout aussi bien des deux bras, à ressouder que d'un seul, au lieu de dire plusieurs autres pièces ?
On pourrait donc en inférer qu'un seul bras a été refait ou
ressoudé : le marché, en effet, ne dit pas qu'il a fallu refondre
le corps du Christ. Et comme l'attitude de ce corps sur la
croix est incompatible avec celle du corps étendu sur les genoux de la Sainte-Vierge, on serait conduit assez aisément
à penser que, dans le calvaire primitif, le Christ n'était pas
attaché à la croix. Mais, d'autre part, cette induction ne serait-
elle pas en opposition avec la narration de Pontus Heuterus
qui affirme que, dans le monument primitif qu'il a vu en
l'année 1560 (1) de ses propres yeux, la Pucelle était agenouillée devant l'image du Christ crucifié (*crucifixi Christi
simulachro*) ? Le choniqueur hollandais a-t-il voulu dire que
le Christ était sur la croix ou qu'il était descendu de la croix ?
Dans les deux positions, c'était bien devant le Christ crucifié
qu'était agenouillée la Pucelle ; mais, dans le langage ordi-

---

(1) 1560, selon Quicherat et Vallet de Viriville ; 1565, selon Lottin, peu
importe, avons-nous dit précédemment ; le monument n'ayant été rétabli
qu'en 1571, Pontus Heuterus n'a pu voir que le monument primitif avant sa
destruction.

naire, on entend par le crucifix le divin Sauveur des hommes attaché à la croix et non descendu de la croix, d'où il suit que, sur le Calvaire détruit par les huguenots, le Christ devait être sur la croix. L'attitude de la Sainte-Vierge a-t-elle été modifiée par l'artiste ? Ici nous nous retrouvons en présence des mêmes obscurités et plus épaisses encore. Le marché porte qu'il convient de refondre et ressouder les effigies de Notre-Dame de Pitié et de la Pucelle : le verbe refondre semblerait s'appliquer à l'effigie de la Sainte-Vierge, et le verbe ressouder à celle de la Pucelle, puisque le marché se tait sur la première effigie dès qu'il a employé le verbe refondre, lequel tendrait à faire supposer qu'il s'agit d'une réfection totale, tandis qu'il entre dans des détails particuliers sur l'effigie de la Pucelle, qui prouvent que cette effigie et celle du roi Charles VII n'ont pas été refondues, mais simplement réparées et ressoudées; il resterait toutefois encore ce point obscur à éclaircir : l'effigie de la Sainte-Vierge a-t-elle été refondue parce qu'on avait décidé de lui donner une autre attitude, par exemple de la représenter assise et non debout, ou parce qu'elle aurait été mutilée par les calvinistes ou par les projectiles des deux armées, au point de ne pas supporter une réparation, ou bien enfin n'a-t-elle subi qu'une simple modification dans son attitude, moyennant une transformation de la partie inférieure du corps, ainsi que nous le dirons plus loin ?

Il est digne de remarque que l'acte notarié désigne la Sainte-Vierge par Notre-Dame de Pitié. Cette désignation s'applique plus généralement à la personne de la mère du Sauveur considérée dans l'état d'affliction qui suit le crucifiement et la descente de croix, qu'à la personne de la Sainte-Vierge debout au pied de l'instrument du supplice. Et comme le marché dit expressément qu'il s'agit de restaurer l'effigie de Notre-Dame de Pitié qui existait sur les ponts, il semblerait que la Sainte-Vierge aurait dû y être assise et non debout.

En résumé, l'opinion la plus ancienne et la plus accréditée semble admettre que sur le calvaire primitif le Christ était en croix, la Sainte-Vierge debout au pied de l'instrument du supplice et que le fondeur Lescot n'aurait retouché les figures du Sauveur et de sa sainte Mère que pour leur donner les nouvelles attitudes dans lesquelles elles se présentent sur le monument restauré en l'année 1571 (1).

Mais s'il est malaisé de mettre d'accord tous les textes avec les interprétations logiques et techniques qu'ils comportent, à l'aide des documents authentiques que nous avons à notre disposition et si, pour trancher des difficultés de cette nature, il était permis d'accepter comme l'expression de la vérité des déclarations émanées d'une seule personne, nous trouverions dans ces déclarations une explication qui mettrait sur la voie des transformations qu'ont dû subir les statues du calvaire au moment où elles ont été rétablies, en l'année 1571, sans qu'il eût été nécessaire de les refondre entièrement. Un auteur orléanais (2), qui a beaucoup écrit sur les antiquités de la ville et qui a eu en sa posession de nombreux documents, a consigné dans un mémoire la déclaration qui lui aurait été faite par l'un des deux artisans serruriers, qui furent chargés, en l'année 1792, de démonter le monument de la Pucelle. Dufresné jeune (c'est le nom de ces artisans) aurait voulu conserver le buste de l'héroïne ; mais on ne le lui permit pas : « Rien, dit l'artisan Dufresné, des figures et « de leur posture n'a été refait par Lescot, en 1570, car tant à « la Vierge qu'au Christ les morceaux rapportés et soudés par « ce fondeur étaient évidents. Le rocher de plomb, peint, était « grossier et le pélican de forme qui n'annonçait pas un ha- « bile faiseur. La tête de Jeanne d'Arc, bien jolie, était vissée « au col, ses jambes et ses bras soudés à l'étain. Le corps

(1) Le chanoine Dubois, Quicherat, Vallet de Viriville, Vergnaud, Mantellier. Aufrère-Duvernay, notamment, cite l'opinion du chanoine Dubois appuyée sur un tableau très ancien et antérieur à l'année 1562, qui indique le Christ en croix et la Sainte Vierge debout. Ce tableau, qui appartient à la mairie, représente la vue d'Orléans, prise de la rive gauche de la Loire, à l'est des Tourelles.

(2) VERGNAUD, monument de la Pucelle sur le vieux pont d'Orléans. (Annales de la Société d'émulation des Vosges, 1861.) — Lottin rapporte (tome III, pages 319, 417) que Dufresne l'aîné était, en 1792, l'un des officiers municipaux ; il fut aussi l'un des commissaires désignés par le Conseil général de la commune pour veiller à la fabrication des canons que l'on fabriqua avec le bronze des monuments détruits à cette époque.

« de la Vierge avait été scié ou limé au bas du ventre et des
« draperies et ses pieds rapportés et en plomb couleur de
« bronze. Le Christ avait la poitrine ressoudée à l'étain, les
« bras tenus au corps par des vis de cuivre ; les jambes étaient
« aussi soudées à l'étain et très longues, le tout était maigre
« et grêle. »

Au moyen des procédés qui auraient été mis en œuvre par Lescot pour ajuster les diverses parties du corps de chacune des quatre statues, moyens techniques qui sont de pratique facile, on comprend que l'artiste a pu, d'une Vierge debout et d'un Christ en croix, faire assez aisément une Vierge assise, portant sur ses genoux le corps du Christ descendu de la croix, sans qu'il ait été obligé de refondre les nouvelles statues.

Les jetons d'échevinage que possède le musée d'Orléans, aux millésimes de 1578, 1605, 1603, 1629, représentent le monument commémoratif de la Pucelle vrai ou imaginaire, ou une allusion aux événements qu'il rappelle. Sur ceux de 1578 et de 1605, le Christ est étendu sur les genoux de la Sainte-Vierge, accosté des figures de la Pucelle et de Charles VII agenouillées comme sur la médaille de ce souverain rapportée par Jacques Debie (1). Sur les jetons des années 1608 et 1629, la Pucelle et Charles VII sont agenouillés aux pieds du Christ en croix, sans l'image de la Sainte-Vierge ; une couronne royale semble être posée à terre entre Charles VII et le pied de la croix.

Quoi qu'il en soit donc de toutes les incertitudes qui règnent au sujet du monument, tel qu'il avait été exécuté en premier lieu, et de celui qui avait été restitué en l'année 1571, nous devons accepter comme un fait incontestable que l'œuvre de Lescot a dû être exécutée conformément au texte du marché qu'il avait souscrit, et que le nouveau calvaire présentait à peu près la disposition que nous voyons reproduite dans la gravure de Léonard Gaultier, faite en l'année 1613, disposition qui ne diffère du dessin (fig. 14, pl. I) que par quelques détails : Ainsi

---

(1) *France métallique*, 1636. Médailles d'or, d'argent et de bronze des rois et des reines de France, tirées des plus curieux cabinets.

dans la gravure de Léonard Gaultier, le corps du Christ est plus flexible; le bassin, au lieu d'être proéminent, est déprimé et les jambes tombent inertes comme il convient au corps de l'homme que la mort vient de frapper, mais qui n'a pas encore été saisi par la rigidité cadavérique. Le Christ représenté sur notre dessin est celui qui fut rétabli sur le calvaire élevé au carrefour de la rue de la Vieille-Poterie, en l'année 1771. Nous avons eu plus d'une occasion, dans le cours de cet ouvrage, de parler des dessins plus ou moins exacts et quelquefois fantastiques sortis du crayon des artistes peintres : la gravure de Léonard Gaultier n'a probablement pas fait exception à la règle, bien qu'elle porte en titre : « Pour-« traict et représentation au vray du simulacre qui est élevé « sur le pont d'Orléans ». Nous croyons, toutefois, que ce dessin représente l'image à peu près ressemblante du calvaire restauré par le fondeur Lescot, en 1571, sauf le corps du Christ dont la roideur primitive aura déplu à l'artiste et auquel il aura donné sur le dessin un peu plus de flexibilité et de morbidesse que le corps n'en avait sur le monument.

Les manuscrits contemporains ne nous ont laissé aucune indication certaine sur l'existence et la nature des inscriptions qui ont pu être gravées sur le monument restauré. Il est étrange au moins que rien de précis ne nous soit parvenu ni des inscriptions qui figuraient sur le monument primitif, puisque Pontus Heuterus atteste les avoir vues avant sa destruction, ni de celles qui auraient pu exister sur le monument relevé après les troubles religieux. Ce que nous possédons aujourd'hui de plus ancien et de plus rapproché de l'époque de la Restauration de l'année 1571 se trouve dans les deux recueils que Charles du Lys, descendant collatéral de la Pucelle, a publiés au cours des années 1613 et 1628. Mais les inscriptions qu'il rapporte en très grand nombre, tant en français qu'en latin, en prose et en vers, ne sont que de simples projets qui n'ont, de son vivant, du moins, et certainement jusqu'à l'année 1628, reçu aucune exécution. Dans sa préface au lecteur, Charles du Lys, en effet, déclare que les trois tables d'attente qui avaient été posées quarante-trois ans auparavant sur la face antérieure du piédestal du calvaire, l'une plus grande au milieu, et deux autres plus petites de chaque côté, n'ont jamais reçu d'inscription et qu'on désirait de son temps pourvoir à cette lacune. Cet ouvrage, publié en l'année 1628, est intitulé : « Recueil de plusieurs inscriptions proposées pour remplir les tables d'attente. » Nous sommes donc autorisé à affirmer que sur le monument restauré en 1571, il n'y eut aucune inscription, au moins jusqu'à l'année 1628. Et, remarque des plus curieuses, l'un des chapitres de ce recueil intitulé : *Qu'il n'est pas besoin d'inscription*, contient sept pièces en vers latin et français, dont l'une a pour épigraphe : *Nihil inscribendum* (il ne faut pas d'inscription), et deux autres portent cette épigraphe : *Pourquoi l'on n'a point mis d'inscription pour la Pucelle.* Les auteurs de ces diverses pièces expriment l'idée que la Pucelle est trop illustre pour qu'il soit nécessaire de rien faire qui rappelle cette illustration.

Avant de clore cette discussion, nous invoquerons le témoignage de deux écrivains presque contemporains : Symphorien Guyon et Lemaire, qui publièrent une *Histoire d'Orléans*, le premier en l'année 1647, le second en l'année 1648, c'est-à-dire vingt ans après la publication du second recueil de Charles du Lys. Selon Symphorien Guyon, le monument relevé en l'année 1571, était composé de la manière que nous avons fait connaître. Mais cet auteur ne dit rien des inscriptions. Quant à Lemaire, qui constate que le calvaire a été restitué, il semble laisser croire que ce monument fut accompagné d'une inscription qui aurait eu pour épigraphe : *In mysterium simulachri Aureliæ pontisu per impositi*. Cette inscription en dix vers latins, commençant par ces mots: *Ante Deum supplex* et finissant par ceux-ci : *spectat in ære reos*, est signée : Borbonius. Or, vérification faite, nous avons trouvé cette inscription à la page 12, chap. II, du recueil publié par Charles du Lys, d'où nous inférons qu'elle n'a existé qu'en projet, mais qu'elle n'a jamais été mise sur le monument (1).

Nous sommes donc autorisé à conclure qu'il n'y avait pas

---

(1) LEMAIRE, *Histoire d'Orléans*, page 187.

plus d'inscription du vivant de ces deux historiens, c'est-à-dire en l'année 1648, que du vivant de Charles du Lys, en 1628.

Des écrivains modernes ont exprimé une opinion contraire et rapporté le libellé d'une inscription qui avait été gravée sur le monument restauré en l'année 1571.

L'auteur d'un mémoire intitulé : *Monument de la Pucelle sur le vieux pont d'Orléans* (1) se pose à lui-même la question de savoir si le calvaire rétabli après les troubles religieux du milieu du XVIe siècle était accompagné d'une inscription et il répond qu'on ne peut guère douter que l'inscription suivante n'ait réellement existé : *Mors Christi in cruce nos contagione labis æternorum morborum sanavit. Clodavœus rex in hoc signo hostes profligavit et Johanna Virgo Aureliam obsidione totamque Galliam servitute britannica profligavit : a domino factum est istud, et est mirabile in oculis nostris, in quorum memoriam hæc nostræ fidei insignia non diu ab impiis diruta restituta sunt anno 1571* (2). D'après l'auteur du mémoire, ce texte serait tiré d'un ouvrage publié en l'année 1655 (3), que nous déclarons tout d'abord n'avoir pu consulter, et le millésime serait écrit comme il suit : MDLXXI. IX ; les deux lettres numérales IX qui suivent le millésime indiqueraient sûrement, dit l'auteur, le 9 mai (4).

Un autre auteur, fort instruit dans les choses qui touchent à Jeanne d'Arc (5), a cru pouvoir exprimer l'opinion que l'inscription qui précède avait été effectivement gravée sur le piédestal du monument restauré en l'année 1571.

---

(1) Mémoires et documents curieux inédits sur les monuments élevés à la mémoire de Jeanne d'Arc, par Vergnaud. (Extrait des *Annales de la Société d'émulation des Vosges*, 1861.)

(2) La mort du Christ sur la croix nous a guéris de la plaie des éternelles maladies ; par ce signe, le roi Clovis a mis en déroute ses ennemis et Jeanne la Pucelle a délivré Orléans du siège des Anglais, et la France entière de la servitude. C'est par le Seigneur que cela a été fait, et cela est admirable à nos yeux. En mémoire de quoi ces signes de notre foi, renversés naguère par les impies, ont été restitués en l'année 1571.

(3) *Notitia regni Franciæ*, par Jean Limmæus. In-4, Strasbourg, lib. VII, c. 6, n° 19.

(4) Vergnaud a-t-il voulu faire allusion à la date de la procession commémorative ? La procession s'est toujours faite le 8 et non le 9 mai.

(5) Mantellier, auteur de deux histoires du siège d'Orléans, 1855 et 1867.

Nous ne pouvons partager l'opinion de ces deux auteurs modernes pour la période qui s'est écoulée entre l'année 1571 et l'année 1648, puisqu'il résulte des écrits de Charles du Lys d'un côté, de Symphorien Guyon et de Lemaire de l'autre, qu'il n'y avait d'inscription sur le monument ni de l'année 1571 à l'année 1628, ni de cette dernière à 1648 ; d'où il suit d'abord que celle que l'on annonce y avoir été mise en 1571 et qui n'est même pas mentionnée dans les deux recueils de Charles du Lys n'aurait pu l'être que postérieurement à l'année 1648 ; mais nous ferons remarquer en outre que Symphorien Guyon et Lemaire s'accordent pour déclarer que cette inscription aurait été placée, en l'année 1578 et non 1571, sur le piédestal de la Belle-Croix, ce qui est tout différent. Or, ces deux historiens ont vu de leurs yeux l'inscription qu'ils rapportent textuellement et identiquement et les détails dont ils accompagnent leur récit ne prêtent point à l'équivoque, comme nous le verrons plus loin en parlant du rétablissement de la Belle-Croix sur le pont d'Orléans. Nous concluons de cet exposé que non seulement cette inscription n'a pas été mise sur le monument commémoratif de Jeanne d'Arc entre les années 1571 et 1648, mais qu'elle n'a pas pu l'être postérieurement, puisqu'il faudrait poser cette alternative ou qu'on aurait détruit l'inscription sur le calvaire de la Belle-Croix pour la reporter sur celui de la Pucelle, ou qu'elle aurait été mise sur celui-ci postérieurement à l'année 1648 et que ces deux inscriptions auraient existé jusqu'à l'époque de la démolition du pont, vers le milieu du XVIIIe siècle ; cette alternative n'est guère soutenable. Il y a eu là certainement une confusion qui a pu se glisser d'autant plus aisément dans le récit des deux auteurs modernes qui ont admis l'existence de cette inscription sur le calvaire de la Pucelle, qu'il y est fait mention des miraculeux exploits de la Vierge guerrière et en particulier de la levée du siège des Anglais.

Ce fut en l'année 1578 que l'on entreprit la reconstruction de la grande arche du pont dite de la Belle-Croix, qui avait été détruite pendant les troubles religieux ; l'arche voisine du côté de la ville qui avait été également fort endommagée

fut en même temps l'objet de travaux de restauration. L'on put alors relever le calvaire de la Belle-Croix qui avait été renversé pendant ces troubles. Les comptes du pont, de commune et de forteresse, qui nous font défaut pour cette époque, ne permettent pas de donner de détails techniques sur ces travaux. Ce que nous savons, c'est que l'on sculpta sur la clef de l'arche de la Belle-Croix les armoiries de la ville d'Orléans (1). La croix seule fut relevée par ordre du maire et des échevins ; mais les trois images de la Sainte-Vierge, de saint Jean-Baptiste et de saint Jacques, qui l'entouraient depuis l'année 1406, furent-elles rétablies avec la croix ? Les historiens orléanais, Symphorien Guyon et Lemaire, ne font aucune mention expresse de la restauration de ces trois statues. Cependant, on pourrait inférer du texte de Lemaire que le calvaire de la Belle-Croix aurait été restitué dans son intégrité en l'année 1578, à la seule différence de l'inscription latine rétablie à la base de la croix et des armoiries du roi et de la reine-mère Catherine de Médicis, duchesse d'Orléans, qui couronnaient cette inscription, dont nous avons rapporté le texte avec le millésime de 1578 au lieu de 1571. Cette croix, que Symphorien Guyon nomme la Belle-Croix, que Lemaire qualifie de Grande-Croix, appelée, dit-il, la Belle-Croix, était de bronze doré ; elle fut rétablie sur l'ancien modèle, le 22 mars 1578, par le fondeur orléanais Jean Buret. Et pour qu'il ne subsiste pas de confusion avec la croix du calvaire de Jeanne d'Arc, ce qui est d'ailleurs impossible, vu la désignation très explicite de Belle-Croix et de l'année 1578 opposée à l'année 1571 qui est celle de la restauration du calvaire de la Pucelle, Symphorien Guyon, dans la préface de son *Histoire d'Orléans*, donne la description de quatre choses remarquables que l'on rencontre sur le pont : « La première, dit-il, et à l'entrée d'icelui pont du
« côté de la ville, est un beau piédestal sur lequel est repré-
« sentée une Notre-Dame de Pitié avec une effigie du Sauveur
« sur ses genoux et à un de ses côtés l'image du roy

---

(1) Hospice Saint-Antoine et ponts de la ville d'Orléans de 1310 à 1812. (Archives des hospices.)

« Charles VII et à l'autre celle de cette vertueuse amazone
« Jeanne, surnommée la Pucelle d'Orléans, le tout de bronze.
« La deuxième chose remarquable en ce pont, sont deux
« belles mottes qu'il a sur son milieu, l'une qui est tournée
« vers le soleil levant fort longue et fort large, revestue
« d'une ceinture de murailles en son circuit et toute couverte
« de très beaux arbres. L'autre vis-à-vis de la première et
« est tournée vers l'occident ; celle-ci est fort belle, de même
« grandeur et largeur que la précédente, mais habitée et
« couverte de maisons. La troisième chose à remarquer sur
« ce pont est une fort belle croix de bronze, sise vers la
« sortie du même pont. Cette croix est remplie d'inscriptions
« en langue latine contenant des devises sur la délivrance de
« notre ville du siège des Anglais par l'assistance divine et
« générosité de ladite amazone Jeanne la Pucelle. La der-
« nière chose digne de remarque en notre pont, c'est la porte
« qu'il a sur son bout, nommée Porte des Tourrelles ou
« Tournelles, qui est une place forte et bien considérable. »

Nous avons cru devoir rapporter *in extenso* cette description d'un témoin et historien contemporain, qui résume en quelques mots l'aspect général du pont et des monuments qui en faisaient l'ornement et la richesse au milieu du XVIIe siècle.

Sous le règne de Charles IX, en l'année 1566, il fut donné une grande impulsion aux ouvrages accessoires du pont des Tourelles : depuis longtemps on avait reconnu la nécessité de faire des dépenses considérables afin de protéger la motte Saint-Antoine contre les attaques de la Loire ; pour y réussir, on l'avait environnée de solides murailles et, en l'année 1576, sous le règne de Henri III, on fit, par ordre du maire et des échevins, sur les deux mottes de Saint-Antoine et des Poissonniers, des plantations d'arbres pour les transformer en promenades agréables. Quelques années après, en 1583, le roi Henri III ordonna de consolider le duit depuis la motte Saint-Antoine jusque vers Saint-Jean-le-Blanc, pour ramener au long des murs de la ville et sous le pont neuf les eaux de la Loire qui se portaient vers la rive opposée ; ce duit avait été commencé sous le règne de Charles IX, dès l'année 1566. Au cours de l'année 1580, l'un des piliers du pont neuf attenant à l'arche Camuse s'écroula instantanément, entraînant dans sa chute la maison qu'il portait ; les chroniques du temps ne nous disent pas si ce sinistre fut occasionné par la grande crue de la Loire signalée à cette époque et qui causa de grands ravages sur les bords du fleuve (1) et si l'écroulement du pilier entraîna celui des arches contiguës. Nous croyons qu'il ne s'est produit, à ce moment, qu'un de ces accidents qui survenaient si fréquemment aux piliers par suite des affouillements occasionnés par leur épaisseur excessive et sans que les arches aient été compromises. Dans le cas particulier, rien ne nous fait penser que la circulation sur le pont aurait été interceptée.

Le pont des Tourelles a été témoin, quelques années plus tard, d'un spectacle inaccoutumé. Henri III, accompagné d'un grand nombre de seigneurs de sa cour, venait à Orléans après avoir fait à pied le pèlerinage de Paris à Notre-Dame de Chartres et de Cléry, vêtu d'une robe de pénitent, la tête couverte d'un capuchon et portant à la ceinture de cuir un chapelet et une discipline (fouet) ; chacun des pèlerins qui faisaient partie du cortège du royal pénitent portait à tour de rôle une grande croix sur ses épaules. Le jour de leur arrivée à Orléans, la croix était échue au duc d'Aumale. Le roi fut reçu à la porte des Tourelles par le clergé, les divers chapitres et les ordres religieux, et il fit son entrée dans la ville, en traversant le pont, au milieu d'une grande pompe, à la lueur des flambeaux et des torches. C'est durant le séjour de ce souverain qu'il institua à Orléans une Chambre des chaussées chargée de surveiller les routes, les levées de la Loire et tous les ouvrages riverains du fleuve, mais les ponts d'Orléans furent laissés en dehors de la juridiction de cette administration nouvelle. Les membres qui composaient la Chambre des chaussées, turcies et levées firent frapper, en l'année 1584, des jetons de cuivre portant de face les armes de France et, de revers, une hie ou demoiselle, instrument

---

(1) Hospice Saint-Antoine et ponts d'Orléans de 1310 à 1812. (Archives de l'hôpital.)

de paveur, surmontée de trois fleurs de lis et de trois caïeux, qui sont les armoiries d'Orléans avec l'exergue : Chambre des chaussées d'Orléans, au millésime de 1586 (1).

La chapelle Saint-Antoine du pont, qui avait été, au commencement de ce siècle, l'objet d'une restauration complète par les ordres de Louis XII, se trouvait, en l'année 1584, dans un état de délabrement lamentable. Il fut procédé à la visite périodique du pont et de ses dépendances, selon les formes et avec la solennité accoutumées et les proviseurs du pont et les échevins, qui venaient de constater la nécessité urgente de faire des réparations aux piliers de l'arche des Tourelles, déclaraient en même temps que la chapelle Saint-Antoine était « ruynée et desmolie ». Les manuscrits contemporains nous apprennent, en outre, qu'une seconde visite aurait été faite en l'année 1588 ; la déclaration explicite des proviseurs et des échevins fait mention d'une arche qui aurait été rompue entre le fort des Tourelles et les Augustins, et remplacée par un pont de bois et un pont-levis ; mais nous n'avons pas trouvé, à cette époque, de traces des ouvrages de restauration de la chapelle Saint-Antoine dont on paraît ne s'être occupé sérieusement qu'en l'année 1637 (2). Une particularité que nous croyons devoir rapporter ici, c'est qu'en cette année 1588, la visitation du pont coïncidait avec la fête de la ville, commémorative de la levée du siège des Anglais, qui se célébrait à la date du 8 mai. Les proviseurs du pont avaient l'habitude de régaler les personnes qui assistaient à l'opération ainsi que la compagnie des arquebusiers, archers et arbalestriers qui figuraient dans la cérémonie ; il paraît qu'on n'apportait pas toujours, en cette circonstance, la modération et la sobriété convenables, car les manuscrits du temps nous apprennent : « que « les proviseurs du pont ayant fait la visitation des arches

---

(1) Hospice Saint-Antoine et ponts d'Orléans de 1310 à 1812. (Archives de l'hôpital.)

(2) Hôpital d'Orléans, anciens Comptes de ville et Cartulaires, manuscrits de VANDEBERGUE DE VILLIERS, tome II.

Hospice Saint-Antoine et ponts d'Orléans. (Archives de l'hôpital de 1310 à 1812.)

« et argeaulx du dict pont et d'aultres choses en dépendant
« où estoient deux de MM. SS. les échevins, le nottaire, les
« maçons, charpentiers et aultres personnes selon qu'il est
« accoustumé faire, la dépense de table pour le déjeuner et
« le dîner a été trouvée exorbitante et qu'en l'année suivante
« 1589, le banquet commandé par les proviseurs qui es-
« péraient faire ung dîner en la manière accoustumée fut
« décommandé et les proviseurs furent condamnés à payer
« les frais de commande. Le serviteur du pont fut par ordre
« des proviseurs déprier tout le monde. Et le maire et les
« eschevins auroient advisé que pour la calamité des temps
« qui estoit lors il ne se feroit aulcun banquet (1). »

En l'année 1588, le pont des Tourelles fut le théâtre d'une nouvelle cérémonie. Le jeune duc de Joyeuse, beau-frère de Henri III et son frère, qui appartenaient tous deux à la religion catholique, avaient été tués à la bataille de Coutras gagnée par l'armée protestante de Henri de Navarre; les corps de ces deux chevaliers furent conduits à Paris sur un char orné de tentures de velours noir. A la tête du pont et en avant du fort des Tourelles, le cortège s'arrêta. Après avoir été reçu avec les honneurs commandés par la circonstance, il traversa le pont, accompagné par le clergé, le maire et les échevins, se rendit, avant de continuer sa route vers Paris, dans la basilique de Sainte-Croix où une oraison funèbre fut prononcée en l'honneur de ces deux jeunes victimes de nos désordres civils (2).

(1) Hôpital d'Orléans, anciens Comptes de ville et Cartulaires, tome II des manuscrits de VANDEBERGUE DE VILLIERS.
(2) Hospice Saint-Antoine et ponts d'Orléans, manuscrits de 1310 à 1812. (Archives de l'hôpital.)

CHAPITRE XXV

LE PONT D'ORLÉANS ET SA CASEMATE

La casemate du bout du pont des Tourelles, du côté de la Sologne. — Discussion entre MM. Vergnaud-Romagnési, Jollois et Collin sur l'attribution de restes de maçonnerie retrouvés en 1860 dans les sous-sols d'une maison sise au sud-est de l'ancien pont des Tourelles. — Débats sur cette question à la Société archéologique de l'Orléanais et à la Société des antiquaires de France. — Description de la casemte dans son état actuel. — Les substructions ne sont pas dans l'emplacement de l'ancien fort des Tourelles. — La casemate du bout du pont est postérieure à l'invention de l'artillerie. — Exemples déduits de plusieurs forteresses du XVe siècle. — Travaux militaires exécutés au XVe siècle et dont les devis sont aux archives communales. — Travaux à la tour fortifiée de la *Brebis*. — Armes à feu au XVIe siècle. — Opinion de Jollois sur la date de la construction de la casemate.

Dans le cours de l'année 1831, l'attention de la Société académique d'Orléans était appelée sur une découverte qui intéressait à un haut degré l'archéologie locale. Vergnaud Romagnési annonçait, dans une notice sur le fort des Tourelles de l'ancien pont, que l'existence de vestiges de fortifications, signalée sous une maison de la rue Croix-de-la-Pucelle, au sud-est de la tête de ce pont, n'était autre chose que les substructions du fort des Tourelles dont l'auteur faisait remonter l'origine au delà du Xe siècle (1).

---

(1) On lit à la page 16 de cette lettre :
« Ces fortifications (la casemate) sont percées de simples fentes allongées,
« et si serrées, qu'il n'y peut passer qu'un trait d'arc ou d'arbalète. »
Et à la page 35 :
« Il n'est pas nécessaire d'être bien versé dans l'art des constructions mili-
« taires pour savoir que, jusqu'en 1354 environ, on ne faisait aux murailles

L'auteur, inspiré par un sentiment qui l'honore, avait attiré sur ces vestiges de fortifications l'attention de l'édilité orléanaise et celle de l'inspecteur général des monuments artistiques de la France. Il avait proposé et la Société académique avait adopté (1) l'idée de faire l'acquisition des bâtiments qui couvrent les substructions dont il s'agit pour y élever, à la mémoire de Jeanne d'Arc, un monument qui fût vraiment digne d'elle et qu'elle attend encore.

« que de simples fentes verticales et horizontales, évasées en dedans seule-
« ment, pour lancer des traits ; que, depuis cette époque, jusque vers 1500,
« on pratiquait au milieu de cette fente verticale élargie un trou rond pour
« la bouche des couleuvrines, arquebuses, etc... Enfin, que, depuis 1500 ou
« environ, on construisait des canonnières évasées en dedans et en dehors,
« pour employer dans l'intérieur des forts les canons de tout calibre.
« A l'inspection seule de la nature des constructions que nous avons signa-
« lées et de leurs matériaux, nous avons vu tous les archéologues que nous
« avons eu l'occasion d'y conduire, les regarder comme très remarquables
« et remontant vers l'époque gallo-romaine, en raison de la teinte de leur
« mortier mêlé de fragments de briques concassés, etc... et semblable à celui
« des murailles les plus anciennes de la première enceinte de la ville et
« d'autres constructions de ces temps reculés. »

La plupart de ces assertions, qui ont accrédité parmi un certain nombre de personnes les idées de Vergnaud, sont erronées. Ainsi nous avons vu que les meurtrières de la casemate ne sont pas aussi étroites que le dit l'auteur. Nous avons reconnu que les fentes verticales sont percées d'un trou rond. L'ébrasement intérieur et extérieur des meurtrières remonte à une époque plus éloignée que ne le dit Vergnaud. Le savant auteur du *Dictionnaire d'architecture française* du XIe au XVIe siècle nous apprend que le second étage du donjon d'Étampes, bâti au XIIe siècle, avait des meurtrières ébrasées à l'intérieur et à l'extérieur (donjon); qu'au milieu du XIVe siècle, les créneaux furent ébrasés à l'extérieur (créneau); d'où il suit qu'il n'y aurait aucune induction à tirer de ce détail, relativement à l'âge réel de la casemate.

Vergnaud déclare que le système de l'ébrasement extérieur ne date que des environs de 1500 ; la casemate serait, à son avis, bien antérieure à cette époque, si ses meurtrières n'avaient pas d'ébrasement extérieur. Or, les plans prouvent le contraire ; l'argumentation de l'auteur, si elle était légitime, démontrerait contre lui que la casemate est postérieure à 1500.

Quant à la preuve de l'antiquité de la casemate déduite du mode de construction et de la nature des matériaux, de la couleur et de la composition du mortier, nous pouvons affirmer qu'aucun architecte, ingénieur, archéologue ou maçon n'est capable de juger l'âge précis d'une construction antique, enfouie ou non, par le diagnostic de l'auteur. La science n'a pas encore permis d'y ajouter foi.

(1) Séance du 16 novembre 1831.

L'intention était louable sans doute, et personne, plus que nous, ne l'apprécie à sa valeur. Mais, en archéologie, l'empressement n'est trop souvent qu'un dangereux conseiller. Nous allons voir que les indices étaient trompeurs et que la Société académique avait fait fausse route. Si l'édilité orléanaise avait consacré par un monument élevé en l'honneur de la vierge de Domremy sur l'emplacement désigné l'idée de l'auteur, elle aurait commis une erreur historique et un anachronisme. Elle a donc sagement fait de demeurer sourde à l'appel qui lui était adressé et la science archéologique n'aura rien perdu à attendre. C'est ce que nous nous proposons de démontrer dans ce chapitre.

La Société des antiquaires de France reçut l'hommage de la notice de l'auteur dont elle renvoya l'examen à l'un de ses membres, Jollois, qui s'était particulièrement occupé des antiquités de l'Orléanais. Jollois critiqua avec trop d'amertume peut-être les erreurs que contenait la notice de Vergnaud et ne réussit pourtant à convaincre ni son adversaire, ni le public, nonobstant la grande érudition dont sa lettre de 1834, adressée à la Société des antiquaires, renferme de nombreux témoignages. Mais toutes les assertions de Jollois n'étaient pas absolument exactes et, ses preuves ne paraissant pas décisives, la question est demeurée en litige. Toutefois, hâtons-nous de déclarer que, si l'argumentation de Jollois n'a pas suffi à convaincre tout le monde, ses conclusions, du moins, étaient fort rapprochées de la vérité, comme nous le verrons plus loin.

Vergnaud répondit en 1834 à la lettre de Jollois, mais la polémique devenait si personnelle que la Société des antiquaires crut devoir refuser l'insertion de la réponse dans ses mémoires. Vergnaud ne fut pas plus heureux que Jollois et ne parvint pas à convaincre le public, parce que son opinion était erronée d'abord et que la plupart des arguments qu'il invoquait contre son adversaire portaient à faux. C'est ce que nous essaierons de mettre en lumière. Vergnaud a continué de propager ses idées de 1831 sur la destination supposée des substructions dont il s'agit, et, dans un mémoire qu'il a publié au cours de l'année 1860 *sur les dépenses faites par les*

Orléanais en prévision du siège de 1429, ainsi que dans des notices postérieures, il a persisté à soutenir que ces substructions sont antérieures au siège des années 1428 et 1429 : « Il « ne reste, dit-il, à Orléans, d'autre trace certaine du siège « de 1429 que des fortifications plus anciennes, romaines ou « gallo-romaines, bien intéressantes comme type de fortifica- « tions de cette époque et qui ont incontestablement servi à la « défense de la tête de l'ancien pont où était le fort des Tou- « relles. »

L'auteur de l'*Histoire architecturale d'Orléans* a discuté les opinions de Jollois et Vergnaud, mais sans donner absolument raison ni à l'un ni à l'autre.

La Société archéologique remit donc à l'étude cette question qui semblait renaître avec d'autant plus de vivacité qu'on paraissait vouloir l'oublier davantage. Elle a même confié à une commission le soin d'éclairer ce point litigieux de l'histoire locale qui se rattache aux événements les plus caractéristiques de la guerre de l'indépendance du XVe siècle.

Nous allons exposer le résultat des recherches qui ont eu pour objet de résoudre cette question si controversée.

La première pensée qui devait venir à l'esprit en examinant cet ouvrage, était de demander à des hommes spéciaux et compétents leur opinion sur la destination et l'âge de ces vestiges. Vergnaud déclare, dans sa notice de 1834 et dans une lettre manuscrite de 1861 adressée à la Société archéologique de l'Orléanais (1), qu'il a consulté beaucoup d'archéologues et d'officiers du génie militaire et de l'artillerie et que tous se sont accordés à reconnaître dans ces substructions le type d'ouvrages antérieurs au siège d'Orléans de 1429 et à l'usage de l'artillerie à feu pour l'attaque et la défense des places. Cette affirmation n'a rien qui nous étonne ; ce n'est point, en effet, à l'examen seul de l'intérieur de l'ouvrage qu'il fallait se borner pour en déterminer l'âge et la destination ; mais il était nécessaire d'étudier particulièrement ses

---

(1) Lettre déposée aux archives de cette Société.

formes intérieures et surtout le niveau auquel il est placé relativement au terrain environnant. Pour cela, on se décida à ouvrir des fouilles au front ou saillant méridionnal, extérieurement à l'ouvrage, en même temps que d'autres, pour reconnaître le niveau primitif de l'aire intérieure du souterrain. Les fouilles en avant du front méridionnal furent descendues jusqu'au niveau de l'étiage ou des basses eaux de la Loire, de manière à permettre de découvrir la fondation même de l'ouvrage.

En rapportant cet ouvrage sur les plans de l'ancien pont (pl. II), nous avons reconnu que son front extrême est éloigné de 50 mètres de la forteresse des Tourelles, et que sa capitale est exactement orientée du midi au nord magnétique, l'extrémité méridionale de l'ouvrage se projetant sur le fossé qui existait encore à l'époque de la démolition de l'ancien pont de la forteresse et du boulevart, au milieu du XVIII° siècle, et qui en formait la ceinture et la défense. Nous reviendrons plus loin sur cette remarquable coïncidence.

Placé sous les dépendances d'une hôtellerie, cet ouvrage ne se compose plus aujourd'hui que d'un berceau de voûte surbaissée, mesurant à peu près dix mètres dans son axe, et trois mètres vingt centimètres de largeur. Au pied de l'escalier moderne qui conduit du sol dans ce souterrain, règnent, à droite et à gauche, deux annexes ou ailerons de forme trapézoïdale. Un chemin de ronde en souterrain très sinueux servait autrefois de communication entre le boulevart des Tourelles et l'intérieur de l'ouvrage casematé. A l'extrémité de ce chemin, il existait, dans l'origine, une rampe ou un escalier, mais la destination vulgaire que l'on a donnée à l'ouvrage militaire et les convenances privées ont fait condamner ce chemin de ronde, qui était trop étroit et trop incommode pour les prosaïques usages de l'hôtellerie et substituer un escalier moderne, conduisant du rez-de-chaussée de l'habitation dans la casemate souterraine, transformée en cave ou cellier.

La casemate présente sur le front géminé, tourné vers le midi, quatre meurtrières : deux verticales, et deux horizontales ; elles flanquent réciproquement ce front bicorné. Le flanc occidental est percé de trois meurtrières, une horizontale entre deux verticales. Le flanc oriental ne présente plus que deux meurtrières, une verticale et une horizontale, mais la troisième, verticale, a été masquée par un contre-mur moderne à l'intérieur, formant saillie sur le nu du piédroit. Les trois meurtrières du levant sont également symétriques de celles du couchant.

Dans l'annexe ou aileron du couchant, on aperçoit deux meurtrières verticales dont l'une flanque le front de la casemate dans sa longueur ; l'autre est dirigée vers le sud-ouest. La face de l'aileron est flanquée par la meurtrière voisine.

Dans l'annexe ou aileron du levant, qui a un peu moins d'étendue que l'autre, on a masqué par un contre-mur moderne une ou deux meurtrières homologues de celles de l'aileron du couchant et dont l'une au moins flanquait le front opposé. Le front nord-est de l'aileron était flanqué par la meurtrière voisine masquée aujourd'hui par le contre-mur et dont l'anneau de fer, suspendu à la voûte, atteste l'existence primitive.

Il résulte donc de ces dispositions générales que l'ouvrage était symétrique par rapport à sa ligne capitale ou médiane, quoique les deux ailerons homologues présentent des formes qui ne sont pas rigoureusement identiques.

L'on peut remarquer que la voûte de cet ouvrage est percée de quatre ouvertures ou cheminées, et qu'en face ou un peu à côté et au-dessus des six meurtrières étaient scellés des anneaux de fer que l'on y voit encore aujourd'hui et qui sont fortement oxydés.

Enfin chaque meurtrière horizontale est accompagnée d'une double cavité d'inégale profondeur, ménagée dans l'épaisseur de la maçonnerie, parallèlement au parement dans lequel ces meurtrières sont percées.

Nous avons cru devoir multiplier les preuves à l'appui de la thèse que nous nous sommes proposé de soutenir et de résoudre, en raison de son importance et de la corrélation intime que l'on a essayé d'établir entre ces vestiges et la forteresse des Tourelles.

Cependant, s'il peut paraître imprudent de définir *à priori* les formes de l'ouvrage qui sont enfouies profondément, la symétrie que l'on remarque, la régularité des profils intérieurs et des embrasures de la casemate permettent de supposer que cet ouvrage offrait vraisemblablement à l'extérieur la similitude que l'étude de sa structure intérieure accuse nettement et que l'examen de la partie extérieure mise à jour au moyen des fouilles paraît confirmer.

Ainsi le front méridional a été assez découvert pour qu'il ne soit guère possible d'élever désormais un doute au sujet de ses formes extérieures.

Ce front, qui est fondé sur pilotis (1) et enrochement au niveau des basses eaux de la Loire, est accompagné d'un plan incliné qui se détache de la fondation même et, remplissant une partie du vide triangulaire formé par les deux pointes ou éperons saillants, vient se terminer en amortissement sous les deux meurtrières verticales.

La pointe ou le saillant du sud-ouest est appareillée de pierre de taille dont les assises sont semblables à celles d'un ouvrage moderne et partent dn niveau même des basses eaux. Les parements du mur sont en moellons régulièrement et correctement posés selon les règles de l'art. Les quatre embrasures extérieures sont de pierre de taille appareillée, préparée et posée avec un grand soin.

La fouille du couchant a été poussée à partir de la pointe jusqu'à la meurtrière dont on a relevé l'appareil extérieur. Ses formes sont aussi régulières que celles des quatre précédentes. Il semblait probable *à priori* que nul obstacle ne devait faire saillie au long du mur formant le côté occidental de l'ouvrage, car la meurtrière qui le flanque aurait manqué de raison d'être. En effet, une longue barre de fer, enfoncée horizontalement au niveau des meurtrières, a pénétré sans difficulté entre les terres et le parement de l'ouvrage pour venir rencontrer l'annexe ou aileron.

---

(1) Les pilotis sont de bois d'aulne et le chapeau de chêne. Le bois d'aulne était aussi tendre que de la brique crue au moment où on l'a tiré de l'eau ; en séchant il a repris quelque dureté, sa densité est celle du liège. Le bois de chêne est resté très dur ; ses couches extérieures étaient noircies par l'immersion prolongée, ainsi qu'on l'observe généralement.

Puisqu'une meurtrière flanque le côté sud-ouest de l'aileron, nul obstacle ne doit se trouver le long de son parement. Toutefois, ce n'est qu'une simple conjecture qu'aucune expérience directe n'a justifiée, mais que l'existence de la meurtrière confirme suffisamment.

Le flanc oriental de la casemate et la face sud-est de son aileron doivent, selon toute apparence, présenter des dispositions analogues.

Dans des notices que nous avons déjà rappelées, Vergnaud a soutenu : « que cet ouvrage était le premier étage bien « conservé de la tour de l'Est du fort des Tourelles. »

Nous avons démontré, dans les chapitres qui précèdent, que le fort des Tourelles n'était point au lieu où se trouvent les substructions dont il s'agit, puisqu'il en était éloigné de 50 mètres. Au surplus, l'honorable antiquaire a reconnu son erreur dans une lettre qu'il a adressée à la Société archéologique de l'Orléanais et déclaré que le fort des Tourelles était à peu près sur l'emplacement que nous avons indiqué précédemment (1).

Ne paraîtra-t-il pas, dès lors, à peu près superflu de discuter les assertions et les explications données par Vergnaud au sujet de cet ouvrage militaire sur ses dispositions et sa destination ? L'intérêt qui, à l'origine de la discusion, s'attachait à ces vestiges curieux, ne s'amoindrit-il pas aujourd'hui par l'aveu même de l'honorable archéologue ? Mais pour nous la question était demeurée sur le même terrain. Il s'agissait de savoir si cet ouvrage militaire avait été contemporain de Jeanne d'Arc, et si, comme le prétendait le promoteur de cette opinion, il avait été témoin du prodigieux fait d'armes qui sauva la France au XV° siècle. Vergnaud a

---

(1) Cette lettre est du mois de février 1861. Elle est déposée dans les archives de la Société. On y lit ce qui suit :

« M. Collin m'a dit qu'il pensait que les restes des Tourelles devaient être « sous le quai. Si le plan que j'ai entre les mains est exact, et même sans « cela, je serais disposé aujourd'hui à penser comme lui, en raison des diffé- « rentes mesures que j'ai vérifiées récemment. »

L'auteur de l'*Histoire architecturale d'Orléans* a combattu l'opinion de Vergnaud, mais il croit que la casemate est antérieure au siège de 1429. (De Buzonnière.)

abandonné cette thèse pour se retrancher seulement dans celle-ci : « L'ouvrage militaire est de construction romaine « ou gallo-romaine, et, par conséquent, antérieur à l'usage « de l'artillerie à feu et au siège de 1428 et 1429. »

Vergnaud, et après lui l'auteur de l'*Histoire architecturale d'Orléans*, ont nié que la casemate eût servi à l'usage des armes à feu. Jusqu'à ce que des fouilles eussent mis au jour cinq des meurtrières dont on put voir les profils, et les dessiner avec leurs formes et leurs dimensions réelles, cette illusion ou cette erreur était facile ; mais, dès que la lumière a pénétré au travers des embrasures, le doute a cessé et il devint manifeste alors que les meurtrières en créneau, munies au bas de la fente verticale d'un trou rond d'un diamètre plus large qu'elle, avaient servi à l'usage des armes à feu.

Les dessins ne laissent plus subsister désormais l'ombre même d'un doute sur ce fait capital, et l'on peut dire que, de ce chef, la question est jugée.

Mais il reste à rechercher si la construction de la casemate est postérieure ou antérieure à l'invention des armes à feu, et si cet ouvrage, dans la seconde hypothèse, n'aurait pas été approprié, ultérieurement, à l'usage de ces armes. C'est ce que nous essaierons de faire plus loin.

Vergnaud a donné l'explication, à son point de vue, des doubles cavités que l'on a signalées dans les joues des embrasures horizontales ; des anneaux de fer suspendus à la voûte ; des cheminées qui la traversent ; du souterrain ou chemin de ronde qui se dirige à l'ouest de la casemate.

Les doubles cavités pratiquées dans les joues des embrasures ont des profondeurs très inégales. Si ces cavités avaient eu la destination que leur assignent les deux auteurs précités, l'on ne comprendrait pas l'inégalité de leur profondeur que rien ne paraîtrait justifier (1).

Les anneaux de fer scellés à la voûte ont-ils servi à sus-

(1) Ces honorables archéologues pensent que ces cavités ou gaines étaient destinées à assujettir les arbalètes ou les rouleaux sur lesquels glissaient les traits. Vergnaud dit que ces trous sont peu profonds (notice de 1831). Cette assertion est contraire à la réalité pour l'une des deux cavités de chaque groupe.

pendre des mantelets pour garantir les archers des traits lancés du dehors? Ces énormes anneaux, de 0ᵐ15 de diamètre, seraient de taille à porter des charges bien autrement pesantes. Et d'ailleurs, comme le fait remarquer avec raison l'auteur de l'*Histoire architecturale d'Orléans*, les mantelets ainsi suspendus ne se seraient-ils pas trouvés placés dans un sens contraire à leur destination?

Les cheminées qui traversent la voûte sont loin d'être aussi irrégulières que le prétend Vergnaud ; elles auraient servi, dans son opinion, à lancer des grenades sur les assaillants. Il est impossible d'adopter cette explication fantastique. Nous ne pouvons admettre, avec les auteurs précités, que les cheminées sont d'une date postérieure à la construction de l'ouvrage, car les motifs qu'ils invoquent ne sont point de nature à nous convaincre ; nous reviendrons plus loin sur cette partie de la question.

Le chemin de ronde aurait été, dans les idées de Vergnaud, la voie de communication des deux tours du fort des Tourelles. Il suffit de jeter les yeux sur le profil pris dans l'axe de ce souterrain, pour reconnaître que cette opinion manque doublement de fondement ; la voûte, en effet, se relève à son extrémité, ce qui démontre que le souterrain devait prendre jour sur ce point. Elle n'allait donc pas rejoindre une autre tour hypothétique de la forteresse des Tourelles, car nous savons que cette forteresse n'était pas là : Vergnaud en a fait la déclaration lui-même. Ce berceau de descente servait à un autre usage que nous ferons connaître plus loin.

Les opinions sont donc extrêmement divergentes, quant à l'âge de ce curieux spécimen d'architecture militaire. Les uns pensent, comme Vergnaud, que l'ouvrage est antérieur au siège des Anglais (1428-1429), c'est-à-dire au commencement du XVe siècle ; cet auteur va même jusqu'à faire remonter sa date à l'époque gallo-romaine, c'est-à-dire antérieure d'une dizaine de siècles à l'invention de l'artillerie à feu ; d'autres croient que l'ouvrage date de la fin du XVe siècle ; ceux-ci, du commencement ou du milieu ; ceux-là de la fin du XVIe.

Il est certain qu'avant le XV⁰ siècle, on ne construisait pas d'ouvrages destinés à battre le fond des fossés et le pied des escarpes et des tours. Jusqu'au moment de l'emploi de l'artitlerie à feu, pour l'attaque et la défense des villes et des châteaux (milieu du XIV⁰ siècle), la résistance se concentrait sur le sommet des tours et des courtines (1). Or, l'ouvrage en question était une défense basse, à fond de fossé, destiné au jet des projectiles rasant le fond du fossé. Ni les Romains, ni les Gallo-Romains, ni après eux les Francs n'avaient adopté cette formule, dont les Français n'ont fait usage qu'après l'invention de l'artillerie à feu.

Mais si l'ouvrage n'est pas antérieur au commencement du XIV⁰ siècle, ne peut-il avoir été construit entre le commencement du XIV⁰ et les années 1428 et 1429, date du siège des Anglais ? Dans cet intervalle d'un siècle, on ne signale aucune conception de ce genre parmi les ouvrages militaires construits en France, soit par la royauté, soit par les grands barons de la féodalité (2). Aucun des auteurs français ou étrangers qui ont traité cette matière ne donne, que nous sachions, de dessin ou de description d'une œuvre de ce genre ou simplement analogue, dont l'âge serait antérieur à la fin du XV⁰ siècle. Il faudrait donc se résigner à attendre la découverte d'un témoignage authentique, c'est-à-dire le dessin régulier d'un ouvrage militaire romain, gallo-romain, franc ou français, antérieur à cette dernière époque, pour donner gain de cause à une opinion qui, bien que soutenue, sans arguments décisifs, par des personnes insuffisamment éclairées, en fait, sur le dispositif et les détails matériels qui caractérisent cette pièce de fortification, n'en est pas moins condamnée à demeurer l'expression d'une idée purement spéculative, à laquelle manque l'autorité des faits que la science réclame dans l'intérêt de la vérité historique.

Ce n'est pas avant le siège des Anglais, en 1428 et 1429, qu'a été établie cette fortification particulière : c'est parmi

---

(1) VIOLLET-LE-DUC, *Dictionnaire d'architecture*, au mot *Embrasures*.

(2) C'est au XIV⁰ siècle que prend fin la grande époque des constructions seigneuriales. (Aimé CHAMPOLLION-FIGEAC.)

les châteaux et les forteresses bâtis pendant la période des XV° et XVI° siècles ; c'est dans les historiens qui ont écrit postérieurement au siège de 1428 et 1429 ; c'est dans les manuscrits et dans les chroniques des XV° et XVI° siècles, qu'il faut et que nous allons chercher les éléments de la solution de la question posée.

Étudions d'abord les spécimens des châteaux fortifiés datant des XV° et XVI° siècles et qui offrent de l'analogie avec la pièce de fortification qui nous occupe. Nous avons dit que nous n'en connaissons pas d'identique, la suite de la discussion le prouvera complètement.

C'est vers le milieu du XV° siècle que les architectes militaires commencèrent à se préoccuper des dispositions défensives, que rendaient désormais nécessaires l'emploi et le développement de l'artillerie à feu. On essaya d'approprier les anciennes fortifications à l'usage de ces nouveaux engins de guerre ; on doubla les courtines d'un remblai assez large du côté de la place pour donner au chemin de ronde une largeur suffisante à la manœuvre des bouches à feu ; on élargit les baies pour monter ces engins sur le sommet des tours, d'où ils pouvaient battre les approches à une grande distance. On conserva cette méthode le plus longtemps qu'on le put, bien qu'elle devînt de moins en moins justifiable, tant il semblait difficile de renoncer au principe auquel on attachait la sûreté des villes et des châteaux : celui des vues élevées et du commandement sur les campagnes. Enfin, les courtines et les tours anciennes furent percées de meurtrières et d'embrasures dans les étages inférieurs, au niveau de la contrescarpe, pour diriger sur les glacis un feu rasant qui tînt les assiégeants à distance.

Le château de Bonaguil, situé à six kilomètres de Villeneuve-d'Agen est, en quelque sorte, la formule de transition des usages féodaux au système modifié par l'extension de l'artillerie à feu. Bâti par Charles VII (de 1430 à 1466) ce château est défendu par un ouvrage avancé qu'un pont-levis sépare de la campagne. La chemise de cet ouvrage ainsi que les murs de contrescarpe sont percés d'embrasures pour les pièces d'artillerie à feu rasant (1). Ce château est muni d'embrasures de bouches à feu absolument semblables à celles de la casemate d'Orléans, sauf le redent extérieur qui n'existe pas à Bonaguil. Les ébrasements intérieurs et extérieurs sont semblables. L'ébrasement intérieur est voûté à Bonaguil et la tête de la voûte est un plein cintre. L'ébrasement extérieur est couvert par une pierre horizontale. A la casemate d'Orléans, les deux têtes des ébrasements sont appareillés horizontalement.

Si nous examinons les dispositions du système défensif de la place de Langres, telles qu'elles furent appropriées sur la fin du XVe et au commencement du XVIe siècle pour l'usage de l'artillerie, nous y reconnaîtrons une grande analogie avec les dispositions que nous venons de signaler dans le château de Bonaguil, au point de vue de l'emploi des bouches à feu. La grosse tour ou boulevart qui défendait la porte de Dijon présente, au rez-de-chaussée et au premier étage, des embrasures profilées comme les précédentes. Une autre tour, établie sur la pente de l'escarpement de la ville, est percée, à des hauteurs commandées par le relief du terrain, d'embrasures semblables. On descendait les bouches à feu dans ces divers étages par des escaliers très doux. Des évents étaient ménagés pour l'échappement des gaz de la poudre et des portières en bois fermaient les embrasures pour protéger les assiégés contre les projectiles du dehors. Au sommet et sur la plate-forme de la tour, on établissait des batteries barbettes (2) qui commandaient les courtines, par un reste des traditions de l'ancien système défensif du moyen âge

---

(1) Dans son *Essai sur l'architecture militaire au moyen âge,* le savant archéologue Viollet-le-Duc a formulé ainsi la transition du système ancien au système nouveau qui s'opérait vers le milieu du XVe siècle : « Battre les « dehors au loin et défendre les approches par un tir rasant de bouches à feu « et se garantir contre l'escalade par un commandement très élevé, couronné « suivant l'ancien système, pour la défense rapprochée ». Le château de Bonaguil portait des bouches à feu sur une plate-forme qui dominait la campagne au loin, battait les approches par un tir rasant, et défendait le pied des murs par les créneaux et mâchicoulis des courtines et des tours.

(2) Les batteries barbettes se composent de bouches à feu tirant à découvert, derrière un parapet.

dont les ingénieurs ne pouvaient se décider à faire le sacrifice (1).

Voici encore un exemple de ce système de transition tiré d'une cour carrée formant une partie essentielle de la défense, d'après le système ancien, du Puy Saint-Front de Périgueux : cette tour fut reconstruite à la fin du XVe siècle et disposée pour recevoir, au rez-de-chaussée, des bouches à feu destinées à battre la courtine, la campagne et la rivière. Cette tour, à base rectangulaire, n'a que 4 mètres sur 6 mètres de développement intérieur. On a ménagé au rez-de-chaussée sur cette petite surface quatre embrasures pour l'artillerie, une meurtrière, la porte d'entrée, enfin l'escalier pour desservir aux étages. Cette batterie basse voûtée ne pouvait contenir que deux petites bouches à feu que l'on changeait de place selon les besoins. Ces embrasures sont percées horizontalement et n'offrent que la largeur nécessaire au passage du boulet. Au-dessus est ménagée une fente horizontale pour le pointage et pour l'échappement de la fumée (2). Du reste, les ébrasements extérieurs et intérieurs de cette batterie présentent en projection horizontale des dispositions absolument semblables aux précédents. Le premier étage était percé de meurtrières pour l'usage d'arquebuses ou d'arbalètes à fente verticale, et le couronnement crénelé, percé de trous ronds pour le passage de petites couleuvrines ou d'arquebuses à main.

Mais tous ces essais tendant à approprier l'ancien système défensif au tir des bouches à feu ne semblaient pas de nature à mettre les villes et châteaux en état de résister à l'attaque ; l'inégalité devenait de plus en plus manifeste. Cette situation devait ouvrir naturellement une sorte de concours, où seraient appelées toutes les combinaisons d'où sortirent des variétés innombrables de dispositifs plus ou moins ingénieux, plus ou moins efficaces et dont nous trouvons l'un des spécimens les plus remarquables et les

---

(1) Viollet-le-Duc.
(2) Il fallait que les pièces d'artillerie fussent bien petites, puisque la largeur de la batterie n'était que deux mètres. (Voir le dessin de Viollet-le-Duc, *Architecture militaire*, page 166.)

plus célèbres dans le château de Schaffausen, bâti vers la fin du XV⁰ et au commencement du XVI⁰ siècle, pour commander le fleuve auquel il fut relié par deux murailles et par des tours qui forment une sorte de couloir depuis le pont du Rhin jusqu'au sommet du coteau sur lequel fut bâtie cette forteresse. Le grand boulevart circulaire qui en est la pièce principale est de maçonnerie, à trois étages de batteries : la batterie basse, celle qui nous intéresse essentiellement, est au niveau du fossé très profond. Dans l'épaisseur du massif de maçonnerie qui forme l'enveloppe de ce boulevart circulaire on a ménagé un chemin de ronde pentagonal, qui communique avec les casemates saillantes sur le nu du boulevart et auquel on arrivait par des rampes en spirales très douces, qui permettaient le transport des bouches à feu ; le sommet de ces bastionnets était couronné par une coupole en forme de lanternon percé à jour pour faciliter l'échappement de la fumée de la poudre. Trois embrasures s'ouvrent sur le fossé, l'une perpendiculaire à la contrescarpe, les deux autres battant le pied de la courtine du boulevart entre deux bastionnets. Chacune des embrasures appropriées à l'usage des bouches à feu est percée à une faible hauteur au-dessus du fossé. Leur forme est absolument semblable à celle que nous avons étudiée précédemment ; c'est-à-dire que leurs ébrasements extérieurs et intérieurs ressemblent, sauf le redent extérieur, à ceux des meurtrières de la casemate d'Orléans. C'est l'un des exemples les plus remarquables de batteries basses pour la défense du pied des courtines.

Mais ce n'est pas seulement dans les dispositions de ces bastionnets que nous trouvons des éléments propres à nous conduire à la solution de la question qui nous occupe. Le grand boulevart circulaire de Schaffausen est divisé en trois étages. Nous venons de dire comment sont ménagées les défenses du rez-de-chaussée. Le premier étage, auquel on arrive par la même pente en spirale, contient spécialement quatre embrasures, dont deux flanquent les courtines reliées au boulevart, et les deux autres commandent l'espace renfermé entre les murailles qui du boulevard descendent au pont du Rhin. C'est l'appareil de ces embrasures qu'il faut particulièrement examiner. Sa disposition ingénieuse permet de pointer dans toutes les directions au moyen de petites pièces d'artillerie, sans démasquer ni les pièces ni leurs servants (1). Au-dessus des embrasures est ménagé un évent qui facilite l'échappement des gaz de la poudre. Si l'on veut bien comparer cette combinaison des détails de l'embrasure et de l'évent au dispositif de la casemate du pont d'Orléans, l'on reconnaîtra aussitôt qu'ils procèdent des mêmes principes.

Essayons maintenant de découvrir dans les documents contemporains et parmi les auteurs qui ont traité ces matières spéciales, la lumière qui nous manque encore pour éclairer complètement la question que nous nous proposons de résoudre.

Les documents contemporains que nous allons consulter sont déposés dans les archives communales de la ville d'Orléans. Il est regrettable qu'ils soient incomplets et obscurs. Si nous n'y trouvons que des indications générales un peu vagues, elles sont néanmoins des jalons propres à nous diriger. Ouvrons d'abord ce manuscrit qui a pour titre : « *Devis fait pour la closture de la ville « d'Orléans par le roy Loys nostre sire, onzième de ce « nom.* »

Ce devis, qui fut préparé par les ingénieurs militaires de la seconde moitié du XVᵉ siècle, recommande d'établir au pied de la muraille, à trois toises de distance de chaque tour, au fond des grands fossés, et tournés vers la campagne, des ouvrages qu'il désigne par le nom de *moyneaux à dos d'âne*, lesquels seront moitié en terre et moitié dehors, et à travers lesquels on percera des *canonnières* et *arbalétrières*. On pénétrera dans ces moyneaux par un escalier à vis pratiqué à l'intérieur des murs de la place et passant par-dessous. Deux ouvrages de cette nature devaient être construits dans l'intervalle de deux tours et disposés de manière que le tir des bouches à feu pût être dirigé contre les assaillants dès qu'ils couronnaient la crête de la contres-

---

(1) *Architecture militaire du moyen âge*, par Viollet-le-Duc.

carpe. Dans l'ordre d'idées de l'auteur du devis, les boulevarts des porteaux de la ville auraient dû se composer essentiellement de trois ou quatre murs parallèles, dont l'intervalle aurait été rempli de terre et le dessus pavé. Et ce manuscrit offre cette particularité très précieuse que la Pucelle avait exprimé l'opinion qui précède (1). Cette déclaration authentique, rapprochée de celle de Dunois, quant à l'aptitude remarquable de la Pucelle pour l'artillerie, nous montre en passant que Dieu avait doué cette fille prédestinée de toutes les qualités nécessaires à l'accomplissement de la mission dont il lui avait plu de la charger.

Ce devis ne fut pas mis à exécution. Le même manuscrit en contient un autre qui recommande aussi l'établissement de moyneaux ou dos d'âne, ayant 12 pieds de long et 8 de haut et de large. Ces ouvrages seraient disposés comme dans le devis précédent. On y arriverait, de l'intérieur de la place, par un chemin de ronde voûté qui traverserait la courtine. Il ne paraît pas que ces moyneaux ou dos d'âne aient été exécutés, car on n'en a pas trouvé de vestiges dans la démolition des murailles de la ville ; du moins, il n'en a pas été signalé à notre connaissance (2).

Quoi qu'il en soit, nous voyons que si l'on n'a pas construit de moyneaux à Orléans, cette nature d'ouvrages y était parfaitement connue avant la fin du XV° siècle, et qu'elle entrait essentiellement dans le système de défense des villes et châteaux fortifiés.

Notre attention s'est portée, dans le même manuscrit, sur un procès-verbal de la visite des murailles de la ville en l'année 1512. Nous y avons vu que de grandes réparations ont été faites aux murs d'enceinte, aux tours et aux portes de la ville. Mais, parmi les détails que renferme ce manus-

---

(1) « Seront plus forts lesdits boulevarts de les faire de trois ou quatre « murs et pareils à la clôture de la ville : *a été la Pucelle d'icelle opinion.* « Et sera mis des terres entre lesdits murs, lesquelles seront pavées. »

(2) Castriotto, célèbre ingénieur italien, écrivait, en 1560, qu'il avait vu en France des casemates traversant entièrement le fossé avec couverture en dos d'âne. (*Études sur le passé et l'avenir de l'artillerie.*) Ce rapprochement d'expressions employées à un siècle d'intervalle n'est pas sans intérêt pour la question.

crit, un seul nous intéresse particulièrement, car il se rattache à la question qui nous occupe ici. Il s'agit de la reconstruction de la tour du coin, appelée tour de la Brebis « qui « est en beau lieu pour la défense de la rivière », de la même manière que la tour du coin Saint-Euverte, ainsi que la muraille qui s'étend de l'une à l'autre en la flanquant de tours espacées de 50 en 50 toises. On a refait aussi la muraille de la Loire en aval de la tour de la Brebis. Tous ces murs furent percés de canonnières. Le procès-verbal est absolument muet sur l'ouvrage avancé de la tour du coin appelé fort de la Brebis. Ce silence est une preuve que le fort de ce nom n'existait pas en l'année 1512, et qu'il n'a été construit qu'après cette date. Si, en effet, ce fort avait été reconstruit en même temps que la tour, dont il est une annexe inséparable et solidaire, le procès-verbal n'eût pas manqué d'en faire mention spéciale, eu égard à son importance et à ses détails de construction, qui en font un ouvrage bien supérieur, comme conception et exécution, à la tour de la Brebis. Nous sommes donc autorisé d'abord à inférer que le fort de la Brebis est postérieur à l'année 1512. Mais cette induction ne tient pas lieu de preuve directe, puisque nous nous proposons de nous appuyer sur la forme et sur la destination de ce fort, pour la démonstration de la thèse que nous soutenons au sujet de la casemate des Tourelles du bout du pont. Cette preuve, nous la trouvons dans un autre manuscrit, qui fait partie des archives de la ville et dans lequel on lit que, sous le règne du roi François Ier, aux mois de septembre et d'octobre de l'année 1535, la porte Bourgogne et le fort de la Brebis annexé à la tour de ce nom se trouvaient complètement achevés, ainsi que le cavalier posé entre la porte Bourgogne et le fort de la Brebis, qui prit, en 1535, le nom de Motte-Sanguin, du nom de l'évêque, grand-aumônier de François Ier. Une muraille de 14 pieds d'épaisseur réunit la porte Bourgogne, le cavalier et le fort de la Brebis (1). Ainsi, il est rigoureusement démontré que le fort de la Brebis, placé en avant de la tour de ce nom, ne remonte pas

---

(1) LOTTIN, *Recherches historiques sur la ville d'Orléans*.

au delà de l'année 1535, et qu'il fut construit en même temps que la muraille ou courtine (1).

Passons maintenant sur la rive gauche de la Loire pour y étudier l'emplacement et les abords du fort des Tourelles.

Nous lisons dans un manuscrit des archives de la ville et portant le millésime de l'année 1481 que le roi Louis XI avait ordonné d'enclore tous les faubourgs de la rive gauche : Saint-Marceau, le Portereau, les Augustins et, par conséquent, le fort et le boulevart des Tourelles ; mais les travaux furent abandonnés à la suite d'une inondation qui détruisit ceux qui étaient déjà exécutés (2).

En l'année 1488, un procès-verbal de visite des fortifications de la quatrième et dernière enceinte fut dressé par les commissaires spéciaux. Il résulte de ce document qu'à cette époque, aucun cavalier ne défendait les portes, mais que l'on s'occupait des dispositions à prendre pour établir des fortifications aux portes et en avant de chacune d'elles, et que l'on devait laisser en dehors une place libre de vingt-quatre toises, pour y faire plus tard boulevarts, cavaliers, ravelins et autres fortifications (3).

En l'année 1512, ainsi qu'il résulte d'un procès-verbal de visite des fortifications déjà cité, on recommandait d'établir, en avant des Tourelles, un gros boulevart de forme ronde en maçonnerie et de remplacer le portail du fort des Tourelles pour lui donner plus de puissance.

Nous avons vu qu'en l'année 1563, François de Guise, commandant l'armée catholique, qui assiégeait Orléans, s'empara du fort des Tourelles par une surprise (4). En 1588, la ville d'Orléans se souleva contre le roi Henri III, après

---

(1) L'auteur de l'*Histoire architecturale d'Orléans* pense que ce fort a été construit en 1567. Il existait, sous l'étage des batteries, un rez-de-chaussée voûté et percé d'une ou deux baies. Ce rez-de-chaussée existait encore en 1862, mais l'étage des batteries a été détruit depuis plusieurs années. L'abbé Dubois fait remonter l'origine de ce fort à l'année 1468. Les raisons qu'il donne ne nous semblent pas admissibles en présence de la démonstration qui précède.
(2) On signale une inondation en l'année 1481, une autre en l'année 1486.
(3) LOTTIN, *Recherches historiques sur la ville d'Orléans*.
(4) Symphorien GUYON, *Histoire d'Orléans*.

l'assassinat de Henri de Lorraine, duc de Guise, au château de Blois (1). Elle chassa ses officiers et s'empara de la citadelle de la porte Basnier qui fut démolie. Paris et la plupart des villes du royaume levèrent l'étendard de l'insurrection contre le roi Henri III et formèrent la confédération des ligueurs pour la défense de la religion catholique. Orléans, fidèle à ses antiques souvenirs, refusa de capituler avec la royauté, qui, à tort ou à raison, menaçait d'y porter atteinte et demeura attachée au parti de la Ligue jusqu'à la conversion de Henri IV (2).

En l'année 1590, les Orléanais fortifièrent leur ville du côté de la Sologne au moyen d'un ravelin (3) et d'une esplanade qui nécessita la démolition de l'église et du couvent des Augustins. Cette esplanade aurait eu 36 toises de long et 12 de large. Le fossé qui entourait ces ouvrages aurait été assez large et profond pour que la Loire y passât en tout temps (4).

A la même époque, les Orléanais commencèrent en avant de la porte Saint-Laurent une fortification qui prit le nom de ravelin Saint-Laurent (5).

C'est ici que doit trouver place l'analyse d'un manuscrit renfermant des détails précieux qui jettent une vive lumière sur le débat. Les comptes de forteresse de la ville d'Orléans (6) que nous avons dépouillés avec soin, nous apprennent que l'on a construit, vers cette époque, un *ravellin devant les Tourelles du bout du pont*. Ce registre ne mentionne pas les quantités d'ouvrages ; il est muet sur la forme, le dispositif et les dimensions de la pièce de fortification qui fut exécutée. Mais il nous fait connaître la nature des matériaux que l'on a employés à sa construction, avec des

---

(1) Le 23 décembre 1588.
(2) Symphorien Guyon.
(3) Ravellin ou ravelin signifie, dans le langage des XVe et XVIe siècles, un ouvrage défensif placé devant les portes d'une ville ou d'une citadelle pour les couvrir contre les attaques du dehors. On lui donna plus tard le nom de demi-lune. (VIOLLET-LE-DUC, *Architecture militaire*.)
(4) Manuscrits de l'abbé DUBOIS.
(5) Comptes de forteresse des années 1591 et 1592.
(6) *Id.*

noms techniques qui aident à l'intelligence du récit. Les dépenses étaient faites sous la direction d'un ingénieur et par voie de régie. Les matériaux et les diverses mains-d'œuvre étaient payés directement aux fournisseurs et aux ouvriers selon les formes de la comptabilité de cette époque. Le manuscrit emploie indistinctement plusieurs expressions pour rendre la même idée. Il dit que l'on construit en avant des Tourelles, ou à l'entour du donjon des Tourelles, un *ravellin ;* mais il dit aussi que cet ouvrage est un *esperon ;* que cet *esperon* a des *casemates ;* que ces *casemates* sont fondées sur *pilotis ;* que ces *pilotis* sont en bois d'*aulne* et de *chêne !* L'établissement de ce ravelin et des casemates qui en font partie a exigé l'emploi de chaux, de sable, de pierre de taille, de bois, de cuivre, de fumier, de fascines et d'autres objets. Le fumier et les fascines étaient, comme dans les siècles antérieurs (1), employés derrière les murailles de courtines, du côté de la ville, pour atténuer la poussée des terres. L'enceinte du ravelin fut composée d'une muraille terrassée, dont le pied était protégé par des pilotis pour le défendre contre les eaux de la Loire qui coulaient dans le fossé même que l'on franchissait au moyen d'un pont-levis placé au levant de la forteresse et contemporain du ravelin (2). Des canonnières furent pratiquées dans le parapet pour balayer les abords au moyen des bouches à feu dont cet ouvrage fut armé.

Quant aux casemates, bornons-nous à faire remarquer, quant à présent, que le registre mentionne toujours et invariablement ce mot au pluriel, comme si l'on en avait construit *plusieurs.*

Le ravelin était enveloppé d'une chemise de maçonnerie ; la preuve en est donnée par le dessin de Fleury déposé à la bibliothèque de la ville d'Orléans, qui représente, en effet, le ravelin de la porte Saint-Laurent construit à la même époque,

---

(1) Christine DE PISAN. — *Études sur le passé et l'avenir de l'artillerie,* par le prince Louis-Napoléon BONAPARTE, 1851.

(2) Le manuscrit de 1512 que nous avons cité recommande de faire le pont-levis du boulevart du côté où il est, du *vent d'amont,* le plus près de la rivière, c'est-à-dire au levant.

et dont les détails sont insérés au registre d'où nous extrayons ces documents. Il n'est pas présumable que l'ingénieur aurait construit deux ouvrages différents auxquels il aurait donné le même nom et dont les matériaux, la main-d'œuvre, et les dépenses sont confondus dans une seule et même comptabilité. Le ravelin des Tourelles fut donc, comme celui de Saint-Laurent, un ouvrage de maçon-nerie.

Le ravelin de la porte Bourgogne offrait le même aspect.

Le ravelin des Tourelles coûta plus de 32.000 francs de notre monnaie ; celui de Saint-Laurent, 36.000 francs (1).

C'est à partir de la seconde moitié du XVe siècle que les efforts des ingénieurs militaires se sont tournés particulièrement vers la recherche des moyens de proportionner la défense à l'attaque, dont la supériorité devenait de plus en plus marquée par suite des perfectionnements introduits dans l'artillerie à feu. Nous avons déjà cité quelques extraits de manuscrits de la fin du XVe siècle et du commencement du XVIe ; nous allons y ajouter des considérations tirées d'auteurs compétents.

Un architecte italien, Francesco di Giorgio Martini, a composé en 1465 un livre intitulé : *Traité d'architecture civile et militaire* (2), dans lequel nous voyons qu'à partir de la seconde moitié du XVe siècle on établissait au fond des fossés des espèces de caponnières (3) couvertes que l'on appelait *moyneaux* et dans lesquels on pénétrait de l'intérieur de la place ; elles étaient armées de bouches à feu de petit calibre pour la défense de la brèche : c'est ce que confirment les manuscrits cités précédemment ; c'était donc un usage général à cette époque.

Machiavel a composé, entre les années 1512 et 1527, un

---

(1) En parlant de ces Comptes de forteresse, l'abbé Dubois a commis quelques inexactitudes. (Manuscrits déjà cités.)

(2) *Trattato di architettura civile e militare* di Francesco, di Giorgio MARTINI. Cet ouvrage a été publié à Turin, par Promis, en 1841.

(3) Caponnière : logement creusé en terre qu'on fait ordinairement dans des fossés secs et qui peut contenir quinze ou vingt fusiliers qui tirent presque à rez de chaussée sans être vus. (*Dictionnaire de l'Académie française*, 1835.)

ouvrage célèbre intitulé : *De l'art de la guerre*, dans lequel on trouve de précieux détails sur l'art de la fortification à partir de la seconde moitié du XV° siècle. L'auteur recommande spécialement d'établir dans le fond des fossés et à cent mètres de distance l'une de l'autre une *case mate* (1), c'est-à-dire une petite maison basse et crénelée, pour tirer sur les assaillants dans le fossé, dont chaque extrémité doit être fermée par un ouvrage de ce genre.

Avant les guerres de la fin du XV° siècle, l'art de la fortification était peu avancé en Italie. Les ingénieurs français avaient acquis une grande supériorité dans la pratique de cet art. C'est ce que Machiavel constate en ces termes : « Si « nous avons quelque chose de supportable, nous le devons « tout entier aux Français. Vous savez, et vos amis peuvent « se le rappeler, quel était l'état de faiblesse de nos places « fortes avant l'invasion de Charles VIII en Italie, dans « l'an 1494. » Mais les ingénieurs italiens ne tardèrent pas à regagner le terrain perdu. Ils donnèrent un développement rapide aux travaux de défense de leurs places fortes dès le commencement du XVI° siècle. Au siège de Padoue, en 1509, les assiégés avaient construit dans les fossés, de petits *bastillons*, qui touchaient aux murailles et dans lesquels on pénétrait de l'intérieur de la place. Ces ouvrages étaient armés de bouches à feu. En outre, ils avaient fait des casemates et petits *tourions* (torrioni) également armés de canons qui tiraient sur les assiégeants descendus dans le fossé. Une cave remplie de poudre était ménagée sous ces casemates pour les faire sauter. Ici, la défense était supérieure à l'attaque, puisque les assiégeants ne pouvaient atteindre de loin les batteries basses des casemates qui défendaient les fossés. Aussi, après dix-sept jours d'attaque sans succès et vingt mille coups de canon, l'empereur Maximilien dut-il aban-

---

(1) Case mate : ce mot vient de l'italien *casa mata*, pour *casa armata*, chambre armée ; ou de l'espagnol *casa mata*, maison basse, ou peut-être du grec χασμα, χασματα, fossés. (*Dictionnaire* de FURETIÈRE, 1691.) — Le *Dictionnaire* de LITTRÉ donne une étymologie italienne ou espagnole dont l'auteur déclare ne pas comprendre le sens. Celle de Furetière est parfaitement claire ; l'étymologie grecque ne l'est pas moins.

donner le siège (1). A Vérone, en 1516, les Français rencontrèrent des remparts défendus par des bastions ou petits forts dans le fossé et placés si bas que l'artillerie assiégeante ne pouvait les atteindre. C'est de cette époque que le flanquement bas fut introduit dans la fortification régulière et dont on fait toujours usage (2). A Milan, l'on voyait encore, en 1522, de petits forts semblables. A Vérone, aux environs de l'année 1527, les ingénieurs construisirent, à l'angle de deux murailles, une tour qu'ils appelèrent *Bastion des bouches*, à cause de ses grandes ouvertures qui étaient des embrasures pour flanquer ces murailles et dont le couronnement se terminait en plate-forme à parapet et banquette pour les fantassins. Ce n'était pas encore ici le véritable bastion moderne. Cette tour n'avait d'autre but que de couvrir l'artillerie destinée à flanquer les courtines. Elle remplissait le même objets que les casemates. On construisit plus tard, autour de la place, d'autres bastions qui furent la véritable origine des enceintes bastionnées. Ces ouvrages présentaient des formes très variées : circulaires, quadrilatères, triangulaires, saillantes sur les courtines. Tous ces travaux furent établis entre les années 1527 et 1550 ; les ouvertures destinées aux bouches à feu portent l'ébrasement intérieur et extérieur et le rétrécissement au milieu de l'épaisseur de la muraille (3). Cette forme d'embrasures était encore en usage à la fin du XVIe siècle (4).

Nous ferons remarquer ici que le fort de la Brebis à Orléans a quelque analogie avec la tour ou le bastion des bouches de Vérone, car ce fort était muni d'artillerie pour flanquer la courtine et portait à son sommet une plate-forme et un parapet pour abriter les fantassins. Le fort de la Brebis a été construit, avons-nous dit, en l'année 1535.

A partir de la seconde moitié du XVIe siècle, la formule

---

(1) GUICHARDIN, *Histoire des guerres d'Italie*.
(2) On peut en voir des exemples dans les fortifications de Lyon : fort du Colombier, fort de Villeurbanne, sous le nom de bastionnet. (*Essai sur la fortification moderne*, par Emile MAURICE, capitaine du génie, 1845.)
(3) MAFFEI, *Veronata illustrata*.
(4) LORINI, *Fortifications*, 1597.

de la défense paraît être ramenée à ces termes : La *muraille ;* le *fossé* sec ou noyé ; — la *contrescarpe* en maçonnerie ; — le *chemin couvert* ou *corridor*, établi au sommet de la contrescarpe et protégé par une banquette en arrière du glacis ; — le *glacis* ou pente dirigée à partir du chemin couvert, du côté de la campagne, de manière à ôter à l'assaillant tout abri — *casemates* ou *corps de garde défensifs munis d'embrasures à tir rasant, pour battre le fossé et le pied de la muraille et dont le sommet est défilé par le chemin couvert et le glacis.* Ce fut vers cette époque que l'on abandonna la forme ronde des grosses tours (torrioni) pour la forme angulaire ou à pans coupés. Cette remarque est la confirmation de l'opinion précédemment émise au sujet de la construction, en l'année 1535, du fort de la Brebis à Orléans.

On donnait aux fossés des largeurs et des profondeurs, variables, selon les idées particulières à chaque constructeur, *mais les casemates basses furent en usage pendant toute la durée du XVI° siècle*. Lorini, ingénieur italien, ne construisait plus de casemates en 1597 dans la forteresse de Zara, parce qu'il les trouvait incommodes à cause de la fumée, lors même que l'on n'y dût employer que des *arquebuses*. Les auteurs français du XVI° siècle font souvent mention de casemates sous le nom de *moyneaux*, ainsi que nous l'avons vu déjà pour la seconde moitié du XV° siècle et la première du XVI° (1). On donnait habituellement à la casemate la moitié de la hauteur du fossé. Le toit prenait généralement la forme d'une pyramide. On plaçait cet ouvrage tantôt au milieu de la courtine, tantôt près d'un flanc ou vers le saillant du boulevart. L'emploi des armes à feu dans ces casemates avait conduit les ingénieurs à ménager des évents, de véritables cheminées, dans leur voûte, pour faciliter l'aérage et l'échappement des gaz de la poudre, ainsi que nous l'avons déjà dit en parlant des constructions analogues de la seconde moitié du XV° siècle. On conserva longtemps dans ces casemates l'usage des grosses arbalètes pour le

1) Vigenère, *Art militaire d'Onosender*, Paris, 1615. On y trouve des détails sur la fortification dans la seconde moitié du XVI° siècle. — Marolois, *Traité de la fortification*, 1614.

tir des carreaux à travers leurs embrasures (1), probablement en raison des inconvénients de la fumée des armes à feu.

L'expérience des guerres des XVe et XVIe siècles avait fait reconnaître l'utilité de ces casemates pour flanquer les courtines et éloigner les assaillants du fossé avant qu'ils eussent établi leurs batteries sur la crête de la contrescarpe. L'importance de ces pièces de fortification demeura incontestable jusqu'à l'époque où les enceintes furent régulièrement bastionnées. Leur présence gêna alors le flanquement tiré du corps de place. On dut, à partir de cette époque, installer ces casemates sous la batterie de flanc ou derrière la contrescarpe, des deux côtés de la capitale du boulevart. Ce changement fit attribuer en France au mot casemate, le sens qu'il conserve encore aujourd'hui (2).

Vigenère, dans son *Traité de l'art militaire*, donne de curieux détails sur les *canonières*, les *boulevards*, les *cazemates*, les *moyneaux* et les *flancs*. D'après cet auteur, les *moyneaux* et *cazemates* seraient des ouvrages de même espèce. Pendant la seconde moitié du XVIe siècle, tous ces ouvrages se résumaient en galeries couvertes qui permettaient de déboucher en poterne et de faire des sorties dans les fossés de la place (3). Quand les boulevarts étaient trop éloignés, on plaçait à mi-distance, aux endroits les plus convenables, et plus bas que la contrescarpe, des flancs que l'on appelait *moyneaux* pour battre le fossé à l'aide des bouches à feu dont on les armait. Marolois, dans son *Traité de la fortification*, enseigne que les casemates ont peu profité aux assiégés, parce qu'elles rétrécissent la gorge et le flanc du bastion, que les embrasures sont facilement embouchées par l'assiégeant et que les éclats de pierre de ces embrasures volant en mitraille font plus de mal aux assiégés que les projectiles des ennemis. On peut lire dans le traité de Hondius que les case-

---

(1) Le devis manuscrit du temps de Louis XI nous en a donné la preuve.

(2) *Études sur le passé et l'avenir de l'artillerie*, par le prince Louis-Napoléon Bonaparte, président de la République, 1851.

(3) Déboucher en poterne signifie sortir de la place dans le fossé par une poterne.

mates ou batteries basses de flanc doivent être abandonnées par les mêmes motifs,

Ainsi, vers le commencement du XVII° siècle, les ingénieurs conseillaient l'abandon des casemates ou batteries basses, parce qu'elles offraient des inconvénients qui étaient devenus plus sensibles à partir de l'époque de l'extension du système moderne de l'enceinte bastionnée.

Mais nous avons voulu prouver que dans la seconde moitié du XV° et pendant la durée du XVI° siècle, sauf l'exception de Lorini, l'emploi des casemates ou batteries basses fut l'un des éléments essentiels de la fortification permanente, et nous terminerons ces considérations, nécessaires pour la solution de la question posée, par le résumé succinct de celles des circonstances du siège de La Rochelle en l'année 1572, qui rentrent rigoureusement dans le sujet que nous traitons ici.

Dès l'année 1560, on avait établi sur les points les plus importants de l'ancienne enceinte de La Rochelle des *boulevarts* ou *bastions* dans la forme de ceux qui étaient en usage pendant la première moitié du XVI° siècle. Ces deux mots étaient synonymes. On se proposait de procurer un flanquement, au moyen d'ouvrages saillants sur la courtine. Les assiégeants ayant tourné leurs efforts vers un bastion renversé que défendait un retranchement intérieur, essayèrent sans succès de se rendre maîtres des casemates dont le tir rasant gênait la marche des assaillants descendus dans les fossés. L'armée catholique réussit néanmoins à enlever plusieurs de ces casemates, mais seulement après le renversement des murs d'une partie de l'enceinte, ce qui est une preuve manifeste de la grande efficacité de ces batteries. Une embrasure démasquée subitement dans le rez-de-chaussée d'une tour basse permit aux protestants de chasser les catholiques des casemates où ils s'étaient logés. Les feux rasants continuèrent, pendant le siège, à rendre de très utiles services. Ainsi, après une attaque furieuse contre la ville, une *petite casemate* fit de si grands ravages par le tir des projectiles de toutes sortes parmi les assiégeants que ceux-ci tentèrent de s'en rendre maîtres par la mine. Une casemate voisine criblait les assaillants par les coups de flanc et de revers. Ceux-ci, néanmoins, finirent par se rendre maîtres de l'ouvrage que les assiégés reprirent le lendemain. Le duc d'Anjou, chef de l'armée catholique, dut renoncer à conquérir une ville si vaillamment défendue, et il se décida à en lever le siège.

Les efforts des assiégeants furent principalement contrariés par des casemates établies dans les fossés et dont les projectiles battaient de flanc et de revers les colonnes d'assaut. *Ces casemates ont acquis au siège de La Rochelle une importance extrême, car elles ont concouru jusqu'à la fin à repousser tous les assauts* (1).

Ainsi, quel que dût être, plus tard, le sort réservé aux casemates à batteries basses des fossés pour la défense des villes fortifiées, il n'en est pas moins acquis, par le récit des écrivains spéciaux, que jusqu'à la fin du XVIe siècle, une grande estime était accordée à cette partie essentielle de la fortification permanente.

Le retentissement de l'échec infligé à l'armée catholique devant La Rochelle dut nécessairement appeler l'attention des ingénieurs sur les causes qui avaient contribué à le produire, et si, comme l'histoire le confirme, le système des casemates dans les fossés fut l'une des principales, les ingénieurs ne négligèrent certainement pas d'armer les places fortes de ces batteries basses qui venaient de jouer un rôle si important.

Pendant les quarante dernières années du XVIe siècle, Orléans fut le théâtre de grands événements. Les guerres religieuses qui ensanglantèrent la France y laissèrent de funestes et lamentables souvenirs, ainsi que nous avons déjà eu l'occasion de le rappeler; en l'année 1563, le duc de Guise attaquait et prenait le fort des Tourelles, et le siège de la ville finissait par la paix de l'Ile-aux-Bœufs. En 1588, Orléans s'insurgeait contre le roi Henri III à la nouvelle de l'assassinat du duc de Guise. En 1590 et 1591, les ligueurs

---

(1) *Études sur le passé et l'avenir de l'artillerie*, par le prince Louis-Napoléon BONAPARTE, président de la République, 1851.

maîtres de la ville, redoutant les attaques de leurs ennemis, fortifiaient la porte Saint-Laurent et, dans le cours des années 1591 et 1592, les Orléanais se mettaient avec ardeur à remparer leur ville et à établir de nouveaux moyens de défense pour soutenir contre les protestants du dehors l'intégrité de la foi jurée et mourir, s'il le fallait, sur les ruines de leur cité ! On sait qu'ils demeurèrent fidèles à leur cause jusqu'à l'abjuration de Henri IV.

Les comptes de forteresse de la ville d'Orléans pour les années 1591-1592, contiennent de précieux détails sur les travaux qui furent exécutés à cette époque. L'on y voit que de grandes dépenses furent faites sur presque tous les points du périmètre fortifié (1) : *aux Thourelles*, à la porte Saint-Laurent, aux Mottes, à la porte de la Tour-Neuve, à la porte Bannier, à la tour de la Brebis, à la porte Bourgogne, à la porte Saint-Vincent, à la tour Saint-Michel, à celle de Saint-Euverte et à d'autres ; un grand nombre de maisons furent abattues *en avant des Tourelles* et dans les faubourgs Saint-Laurent, Saint-Vincent, Saint-Jehan et de la porte Bourgogne. On établit sur le *pont* une muraille crénelée pour empêcher l'attaque des Mottes ; des corps-de-garde, partout où il en manquait ; des canonnières aux tours et aux courtines qui n'en avaient pas assez. Enfin l'on fortifiait le pont de Saint-Mesmin. Ce fut un mouvement général, un enthousiasme extrême qui rappelait l'époque héroïque du siège des Anglais au temps de Jeanne d'Arc. Orléans était décidé, comme alors, à défendre son indépendance et sa foi contre des ennemis qui menaçaient de lui imposer un joug odieux. Son ardeur et son dévouement furent à la hauteur de ces graves conjonctures. Heureusement les événements qui se succédèrent et l'abjuration de Henri IV ne permirent pas que cette cité fidèle fût exposée à de nouvelles et douloureuses épreuves.

Il est donc extrêmement probable que ce fut à cette époque (1591-1592) qu'il faut placer la construction de l'ouvrage

---

(1) Anciens Comptes de ville et Cartulaires. Manuscrits de Vandebergue de Villiers, tome II, hôpital d'Orléans.

fortifié dont on voit encore les restes sous une maison de la rue Croix-de-la-Pucelle, au sud-est de l'ancien pont des Tourelles. Les récits qui précèdent n'ont eu d'autre but que de préparer et rassembler les arguments que nous allons développer pour établir la vérité de ce point historique qui offre, nous le croyons, plus d'un genre d'intérêt.

Reportons-nous au plan (pl. II, fig. 3) dont la date est postérieure à la démolition du pont et de la forteresse des Tourelles (de 1760 à 1766). Ce plan représente, à n'en pas douter, les lieux tels qu'ils durent être, au moment où il a été fait. Nous y voyons que la route de Toulouse à Paris débouchait au point M, sur l'esplanade de la forteresse, et à l'Orient du côté où se trouvait le pont-levis qui y donnait accès et qui, depuis l'établissement du pont et de la forteresse des Tourelles au XIe siècle, n'avait jamais cessé d'être à l'Orient, ainsi que nous avons déjà eu occasion de le rappeler. Au milieu du XVIIIe siècle, on pénétrait dans l'intérieur du fort par un pont volant N, établi sur le bord de la Loire (1), et par un autre pont O, établi au midi de la forteresse, à peu près dans la direction de sa capitale. La présence de ces deux ponts attesterait, si les traces en avaient disparu, l'existence d'un fossé dans lequel coulaient les eaux de la Loire, fossé dont le plan signale la destination et l'usage par cette mention : *Ancienne décharge de la rivière*. Cette mention prouve, en effet, que la rivière ne coulait plus dans ce fossé vers le milieu du XVIIIe siècle et une autre mention ainsi conçue : *Partie de l'ancienne décharge de la rivière que l'on comble journellement*, confirme l'opinion que le plan est postérieur à la démolition de l'ancien pont, puisque, dès que ce pont fut détruit, le fossé, qui servait autrefois de décharge de la rivière, n'avait plus ni utilité ni raison d'être et devait disparaître tôt ou tard (2). Toutefois, le plan repré-

(1) Dans ses Manuscrits, déposés à la bibliothèque de la ville, le chanoine Dubois dit que ce pont à trois arches fut construit en 1591 et 1592 sur le chemin de Saint-Jéhan-le-Blanc. C'est en effet sa direction.

(2) Il se passe depuis plusieurs années, à Orléans, quelque chose de semblable, en arrière de la levée Neuve-Tudelle. L'ancien lit de la Loire est comblé successivement par les gravois que l'on y amène de l'intérieur de la ville, puisque cet ancien lit n'a plus d'utilité depuis que l'on a établi la levée neuve,

sente exactement la direction et la forme de l'ancien fossé qui passe à 47 mètres environ au midi de l'ancien pont-levis P de la forteresse des Tourelles. Nous avons rapporté sur ce plan la casemate signalée au cours de l'année 1831, qui se projette exactement sur le fossé formant la ceinture de la plate-forme ménagée en avant des Tourelles. Ceci posé, rappelons d'abord que dans le procès-verbal des commissaires chargés de visiter les fortifications de la ville en l'année 1488, dont nous avons parlé plus haut, ces experts recommandaient de laisser en avant des portes, une plate-forme de 24 toises de largeur, pour y établir, plus tard, un cavalier, boulevart ou ravelin. Or, nous venons de voir que la distance O, P du plan, qui est la largeur de la plate-forme, est effectivement de 24 toises ou environ 47 mètres. D'où il est permis, *à priori*, d'inférer que, lorsque les Orléanais se décidèrent à établir, en 1591 ou 1592, le ravelin en avant du donjon des Tourelles, ils adoptèrent la largeur indiquée au procès-verbal de la commission de l'année 1488.

Dans les documents manuscrits de la fin du XVI° siècle, que nous avons déjà rappelés (1), on rencontre le passage suivant: « Payé une somme de........ pour le curage des « fossés du ravelin des Tourelles et la destruction des mu- « railles qui se sont trouvées en faisant ledit fossé. » Si l'on eût rencontré la casemate en creusant le fossé, et si le compte de forteresse eût voulu parler de cette pièce de fortification remarquable, nul doute que l'ingénieur n'eût pas laissé subsister ces débris d'ouvrages antérieurs qui eussent obstrué le fossé et paralysé la défense, car la casemate rasée et découronnée, telle qu'elle existe encore aujourd'hui, s'élève à plus de 4 mètres au-dessus du niveau des basses eaux de la Loire. Elle eut donc été un obstacle trop saillant pour n'être pas aperçu. Il est matériellement impossible d'admettre le contraire. Nous sommes donc autorisé à dire que la casemate dont il s'agit n'existait pas à l'époque de la construction du ravelin, en 1591 et 1592, car si elle eût existé, on l'aurait détruite de fond en comble, puisqu'elle se trouvait dans le

---

(1) Comptes de forteresse des années 1591 et 1592.

fossé même, et s'élevait, comme elle s'élève encore aujourd'hui, à plus de 4 mètres au-dessus des basses eaux de la Loire, d'où nous concluons : que la mention faite au registre des comptes de forteresses relative à la destruction de murailles trouvées dans le fossé du ravelin ne peut s'appliquer à la casemate en question (1).

Mais, dira-t-on, cet ouvrage peut avoir été construit bien avant cette époque, et l'ingénieur a pu le conserver et l'approprier, en 1591 et 1592, à la défense du ravelin. Deux réponses peuvent être faites à cette objection. La première, c'est que les formes et dispositions de la casemate sont celles de la fin du XVe et de la période du XVIe siècles, comme on l'a vu et comme nous le démontrerons encore, et que les appareils des embrasures ont été faits du premier jet, sans modification ni retouche ultérieures. La seconde, c'est que cette casemate a évidemment été disposée dans le fossé même sur lequel son assiette se projette exactement et qu'antérieurement à l'année 1488, il n'existait, en avant des portes de la ville, aucune plate-forme de cette étendue, puisque c'est seulement sur la recommandation des commissaires de cette époque que l'on a réservé cette plate-forme de 24 toises pour y construire plus tard des cavaliers, boulevarts, ravelins, et autres fortifications. Donc, en admettant, contrairement à ce qui précède, que la casemate fût antérieure aux années 1591 et 1592, elle ne serait pas antérieure à l'année 1488, elle ne pourrait même que lui être postérieure, d'après le texte du récit, et *à fortiori*, ne pourrait-elle être contemporaine de Jeanne d'Arc et encore moins remonter à l'époque romaine ou gallo-romaine.

Nous avons vu qu'en l'année 1512, les Orléanais avaient eu l'idée de construire en avant des Tourelles, au bout du pont, un gros boulevart en maçonnerie de forme ronde. C'était l'époque de la vogue de ces sortes de boulevarts ou grosses tours (torrioni) auxquels on adaptait des casemates à batteries

---

(1) Dans ses Manuscrits, déposés à la bibliothèque de la ville, le chanoine Dubois dit que les fossés du ravelin devaient avoir assez de profondeur pour donner en tout temps passage aux eaux de la Loire, ce qui confirme l'observation qui précède.

basses ; l'on aurait pu placer au pied de ce boulevard la casemate qui nous occupe. Nous en avons vu des exemples à la forteresse de Schaffausen, à Vérone et ailleurs. Mais en supposant que cette casemate datât de l'année 1512 ou du commencement du XVI° siècle, on l'aurait découverte, évidemment, en construisant le ravelin pendant les années 1591 et 1592, de sorte que l'objection resterait toujours sans réponse.

Nous avons vu que ces formes rondes furent abandonnées vers la seconde moitié du XVI° siècle ; c'est ce qui explique la forme ronde du saillant de la casemate de la Brebis à Orléans, construite en l'année 1535, et par antithèse la forme angulaire de la casemate des Tourelles, dont nous plaçons la construction à la date de 1591 et 1592.

La casemate du bout du pont devait être nécessairement attachée à la muraille du ravelin, comme l'étaient les bastionnets de Schaffausen, de Langres, de Vérone, de Padoue, de La Rochelle ; comme l'était, à Orléans, le fort de la Brebis ; comme l'étaient toutes les batteries basses, moyneaux et casemates, relatés dans les manuscrits des XV° et XVI° siècles et par tous les auteurs qui ont traité cette question. Ses embrasures et ses meurtrières, peu élevées au-dessus du fossé, avaient pour principal but le tir rasant dirigé contre les assiégeants qui seraient descendus dans ce fossé. La forme de ce bastionnet révèle assurément une conception plus avancée de l'art du flanquement que les bastionnets à plan circulaire ou demi-circulaire, par exemple, que ceux de Schaffausen, de Langres et du fort de la Brebis à Orléans. Les flancs sont protégés efficacement par le tir des deux meurtrières ménagées dans les annexes latérales et les deux ailes du front tenaillé sont réciproquement flanquées par les meurtrières verticales en créneau ; les deux embrasures horizontales battent la crête de la contrescarpe et le chemin couvert ; les meurtrières et embrasures des deux flancs protègent le pied de l'escarpe de l'ouvrage principal, dont la casemate n'était que l'accessoire.

La casemate du bout du pont est percée de meurtrières verticales en créneau et d'embrasures horizontales. Les meurtrières verticales sont munies, à la partie inférieure du créneau, d'un trou rond dont le diamètre varie de 8 à 9 centimètres. C'est à partir de la fin du XIVᵉ et du commencement du XVᵉ siècles que ces trous ronds furent pratiqués pour laisser passer la bouche de petits canons, d'où leur est venu le nom de *canonnières* (1). Les meurtrières horizontales ont une ouverture variant de trois à cinq centimètres. Les meurtrières verticales ont évidemment servi au tir des armes à feu, et ignorât-on la date précise de la construction de la casemate que la forme des embrasures et des créneaux le démontrerait *à priori*. On armait ces créneaux de petites pièces d'artillerie que l'on nommait *faucons* et *fauconniers*, qui avaient, en 1552, 6 pieds 10 pouces (2^{m}22) et 9 pieds 54 pouces (3^{m}06) de longueur. Ils étaient montés sur des affûts à rouages. L'arquebouse ou l'arquebuse à croc qui servait à divers usages avait, généralement, en 1567, une longueur de 3 pieds 1 pouce (1 mètre); la circonférence, à la lumière, était de 7 pouces 2 lignes (0^{m}195) et le diamètre, à l'embouchure, de 11 lignes (0^{m}025). La balle avait un diamètre de 6 lignes (0^{m}0136). Dans les premières années du XVIIᵉ siècle, le faucon avait un diamètre de 2 pouces 10 lignes (0^{m}076) et le fauconneau de 1 pouce 11 lignes (0^{m}051) mesurés à l'ame.

A la fin du XVIᵉ siècle, on employait dans l'infanterie deux sortes d'armes à feu portatives : le mousquet, arme lourde que le mousquetaire appuyait sur la fourchette fichée en terre; l'arquebuse, plus légère, que l'arquebusier tirait sans appui (2).

Toutes ces armes à feu pouvaient donc être tirées par les meurtrières verticales et par les embrasures horizontales de cette casemate. Lorini nous apprend, en effet, que les casemates étaient incommodes, en raison de la fumée de la poudre, même en n'y faisant usage que des *arque-*

---

(1) On voit, dans le dessin de la bastille anglaise élevée à Dieppe, en 1442, par les Anglais, des fentes verticales avec le trou rond. (MONTFAUCON, *Monuments de la Monarchie française.*)

(2) LOTTIN, déjà cité. — VIOLLET-LE-DUC, *Architecture militaire*. — Discours de la Treille sur l'artillerie, manuscrits de 1567. — ERARD de Bar-le-Duc, *Fortification*, commencement du XVIIᵉ siècle. — *Études sur le passé et l'avenir de l'artillerie.*

buses (1), ce qui prouve nettement que toutes les armes à feu, sauf les dimensions, pouvaient y être utilisées (2).

Bien que nous ayons vu plus haut que les arbalètes étaient employées dans les casemates, nous ne pensons pas que celle d'Orléans ait pu se prêter à cet usage : la disposition de l'ébrasement intérieur aurait rendu le tir de l'arc ou de l'arbalète extrêmement difficile et irrégulier, car les arcs avaient une amplitude égale à la taille de l'homme (3).

Dans les sièges, on employait, aux XV° et XVI° siècles, des arbalètes dont l'arc détendu mesurait jusqu'à $1^m 30$ de corde ; quelquefois la corde de ces arcs descendait jusqu'à $0^m 70$: les arcs, en se redressant, auraient frappé les joues des ébrasements intérieurs, et la pointe des flèches et des traits aurait été, au moment du tir, trop éloignée de la contraction du créneau (4).

Le sol ou l'aire de la casemate était originairement à $0^m 57$ plus bas que le sol actuel. Cette hauteur était convenable pour les petits bouches à feu montées sur leurs affûts ou sur des plates-formes mobiles et pour le tir de l'arquebuse et du mousquet.

Nous avons déjà signalé la présence d'anneaux de fer scellés dans la voûte de la casemate, en face ou à côté des meurtrières et des embrasures. Ces anneaux étaient peut-être destinés à soutenir les plates-formes sur lesquelles on montait les bouches à feu, ou à suspendre les bouches à feu elles-mêmes pour en faciliter la manœuvre et le pointage : faucons, fauconneaux, couleuvrines à main, arquebuses, mousquets, car ces armes étaient lourdes. On sait que d'anciennes

---

(1) LORINI, ingénieur italien, *Fortification*, 1597.

(2) On peut voir au Musée d'artillerie de Saint-Thomas-d'Aquin, à Paris, une couleuvrine en fer et *portative* de la fin du XV° siècle. Elle mesure $0^m 85$ de longueur ; le diamètre extérieur de la bouche n'a que $0^m 04$.

On conserve au musée de la Société archéologique de Langres un petit canon à main qui a $0^m 60$ de longueur ; la queue a $0^m 64$; son diamètre extérieur à la bouche n'est que de 3 centimètres et le diamètre intérieur 1 centimètre et demi.

(3) *Études sur le passé et l'avenir de l'artillerie*, tome I.

(4) On voit au Musée d'artillerie de Saint-Thomas-d'Aquin, à Paris, divers modèles de ces arbalètes de siège. On les désignait sous les noms d'arbalètes à cranequin. Il y a aussi les arbalètes à tour, à cric, à pied de biche.

bouches à feu portent des anneaux que l'on fixait au milieu de leur longueur (1). L'on ne voit guère à quel autre usage ces anneaux auraient pu servir (2).

Les embrasures horizontales sont munies de renfoncements profonds ménagés dans leurs joues latérales. On a cherché longtemps l'explication de cette particularité que l'obstruction à peu près complète de ces cavités ne permettait pas de trouver. Ces cavités ou gaines servaient tout simplement à contenir des traverses de bois mobiles qui, semblables à des targettes, fermaient les meurtrières et abritaient les défenseurs contre les projectiles du dehors. L'on n'a pas rencontré de disposition semblable dans les meurtrières verticales en créneau. Cependant, il y a des exemples de fermetures mobiles de ces créneaux et qui datent du milieu du XVe siècle (3).

La voûte de la casemate est percée de cheminées qui servaient à l'évacuation de la fumée de la poudre. Ces cheminées n'admettent évidemment que cette seule interprétation. Nous avons justifié la destination de ces cheminées ou évents par les opinions des auteurs compétents. L'on peut voir d'ailleurs la confirmation de cette vérité dans la casemate d'Orléans, appelée fort de la Brebis, dont la voûte est percée d'évents, à section rectangulaire, semblables à ceux de la casemate des Tourelles (4).

A la gorge de cet ouvrage, nous voyons un chemin de ronde dont le tracé anguleux a été, évidemment, calculé pour rendre inaccessible à l'assaillant l'entrée du ravelin, au cas où la casemate aurait été forcée ou détruite. C'est

---

(1) VIOLLET-LE-DUC, *Dictionnaire*, déjà cité, au mot *Engin*.

(2) On a supposé aussi que ces anneaux pouvaient servir à suspendre la mèche allumée des mousquets et autres armes à feu que l'on tirait des casemates ; leur énorme dimension n'eût pas été en rapport avec cette destination et l'explication est inadmissible.

(3) VIOLLET-LE-DUC, *Architecture militaire*, porte de Nuremberg, page 320.

(4) La bouche inférieure de ces évents n'a pu être construite qu'à l'époque de l'établissement de la casemate. Mais la direction actuelle de ces évents pourrait avoir été modifiée. Elle a dû être différente suivant que la casemate était basse ou qu'elle était surmontée d'une tour. Ces détails sont tout à fait secondaires.

par ce chemin de ronde, qui a quelque analogie avec celui qui règne au rez-de-chaussée du grand boulevard de Schaffausen et qui donne accès dans les casemates, que l'on communiquait dans l'intérieur du ravelin. Tous les écrits dont nous avons rapporté les passages qui semblent applicables à ce chemin de ronde nous apprennent que les casemates du fossé communiquaient avec l'intérieur de la place fortifiée par un chemin de ronde dérobé aux yeux de l'ennemi.

Le profil et le plan des embrasures et créneaux ne sont pas suffisamment caractérisés pour fixer l'âge de la casemate. Ainsi, les ébrasements extérieurs et la contraction des embrasures dans l'épaisseur de la muraille sont des dispositions remontant à la fin du XV° siècle, mais dont l'usage se prolongea dans le cours du XVI°, qui fut, en matière d'architecture militaire, un siècle de transition, de tâtonnement, en un mot, un siècle d'éclectisme. Les ingénieurs combinaient les ressources d'une science toute moderne, dont ils étaient redevables à l'invention des bouches à feu, avec les ouvrages datant d'un autre âge, pour utiliser, le plus longtemps possible, à un point de vue d'économie, les murailles et les tours qui défendaient les châteaux et les villes. Machiavel, dans son livre de l'*Art de la guerre*, dit que les Italiens ont appris des Français à rétrécir les embrasures vers le milieu du mur et à les élargir du côté extérieur, observation qui attribue à cette disposition une origine relativement moderne, dont la date ne remonterait qu'à la seconde moitié du XV° siècle.

Les embrasures et les meurtrières en créneau sont munies de redents extérieurs. Cette disposition avait probablement pour but d'arrêter les projectiles. On trouve dans les fortifications du XV° siècle et même des siècles antérieurs des formes analogues pour paralyser le tir des flèches et des traits d'arcs et d'arbalètes et aussi des projectiles de l'artillerie à feu. Ces redents n'ont pas cessé d'être en usage et on les a employés même dans la fortification moderne (1).

---

(1) On voit un exemple de la construction de ces redents ou ressauts

Une particularité digne de remarque, c'est que les meurtrières en créneau, percées d'un trou rond au bas de la fente pour le passage de la bouche des pièces d'artillerie portent toutes dans l'embrasement intérieur, et creusées sur les deux joues, des stries convergentes ou rayonnantes vers l'œil destiné au passage de la bouche des pièces et au boulet. Ces trous grossiers ne sont pas régulièrement circulaires. Nous pensons que l'on peut expliquer cette particularité. Il n'est pas douteux que ces stries au ciseau ont été faites dans la pierre après l'exécution des meurtrières (1). Nous croyons que ces créneaux, qui n'ont que de 3 à 6 centimètres d'ouverture, n'auront pas été jugés, après l'exécution, assez grands pour l'usage des bouches à feu dont on fit postérieurement usage, bien que nous ayons vu plus haut que les arquebuses et même les fauconneaux de la fin du XVIe et du commencement du XVIIe siècles n'avaient pas des diamètres supérieurs à l'ouverture des fentes des créneaux. Si des trous ronds ont été ménagés à l'époque de la construction, on aura été conduit, naturellement, à les agrandir ; mais cette opération devenait difficile après coup, et c'est ce qui peut expliquer les irrégularités de main-d'œuvre qu'on y remarque.

Toutefois, nous irons plus loin et nous admettrons que, pendant la construction primitive de la casemate, on n'a pas ménagé de trous ronds au bas des créneaux ; nous ferons même remarquer que deux meurtrières n'en portent pas de traces, ce qui permet d'inférer que les autres meurtrières à trous ronds furent, comme celles-ci, construites avec la seule fente rectangulaire verticale ; que faudrait-il en induire ? Que la casemate est antérieure à l'invention des armes à feu et que les trous arrondis des meurtrières en créneau révèlent une appropriation ultérieure de la casemate à l'usage de ces engins relativement modernes ? Cette induction serait inadmissible pour trois raisons : la première, c'est que les ébrase-

dans les créneaux de l'enceinte de Grenoble, au jardin Dol. (*Essai sur la fortification moderne*, par M. MAURICE, capitaine du génie, 1848.)

(1) Opération qu'en terme de construction on désigne par *exécution sur las*.

ments intérieurs et extérieurs sont postérieurs à la seconde moitié du XVe siècle, c'est-à-dire postérieurs de plus d'un siècle à l'invention de l'artillerie à feu et que ces appareils sont contemporains de l'ouvrage ; la seconde, c'est que les petits fauconneaux et les arquebuses pouvaient, ainsi que nous l'avons démontré, passer dans les fentes des créneaux primitifs, comme ils passaient dans les embrasures horizontales qui, *évidemment*, n'ont pas été agrandies et qui, cependant, ont servi aussi au tir des bouches à feu ; la troisième enfin, c'est que, comme nous l'avons déjà dit, et c'est une preuve des plus concluantes, si la casemate eût existé en l'année 1591 et 1592, les constructeurs du ravelin l'eussent inévitablement rencontrée et, conséquemment, démolie et rasée, puisqu'elle se trouvait dans le fossé même qui fut creusé à cette époque.

On ne pourrait soutenir avec quelque fondement que la casemate du fort de la Brebis, à Orléans, est antérieure à l'invention de l'artillerie, puisque nous avons prouvé qu'elle ne remonte pas au delà de l'année 1535 ; or, la casemate des Tourelles est manifestement plus moderne et plus perfectionnée dans son ensemble et dans ses détails. Donc, la casemate des Tourelles ne pourrait pas même prétendre à une aussi grande ancienneté.

Il n'est donc pas permis de contester, quant à présent, que cette casemate soit du XVIe siècle.

Les comptes de forteresses donnent le détail des matériaux employés et des dépenses faites au cours des années 1591 et 1592, pour la construction du *ravelin*, des *casemates* et de *l'éperon* du fort des Tourelles. Les casemates, avons-nous dit, furent fondées sur pilotis en bois d'essence de *chêne* et *d'aulne*. Or, il est très important de remarquer que les pieux de la casemate sont effectivement en bois *d'aulne* et le chapeau qui les couronne en bois de *chêne*. Nous avons pu vérifier ce point essentiel en détachant des fragments de ces bois au fond de la fouille qui fut pratiquée en l'année 1860 et descendue au-dessous de la maçonnerie de la casemate, c'est-à-dire, au niveau des pieux et des basses eaux de la Loire. Cette concordance n'est évidemment pas l'effet du hasard ; et si hasard il y a, nous devons avouer qu'il nous aurait merveilleusement servi (1).

Nous avons fait connaître, en commençant ce chapitre, les opinions qui tendaient à faire remonter la construction de la casemate du bout du pont des Tourelles à une époque antérieure à l'invention de l'artillerie à feu et même jusqu'à l'époque romaine ou gallo-romaine. Nous estimons que la dissertation dans laquelle nous sommes entré a pour résultat de prouver que l'origine de la casemate des Tourelles ne peut être antérieure au XVI° siècle.

Nous allons chercher, dans le mémoire publié par Jollois en 1834 et dont nous avons déjà parlé, quelques preuves nouvelles en faveur de l'opinion que nous soutenons et que cet archéologue a soutenue lui-même par d'autres arguments qu'il est intéressant d'examiner. Jollois pense que la casemate en question a dû être construite sous le règne de Henri III et aux environs de l'année 1590 ; en s'appuyant, pour soutenir cette thèse, sur la comparaison et la discussion de trois dessins authentiques dus au crayon de trois artistes déjà nommés dans les chapitres qui précèdent : Fleury, Boisseau, Israël Sylvestre ; nous avons dit notre sentiment sur l'exactitude de leurs compositions et sur le degré de confiance qu'il convenait de leur accorder. Jollois fait remarquer que le dessin de Jean Fleury, arpenteur-juré au bailliage d'Orléans (pl. IV, fig. 6), représente les Tourelles et leurs abords, tels qu'ils devaient être de l'année 1500 à l'année 1543 : l'absence sur ce plan de toute trace de la casemate découverte en 1831 tient lieu de preuve que cette casemate n'existait pas dans la première moitié du XVI° siècle. C'est la confirmation de l'opinion que nous venons de développer. Jollois ajoute que : puisque la figure n° 6, planche IV, qui exprime les lieux en 1676, ne porte pas de traces de cet ouvrage, c'est qu'il avait été détruit à cette époque et que ses parties saillantes avaient été rasées. Cette opinion semble hasardée, même en admettant l'exactitude du plan de Fleury, que nous ne contestons pas sur

(1) Ces fragments ont été déposés au musée archéologique de l'Orléanais.

ce point, la qualité de l'auteur permettant d'ajouter foi aux indications générales de son œuvre. Mais peut-être s'est-il borné à dessiner le périmètre du fossé qui enveloppe la motte ou plate-forme sans rien exprimer des fortifications qui pouvaient s'y trouver à cette époque.

Le dessin de Jean Boisseau (1), dont nous donnons (pl. IV, fig. 3) un extrait, paraît, d'après Jollois, remonter au moins à l'année 1590 et peut-être même plus haut. Nous ne croyons pas que le genre de preuve qu'il invoque soit de nature à autoriser une telle déduction. Parce que le dessin montre l'église des Augustins qui avait été détruite en 1590, Jollois en conclut qu'il est antérieur à cette date. C'est possible matériellement. Mais tout le monde sait à quels caprices d'imagination les artistes se laissent aller. Boisseau n'a-t-il pu représenter l'église des Augustins, bien qu'elle n'existât plus, pour donner à son œuvre un aspect pittoresque ? Il est permis d'affirmer, par exemple, que le faubourg de rive gauche n'était pas couvert de maisons régulièrement bâties sur un modèle uniforme, ainsi que le montre le dessin. L'artiste a évidemment, sous ce rapport, composé un tableau fantastique. Or, l'église des Augustins fait bonne figure sur le fond du tableau. L'on ne doit donc pas accepter légèrement et prématurément, comme une preuve, l'argument tiré de ce dessin dont la date peut varier dans des limites plus étendues que Jollois ne le pense. Une autre considération toutefois est invoquée par ce savant archéologue : la présence, sur ce dessin, de deux écussons, dont l'un porte le Collier de l'Ordre du Saint-Esprit, qui fut créé en 1579. Il est permis d'assigner, comme Jollois, au dessin de Boisseau, une date nécessairement postérieure à 1579, mais cette date pourrait être beaucoup plus récente et descendre même jusqu'en 1633, la plupart des ouvrages de Jean Boisseau ayant été, d'après la *Bibliothèque historique de la France*, publiés entre les années 1633 et 1647 ; la preuve tirée de la représentation de l'église des Augustins, démolie en 1590, ne

(1) *Profil de la ville ducalle et épiscopale d'Orléans, jadis capitale du royaume du même nom.*

pourrait donc être admise comme suffisante par les motifs que nous venons d'exposer, car l'église et le ravelin n'ont pas existé simultanément. L'église, en effet, a été détruite en 1590 pour faire place au ravelin et à son fossé qui ne furent établis qu'en 1591 et 1592, d'après les comptes de forteresses. L'assertion de Jollois, qui tend à assigner l'époque de 1590 et même une époque antérieure aux fortifications représentées par le profil de Boisseau, est donc inadmissible (1).

Israël Sylvestre publia une vue d'Orléans, qui fut gravée par Collignon aux environs de l'année 1660. Nous en donnons (pl. IV, fig. 4) un extrait comprenant seulement la forteresse des Tourelles et ses abords. Que cette vue soit contemporaine de celle de Boisseau, à trente ans près, ou qu'elle lui soit même postérieure de cinquante, selon l'hypothèse de Jollois, nous ferons remarquer que les deux artistes ont été aussi peu précis l'un que l'autre : Boisseau, avons-nous dit, dissimulait le terrain naturel de la rive gauche de la Loire, en amont des Tourelles, par de nombreuses maisons d'habitation, bâties sur un même modèle, à l'instar d'un phalanstère ; Israël Sylvestre nous donnait, à la place de ces maisons, une campagne couverte de belles vignes et de frais bouquets d'arbres. Le nombre d'arches du pont entre les Tourelles et la motte Saint-Antoine est de neuf dans la vue d'Israël Sylvestre au lieu de sept qui se trouvent dans celle de Boisseau. Evidemment, les deux artistes ont composé des dessins pittoresques purement imaginaires et non géométriques : cela est évident. Quel est le plus fidèle des deux, quant aux Tourelles et aux accessoires du dessin ? Nous ne le savons pas ; mais nous affirmons qu'ils se sont trompés tous les deux, par exemple, quant au nombre total d'arches du pont sur la Loire. Toutefois, nous ne refusons pas de reconnaître

(1) Voici l'inscription qu'on lisait sur le portail de la nouvelle église bâtie en 1613 : « Le roi Louis XIII ayant égard que le couvent des Augustins qui « leur avait été donné par Philippe le Long, son prédécesseur, situé où pré- « sentement sont le *ravelin et fossés des Tourelles*, pour être trop proche de « la porte du pont, avait été *démoli* pendant les guerres des Huguenots et de « la Ligue, afin de le *rebâtir* dans un lieu plus assuré, etc. » (JOLLOIS, Lettre sur l'emplacement du fort des Tourelles.)

que si ces artistes ont composé des dessins erronés sur quelques points, il serait imprudent d'affirmer qu'ils ne méritent aucune confiance sur d'autres (1).

Quoi qu'il en soit, ce n'est pas à des sources aussi douteuses qu'il conviendrait d'aller demander la lumière. Et pourtant Jollois ne paraît pas s'être appuyé sur d'autres documents. Il semble qu'il n'ait eu aucune connaissance de ceux que nous avons extraits des comptes de forteresses des années 1591 et 1592, puisqu'il dit expressément : « Que les « dépenses de leur construction (les fortifications dont il « s'agit) ne sont pas mentionnées dans les comptes de forte- « resses (2). »

Le procès-verbal des commissaires de l'année 1488 avait recommandé de donner à la plate-forme en avant des Tourelles, une largeur de 24 toises, et nous avons admis, sauf justification ultérieure, que c'était la figure du périmètre de cette plateforme que représentait le plan (pl. II fig. 3) portant les mentions de : *Ancienne décharge de la rivière, Partie de l'ancienne rivière que l'on comble journellement*, écrites sur

---

(1) Sur le dessin de Boisseau, la ville d'Orléans ressemble à un amas de maisons taillées sur le même patron. Le pont de la Loire, entre les mottes et les Tourelles, ne comporte que sept arches au lieu de douze.

L'on peut voir, sur un dessin relativement très moderne (année 1867), dû au crayon d'un architecte distingué, Just Lisch, et imprimé chez Delâtre, rue Saint-Jacques, n° 303, à Paris, un exemple de ces fantaisies d'artistes : la *Ville d'Orléans sous le règne de Charles VII*, est un dessin pittoresque dont les détails, tels que les murailles, les tours, les mottes, les arches du pont, etc., ne représentent pas la réalité des choses en 1428 et 1429. La ville semble être emprisonnée dans ses murailles, au milieu d'un désert ; de ses magnifiques faubourgs, « qui estoient les plus beaux forsbourgs de ce royaume, » et spécialement de celui du Portereau, on ne voit pas trace.

Une autre erreur plus grave a été commise en 1860 dans les bas-reliefs de la statue de Jeanne d'Arc qui s'élève sur la place du Martroi, à Orléans. L'artiste a figuré, sur l'arrière-plan du bas-relief représentant la prise des Tourelles, en 1429, une partie des fortifications de la ville entre la rue de la Tour-Neuve et le fort de la Brebis qui ne fut établie qu'à la fin du XV° siècle, plus de cinquante ans après le siège des Anglais. Cet anachronisme flagrant est d'autant plus regrettable qu'il consacre, au milieu de la ville d'Orléans, et aux yeux des Orléanais, une erreur considérable qui durera autant que le monument. L'artiste eût évité cet anachronisme s'il avait soumis son dessin à des personnes compétentes qui l'auraient éclairé.

(2) Lettre de JOLLOIS sur l'emplacement du fort des Tourelles.

l'assiette même d'un fossé accusé par des hachures de convention qui expriment les talus ou escarpements des terrains et sur l'original déposé à la bibliothèque de la ville d'Orléans, par une teinte bistre, dont la signification interprétée par les mentions précédentes ne laisse place à aucune hésitation.

Nous avons vu plus haut que Jollois déduit du plan de Fleury, daté de l'année 1676, l'absence ou la suppression, à cette époque, des fortifications exprimées si clairement, bien que sous des aspects fort différents, sur les vues de Boisseau et de Sylvestre. Nous ne pensons pas qu'en 1676, la motte ou plate-forme figurée au plan de Fleury (pl. IV, fig. 6) fût aussi nette que ce plan la représente. Fleury, en sa qualité d'arpenteur, n'a dû signaler sur ses plans que les objets qui étaient particulièrement de sa compétence. S'il y ajoutait le fort des Tourelles et leur boulevart, c'était comme une sorte de repère tellement significatif qu'il ne pouvait se dispenser d'en faire mention. Le genre de Fleury diffère essentiellement de celui de Boisseau et de Sylvestre. Si Fleury était trop sobre de détails, Boisseau et Sylvestre demandaient à leur imagination, servie par un crayon docile, des effets pittoresques et variés dont le moindre défaut était de représenter d'autres choses que celles que l'on voyait en réalité au moment où ils exécutaient leurs œuvres. Nous sommes donc très éloigné de partager l'opinion de Jollois sur l'exactitude de ces trois artistes, et il fallait que le savant archéologue eût un pressant besoin de leur concours pour leur accorder la confiance qu'il témoigne. Acceptons donc ces œuvres pour ce qu'elles sont et pour ce qu'elles valent; interrogeons-les dans leur ensemble et dans leurs détails, soit; mais gardons-nous de les invoquer sans contrôle, comme des preuves décisives.

Ce qu'il nous importait d'éclaircir pour confirmer l'un des arguments que nous avons produits, c'est que la plate-forme réservée par les commissaires de l'année 1488, en avant des Tourelles, pour y établir un ravelin, devait différer peu de celle sur laquelle fut établi le ravelin des années 1591 et 1592; que l'assiette de cette plate-forme entourée de fossés devait coïncider, à peu près, avec celle que Fleury a représentée sous le nom de motte dans son plan de 1676 (pl. IV, fig. 6) et que nous retrouvons figurée sur le plan dressé dans la seconde moitié du XVIIIe siècle (pl. II), avec ses fossés servant anciennement de décharge à la rivière et qui étaient comblés journellement à l'époque où ce plan fut fait.

Le plan de Fleury (pl. IV, fig. 6) n'est pas, à proprement parler, une projection horizontale ou figure planimétrique. C'est une sorte de perspective cavalière, sur laquelle il n'est possible de reconnaître ni la relation de position, ni les dimensions réelles des objets qui la composent. Nous y voyons seulement que la motte ou plate-forme s'étend (d'après l'échelle du plan complet de Fleury) à 45 mètres environ de l'axe de la forteresse des Tourelles ou du pont-levis qui les rattache au boulevart du côté de l'orient. La motte est entourée d'un fossé communiquant de deux côtés avec la Loire. L'embouchure d'amont de ce fossé est couverte par un pont de trois arches. Le chanoine Dubois nous apprend que ce pont fut construit sur le chemin de Saint-Jean-le-Blanc, au cours des années 1591 et 1592, c'est-à-dire, en même temps que le ravelin dont l'esplanade fut entourée d'un fossé de 24 à 30 pieds de largeur et d'une profondeur suffisante pour l'écoulement continuel des eaux de la Loire. C'est bien, en effet, sur le chemin de Saint-Jean-le-Blanc que nous voyons le pont dont il s'agit. C'est ce même pont que nous retrouvons encore au point N sur le plan des lieux dressé à la fin du XVIIIe siècle (pl. II).

Si nous rapprochons le plan de 1676 (pl. IV, fig. 6) de ce dernier, celui-ci montre bien que la plate-forme ou motte s'étend à environ 45 mètres à l'orient de l'axe des Tourelles, mais qu'elle s'étendait aussi à l'occident à une distance à peu près égale, à en juger par les talus du fossé. Nous admettons sans difficulté que Fleury a représenté la motte et le fossé tels qu'ils étaient en 1676, c'est-à-dire que le fossé communiquait avec la Loire du côté de l'occident, à peu près vis-à-vis le parement d'aval de la tour circulaire. Mais la conséquence de l'exactitude du plan, c'est que, dans l'intervalle d'un siècle qui s'est écoulé depuis que ce plan fut fait jusqu'à la date du plan II qui a été dressé sur la fin du XVIIIᵉ siècle, l'esplanade ou la motte et son fossé furent prolongés du côté de l'occident à une distance à peu près égale à celle du côté de l'orient. Le plan II est authentique ; il est l'œuvre d'architectes ou d'ingénieurs possédant des notions très précises de la science des projections qui leur ont permis de donner à ce document original un degré d'exactitude qu'il est impossible de contester aujourd'hui. Ce plan montre donc les lieux tels qu'ils étaient. Nous avons déjà dit que ce plan ne pourrait être que postérieur à 1760, date de la démolition de l'ancien pont et de la construction du nouveau. Les légendes qui s'y trouvent inscrites sur le fossé de l'esplanade sont une preuve qu'il est postérieur de quelques années à 1760, puisque *l'ancienne décharge de la rivière par laquelle s'écoulaient les crues de la Loire et que l'on comblait journellement*, au moment où l'ingénieur dressait ce plan, n'aurait pas été obstruée avec l'autorisation de l'édilité avant la destruction du vieux pont et la construction du nouveau, c'est-à-dire de 1760 à 1766.

Il est donc hors de doute que la plate-forme, qu'en l'année 1488 les commissaires conseillaient de ménager en avant du donjon des Tourelles pour y établir plus tard un ravelin ou d'autres fortifications sur 47 mètres de largeur à partir du pont-levis, fut exécutée en 1591 et 1592 avec cette même largeur ; que le plan de Fleury de 1676 (pl. IV, fig. 6) indique cette plate-forme avec le pont de trois arches construit, en même temps que le ravelin de 1591 et 1592, sur le chemin de Saint-Jean-le-Blanc ; qu'enfin les anciens fossés qui servaient de décharge aux eaux de la Loire, fossés sur lesquels se projette la casemate découverte au cours de l'année 1831, dont le plan II qui date de la fin du XVIIIᵉ siècle nous montre les traces, sont les fossés de ce ravelin.

La casemate, répétons-le encore, ne peut donc être antérieure aux années 1591 et 1592, puisque les constructeurs du ravelin l'auraient rencontrée en creusant les fossés et l'auraient certainement fait disparaître à cette époque. Nous ne la verrions plus aujourd'hui. — C'est un ouvrage bien caractérisé du XVIᵉ siècle, qui fut construit en même temps que le ravelin, dans les années 1591 et 1592, d'après les comptes de forteresses que l'on peut consulter (1). — Cette casemate munie de batteries basses, à tir rasant, n'est qu'une imitation des fortifications de cette nature que l'on construisait dès la seconde moitié du XV° siècle, en France et en Italie, pour défendre les fossés contre les assaillants. Ce genre d'ouvrages, qui reçut un grand développement à la fin du XV° siècle et pendant toute la durée du XVI°, paraît n'avoir été abandonné qu'au commencement du XVII° siècle, par les raisons que nous avons exposées d'après les auteurs compétents qui les ont jugés à cette époque.

Il serait intéressant, sans doute, au point de vue de l'histoire de la cité orléanaise, de faire connaître les diverses modifications qu'a dû subir le boulevart des Tourelles depuis le siège des Anglais jusqu'à la destruction du fort et du pont en 1760, parce que rien de ce qui se rattache à ce monument si justement célèbre dans nos annales ne doit nous être indifférent. Mais s'il est naturel de désirer une pareille œuvre, il n'est pas aussi aisé de l'accomplir. De plus savants que nous l'ont tentée sans succès, nous n'avons pas la prétention d'être plus habile.

Au lendemain du siège des Anglais, la forteresse des Tourelles et le boulevart qui la couvrait furent remis en bon état de défense. Nous avons vu que des réparations y avaient été faites postérieurement, ainsi qu'au pont de la Loire, pendant le cours des XV° et XVI° siècles ; que des ouvrages neufs avaient été projetés pour remplacer ceux qui remontaient aux années qui ont suivi le siège ; mais aucun document, soit manuscrit, soit imprimé, aucun plan, dessin ou tableau ne permet d'assigner des dates certaines à toutes ces différentes modifications et encore moins de préciser les formes et les dimensions de ces ouvrages. Il faut arriver jusqu'à la fin du XVI° siècle, aux années 1591 et 1592, pour trouver une description exacte, quoique incomplète encore, des travaux que les Orléanais exécutèrent à cette époque pour couvrir la forteresse des Tourelles du côté de la Sologne.

(1) Comptes de forteresses, registre des années 1591 et 1592.

Nous avons démontré que les restes de fortifications, qui subsistent aujourd'hui sous une maison de la rue Croix-de-la-Pucelle, appartenaient à cette dernière époque. Mais là s'est bornée notre démonstration.

Jollois a entrepris, dans sa lettre de 1834, de préciser les formes extérieures des ouvrages dont il s'agit. Nous avons exprimé l'opinion et démontré que sa dissertaton n'était pas concluante. La question de savoir ce qu'ont pu devenir les fortifications élevées en 1591 et 1592 et quelles autres ont pu les remplacer jusqu'à l'année 1760, date de la destruction de la forteresse et du pont, est un problème qui demeure insoluble dans l'état de nos connaissances actuelles. La découverte ultérieure, soit de manuscrits, soit de dessins précis, permettrait seule d'y répondre. Quant à présent, nous devons nous borner modestement à de simples conjectures.

Sur quel dispositif a été conçu le ravelin de 1591 et 1592 ? Quelles étaient sa projection horizontale, son élévation géométrale ? A cette question, nulle réponse catégorique ne peut être donnée ; nous ne pouvons nous guider que sur des approximations et des analogies.

A l'exemple des bastions isolés et détachés des courtines, les ingénieurs du XVI° siècle placèrent devant les portes, pour les couvrir, des ouvrages de même nature auxquels ils donnèrent le nom de *ravelins* (1). Leur aspect était celui d'un bastion. Ils se composaient d'un saillant muni de deux faces. Le savant auteur de l'*Architecture militaire du moyen âge* nous dit que les ravelins « avaient peu d'élé-« vation, ce qui les rendait difficiles à détruire, et que leurs « feux *rasants* produisaient un grand effet ». Le ravelin de 1591 et 1592 fut-il conçu et exécuté d'après cette formule ? Nous le croyons et nous sommes confirmé d'abord dans cette opinion par le détail des comptes de forteresses. Nous pouvons invoquer aussi un autre témoignage. C'est que tous les bastions construits à cette époque sur le profil des ravelins et d'après les mêmes principes ont des formes qui

---

(1) Nous avons vu que ce genre d'ouvrages et le mot qui l'exprime étaient déjà connus dans la seconde moitié du XV° siècle. (Voir le procès-verbal des commissaires de l'année 1488.)

se concilient avec notre opinion (1). Enfin, nous trouvons sur les plans de l'arpenteur Fleury des indications qu'il ne faut pas dédaigner, car elles sont confirmées par des artistes, ses contemporains. Nous avons vu que des ouvrages de défense furent exécutés à la même époque (1591 et 1592) en avant des portes Saint-Laurent et de Bourgogne. Fleury et Inselin nous donnent le dessin figuré de ces ravelins, qui sont contemporains de celui de la porte des Tourelles. Or la forme de ces deux ravelins accuse une enceinte de maçonnerie entourée de fossés et simulant un bastion à saillant très prononcé entre deux faces se coupant sous un angle aigu, mais sans commandement élevé. C'est ce que l'on appelle une fortification rasante. Est-il téméraire de penser que le ravelin qui couvrait la porte et le fort des Tourelles devait être construit d'après les mêmes principes, puisqu'il était contemporain et que les dessins qui nous restent donnent à ces ouvrages des formes analogues ?

Le ravelin des Tourelles, présentant un relief peu saillant relativement à la forteresse qu'il couvrait, devait avoir néanmoins deux étages de batteries : l'un au niveau, et un peu au-dessus du glacis de la contrescarpe, pour protéger les dehors, l'autre au niveau du fossé (2). Dans ce système, la casemate pouvait être attachée à la face orientale du ravelin et une casemate semblable attachée à la face homologue, de manière à former un ouvrage régulier et symétrique relativement à la capitale de l'ouvrage et à l'axe du pont (3). Les batteries installées sur la plate-forme du

---

(1) VIOLLET-LE-DUC, pages 207 à 214.

(2) Exemples tirés des fortifications d'Augsbourg et de Francfort-sur-Mein au milieu du XVIe siècle. (*Cosmographie universelle* de Sébastien MUNSTERO. — VIOLLET-LE-DUC, *Architecture militaire*, pages 201 à 205.)

(3) Ce ravelin ainsi projeté aurait eu quelque ressemblance avec les bastions à *orillons* qui étaient appliqués, dès l'année 1525, à Vérone par les ingénieurs italiens et à la même époque en France par les ingénieurs de ce pays, d'après un plan qui existe à la bibliothèque de la ville de Troyes. (VIOLLET-LE-DUC, *Architecture militaire au moyen âge*, pages 206 à 212.) On voit, dans l'ouvrage précédent, à la page 203, le plan de l'enceinte d'Augsbourg au milieu du XVIe siècle avec une suite de bastions à trois

ravelin (soit barbettes, soit couvertes) tenaient éloignés les assaillants que les batteries basses des casemates auraient pris de flanc et de revers quand ils seraient descendus dans le fossé, soit pour pénétrer dans l'intérieur par les brèches des deux faces, soit pour tenter l'escalade du ravelin. Les casemates auraient pu être aussi défilées du tir des assiégeants par le glacis et le chemin couvert de la contrescarpe, comme dans les exemples des *casemates* et *moyneaux* que nous avons signalés. Toutefois, l'on peut concevoir aussi que chacune de ces casemates pouvait être surmontée d'une tourelle en forme d'*orillon* polygonal ou circulaire et à peu près de même hauteur que celle du ravelin et dont la casemate basse aurait ainsi formé le rez-de-chaussée. Il est permis d'admettre l'une ou l'autre de ces dispositions qui se concilient également soit avec les données de Fleury, soit avec les notions que nous venons d'exposer succinctement.

La *perspective* de Boisseau (pl. IV, fig. 3) nous montre un ravelin composé d'une tour angulaire formant un saillant vers la campagne, percée de meurtrières ou d'embrasures et couronnée d'un parapet crénelé. A ses deux flancs paraissent accolés deux bastionnets circulaires ou demi-circulaires dominés par la tour. Un pont sur chevalets donne accès dans l'intérieur de cette tour, et un pont semblable, dont fait partie une travée mobile, établit la communication du ravelin avec le fort des Tourelles et le pont d'Orléans. Le bastionnet accolé à la tour, du côté de l'orient, a quelque analogie avec le fort de la Brebis. Il porte, à son sommet, une plate-forme munie d'un parapet sans créneaux ni meurtrières. Si la *vue* de Boisseau était réellement celle du ravelin de 1591 et 1592, la casemate qui nous occupe aurait formé l'étage inférieur du bastionnet oriental, dont la contrescarpe du fossé et le pont volant dissimulent à l'observateur les meurtrières et les embrasures des batteries basses. La forme réelle du

pointes. La bibliothèque d'Orléans possède plusieurs plans et dessins, sans date ni nom d'auteur, sur lesquels le ravelin des Tourelles est figuré à peu près de la manière indiquée ci-dessus.

ravelin déduite de la *perspective* de Boisseau peut se concilier avec la projection horizontale de l'ouvrage signalé au cours de l'année 1831 à l'extrémité méridionale du pont d'Orléans, qui fut démoli vers le milieu du XVIIIe siècle, et représenté sur la planche II. La vue de Boisseau est antérieure, avons-nous dit, au plan de Fleury. Elle se rapproche davantage de la date de 1591 et 1592 à laquelle remonte la construction du ravelin. Sans admettre la parfaite exactitude du dessin de Boisseau, quant aux proportions et aux détails du ravelin, l'on pourrait peut-être ajouter foi à l'ensemble, en faisant la part des exagérations et des erreurs que nous avons déjà signalées à l'attention du lecteur.

La vue d'Israël Silvestre, qui date de l'année 1660 environ nous montre un ravelin dont les parements sont de maçonnerie, mais privés de créneaux et de meurtrières. Une échauguette est suspendue à l'un des angles. L'ouvrage est séparé de la campagne et de la forteresse par des ponts-levis. C'est un dessin qui ne nous apprend rien sur la corrélation des batteries basses avec le ravelin proprement dit, parce que ces batteries, si elles ont existé, sont masquées par le terrain qui forme, sur le dessin, la berge du fleuve.

Enfin le plan de Fleury, qui est postérieur de 15 à 20 ans à celui d'Israël Silvestre, ne porte plus de traces de ces fortifications, ce qui prouve, ou que ces fortifications n'existaient plus, ou que Fleury n'aura pas jugé utile de les représenter.

Un peintre de quelque célébrité, Martin (dit des Batailles), a fait, aux environs de l'année 1690, un tableau sur lequel on voit le fort des Tourelles avec des restes de l'ouvrage avancé qui le couvrait du côté de la Sologne ; on n'aperçoit plus qu'un amas de murailles démantelées et ruinées, au-devant desquelles, cependant, apparaît une tour de forme ronde faisant face au sud-est et touchant au fossé. Cette tour n'a qu'une analogie lointaine et bien douteuse avec le dessin de Boisseau.

De ces rapprochements, il est permis d'induire que le

ravelin et les casemates de 1591 et 1592 présentaient une certaine ressemblance avec le dessin de Boisseau, ce qui impliquerait l'identité de la projection horizontale du ravelin avec la casemate signalée en 1831. Si l'on reconstitue synthétiquement ce ravelin dont la casemate en question formerait l'aile orientale, on crée un type qui n'est pas sans analogie avec le ravelin ou boulevart qui couvrait la porte du château de Milan au temps de François Ier, dans la première moitié du XVI° siècle et où les deux étages de batteries sont parfaitement indiqués. C'est un bastion à faces brisées et à orillons quadrangulaires (1). Nous nous croyons donc pleinement autorisé à inférer des considérations qui précèdent, que de la fin du XVI° siècle à l'année 1760, époque de la destruction du pont des Tourelles, les ouvrages avancés qui couvraient la porte de la ville du côté de la Sologne ont subi de nombreuses et profondes modifications. Ce n'est, en effet, comme le dit le savant auteur de l'*Essai sur l'architecture militaire du moyen âge*, qu'à partir du XVII° siècle et après les funestes guerres de religion du XVI° que les travaux de fortification furent projetés d'après des principes nouveaux auxquels l'extension rapide et les nombreux perfectionnements de l'artillerie donnèrent naissance. Les ingénieurs, abandonnant les derniers restes des traditions du moyen âge, entrèrent dans une voie qui devait les conduire par des études et des combinaisons rationnelles à des applications qui ont fait de l'attaque et de la défense des places une science positive dont Vauban fut l'un des plus illustres représentants.

Nous croyons donc, en résumé, que l'on s'efforcerait vainement d'attribuer à la casemate du bout du pont des Tourelles, qui est extrêmement remarquable, d'ailleurs, quant à ses détails et sinon unique quant à sa forme, si rare du moins que nous n'en connaissons pas d'identique, soit une origine romaine ou gallo-romaine, soit une origine antérieure à l'invention de l'artillerie à feu ou contemporaine des guerres de l'indépendance des XIV° et XV° siècles.

(1) VIOLLET-LE-DUC, *Architecture militaire*, page 173.

Son âge ne remonte pas si haut. Nous croyons avoir démontré qu'au temps du siège des Anglais notamment, le boulevart des Tourelles avait une forme et des dimensions qui excluaient absolument l'hypothèse de la coexistence d'une fortification de cette nature. La casemate signalée au cours de l'année 1831 n'a jamais été, comme on l'a prétendu, le soubassement de l'une des tourelles du pont. Sa construction perfectionnée fixe l'époque de l'une des nombreuses variétés d'ouvrages avancés dont l'existence était jugée nécessaire pour couvrir la ville du côté de la Sologne, et l'étude que nous en avons faite nous a conduit à préciser cette époque et à lui assigner la date des années 1591 et 1592.

Et ces conclusions sont corroborées et justifiées par les faits de guerre qui se sont passés immédiatement après l'exécution de cet ouvrage militaire. En effet, au mois de janvier de l'année 1593, Henri IV, qui n'avait pas encore abjuré le protestantisme, voulant réduire par la force la ville d'Orléans, se présenta à la tête de son armée devant la forteresse des Tourelles dont il commença l'attaque en règle. Vigoureusement repoussées par le duc de Guise qui commandait les ligueurs dont le nombre était très considérable à Orléans et qui étaient exaspérés au plus haut degré contre le roi de Navarre, les troupes royales durent se retirer en bon ordre vers Olivet et Saint-Mesmin, sous le commandement de Biron, lieutenant du roi ; mais tout indiquait un prochain retour offensif contre les Tourelles pour forcer l'entrée du pont. Dans cette perplexité et afin de donner à la forteresse et au ravelin qui le protégeaient plus de puissance, le corps de ville fit démolir d'office et dans les vingt-quatre heures les maisons du Portereau, pendant que Claude de la Châtre, gouverneur d'Orléans, faisait publier dans toutes les rues et les carrefours l'injonction à ceux qui n'étaient pas du parti de la Ligue de quitter la ville immédiatement (1), mais les tentatives des troupes royales ne furent pas renouvelées et, l'année suivante, 1594, les Orléanais firent leur soumission

---

(1) Hospice Saint-Antoine et pont d'Orléans. (Archives de l'hôpital, manuscrits de VANDEBERGUE DE VILLIERS.)

volontaire à Henri IV, devenu roi très chrétien par le fait de son abjuration et de son sacre. Pour reconnaître le mérite de cet acte spontané, le souverain leur accorda plusieurs privilèges et franchises dont il voulut ensuite ratifier lui-même et confirmer la teneur par sa présence. Quatre ans plus tard, à son retour de Bretagne, en l'année 1598, le roi passa par Orléans dont les habitants lui firent une réception toute cordiale. Le cortège royal entra dans la ville de Jeanne d'Arc par le pont des Tourelles ; et Henri IV ayant exempté sa bonne ville de toute dépense extraordinaire, les chroniques rapportent : « Qu'il n'y eust qu'ornements de portaux, « armoiries, devises, ornées de lierre et de clinquant et ne « fut faicte aucune dépense de robes de velours et livrées. « On fit usage de guirlandes de fleurs et de verdure ; il y en « avait tant de centaines de toises que toutes les rues et « places que le Roy parcourust du pont à Sainte-Croix en « estoient tendues. »

(1) Hospice Saint-Antoine et ponts d'Orléans, manuscrits de 1310 à 1812. (Archives de l'hôpital.) — Symphorien Guyon, Lemaire, Lottin.

CHAPITRE XXVI

LE PONT DE JEANNE D'ARC AU XVIIe SIÈCLE, RÉPARATION A LA CHAPELLE DU PONT

Armoiries de l'Œuvre du pont et de l'hôpital Saint-Antoine. — Grande crue en 1608. — Remplacement du pont-levis par une arche fixe (en 1612). — Passage d'Anne d'Autriche. — Envoi de cotignac et de dragées. — Mât placé sur les Tourelles. — En 1637, démolition de deux tours et de la demi-lune qui rattachait l'ensemble d'Orléans au bourg d'Avenum. — La Fronde : entrée refusée au chancelier ; la grande Mademoiselle. — En 1644, la reine d'Angleterre entre dans Orléans par le pont des Tourelles ; sa chaise portée par quatre échevins. — Enlèvement des éboulements provenant de la motte Saint-Antoine et destruction d'une partie des accroissements de l'île aux Toiles. — En 1651, cinq maisons assises sur les piliers furent englouties dans le fleuve. — Les trois hospices sont réunis en un seul qui prend le nom d'hôpital général. — Les échevins sont autorisés à disposer des bâtiments de l'Hospice et de la chapelle Saint-Antoine. — Le 30 septembre 1685, dernière entrée solennelle d'un souverain sur le pont des Tourelles : Louis XIV traverse le pont d'Orléans. — Les piliers et les arches étayés pour ne pas s'écrouler sous le poids de la foule et des chariots. — Réparations urgentes aux voûtes du Grand Pont, substitution d'une voûte en pierre au pont de bois du côté de la Sologne. — En 1689, rétablissement des parapets qui s'étaient écroulés sur une longueur de dix toises.

Nous avons vu que, dans le cours de l'année 1588, on avait constaté l'état de délabrement de la chapelle Saint-Antoine des ponts et nous avons dit qu'il nous semblait que la restauration en avait été ajournée à l'année 1637. Néanmoins, on a fait, entre ces deux époques, quelques œuvres de réparation, mais les plus urgentes sans doute. Ainsi il y avait au portail de cette chapelle donnant sur la voie du pont une grande verrière composée d'une infinité de pièces découpées géométriquement et montées au plomb, dont le centre était orné d'un écusson aux armoiries de l'œuvre du pont et de l'hospice Saint-Antoine ; derrière l'autel de cette chapelle une fenêtre qui en éclairait le chevet était enrichie de peintures représentant des images de saints. Ces deux verrières étaient arrivées, en l'année 1602, à un état de dégradation voisin de la ruine et l'on dut employer jusqu'à deux cents losanges de verre pour les restaurer ; les armoiries du pont et les images des saints furent restituées. Les manuscrits contemporains nous apprennent que ces armoiries et ces images furent *refaictes* et *repainctres* ; mais nous ignorons ce que le *painctre vitrier*, nommé *Rigouard*, a voulu dire par ces expressions et de quelle nature étaient les peintures qu'il avait exécutées (1), si elles étaient cuites au feu, ou si elles étaient simplement posées à l'huile, enfin comment chaque losange était serti dans les panneaux ; il ne nous est resté aucun document, que nous connaissions du moins, qui puisse nous donner une idée de la nature du travail du peintre verrier. Nous ignorons, également, de quelles pièces se composaient les armoiries de l'œuvre du pont et de l'hospice Saint-Antoine dont nous ne possédons ni description, ni figure. Nous avons dû renoncer à combler cette lacune regrettable (2).

(1) Hospice Saint-Antoine et ponts d'Orléans, manuscrits de 1310 à 1812. (Archives de l'hôpital.)

(2) En l'année 1530, on avait déjà « faict deux escussons sur verre aux « armes du pont et de la ville, aux vitres de la chambre où sont les lettres « dudict pont estant en la tour de la communité de la dicte ville ». (Anciens Comptes de ville et Cartulaire d'Orléans, manuscrits de VANDEBERGUE DE VILLIERS, tome II, Archives de l'hôpital.)

Dans la table de l'inventaire des sceaux de la collection des Archives de l'Empire, au paragraphe intitulé : Hôpitaux, il n'est pas fait mention de l'hôpital Saint-Antoine-des-Ponts. (Collection des sceaux, par DOUET D'ARCQ.)

Dans l'Armorial de D'HOZIER pour la province de l'Orléanais ou généralité d'Orléans, intitulé : État des armoiries, des personnes et communautés ci-après dénommées, envoyées aux bureaux établis en exécution de l'édit de novembre 1696 pour être présentées à nos seigneurs les commissaires généraux du Conseil, députés par Sa Majesté, par arrêtés du 4 décembre 1696 et 23 janvier 1697, il n'est pas fait mention de l'œuvre du pont et de la chapelle Saint-Antoine d'Orléans. Ce silence s'explique par ce fait que l'œuvre du pont et de l'hôpital avait été dissoute par lettres patentes de 1672, comme on le verra plus loin.

Dans le mois de mars de l'année 1608, le pont des Tourelles fut soumis à une nouvelle épreuve ; la Loire grossit subitement à la suite d'un dégel, et les glaces charriées par le fleuve occasionnèrent de très sérieuses dégradations au pont et à ses dépendances ; les mémoires contemporains rapportent que les arches furent ébranlées et qu'il fallut rétablir à neuf le duit, qui avait été précédemment construit de pieux et de maçonnerie depuis la motte Saint-Antoine jusqu'à la rive de Saint-Jean-le-Blanc (1).

Ce serait quatre ans plus tard que le tablier mobile du pont Jaquin, attenant au Châtelet dont il a été parlé précédemment, aurait été définitivement supprimé et remplacé par une voûte de pierre à l'occasion du passage sur le pont des Tourelles de l'ambassadeur d'Espagne, dont on voulait fêter honorablement l'entrée dans la ville de Jeanne d'Arc. Le tablier mobile ne paraissait pas présenter assez de résistance pour supporter les lourds canons que l'on voulait mettre en batterie sur la motte Saint-Antoine, afin de tirer des salves au moment du passage de l'ambassadeur. Cette voûte de maçonnerie a continué de subsister et n'a plus été remplacée, jusqu'en 1760, époque de la démolition du pont d'Orléans (2).

Quatre ans après les négociations que cet ambassadeur venait ouvrir à la cour de France, pour le mariage du roi Louis XIII avec une infante d'Espagne, Anne d'Autriche faisait son entrée dans la ville d'Orléans. Comme dans toutes les cérémonies analogues, la reine fut reçue en avant des Tourelles et le pont de Jeanne d'Arc vit défiler son brillant cortège. Les historiens orléanais ont laissé la description

---

(1) Hospice Saint-Antoine et ponts d'Orléans, manuscrits de 1310 à 1812. (Archives de l'hôpital.) Déjà, cinq ans auparavant, on avait été obligé de procéder à des travaux importants. (Voir, à ce propos, à la date du 8 juillet 1603 : Arrêt du Conseil autorisant l'emprunt de 17,000 livres destiné aux réparations les plus urgentes des ponts d'Orléans. Archives nationales, E 5 h. fol. 252º.)

(2) Manuscrits de l'abbé Dubois, tome III, bibliothèque de la ville. On verra plus loin, à propos du passage de Louis XIV sur le pont, en l'année 1685, que la voûte dont il est ici question a dû être percée d'une baie centrale couverte d'un tablier mobile plus étroit, puisque ce tablier a dû être étayé et consolidé au moment du passage de ce souverain.

de cette mémorable solennité, dans laquelle la jeune reine de France fut reçue sous un riche dais de velours porté par quatre échevins (1).

Les piliers du pont, ses arches et les dépendances, avaient été fort éprouvés par les crues et les glaces de la Loire, pendant les premières années du XVII° siècle ; au cours de l'année 1619, le pilier du monument de la Pucelle présentait dans ses fondements des concavités profondes que les eaux y avaient creusées.

Cet état de délabrement le menaçait d'une chute prochaine. Les dégradations que le pont avait subies, au cours des années antérieures, n'avaient pu être réparées en temps utile, et le maire et les échevins se virent réduits à implorer la munificence royale, pour obtenir aide et assistance à ces fins. Les douceurs et les petits cadeaux jouaient un rôle fort important dans la conduite des affaires civiles ; en l'année 1626, le maire et les échevins d'Orléans recevaient de Toynard, leur député en cour, une lettre dans laquelle il leur mandait qu'il avait grand espoir, d'obtenir « bientôt les fonds néces-
« saires à la réparation des ponts, mais qu'il faut avoir
« l'attention de présenter à Messieurs du Conseil le codignac
« d'Orléans, si l'on veut être favorablement écouté, qu'on
« lui en a même envoyé demander ». Nous ignorons si les tentatives de séduction au codignac ont été, à cette époque, couronnées de succès ; mais le messager a fait savoir bientôt après cette requête : « qu'il va distribuer le codignac qu'on
« lui a envoyé » (2). Les chroniques du temps nous apprennent que c'était déjà au moyen de ces procédés que l'on se rendait propices les personnages haut placés. Ainsi, après l'entrée à Paris du roi Louis XIII et d'Anne d'Autriche, le maire d'Orléans avait été chargé de porter des présents aux principaux seigneurs de la cour, afin d'obtenir leur protection et leur bienveillance, et au 1er janvier de l'année 1629, deux échevins étaient envoyés à Paris, pour offrir, à titre d'étrennes, du codignac à plusieurs seigneurs de la cour, et des

---

(1) Symphorien Guyon, Lemaire, Lottin.
(2) Hôpital d'Orléans, anciens Comptes de villes et Cartulaires, tome II des Manuscrits de Vandebergue de Villiers.

boîtes de dragées fines au roi et à sa famille, afin de conserver leurs bonnes grâces et leur protection en faveur des Orléanais. Cet envoi comprenait : huit grandes caisses pesant deux mille deux cent quarante livres. Le codignac était particulièrement destiné à Messieurs du Conseil d'État de Sa Majesté, de la Cour du Parlement, des Aides et de la Chambre des Comptes (1).

Les Orléanais se trouvaient trop souvent dans la nécessité de solliciter des secours, pour faire face aux réparations des ponts, qui étaient exposés à de continuelles avaries. A peine le négociateur Toynard avait-il rempli sa mission qu'une grande crue de la Loire, survenue en 1628, mettait les ponts à de nouvelles épreuves, et ébranlait si fortement l'arche Camuse attenante aux mottes, qu'il a fallu la reconstruire.

Deux ans après, c'était une autre arche qui s'écroulait, entraînant avec elle deux maisons qui y étaient assises. Ce vénérable monument ne se soutenait plus que grâce aux incessantes réparations qu'on y faisait, et tout semblait indiquer sa fin prochaine. Le moment n'était pas éloigné où les dépenses qu'il exigeait cesseraient d'incomber exclusivement à la ville, pour entrer dans les dépenses générales des ponts et chaussées ; c'est grâce à cette imputation que le pont des Tourelles aura pu être conservé jusque vers l'année 1760, entouré de ses glorieux souvenirs.

Depuis les premières années du XIV° siècle (2), les Orléanais avaient organisé parmi eux une compagnie d'archers à laquelle ils adjoignirent plus tard une compagnie d'arbalestiers. Les exercices annuels du tir de ces deux milices se faisaient sur des buttes, au sommet desquelles était planté un mât. Le plus habile des tireurs était le roi de la compagnie qui jouissait de certains privilèges. Plus tard, on institua une compagnie d'arquebusiers qui figura notamment dans la cérémonie de réception de l'empereur Charles-Quint, et qui, à cette occasion, « tira plusieurs saluës d'arque-

(1) Manuscrits du temps, Comptes de villes. (Archives municipales d'Orléans.) LOTTIN.
(2) LOTTIN, *Recherches historiques sur Orléans*.

« busades ». Le mât des arquebusiers, après la destruction des buttes, fut posé sur la tour de l'église de Saint-Aignan. Mais, par des causes que nous ne connaissons pas, le Chapitre s'étant opposé, en l'année 1636, à la continuation de cet exercice, les arquebusiers, sur l'autorisation du maire et des échevins, plantèrent leur mât de tir au sommet de l'une des Tourelles du pont, où il est demeuré jusqu'au moment de sa démolition (1). C'était comme un dernier hommage rendu à la Vierge guerrière, comme un écho lointain de la prise des Tourelles en 1429, et de la déroute des Anglais.

L'année suivante, 1637, vit commencer, au point de vue militaire, la décadence du monument qui rappelait les faits mémorables de la Pucelle. La porte du pont, dite Jaquin-Rousselet, et les deux tours qui en formaient la défense du côté de la ville et attenantes au Châtelet furent condamnées à la démolition ; la vieille cité aurélienne qui, depuis les temps historiques, avait été solidairement unie à l'antique palais des rois, devenait désormais ville ouverte, et si le ravelin et la forteresse commandaient encore la tête du pont vers la Sologne, on sentait à certains signes précurseurs que cette ligne de fortifications qui s'étendait du Châtelet au boulevart des Tourelles, autrefois si redoutables, perdait chaque jour quelque chose de son importance stratégique. Dans le temps que disparaissaient à la fois la porte du pont et les deux tours du Châtelet, on vit disparaître aussi les derniers vestiges de la demi-lune qui rattachait jadis la ville aurélienne au bourg d'Avignon (2).

Le pont des Tourelles revoyait, en l'année 1644, l'une de ces solennités auxquelles il avait tant de fois déjà servi de théâtre, l'arrivée de la reine d'Angleterre, qui fit son entrée dans la ville par la porte des Tourelles, avec le cérémonial accoutumé ; le maire et les échevins allèrent au-devant de la souveraine jusqu'au dehors de la forteresse, accompagnés du clergé ; la reine d'Angleterre, à son arrivée, y fut reçue sous un dais de satin blanc semé de fleurs de lis d'or, puis, assise

(1) Hospice Saint-Antoine et ponts d'Orléans, manuscrits de 1310 à 1812 appartenant à l'hôpital d'Orléans. — LEMAIRE, *Histoire d'Orléans*, 1638.
(2) Mêmes manuscrits.

dans une chaise richement ornée, elle traversa la Loire, sur le pont, portée par quatre échevins (1).

Le vieux pont des Tourelles était l'objet de soins d'autant plus attentifs que les années accumulées sur lui l'exposaient à plus de sinistres ; rien n'était négligé pour le préserver d'atteintes menaçantes pour sa stabilité. Ainsi, en l'année qui suivit l'entrée solennelle de la reine d'Angleterre, tous les habitants de la rive gauche du fleuve furent requis par corvée à l'effet de travailler à l'enlèvement des éboulements provenant de la motte Saint-Antoine ; ces amas de terre, de sable et de pierre gênaient le courant de l'eau qu'ils contrariaient au grand préjudice des piliers du vénérable édifice dont elles attaquaient les fondements. Ce fut à la même époque et pour des raisons analogues que l'on prit la résolution de détruire une partie des accroissements de l'île aux Toiles, sise en face de Saint-Jean-le-Blanc, sur laquelle Jeanne d'Arc avait fait débarquer sa petite armée avant de la conduire au siège des Tourelles et chasser les Anglais. Le plan n° III montre ce qu'était cette île en l'année 1640, un peu avant l'exécution des ouvrages de déblaiement dont nous venons de parler (2).

Durant les troubles de la Fronde, les Orléanais, se souvenant de tous les maux qu'ils avaient soufferts à l'époque des guerres religieuses, auraient bien voulu demeurer neutres et n'accueillir dans leurs murs ni les royalistes ni les frondeurs dont les armées étaient venues, en l'année 1651, camper à Sandillon et à Gien. La porte des Tourelles du pont fut, à cette occasion, témoin de deux petits faits de guerre qui se terminèrent, paraît-il, sans effusion de sang. Le garde des sceaux, tenant pour le roi, se présenta hardiment à la porte des Tourelles pour pénétrer dans la ville et la gagner aux intérêts de son maître. Cette résolution, qui témoigne d'un véritable courage civique, vint échouer contre la résistance des sentinelles du fort et Molé dut aller, tout confus, rendre compte à Louis XIV du peu de succès de sa tentative, tandis que Mlle de Montpensier, sœur du prince de Condé, qui, la

(1) Hospice Saint-Antoine et pont d'Orléans. (Archives de l'hôpital.)
(2) Mêmes documents.

veille, avait pu pénétrer dans les murs d'une façon quelque peu dramatique et avait, par ce fait, causé beaucoup de trouble et d'anxiété parmi le corps municipal, les gouverneurs, officiers et habitants, faisait sur le pont une manifestation virile qui eut un grand succès : suivie d'un certain nombre de seigneurs et d'officiers décorés de l'écharpe blanche, qui était le signe de ralliement des frondeurs, elle monta, dit la chronique, « sur la porte du pont », dont elle prit possession aux cris, mille fois répétés par le peuple, de : Vive le roi ! vivent les princes et point de Mazarin ! (1).

C'est à l'époque où ces choses se passaient, en l'année 1651, qu'un nouveau sinistre vint frapper les ponts des Tourelles. Une grande crue de la Loire ébranla tellement les piliers des arches du pont neuf, entre Saint-Antoine et le Châtelet que les cinq maisons qui étaient assises sur ces piliers furent détruites et englouties dans le fleuve (2). Les événements de cette nature étaient si fréquents que nous nous bornons à n'enregistrer que les plus importants, pour bien indiquer à quelles séries d'accidents ces ponts furent exposés durant leur existence plusieurs fois séculaire.

Quelques années après et aussitôt que les troubles politiques de la Fronde furent apaisés, on sentit le besoin de remettre en vigueur les anciens règlements qui intéressaient la police de la cité. En l'année 1660, l'avènement de Philippe II, frère de Louis XIV, au duché d'Orléans devenu vacant par la mort de Gaston de France, frère de Louis XIII, fut signalé par l'exécution rigoureuse des dispositions qui réglaient depuis des temps fort éloignés l'admission des pauvres étrangers à l'hospice Saint-Antoine du Pont ; la sévérité de ces dispositions s'était relâchée, surtout depuis les troubles religieux et politiques qui avaient semé trop sou-

(1) Hospice Saint-Antoine et ponts d'Orléans, manuscrits de l'hôpital. — LOTTIN, *Recherches sur Orléans*.
La porte du pont avait été détruite en l'année 1637 ; on ne ne pouvait donc pas monter sur cette porte ; la chronique a voulu dire sans doute que la duchesse se dirigea vers la porte du pont, il fallait monter de la rue des Hôtelleries vers le pont, elle a dû monter sur le pont ; c'est peut-être le sens raisonnable du verbe monter.

(2) Comptes du pont, registre de 1651 à 1653.

vent la perturbation et le désordre au sein de la cité. Les chroniques contemporaines nous apprennent que : « Publi-« cation fut faite à son de trompette et cry public par les « carrefours et marchés du commandement fait à tous les « pauvres estrangers qui sont dans la ville de présent, de « sortir dans vingt-quatre heures *à peine de fouet* (1) et ceux « qui y arriveront logeront à l'hospital Saint-Anthoine, une « nuict seulement avec deffense de mendier sans permis-« sion. » Constatons, en passant, que, dans l'intervalle de l'année 1555 à l'année 1660, les mœurs s'étaient adoucies, puisque les justiciables du règlement n'étaient plus exposés désormais qu'à être fouettés au lieu d'être pendus ! C'était un progrès et un adoucissement notable auxquels ils durent être particulièrement sensibles. Douze ans après, une véritable révolution survenait dans le régime hospitalier, qui le fit entrer à pleines voiles dans le système de centralisation administrative dont le siècle de Louis XIV allait être le point de départ.

Par lettres patentes du roi Henri II, datées du 16 février de l'année 1555, rappelées en leur lieu, les pauvres étaient reçus dans trois hospices distincts, désignés par les vocables de Saint-Antoine sur le Pont, Saint-Paterne, Saint-Paul. Philippe II, duc d'Orléans, décida que les trois hospices seraient désormais réunis et confondus en un seul, qui prendrait le nom de : *Hôpital général*, et des lettres patentes de Louis XIV, du mois d'avril 1672, confirmèrent cette décision. Les biens propres aux trois hôpitaux particuliers furent réunis et centralisés ; la taille qui se levait sur les habitants de la ville et de ses faubourgs pour l'entretien des pauvres fut abolie, et l'on choisit, pour y fonder l'hôpital général, un lieu convenable, sis aux environs de la porte Madeleine, sur des terrains qui étaient demeurés vacants depuis longtemps et dont l'ancienne destination d'*arsenal* n'avait plus de suffi-

---

(1) Seize années auparavant, en l'année 1644, la ville de Blois avait adopté, dans la crainte de maladies contagieuses, une mesure semblable à l'égard des mendiants et des vagabonds. (Administration de la ville de Blois sous le règne de Louis XIV par DUPRÉ, tome XV des *Mémoires de la Société archéologique de l'Orléanais.*)

sante raison d'être. Les lettres patentes du grand Roi stipulent que les maire et échevins de la ville d'Orléans sont autorisés à disposer des bâtiments et emplacements des anciens hospices et notamment de celui de *Saint-Antoine, situé sur le pont* de ladite ville, qui sont réunis à l'hôpital général « pour en jouir et disposer et en recevoir les rentes et
« revenus suivant et aux charges qui sont plus au long décla-
« rées par lesdites lettres patentes » (1).

Mais quelle que dût être la célérité avec laquelle les projets du nouvel établissement furent menés, il devait s'écouler encore un temps assez long avant que les bâtiments de l'hôpital général fussent mis en état de recevoir toute la population indigente des trois hospices. Ainsi, ce ne fut que dans le courant de l'année 1675 que les plans approuvés par l'évêque, le maire et les administrateurs permirent de passer à l'exécution. L'aumône Saint-Antoine du pont dut continuer d'exercer à l'égard des pauvres passants étrangers l'hospitalité habituelle durant un nombre d'années que nous n'avons pu fixer exactement, à défaut de documents authentiques, mais qui n'a pas pu s'étendre au delà des années 1677 ou 1678. Ce que nous nous bornons à mentionner ici, c'est que cet asile consacré par la piété catholique ne dut pas cesser immédiatement de remplir son charitable office à partir du jour où furent signées les lettres patentes de Louis XIV, « et que les pauvres passants ne furent et purent être
« recueillis dans un lieu particulier à ce destiné, dans
« l'enclos de cet *hôpital général*, pour y coucher *une nuit ou*
« *deux* et y recevoir la nourriture nécessaire (2) », que quelques années après l'édit de 1672.

Quoi qu'il en soit, le coup était porté ; après la destruction de la porte du pont et des deux tours qui en constituaient la défense, à l'entrée de la ville, l'acte souverain qui venait supprimer l'œuvre hospitalière de Saint-Antoine détachait un second fleuron de la couronne resplendissante qui brillait au

(1) Hospice Saint-Antoine et ponts d'Orléans, de 1310 à 1812. (Archives de l'hôpital.)
(2) Mémoire des directeurs et administrateurs de l'hôpital général, du 27 mars 1855. (Archives de l'hôpital.)

front du vieux monument, auquel la gloire de la cité et le souvenir de la vaillance de la Pucelle étaient unis par des liens mystérieux.

En prenant possession de *l'œuvre hospitalière* de Saint-Antoine des Ponts, les administrateurs de l'hôpital général furent substitués aux anciens proviseurs de cette œuvre pour la gestion de ce qui fut appelé, à partir de cette époque, le *Domaines des Ponts*, qui comprenait, indépendamment des revenus des propriétés bâties et non bâties, désignés comme il suit : « droits, fermes, loyers et rentes qui se perçoivent « sur les maisons, places et estaçons sur le pont d'Orléans « et mothe des chalands percés », les revenus du « droit de « lançage et neufvage » et ceux de la ferme « du ponton-« nage ». Ces revenus constituaient les recettes sur lesquelles étaient prélevées les dépenses à la charge de l'œuvre. A cette époque, il existait sur les ponts des Tourelles une trentaine de maisons et estaçons (boutiques) habités par des artisans qui exerçaient des professions diverses, telles que savetiers, bonnetiers, cordiers, potiers d'étain, boulangers, boisseliers, épingliers, voituriers par eau, etc... On ne peut expliquer l'usage qui s'était établi au moyen âge d'installer sur les ponts des ateliers et des boutiques, autrement que par le désir d'attirer une clientèle qui serait d'autant plus nombreuse et plus variée que les ponts étaient des voies de passage, de circulation et de promenades plus fréquentées par les habitants de la ville, par les paysans des campagnes et de la banlieue et par les voyageurs et les étrangers passants. Il fallait que cette situation eût des attraits bien puissants pour faire oublier tous les dangers auxquels s'exposaient les personnes qui choisissaient les maisons et les boutiques du pont pour y résider, car les chroniques contemporaines nous ont appris que les piliers, les voûtes et les maisons du pont étaient périodiquement démolis par la violence des eaux et des glaces et engloutis dans la Loire. Nous avons cité des exemples et nous en signalerons d'autres encore avant que ce remarquable édifice disparaisse définitivement.

La dernière entrée solennelle d'un haut et puissant prince

dans la ville d'Orléans par la porte des Tourelles eut lieu en l'année 1685. Le trentième jour du mois de septembre, Louis XIV, revenant de ses provinces du Midi où l'avaient appelé de graves complications diplomatiques, militaires et religieuses, fut reçu en avant de la porte des Tourelles avec la plus grande solennité; les chroniques orléanaises nous apprennent que le pont et les rues, depuis la forteresse des Tourelles jusqu'à la porte de Bourgogne, furent ornés, ainsi qu'aux plus grands jours de fête, avec une magnificence qui ne le cédait en rien aux plus pompeuses réceptions que le corps de ville et les habitants eussent faites précédemment aux souverains qui avaient traversé leur cité. Louis XIV ne s'y arrêta pas, pressé qu'il était de rentrer dans sa capitale, où le rappelaient de bien douloureuses préoccupations ; c'était à la veille de la révocation de l'édit de Nantes. Les chroniques locales disent que les ponts-levis de la forteresse des Tourelles, celui du Châtelet (1) et celui de la porte Bourgogne, dont l'entretien laissait beaucoup à désirer et qui étaient condamnés à une démolition prochaine, durent être consolidés et étayés, dans la crainte qu'ils ne fussent écrasés sous le poids des chariots et des bagages et aussi de la grande foule qui s'y pressait pour jouir du coup d'œil de cette magnifique réception. Ce fut comme un dernier hommage rendu par l'antique cité orléanaise au prince qui avait élevé si haut la gloire militaire de la France, et à la vierge guerrière, dont le courage héroïque et la foi religieuse avaient immortalisé ce glorieux monument (2). Nous disons que ce fut la dernière réception souveraine dont le pont des Tourelles fut témoin, et pourtant d'autres princes le traversèrent encore avant sa démolition. Ainsi, en l'année 1700, Philippe de France, duc d'Anjou, allant prendre possession de la cou-

---

(1) Nous avons dit, au sujet du passage sur le pont de l'ambassadeur d'Espagne, en l'année 1612, que le tablier de ce pont-levis avait été remplacé par une voûte de pierre percée d'une baie dans son milieu pour y loger un tablier mobile de moindre largeur. C'est cette baie qui aura été fermée par une voûte après le passage de Louis XIV.

(2) Hospice Saint-Antoine et ponts d'Orléans, manuscrits de 1310 à 1812. (Archives de l'hôpital.)

ronne d'Espagne et, trente-neuf ans après, Madame Elisabeth de France, fille de Louis XV, mariée à l'Infant d'Espagne, en l'année 1739, passèrent sous les voûtes sombres de la forteresse des Tourelles, au milieu d'un grand concours de peuple qui les saluait de ses acclamations (1).

Nous venons de voir que, dans la crainte d'accidents, le corps de ville avait ordonné de consolider les ponts-levis des Tourelles lors du passage du roi Louis XIV ; la même précaution dut être prise lors du passage du duc d'Anjou et de la princesse Elisabeth ; peut-être même dut-on user d'un moyen analogue pour les voûtes du grand pont, car nous voyons qu'au cours de l'année 1686, un an après le passage de Louis XIV, il fallut, sur l'ordre de l'intendant d'Orléans, faire des réparations urgentes aux voûtes des maçonneries du grand pont qui étaient sillonnées de lézardes. Deux ans après, on substituait une voûte en pierre au pont en bois fixe qui précédait, du côté de la Sologne, le pont-levis de la forteresse des Tourelles. En l'année 1689, le service des ponts et chaussées rétablissait les parapets qui s'étaient subitement écroulés sur une longueur de dix toises, en écrasant quelques bateaux qui se trouvaient alors sous le pont.

Et, nonobstant ces signes précurseurs d'une ruine inévitable et prochaine, les administrateurs de l'hôpital général, qui exerçaient les droits de gérants du domaine du pont, y faisaient *rebâtir*, en l'année 1728, trois des maisons qui tombaient de vétusté et dont il fallait consolider les fondations mêmes, c'est-à-dire les piliers qui soutenaient ces nouvelles maisons au moyen de pieux et de maçonnerie. C'est ce que l'on fit en l'année 1730 (2).

(1) LOTTIN, archives municipales.
(2) Hospice Saint-Antoine et ponts d'Orléans, manuscrits de 1310 à 1812. (Archives de l'hôpital.)

CHAPITRE XXVII

LES DERNIERS JOURS DU PONT DES TOURELLES

En 1732, terrible inondation. — Quinze personnes mortes dans les flots. — Le 8 mai 1734, les arquebusiers firent leurs derniers exercices sur le mat des Tourelles. — Violente tempête qui fait tomber la croix de bronze du monument de la Pucelle, elle est remplacée par une croix de bois. — En 1745, débâcle de glaces, le pont menace ruine, des ingénieurs sont demandés de Paris, démolition de deux arches étayées, remplacées par un pont de bois. — La chapelle du pont reste affectée au culte pour l'usage des ouvriers constructeurs du nouveau pont. — En 1755, enlèvement des vases sacrés ; la chapelle est transformée en un magasin de matériaux. — Le nouveau pont, commencé en 1751, est livré à la circulation en 1760. — Disparition définitive du vieux pont d'Orléans. — Démolition des bâtiments et des arches. — Ordonnance de Mgr l'Évêque d'Orléans qui fait injonction aux administrateurs de l'hospice général de transférer au grand cimetière les ossements humains trouvés en la chapelle Saint-Antoine. — La Belle-Croix est descendue, on ignore où ses débris furent déposés. — Au mois de décembre 1760, commencement de la démolition des Tourelles. — En 1760, démolition du Châtelet. — Le 18 juin 1791, le duc Louis-Philippe d'Orléans fait don à la municipalité de la propriété des deux Tourelles de son palais du Châtelet. — Épilogue.

Deux ans après, au mois d'août 1732, une inondation de la Loire vint augmenter les préoccupations de plus en plus vives des Orléanais sur l'état de leur vieux pont et faire naître de nouvelles angoisses. Cette inondation est, en effet, une des plus terribles dont les chroniques aient conservé le souvenir. L'île Saint-Antoine fut témoin de la mort de quinze personnes qui périrent dans les flots débordés ; trois des maisons du pont s'écroulèrent, entraînant dans le fleuve tout ce qu'elles renfermaient. Les murs du quai des deux mottes furent minés et renversés, occasionnant des sinistres de la plus extrême gravité (1).

Les lamentations que fit jaillir du cœur des Orléanais la catastrophe de 1732 furent comme le glas funèbre qui sonnait la fin prochaine du vieux pont des Tourelles, ce vénérable témoin de la vaillance de Jeanne et de ses héroïques compagnons. Tout allait disparaître successivement autour de lui, en attendant qu'il disparût lui-même, emporté dans le tourbillon des âges, ne laissant après lui que le souvenir des grandes choses dont il avait été le théâtre. Ainsi, la fête du 8 mai, commémorative de la délivrance d'Orléans, était signalée, en l'année 1734, par un incident qui mérite d'être mentionné. Ce fut, en effet, la dernière manifestation de la corporation des arquebusiers et le tir au mât des Tourelles donnait, pour la dernière fois, aux Orléanais le spectacle des exercices militaires, qui, chaque année, rappelaient la victoire de Jeanne et la déroute des Anglais. Cinq ans après, une furieuse tempête s'abattait sur le monument de la Pucelle. Sa croix de bronze, frappée d'un coup violent, tombait renversée dans la Loire. La piété orléanaise s'empressa d'élever une modeste croix de bois sur son calvaire découronné (2). En l'année 1744, les fossés du boulevart des Tourelles étaient comblés et ses ponts-levis rasés. La forteresse qui avait été, pendant de longs siècles, le palladium de l'antique cité, qui avait soutenu de si rudes assauts contre la Loire et les hommes, n'attendait plus, démantelée et découronnée de son appareil militaire, que le moment prochain où ses dernières pierres, sinon son glorieux souvenir, disparaîtraient pour toujours ! Les événements se succédaient sans relâche. Depuis quelques années déjà, les voûtes du pont d'entre le Châtelet et la chapelle Saint-Antoine donnaient de si sérieuses inquiétudes, qu'en l'année 1745, il fallut s'occuper de les consolider.

(1) Hospice Saint-Antoine et ponts d'Orléans, manuscrits de 1310 à 1812. (Archives de l'hôpital.)
(2) Hospice Saint-Antoine et ponts d'Orléans, manuscrits de 1310 à 1812. (Archives de l'hôpital.)

Une débâcle de glaces, qui les avait fortement secouées, en avait accéléré la dislocation dont on reconnaissait la gravité à des symptômes bien apparents. La voûte de la grande arche, dite de la Pucelle, et celle de l'arche voisine, du côté du Châtelet, étaient sillonnées de lézardes béantes : les têtes des voûtes, qui s'écartaient de leur aplomb, menaçaient de tomber ; il fallut même appeler de Paris des ingénieurs pour remédier d'urgence à une situation qui allait compromettre la circulation sur le pont, la navigation de la Loire et peut-être la vie des passants, en attendant que le nouveau pont, que l'on projetait d'établir à une petite distance en aval, fût en état de remplacer le noble édifice qui ne subsistait plus depuis longtemps déjà que grâce aux fréquentes réparations dont il avait été l'objet, semblable à un invalide mutilé qui, ployant sous le faix des blessures et des années, soutient encore par des procédés artificiels ses pas chancelants.

Ce fut au moment de l'exécution de ces travaux préventifs qu'il fallut se résigner à faire disparaître le calvaire que l'on appelait le monument de la Pucelle, élevé sur le deuxième pilier à partir du Châtelet, et descendre la vierge de Domremy du glorieux piédestal où elle était exposée à la vénération et à l'amour des Orléanais, nouveau sacrifice qu'aucune puissance humaine ne pouvait désormais conjurer. Les deux voûtes qui touchaient à ce monument allaient bientôt s'écrouler et l'entraîner dans leur chute ; au moyen de travaux préventifs, peut-être pouvait-on espérer d'assurer encore quelques années d'existence à ces arches séculaires, mais le monument était un obstacle à l'exécution matérielle de ces travaux et il fallut le démonter. Toutes les pièces qui le composaient furent déposées dans un magasin souterrain de l'hôtel de ville, rue Sainte-Catherine, en attendant le moment de le rétablir sur un autre point de la cité. Ce dut être un jour de deuil pour les Orléanais, qui virent disparaître et enterrer, en quelque sorte, le souvenir toujours vivant au fond de leur cœur de celle qu'ils nommaient, à si juste titre, leur libératrice !

Les travaux préventifs qui furent exécutés pour assurer la consolidation des deux arches remplirent momentanément leur but. Mais, six ans plus tard et en l'année 1751, des symptômes très inquiétants, survenus dans les deux voûtes étayées, ne permettaient plus au corps de ville de maintenir la circulation sur cette partie du vieux pont. On démolit donc ces deux arches que l'on remplaça par un pont de bois (1).

Qu'allait-il advenir quant à la chapelle Saint-Antoine dans laquelle le saint sacrifice devait être célébré chaque jour et à perpétuité, en mémoire des bienfaiteurs de l'œuvre six fois séculaire de l'hospice et des ponts? Une ordonnance de l'évêque d'Orléans va nous l'apprendre. Et d'abord, on voit dans le procès-verbal dressé par l'un de ses vicaires généraux, à la date du 30 mars 1751, pour constater l'état de lieux de la chapelle, que depuis dix ans les clefs en avaient été remises par les administrateurs de l'hôpital général à une marchande de la ville, dont la boutique était voisine sans doute du vieux pont, afin que la chapelle pût être facilement visitée par les personnes qui y avaient un accès autorisé. Cet édifice comprenait alors une nef, une sacristie, un maître-autel et un autel particulier dédié à saint Eutrope, un campanile, une cloche pour sonner les messes. On y voyait des tableaux appendus aux murailles et l'ameublement que comportent l'exercice et la pratique du culte, et le 3 juin de la même année, Monseigneur l'évêque d'Orléans rendait une ordonnance réglant le sort de cette chapelle et celui des objets qui en constituaient le mobilier, car cet édifice allait être prochainement démoli. Les membres du bureau de l'hôpital général représentaient à l'évêque : « que
« l'hôpital Saint-Antoine du pont avait été réuni à l'hôpital
« général, avec tous les emplacements, bâtiments, rentes et
« revenus en dépendant, par les lettres patentes du mois
« d'avril 1672 ; que, depuis cette époque, le bureau de l'hô-
« pital avait toujours pourvu à l'entretien et aux réparations
« de la chapelle Saint-Antoine, dans laquelle il a fait acquitter

(1) Œuvres de PERRONET, premier ingénieur des Ponts et Chaussées. — Paris, 1783. Les Comptes du pont et de l'hospice Saint-Antoine mentionnent l'établissement d'un pont de bois entre le Châtelet et la motte des Poissonniers, c'est-à-dire sur les sept arches de cette partie du pont, au lieu de deux arches seulement indiquées par Perronet.

« une messe tous les dimanches, excepté en certain temps
« où il y avait *disette de prêtres;* que cette chapelle devait
« être démolie ; que des trois confréries qui étaient autrefois
« desservies dans ladite chapelle, celle de Saint-Antoine
« avait été transférée à l'église de Sainte-Catherine ; que les
« deux autres confréries de Sainte-Barbe et de Saint-Nicolas
« s'en étaient retirées ; en conséquence ledit bureau deman-
« dait qu'il plût à l'évêque de permettre que les messes, qui
« *avaient coutume* d'être célébrées dans la chapelle Saint-
« Antoine, le fussent à l'hôpital général. L'évêque ordonnait
« par les présentes, que les objets qui sont renfermés dans
« la chapelle Saint-Antoine, fussent tranférés à l'hôpital
« général ; permettait que les messes qui avaient coutume
« d'être célébrées dans ladite chapelle, le fussent à l'hôpital
« général ; ordonnait néanmoins que ladite chapelle subsis-
« terait et serait fournie de vases sacrés, linges et ornements
« nécessaires pour y célébrer la sainte messe, pour l'utilité
« des ouvriers qui travailleront à la construction du nouveau
« pont jusqu'à la *perfection d'icelui,* après lequel temps,
« ladite chapelle demeurerait interdite, pour être démolie ou
« employée à tel usage qu'il appartiendrait au profit dudit
« hôpital général (1). »

La chapelle Saint-Antoine servit donc à l'exercice du culte pendant quatre années encore ; mais le 12 mai 1755, les vases sacrés, linges et ornements que l'on y avait conservés en furent retirés, et cette chapelle, transformée en un magasin de matériaux pour la construction du nouveau pont, fut condamnée à disparaître avec les restes de l'ancien.

L'établissement du nouveau pont a exigé neuf années ; il fut commencé en 1751 et la circulation n'y fut autorisée qu'en 1760. Durant cette période, le vieux pont servait aux communications d'une rive à l'autre de la Loire, et l'hôpital général percevait les revenus des places, boutiques et maisons qui en dépendaient, et il en renouvelait même les baux pour le reste de la durée éventuelle du vénérable monument. Une partie des bâtiments avait été occupée par les entrepreneurs et

(1) Extrait des archives et documents de l'hôpital.

les ouvriers, et par les bureaux des ingénieurs, et l'administration de l'hôpital reçut de ce chef une indemnité de 3,673 livres.

L'année 1760 vit disparaître définitivement le vieux pont d'Orléans ; on se mit à l'œuvre dans le mois de juillet, en commençant par les bâtiments situés du côté de la ville, et par ceux qui couvraient les îles de Saint-Antoine et des Poissonniers ; en même temps, on arrachait les pavés de la chaussée du pont à l'extrémité opposée. Au mois d'août, on entreprit la démolition des arches du côté de la ville, des barrières furent placées aux deux portes du pont pour en interdire l'accès aux piétons. La démolition de la chapelle Saint-Antoine nécessitant des travaux d'excavation, qui allaient ramener au jour les restes des personnes qui avaient reçu autrefois la sépulture dans ce lieu bénit, une ordonnance rendue par Monseigneur l'évêque d'Orléans, à la date du 1er septembre de l'année 1760, faisait injonction aux administrateurs de l'hôpital général de procéder à l'exhumation de ces ossements humains, avec la décence et la convenance nécessaires en pareil cas ; on préposa à la surveillance de cette opération funèbre l'un des frères religieux attachés à l'hôpital, et les ossements exhumés furent tranportés au grand cimetière d'Orléans.

C'est au cours de cette même année 1760, que la Belle-Croix, en bronze doré, qui était signalée par Symphorien Guyon comme l'une des merveilles du pont de Jeanne d'Arc, fut descendue de son piédestal ; il n'est resté aucun souvenir précis, ni du lieu, ni de la destination postérieure de ce signe vénéré (1).

Les Tourelles demeuraient debout au milieu de ces ruines, semblables à deux géants qui ne voulaient pas tomber ; il semblait que personne n'eût le courage de les attaquer, tant elles paraissaient encore menaçantes et redoutables dans leur imposante caducité ! L'ombre victorieuse de Jeanne d'Arc planait toujours au-dessus d'elles ; les démolisseurs n'osaient

---

(1) Hospice Saint-Antoine et ponts d'Orléans. (Manuscrits de 1310 à 1812. Extrait des archives et documents de l'hôpital). — Vergnaud déclare que la Belle-Croix fut déposée à l'Hôtel de Ville ; mais il ne cite aucune preuve l'appui. (*Histoire de la ville d'Orléans*, 1830, tome II, page 446).

y porter la main, craignant peut-être que, comme autrefois au bruit des canons anglais, une légion d'anges conduits par saint Michel, saint Euverte et saint Aignan, les grands patrons de la cité, n'apparût au premier coup de marteau qui aurait résonné sur les vieilles murailles de la forteresse à laquelle la vierge de Domremy avait attaché le prestige de son nom glorieux, et qui devait en demeurer à jamais inséparable. Il fallut pourtant s'y décider; la ville de Jeanne d'Arc, redisons-le à son honneur, ajourna cette lugubre exécution tant que des causes sérieuses purent motiver cet ajournement qui devait cependant avoir un terme, et le dernier mois de l'année 1760 vit s'accomplir ce douloureux sacrifice : chaque coup porté sur la forteresse se répercuta comme un écho déchirant au cœur des Orléanais, car chaque pierre qui tombait de ses murailles était un des fleurons arrachés de leur couronne étincelante de patriotisme et de foi chrétienne (1).

Il ne devait plus rien subsister du vieux pont ni de ses dépendances ! On continua donc, pendant les années 1760 et 1761, le déblaiement des deux îles de Saint-Antoine et des Poissonniers, qui fut achevé en l'année 1762 ; la rivière était désormais complètement dégagée et le duit, qui s'étendait de la motte Saint-Antoine à la rive des Capucins, fut prolongé en l'année 1811 jusqu'au pont nouveau. Le vieux Châtelet survécut encore neuf ans au pont de Jeanne d'Arc. Son antiquité lui valut l'honneur de mourir le dernier. En 1769, son sort fut décidé : toute la face de l'ancien palais qui touchait au pont des Tourelles et à la Loire, fut démolie pour faire place à un quai spacieux, dont les travaux furent entrepris en 1783, et auquel on donna le nom de quai du Châtelet. On ne respecta momentanément que les bâtiments intérieurs, qui demeurèrent debout pendant quelques années encore, ainsi que le portail qui avait été réédifié, en 1732, par le duc Louis IV, sur les dessins d'un habile architecte. Au

---

(1) La statue de la Sainte Vierge qui décorait la porte du pont-levis des Tourelles et qui était attribuée au sculpteur orléanais Hubert, fut déposée dans l'église de Saint-Aignan dont elle orna l'une des chapelles. (Hospice Saint-Antoine et ponts d'Orléans. Manuscrits de 1310 à 1812).

cours de la Révolution, et le 18 juin 1791, le duc Louis-Philippe d'Orléans fit abandon à la municipalité de la propriété des deux tourelles du portail de son palais, qui étaient l'ornement de l'entrée de la ville par l'ancien pont de Jeanne d'Arc ; l'arrêté qui acceptait la concession gratuite de ces tourelles exprimait à Monseigneur le Duc la reconnaissance de la cité (1).

Les temps étaient donc venus où, comme les monuments publics et les habitations privées des vieux âges, le pont de Jeanne d'Arc et ses dépendances qui en formaient l'encadrement pittoresque devaient être condamnés à disparaître pour faire place à des œuvres plus en harmonie avec les besoins et les nécessités des temps nouveaux. C'en était fait de ce monument que les Orléanais tenaient pour un des plus beaux joyaux de leur ville et dont ils disaient avec un légitime orgueil « la grant renommée qui est dudit pont dans « l'universel monde » (2).

Le vieux pont fléchissant sous le poids des années menaçait de s'abîmer dans la Loire ; la forteresse des Tourelles, qui avait joué le rôle capital dans la merveilleuse histoire de la Vierge guerrière, n'était plus désormais qu'un respectable anachronisme. Le Châtelet qui avait baigné ses pieds durant tant de siècles dans les eaux de ce fleuve éminemment fran-

---

(1) Hospice Saint-Antoine et pont d'Orléans. (Manuscrits de 1310 à 1812. Hôpital d'Orléans. — Lottin, vol. 2 et 3, années 1732 et 1791). Les termes de la déclaration du duc Louis-Philippe d'Orléans sont un peu obscurs quant à la désignation du portail du Châtelet, on y lit : que le duc renonce à la propriété des *deux Tourelles* construites par feu son père et de ses deniers, à l'extrémité du pont d'Orléans, sur la *rive droite* de la Loire ; les mots : *deux Tourelles* reportent naturellement la pensée sur la forteresse des Tourelles ; les véritables Tourelles étaient à l'extrémité du pont, sur la rive gauche. Celles-ci ayant été détruites en *1760*, ne pouvaient faire l'objet d'une donation en 1791 ; la confusion n'est ici que dans les mots. On peut voir la forme un peu indécise de l'une au moins de ces tourelles sur le dessin intitulé : *Vue des travaux du pont d'Orléans le 28 juillet 1752*, qui se trouve dans les œuvres de Perronet, premier ingénieur des Ponts et Chaussées. — Paris, 1783.

(2) Lettres patentes de Charles VII du 24 décembre 1435 et 14 mai 1436.

çais, selon l'éloquente expression d'un grand évêque (1), qui avait abrité plusieurs des souverains de nos premières dynasties et ceux du royaume d'Orléans, qui avait vu, entre autres, passer sous ses murs noircis par le temps les grandes figures de Charlemagne, de Théodulfe, de Jeanne d'Arc, de François Ier, de Charles-Quint, de Henri IV et de Louis XIV, cet antique palais qui avait été le berceau du roi Robert et le sanctuaire de la justice et dans lequel les ducs d'Orléans avaient tenu leur cour élégante était devenu un obstacle aux œuvres d'amélioration matérielle et aux embellissements modernes de la cité. L'aumône Saint-Antoine, antique asile du pauvre passant étranger qui trouvait sous son toit modeste l'hospitalité chrétienne, était, depuis longtemps déjà, réduit au rôle subalterne de frère déshérité de l'hôpital général d'Orléans. Chaque jour, les ministres du Dieu vivant allaient encore, il est vrai, célébrer le saint sacrifice dans sa chapelle à demi ruinée et y chanter à sa louange les hymnes sacrés auxquels se mêlaient tantôt la douce harmonie des eaux de la Loire dans ses jours de calme, tantôt les bruits stridents de ses flots qui, en ses heures de folie, battaient les murailles chancelantes de cette sainte retraite avant de s'engouffrer sous les arches tremblantes du vieux pont en frappant l'air de leurs mugissements lugubres. Mais ce sanctuaire découronné n'attendait plus rien désormais de la reconnaissance des hommes, depuis le jour où, par ses lettres patentes de 1672, le grand Roi avait signé sa déchéance et son arrêt de mort. Le vieux pont, la forteresse des Tourelles, le Châtelet, la chapelle et l'aumosne Saint-Antoine, les maisons, les boutiques et la voie du pont où, à certains jours, une foule agitée allait et venait au milieu du bruit, des cris, des vivats et des salves de l'artillerie, tout est devenu silencieux et, à leur place, le voyageur n'aperçoit plus rien aujourd'hui, rien, sauf quelques vestiges épars du pont de Jeanne d'Arc rasés au-dessous des basses eaux du fleuve, et alterna-

(1) Discours prononcé par Mgr Dupanloup, évêque d'Orléans, le 13 juin 1858, à l'occasion de la bénédiction de la grotte sépulcrale de Saint-Mesmin de Mici, sur le bord de la Loire, au village de La Chapelle, près Orléans.

tivement enfouis sous les sables mouvants ou découverts, selon le caprice du fleuve, et des quais spacieux occupant sur ses deux rives les lieux qui, depuis tant de siècles, s'appelaient des noms illustres, les *Tourelles* et le *Châtelet !* Un nouveau pont s'est élevé à côté de l'ancien et, à comparer l'un à l'autre, il semblerait que les constructeurs se soient appliqués à mettre en œuvre toutes les ressources de la science moderne pour donner au nouveau-né des proportions relativement colossales et des arches gigantesques, comme s'ils eussent voulu faire oublier l'ancien et en effacer jusqu'au souvenir. Vains efforts ! le souvenir du pont de Jeanne d'Arc a survécu et survivra à sa destruction et le monument du XVIIIe siècle, dont la robuste constitution lui promet une longue existence aura été depuis longtemps déjà enseveli sous les sables de la Loire et son souvenir éteint dans la mémoire des hommes, que nos descendants se rappelleront encore avec amour et vénération le nom de la Libératrice inséparable de celui du pont des Tourelles !

Le monument commémoratif de la Pucelle, qui avait disparu en l'année 1745, fut transféré en 1771 (1) dans l'intérieur de la ville, au carrefour des rues Royale et de la Vieille-Poterie et rétabli à peu près dans la forme qu'il avait au moment où il fut enlevé du pont. On remarquait toutefois que dans le nouveau monument le nid de pélican qui couronnait la croix n'y était plus, que les deux statues de la Pucelle et de Charles VII étaient agenouillées sur des coussins, que l'écu de France privé de support, de couronne et de tout ornement était placé aux pieds de la Sainte Vierge, que les insignes de la Passion avaient disparu du Calvaire et que la lance haute de la Pucelle était ici couchée en travers du monument, non plus comme le signe de la victoire, mais comme le signe de la défaite, triste présage de déchéance et de mort. On avait déposé sur un coussin la couronne d'épines, le nid du pélican derrière la croix et ajouté, comme un com-

(1) Sur l'initiative de l'artiste Desfriches et avec le concours de l'ingénieur Soyer, à qui l'on doit le dessin du piédestal et de la grille qui entourait ce monument.

plément de l'œuvre, le serpent qui tenait dans sa gueule entr'ouverte la pomme symbolique. Il est aisé, en comparant cette description à celle du Calvaire qui fut restauré après les troubles religieux de la fin du XVI° siècle, de reconnaître en quoi différaient l'un de l'autre les deux monuments. Sur deux tables de marbre noir étaient gravées des inscriptions commémoratives, l'une en français, l'autre en latin (1). Mais le monument rajeuni allait bientôt lui-même disparaître pour la troisième fois dans la tourmente révolutionnaire de la fin du XVIII° siècle, car le bronze du Calvaire de la Pucelle fut jeté dans la fournaise ardente de nos arsenaux pour être transformé en bouches à feu, dont l'une devait être décorée du nom de Jeanne d'Arc la *Pucelle d'Orléans* (2). Qu'est

(1) Sur la table qui faisait face à la rue Royale, on lisait :

DU RÈGNE DE LOUIS XV
CE MONUMENT ÉRIGÉ SUR L'ANCIEN PONT
PAR LE ROI CHARLES VII, L'AN 1458
EN ACTIONS DE GRACES DE LA DÉLIVRANCE
DE CETTE VILLE ET DES VICTOIRES REMPORTÉES
SUR LES ANGLAIS PAR JEANNE D'ARC
DITE LA PUCELLE D'ORLÉANS
A ÉTÉ RÉTABLI DANS SA PREMIÈRE FORME
DU VŒU DES HABITANTS ET PAR LES SOINS DE
M. JACQUES DU COUDRAY, MAIRE...
(Suivent les noms des échevins et conseillers.)

Sur la table du revers du monument on lisait :

D. O. M.
Pietatis in Deum
Reverentiæ in Dei-Param
Fidelitatis in regem
Amoris in Patriam
Grati animi in Puellam
Monumentum
Instauravere cives aureliani
Anno Domini M. D. CC. LXXI.

Voir JOLLOIS, *Monuments élevés en France à la mémoire de Jeanne d'Arc.*
VERGNAUD, *Histoire d'Orléans.*
LOTTIN, *Recherches historiques sur Orléans.*
MANTELLIER, *Histoires du siège d'Orléans* et autres.

(2) Loi du 14 août 1792. — Arrêté de l'autorité municipale du 28 août 1792. — Arrêté du Conseil général de la commune du 21 septembre. — VERGNAUD, JOLLOIS, LOTTIN, vol. 3, pages 416, 417.

devenu le canon baptisé de ce nom à jamais glorieux? où repose-t-il aujourd'hui ? On l'a vainement recherché et nul ne sait plus où il est (1). Ceux qui, répudiant la foi de Jeanne, revendiquaient pourtant le brillant héritage de son courage héroïque ont cru qu'il suffirait, pour renouveler ses miracles, de transformer sa statue en canon ! Ce canon est demeuré sur la terre, mais ses vertus héroïques s'échappant en blanches vapeurs de la fournaise ardente, comme son âme virginale du bûcher de Rouen, sont remontées dans les cieux vers celui qui l'avait envoyée pour délivrer la France de la servitude étrangère.

(1) A la demande de Mgr Dupanloup, évêque d'Orléans, des recherches furent faites dans les arsenaux en 1874 et 1875, par ordre du ministre de la guerre et sans résultat.

A. COLLIN,

Inspecteur général des Ponts et Chaussées,
Ancien Président de la Société archéologique
et historique de l'Orléanais.

FIN

TABLE DES PLANCHES DE L'ATLAS

PLANCHE I.

FIG. 1. — Plan de la ville d'Orléans indiquant ses enceintes successives.
FIG. 2. — Profil pris sur la rue Bourgogne, a d du plan fig. 1.
FIG. 3. — Profil sur le coteau suivant M N du plan fig. 1.
FIG. 4. — Profil sur les fouilles ouvertes dans l'axe de la rue de la Poterne de C en b du plan fig. 1.
Plan des substructions entre les points A B du profil de la fig. 4.
Plan des substructions entre les points C D du profil de la fig. 4.
FIG. 5. — La Belle-Croix au XVe siècle.
FIG. 6. — La Belle-Croix en 1755, vue d'amont.
FIG. 7, 8, 9, 10. — Sceau et contre-sceau du monastère de Saint-Pierre-Empont.
FIG. 11. — Coupe en long de l'hospice et de la chapelle Saint-Antoinet, au commencement du XVe siècle.
FIG. 12. — Coupe en travers du pont-levis et de l'escalier de la motte des Poissonnières, au commencement du XVe siècle.
FIG. 13. — Premier monument de Jeanne d'Arc érigé sur le pont d'Orléans.
FIG. 14. — Monument de Jeanne d'Arc, restauré en 1571, sur le pont d'Orléans.
FIG. 15. — Monument de Jeanne d'Arc en 1755, vu d'amont.

PLANCHE II.

FIG. 1. — Plan du pont d'Orléans en 1428, avant le siège des Anglais.
FIG. 2. — Plan des ruines des piliers et des voutes de l'ancien pont d'Orléans démolis en 1760, telles qu'elles étaient en 1866.
FIG. 3. — Plan de l'ancien pont d'Orléans et du fort des Tourelles qui furent démolis de 1760 à 1766.

PLANCHE III.

Plan de la Loire et de ses bords en amont du pont d'Orléans en 1867, avec indication en rouge des états successifs en 1429, 1622, 1640 et 1733.

FIG. 1, 2, 3. — Élévations et coupe de massifs de maçonnerie existant en Loire.

FIG. 4. — Profil de maçonneries découvertes en Loire.

FIG. 5. — Coupe sur une enceinte de pieux existant en Loire.

FIG. 6. — Sondage dans la fondation d'une pile du vieux pont.

FIG. 7. — Sondage dans la fondation de la pile-culée de la motte Saint-Antoine.

PLANCHE IV.

FIG. 1. — Vue de l'ancien pont d'Orléans et spécialement de la porte Sainte-Catherine et du Châtelet, prise de la motte des Poissonnières ; calquée sur un dessin original de Desfriches, portant la date du 9 juin 1745. (*Collection* BOUCHER DE MOLANDON.)

FIG. 2. — Fort des Tourelles détruit vers 1760 ; vue prise en aval du pont. Fragment d'un dessin original de Desfriches. (*Collection* BOUCHER DE MOLANDON.)

FIG. 3. — Le pont des Tourelles, pris sur un dessin gravé par Jean Boisseau. Extrait du profil de la Ville Ducale et Épiscopale d'Orléans, jadis capitale du royaume de mesme nom, au commencement du XVIIe siècle.

FIG. 4. — Fort des Tourelles d'après un dessin d'Israël Sylvestre, gravé de 1640 à 1670 par Colignon.

FIG. 5. — Fort des Tourelles. Fragment d'un dessin du pont au XVIIIe siècle. (*Collection* LOUIS JARRY.)

FIG. 6. — Extrait du plan de Fleury de 1676. (*Bibliothèque d'Orléans*.)

FIG. 7. — Plan de la porte Sainte-Catherine, fait par Desfriches le 9 juin 1745.

PLANCHE V.

FIG. 1. — Plan des boulevarts et du fort des Tourelles au dernier jour du siège des Anglais (7 mai 1429).

FIG. 2. — Profil du plan précédent dans l'axe du pont de la Loire.

Fig. 3. — Vue en élévation du fort des Tourelles du côté de la Sologne, le pont-levis et la planche de la poterne abaissés. (Coupe sur le pont-levis.)

Fig. 4. — Coupe en travers du fort des Tourelles, prise au milieu de l'arche centrale sur I F de la fig. 2.

PLANCHE VI.

Fig. 1. — Le pont de Jargeau au XVIIe siècle.
Fig. 2. — Le pont de Beaugency en l'année 1608. (Élévation et plan géométral.)
Fig. 3. — Le pont de Blois à la fin du XVIIe siècle.
Fig. 4. — Le pont de Tours au XVIIe siècle.

PLANCHE VII.

Fig. 1. — Le pont d'Orléans au dernier jour du siège des Anglais (XVe siècle).
Fig. 2. — Le pont de Jeanne d'Arc dans la première moitié du XVIIIe siècle.
Fig. 3. — Le pont de Jeanne d'Arc avant sa démolition.
Fig. 4. — Le nouveau pont d'Orléans.

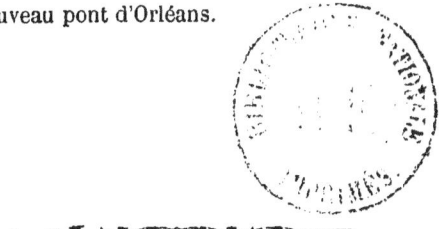

www.ingramcontent.com/pod-product-compliance
Lightning Source LLC
Chambersburg PA
CBHW050322240426
43673CB00042B/1498